EL CONFLICTO DE LOS SIGLOS

PASADO · PRESENTE · FUTURO

El CONFLICTO DE LOS SIGLOS

PASADO · PRESENTE · FUTURO

¿CUÁL SERÁ SU DESENLACE?

Remnant Publications, Inc.
Project Restore, Inc.

El Conflicto de los Siglos

Texto original de E. G. White

Diseño de la portada de Eric Pletcher
Diseño del texto de Greg Solie • Altamont Graphics

ÍNDICE

1
EL DESTINO DEL MUNDO PREDICHO

"¡OH SI también tú conocieses, a lo menos en este tu día, lo que toca a tu paz! mas ahora está encubierto de tus ojos. Porque vendrán días sobre ti, que tus enemigos te cercarán con baluarte, y te pondrán cerco, y de todas partes te pondrán en estrecho, y te derribarán a tierra, y a tus hijos dentro de ti; y no dejarán sobre ti piedra sobre piedra; por cuanto no conociste el tiempo de tu visitación." (S. Lucas 19:42-44.)

Desde lo alto del monte de los Olivos miraba Jesús a Jerusalén, que ofrecía a sus ojos un cuadro de hermosura y de paz. Era tiempo de Pascua, y de todas las regiones del orbe los hijos de Jacob se habían reunido para celebrar la gran fiesta nacional. De entre viñedos y jardines como de entre las verdes laderas donde se veían esparcidas las tiendas de los peregrinos, elevábanse las colinas con sus terrazas, los airosos palacios y los soberbios baluartes de la capital israelita. La hija de Sión parecía decir en su orgullo: "¡Estoy sentada reina, y ... nunca veré el duelo!" porque siendo amada, como lo era, creía estar segura de merecer aún los favores del cielo como en los tiempos antiguos cuando el poeta rey cantaba: "Hermosa provincia, el gozo de toda la tierra es el monte de Sión, ... la ciudad del gran Rey" (Salmo 48:2.). Resaltaban a la vista las construcciones espléndidas del templo, cuyos muros de mármol blanco como la nieve estaban entonces iluminados por los últimos rayos del sol poniente que al hundirse en el ocaso hacía resplandecer el oro de puertas, torres y pináculos. Y así destacábase la gran ciudad, "perfección de hermosura," orgullo de la nación judaica. ¡Qué hijo de Israel podía permanecer ante semejante espectáculo sin sentirse conmovido de gozo y admiración! Pero eran muy ajenos a todo esto los pensamientos que embargaban la mente de Jesús. "Como llego cerca, viendo la ciudad, lloró sobre ella." (S. Lucas. 19:41.) En medio del regocijo que provocara su entrada triunfal, mientras el gentío agitaba palmas, y alegres hosannas repercutían en los montes, y mil voces le proclamaban Rey, el Redentor del mundo se sintió abrumado por súbita y misteriosa tristeza. Él, el Hijo de Dios, el Prometido de Israel, que había vencido a la muerte arrebatándole sus cautivos, lloraba, no presa de común abatimiento, sino dominado por intensa e irreprimible agonía.

No lloraba por sí mismo, por más que supiera adónde iba. Getsemaní, lugar de su próxima y terrible agonía, extendíase ante su vista. La puerta de las ovejas divisábase también; por ella habían entrado durante siglos y siglos la víctimas para el sacrificio, y pronto iba a abrirse para él, cuando "como cordero" fuera, "llevado al matadero" (Isaías 53:7). Poco más allá se destacaba el Calvario, lugar de la crucifixión. Sobre la senda que pronto le tocaría recorrer, iban a caer densas y horrorosas tinieblas mientras él entregaba su alma en expiación por el pecado. No era, sin embargo, la contemplación de aquellas escenas lo que arrojaba sombras sobre el Señor en aquellas escenas lo que arrojaba sombras sobre el Señor en aquella hora de gran regocijo, ni tampoco el presentimiento de su angustia sobrehumana lo que nublaba su alma generosa. Lloraba por el fatal destino de los millares de Jerusalén, por la ceguedad y por la dureza de corazón de aquellos a quienes él viniera a bendecir y salvar.

La historia de más de mil años durante los cuales Dios extendiera su favor especial y sus tiernos cuidados en beneficio de su pueblo escogido, desarrollábase ante los ojos de Jesús. Allí estaba el monte Moriah, donde el hijo de la promesa, cual mansa víctima que se entrega sin resistencia, fue atado sobre el altar como emblema del sacrificio del Hijo de Dios. Allí fue donde se le habían confirmado al padre de los creyentes el pacto de bendición y la gloriosa promesa de un Mesías. (Génesis 22:9, 16-18.) Allí era donde las llamas del sacrificio, al ascender al cielo desde la era de Ornán, habían desviado la espada del ángel exterminador (1 Crónicas

21), símbolo adecuado del sacrificio de Cristo y de su mediación por los culpables. Jerusalén había sido honrada por Dios sobre toda la tierra. El Señor había "elegido a Sión; deseóla por habitación para sí." (Salmo 132:13.) Allí habían proclamado los santos profetas durante siglos y siglos sus mensajes de amonestación. Allí habían mecido los sacerdotes sus incensarios y había subido hacia Dios el humo del incienso, mezclado con las plegarias de los adoradores. Allí había sido ofrecida día tras día la sangre de los corderos sacrificados, que anunciaban al Cordero de Dios que había de venir al mundo. Allí había manifestado Jehová su presencia en la nube de gloria, sobre el propiciatorio. Allí se había asentado la base de la escalera mística que unía el cielo con la tierra (Génesis 28:12; S. Juan 1:51), que Jacob viera en sueños y por la cual los ángeles subían y bajaban, mostrando así al mundo el camino que conduce al lugar santísimo. De haberse mantenido Israel como nación fiel al Cielo, Jerusalén habría sido para siempre la elegida de Dios. (Jeremías 17:21-25.) Pero la historia de aquel pueblo tan favorecido era un relato de sus apostasías y sus rebeliones. Había resistido la gracia del Cielo, abusado de sus prerrogativas y menospreciado sus oportunidades.

A pesar de que los hijos de Israel "hacían escarnio de los mensajeros de Dios, y menospreciaban sus palabras, burlándose de sus profetas" (2 Crónicas 36:16), el Señor había seguido manifestándoseles como "Jehová, fuerte, misericordioso, y piadoso; tardo para la ira, y grande en benignidad y verdad." (Éxodo 34:6.) Y por más que le rechazaran una y otra vez, de continuo había seguido instándoles con bondad inalterable. Más grande que la amorosa compasión del padre por su hijo era el solícito cuidado con que Dios velaba por su pueblo enviándole "amonestaciones por mano de sus mensajeros, madrugando para enviárselas; porque tuvo compasión de su pueblo y de su morada." (2 Crónicas 36:15, V.M.) Y al fin, habiendo fracasado las amonestaciones, las represiones y las súplicas, les envió el mejor don del cielo; más aún, derramó todo el cielo en ese solo Don.

El Hijo de Dios fue enviado para exhortar a la ciudad rebelde. Era Cristo quien había sacado a Israel como "una vid de Egipto." (Salmo 80:8.) Con su propio brazo, había arrojado a los gentiles de delante de ella; la había plantado "en un recuesto, lugar fértil;" la había cercado cuidadosamente y había enviado a sus siervos para que la cultivasen. "¿Qué más se había de hacer a mi viña—exclamó,—que yo no haya hecho en ella?" A pesar de estos cuidados, y por más que, habiendo esperado "que llevase uvas" valiosas, las había dado "silvestres" (Isaías 5:1-4), el Señor compasivo, movido por su anhelo de obtener fruto, vino en persona a su viña para librarla, si fuera posible, de la destrucción. La labró con esmero, la podó y la cuidó. Fue incansable en sus esfuerzos para salvar aquella viña que él mismo había plantado.

Durante tres años, el Señor de la luz y de la gloria estuvo yendo y viniendo entre su pueblo. "Anduvo haciendo bienes, y sanando a todos los oprimidos del diablo," curando a los de corazón quebrantado, poniendo en libertad a los cautivos, dando vista a los ciegos, haciendo andar a los cojos y oír a los sordos, limpiando a los leprosos, resucitando muertos y predicando el Evangelio a los pobres. (Hechos 10:38; S. Lucas 4:18; S. Mateo 11:5.) A todas las clases sociales por igual dirigía el llamamiento de gracia: "Venid a mí todos los que estáis trabajados y cargados, que yo os haré descansar." (S. Mateo 11:28.)

A pesar de recibir por recompensa el mal por el bien y el odio a cambio de su amor (Salmo 109:5), prosiguió con firmeza su misión de paz y misericordia. Jamás fue rechazado ninguno de los que se acercaron a él en busca de su gracia. Errante y sin hogar, sufriendo cada día oprobio y penurias, sólo vivió para ayudar a los pobres, aliviar a los agobiados y persuadirlos a todos a que aceptasen el don de vida. Los efluvios de la misericordia divina eran rechazados por aquellos corazones endurecidos y reacios pero volvían sobre ellos con más vigor, impulsados por la augusta compasión y por la fuerza del amor que sobrepuja a todo entendimiento. Israel empero se alejó de él, apartándose así de su mejor Amigo y de su único Auxiliador. Su amor fue despreciado, rechazados sus dulces consejos y ridiculizadas sus cariñosas amonestaciones.

La hora de esperanza y de perdón transcurrió rápidamente. La copa de la ira de Dios, por tanto tiempo contenida, estaba casi llena. La nube que había ido formándose a través de los tiempos de apostasía y rebelión, veíase ya negra, cargada de maldiciones, próxima a estallar sobre un pueblo culpable; y el único que podía librarle de su suerte fatal inminente había sido menospreciado, escarnecido y rechazado, y en breve lo iban a crucificar. Cuando el Cristo estuviera clavado en la cruz del Calvario, ya habría transcurrido para Israel su día como nación favorecida y saciada de las bendiciones de Dios. La pérdida de una sola alma se considera como una calamidad infinitamente más grande que la de todas las ganancias y todos los tesoros de un mundo; pero mientras Jesús fijaba su mirada en Jerusalén, veía la ruina de toda una ciudad, de todo un pueblo; de aquella ciudad y de aquel pueblo que habían sido elegidos de Dios, su especial tesoro.

Los profetas habían llorado la apostasía de Israel y lamentado las terribles desolaciones con que fueron castigadas sus culpas. Jeremías deseaba que sus ojos se volvieran manantiales de lágrimas para llorar día y noche por los muertos de la hija de su pueblo y por el rebaño del Señor que fue llevado cautivo. (Jeremías 9:1; 13:17.) ¡Cuál no sería entonces la angustia de Aquel cuya mirada profética abarcaba, no unos pocos años, sino muchos siglos! Veía al ángel exterminador blandir su espada sobre la ciudad que por tanto tiempo fuera morada de Jehová. Desde la cumbre del monte de los Olivos, en el lugar mismo que más tarde iba a ser ocupado por Tito y sus soldados, miró a través del valle los atrios y pórticos sagrados, y con los ojos nublados por las lágrimas, vio en horroroso anticipo los muros de la ciudad circundados por tropas extranjeras; oyó el estrépito de las legiones que marchaban en son de guerra, y los tristes lamentos de las madres y de los niños que lloraban por pan en la ciudad sitiada. Vio el templo santo y hermoso, los palacios y las torres devorados por las llamas, dejando en su lugar tan sólo un montón de humeantes ruinas.

Cruzando los siglos con la mirada, vio al pueblo del pacto disperso en toda la tierra, "como náufragos en una playa desierta." En la retribución temporal que estaba por caer sobre sus hijos, vio como el primer trago de la copa de la ira que en el juicio final aquel mismo pueblo deberá apurar hasta las heces. La compasión divina y el sublime amor de Cristo hallaron su expresión en estas lúgubres palabras: "¡Jerusalem, Jerusalem, que matas a los profetas, y apedreas a los que son enviados a ti! ¡cuántas veces quise juntar tus hijos, como la gallina junta sus pollos debajo de las alas, y no quisiste!" (S. Mateo 23:37.) ¡Oh! ¡si tú, nación favorecida entre todas, hubieras conocido el tiempo de tu visitación y lo que atañe a tu paz! Yo detuve al ángel de justicia y te llamé al arrepentimiento, pero en vano. No rechazaste tan sólo a los siervos ni despreciaste tan sólo a los enviados y profetas, sino al Santo de Israel, tu Redentor. Si eres destruída, tú sola tienes la culpa. "No queréis venir a mí, para que tengáis vida." (S. Juan 5:40.)

Cristo vio en Jerusalén un símbolo del mundo endurecido en la incredulidad y rebelión que corría presuroso a recibir el pago de la justicia de Dios. Los lamentos de una raza caída oprimían el alma del Señor, y le hicieron prorrumpir en esas expresiones de dolor. Vio además las profundas huellas del pecado marcadas por la miseria humana con lágrimas y sangre; su tierno corazón se conmovió de compasión infinita por las víctimas de los padecimientos y aflicciones de la tierra; anheló salvarlos a todos. Pero ni aun su mano podía desviar la corriente del dolor humano que del pecado dimana; pocos buscarían la única fuente de salud. Él estaba dispuesto a derramar su misma alma hasta la muerte, y poner así la salvación al alcance de todos; pero muy pocos iban a acudir a él para tener vida eterna.

¡Mirad al Rey del cielo derramando copioso llanto! ¡Ved al Hijo del Dios infinito turbado en espíritu y doblegado bajo el peso del dolor! Los cielos se llenaron de asombro al contemplar semejante escena que pone tan de manifiesto la culpabilidad enorme del pecado, y que nos enseña lo que le cuesta, aun al poder infinito, salvar al pecador de las consecuencias que le acarrea la transgresión de la ley de Dios. Dirigiendo Jesús sus miradas hasta la última generación vio al mundo envuelto en un engaño semejante al que causó la destrucción de Jerusalén. El gran pecado de los judíos consistió en que rechazaron a Cristo; el gran pecado del mundo cristiano iba a consistir en que rechazaría la ley de Dios, que es el fundamento de su gobierno en el cielo y en la tierra. Los preceptos del Señor iban a ser menospreciados y anulados. Millones de almas sujetas al pecado, esclavas de Satanás, condenadas a sufrir la segunda muerte, se negarían a escuchar las palabras de verdad en el día de su visitación. ¡Terrible ceguedad, extraña infatuación!

Dos días antes de la Pascua, cuando Cristo se había despedido ya del templo por última vez, después de haber denunciado públicamente la hipocresía de los príncipes de Israel, volvió al monte de los Olivos, acompañado de sus discípulos y se sentó entre ellos en una ladera cubierta de blando césped, dominando con la vista la ciudad. Una vez más contempló sus muros, torres y palacios. Una vez más miró el templo que en su deslumbrante esplendor parecía una diadema de hermosura que coronara al sagrado monte.

Mil años antes el salmista había magnificado la bondad de Dios hacia Israel porque había escogido aquel templo como su morada. "En Salem está su tabernáculo, y su habitación en Sión." "Escogió la tribu de Judá, el monte de Sión, al cual amó. Y edificó su santuario a manera de eminencia." (Salmos 76:2; 78:68, 69.) El primer templo había sido erigido durante la época de mayor prosperidad en la historia de Israel. Vastos almacenes fueron construidos para contener los tesoros que con dicho propósito acumulara el rey David, y los planos para la edificación del templo fueron hechos por inspiración divina. (1 Crónicas 28:12, 19.) Salomón, el más sabio de los monarcas de Israel, completó la obra. Este templo resultó ser el edificio más soberbio que este mundo haya visto. No obstante, el Señor declaró por boca del profeta Aggeo, refiriéndose al segundo templo: "Mayor será la gloria postrera de esta Casa que la gloria anterior." "Sacudiré todas las naciones, y vendrá el Deseado de todas las naciones; y llenaré esta Casa de gloria, dice Jehová de los Ejércitos." (Aggeo 2:9, 7, V.M.)

Después de su destrucción por Nabucodonosor, el templo fue reconstruido unos cinco siglos antes del nacimiento de Cristo por un pueblo que tras largo cautiverio había vuelto a su país asolado y casi desierto. Había entonces en Israel algunos hombres muy ancianos que habían visto la gloria del templo de Salomón y que lloraban al ver el templo nuevo que parecía tan inferior al anterior. El sentimiento que dominaba entre el pueblo nos es fielmente descrito por el profeta cuando dice: "¿Quién ha quedado entre vosotros que haya visto esta casa en su primera gloria, y cual ahora la veis? ¿No es ella como nada delante de vuestros ojos?" (Aggeo 2:3; Esdras 3:12.) Entonces fue dada la promesa de que la gloria del segundo templo sería mayor que la del primero.

Pero el segundo templo no igualó al primero en magnificencia ni fue santificado por las señales visibles de la presencia divina con que lo fuera el templo de Salomón, ni hubo tampoco manifestaciones de poder sobrenatural que dieran realce a su dedicación. Ninguna nube de gloria cubrió al santuario que acababa de ser erigido; no hubo fuego que descendiera del cielo para consumir el sacrificio sobre el altar. La manifestación divina no se encontraba ya entre los querubines en el lugar santísimo; ya no estaban allí el arca del testimonio, ni el propiciatorio, ni las tablas de la ley. Ninguna voz del cielo se dejaba oír para revelar la voluntad del Señor al sacerdote que preguntaba por ella.

Durante varios siglos los judíos se habían esforzado para probar cómo y dónde se había cumplido la promesa que Dios había dado por Aggeo. Pero el orgullo y la incredulidad habían cegado su mente de tal modo que no comprendían el verdadero significado de las palabras del profeta. Al segundo templo no le fue conferido el honor de ser cubierto con la nube de la gloria de Jehová, pero sí fue honrado con la presencia de Uno en quien habitaba corporalmente la plenitud de la Divinidad, de Uno que era Dios mismo manifestado en carne. Cuando el Nazareno enseñó y realizó curaciones en los atrios sagrados se cumplió la profecía gloriosa: él era el "Deseado de todas las naciones" que entraba en su templo. Por la presencia de Cristo, y sólo por ella, la gloria del segundo templo superó la del primero; pero Israel tuvo en poco al anunciado don del cielo; y con el humilde Maestro que salió aquel día por la puerta de oro, la gloria había abandonado el templo para siempre. Así se cumplieron las palabras del Señor, que dijo: "He aquí vuestra casa os es dejada desierta." (S. Mateo 23:38.)

Los discípulos se habían llenado de asombro y hasta de temor al oír las predicciones de Cristo respecto de la destrucción del templo, y deseaban entender de un modo más completo el significado de sus palabras. Durante más de cuarenta años se habían prodigado riquezas, trabajo y arte arquitectónico para enaltecer los esplendores y la grandeza de aquel templo. Herodes el Grande y hasta el mismo emperador del mundo contribuyeron con los tesoros de los judíos y con las riquezas romanas a engrandecer la magnificencia del hermoso edificio. Con este objeto habíanse importado de Roma enormes bloques de preciado mármol, de tamaño casi fabuloso, a los cuales los discípulos llamaron la atención del Maestro, diciéndole: "Mira qué piedras, y qué edificios." (S. Marcos 13:1.)

Pero Jesús contestó con estas solemnes y sorprendentes palabras: "De cierto os digo, que no será dejada aquí piedra sobre piedra, que no sea destruída." (S. Mateo 24:2.)

Los discípulos creyeron que la destrucción de Jerusalén coincidiría con los sucesos de la venida personal de Cristo revestido de gloria temporal para ocupar el trono de un imperio universal, para castigar a los judíos impenitentes y libertar a la nación del yugo romano. Cristo les había anunciado que volvería, y por eso al oírle predecir los juicios que amenazaban a Jerusalén, se figuraron que ambas cosas sucederían al mismo tiempo y, al reunirse en derredor del Señor en el monte de los Olivos, le preguntaron: "¿Cuándo serán estas cosas, y qué señal habrá de tu venida, y del fin del mundo? " (S. Mateo 24:3.)

Lo porvenir les era misericordiosamente velado a los discípulos. De haber visto con toda claridad esos dos terribles acontecimientos futuros: los sufrimientos del Redentor y su muerte, y la destrucción del templo y de la ciudad, los discípulos hubieran sido abrumados por el miedo y el dolor. Cristo les dio un bosquejo de los sucesos culminantes que habrían de desarrollarse antes de la consumación de los tiempos. Sus palabras no fueron entendidas plenamente entonces, pero su significado iba a aclararse a medida que su pueblo necesitase la instrucción contenida en esas palabras. La profecía del Señor entrañaba un doble significado: al par que anunciaba la ruina de Jerusalén presagiaba también los horrores del gran día final.

Jesús declaró a los discípulos los castigos que iban a caer sobre el apóstata Israel y especialmente los que debería sufrir por haber rechazado y crucificado al Mesías. Iban a producirse señales inequívocas, precursoras del espantoso desenlace. La hora aciaga llegaría presta y repentinamente. Y el Salvador advirtió a sus discípulos: "Por tanto, cuando viereis la abominación del asolamiento, que fue dicha por Daniel profeta, que estará en el lugar santo (el que lee, entienda), entonces los que están en Judea, huyan a los montes." (S. Mateo 24:15, 16; S. Lucas 21:20.) Tan pronto como los estandartes del ejército romano idólatra fuesen clavados en el suelo sagrado, que se extendía varios estadios más allá de los muros, los creyentes en Cristo debían huir a un lugar seguro. Al ver la señal preventiva, todos los que quisieran escapar debían hacerlo sin tardar. Tanto en tierra de Judea como en la propia ciudad de Jerusalén el aviso de la fuga debía ser aprovechado en el acto. Todo el que se hallase en aquel instante en el tejado de su casa no debía entrar en ella ni para tomar consigo los más valiosos tesoros; los que trabajaran en el campo y en los viñedos no debían perder tiempo en volver por las túnicas que se hubiesen quitado para sobrellevar mejor el calor y la faena del día. Todos debían marcharse sin tardar si no querían verse envueltos en la ruina general.

Durante el reinado de Herodes, la ciudad de Jerusalén no sólo había sido notablemente embellecida, sino también fortalecida. Se erigieron torres, muros y fortalezas que, unidos a la ventajosa situación topográfica del lugar, la hacían aparentemente inexpugnable. Si en aquellos días alguien hubiese predicho públicamente la destrucción de la ciudad, sin duda habría sido considerado cual lo fuera Noé en su tiempo: como alarmista insensato. Pero Cristo había dicho: "El cielo y la tierra pasarán, mas mis palabras no pasarán." (S. Mateo 24:35.) La ira del Señor se había declarado contra Jerusalén a causa de sus pecados, y su obstinada incredulidad hizo inevitable su condenación.

El Señor había dicho por el profeta Miqueas: "Oíd ahora esto, cabezas de la casa de Jacob, y capitanes de la casa de Israel, que abomináis el juicio, y pervertís todo el derecho; que edificáis a Sión con sangre, y a Jerusalem con injusticia; sus cabezas juzgan por cohecho, y sus sacerdotes enseñan por precio, y sus profetas adivinan por dinero; y apóyanse en Jehová diciendo: ¿No está Jehová entre nosotros? No vendrá mal sobre nosotros." (Miqueas 3:9-11.)

Estas palabras dan una idea cabal de cuán corruptos eran los moradores de Jerusalén y de cuán justos se consideraban. A la vez que se decían escrupulosos observadores de la ley de Dios, quebrantaban todos sus preceptos. La pureza de Cristo y su santidad hacían resaltar la iniquidad de ellos; por eso le aborrecían y le señalaban como el causante de todas las desgracias que les habían sobrevenido como consecuencia de su maldad. Aunque harto sabían que Cristo no tenía pecado, declararon que su muerte era necesaria para la seguridad de la nación. Los príncipes de los sacerdotes y los fariseos decían; "Si le dejamos así, todos creerán en él; y vendrán los romanos y destruirán nuestro lugar y nuestra nación." (S. Juan 11:48, V.M.) Si se sacrificaba a Cristo, pensaban ellos, podrían ser otra vez un pueblo fuerte y unido. Así discurrían, y convinieron con el sumo sacerdote en que era mejor que uno muriera y no que la nación entera se perdiese.

Así era cómo los príncipes judíos habían edificado "a Sión con sangre, y a Jerusalem con iniquidad," y al paso que sentenciaban a muerte a su Salvador porque les echara en cara sus iniquidades, se atribuían tanta justicia que se consideraban el pueblo favorecido de Dios y esperaban que el Señor viniese a librarlos de sus enemigos. "Por tanto había añadido el profeta,—a causa de vosotros será Sión arada como campo, y Jerusalem será majanos, y el monte de la casa como cumbres de breñal." (Miqueas 3:12.)

Dios aplazó sus juicios sobre la ciudad y la nación hasta cosa de cuarenta años después que Cristo hubo anunciado el castigo de Jerusalén. Admirable fue la paciencia que tuvo Dios con los que rechazaran su Evangelio y asesinaran a su Hijo. La parábola de la higuera estéril representa el trato bondadoso de Dios con la nación judía. Ya había sido dada la orden: "Córtala, ¿por qué ocupará aún la tierra?" (S. Lucas 13:7), pero la divina misericordia la preservó por algún tiempo. Había todavía muchos judíos que ignoraban lo que habían sido el carácter y la obra de Cristo. Y los hijos no habían tenido las oportunidades ni visto la luz que sus padres habían rechazado. Por medio de la predicación de los apóstoles y de sus compañeros, Dios iba a hacer brillar la luz sobre ellos para que pudiesen ver cómo se habían cumplido las profecías, no únicamente las que se referían al nacimiento y vida del Salvador sino también las que anunciaban su muerte y su gloriosa resurrección. Los hijos no fueron condenados por los pecados de sus padres; pero cuando, conociendo ya plenamente la luz que fuera dada a sus padres, rechazaron la luz adicional que a ellos mismos les fuera concedida, entonces se hicieron cómplices de las culpas de los padres y colmaron la medida de su iniquidad.

La longanimidad de Dios hacia Jerusalén no hizo sino confirmar a los judíos en su terca impenitencia. Por el odio y la crueldad que manifestaron hacia los discípulos de Jesús rechazaron el último ofrecimiento de misericordia. Dios les retiró entonces su protección y dio rienda suelta a Satanás y a sus ángeles, y la nación cayó bajo el dominio del caudillo que ella misma se había elegido. Sus hijos menospreciaron la gracia de Cristo, que los habría capacitado para subyugar sus malos impulsos, y estos los vencieron. Satanás despertó las más fieras y degradadas pasiones de sus almas. Los hombres ya no razonaban, completamente dominados por sus impulsos y su ira ciega. En su crueldad se volvieron satánicos. Tanto en la familia como en la nación, en las clases bajas como en las clases superiores del pueblo, no reinaban más que la sospecha, la envidia, el odio, el altercado, la rebelión y el asesinato. No había seguridad en ninguna parte. Los amigos y parientes se hacían traición unos a otros. Los padres mataban a los hijos y éstos a sus padres. Los que gobernaban al pueblo no tenían poder para gobernarse a sí mismos: las pasiones más desordenadas los convertían en tiranos. Los judíos habían aceptado falsos testimonios para condenar al Hijo inocente de Dios; y ahora las acusaciones más falsas hacían inseguras sus propias vidas. Con sus hechos habían expresado desde hacía tiempo sus deseos: "¡Quitad de delante de nosotros al Santo de Israel!" (Isaías 30:11, V.M.) y ya dichos deseos se habían cumplido. El temor de Dios no les preocupaba más; Satanás se encontraba ahora al frente de la nación y las más altas autoridades civiles y religiosas estaban bajo su dominio.

Los jefes de los bandos opuestos hacían a veces causa común para despojar y torturar a sus desgraciadas víctimas, y otras veces esas mismas facciones peleaban unas con otras y se daban muerte sin misericordia; ni la santidad del templo podía refrenar su ferocidad. Los fieles eran derribados al pie de los altares, y el santuario era mancillado por los cadáveres de aquellas carnicerías. No obstante, en su necia y abominable presunción, los instigadores de la obra infernal declaraban públicamente que no temían que Jerusalén fuese destruída, pues era la ciudad de Dios; y, con el propósito de afianzar su satánico poder, sobornaban a falsos profetas para que proclamaran que el pueblo debía esperar la salvación de Dios, aunque ya el templo estaba sitiado por las legiones romanas. Hasta el fin las multitudes creyeron firmemente que el Todopoderoso intervendría para derrotar a sus adversarios. Pero Israel había despreciado la protección de Dios, y no había ya defensa alguna para él. ¡Desdichada Jerusalén! Mientras la desgarraban las contiendas intestinas y la sangre de sus hijos, derramada por sus propias manos, teñía sus calles de carmesí, los ejércitos enemigos echaban a tierra sus fortalezas y mataban a sus guerreros!

Todas las predicciones de Cristo acerca de la destrucción de Jerusalén se cumplieron al pie de la letra; los judíos palparon la verdad de aquellas palabras de advertencia del Señor: "Con la medida que medís, se os medirá." (S. Mateo 7:2, V.M.)

Aparecieron muchas señales y maravillas como síntomas precursores del desastre y de la condenación. A la media noche una luz extraña brillaba sobre el templo y el altar. En las nubes, a la puesta del sol, se veían como carros y hombres de guerra que se reunían para la batalla. Los sacerdotes que ministraban de noche en el santuario eran aterrorizados por ruidos misteriosos; temblaba la tierra y se oían voces que gritaban: "¡Salgamos de aquí!" La gran puerta del oriente, que por su enorme peso era difícil de cerrar entre veinte hombres y que estaba asegurada con formidables barras de hierro afirmadas en el duro pavimento de piedras de gran tamaño, se abrió a la media noche de una manera misteriosa.—Milman, *History of the Jews*, libro 13.

Durante siete años un hombre recorrió continuamente las calles de Jerusalén anunciando las calamidades que iban a caer sobre la ciudad. De día y de noche entonaba la frenética endecha: "Voz del oriente, voz del occidente, voz de los cuatro vientos, voz contra Jerusalén y contra el templo, voz contra el esposo y la esposa, voz contra todo el pueblo."—*Ibid*., libro 13. Este extraño personaje fue encarcelado y azotado sin que exhalase una queja. A los insultos que le dirigían y a las burlas que le hacían, no contestaba sino con estas palabras: "¡Ay de Jerusalén! ¡Ay, ay de sus moradores!" y sus tristes presagios no dejaron de oírse sino cuando encontró la muerte en el sitio que él había predicho.

Ni un solo cristiano pereció en la destrucción de Jerusalén. Cristo había prevenido a sus discípulos, y todos los que creyeron sus palabras esperaron atentamente las señales prometidas. "Cuando viereis a Jerusalem cercada de ejércitos—había dicho Jesús,—sabed entonces que su destrucción ha llegado. Entonces los que estuvieren en Judea, huyan a los montes; y los que en medio de ella, váyanse." (S. Lucas 21:20, 21.) Después que los soldados romanos, al mando del general Cestio Galo, hubieron rodeado la ciudad, abandonaron de pronto el sitio de una manera inesperada y eso cuando todo parecía favorecer un asalto inmediato. Perdida ya la esperanza de poder resistir el ataque, los sitiados estaban a punto de rendirse, cuando el general romano retiró sus fuerzas sin motivo aparente para ello. Empero la previsora misericordia de Dios había dispuesto los acontecimientos para bien de los suyos. Ya estaba dada la señal a los cristianos que aguardaban el cumplimiento de las palabras de Jesús, y en aquel momento se les ofrecía una oportunidad que debían aprovechar para huir, conforme a las indicaciones dadas por el Maestro. Los sucesos se desarrollaron de modo tal que ni los judíos ni los romanos hubieran podido evitar la huída de los creyentes. Habiéndose retirado Cestio, los judíos hicieron una salida para perseguirle y entre tanto que ambas fuerzas estaban así empeñadas, los cristianos pudieron salir de la ciudad, aprovechando la circunstancia de estar los alrededores totalmente despejados de enemigos que hubieran podido cerrarles el paso. En la época del sitio, los judíos habían acudido numerosos a Jerusalén para celebrar la fiesta de los tabernáculos y así fue como los cristianos esparcidos por todo el país pudieron escapar sin dificultad. Inmediatamente se encaminaron hacia un lugar seguro, la ciudad de Pella, en tierra de Perea, allende el Jordán.

Las fuerzas judaicas perseguían de cerca a Cestio y a su ejército y cayeron sobre la retaguardia con tal furia que amenazaban destruirla totalmente. Sólo a duras penas pudieron las huestes romanas cumplir su retirada. Los judíos no sufrieron más que pocas bajas, y con los despojos que obtuvieron volvieron en triunfo a Jerusalén. Pero este éxito aparente no les acarreó sino perjuicios, pues despertó en ellos un espíritu de necia resistencia contra los romanos, que no tardó en traer males incalculables a la desdichada ciudad.

Espantosas fueron las calamidades que sufrió Jerusalén cuando el sitio se reanudó bajo el mando de Tito. La ciudad fue sitiada en el momento de la Pascua, cuando millones de judíos se hallaban reunidos dentro de sus muros. Los depósitos de provisiones que, de haber sido conservados, hubieran podido abastecer a toda la población por varios años, habían sido destruídos a consecuencia de la rivalidad y de las represalias de las facciones en lucha, y pronto los vecinos de Jerusalén empezaron a sucumbir a los horrores del hambre. Una medida de trigo se vendía por un talento. Tan atroz era el hambre, que los hombres roían el cuero de sus cintos, sus sandalias y las cubiertas de sus escudos. Muchos salían durante la noche para recoger las plantas silvestres que crecían fuera de los muros, a pesar de que muchos de ellos eran aprehendidos y muertos por crueles torturas, y a menudo los que lograban escapar eran despojados de aquello que habían conseguido aun con riesgo de la vida. Los que estaban en el poder imponían los castigos más infamantes para obligar a los necesitados a entregar los últimos restos de provisiones que guardaban escondidos; y tamañas atrocidades eran perpetradas muchas veces por gente bien alimentada que sólo deseaba almacenar provisiones para más tarde.

Millares murieron a consecuencia del hambre y la pestilencia. Los afectos naturales parecían haber desaparecido: los esposos se arrebataban unos a otros los alimentos; los hijos quitaban a sus ancianos padres la comida que se llevaban a la boca, y la pregunta del profeta: "¿Se olvidará acaso la mujer de su niño mamante?" recibió respuesta en el interior de los muros de la desgraciada ciudad, tal como la diera la Santa Escritura: "Las misericordiosas manos de las mujeres cuecen a sus mismos hijos! ¡éstos les sirven de comida en el quebranto de la hija de mi pueblo!" (Isaías 49:15; Lamentaciones 4:10, V.M.)

Una vez más se cumplía la profecía pronunciada catorce siglos antes, y que dice: "La mujer tierna y delicada en medio de ti, que nunca probó a asentar en tierra la planta de su pie, de pura delicadeza y ternura, su ojo será avariento para con el marido de su seno, y para con su hijo y su hija, así respecto de su niño recién nacido como respecto de sus demás hijos que hubiere parido; porque ella sola los comerá ocultamente en la falta de todo, en la premura y en la estrechez con que te estrecharán tus enemigos dentro de tus ciudades." (Deuteronomio 28:56, 57, V.M.)

Los jefes romanos procuraron aterrorizar a los judíos para que se rindiesen. A los que eran apresados resistiendo, los azotaban, los atormentaban y los crucificaban frente a los muros de la ciudad. Centenares de ellos eran así ejecutados cada día, y el horrendo proceder continuó hasta que a lo largo del valle de Josafat y en el Calvario se erigieron tantas cruces que apenas dejaban espacio para pasar entre ellas. Así fue castigada aquella temeraria imprecación que lanzara el pueblo en el tribunal de Pilato, al exclamar: "¡Recaiga su sangre sobre nosotros, y sobre nuestros hijos!" (S. Mateo 27:25, V.M.)

De buen grado hubiera Tito hecho cesar tan terribles escenas y ahorrado a Jerusalén la plena medida de su condenación. Le horrorizaba ver los montones de cadáveres en los valles. Como obsesionado, miraba desde lo alto del monte de los Olivos el magnífico templo y dio la orden de que no se tocara una sola de sus piedras. Antes de hacer la tentativa de apoderarse de esa fortaleza, dirigió un fervoroso llamamiento a los jefes judíos para que no le obligasen a profanar con sangre el lugar sagrado. Si querían salir a pelear en cualquier otro sitio, ningún romano violaría la santidad del templo. Josefo mismo, en elocuentísimo discurso, les rogó que se entregasen, para salvarse a sí mismos, a su ciudad y su lugar de culto. Pero respondieron a sus palabras con maldiciones, y arrojaron dardos a su último mediador humano mientras alegaba con ellos. Los judíos habían rechazado las súplicas del Hijo de Dios, y ahora cualquier otra instancia o amonestación no podía obtener otro resultado que inducirlos a resistir hasta el fin. Vanos fueron los esfuerzos de Tito para salvar el templo. Uno mayor que él había declarado que no quedaría piedra sobre piedra que no fuese derribada.

La ciega obstinación de los jefes judíos y los odiosos crímenes perpetrados en el interior de la ciudad sitiada excitaron el horror y la indignación de los romanos, y finalmente Tito dispuso tomar el templo por asalto. Resolvió, sin embargo, que si era posible evitaría su destrucción. Pero sus órdenes no fueron obedecidas. A la noche, cuando se había retirado a su tienda para descansar, los judíos hicieron una salida desde el templo y atacaron a los soldados que estaban afuera. Durante la lucha, un soldado romano arrojó al pórtico por una abertura un leño encendido, e inmediatamente ardieron los aposentos enmaderados de cedro que rodeaban el edificio santo. Tito acudió apresuradamente, seguido por sus generales y legionarios, y ordenó a los soldados que apagasen las llamas. Sus palabras no fueron escuchadas. Furiosos, los soldados arrojaban teas encendidas en las cámaras contiguas al templo y con sus espadas degollaron a gran número de los que habían buscado refugio allí. La sangre corría como agua por las gradas del templo. Miles y miles de judíos perecieron. Por sobre el ruido de la batalla, se oían voces que gritaban: "¡Ichabod!"—la gloria se alejó.

"Tito vio que era imposible contener el furor de los soldados enardecidos por la lucha; y con sus oficiales se puso a contemplar el interior del sagrado edificio. Su esplendor los dejó maravillados, y como él notase que el fuego no había llegado aún al lugar santo, hizo un postrer esfuerzo para salvarlo saliendo precipitadamente y exhortando con energía a los soldados para que se empeñasen en contener la propagación del incendio. El centurión Liberalis hizo cuanto pudo con su insignia de mando para conseguir la obediencia de los soldados, pero ni siquiera el respeto al emperador bastaba ya para apaciguar la furia de la soldadesca contra los judíos y su ansia insaciable de saqueo. Todo lo que los soldados veían en torno suyo estaba revestido de oro y resplandecía a la luz siniestra de las llamas, lo cual les inducía a suponer que habría en el santuario tesoros de incalculable valor. Un soldado romano, sin ser visto, arrojó una tea encendida entre los goznes de la puerta y en breves instantes todo el edificio era presa de las llamas. Los oficiales se vieron obligados a retroceder ante el fuego y el humo que los cegaba, y el noble edificio quedó entregado a su fatal destino.

"Aquel espectáculo llenaba de espanto a los romanos; ¿qué sería para los judíos? Toda la cumbre del monte que dominaba la ciudad despedía fulgores como el cráter de un volcán en plena actividad. Los edificios iban cayendo a tierra uno tras otro, en medio de un estrépito tremendo y desaparecían en el abismo ardiente. Las techumbres de cedro eran como sábanas de fuego, los dorados capiteles de las columnas relucían como espigas de luz rojiza y los torreones inflamados despedían espesas columnas de humo y lenguas de fuego. Las colinas vecinas estaban iluminadas y dejaban ver grupos de gentes que se agolpaban por todas partes siguiendo con la vista, en medio de horrible inquietud, el avance de la obra destructora; los muros y las alturas de la ciudad estaban llenos de curiosos que ansiosos contemplaban la escena, algunos con rostros pálidos por hallarse presa de la más atroz desesperación, otros encendidos por la ira al ver su impotencia para vengarse. El tumulto de las legiones romanas que desbandadas corrían de acá para allá, y los agudos lamentos de los infelices judíos que morían entre las llamas, se mezclaban con el chisporroteo del incendio y con el estrépito de los derrumbes. En los montes repercutían los gritos de espanto y los ayes de la gente que se hallaba en las alturas; a lo largo de los muros se oían gritos y gemidos y aun los que morían de hambre hacían un supremo esfuerzo para lanzar un lamento de angustia y desesperación.

"Dentro de los muros la carnicería era aún más horrorosa que el cuadro que se contemplaba desde afuera; hombres y mujeres, jóvenes y viejos, soldados y sacerdotes, los que peleaban y los que pedían misericordia, todos eran degollados en desordenada matanza. Superó el número de los asesinados al de los asesinos. Para seguir matando, los legionarios tenían que pisar sobre montones de cadáveres."—Milman, *History of the Jews*, libro 16.

Destruído el templo, no tardó la ciudad entera en caer en poder de los romanos. Los caudillos judíos abandonaron las torres que consideraban inexpugnables y Tito las encontró vacías. Contemplólas asombrado y declaró que Dios mismo las había entregado en sus manos, pues ninguna máquina de guerra, por poderosa que fuera, hubiera logrado hacerle dueño de tan formidables baluartes. La ciudad y el templo fueron arrasados hasta sus cimientos. El solar sobre el cual se irguiera el santuario fue arado "como campo." (Jeremías 26:18.) En el sitio y en la mortandad que le siguió perecieron más de un millón de judíos; los que sobrevivieron fueron llevados cautivos, vendidos como esclavos, conducidos a Roma para enaltecer el triunfo del conquistador, arrojados a las fieras del circo o desterrados y esparcidos por toda la tierra.

Los judíos habían forjado sus propias cadenas; habían colmado la copa de la venganza. En la destrucción absoluta de que fueron víctimas como nación y en todas las desgracias que les persiguieron en la dispersión, no hacían sino cosechar lo que habían sembrado con sus propias manos. Dice el profeta: "¡Es tu destrucción, oh Israel, el que estés contra mí; ... porque has caído por tu iniquidad!" (Oseas 13:9; 14:1, V.M.) Los padecimientos de los judíos son muchas veces representados como castigo que cayó sobre ellos por decreto del Altísimo. Así es como el gran engañador procura ocultar su propia obra. Por la tenacidad con que rechazaron el amor y la misericordia de Dios, los judíos le hicieron retirar su protección, y Satanás pudo regirlos como quiso. Las horrorosas crueldades perpetradas durante la destrucción de Jerusalén demuestran el poder con que se ensaña Satanás sobre aquellos que ceden a su influencia.

No podemos saber cuánto debemos a Cristo por la paz y la protección de que disfrutamos. Es el poder restrictivo de Dios lo que impide que el hombre caiga completamente bajo el dominio de Satanás. Los desobedientes e ingratos deberían hallar un poderoso motivo de agradecimiento a Dios en el hecho de que su misericordia y clemencia hayan coartado el poder maléfico del diablo. Pero cuando el hombre traspasa los límites de la paciencia divina, ya no cuenta con aquella protección que le libraba del mal. Dios no asume nunca para con el pecador la actitud de un verdugo que ejecuta la sentencia contra la transgresión; sino que abandona a su propia suerte a los que rechazan su misericordia, para que recojan los frutos de lo que sembraron sus propias manos. Todo rayo de luz que se desprecia, toda admonición que se desoye y rechaza, toda pasión malsana que se abriga, toda transgresión de la ley de Dios, son semillas que darán infaliblemente su cosecha. Cuando se le resiste tenazmente, el Espíritu de Dios concluye por apartarse del pecador, y éste queda sin fuerza para dominar las malas pasiones de su alma y sin protección alguna contra la malicia y perfidia de Satanás. La destrucción de Jerusalén es una advertencia terrible y solemne para todos aquellos que menosprecian los dones de la gracia divina y que resisten a las instancias de la misericordia divina. Nunca se dio un testimonio más decisivo de cuánto aborrece Dios el pecado y de cuán inevitable es el castigo que sobre sí atraen los culpables.

La profecía del Salvador referente al juicio que iba a caer sobre Jerusalén va a tener otro cumplimiento, y la terrible desolación del primero no fue más que un pálido reflejo de lo que será el segundo. En lo que acaeció a la ciudad escogida, podemos ver anunciada la condenación de un mundo que rechazó la misericordia de Dios y pisoteó su ley. Lóbregos son los anales de la humana miseria que ha conocido la tierra a través de siglos de crímenes. Al contemplarlos, el corazón desfallece y la mente se abruma de estupor; horrendas han sido las consecuencias de haber rechazado la autoridad del Cielo; pero una escena aun más sombría nos anuncian las revelaciones de lo porvenir. La historia de lo pasado, la interminable serie de alborotos, conflictos y contiendas, "toda la armadura del guerrero en el tumulto de batalla, y los vestidos revolcados en sangre" (Isaías 9:5, V.M.), ¿qué son y qué valen en comparación con los horrores de aquel día, cuando el Espíritu de Dios se aparte del todo de los impíos y no deje abandonados a sus fieras pasiones y a merced de la saña satánica? Entonces el mundo verá, como nunca los vio, los resultados del gobierno de Satanás.

Pero en aquel día, así como sucedió en tiempo de la destrucción de Jerusalén, el pueblo de Dios será librado, porque serán salvos todos aquellos cuyo nombre esté "inscrito para la vida." (Isaías 4:3, V.M.) Nuestro Señor Jesucristo anunció que vendrá la segunda vez para llevarse a los suyos: "Entonces se mostrará la señal del Hijo del hombre en el cielo; y entonces lamentarán todas las tribus de la tierra, y verán al Hijo del hombre que vendrá sobre las nubes del cielo, con grande poder y gloria. Y enviará sus ángeles con gran voz de trompeta, y juntarán sus escogidos de los cuatro vientos, de un cabo del cielo hasta el otro." (S. Mateo 24:30, 31.) Entonces los que no obedezcan al Evangelio serán muertos con el aliento de su boca y destruidos con el resplandor de su venida. (2 Tesalonicenses 2:8.) Así como le sucedió antiguamente a Israel, los malvados se destruirán a sí mismos, y perecerán víctimas de su iniquidad. Debido a su vida pecaminosa los hombres se han apartado tanto del Señor y tanto ha degenerado su naturaleza con el mal, que la manifestación de la gloria del Señor es para ellos un fuego consumidor.

Deben guardarse los hombres de no menospreciar el aviso de Cristo respecto a su segunda venida; porque como anunció a los discípulos la destrucción de Jerusalén y les dio una señal para cuando se acercara la ruina, así también previno al mundo del día de la destrucción final y nos dio señales de la proximidad de ésta para que todos los que quieran puedan huir de la ira que vendrá. Dijo Jesús: "Y habrá señales en el sol, y en la luna, y en las estrellas; y sobre la tierra angustia de naciones." (S. Lucas 21:25, V.M.; S. Mateo 24:29; Apocalipsis 6:12-17.) "Cuando viereis todas estas cosas, sabed que está cercano, a las puertas." (S. Mateo 24:33.) "Velad pues" (S.Marcos 13:35), es la amonestación del Señor. Los que le presten atención no serán dejados en tinieblas ni sorprendidos por aquel día. Pero los que no quieran velar serán sorprendidos, porque "el día del Señor vendrá así como ladrón de noche." (1 Tesalonicenses 5:1-5.)

El mundo no está hoy más dispuesto a creer el mensaje dado para este tiempo de lo que estaba en los días de los judíos para recibir el aviso del Salvador respecto a la ruina de Jerusalén. Venga cuando venga, el día de Dios caerá repentinamente sobre los impíos desprevenidos. El día menos pensado, en medio del curso rutinario de la vida, absortos los hombres en los placeres de la vida, en los negocios, en la caza al dinero, cuando los guías religiosos ensalcen el progreso y la ilustración del mundo, y los moradores de la tierra se dejen arrullar por una falsa seguridad,—entonces, como ladrón que a media noche penetra en una morada sin custodia, así caerá la inesperada destrucción sobre los desprevenidos "y no escaparán." (Vers. 3.)

2
LA FE DE LOS MÁRTIRES

CUANDO Jesús reveló a sus discípulos la suerte de Jerusalén y los acontecimientos de la segunda venida, predijo también lo que habría de experimentar su pueblo desde el momento en que él sería quitado de en medio de ellos, hasta el de su segunda venida en poder y gloria para libertarlos. Desde el monte de los Olivos vio el Salvador las tempestades que iban a azotar a la iglesia apostólica y, penetrando aún mas en lo porvenir, su ojo vislumbró las fieras y desoladoras tormentas que se desatarían sobre sus discípulos en los tiempos de obscuridad y de persecución que habían de venir. En unas cuantas declaraciones breves, de terrible significado, predijo la medida de aflicción que los gobernantes del mundo impondrían a la iglesia de Dios. (S. Mateo 24:9, 21, 22.) Los discípulos de Cristo habrían de recorrer la misma senda de humillación, escarnio y sufrimientos que a él le tocaba pisar. La enemistad que contra el Redentor se despertara, iba a manifestarse contra todos los que creyesen en su nombre.

La historia de la iglesia primitiva atestigua que se cumplieron las palabras del Salvador. Los poderes de la tierra y del infierno se coligaron para atacar a Cristo en la persona de sus discípulos. El paganismo previó que de triunfar el Evangelio, sus templos y sus altares serían derribados, y reunió sus fuerzas para destruir el cristianismo. Encendióse el fuego de la persecución. Los cristianos fueron despojados de sus posesiones y expulsados de sus hogares. Todos ellos sufrieron "gran combate de aflicciones." "Experimentaron vituperios y azotes; y a más de esto prisiones y cárceles." (Hebreos 10:32; 11:36.) Muchos sellaron su testimonio con su sangre. Nobles y esclavos, ricos y pobres, sabios e ignorantes, todos eran muertos sin misericordia.

Estas persecuciones que empezaron bajo el imperio de Nerón, cerca del tiempo del martirio de S. Pablo, continuaron con mayor o menor furia por varios siglos. Los cristianos eran inculpados calumniosamente de los más espantosos crímenes y eran señalados como la causa de las mayores calamidades: hambres, pestes y terremotos. Como eran objeto de los odios y sospechas del pueblo, no faltaban los delatores que por vil interés estaban listos para vender a los inocentes. Se los condenaba como rebeldes contra el imperio, enemigos de la religión y azotes de la sociedad. Muchos eran arrojados a las fieras o quemados vivos en los anfiteatros. Algunos eran crucificados; a otros los cubrían con pieles de animales salvajes y los echaban a la arena para ser despedazados por los perros. Estos suplicios constituían a menudo la principal diversión en las fiestas populares. Grandes muchedumbres solían reunirse para gozar de semejantes espectáculos y saludaban la agonía de los moribundos con risotadas y aplausos.

Doquiera fuesen los discípulos de Cristo en busca de refugio, se les perseguía como a animales de rapiña. Se vieron pues obligados a buscar escondite en lugares desolados y solitarios. Anduvieron "destituídos, afligidos, maltratados (de los cuales el mundo no era digno), andando descaminados por los desiertos y por las montañas, y en las cuevas y en las cavernas de la tierra." (Hebreos 11:37, 38, V.M.) Las catacumbas ofrecieron refugio a millares de cristianos. Debajo de los cerros, en las afueras de la ciudad de Roma, se habían cavado a través de tierra y piedra largas galerías subterráneas, cuya obscura e intrincada red se extendía leguas más allá de los muros de la ciudad. En estos retiros los discípulos de Cristo sepultaban a sus muertos y hallaban hogar cuando se sospechaba de ellos y se los proscribía. Cuando el Dispensador de la vida despierte a los que pelearon la buena batalla, muchos mártires de la fe de Cristo se levantarán de entre aquellas cavernas tenebrosas.

En las persecuciones más encarnizadas, estos testigos de Jesús conservaron su fe sin mancha. A pesar de verse privados de toda comodidad y aun de la luz del sol mientras moraban en el obscuro pero benigno seno de la tierra, no profirieron quejas. Con palabras de fe, paciencia y esperanza, se animaban unos a otros para soportar la privación y la desgracia. La pérdida de todas las bendiciones temporales no pudo obligarlos a renunciar a su fe en Cristo. Las pruebas y la persecución no eran sino peldaños que los acercaban más al descanso y a la recompensa.

Como los siervos de Dios en los tiempos antiguos, muchos "fueron muertos a palos, no admitiendo la libertad, para alcanzar otra resurrección mejor." (Vers. 35, V.M.) Recordaban que su Maestro había dicho que cuando fuesen perseguidos por causa de Cristo debían regocijarse mucho, pues grande sería su galardón en los cielos; porque así fueron perseguidos los profetas antes que ellos. Se alegraban de que se los hallara dignos de sufrir por la verdad, y entonaban cánticos de triunfo en medio de las crepitantes hogueras. Mirando hacia arriba por la fe, veían a Cristo y a los ángeles que desde las almenas del cielo los observaban con el mayor interés y apreciaban y aprobaban su entereza. Descendía del trono de Dios hasta ellos una voz que decía: "Sé fiel hasta la muerte, y yo te daré la corona de la vida." (Apocalipsis 2:10.)

Vanos eran los esfuerzos de Satanás para destruir la iglesia de Cristo por medio de la violencia. La gran lucha en que los discípulos de Jesús entregaban la vida, no cesaba cuando estos fieles portaestandartes caían en su puesto. Triunfaban por su derrota. Los siervos de Dios eran sacrificados, pero su obra seguía siempre adelante. El Evangelio cundía más y más, y el número de sus adherentes iba en aumento. Alcanzó hasta las regiones inaccesibles para las águilas de Roma. Dijo un cristiano, reconviniendo a los jefes paganos que atizaban la persecución: "Atormentadnos, condenadnos, desmenuzadnos, que vuestra maldad es la prueba de nuestra inocencia … De nada os vale … vuestra crueldad." No era más que una instigación más poderosa para traer a otros a su fe. "Más somos cuanto derramáis más sangre; que la sangre de los cristianos es semilla."—Tertuliano, *Apología*, párr. 50.

Miles de cristianos eran encarcelados y muertos, pero otros los reemplazaban. Y los que sufrían el martirio por su fe quedaban asegurados para Cristo y tenidos por él como conquistadores. Habían peleado la buena batalla y recibirían la corona de gloria cuando Cristo viniese. Los padecimientos unían a los cristianos unos con otros y con su Redentor. El ejemplo que daban en vida y su testimonio al morir eran una constante atestación de la verdad; y donde menos se esperaba, los súbditos de Satanás abandonaban su servicio y se alistaban bajo el estandarte de Cristo.

En vista de esto Satanás se propuso oponerse con más éxito al gobierno de Dios implantando su bandera en la iglesia cristiana. Si podía engañar a los discípulos de Cristo e inducirlos a ofender a Dios, decaerían su resistencia, su fuerza y su estabilidad y ellos mismos vendrían a ser presa fácil.

El gran adversario se esforzó entonces por obtener con artificios lo que no conseguiera por la violencia. Cesó la persecución y la reemplazaron las peligrosas seducciones de la prosperidad temporal y del honor mundano. Los idólatras fueron inducidos a aceptar parte de la fe cristiana, al par que rechazaban otras verdades esenciales. Profesaban aceptar a Jesús como Hijo de Dios y creer en su muerte y en su resurrección, pero no eran convencidos de pecado ni sentían necesidad de arrepentirse o de cambiar su corazón. Habiendo hecho algunas concesiones, propusieron que los cristianos hicieran las suyas para que todos pudiesen unirse en el terreno común de la fe en Cristo.

La iglesia se vio entonces en gravísimo peligro, y en comparación con él, la cárcel, las torturas, el fuego y la espada, eran bendiciones. Algunos cristianos permanecieron firmes, declarando que no podían transigir. Otros se declararon dispuestos a ceder o a modificar en algunos puntos su confesión de fe y a unirse con los que habían aceptado parte del cristianismo, insistiendo en que ello podría llevarlos a una conversión completa. Fue un tiempo de profunda angustia para los verdaderos discípulos de Cristo. Bajo el manto de un cristianismo falso, Satanás se introducía en la iglesia para corromper la fe de los creyentes y apartarlos de la Palabra de verdad.

La mayoría de los cristianos consintieron al fin en arriar su bandera, y se realizó la unión del cristianismo con el paganismo. Aunque los adoradores de los ídolos profesaban haberse convertido y unido con la iglesia, seguían aferrándose a su idolatría, y sólo habían cambiado los objetos de su culto por imágenes de Jesús y hasta de María y de los santos. La levadura de la idolatría, introducida de ese modo en la iglesia, prosiguió su funesta obra. Doctrinas falsas, ritos supersticiosos y ceremonias idolátricas se incorporaron en la fe y en el culto cristiano. Al unirse los discípulos de Cristo con los idólatras, la religión cristiana se corrompió y la iglesia perdió su pureza y su fuerza. Hubo sin embargo creyentes que no se dejaron extraviar por esos engaños y adorando sólo a Dios, se mantuvieron fieles al Autor de la verdad.

Entre los que profesan el cristianismo ha habido siempre dos categorías de personas: la de los que estudian la vida del Salvador y se afanan por corregir sus defectos y asemejarse al que es nuestro modelo; y la de aquellos que rehuyen las verdades sencillas y prácticas que ponen de manifiesto sus errores. Aun en sus mejores tiempos la iglesia no contó exclusivamente con fieles verdaderos, puros y sinceros. Nuestro Salvador enseñó que no se debe recibir en la iglesia a los que pecan voluntariamente; no obstante, unió consigo mismo a hombres de carácter defectuoso y les concedió el beneficio de sus enseñanzas y de su ejemplo, para que tuviesen oportunidad de ver sus faltas y enmendarlas. Entre los doce apóstoles hubo un traidor. Judas fue aceptado no a causa de los defectos de su carácter, sino a pesar de ellos. Estuvo unido con los discípulos para que, por la instrucción y el ejemplo de Cristo, aprendiese lo que constituye el carácter cristiano y así pudiese ver sus errores, arrepentirse y, con la ayuda de la gracia divina, purificar su alma obedeciendo "a la verdad." Pero Judas no anduvo en aquella luz que tan misericordiosamente le iluminó; antes bien, abandonándose al pecado atrajo las tentaciones de Satanás. Los malos rasgos de su carácter llegaron a predominar; entregó su mente al dominio de las potestades tenebrosas; se airó cuando sus faltas fueron reprendidas, y fue inducido a cometer el espantoso crimen de vender a su Maestro. Así también obran todos los que acarician el mal mientras hacen profesión de piedad y aborrecen a quienes les perturban la paz condenando su vida de pecado. Como Judas, en cuanto se les presente la oportunidad, traicionarán a los que para su bien les han amonestado.

Los apóstoles se opusieron a los miembros de la iglesia que, mientras profesaban tener piedad, daban secretamente cabida a la iniquidad. Ananías y Safira fueron engañadores que pretendían hacer un sacrificio completo delante de Dios, cuando en realidad guardaban para sí con avaricia parte de la ofrenda. El Espíritu de verdad reveló a los apóstoles el carácter verdadero de aquellos engañadores, y el juicio de Dios libró a la iglesia de aquella inmunda mancha que empañaba su pureza. Esta señal evidente del discernimiento del Espíritu de Cristo en los asuntos de la iglesia, llenó de terror a los hipócritas y a los obradores de maldad. No podían éstos seguir unidos a los que eran, en hábitos y en disposición, fieles representantes de Cristo; y cuando las pruebas y la persecución vinieron sobre éstos, sólo los que estaban resueltos a abandonarlo todo por amor a la verdad, quisieron ser discípulos de Cristo. De modo que mientras continuó la persecución la iglesia permaneció relativamente pura; pero al cesar aquélla se adhirieron a ésta conversos menos sinceros y consagrados, y quedó preparado el terreno para la penetración de Satanás.

Pero no hay unión entre el Príncipe de luz y el príncipe de las tinieblas, ni puede haberla entre los adherentes del uno y los del otro. Cuando los cristianos consintieron en unirse con los paganos que sólo se habían convertido a medias, entraron por una senda que les apartó más y más de la verdad. Satanás se alegró mucho de haber logrado engañar a tan crecido número de discípulos de Cristo; luego ejerció aun más su poder sobre ellos y los indujo a perseguir a los que permanecían fieles a Dios. Los que habían sido una vez defensores de la fe cristiana eran los que mejor sabían cómo combatirla, y estos cristianos apóstatas, junto con sus compañeros semipaganos, dirigieron sus ataques contra los puntos más esenciales de las doctrinas de Cristo.

Fue necesario sostener una lucha desesperada por parte de los que deseaban ser fieles y firmes, contra los engaños y las abominaciones que, envueltos en las vestiduras sacerdotales, se introducían en la iglesia. La Biblia no fue aceptada como regla de fe. A la doctrina de la libertad religiosa se la llamó herejía, y sus sostenedores fueron aborrecidos y proscritos.

Tras largo y tenaz conflicto, los pocos que permanecían fieles resolvieron romper toda unión con la iglesia apóstata si ésta rehusaba aún desechar la falsedad y la idolatría. Y es que vieron que dicho rompimiento era de todo punto necesario si querían obedecer la Palabra de Dios. No se atrevían a tolerar errores fatales para sus propias almas y dar así un ejemplo que ponía en peligro la fe de sus hijos y la de los hijos de sus hijos. Para asegurar la paz y la unidad estaban dispuestos a cualquier concesión que no contrariase su fidelidad a Dios, pero les parecía que sacrificar un principio por amor a la paz era pagar un precio demasiado alto. Si no se podía asegurar la unidad sin comprometer la verdad y la justicia, más valía que siguiesen las diferencias y aun la guerra.

Bueno sería para la iglesia y para el mundo que los principios que aquellas almas vigorosas sostuvieron revivieran hoy en los corazones de los profesos hijos de Dios. Nótase hoy una alarmante indiferencia respecto de las doctrinas que son como las columnas de la fe cristiana. Está ganando más y más terreno la opinión de que, al fin y al cabo, dichas doctrinas no son de vital importancia. Semejante degeneración del pensamiento fortalece las manos de los agentes de Satanás, de modo que las falsas teorías y los fatales engaños que en otros tiempos eran rebatidos por los fieles que exponían la vida para resistirlos, encuentran ahora aceptación por parte de miles y miles que declaran ser discípulos de Cristo.

No hay duda de que los cristianos primitivos fueron un pueblo peculiar. Su conducta intachable y su fe inquebrantable constituían un reproche continuo que turbaba la paz del pecador. Aunque pocos en número, escasos de bienes, sin posición ni títulos honoríficos, aterrorizaban a los obradores de maldad dondequiera que fueran conocidos su carácter y sus doctrinas. Por eso los odiaban los impíos, como Abel fue aborrecido por el impío Caín. Por el mismo motivo que tuvo Caín para matar a Abel, los que procuraban librarse de la influencia refrenadora del Espíritu Santo daban muerte a los hijos de Dios. Por ese mismo motivo los judíos habían rechazado y crucificado al Salvador, es a saber, porque la pureza y la santidad del carácter de éste constituían una reprensión constante para su egoísmo y corrupción. Desde el tiempo de Cristo hasta hoy, sus verdaderos discípulos han despertado el odio y la oposición de los que siguen con deleite los senderos del mal.

¿Cómo pues, puede llamarse el Evangelio un mensaje de paz? Cuando Isaías predijo el nacimiento del Mesías, le confirió el título de "Príncipe de Paz." Cuando los ángeles anunciaron a los pastores que Cristo había nacido, cantaron sobre los valles de Belén: "Gloria en las alturas a Dios, y en la tierra paz, buena voluntad para con los hombres." (S. Lucas 2:14.) Hay contradicción aparente entre estas declaraciones proféticas y las palabras de Cristo: "No vine a traer paz, sino espada." (S. Mateo 10:34. V.M.) Pero si se las entiende correctamente, se nota armonía perfecta entre ellas. El Evangelio es un mensaje de paz. El cristianismo es un sistema que, de ser recibido y practicado, derramaría paz, armonía y dicha por toda la tierra. La religión de Cristo unirá en estrecha fraternidad a todos los que acepten sus enseñanzas. La misión de Jesús consistió en reconciliar a los hombres con Dios, y así a unos con otros; pero el mundo en su mayoría se halla bajo el dominio de Satanás, el enemigo más encarnizado de Cristo. El Evangelio presenta a los hombres principios de vida que contrastan por completo con sus hábitos y deseos, y por esto se rebelan contra él. Aborrecen la pureza que pone de manifiesto y condena sus pecados, y persiguen y dan muerte a quienes los instan a reconocer sus sagrados y justos requerimientos. Por esto, es decir, por los odios y disensiones que despiertan las verdades que trae consigo, el Evangelio se llama una espada.

La providencia misteriosa que permite que los justos sufran persecución por parte de los malvados, ha sido causa de gran perplejidad para muchos que son débiles en la fe. Hasta los hay que se sienten tentados a abandonar su confianza en Dios porque él permite que los hombres más viles prosperen, mientras que los mejores y los más puros sean afligidos y atormentados por el cruel poderío de aquéllos. ¿Cómo es posible, dicen ellos, que Uno que es todo justicia y misericordia y cuyo poder es infinito tolere tanta injusticia y opresión? Es una cuestión que no nos incumbe. Dios nos ha dado suficientes evidencias de su amor, y no debemos dudar de su bondad porque no entendamos los actos de su providencia. Previendo las dudas que asaltarían a sus discípulos en días de pruebas y obscuridad, el Salvador les dijo: "Acordaos de la palabra que yo os he dicho: No es el siervo mayor que su señor. Si a mí me han perseguido, también a vosotros perseguirán." (S. Juan 15:20.) Jesús sufrió por nosotros más de lo que cualquiera de sus discípulos pueda sufrir al ser víctima de la crueldad de los malvados. Los que son llamados a sufrir la tortura y el martirio, no hacen más que seguir las huellas del amado Hijo de Dios.

"El Señor no tarda su promesa." (2 Pedro 3:9.) Él no se olvida de sus hijos ni los abandona, pero permite a los malvados que pongan de manifiesto su verdadero carácter para que ninguno de los que quieran hacer la voluntad de Dios sea engañado con respecto a ellos. Además, los rectos pasan por el horno de la aflicción para ser purificados y para que por su ejemplo otros queden convencidos de que la fe y la santidad son realidades, y finalmente para que su conducta intachable condene a los impíos y a los incrédulos.

Dios permite que los malvados prosperen y manifiesten su enemistad contra él, para que cuando hayan llenado la medida de su iniquidad, todos puedan ver la justicia y la misericordia de Dios en la completa destrucción de aquéllos. Pronto llega el día de la venganza del Señor, cuando todos los que hayan transgredido su ley y oprimido a su pueblo recibirán la justa recompensa de sus actos; cuando todo acto de crueldad o de injusticia contra los fieles de Dios será castigado como si hubiera sido hecho contra Cristo mismo.

Otro asunto hay de más importancia aún, que debería llamar la atención de las iglesias en el día de hoy. El apóstol Pablo declara que "todos los que quieren vivir píamente en Cristo Jesús, padecerán persecución." (2 Timoteo 3:12.) ¿Por qué, entonces, parece adormecida la persecución en nuestros días? El único motivo es que la iglesia se ha conformado a las reglas del mundo y por lo tanto no despierta oposición. La religión que se profesa hoy no tiene el carácter puro y santo que distinguiera a la fe cristiana en los días de Cristo y sus apóstoles. Si el cristianismo es aparentemente tan popular en el mundo, ello se debe tan sólo al espíritu de transigencia con el pecado, a que las grandes verdades de la Palabra de Dios son miradas con indiferencia, y a la poca piedad vital que hay en la iglesia. Revivan la fe y el poder de la iglesia primitiva, y el espíritu de persecución revivirá también y el fuego de la persecución volverá a encenderse.

3
Una Era de Tinieblas Espirituales

EL apóstol Pablo, en su segunda carta a los Tesalonicenses, predijo la gran apostasía que había de resultar en el establecimiento del poder papal. Declaró, respecto al día de Cristo: "Ese día no puede venir, sin que venga primero la apostasía, y sea revelado el hombre de pecado, el hijo de perdición; el cual se opone a Dios, y se ensalza sobre todo lo que se llama Dios, o que es objeto de culto; de modo que se siente en el templo de Dios, ostentando que él es Dios." (2 Tesalonicenses 2:3, 4, V.M.) Y además el apóstol advierte a sus hermanos que "el misterio de iniquidad está ya obrando." (Vers. 7.) Ya en aquella época veía él que se introducían en la iglesia errores que prepararían el camino para el desarrollo del papado.

Poco a poco, primero solapadamente y a hurtadillas, y después con más desembozo, conforme iba cobrando fuerza y dominio sobre los espíritus de los hombres, "el misterio de iniquidad" hizo progresar su obra engañosa y blasfema. De un modo casi imperceptible las costumbres del paganismo penetraron en la iglesia cristiana. El espíritu de avenencia y de transacción fue coartado por algún tiempo por las terribles persecuciones que sufriera la iglesia bajo el régimen del paganismo. Mas habiendo cesado la persecución y habiendo penetrado el cristianismo en las cortes y palacios, la iglesia dejó a un lado la humilde sencillez de Cristo y de sus apóstoles por la pompa y el orgullo de los sacerdotes y gobernantes paganos, y substituyó los requerimientos de Dios por las teorías y tradiciones de los hombres. La conversión nominal de Constantino, a principios del siglo cuarto, causó gran regocijo; y el mundo, disfrazado con capa de rectitud, se introdujo en la iglesia. Desde entonces la obra de corrupción progresó rápidamente. El paganismo que parecía haber sido vencido, vino a ser el vencedor. Su espíritu dominó a la iglesia. Sus doctrinas, ceremonias y supersticiones se incorporaron a la fe y al culto de los que profesaban ser discípulos de Cristo.

Esta avenencia entre el paganismo y el cristianismo dio por resultado el desarrollo del "hombre de pecado" predicho en la profecía como oponiéndose a Dios y ensalzándose a sí mismo sobre Dios. Ese gigantesco sistema de falsa religión es obra maestra del poder de Satanás, un monumento de sus esfuerzos para sentarse él en el trono y reinar sobre la tierra según su voluntad.

Satanás se había esforzado una vez por hacer transigir a Cristo. Vino adonde estaba el Hijo de Dios en el desierto para tentarle, y mostrándole todos los reinos del mundo y su gloria, ofreció entregárselo todo con tal que reconociera la supremacía del príncipe de las tinieblas. Cristo reprendió al presuntuoso tentador y le obligó a marcharse. Pero al presentar las mismas tentaciones a los hombres, Satanás obtiene más éxito. A fin de asegurarse honores y ganancias mundanas, la iglesia fue inducida a buscar el favor y el apoyo de los grandes de la tierra, y habiendo rechazado de esa manera a Cristo, tuvo que someterse al representante de Satanás, el obispo de Roma.

Una de las principales doctrinas del romanismo enseña que el papa es cabeza visible de la iglesia universal de Cristo, y que fue investido de suprema autoridad sobre los obispos y los pastores de todas las partes del mundo. Aun más, al papa se le han dado los títulos propios de la divinidad. Se le ha titulado "Señor Dios el Papa" (véase el Apéndice), y se le ha declarado infalible. Exige que todos los hombres le rindan homenaje. La misma pretensión que sostuvo Satanás cuando tentó a Cristo en el desierto, la sostiene aún por medio de la iglesia de Roma, y muchos son los que están dispuestos a rendirle homenaje.

Empero los que temen y reverencian a Dios, resisten esa pretensión, que es un desafío al Cielo, como resistió Cristo las instancias del astuto enemigo: "¡Al Señor tu Dios adorarás, y a él solo servirás!" (S. Lucas 4:8, V.M.) Dios no ha hecho alusión alguna en su Palabra a que él haya elegido a un hombre para que sea la cabeza de la iglesia. La doctrina de la supremacía papal se opone abiertamente a las enseñanzas de las Santas Escrituras. Sólo por usurpación puede el papa ejercer autoridad sobre la iglesia de Cristo.

Los romanistas se han empeñado en acusar a los protestantes de herejía y de haberse separado caprichosamente de la verdadera iglesia. Pero estos cargos recaen más bien sobre ellos mismos. Ellos son los que arriaron la bandera de Cristo y se apartaron de "la fe que ha sido una vez dada a los santos." (S. Judas 3.)

Bien sabía Satanás que las Sagradas Escrituras capacitarían a los hombres para discernir los engaños de él y para oponerse a su poder. Por medio de la Palabra fue como el mismo Salvador del mundo resistió los ataques del tentador. A cada asalto suyo, Cristo presentaba el escudo de la verdad eterna diciendo: "Escrito está." A cada sugestión del adversario oponía él la sabiduría y el poder de la Palabra. Para mantener su poder sobre los hombres y establecer la autoridad del usurpador papal, Satanás necesita que ellos ignoren las Santas Escrituras. La Biblia ensalza a Dios y coloca a los hombres, seres finitos, en su verdadero sitio; por consiguiente hay que esconder y suprimir sus verdades sagradas. Esta fue la lógica que adoptó la iglesia romana. Por centenares de años fue prohibida la circulación de la Biblia. No se permitía a la gente que la leyese ni que la tuviese en sus casas, y sacerdotes y prelados sin principios interpretaban las enseñanzas de ella para sostener sus pretensiones. Así fue como el papa vino a ser reconocido casi universalmente como vicegerente de Dios en la tierra, dotado de autoridad sobre la iglesia y el estado.

Una vez suprimido lo que descubría el error, Satanás hizo lo que quiso. La profecía había declarado que el papado pensaría "mudar los tiempos y la ley." (Daniel 7:25.) No tardó en iniciar esta obra. Para dar a los convertidos del paganismo algo que equivaliera al culto de los ídolos y para animarles a que aceptaran nominalmente el cristianismo, se introdujo gradualmente en el culto cristiano la adoración de imágenes y de reliquias. Este sistema de idolatría fue definitivamente sancionado por decreto de un concilio general. (Véase el Apéndice.) Para remate de su obra sacrílega, Roma se atrevió a borrar de la ley de Dios el segundo mandamiento, que prohibe la adoración de las imágenes y a dividir en dos el último mandamiento para conservar el número de éstos.

El espíritu de concesión al paganismo fomentó aún más el desprecio de la autoridad del Cielo. Obrando por medio de directores inconversos de la iglesia, Satanás atentó también contra el cuarto mandamiento y trató de echar a un lado el antiguo sábado, el día que Dios había bendecido y santificado (Génesis 2:2, 3), para colocar en su lugar el día festivo observado por los paganos como "el venerable día del sol."

Este intento no se hizo al principio abiertamente. En los primeros siglos el verdadero día de reposo, el sábado, había sido guardado por todos los cristianos, los cuales siendo celosos de la honra de Dios y creyendo que su ley es inmutable, respetaban escrupulosamente la santidad de sus preceptos. Pero Satanás procedió con gran sutileza por medio de sus agentes para llegar al fin que se propusiera. Para llamar la atención de las gentes hacia el domingo, fue declarado día de fiesta en honor de la resurrección de Cristo. Se celebraban servicios religiosos en ese día; no obstante se lo consideraba como día de recreo, y seguía guardándose piadosamente el sábado.

Con el fin de preparar el terreno para la realización de sus fines, Satanás indujo a los judíos, antes del advenimiento de Cristo, a que recargasen el sábado con las más rigurosas exacciones, de modo que su observancia fuese una pesada carga. Aprovechándose luego de la falsa luz bajo la cual lo había hecho considerar, hízolo despreciar como institución judaica. Mientras que los cristianos seguían observando generalmente el domingo como día de fiesta alegre, el diablo los indujo a hacer del sábado un día de ayuno, de tristeza y de abatimiento para hacer patente su odio al judaísmo.

A principios del siglo IV el emperador Constantino expidió un decreto que hacía del domingo un día de fiesta pública en todo el Imperio Romano. (Véase el Apéndice.) El día del sol fue reverenciado por sus súbditos paganos y honrado por los cristianos; pues era política del emperador conciliar los intereses del paganismo y del cristianismo que se hallaban en pugna. Los obispos de la iglesia, inspirados por su ambición y su sed de dominio, le hicieron obrar así, pues comprendieron que si el mismo día era observado por cristianos y paganos, éstos llegarían a aceptar nominalmente el cristianismo y ello redundaría en beneficio del poder y de la gloria de la iglesia. Pero a pesar de que muchos cristianos piadosos fueron poco a poco inducidos a reconocer cierto carácter sagrado al domingo, no dejaron de considerar el verdadero sábado como el día santo del Señor ni de observarlo en cumplimiento del cuarto mandamiento.

Pero no paró aquí la obra del jefe engañador. Había resuelto reunir al mundo cristiano bajo su bandera y ejercer su poder por medio de su vicario, el orgulloso pontífice, que aseveraba ser el representante de Cristo. Realizó su propósito valiéndose de paganos semiconvertidos, de prelados ambiciosos y de eclesiásticos amigos del mundo. Convocábanse de vez en cuando grandes concilios, en que se reunían los dignatarios de la iglesia de todas partes del mundo. Casi en cada concilio el día de reposo que Dios había instituído era deprimido un poco más en tanto que el domingo era exaltado en igual proporción. Así fue cómo la fiesta pagana llegó a ser honrada como institución divina, mientras que el sábado de la Biblia era declarado reliquia del judaísmo y se pronunciaba una maldición sobre sus observadores.

El gran apóstata había logrado ensalzarse a sí mismo "sobre todo lo que se llama Dios, o que es objeto de culto." (2 Tesalonicenses 2:4.) Se había atrevido a alterar el único precepto de la ley divina que señala de un modo infalible a toda la humanidad al Dios viviente y verdadero. En el cuarto mandamiento Dios es dado a conocer como el Creador de los cielos y de la tierra y distinto por lo tanto de todos los dioses falsos. Como monumento conmemorativo de la obra de la creación fue santificado el día séptimo como día de descanso para el hombre. Estaba destinado a recordar siempre a los hombres que el Dios viviente es fuente de toda existencia y objeto de reverencia y adoración. Satanás se esfuerza por disuadir a los hombres de que se sometan a Dios y obedezcan a su ley; y por lo tanto dirige sus golpes especialmente contra el mandamiento que presenta a Dios como al Creador.

Los protestantes alegan ahora que la resurrección de Cristo en el domingo convirtió a dicho día en el día del Señor. Pero las Santas Escrituras en nada confirman este modo de ver. Ni Cristo ni sus apóstoles confirieron semejante honor a ese día. La observancia del domingo como institución cristiana tuvo su origen en aquel "misterio de iniquidad" (vers. 7) que ya había iniciado su obra en los días de San Pablo. ¿Dónde y cuándo adoptó el Señor a este hijo del papado? ¿Qué razón válida puede darse en favor de un cambio que las Santas Escrituras no sancionan?

En el siglo sexto el papado concluyó por afirmarse. El asiento de su poder quedó definitivamente fijado en la ciudad imperial, cuyo obispo fue proclamado cabeza de toda la iglesia. El paganismo había dejado el lugar al papado. El dragón dio a la bestia "su poder y su trono, y grande autoridad." (Apocalipsis 13:2, V.M.; véase el Apéndice.) Entonces empezaron a correr los 1260 años de la opresión papal predicha en las profecías de Daniel y en el Apocalipsis. (Daniel 7:25; Apocalipsis 13:5-7.) Los cristianos se vieron obligados a optar entre sacrificar su integridad y aceptar el culto y las ceremonias papales, o pasar la vida encerrados en los calabozos o morir en el tormento, en la hoguera o bajo el hacha del verdugo. Entonces se cumplieron las palabras de Jesús: "Seréis entregados aun de vuestros padres, y hermanos, y parientes, y amigos; y matarán a algunos de vosotros. Y seréis aborrecidos de todos por causa de mi nombre." (S. Lucas 21:16, 17.) La persecución se desencadenó sobre los fieles con furia jamás conocida hasta entonces, y el mundo vino a ser un vasto campo de batalla. Por centenares de años la iglesia de Cristo no halló más refugio que en la reclusión y en la obscuridad. Así lo dice el profeta: "Y la mujer huyó al desierto, donde tiene lugar aparejado de Dios, para que allí la mantengan mil doscientos y sesenta días." (Apocalipsis 12:6.)

El advenimiento de la iglesia romana al poder marcó el principio de la Edad Media. A medida que crecía su poder, las tinieblas se hacían más densas. La fe pasó de Cristo, el verdadero fundamento, al papa de Roma. En vez de confiar en el Hijo de Dios para obtener el perdón de sus pecados y la salvación eterna, el pueblo recurría al papa y a los sacerdotes y prelados a quienes él investiera de autoridad. Se le enseñó que el papa era su mediador terrenal y que nadie podía acercarse a Dios sino por medio de él, y andando el tiempo se le enseñó también que para los fieles el papa ocupaba el lugar de Dios y que por lo tanto debían obedecerle implícitamente. Con sólo desviarse de sus disposiciones se hacían acreedores a los más severos castigos que debían imponerse a los cuerpos y almas de los transgresores. Así fueron los espíritus de los hombres desviados de Dios y dirigidos hacia hombres falibles y crueles; sí, aun más, hacia el mismo príncipe de las tinieblas que ejercía su poder por intermedio de ellos. El pecado se disfrazaba como manto de santidad. Cuando las Santas Escrituras se suprimen y el hombre llega a considerarse como ente supremo, ¿qué otra cosa puede esperarse sino fraude, engaño y degradante iniquidad? Al ensalzarse las leyes y las tradiciones humanas, se puso de manifiesto la corrupción que resulta siempre del menosprecio de la ley de Dios.

Días azarosos fueron aquéllos para la iglesia de Cristo. Pocos, en verdad, eran los sostenedores de la fe. Aun cuando la verdad no quedó sin testigos, a veces parecía que el error y la superstición concluirían por prevalecer completamente y que la verdadera religión iba a ser desarraigada de la tierra. El Evangelio se perdía de vista mientras que las formas de religión se multiplicaban, y la gente se veía abrumada bajo el peso de exacciones rigurosas.

No sólo se le enseñaba a ver en el papa a su mediador, sino aun a confiar en sus propias obras para la expiación del pecado. Largas peregrinaciones, obras de penitencia, la adoración de reliquias, la construcción de templos, relicarios y altares, la donación de grandes sumas a la iglesia,—todas estas cosas y muchas otras parecidas les eran impuestas a los fieles para aplacar la ira de Dios o para asegurarse su favor; ¡como si Dios, a semejanza de los hombres, se enojara por pequeñeces, o pudiera ser apaciguado por regalos y penitencias!

Por más que los vicios prevalecieran, aun entre los jefes de la iglesia romana, la influencia de ésta parecía ir siempre en aumento. A fines del siglo VIII los partidarios del papa empezaron a sostener que en los primeros tiempos de la iglesia tenían los obispos de Roma el mismo poder espiritual que a la fecha se arrogaban. Para dar a su aserto visos de autoridad, había que valerse de algunos medios, que pronto fueron sugeridos por el padre de la mentira. Los monjes fraguaron viejos manuscritos. Se descubrieron decretos conciliares de los que nunca se había oído hablar hasta entonces y que establecían la supremacía universal del papa desde los primeros tiempos. Y la iglesia que había rechazado la verdad, aceptó con avidez estas imposturas. (Véase el Apéndice.)

Los pocos fieles que edificaban sobre el cimiento verdadero (1 Corintios 3:10, 11) estaban perplejos y trabados, pues los escombros de las falsas doctrinas entorpecían el trabajo. Como los constructores de los muros de Jerusalén en tiempo de Nehemías, algunos estaban por exclamar: "Las fuerzas de los acarreadores se han enflaquecido, y el escombro es mucho, y no podemos edificar el muro." (Nehemías 4:10.) Debilitados por el constante esfuerzo que hacían contra la persecución, el engaño, la iniquidad y todos los demás obstáculos que Satanás inventara para detener su avance, algunos de los que habían sido fieles edificadores llegaron a desanimarse; y por amor a la paz y a la seguridad de sus propiedades y de sus vidas se apartaron del fundamento verdadero. Otros, sin dejarse desalentar por la oposición de sus enemigos, declararon sin temor: "No temáis delante de ellos: acordaos del Señor grande y terrible" (vers. 14), y cada uno de los que trabajaban tenía la espada ceñida. (Efesios 6:17.)

En todo tiempo el mismo espíritu de odio y de oposición a la verdad inspiró a los enemigos de Dios, y los siervos de él necesitaron la misma vigilancia y fidelidad. Las palabras de Cristo a sus primeros discípulos se aplicarán a cuantos le sigan, hasta el fin de los tiempos: "Y lo que os digo a vosotros, a todos lo digo: ¡Velad!" (S. Marcos 13:37, V.M.)

Las tinieblas parecían hacerse más densas. La adoración de las imágenes se hizo más general. Se les encendían velas y se les ofrecían oraciones. Llegaron a prevalecer las costumbres más absurdas y supersticiosas. Los espíritus estaban tan completamente dominados por la superstición, que la razón misma parecía haber perdido su poder. Mientras que los sacerdotes y los obispos eran amantes de los placeres, sensuales y corrompidos, sólo podía esperarse del pueblo que acudía a ellos en busca de dirección, que siguiera sumido en la ignorancia y en los vicios.

Las pretensiones papales dieron otro paso más cuando en el siglo XI el papa Gregorio VII proclamó la perfección de la iglesia romana. Entre las proposiciones que él expuso había una que declaraba que la iglesia no había errado nunca ni podía errar, según las Santas Escrituras. Pero las pruebas de la Escritura faltaban para apoyar el aserto. El altivo pontífice reclamaba además para sí el derecho de deponer emperadores, y declaraba que ninguna sentencia pronunciada por él podía ser revocada por hombre alguno, pero que él tenía la prerrogativa de revocar las decisiones de todos los demás. (Véase el Apéndice.)

El modo en que trató al emperador alemán Enrique IV nos pinta a lo vivo el carácter tiránico de este abogado de la infalibilidad papal. Por haber intentado desobedecer la autoridad papal, dicho monarca fue excomulgado y destronado. Aterrorizado ante la deserción de sus propios príncipes que por orden papal fueron instigados a rebelarse contra él, Enrique no tuvo más remedio que hacer las paces con Roma. Acompañado de su esposa y de un fiel sirviente, cruzó los Alpes en pleno invierno para humillarse ante el papa. Habiendo llegado al castillo donde Gregorio se había retirado, fue conducido, despojado de sus guardas, a un patio exterior, y allí, en el crudo frío del invierno, con la cabeza descubierta, los pies descalzos y miserablemente vestido, esperó el permiso del papa para llegar a su presencia. Sólo después que hubo pasado así tres días, ayunando y haciendo confesión, condescendió el pontífice en perdonarle. Y aun entonces fuéle concedida esa gracia con la condición de que el emperador esperaría la venia del papa antes de reasumir las insignias reales o de ejercer su poder. Y Gregorio, envanecido con su triunfo, se jactaba de que era su deber abatir la soberbia de los reyes.

¡Cuán notable contraste hay entre el despótico orgullo de tan altivo pontífice y la mansedumbre y humildad de Cristo, quien se presenta a sí mismo como llamando a la puerta del corazón para ser admitido en él y traer perdón y paz, y enseñó a sus discípulos: "El que quisiere entre vosotros ser el primero, será vuestro siervo"! (S. Mateo 20:27.)

Los siglos que se sucedieron presenciaron un constante aumento del error en las doctrinas sostenidas por Roma. Aun antes del establecimiento del papado, las enseñanzas de los filósofos paganos habían recibido atención y ejercido influencia dentro de la iglesia. Muchos de los que profesaban ser convertidos se aferraban aún a los dogmas de su filosofía pagana, y no sólo seguían estudiándolos ellos mismos sino que inducían a otros a que los estudiaran también a fin de extender su influencia entre los paganos. Así se introdujeron graves errores en la fe cristiana.

Uno de los principales fue la creencia en la inmortalidad natural del hombre y en su estado consciente después de la muerte. Esta doctrina fue la base sobre la cual Roma estableció la invocación de los santos y la adoración de la virgen María. De la misma doctrina se derivó también la herejía del tormento eterno para los que mueren impenitentes, que muy pronto figuró en el credo papal.

De este modo se preparó el camino para la introducción de otra invención del paganismo, a la que Roma llamó purgatorio, y de la que se valió para aterrorizar a las muchedumbres crédulas y supersticiosas. Con esta herejía Roma afirma la existencia de un lugar de tormento, en el que las almas de los que no han merecido eterna condenación han de ser castigadas por sus pecados, y de donde, una vez limpiadas de impureza, son admitidas en el cielo. (Véase el Apéndice.)

Una impostura más necesitaba Roma para aprovecharse de los temores y de los vicios de sus adherentes. Fue ésta la doctrina de las indulgencias. A todos los que se alistasen en las guerras que emprendía el pontífice para extender su dominio temporal, castigar a sus enemigos o exterminar a los que se atreviesen a negar su supremacía espiritual, se concedía plena remisión de los pecados pasados, presentes y futuros, y la condonación de todas las penas y castigos merecidos. Se enseñó también al pueblo que por medio de pagos hechos a la iglesia podía librarse uno del pecado y librar también a las almas de sus amigos difuntos entregadas a las llamas del purgatorio. Por estos medios llenaba Roma sus arcas y sustentaba la magnificencia, el lujo y los vicios de los que pretendían ser representantes de Aquel que no tuvo donde recostar la cabeza. (Véase el Apéndice.)

La institución bíblica de la Cena del Señor fue substituída por el sacrificio idolátrico de la misa. Los sacerdotes papales aseveraban que con sus palabras podían convertir el pan y el vino en "el cuerpo y sangre verdaderos de Cristo." (Cardenal Wiseman, *The Real Presence*, Confer. 8, sec. 3, párr. 26.) Con blasfema presunción se arrogaban el poder de crear a Dios, Creador de todo. Se les obligaba a los cristianos, so pena de muerte, a confesar su fe en esta horrible herejía que afrentaba al cielo. Muchísimos que se negaron a ello fueron entregados a las llamas. (Véase el Apéndice.)

En el siglo XIII se estableció la más terrible de las maquinaciones del papado: la Inquisición. El príncipe de las tinieblas obró de acuerdo con los jefes de la jerarquía papal. En sus concilios secretos, Satanás y sus ángeles gobernaron los espíritus de los hombres perversos, mientras que invisible acampaba entre ellos un ángel de Dios que llevaba apunte de sus malvados decretos y escribía la historia de hechos por demás horrorosos para ser presentados a la vista de los hombres. "Babilonia la grande" fue "embriagada de la sangre de los santos." Los cuerpos mutilados de millones de mártires clamaban a Dios venganza contra aquel poder apóstata.

El papado había llegado a ejercer su despotismo sobre el mundo. Reyes y emperadores acataban los decretos del pontífice romano. El destino de los hombres, en este tiempo y para la eternidad, parecía depender de su albedrío. Por centenares de años las doctrinas de Roma habían sido extensa e implícitamente recibidas, sus ritos cumplidos con reverencia y observadas sus fiestas por la generalidad. Su clero era colmado de honores y sostenido con liberalidad. Nunca desde entonces ha alcanzado Roma tan grande dignidad, magnificencia, ni poder.

Mas "el apogeo del papado fue la medianoche del mundo." (Wylie, *The History of Protestantism*, libro 1, cap. 4.) Las Sagradas Escrituras eran casi desconocidas no sólo de las gentes sino de los mismo sacerdotes. A semejanza de los antiguos fariseos, los caudillos papales aborrecían la luz que habría revelado sus pecados. Rechazada la ley de Dios, modelo de justicia, ejercieron poderío sin límites y practicaron desenfrenadamente los vicios. Prevalecieron el fraude, la avaricia y el libertinaje. Los hombres no retrocedieron ante ningún crimen que pudiese darles riquezas o posición. Los palacios de los papas y de los prelados eran teatro de los más viles excesos. Algunos de los pontífices reinantes se hicieron reos de crímenes tan horrorosos que los gobernantes civiles tuvieron que procurar deponer a dichos dignatarios de la iglesia como monstruos demasiado viles para ser tolerados. Durante siglos Europa no progresó en las ciencias, ni en las artes, ni en la civilización. La cristiandad quedó moral e intelectualmente paralizada.

La condición en que el mundo se encontraba bajo el poder romano resultaba ser el cumplimiento espantoso e impresionante de las palabras del profeta Oseas: "Mi pueblo está destruído por falta de conocimiento. Por cuanto tú has rechazado con desprecio el conocimiento de Dios, yo también te rechazaré; ... puesto que te has olvidado de la ley de tu Dios, me olvidaré yo también de tus hijos." "No hay verdad, y no hay misericordia, y no hay conocimiento de Dios en la tierra. ¡No hay más que perjurio, y mala fe, y homicidio, y hurto y adulterio! ¡rompen por todo; y un charco de sangre toca a otro!" (Oseas 4:6, 1, 2, V.M.) Tales fueron los resultados de haber desterrado la Palabra de Dios.

4
FIELES PORTAANTORCHAS

AUNQUE sumida la tierra en tinieblas durante el largo período de la supremacía papal, la luz de la verdad no pudo apagarse por completo. En todas las edades hubo testigos de Dios, hombres que conservaron su fe en Cristo como único mediador entre Dios y los hombres, que reconocían la Biblia como única regla de su vida y santificaban el verdadero día de reposo. Nunca sabrá la posteridad cuánto debe el mundo a esos hombres. Se les marcaba como a herejes, los móviles que los inspiraban eran impugnados, su carácter difamado y sus escritos prohibidos, adulterados o mutilados. Sin embargo permanecieron firmes, y de siglo en siglo conservaron pura su fe, como herencia sagrada para las generaciones futuras.

La historia del pueblo de Dios durante los siglos de obscuridad que siguieron a la supremacía de Roma, está escrita en el cielo, aunque ocupa escaso lugar en las crónicas de la humanidad. Pocas son las huellas que de su existencia pueden encontrarse fuera de las que se encuentran en las acusaciones de sus perseguidores. La política de Roma consistió en hacer desaparecer toda huella de oposición a sus doctrinas y decretos. Trató de destruir todo lo que era herético, bien se tratase de personas o de escritos. Las simples expresiones de duda u objeciones acerca de la autoridad de los dogmas papales bastaban para quitarle la vida al rico o al pobre, al poderoso o al humilde. Igualmente se esforzó Roma en destruir todo lo que denunciase su crueldad contra los disidentes. Los concilios papales decretaron que los libros o escritos que hablasen sobre el particular fuesen quemados. Antes de la invención de la imprenta eran pocos los libros, y su forma no se prestaba para conservarlos, de modo que los romanistas encontraron pocos obstáculos para llevar a cabo sus propósitos.

Ninguna iglesia que estuviese dentro de los límites de la jurisdicción romana gozó mucho tiempo en paz de su libertad de conciencia. No bien se hubo hecho dueño del poder el papado, extendió los brazos para aplastar a todo el que rehusara reconocer su gobierno; y una tras otra las iglesias se sometieron a su dominio.

En Gran Bretaña el cristianismo primitivo había echado raíces desde muy temprano. El Evangelio recibido por los habitantes de este país en los primeros siglos no se había corrompido con la apostasía de Roma. La persecución de los emperadores paganos, que se extendió aún hasta aquellas remotas playas, fue el único don que las primeras iglesias de Gran Bretaña recibieron de Roma. Muchos de los cristianos que huían de la persecución en Inglaterra hallaron refugio en Escocia; de allí la verdad fue llevada a Irlanda, y en todos esos países fue recibida con gozo.

Luego que los sajones invadieron a Gran Bretaña, el paganismo llegó a predominar. Los conquistadores desdeñaron ser instruídos por sus esclavos, y los cristianos tuvieron que refugiarse en los páramos. No obstante la luz, escondida por algún tiempo, siguió ardiendo. Un siglo más tarde brilló en Escocia con tal intensidad que se extendió a muy lejanas tierras. De Irlanda salieron el piadoso Colombano y sus colaboradores, los que, reuniendo en su derredor a los creyentes esparcidos en la solitaria isla de Iona, establecieron allí el centro de sus trabajos misioneros. Entre estos evangelistas había uno que observaba el sábado bíblico, y así se introdujo esta verdad entre la gente. Se fundó en Iona una escuela de la que fueron enviados misioneros no sólo a Escocia e Inglaterra, sino a Alemania, Suiza y aun a Italia.

Roma empero había puesto los ojos en Gran Bretaña y resuelto someterla a su supremacía. En el siglo VI, sus misioneros emprendieron la conversión de los sajones paganos. Recibieron favorable acogida por parte de los altivos bárbaros a quienes indujeron por miles a profesar la fe romana. A medida que progresaba la obra, los jefes papales y sus secuaces tuvieron encuentros con los cristianos primitivos. Se vio entonces un contraste muy notable. Eran estos cristianos primitivos sencillos y humildes, cuyo carácter y cuyas doctrinas y costumbres se ajustaban a las Escrituras, mientras que los discípulos de Roma ponían de manifiesto la superstición, la arrogancia y la pompa del papado. El emisario de Roma exigió de estas iglesias cristianas que reconociesen la supremacía del soberano pontífice. Los habitantes de Gran Bretaña respondieron humildemente que ellos deseaban amar a todo el mundo, pero que el papa no tenía derecho de supremacía en la iglesia y que ellos no podían rendirle más que la sumisión que era debida a cualquier discípulo de Cristo. Varias tentativas se hicieron para conseguir que se sometiesen a Roma, pero estos humildes cristianos, espantados del orgullo que ostentaban los emisarios papales, respondieron con firmeza que ellos no reconocían a otro jefe que a Cristo. Entonces se reveló el verdadero espíritu del papado. El enviado católico romano les dijo: "Si no recibís a los hermanos que os traen paz, recibiréis a los enemigos que os traerán guerra; si no os unís con nosotros para mostrar a los sajones el camino de vida, recibiréis de ellos el golpe de muerte."—J. H. Merle d'Aubigné, *Histoire de la Réformation du seizième siècle*, (París, 1835-53), libro 17, cap. 2. No fueron vanas estas amenazas. La guerra, la intriga y el engaño se emplearon contra estos testigos que sostenían una fe bíblica, hasta que las iglesias de la primitiva Inglaterra fueron destruidas u obligadas a someterse a la autoridad del papa.

En los países que estaban fuera de la jurisdicción de Roma existieron por muchos siglos grupos de cristianos que permanecieron casi enteramente libres de la corrupción papal. Rodeados por el paganismo, con el transcurso de los años fueron afectados por sus errores; no obstante siguieron considerando la Biblia como la única regla de fe y adhiriéndose a muchas de sus verdades. Creían estos cristianos en el carácter perpetuo de la ley de Dios y observaban el sábado del cuarto mandamiento. Hubo en el África central y entre los armenios de Asia iglesias que mantuvieron esta fe y esta observancia.

Mas entre los que resistieron las intrusiones del poder papal, los valdenses fueron los que más sobresalieron. En el mismo país en donde el papado asentara sus reales fue donde encontraron mayor oposición su falsedad y corrupción. Las iglesias del Piamonte mantuvieron su independencia por algunos siglos, pero al fin llegó el tiempo en que Roma insistió en que se sometieran. Tras larga serie de luchas inútiles, los jefes de estas iglesias reconocieron aunque de mala gana la supremacía de aquel poder al que todo el mundo parecía rendir homenaje. Hubo sin embargo algunos que rehusaron sujetarse a la autoridad de papas o prelados. Determinaron mantenerse leales a Dios y conservar la pureza y sencillez de su fe. Se efectuó una separación. Los que permanecieron firmes en la antigua fe se retiraron; algunos, abandonando sus tierras de los Alpes, alzaron el pendón de la verdad en países extraños; otros se refugiaron en los valles solitarios y en los baluartes peñascosos de las montañas, y allí conservaron su libertad para adorar a Dios.

La fe que por muchos siglos sostuvieron y enseñaron los cristianos valdenses contrastaba notablemente con las doctrinas falsas de Roma. De acuerdo con el sistema verdaderamente cristiano, fundaban su creencia religiosa en la Palabra de Dios escrita. Pero esos humildes campesinos en sus obscuros retiros, alejados del mundo y sujetos a penosísimo trabajo diario entre sus rebaños y viñedos, no habían llegado de por sí al conocimiento de la verdad que se oponía a los dogmas y herejías de la iglesia apóstata. Su fe no era una fe nueva. Su creencia en materia de religión la habían heredado de sus padres. Luchaban en pro de la fe de la iglesia apostólica,—"la fe que ha sido una vez dada a los santos." (S. Judas 3.) "La iglesia del desierto," y no la soberbia jerarquía que ocupaba el trono de la gran capital, era la verdadera iglesia de Cristo, la depositaria de los tesoros de verdad que Dios confiara a su pueblo para que los diera al mundo.

Entre las causas principales que motivaron la separación entre la verdadera iglesia y Roma, se contaba el odio de ésta hacia el sábado bíblico. Como se había predicho en la profecía, el poder papal echó por tierra la verdad. La ley de Dios fue pisoteada mientras que las tradiciones y las costumbres de los hombres eran ensalzadas. Se obligó a las iglesias que estaban bajo el gobierno del papado a honrar el domingo como día santo. Entre los errores y la superstición que prevalecían, muchos de los verdaderos hijos de Dios se encontraban tan confundidos, que a la vez que observaban el sábado se abstenían de trabajar el domingo. Mas esto no satisfacía a los jefes papales. No sólo exigían que se santificara el domingo sino que se profanara el sábado; y acusaban en los términos más violentos a los que se atrevían a honrarlo. Sólo huyendo del poder de Roma era posible obedecer en paz a la ley de Dios.

Los valdenses se contaron entre los primeros de todos los pueblos de Europa que poseyeron una traducción de las Santas Escrituras. (Véase el Apéndice.) Centenares de años antes de la Reforma tenían ya la Biblia manuscrita en su propio idioma. Tenían pues la verdad sin adulteración y esto los hizo objeto especial del odio y de la persecución. Declaraban que la iglesia de Roma era la Babilonia apóstata del Apocalipsis, y con peligro de sus vidas se oponían a su influencia y principios corruptores. Aunque bajo la presión de una larga persecución, algunos sacrificaron su fe e hicieron poco a poco concesiones en sus principios distintivos, otros se aferraron a la verdad. Durante siglos de obscuridad y apostasía, hubo valdenses que negaron la supremacía de Roma, que rechazaron como idolátrico el culto a las imágenes y que guardaron el verdadero día de reposo. Conservaron su fe en medio de las más violenta y tempestuosa oposición. Aunque degollados por la espada de Saboya y quemados en la hoguera romanista, defendieron con firmeza la Palabra de Dios y su honor.

Tras los elevados baluartes de sus montañas, refugio de los perseguidos y oprimidos en todas las edades, hallaron los valdenses seguro escondite. Allí se mantuvo encendida la luz de la verdad en medio de la obscuridad de la Edad Media. Allí los testigos de la verdad conservaron por mil años la antigua fe.

Dios había provisto para su pueblo un santuario de terrible grandeza como convenía a las grandes verdades que les había confiado. Para aquellos fieles desterrados, las montañas eran un emblema de la justicia inmutable de Jehová. Señalaban a sus hijos aquellas altas cumbres que a manera de torres se erguían en inalterable majestad y les hablaban de Aquel en quien no hay mudanza ni sombra de variación, cuya palabra es tan firme como los montes eternos. Dios había afirmado las montañas y las había ceñido de fortaleza; ningún brazo podía removerlas de su lugar, sino sólo el del Poder infinito. Asimismo había establecido su ley, fundamento de su gobierno en el cielo y en la tierra. El brazo del hombre podía alcanzar a sus semejantes y quitarles la vida; pero antes podría desarraigar las montañas de sus cimientos y arrojarlas al mar que modificar un precepto de la ley de Jehová, o borrar una de las promesas hechas a los que cumplen su voluntad. En su fidelidad a la ley, los siervos de Dios tenían que ser tan firmes como las inmutables montañas.

Los montes que circundaban sus hondos valles atestiguaban constantemente el poder creador de Dios y constituían una garantía de la protección que él les deparaba. Aquellos peregrinos aprendieron a cobrar cariño a esos símbolos mudos de la presencia de Jehová. No se quejaban por las dificultades de su vida; y nunca se sentían solos en medio de la soledad de los montes. Daban gracias a Dios por haberles dado un refugio donde librarse de la crueldad y de la ira de los hombres. Se regocijaban de poder adorarle libremente. Muchas veces, cuando eran perseguidos por sus enemigos, sus fortalezas naturales eran su segura defensa. En más de un encumbrado risco cantaron las alabanzas de Dios, y los ejércitos de Roma no podían acallar sus cantos de acción de gracias.

Pura, sencilla y ferviente fue la piedad de estos discípulos de Cristo. Apreciaban los principios de verdad más que las casas, las tierras, los amigos y parientes, más que la vida misma. Trataban ansiosamente de inculcar estos principios en los corazones de los jóvenes. Desde su más tierna edad, éstos recibían instrucción en las Sagradas Escrituras y se les enseñaba a considerar sagrados los requerimientos de la ley de Dios. Los ejemplares de la Biblia eran raros; por eso se aprendían de memoria sus preciosas palabras. Muchos podían recitar grandes porciones del Antiguo Testamento y del Nuevo. Los pensamientos referentes a Dios se asociaban con las escenas sublimes de la naturaleza y con las humildes bendiciones de la vida cotidiana. Los niños aprendían a ser agradecidos a Dios como al dispensador de todos los favores y de todos los consuelos.

Como padres tiernos y afectuosos, amaban a sus hijos con demasiada inteligencia para acostumbrarlos a la complacencia de los apetitos. Les esperaba una vida de pruebas y privaciones y tal vez el martirio. Desde niños se les acostumbraba a sufrir penurias, a ser sumisos y, sin embargo, capaces de pensar y obrar por sí mismos. Desde temprano se les enseñaba a llevar responsabilidades, a hablar con prudencia y a apreciar el valor del silencio. Una palabra indiscreta que llegara a oídos del enemigo, podía no sólo hacer peligrar la vida del que la profería, sino la de centenares de sus hermanos; porque así como los lobos acometen su presa, los enemigos de la verdad perseguían a los que se atrevían a abogar por la libertad de la fe religiosa.

Los valdenses habían sacrificado su prosperidad mundana por causa de la verdad y trabajaban con incansable paciencia para conseguirse el pan. Aprovechaban cuidadosamente todo pedazo de suelo cultivable entre las montañas, y hacían producir a los valles y a las faldas de los cerros menos fértiles. La economía y la abnegación más rigurosa formaban parte de la educación que recibían los niños como único legado. Se les enseñaba que Dios había determinado que la vida fuese una disciplina y que sus necesidades sólo podían ser satisfechas mediante el trabajo personal, la previsión, el cuidado y la fe. Este procedimiento era laborioso y fatigoso, pero saludable. Es precisamente lo que necesita el hombre en su condición caída, la escuela que Dios le proveyó para su educación y desarrollo. Mientras que se acostumbraba a los jóvenes al trabajo y a las privaciones, no se descuidaba la cultura de su inteligencia. Se les enseñaba que todas sus facultades pertenecían a Dios y que todas debían ser aprovechadas y desarrolladas para servirle.

En su pureza y sencillez, las iglesias valdenses se asemejaban a la iglesia de los tiempos apostólicos. Rechazaban la supremacía de papas y prelados, y consideraban la Biblia como única autoridad suprema e infalible. En contraste con el modo de ser de los orgullosos sacerdotes de Roma, sus pastores seguían el ejemplo de su Maestro que "no vino para ser servido, sino para servir." Apacentaban el rebaño del Señor conduciéndolo por verdes pastos y a las fuentes de agua de vida de su santa Palabra. Alejado de los monumentos, de la pompa y de la vanidad de los hombres, el pueblo se reunía, no en soberbios templos ni en suntuosas catedrales, sino a la sombra de los montes, en los valles de los Alpes, o en tiempo de peligro en sitios peñascosos semejantes a fortalezas, para escuchar las palabras de verdad de labios de los siervos de Cristo. Los pastores no sólo predicaban el Evangelio, sino que visitaban a los enfermos, catequizaban a los niños, amonestaban a los que andaban extraviados y trabajaban para resolver las disputas y promover la armonía y el amor fraternal. En tiempo de paz eran sostenidos por las ofrendas voluntarias del pueblo; pero a imitación de San Pablo que hacía tiendas, todos aprendían algún oficio o profesión con que sostenerse en caso necesario.

Los pastores impartían instrucción a los jóvenes. A la vez que se atendían todos los ramos de la instrucción, la Biblia era para ellos el estudio principal. Aprendían de memoria los Evangelios de S. Mateo y de S. Juan y muchas de las epístolas. Se ocupaban también en copiar las Santas Escrituras. Algunos manuscritos contenían la Biblia entera y otros solamente breves trozos escogidos, a los cuales agregaban algunas sencillas explicaciones del texto los que eran capaces de exponer las Escrituras. Así se sacaban a luz los tesoros de la verdad que por tanto tiempo habían ocultado los que querían elevarse a sí mismos sobre Dios.

Trabajando con paciencia y tenacidad en profundas y obscuras cavernas de la tierra, alumbrándose con antorchas, copiaban las Sagradas Escrituras, versículo por versículo, y capítulo por capítulo. Así proseguía la obra y la Palabra revelada de Dios brillaba como oro puro; pero sólo los que se empeñaban en esa obra podían discernir cuánto más pura, radiante y bella era aquella luz por efecto de las grandes pruebas que sufrían ellos. Ángeles del cielo rodeaban a tan fieles servidores.

Satanás había incitado a los sacerdotes del papa a que sepultaran la Palabra de verdad bajo los escombros del error, la herejía y la superstición; pero ella conservó de un modo maravilloso su pureza a través de todas las edades tenebrosas. No llevaba la marca del hombre sino el sello de Dios. Incansables han sido los esfuerzos del hombre para obscurecer la sencillez y claridad de las Santas Escrituras y para hacerles contradecir su propio testimonio, pero a semejanza del arca que flotó sobre las olas agitadas y profundas, la Palabra de Dios cruza ilesa las tempestades que amenazan destruirla. Como las minas tienen ricas vetas de oro y plata ocultas bajo la superficie de la tierra, de manera que todo el que quiere hallar el precioso depósito debe forzosamente cavar para encontrarlo, así también contienen las Sagradas Escrituras tesoros de verdad que sólo se revelan a quien los busca con sinceridad, humildad y abnegación. Dios se había propuesto que la Biblia fuese un libro de instrucción para toda la humanidad en la niñez, en la juventud y en la edad adulta, y que fuese estudiada en todo tiempo. Dio su Palabra a los hombres como una revelación de sí mismo. Cada verdad que vamos descubriendo es una nueva revelación del carácter de su Autor. El estudio de las Sagradas Escrituras es el medio divinamente instituído para poner a los hombres en comunión más estrecha con su Creador y para darles a conocer más claramente su voluntad. Es el medio de comunicación entre Dios y el hombre.

Si bien los valdenses consideraban el temor de Dios como el principio de la sabiduría, no dejaban de ver lo importante que es tratar con el mundo, conocer a los hombres y llevar una vida activa para desarrollar la inteligencia y para despertar las percepciones. De sus escuelas en las montañas enviaban algunos jóvenes a las instituciones de saber de las ciudades de Francia e Italia, donde encontraban un campo más vasto para estudiar, pensar y observar, que el que encontraban en los Alpes de su tierra. Los jóvenes así enviados estaban expuestos a las tentaciones, presenciaban de cerca los vicios y tropezaban con los astutos agentes de Satanás que les insinuaban las herejías más sutiles y los más peligrosos engaños. Pero habían recibido desde la niñez una sólida educación que los preparara convenientemente para hacer frente a todo esto.

En las escuelas adonde iban no debían intimar con nadie. Su ropa estaba confeccionada de tal modo que podía muy bien ocultar el mayor de sus tesoros: los preciosos manuscritos de las Sagradas Escrituras. Estos, que eran el fruto de meses y años de trabajo, los llevaban consigo, y, siempre que podían hacerlo sin despertar sospecha, ponían cautelosamente alguna porción de la Biblia al alcance de aquellos cuyo corazón parecía dispuesto a recibir la verdad. La juventud valdense era educada con tal objeto desde el regazo de la madre; comprendía su obra y la desempeñaba con fidelidad. En estas casas de estudios se ganaban conversos a la verdadera fe, y con frecuencia se veía que sus principios compenetraban toda la escuela; con todo, los dirigentes papales no podían encontrar, ni aun apelando a minuciosa investigación, la fuente de lo que ellos llamaban herejía corruptora.

El espíritu de Cristo es un espíritu misionero. El primer impulso del corazón regenerado es el de traer a otros también al Salvador. Tal era el espíritu de los cristianos valdenses. Comprendían que Dios no requería de ellos tan sólo que conservaran la verdad en su pureza en sus propias iglesias, sino que hicieran honor a la solemne responsabilidad de hacer que su luz iluminara a los que estaban en tinieblas. Con el gran poder de la Palabra de Dios procuraban destrozar el yugo que Roma había impuesto. Los ministros valdenses eran educados como misioneros, y a todos los que pensaban dedicarse al ministerio se les exigía primero que adquiriesen experiencia como evangelistas. Todos debían servir tres años en alguna tierra de misión antes de encargarse de alguna iglesia en la suya. Este servicio, que desde el principio requería abnegación y sacrificio, era una preparación adecuada para la vida que los pastores llevaban en aquellos tiempos de prueba. Los jóvenes que eran ordenados para el sagrado ministerio no veían en perspectiva ni riquezas ni gloria terrenales, sino una vida de trabajo y peligro y quizás el martirio. Los misioneros salían de dos en dos como Jesús se lo mandara a sus discípulos. Casi siempre se asociaba a un joven con un hombre de edad madura y de experiencia, que le servía de guía y de compañero y que se hacía responsable de su educación, exigiéndose del joven que fuera sumiso a la enseñanza. No andaban siempre juntos, pero con frecuencia se reunían para orar y conferenciar, y de este modo se fortalecían uno a otro en la fe.

Dar a conocer el objeto de su misión hubiera bastado para asegurar su fracaso. Así que ocultaban cuidadosamente su verdadero carácter. Cada ministro sabía algún oficio o profesión, y los misioneros llevaban a cabo su trabajo ocultándose bajo las apariencias de una vocación secular. Generalmente escogían el oficio de comerciantes o buhoneros. "Traficaban en sedas, joyas y en otros artículos que en aquellos tiempos no era fácil conseguir, a no ser en distantes emporios, y se les daba la bienvenida como comerciantes allí donde se les habría despreciado como misioneros."(Wylie, libro I, cap. 7.) Constantemente elevaban su corazón a Dios pidiéndole sabiduría para poder exhibir a las gentes un tesoro más precioso que el oro y que las joyas que vendían. Llevaban siempre ocultos ejemplares de la Biblia entera, o porciones de ella, y siempre que se presentaba la oportunidad llamaban la atención de sus clientes a dichos manuscritos. Con frecuencia despertaban así el interés por la lectura de la Palabra de Dios y con gusto dejaban algunas porciones de ella a los que deseaban tenerlas.

La obra de estos misioneros empezó al pie de sus montañas, en las llanuras y valles que los rodeaban, pero se extendió mucho más allá de esos límites. Descalzos y con ropa tosca y desgarrada por las asperezas del camino, como la de su Maestro, pasaban por grandes ciudades y se internaban en lejanas tierras. En todas partes esparcían la preciosa semilla. Doquiera fueran se levantaban iglesias, y la sangre de los mártires daba testimonio de la verdad. El día de Dios pondrá de manifiesto una rica cosecha de almas segada por aquellos hombres tan fieles. A escondidas y en silencio la Palabra de Dios se abría paso por la cristiandad y encontraba buena acogida en los hogares y en los corazones de los hombres.

Para los valdenses, las Sagradas Escrituras no contenían tan sólo los anales del trato que Dios tuvo con los hombres en lo pasado y una revelación de las responsabilidades y deberes de lo presente, sino una manifestación de los peligros y glorias de lo porvenir. Creían que no distaba mucho el fin de todas las cosas, y al estudiar la Biblia con oración y lágrimas, tanto más los impresionaban sus preciosas enseñanzas y la obligación que tenían de dar a conocer a otros sus verdades. Veían claramente revelado en las páginas sagradas el plan de la salvación, y hallaban consuelo, esperanza y paz, creyendo en Jesús. A medida que la luz iluminaba su entendimiento y alegraba sus corazones, deseaban con ansia ver derramarse sus rayos sobre aquellos que se hallaban en la obscuridad del error papal.

Veían que muchos, guiados por el papa y los sacerdotes, se esforzaban en vano por obtener el perdón mediante las mortificaciones que imponían a sus cuerpos por el pecado de sus almas. Como se les enseñaba a confiar en sus buenas obras para obtener la salvación, se fijaban siempre en sí mismos, pensando continuamente en lo pecaminoso de su condición, viéndose expuestos a la ira de Dios, afligiendo su cuerpo y su alma sin encontrar alivio. Así es como las doctrinas de Roma tenían sujetas a las almas concienzudas. Millares abandonaban amigos y parientes y se pasaban la vida en las celdas de un convento. Trataban en vano de hallar paz para sus conciencias con repetidos ayunos y crueles azotes y vigilias, postrados por largas horas sobre las losas frías y húmedas de sus tristes habitaciones, con largas peregrinaciones, con sacrificios humillantes y con horribles torturas. Agobiados por el sentido del pecado y perseguidos por el temor de la ira vengadora de Dios, muchos se sometían a padecimientos hasta que la naturaleza exhausta concluía por sucumbir y bajaban al sepulcro sin un rayo de luz o de esperanza.

Los valdenses ansiaban compartir el pan de vida con estas almas hambrientas, presentarles los mensajes de paz contenidos en las promesas de Dios y enseñarles a Cristo como su única esperanza de salvación. Tenían por falsa la doctrina de que las buenas obras pueden expiar la transgresión de la ley de Dios. La confianza que se deposita en el mérito humano hace perder de vista el amor infinito de Cristo. Jesús murió en sacrificio por el hombre porque la raza caída no tiene en sí misma nada que pueda hacer valer ante Dios. Los méritos de un Salvador crucificado y resucitado son el fundamento de la fe del cristiano. El alma depende de Cristo de una manera tan real, y su unión con él debe ser tan estrecha como la de un miembro con el cuerpo o como la de un pámpano con la vid.

Las enseñanzas de los papas y de los sacerdotes habían inducido a los hombres a considerar el carácter de Dios, y aun el de Cristo, como austero, tétrico y antipático. Se representaba al Salvador tan desprovisto de toda simpatía hacia los hombres caídos, que era necesario invocar la mediación de los sacerdotes y de los santos. Aquellos cuya inteligencia había sido iluminada por la Palabra de Dios ansiaban mostrar a estas almas que Jesús es un Salvador compasivo y amante, que con los brazos abiertos invita a que vayan a él todos los cargados de pecados, cuidados y cansancio. Anhelaban derribar los obstáculos que Satanás había ido amontonando para impedir a los hombres que viesen las promesas y fueran directamente a Dios para confesar sus pecados y obtener perdón y paz.

Los misioneros valdenses se empeñaban en descubrir a los espíritus investigadores las verdades preciosas del Evangelio, y con muchas precauciones les presentaban porciones de las Santas Escrituras esmeradamente escritas. Su mayor gozo era infundir esperanza a las almas sinceras y agobiadas por el peso del pecado, que no podían ver en Dios más que un juez justiciero y vengativo. Con voz temblorosa y lágrimas en los ojos y muchas veces hincados de hinojos, presentaban a sus hermanos las preciosas promesas que revelaban la única esperanza del pecador. De este modo la luz de la verdad penetraba en muchas mentes obscurecidas, disipando las nubes de tristeza hasta que el sol de justicia brillaba en el corazón impartiendo salud con sus rayos. Frecuentemente leían una y otra vez alguna parte de las Sagradas Escrituras a petición del que escuchaba, que quería asegurarse de que había oído bien. Lo que se deseaba en forma especial era la repetición de estas palabras: "La sangre de Jesucristo su Hijo nos limpia de todo pecado." (1 S. Juan 1:7.) "Como Moisés levantó la serpiente en el desierto, así es necesario que el Hijo del hombre sea levantado; para que todo aquel que en él creyere, no se pierda, sino que tenga vida eterna." (S. Juan 3:14, 15.)

Muchos no se dejaban engañar por los asertos de Roma. Comprendían la nulidad de la mediación de hombres o ángeles en favor del pecador. Cuando la aurora de la luz verdadera alumbraba su entendimiento exclamaban con alborozo: "Cristo es mi Sacerdote, su sangre es mi sacrificio, su altar es mi confesionario." Confiaban plenamente en los méritos de Jesús, y repetían las palabras: "Sin fe es imposible agradar a Dios." (Hebreos 11:6.) "Porque no hay otro nombre debajo del cielo, dado a los hombres, en que podamos ser salvos." (Hechos 4:12.)

La seguridad del amor del Salvador era cosa que muchas de estas pobres almas agitadas por los vientos de la tempestad no podían concebir. Tan grande era el alivio que les traía, tan inmensa la profusión de luz que sobre ellos derramaba, que se creían arrebatados al cielo. Con plena confianza ponían su mano en la de Cristo; sus pies se asentaban sobre la Roca de los siglos. Perdían todo temor a la muerte. Ya podían ambicionar la cárcel y la hoguera si por su medio podían honrar el nombre de su Redentor.

En lugares secretos la Palabra de Dios era así sacada a luz y leída a veces a una sola alma, y en ocasiones a algún pequeño grupo que deseaba con ansias la luz y la verdad. Con frecuencia se pasaba toda la noche de esa manera. Tan grandes eran el asombro y la admiración de los que escuchaban, que el mensajero de la misericordia, con no poca frecuencia se veía obligado a suspender la lectura hasta que el entendimiento llegara a darse bien cuenta del mensaje de salvación. A menudo se proferían palabras como éstas: "¿Aceptará Dios en verdad *mi* ofrenda?" "¿*Me* mirará con ternura?" "¿Me perdonará?" La respuesta que se les leía era: "¡Venid a mí todos los que estáis cansados y agobiados, y yo os daré descanso!" (S. Mateo 11:28, V.M.)

La fe se aferraba de las promesas, y se oía esta alegre respuesta: "Ya no habrá que hacer más peregrinaciones, ni viajes penosos a los santuarios. Puedo acudir a Jesús, tal como soy, pecador e impío, seguro de que no desechará la oración de arrepentimiento. 'Los pecados te son perdonados.' ¡Los míos, sí, aun los míos pueden ser perdonados!"

Un raudal de santo gozo llenaba el corazón, y el nombre de Jesús era ensalzado con alabanza y acción de gracias. Esas almas felices volvían a sus hogares a derramar luz, para contar a otros, lo mejor que podían, lo que habían experimentado y cómo habían encontrado el verdadero Camino. Había un poder extraño y solemne en las palabras de la Santa Escritura que hablaba directamente al corazón de aquellos que anhelaban la verdad. Era la voz de Dios que llevaba el convencimiento a los que oían.

El mensajero de la verdad proseguía su camino; pero su apariencia humilde, su sinceridad, su formalidad y su fervor profundo se prestaban a frecuentes observaciones. En muchas ocasiones sus oyentes no le preguntaban de dónde venía ni adónde iba. Tan embargados se hallaban al principio por la sorpresa y después por la gratitud y el gozo, que no se les ocurría hacerle preguntas. Cuando le habían instado a que los acompañara a sus casas, les había contestado que debía primero ir a visitar las ovejas perdidas del rebaño. ¿Sería un ángel del cielo? se preguntaban.

En muchas ocasiones no se volvía a ver al mensajero de la verdad. Se había marchado a otras tierras, o su vida se consumía en algún calabozo desconocido, o quizá sus huesos blanqueaban en el sitio mismo donde había muerto dando testimonio por la verdad. Pero las palabras que había pronunciado no podían desvanecerse. Hacían su obra en el corazón de los hombres, y sólo en el día del juicio se conocerán plenamente sus preciosos resultados.

Los misioneros valdenses invadían el reino de Satanás y los poderes de las tinieblas se sintieron incitados a mayor vigilancia. Cada esfuerzo que se hacía para que la verdad avanzara era observado por el príncipe del mal, y éste atizaba los temores de sus agentes. Los caudillos papales veían peligrar su causa debido a los trabajos de estos humildes viandantes. Si permitían que la luz de la verdad brillara sin impedimento, disiparía las densas nieblas del error que envolvían a la gente; guiaría los espíritus de los hombres hacia Dios solo y destruiría al fin la supremacía de Roma.

La misma existencia de estos creyentes que guardaban la fe de la primitiva iglesia era un testimonio constante contra la apostasía de Roma, y por lo tanto despertaba el odio y la persecución más implacables. Era además una ofensa que Roma no podía tolerar el que se negasen a entregar las Sagradas Escrituras. Determinó raerlos de la superficie de la tierra. Entonces empezaron las más terribles cruzadas contra el pueblo de Dios en sus hogares de las montañas. Lanzáronse inquisidores sobre sus huellas, y la escena del inocente Abel cayendo ante el asesino Caín repitióse con frecuencia.

Una y otra vez fueron asolados sus feraces campos, destruidas sus habitaciones y sus capillas, de modo que de lo que había sido campos florecientes y hogares de cristianos sencillos y hacendosos no quedaba más que un desierto. Como la fiera que se enfurece más y más al probar la sangre, así se enardecía la saña de los siervos del papa con los sufrimientos de sus víctimas. A muchos de estos testigos de la fe pura se les perseguía por las montañas y se les cazaba por los valles donde estaban escondidos, entre bosques espesos y cumbres roqueñas.

Ningún cargo se le podía hacer al carácter moral de esta gente proscrita. Sus mismos enemigos la tenían por gente pacífica, sosegada y piadosa. Su gran crimen consistía en que no querían adorar a Dios conforme a la voluntad del papa. Y por este crimen se les infligía todos los ultrajes, humillaciones y torturas que los hombres o los demonios podían inventar.

Una vez que Roma resolvió exterminar la secta odiada, el papa expidió una bula en que condenaba a sus miembros como herejes y los entregaba a la matanza. (Véase el Apéndice.) No se les acusaba de holgazanes, ni de deshonestos, ni de desordenados, pero se declaró que tenían una apariencia de piedad y santidad que seducía "a las ovejas del verdadero rebaño." Por lo tanto el papa ordenó que si "la maligna y abominable secta de malvados," rehusaba abjurar, "fuese aplastada como serpiente venenosa." (Wylie, lib. 16, cap. 1.) ¿Esperaba este altivo potentado tener que hacer frente otra vez a estas palabras ? ¿ Sabría que se hallaban archivadas en los libros del cielo para confundirle en el día del juicio? "En cuanto lo hicisteis a uno de los más pequeños de éstos mis hermanos—dijo Jesús,—a mí lo hicisteis." (S. Mateo 25:40, V.M.)

En aquella bula se convocaba a todos los miembros de la iglesia a participar en una cruzada contra los herejes. Como incentivo para persuadirlos a que tomaran parte en tan despiadada empresa, "absolvía de toda pena o penalidad eclesiástica, tanto general como particular, a todos los que se unieran a la cruzada, quedando de hecho libres de cualquier juramento que hubieran prestado; declaraba legítimos sus títulos sobre cualquiera propiedad que hubieran adquirido ilegalmente, y prometía la remisión de todos sus pecados a aquellos que mataran a cualquier hereje. Anulaba todo contrato hecho en favor de los valdenses; ordenaba a los criados de éstos que los abandonasen; prohibía a todos que les prestasen ayuda de cualquiera clase y los autorizaba para tomar posesión de sus propiedades." (Wylie, lib. 16, cap. 1.) Este documento muestra a las claras qué espíritu satánico obraba detrás del escenario; es el rugido del dragón, y no la voz de Cristo, lo que en él se dejaba oír.

Los jefes papales no quisieron conformar su carácter con el gran modelo dado en la ley de Dios, sino que levantaron modelo a su gusto y determinaron obligar a todos a ajustarse a éste porque así lo había dispuesto Roma. Se perpetraron las más horribles tragedias. Los sacerdotes y papas corrompidos y blasfemos hacían la obra que Satanás les señalara. No había cabida para la misericordia en sus corazones. El mismo espíritu que crucificara a Cristo y que matara a los apóstoles, el mismo que impulsara al sanguinario Nerón contra los fieles de su tiempo, estaba empeñado en exterminar a aquellos que eran amados de Dios.

Las persecuciones que por muchos siglos cayeron sobre esta gente temerosa de Dios fueron soportadas por ella con una paciencia y constancia que honraban a su Redentor. No obstante las cruzadas lanzadas contra ellos y la inhumana matanza a que fueron entregados, siguieron enviando a sus misioneros a diseminar la preciosa verdad. Se los buscaba para darles muerte; y con todo, su sangre regó la semilla sembrada, que no dejó de dar fruto. De esta manera fueron los valdenses testigos de Dios siglos antes del nacimiento de Lutero. Esparcidos por muchas tierras, arrojaron la semilla de la Reforma que brotó en tiempo de Wiclef, se desarrolló y echó raíces en días de Lutero, para seguir creciendo hasta el fin de los tiempos mediante el esfuerzo de todos cuantos estén listos para sufrirlo todo "a causa de la Palabra de Dios y del testimonio de Jesús." (Apocalipsis 1:9, V.M.)

5
El Lucero de la Reforma

ANTES de la Reforma hubo tiempos en que no existieron sino muy pocos ejemplares de la Biblia; pero Dios no había permitido que su Palabra fuese destruída completamente. Sus verdades no habían de quedar ocultas para siempre. Le era tan fácil quitar las cadenas a las palabras de vida como abrir las puertas de las cárceles y quitar los cerrojos a las puertas de hierro para poner en libertad a sus siervos. En los diferentes países de Europa hubo hombres que se sintieron impulsados por el Espíritu de Dios a buscar la verdad como un tesoro escondido, y que, siendo guiados providencialmente hacia las Santas Escrituras, estudiaron las sagradas páginas con el más profundo interés. Deseaban adquirir la luz a cualquier costo. Aunque no lo veían todo con claridad, pudieron discernir muchas verdades que hacía tiempo yacían sepultadas. Iban como mensajeros enviados del cielo, rompiendo las ligaduras del error y la superstición, y exhortando a los que por tanto tiempo habían permanecido esclavos, a que se levantaran y afirmaran su libertad.

Salvo entre los valdenses, la Palabra de Dios había quedado encerrada dentro de los límites de idiomas conocidos tan sólo por la gente instruída; pero llegó el tiempo en que las Sagradas Escrituras iban a ser traducidas y entregadas a gentes de diversas tierras en su propio idioma. Había ya pasado la obscura medianoche para el mundo; fenecían las horas de tinieblas, y en muchas partes aparecían señales del alba que estaba para rayar.

En el siglo XIV salió en Inglaterra "el lucero de la Reforma," Juan Wiclef, que fue el heraldo de la Reforma no sólo para Inglaterra sino para toda la cristiandad. La gran protesta que contra Roma le fue dado lanzar, no iba a ser nunca acallada, porque inició la lucha que iba a dar por resultado la emancipación de los individuos, las iglesias y las naciones.

Recibió Wiclef una educación liberal y para él era el amor de Jehová el principio de la sabiduría. Se distinguió en el colegio por su ferviente piedad, a la vez que por su talento notable y su profunda erudición. En su sed de saber trató de conocer todos los ramos de la ciencia. Se educó en la filosofía escolástica, en los cánones de la iglesia y en el derecho civil, especialmente en el de su país. En sus trabajos posteriores le fue muy provechosa esta temprana enseñanza. Debido a su completo conocimiento de la filosofía especulativa de su tiempo, pudo exponer los errores de ella, y el estudio de las leyes civiles y eclesiásticas le preparó para tomar parte en la gran lucha por la libertad civil y religiosa. A la vez que podía manejar las armas que encontraba en la Palabra de Dios, había adquirido la disciplina intelectual de las escuelas, y comprendía la táctica de los hombres de escuela. El poder de su genio y sus conocimientos extensos y profundos le granjearon el respeto de amigos y enemigos. Sus partidarios veían con orgullo que su campeón sobresalía entre los intelectos más notables de la nación; y sus enemigos se veían imposibilitados para arrojar desdén sobre la causa de la reforma por una exposición de la ignorancia o debilidad de su defensor.

Estando Wiclef todavía en el colegio se dedicó al estudio de las Santas Escrituras. En aquellos remotos tiempos cuando la Biblia existía sólo en los idiomas primitivos, los eruditos eran los únicos que podían allegarse a la fuente de la verdad, que a las clases incultas les estaba vedada. Ese estudio preparó el camino para el trabajo futuro de Wiclef como reformador. Algunos hombres ilustrados habían estudiado la Palabra de Dios y en ella habían encontrado revelada la gran verdad de la gracia concedida gratuitamente por Dios. Y por sus enseñanzas habían difundido esta verdad e inducido a otros a aceptar los oráculos divinos.

Cuando la atención de Wiclef fue dirigida a las Sagradas Escrituras, se consagró a escudriñarlas con el mismo empeño que había desplegado para adueñarse por completo de la instrucción que se impartía en los colegios. Hasta entonces había experimentado una necesidad que ni sus estudios escolares ni las enseñanzas de la iglesia habían podido satisfacer. Encontró en la Palabra de Dios lo que antes había buscado en vano. En ella halló revelado el plan de la salvación, y vio a Cristo representado como el único abogado para el hombre. Se entregó al servicio de Cristo y resolvió proclamar las verdades que había descubierto.

Como los reformadores que se levantaron tras él, Wiclef en el comienzo de su obra no pudo prever hasta dónde ella le conduciría. No se levantó deliberadamente en oposición contra Roma, pero su devoción a la verdad no podía menos que ponerle en conflicto con la mentira. Conforme iba discerniendo con mayor claridad los errores del papado, presentaba con creciente ardor las enseñanzas de la Biblia. Veía que Roma había abandonado la Palabra de Dios cambiándola por las tradiciones humanas; acusaba desembozadamente al clero de haber desterrado las Santas Escrituras y exigía que la Biblia fuese restituída al pueblo y que se estableciera de nuevo su autoridad dentro de la iglesia. Era maestro entendido y abnegado y predicador elocuente, cuya vida cotidiana era una demostración de las verdades que predicaba. Su conocimiento de las Sagradas Escrituras, la fuerza de sus argumentos, la pureza de su vida y su integridad y valor inquebrantables, le atrajeron la estimación y la confianza de todos. Muchos de entre el pueblo estaban descontentos con su antiguo credo al ver las iniquidades que prevalecían en la iglesia de Roma, y con inmenso regocijo recibieron las verdades expuestas por Wiclef, pero los caudillos papales se llenaron de ira al observar que el reformador estaba adquiriendo una influencia superior a la de ellos.

Wiclef discernía los errores con mucha sagacidad y se oponía valientemente a muchos de los abusos sancionados por la autoridad de Roma. Mientras desempeñaba el cargo de capellán del rey, se opuso osadamente al pago de los tributos que el papa exigía al monarca inglés, y demostró que la pretensión del pontífice al asumir autoridad sobre los gobiernos seculares era contraria tanto a la razón como a la Biblia. Las exigencias del papa habían provocado profunda indignación y las enseñanzas de Wiclef ejercieron influencia sobre las inteligencias más eminentes de la nación. El rey y los nobles se unieron para negar el dominio temporal del papa y rehusar pagar el tributo. Fue éste un golpe certero asestado a la supremacía papal en Inglaterra.

Otro mal contra el cual el reformador sostuvo largo y reñido combate, fue la institución de las órdenes de los frailes mendicantes. Pululaban estos frailes en Inglaterra, y comprometían la prosperidad y la grandeza de la nación. Las industrias, la educación y la moral eran afectadas directamente por la influencia agostadora de dichos frailes. La vida de ociosidad de aquellos pordioseros era no sólo una sangría que agotaba los recursos del pueblo, sino que hacía que el trabajo fuera mirado con menosprecio. La juventud se desmoralizaba y cundía en ella la corrupción. Debido a la influencia de los frailes, muchos eran inducidos a entrar en el claustro y consagrarse a la vida monástica, y esto no sólo sin contar con el consentimiento de los padres, sino aun sin que éstos lo supieran, o en abierta oposición con su voluntad. Con el fin de establecer la primacía de la vida conventual sobre las obligaciones y los lazos del amor a los padres, uno de los primeros padres de la iglesia romana había hecho esta declaración: "Aunque tu padre se postrase en tierra ante tu puerta, llorando y lamenffffftándose, y aunque tu madre te enseñase el seno en que te trajo y los pechos que te amamantaron, deberías hollarlos y seguir tu camino hacia Cristo sin vacilaciones." Con esta "monstruosa inhumanidad," como la llamó Lutero más tarde, "más propia de lobos o de tiranos que de cristianos y del hombre,' se endurecían los sentimientos de los hijos para con sus padres.—Barnas Sears, *The Life of Luther*, págs. 70, 69. Así los caudillos papales, como antaño los fariseos, anulaban el mandamiento de Dios mediante sus tradiciones y los hogares eran desolados, viéndose privados los padres de la compañía de sus hijos e hijas.

Aun los mismos estudiantes de las universidades eran engañados por las falsas representaciones de los monjes e inducidos a incorporarse en sus órdenes. Muchos se arrepentían luego de haber dado este paso, al echar de ver que marchitaban su propia vida y ocasionaban congojas a sus padres; pero, una vez cogidos en la trampa, les era imposible recuperar la libertad. Muchos padres, temiendo la influencia de los monjes, rehusaban enviar a sus hijos a las universidades, y disminuyó notablemente el número de alumnos que asistían a los grandes centros de enseñanza; así decayeron estos planteles y prevaleció la ignorancia.

El papa había dado a los monjes facultad de oír confesiones y de otorgar absolución, cosa que se convirtió en mal incalculable. En su afán por incrementar sus ganancias, los frailes estaban tan dispuestos a conceder la absolución al culpable, que toda clase de criminales se acercaba a ellos, y se notó en consecuencia, un gran desarrollo de los vicios más perniciosos. Dejábase padecer a los enfermos y a los pobres, en tanto que los donativos que pudieran aliviar sus necesidades eran depositados a los pies de los monjes, quienes con amenazas exigían las limosnas del pueblo y denunciaban la impiedad de los que las retenían. No obstante su voto de pobreza, la riqueza de los frailes iba en constante aumento, y sus magníficos edificios y sus mesas suntuosas hacían resaltar más la creciente pobreza de la nación. Y mientras que ellos dedicaban su tiempo al fausto y los placeres, mandaban en su lugar a hombres ignorantes, que sólo podían relatar cuentos maravillosos, leyendas y chistes, para divertir al pueblo y hacerle cada vez más víctima de los engaños de los monjes. A pesar de todo esto, los tales seguían ejerciendo dominio sobre las muchedumbres supersticiosas y haciéndoles creer que todos sus deberes religiosos se reducían a reconocer la supremacía del papa, adorar a los santos y hacer donativos a los monjes, y que esto era suficiente para asegurarles un lugar en el cielo.

Hombres instruidos y piadosos se habían esforzado en vano por realizar una reforma en estas órdenes monásticas; pero Wiclef, que tenía más perspicacidad, asestó sus golpes a la raíz del mal, declarando que de por sí el sistema era malo y que debería ser suprimido. Se suscitaron discusiones e investigaciones. Mientras los monjes atravesaban el país vendiendo indulgencias del papa, muchos había que dudaban de la posibilidad de que el perdón se pudiera comprar con dinero, y se preguntaban si no sería más razonable buscar el perdón de Dios antes que el del pontífice de Roma. (Véase el Apéndice.) No pocos se alarmaban al ver la rapacidad de los frailes cuya codicia parecía insaciable. "Los monjes y sacerdotes de Roma," decían ellos, "nos roen como el cáncer. Dios tiene que librarnos o el pueblo perecerá."—D'Aubigné, lib. 17, cap. 7. Para disimular su avaricia estos monjes mendicantes aseveraban seguir el ejemplo del Salvador, y declaraban que Jesús y sus discípulos habían sido sostenidos por la caridad de la gente. Este aserto perjudicó su causa, porque indujo a muchos a investigar la verdad en la Biblia, que era lo que menos deseaba Roma, pues los intelectos humanos eran así dirigidos a la fuente de la verdad que ella trataba de ocultarles.

Wiclef empezó a publicar folletos contra los frailes, no tanto para provocarlos a discutir con él como para llamar la atención de la gente hacia las enseñanzas de la Biblia y hacia su Autor. Declaró que el poder de perdonar o de excomulgar no le había sido otorgado al papa en grado mayor que a los simples sacerdotes, y que nadie podía ser verdaderamente excomulgado mientras no hubiese primero atraído sobre sí la condenación de Dios. Y en verdad que Wiclef no hubiera podido acertar con un medio mejor de derrocar el formidable dominio espiritual y temporal que el papa levantara y bajo el cual millones de hombres gemían cautivos en cuerpo y alma.

Wiclef fue nuevamente llamado a defender los derechos de la corona de Inglaterra contra las usurpaciones de Roma, y habiendo sido nombrado embajador del rey, pasó dos años en los Países Bajos conferenciando con los comisionados del papa. Allí estuvo en contacto con eclesiásticos de Francia, Italia y España, y tuvo oportunidad de ver lo que había entre bastidores y de conocer muchas cosas que en Inglaterra no hubiera descubierto. Se enteró de muchas cosas que le sirvieron de argumento en sus trabajos posteriores. En aquellos representantes de la corte del papa leyó el verdadero carácter y las aspiraciones de la jerarquía. Volvió a Inglaterra para reiterar sus anteriores enseñanzas con más valor y celo que nunca, declarando que la codicia, el orgullo y la impostura eran los dioses de Roma.

Hablando del papa y de sus recaudadores, decía en uno de sus folletos: "Ellos sacan de nuestra tierra el sustento de los pobres y miles de marcos al año del dinero del rey a cambio de sacramentos y artículos espirituales, lo cual es maldita herejía simoníaca, y hacen que toda la cristiandad mantenga y afirme esta herejía. Y a la verdad, si en nuestro reino hubiera un cerro enorme de oro y no lo tocara jamás hombre alguno, sino solamente este recaudador sacerdotal, orgulloso y mundano, en el curso del tiempo el cerro llegaría a gastarse todo entero, porque él se lleva cuanto dinero halla en nuestra tierra y no nos devuelve más que la maldición que Dios pronuncia sobre su simonía."—J. Lewis, *History of the Life and Sufferings of J. Wiclif*, pág. 37.

Poco después de su regreso a Inglaterra, Wiclef recibió del rey el nombramiento de rector de Lutterworth. Esto le convenció de que el monarca, cuando menos, no estaba descontento con la franqueza con que había hablado. Su influencia se dejó sentir en las resoluciones de la corte tanto como en las opiniones religiosas de la nación.

Pronto fueron lanzados contra Wiclef los rayos y las centellas papales. Tres bulas fueron enviadas a Inglaterra: a la universidad, al rey y a los prelados, ordenando todas que se tomaran inmediatamente medidas decisivas para obligar a guardar silencio al maestro de herejía. (A. Neander, *History of the Christian Religion and Church*, período 6, sec. 2, parte I, párr. 8. Véase también el Apéndice.) Sin embargo, antes de que se recibieran las bulas, los obispos, inspirados por su celo, habían citado a Wiclef a que compareciera ante ellos para ser juzgado; pero dos de los más poderosos príncipes del reino le acompañaron al tribunal, y el gentío que rodeaba el edificio y que se agolpó dentro de él dejó a los jueces tan cohibidos, que se suspendió el proceso y se le permitió a Wiclef que se retirara en paz. Poco después Eduardo III, a quien ya entrado en años procuraban indisponer los prelados contra el reformador, murió, y el antiguo protector de Wiclef llegó a ser regente del reino.

Pero la llegada de las bulas pontificales impuso a toda Inglaterra la orden perentoria de arrestar y encarcelar al hereje. Esto equivalía a una condenación a la hoguera. Ya parecía pues Wiclef destinado a ser pronto víctima de las venganzas de Roma. Pero Aquel que había dicho a un ilustre patriarca: "No temas, ... yo soy tu escudo" (Génesis 15:1), volvió a extender su mano para proteger a su siervo, así que el que murió, no fue el reformador, sino Gregorio XI, el pontífice que había decretado su muerte, y los eclesiásticos que se habían reunido para el juicio de Wiclef se dispersaron.

La providencia de Dios dirigió los acontecimientos de tal manera que ayudaron al desarrollo de la Reforma. Muerto Gregorio, eligiéronse dos papas rivales. Dos poderes en conflicto, cada cual pretendiéndose infalible, reclamaban la obediencia de los creyentes. (Véase el Apéndice.) Cada uno pedía el auxilio de los fieles para hacerle la guerra al otro, su rival, y reforzaba sus exigencias con terribles anatemas contra los adversarios y con promesas celestiales para sus partidarios. Esto debilitó notablemente el poder papal. Harto tenían que hacer ambos partidos rivales para pelear uno con otro, de modo que Wiclef pudo descansar por algún tiempo. Anatemas y recriminaciones volaban de un papa al otro, y ríos de sangre corrían en la contienda de tan encontrados intereses. La iglesia rebosaba de crímenes y escándalos. Entre tanto el reformador vivía tranquilo retirado en su parroquia de Lutterworth, trabajando diligentemente por hacer que los hombres apartaran la atención de los papas en guerra uno con otro, y que la fijaran en Jesús, el Príncipe de Paz.

El cisma, con la contienda y corrupción que produjo, preparó el camino para la Reforma, pues ayudó al pueblo a conocer el papado tal cual era. En un folleto que publicó Wiclef sobre "El cisma de los papas," exhortó al pueblo a considerar si ambos sacerdotes no decían la verdad al condenarse uno a otro como anticristos. "Dios—decía él—no quiso que el enemigo siguiera reinando tan sólo en uno de esos sacerdotes, sino que ... puso enemistad entre ambos, para que los hombres, en el nombre de Cristo, puedan vencer a ambos con mayor facilidad."—R. Vaughan, *Life and Opinions of John de Wycliffe*, tomo 2, pág. 6. Como su Maestro, predicaba Wiclef el Evangelio a los pobres. No dándose por satisfecho con hacer que la luz brillara únicamente en aquellos humildes hogares de su propia parroquia de Lutterworth, quiso difundirla por todos los ámbitos de Inglaterra. Para esto organizó un cuerpo de predicadores, todos ellos hombres sencillos y piadosos, que amaban la verdad y no ambicionaban otra cosa que extenderla por todas partes. Para darla a conocer enseñaban en los mercados, en las calles de las grandes ciudades y en los sitios apartados; visitaban a los ancianos, a los pobres y a los enfermos impartiéndoles las buenas nuevas de la gracia de Dios.

Siendo profesor de teología en Oxford, predicaba Wiclef la Palabra de Dios en las aulas de la universidad. Presentó la verdad a los estudiantes con tanta fidelidad, que mereció el título de "Doctor evangélico." Pero la obra más grande de su vida había de ser la traducción de la Biblia en el idioma inglés. En una obra sobre "La verdad y el significado de las Escrituras" dio a conocer su intención de traducir la Biblia para que todo hombre en Inglaterra pudiera leer en su propia lengua y conocer por sí mismo las obras maravillosas de Dios.

Pero de pronto tuvo que suspender su trabajo. Aunque no tenía aún sesenta años de edad, sus ocupaciones continuas, el estudio, y los ataques de sus enemigos, le habían debilitado y envejecido prematuramente. Le sobrevino una peligrosa enfermedad cuyas nuevas, al llegar a oídos de los frailes, los llenaron de alegría. Pensaron que en tal trance lamentaría Wiclef amargamente el mal que había causado a la iglesia. En consecuencia se apresuraron a ir a su vivienda para oír su confesión. Dándole ya por agonizante se reunieron en derredor de él los representantes de las cuatro órdenes religiosas, acompañados por cuatro dignatarios civiles, y le dijeron: "Tienes el sello de la muerte en tus labios, conmuévete por la memoria de tus faltas y retráctate delante de nosotros de todo cuanto has dicho para perjudicarnos." El reformador escuchó en silencio; luego ordenó a su criado que le ayudara a incorporarse en su cama, y mirándolos con fijeza mientras permanecían puestos en pie esperando oír su retractación, les habló con aquella voz firme y robusta que tantas veces les había hecho temblar, y les dijo: "No voy a morir, sino que viviré para volver a denunciar las maquinaciones de los frailes."—D'Aubigné, lib. 17, cap. 7. Sorprendidos y corridos los monjes se apresuraron a salir del aposento.

Las palabras de Wiclef se cumplieron. Vivió lo bastante para poder dejar en manos de sus connacionales el arma más poderosa contra Roma: la Biblia, el agente enviado del cielo para libertar, alumbrar y evangelizar al pueblo. Muchos y grandes fueron los obstáculos que tuvo que vencer para llevar a cabo esta obra. Se veía cargado de achaques; sabía que sólo le quedaban unos pocos años que dedicar a sus trabajos, y se daba cuenta de la oposición que debía arrostrar, pero animado por las promesas de la Palabra de Dios, siguió adelante sin que nada le intimidara. Estaba en pleno goce de sus fuerzas intelectuales y enriquecido por mucha experiencia, la providencia especial de Dios le había conservado y preparado para esta la mayor de sus obras; de modo que mientras toda la cristiandad se hallaba envuelta en tumultos el reformador, en su rectoría de Lutterworth, sin hacer caso de la tempestad que rugía en derredor, se dedicaba a la tarea que había escogido.

Por fin dio cima a la obra: acabó la primera traducción de la Biblia que se hiciera en inglés. El Libro de Dios quedaba abierto para Inglaterra. El reformador ya no temía la prisión ni la hoguera. Había puesto en manos del pueblo inglés una luz que jamás se extinguiría. Al darles la Biblia a sus compatriotas había hecho más para romper las cadenas de la ignorancia y del vicio, y para libertar y engrandecer a su nación, que todo lo que jamás se consiguiera con las victorias más brillantes en los campos de batalla.

Como todavía la imprenta no era conocida, los ejemplares de la Biblia no se multiplicaban sino mediante un trabajo lento y enojoso. Tan grande era el empeño de poseer el libro, que muchos se dedicaron voluntariamente a copiarlo; sin embargo, les costaba mucho a los copistas satisfacer los pedidos. Algunos de los compradores más ricos deseaban la Biblia entera. Otros compraban solamente una porción. En muchos casos se unían varias familias para comprar un ejemplar. De este modo la Biblia de Wiclef no tardó en abrirse paso en los hogares del pueblo.

Como el sagrado libro apelaba a la razón, logró despertar a los hombres de su pasiva sumisión a los dogmas papales. En lugar de éstos, Wiclef enseñaba las doctrinas distintivas del protestantismo: la salvación por medio de la fe en Cristo y la infalibilidad única de las Sagradas Escrituras. Los predicadores que él enviaba ponían en circulación la Biblia junto con los escritos del reformador, y con tan buen éxito, que la nueva fe fue aceptada por casi la mitad del pueblo inglés.

La aparición de las Santas Escrituras llenó de profundo desaliento a las autoridades de la iglesia. Estas tenían que hacer frente ahora a un agente más poderoso que Wiclef: una fuerza contra la cual todas sus armas servirían de poco. No había ley en aquel tiempo que prohibiese en Inglaterra la lectura de la Biblia, porque jamás se había hecho una versión en el idioma del pueblo. Tales leyes se dictaron poco después y fueron puestas en vigor del modo más riguroso; pero, entretanto, y a pesar de los esfuerzos del clero, hubo oportunidad para que la Palabra de Dios circulara por algún tiempo.

Nuevamente los caudillos papales quisieron imponer silencio al reformador. Le citaron ante tres tribunales sucesivos, para juzgarlo, pero sin resultado alguno. Primero un sínodo de obispos declaró que sus escritos eran heréticos, y logrando atraer a sus miras al joven rey Ricardo II, obtuvo un decreto real que condenaba a prisión a todos los que sostuviesen las doctrinas condenadas.

Wiclef apeló de esa sentencia del sínodo al parlamento; sin temor alguno demandó al clero ante el concilio nacional y exigió que se reformaran los enormes abusos sancionados por la iglesia. Con notable don de persuasión describió las usurpaciones y las corrupciones de la sede papal, y sus enemigos quedaron confundidos. Los amigos y partidarios de Wiclef se habían visto obligados a ceder, y se esperaba confiadamente que el mismo reformador al llegar a la vejez y verse solo y sin amigos, se inclinaría ante la autoridad combinada de la corona y de la mitra. Mas en vez de esto, los papistas se vieron derrotados. Entusiasmado por las elocuentes interpelaciones de Wiclef, el parlamento revocó el edicto de persecución y el reformador se vio nuevamente libre.

Por tercera vez le citaron para formarle juicio, y esta vez ante el más alto tribunal eclesiástico del reino. En esta corte suprema no podía haber favoritismo para la herejía; en ella debía asegurarse el triunfo para Roma y ponerse fin a la obra del reformador. Así pensaban los papistas. Si lograban su intento, Wiclef se vería obligado a abjurar sus doctrinas o de lo contrario sólo saldría del tribunal para ser quemado.

Empero Wiclef no se retractó, ni quiso disimular nada. Sostuvo intrépido sus enseñanzas y rechazó los cargos de sus perseguidores. Olvidándose de sí mismo, de su posición y de la ocasión, emplazó a sus oyentes ante el tribunal divino y pesó los sofismas y las imposturas de sus enemigos en la balanza de la verdad eterna. El poder del Espíritu Santo se dejó sentir en la sala del concilio. Los circunstantes notaron la influencia de Dios y parecía que no tuvieran fuerzas suficientes para abandonar el lugar. Las palabras del reformador eran como flechas de la aljaba de Dios, que penetraban y herían sus corazones. El cargo de herejía que pesaba sobre él, Wiclef lo lanzó contra ellos con poder irresistible. Los interpeló por el atrevimiento con que extendían sus errores y los denunció como traficantes que por amor al lucro comerciaban con la gracia de Dios.

"¿Contra quién pensáis que estáis contendiendo?—dijo al concluir.—¿Con un anciano que está ya al borde del sepulcro?—¡No! ¡contra la Verdad, la Verdad que es más fuerte que vosotros y que os vencerá!" (Wylie, lib. 2, cap. 13.) Y diciendo esto se retiró de la asamblea sin que ninguno de los adversarios intentara detenerlo.

La obra de Wiclef quedaba casi concluida. El estandarte de la verdad que él había sostenido por tanto tiempo iba pronto a caer de sus manos; pero era necesario que diese un testimonio mas en favor del Evangelio. La verdad debía ser proclamada desde la misma fortaleza del imperio del error. Fue emplazado Wiclef a presentarse ante el tribunal papal de Roma, que había derramado tantas veces la sangre de los santos. Por cierto que no dejaba de darse cuenta del gran peligro que le amenazaba, y sin embargo, hubiera asistido a la cita si no se lo hubiese impedido un ataque de parálisis que le dejó imposibilitado para hacer el viaje. Pero si su voz no se iba a oír en Roma, podía hablar por carta, y resolvió hacerlo. Desde su rectoría el reformador escribió al papa una epístola que, si bien fue redactada en estilo respetuoso y espíritu cristiano, era una aguda censura contra la pompa y el orgullo de la sede papal.

"En verdad me regocijo—decía—en hacer notoria y afirmar delante de todos los hombres la fe que poseo, y especialmente ante el obispo de Roma, quien, como supongo que ha de ser persona honrada y de buena fe, no se negará a confirmar gustoso esta mi fe, o la corregirá si acaso la encuentra errada.

"En primer término, supongo que el Evangelio de Cristo es toda la substancia de la ley de Dios. ... Declaro y sostengo que por ser el obispo de Roma el vicario de Cristo aquí en la tierra, está sujeto más que nadie a la ley del Evangelio. Porque entre los discípulos de Cristo la grandeza no consistía en dignidades o valer mundanos, sino en seguir de cerca a Cristo e imitar fielmente su vida y sus costumbres. ... Durante el tiempo de su peregrinación en la tierra Cristo fue un hombre muy pobre, que despreciaba y desechaba todo poder y todo honor terreno. ...

"Ningún hombre de buena fe debiera seguir al papa ni a santo alguno, sino en aquello en que ellos siguen el ejemplo del Señor Jesucristo, pues San Pedro y los hijos de Zebedeo, al desear honores del mundo, lo cual no es seguir las pisadas de Cristo, pecaron y, por tanto, no deben ser imitados en sus errores. ...

"El papa debería dejar al poder secular todo dominio y gobierno temporal y con tal fin exhortar y persuadir eficazmente a todo el clero a hacer otro tanto, pues así lo hizo Cristo y especialmente sus apóstoles. Por consiguiente, si me he equivocado en cualquiera de estos puntos, estoy dispuesto a someterme a la corrección y aun a morir, si es necesario. Si pudiera yo obrar conforme a mi voluntad y deseo, siendo dueño de mí mismo, de seguro que me presentaría ante el obispo de Roma; pero el Señor se ha dignado visitarme para que se haga lo contrario y me ha enseñado a obedecer a Dios antes que a los hombres."

Al concluir decía: "Oremos a Dios para que mueva de tal modo el corazón de nuestro papa Urbano VI, que él y su clero sigan al Señor Jesucristo en su vida y costumbres, y así se lo enseñen al pueblo, a fin de que, siendo ellos el dechado, todos los fieles los imiten con toda fidelidad."—Juan Foxe, *Acts and Monuments*, tomo 3, págs. 49, 50.

Así enseñó Wiclef al papa y a sus cardenales la mansedumbre y humildad de Cristo, haciéndoles ver no sólo a ellos sino a toda la cristiandad el contraste que había entre ellos y el Maestro de quien profesaban ser representantes.

Wiclef estaba convencido de que su fidelidad iba a costarle la vida. El rey, el papa y los obispos estaban unidos para lograr su ruina, y parecía seguro que en pocos meses a más tardar le llevarían a la hoguera. Pero su valor no disminuyó. "¿Por qué habláis de buscar lejos la corona del martirio?—decía él.—Predicad el Evangelio de Cristo a arrogantes prelados, y el martirio no se hará esperar. ¡Qué!

¿Viviría yo para quedarme callado? ... ¡Nunca! ¡Que venga el golpe! Esperándolo estoy."—D'Aubigné, lib. 17, cap. 8.

No obstante, la providencia de Dios velaba aún por su siervo, y el hombre que durante toda su vida había defendido con arrojo la causa de la verdad, exponiéndose diariamente al peligro, no había de caer víctima del odio de sus enemigos. Wiclef nunca miró por sí mismo, pero el Señor había sido su protector y ahora que sus enemigos se creían seguros de su presa, Dios le puso fuera del alcance de ellos. En su iglesia de Lutterworth, en el momento en que iba a dar la comunión, cayó herido de parálisis y murió al poco tiempo.

Dios le había señalado a Wiclef su obra. Puso en su boca la palabra de verdad y colocó una custodia en derredor suyo para que esa palabra llegase a oídos del pueblo. Su vida fue protegida y su obra continuó hasta que hubo echado los cimientos para la grandiosa obra de la Reforma.

Wiclef surgió de entre las tinieblas de los tiempos de ignorancia y superstición. Nadie había trabajado antes de él en una obra que dejara un molde al que Wiclef pudiera atenerse. Suscitado como Juan el Bautista para cumplir una misión especial, fue el heraldo de una nueva era. Con todo, en el sistema de verdad que presentó hubo tal unidad y perfección que no pudieron superarlo los reformadores que le siguieron, y algunos de ellos no lo igualaron siquiera, ni aun cien años más tarde. Echó cimientos tan hondos y amplios, y dejó una estructura tan exacta y firme que no necesitaron hacer modificaciones los que le sucedieron en la causa.

El gran movimiento inaugurado por Wiclef, que iba a libertar las conciencias y los espíritus y emancipar las naciones que habían estado por tanto tiempo atadas al carro triunfal de Roma, tenía su origen en la Biblia. Era ella el manantial de donde brotó el raudal de bendiciones que como el agua de la vida ha venido fluyendo a través de las generaciones desde el siglo XIV. Con fe absoluta, Wiclef aceptaba las Santas Escrituras como la revelación inspirada de la voluntad de Dios, como regla suficiente de fe y conducta. Se le había enseñado a considerar la iglesia de Roma como la autoridad divina e infalible y a aceptar con reverencia implícita las enseñanzas y costumbres establecidas desde hacía mil años; pero de todo esto se apartó para dar oídos a la santa Palabra de Dios. Esta era la autoridad que él exigía que el pueblo reconociese. En vez de la iglesia que hablaba por medio del papa, declaraba él que la única autoridad verdadera era la voz de Dios escrita en su Palabra; y enseñó que la Biblia es no sólo una revelación perfecta de la voluntad de Dios, sino que el Espíritu Santo es su único intérprete, y que por el estudio de sus enseñanzas cada uno debe conocer por sí mismo sus deberes. Así logró que se fijaran los hombres en la Palabra de Dios y dejaran a un lado al papa y a la iglesia de Roma.

Wiclef fué uno de los mayores reformadores. Por la amplitud de su inteligencia, la claridad de su pensamiento, su firmeza para sostener la verdad y su intrepidez para defenderla, fueron pocos los que le igualaron entre los que se levantaron tras él. Caracterizaban al primero de los reformadores su pureza de vida, su actividad incansable en el estudio y el trabajo, su integridad intachable, su fidelidad en el ministerio y sus nobles sentimientos, que eran los mismos que se notaron en Cristo Jesús. Y esto, no obstante la obscuridad intelectual y la corrupción moral de la época en que vivió.

El carácter de Wiclef es una prueba del poder educador y transformador de las Santas Escrituras. A la Biblia debió él todo lo que fue. El esfuerzo hecho para comprender las grandes verdades de la revelación imparte vigor a todas las facultades y las fortalece; ensancha el entendimiento, aguza las percepciones y madura el juicio. El estudio de la Biblia ennoblecerá como ningún otro estudio el pensamiento, los sentimientos y las aspiraciones. Da constancia en los propósitos, paciencia, valor y perseverancia; refina el carácter y santifica el alma. Un estudio serio y reverente de las Santas Escrituras, al poner la mente de quienes se dedicaran a él en contacto directo con la mente del Todopoderoso, daría al mundo hombres de intelecto mayor y más activo, como también de principios más nobles que los que pueden resultar de la más hábil enseñanza de la filosofía humana. "La entrada de tus palabras—dice el salmista—alumbra; a los simples les da inteligencia." (Salmo 119:130, V.M.)

Las doctrinas que enseñó Wiclef siguieron cundiendo por algún tiempo; sus partidarios, conocidos por wiclefistas y lolardos, no sólo recorrían Inglaterra sino que se esparcieron por otras partes, llevando a otros países el conocimiento del Evangelio. Cuando su jefe falleció, los predicadores trabajaron con más celo aun que antes, y las multitudes acudían a escuchar sus enseñanzas. Algunos miembros de la nobleza y la misma esposa del rey contábanse en el número de los convertidos, y en muchos lugares se notaba en las costumbres del pueblo un cambio notable y se sacaron de las iglesias los símbolos idólatras del romanismo. Pero pronto la tempestad de la despiadada persecución se desató sobre aquellos que se atrevían a aceptar la Biblia como guía. Los monarcas ingleses, ansiosos de confirmar su poder con el apoyo de Roma, no vacilaron en sacrificar a los reformadores. Por primera vez en la historia de Inglaterra fue decretado el uso de la hoguera para castigar a los propagadores del Evangelio. Los martirios seguían a los martirios. Los que abogaban por la verdad eran desterrados o atormentados y sólo podían clamar al oído del Dios de Sabaoth. Se les perseguía como a enemigos de la iglesia y traidores del reino, pero ellos seguían predicando en lugares secretos, buscando refugio lo mejor que podían en las humildes casas de los pobres y escondiéndose muchas veces en cuevas y antros de la tierra.

A pesar de la ira de los perseguidores, continuó serena, firme y paciente por muchos siglos la protesta que los siervos de Dios sostuvieron contra la perversión predominante de las enseñanzas religiosas. Los cristianos de aquellos tiempos primitivos no tenían más que un conocimiento parcial de la verdad, pero habían aprendido a amar la Palabra de Dios y a obedecerla, y por ella sufrían con paciencia. Como los discípulos en los tiempos apostólicos, muchos sacrificaban sus propiedades terrenales por la causa de Cristo. Aquellos a quienes se permitía habitar en sus hogares, daban asilo con gusto a sus hermanos perseguidos, y cuando a ellos también se les expulsaba de sus casas, aceptaban alegremente la suerte de los desterrados. Cierto es que miles de ellos, aterrorizados por la furia de los perseguidores, compraron su libertad haciendo el sacrificio de su fe, y salieron de las cárceles llevando el hábito de los arrepentidos para hacer pública retractación; pero no fue escaso el número—contándose entre ellos nobles y ricos, así como pobres y humildes—de los que sin miedo alguno daban testimonio de la verdad en los calabozos, en las "torres lolardas," gozosos en medio de los tormentos y las llamas, de ser tenidos por dignos de participar de "la comunión de sus padecimientos."

Los papistas fracasaron en su intento de perjudicar a Wiclef durante su vida, y su odio no podía aplacarse mientras que los restos del reformador siguieran descansando en la paz del sepulcro. Por un decreto del concilio de Constanza, más de cuarenta años después de la muerte de Wiclef sus huesos fueron exhumados y quemados públicamente, y las cenizas arrojadas a un arroyo cercano. "Ese arroyo—dice un antiguo escritor—llevó las cenizas al río Avón, el Avón al Severna, el Severna a los mares y éstos al océano; y; así es como las cenizas de Wiclef son emblema de sus doctrinas, las cuales se hallan esparcidas hoy día por el mundo entero."—T. Fuller, *Church History of Britain*, lib. 4, sec. 2, párr. 54. ¡Cuán poco alcanzaron a comprender sus enemigos el significado de su acto perverso!

Por medio de los escritos de Wiclef, Juan Hus, de Bohemia, fue inducido a renunciar a muchos de los errores de Roma y a asociarse a la obra de reforma. Y de este modo, en aquellos dos países, tan distantes uno de otro, fue sembrada la semilla de la verdad. De Bohemia se extendió la obra hasta otros países; la mente de los hombres fue encauzada hacia la Palabra de Dios que por tan largo tiempo había sido relegada al olvido. La mano divina estaba así preparando el camino a la gran Reforma.

6

DOS HÉROES DE LA EDAD MEDIA

LA SEMILLA del Evangelio había sido sembrada en Bohemia desde el siglo noveno; la Biblia había sido traducida, y el culto público celebrábase en el idioma del pueblo; pero conforme iba aumentando el poder papal, obscurecíase también la Palabra de Dios. Gregorio VII, que se había propuesto humillar el orgullo de los reyes, no estaba menos resuelto a esclavizar al pueblo, y con tal fin expidió una bula para prohibir que se celebrasen cultos públicos en lengua bohemia. El papa declaró que "Dios se complacía en que se le rindiese culto en lengua desconocida y que el haber desatendido esta disposición había sido causa de muchos males y herejías." (Wylie, lib. 3, cap. I.) Así decretó Roma que la luz de la Palabra de Dios fuera extinguida y que el pueblo quedara encerrado en las tinieblas; pero el Cielo había provisto otros agentes para la preservación de la iglesia. Muchos valdenses y albigenses, expulsados de sus hogares por la persecución, salieron de Francia e Italia y fueron a establecerse en Bohemia. Aunque no se atrevían a enseñar abiertamente, trabajaron celosamente en secreto, y así se mantuvo la fe de siglo en siglo.

Antes de los tiempos de Hus hubo en Bohemia hombres que se levantaron para condenar abiertamente la corrupción de la iglesia y el libertinaje de las masas. Sus trabajos despertaron interés general y también los temores del clero, el cual inició una encarnizada persecución contra aquellos discípulos del Evangelio. Obligados a celebrar el culto en los bosques y en las montañas, los soldados los cazaban y mataron a muchos de ellos. Transcurrido cierto tiempo, se decretó que todos los que abandonasen el romanismo morirían en la hoguera. Pero aun mientras que los cristianos sacrificaban sus vidas, esperaban el triunfo de su causa. Uno de los que "enseñaban que la salvación se alcanzaba sólo por la fe en el Salvador crucificado," pronunció al morir estas palabras: "El furor de los enemigos de la verdad prevalece ahora contra nosotros, pero no será siempre así, pues de entre el pueblo ha de levantarse uno, sin espada ni signo de autoridad, contra el cual ellos nada podrán hacer."—*Ibid.*, lib. 3, cap. I. Lejos estaba aún el tiempo de Lutero; pero ya empezaba a darse a conocer un hombre cuyo testimonio contra Roma conmovería a las naciones.

Juan Hus era de humilde cuna y había perdido a su padre en temprana edad. Su piadosa madre, considerando la educación y el temor de Dios como la más valiosa hacienda, procuró asegurársela a su hijo. Hus estudió en la escuela de la provincia y pasó después a la universidad de Praga donde fue admitido por caridad. En su viaje a la ciudad de Praga fue acompañado por su madre, que, siendo viuda y pobre, no pudo dotar a su hijo con bienes materiales, pero cuando llegaron a las inmediaciones de la gran ciudad se arrodilló al lado de su hijo y pidió para él la bendición de su Padre celestial. Muy poco se figuraba aquella madre de qué modo iba a ser atendida su plegaria.

En la universidad se distinguió Hus por su aplicación, su constancia en el estudio y sus rápidos progresos, al par que su conducta intachable y sus afables y simpáticos modales le granjearon general estimación. Era un sincero creyente de la iglesia romana y deseaba ardientemente recibir las bendiciones espirituales que aquélla profesa conceder. Con motivo de un jubileo, fue él a confesarse, dio a la iglesia las pocas monedas que llevaba y se unió a las procesiones para poder participar de la absolución prometida. Terminado su curso de estudios, ingresó en el sacerdocio, y como lograra en poco tiempo darse a conocer, no tardó en ser elegido para prestar sus servicios en la corte del rey. Fue también nombrado catedrático y posteriormente rector de la universidad donde recibiera su educación. En pocos años el humilde estudiante que fuera admitido por caridad en las aulas llegó a ser el orgullo de su país y a adquirir fama en toda Europa.

Mas otro fue el campo en donde Hus principió a trabajar en busca de reformas. Algunos años después de haber recibido las órdenes sacerdotales, fue elegido predicador de la capilla llamada de Belén. El fundador de ésta había abogado, por considerarlo asunto de gran importancia, en favor de la predicación de las Santas Escrituras en el idioma del pueblo. No obstante la oposición de Roma, esta práctica no había desaparecido del todo de Bohemia. Sin embargo, era mucha la ignorancia respecto a la Biblia, y los peores vicios reinaban en todas las clases de la sociedad. Hus denunció sin reparo estos males apelando a la Palabra de Dios para reforzar los principios de verdad y de pureza que procuraba inculcar.

Un vecino de Praga, Jerónimo, que con ulterioridad iba a colaborar tan estrechamente con Hus, trajo consigo, al regresar de Inglaterra, los escritos de Wiclef. La reina de Inglaterra, que se había convertido a las enseñanzas de éste, era una princesa bohemia, y por medio de su influencia las obras del reformador obtuvieron gran circulación en su tierra natal. Hus leyó estas obras con interés; tuvo a su autor por cristiano sincero y se sintió movido a mirar con simpatía las reformas que él proponía. Aunque sin darse cuenta, Hus había entrado ya en un sendero que había de alejarle de Roma.

Por aquel entonces llegaron a Praga dos extranjeros procedentes de Inglaterra, hombres instruídos que habían recibido la luz del Evangelio y venían a esparcirla en aquellas apartadas regiones. Comenzaron por atacar públicamente la supremacía del papa, pero pronto las autoridades les obligaron a guardar silencio; no obstante, como no quisieran abandonar su propósito, recurrieron a otros medios para realizarlo. Eran artistas a la vez que predicadores y pusieron en juego sus habilidades. En una plaza pública dibujaron dos cuadros que representaban, uno la entrada de Cristo en Jerusalén, "manso y sentado sobre un asno" (S. Mateo 21:5, V.M.), y seguido por sus discípulos vestidos con túnicas ajadas por las asperezas del camino y descalzos; el otro representaba una procesión pontifical, en la cual se veía al papa adornado con sus ricas vestiduras y con su triple corona, montado en un caballo magníficamente enjaezado, precedido por clarines y seguido por cardenales y prelados que ostentaban deslumbrantes galas.

Encerraban estos cuadros todo un sermón que cautivaba la atención de todas las clases sociales. Las multitudes acudían a mirarlos. Ninguno dejaba de sacar la moraleja y muchos quedaban hondamente impresionados por el contraste que resultaba entre la mansedumbre de Cristo, el Maestro, y el orgullo y la arrogancia del papa que profesaba servirle. Praga se conmovió mucho y, después de algún tiempo, los extranjeros tuvieron que marcharse para ponerse en salvo. Pero la lección que habían dado no dejó de ser aprovechada. Los cuadros hicieron impresión en Hus y le indujeron a estudiar con más empeño la Biblia y los escritos de Wiclef. Aunque todavía no estaba convenientemente preparado para aceptar todas las reformas recomendadas por Wiclef, alcanzó a darse mejor cuenta del verdadero carácter del papado y con mayor celo denunció el orgullo, la ambición y la corrupción del clero.

De Bohemia extendióse la luz hasta Alemania. Algunos disturbios en la universidad de Praga dieron por resultado la separación de centenares de estudiantes alemanes, muchos de los cuales habían recibido de Hus su primer conocimiento de la Biblia, y a su regreso esparcieron el Evangelio en la tierra de sus padres.

Las noticias de la obra hecha en Praga llegaron a Roma y pronto fue citado Hus a comparecer ante el papa. Obedecer habría sido exponerse a una muerte segura. El rey y la reina de Bohemia, la universidad, miembros de la nobleza y altos dignatarios dirigieron una solicitud general al pontífice para que le fuera permitido a Hus permanecer en Praga y contestar a Roma por medio de una diputación. En lugar de acceder a la súplica, el papa procedió a juzgar y condenar a Hus, y, por añadidura, declaró a la ciudad de Praga en entredicho.

En aquellos tiempos, siempre que se pronunciaba tal sentencia, la alarma era general. Las ceremonias que la acompañaban estaban bien calculadas para producir terror entre el pueblo, que veía en el papa el representante de Dios mismo, y el que tenía las llaves del cielo y del infierno y el poder para invocar juicios temporales lo mismo que espirituales. Creían que las puertas del cielo se cerraban contra los lugares condenados por el entredicho y que entretanto que el papa no se dignaba levantar la excomunión, los difuntos no podían entrar en la mansión de los bienaventurados. En señal de tan terrible calamidad se suspendían todos los servicios religiosos, las iglesias eran clausuradas, las ceremonias del matrimonio se verificaban en los cementerios; a los muertos se les negaba sepultura en los camposantos, y se los enterraba sin ceremonia alguna en las zanjas o en el campo. Así pues, valiéndose de medios que influían en la imaginación, procuraba Roma dominar la conciencia de los hombres.

La ciudad de Praga se amotinó. Muchos opinaron que Hus tenía la culpa de todas estas calamidades y exigieron que fuese entregado a la vindicta de Roma. Para que se calmara la tempestad, el reformador se retiró por algún tiempo a su pueblo natal. Escribió a los amigos que había dejado en Praga: "Si me he retirado de entre vosotros es para seguir los preceptos y el ejemplo de Jesucristo, para no dar lugar a que los mal intencionados se expongan a su propia condenación eterna y para no ser causa de que se moleste y persiga a los piadosos. Me he retirado, además, por temor de que los impíos sacerdotes prolonguen su prohibición de que se predique la Palabra de Dios entre vosotros; mas no os he dejado para negar la verdad divina por la cual, con la ayuda de Dios, estoy pronto a morir."—E. de Bonnechose, *Les Réformateurs avant la Réforme*, lib. I, págs. 94, 95 (París, 1845). Hus no cesó de trabajar; viajó por los países vecinos predicando a las muchedumbres que le escuchaban con ansia. De modo que las medidas de que se valiera el papa para suprimir el Evangelio, hicieron que se extendiera en más amplia esfera. "Nada podemos hacer contra la verdad, sino a favor de la verdad." (2 Corintios 13:8, V.M.)

"El espíritu de Hus parece haber sido en aquella época de su vida el escenario de un doloroso conflicto. Aunque la iglesia trataba de aniquilarle lanzando sus rayos contra él, él no desconocía la autoridad de ella, sino que seguía considerando a la iglesia católica romana como a la esposa de Cristo y al papa como al representante y vicario de Dios. Lo que Hus combatía era el abuso de autoridad y no la autoridad misma. Esto provocó un terrible conflicto entre las convicciones más íntimas de su corazón y los dictados de su conciencia. Si la autoridad era justa e infalible como él la creía, ¿por qué se sentía obligado a desobedecerla? Acatarla, era pecar; pero, ¿por qué se sentía obligado a pecar si prestaba obediencia a una iglesia infalible? Este era el problema que Hus no podía resolver, y la duda le torturaba hora tras hora. La solución que por entonces le parecía más plausible era que había vuelto a suceder lo que había sucedido en los días del Salvador, a saber, que los sacerdotes de la iglesia se habían convertido en impíos que usaban de su autoridad legal con fines inicuos. Esto le decidió a adoptar para su propio gobierno y para el de aquellos a quienes siguiera predicando, la máxima aquella de que los preceptos de la Santas Escrituras transmitidos por el entendimiento han de dirigir la conciencia, o en otras palabras, que Dios hablando en la Biblia, y no la iglesia hablando por medio de los sacerdotes, era el único guía infalible."—Wylie, lib. 3, cap. 3.

Cuando, transcurrido algún tiempo, se hubo calmado la excitación en Praga, volvió Hus a su capilla de Belén para reanudar, con mayor valor y celo, la predicación de la Palabra de Dios. Sus enemigos eran activos y poderosos, pero la reina y muchos de los nobles eran amigos suyos y gran parte del pueblo estaba de su lado. Comparando sus enseñanzas puras y elevadas y la santidad de su vida con los dogmas degradantes que predicaban los romanistas y con la avaricia y el libertinaje en que vivían, muchos consideraban que era un honor pertenecer al partido del reformador.

Hasta aquí Hus había estado solo en sus labores, pero entonces Jerónimo, que durante su estada en Inglaterra había hecho suyas las doctrinas enseñadas por Wiclef, se unió con él en la obra de reforma. Desde aquel momento ambos anduvieron juntos y ni la muerte había de separarlos.

Jerónimo poseía en alto grado lucidez genial, elocuencia e ilustración, y estos dones le conquistaban el favor popular, pero en las cualidades que constituyen verdadera fuerza de carácter, sobresalía Hus. El juicio sereno de éste restringía el espíritu impulsivo de Jerónimo, el cual reconocía con verdadera humildad el valer de su compañero y aceptaba sus consejos. Mediante los esfuerzos unidos de ambos la reforma progresó con mayor rapidez.

Si bien es verdad que Dios se dignó iluminar a estos sus siervos derramando sobre ellos raudales de luz que les revelaron muchos de los errores de Roma, también lo es que ellos no recibieron toda la luz que debía ser comunicada al mundo. Por medio de estos hombres, Dios sacaba a sus hijos de las tinieblas del romanismo; pero tenían que arrostrar muchos y muy grandes obstáculos, y él los conducía por la mano paso a paso según lo permitían las fuerzas de ellos. No estaban preparados para recibir de pronto la luz en su plenitud. Ella los habría hecho retroceder como habrían retrocedido, con la vista herida, los que, acostumbrados a la obscuridad, recibieran la luz del mediodía. Por consiguiente, Dios reveló su luz a los guías de su pueblo poco a poco, como podía recibirla este último. De siglo en siglo otros fieles obreros seguirían conduciendo a las masas y avanzando más cada vez en el camino de las reformas.

Mientras tanto, un gran cisma asolaba a la iglesia. Tres papas se disputaban la supremacía, y esta contienda llenaba los dominios de la cristiandad de crímenes y revueltas. No satisfechos los tres papas con arrojarse recíprocamente violentos anatemas, decidieron recurrir a las armas temporales. Cada uno se propuso hacer acopio de armamentos y reclutar soldados. Por supuesto, necesitaban dinero, y para proporcionárselo, todos los dones, oficios y beneficios de la iglesia fueron puestos en venta. (Véase el Apéndice.) Asimismo los sacerdotes, imitando a sus superiores, apelaron a la simonía y a la guerra para humillar a sus rivales y para aumentar su poderío. Con una intrepidez que iba cada día en aumento, protestó Hus enérgicamente contra las abominaciones que se toleraban en nombre de la religión, y el pueblo acusó abiertamente a los jefes papales de ser causantes de las miserias que oprimían a la cristiandad.

La ciudad de Praga se vio nuevamente amenazada por un conflicto sangriento. Como en los tiempos antiguos, el siervo de Dios fue acusado de ser el "perturbador de Israel." (1 Reyes 18:17, V. M.) La ciudad fue puesta por segunda vez en entredicho, y Hus se retiró a su pueblo natal. Terminó el testimonio que había dado él tan fielmente en su querida capilla de Belén, y ahora iba a hablar al mundo cristiano desde un escenario más extenso antes de rendir su vida como último homenaje a la verdad.

Con el propósito de contener los males que asolaban a Europa, fue convocado un concilio general que debía celebrarse en Constanza. Esta cita fue preparada, a solicitud del emperador Segismundo, por Juan XXIII, uno de los tres papas rivales. El deseo de reunir un concilio distaba mucho de ser del agrado del papa Juan, cuyo carácter y política poco se prestaban a una investigación aun cuando ésta fuera hecha por prelados de tan escasa moralidad como lo eran los eclesiásticos de aquellos tiempos. Pero no pudo, sin embargo, oponerse a la voluntad de Segismundo. (Véase el Apéndice.)

Los fines principales que debía procurar el concilio eran poner fin al cisma de la iglesia y arrancar de raíz la herejía. En consecuencia los dos antipapas fueron citados a comparecer ante la asamblea, y con ellos Juan Hus, el principal propagador de las nuevas ideas. Los dos primeros, considerando que había peligro en presentarse, no lo hicieron, sino que mandaron sus delegados. El papa Juan, aun cuando era quien ostensiblemente había convocado el concilio, acudió con mucho recelo, sospechando la intención secreta del emperador de destituirle, y temiendo ser llamado a cuentas por los vicios con que había desprestigiado la tiara y por los crímenes de que se había valido para apoderarse de ella. Sin embargo, hizo su entrada en la ciudad de Constanza con gran pompa, acompañado de los eclesiásticos de más alta categoría y de un séquito de cortesanos. El clero y los dignatarios de la ciudad, con un gentío inmenso, salieron a recibirle. Venía debajo de un dosel dorado sostenido por cuatro de los principales magistrados. La hostia iba delante de él, y las ricas vestiduras de los cardenales daban un aspecto imponente a la procesión.

Entre tanto, otro viajero se acercaba a Constanza. Hus se daba cuenta del riesgo que corría. Se había despedido de sus amigos como si ya no pensara volverlos a ver, y había emprendido el viaje presintiendo que remataría en la hoguera. A pesar de haber obtenido un salvoconducto del rey de Bohemia, y otro que, estando ya en camino, recibió del emperador Segismundo, arregló bien todos sus asuntos en previsión de su muerte probable.

En una carta dirigida a sus amigos de Praga, les decía: "Hermanos míos ... me voy llevando un salvoconducto del rey para hacer frente a mis numerosos y mortales enemigos. ... Me encomiendo de todo corazón al Dios todopoderoso, mi Salvador; confío en que él escuchará vuestras ardientes súplicas; que pondrá su prudencia y su sabiduría en mi boca para que yo pueda resistir a los adversarios, y que me asistirá el Espíritu Santo para confirmarme en la verdad, a fin de que pueda arrostrar con valor las tentaciones, la cárcel y si fuese necesario, una muerte cruel. Jesucristo sufrió por sus muy amados, y, por tanto ¿habremos de extrañar que nos haya dejado su ejemplo a fin de que suframos con paciencia todas las cosas para nuestra propia salvación? Él es Dios y nosotros somos sus criaturas; él es el Señor y nosotros sus siervos; él es el Dueño del mundo y nosotros somos viles mortales, ¡y sin embargo sufrió! ¿Por qué, entonces, no habríamos de padecer nosotros también, y más cuando sabemos que la tribulación purifica? Por lo tanto, amados míos, si mi muerte ha de contribuir a su gloria, rogad que ella venga pronto y que él me dé fuerzas para soportar con serenidad todas las calamidades que me esperan. Empero, si es mejor que yo regrese para vivir otra vez entre vosotros, pidamos a Dios que yo vuelva sin mancha, es decir, que no suprima un tilde de la verdad del Evangelio, para poder dejar a mis hermanos un buen ejemplo que imitar. Es muy probable que nunca más volváis a ver mi cara en Praga; pero si fuese la voluntad del Dios todopoderoso traerme de nuevo a vosotros, avanzaremos con un corazón más firme en el conocimiento y en el amor de su ley."—Bonnechose, lib. 2, págs. 162, 163.

En otra carta que escribió a un sacerdote que se había convertido al Evangelio, Hus habló con profunda humildad de sus propios errores, acusándose "de haber sido afecto a llevar hermosos trajes y de haber perdido mucho tiempo en cosas frívolas." Añadía después estas conmovedoras amonestaciones: "Que tu espíritu se preocupe de la gloria de Dios y de la salvación de las almas y no de las comodidades y bienes temporales. Cuida de no adornar tu casa más que tu alma; y sobre todo cuida del edificio espiritual. Sé humilde y piadoso con los pobres; no gastes tu hacienda en banquetes; si no te perfeccionas y no te abstienes de superfluidades temo que seas severamente castigado, como yo lo soy. ... Conoces mi doctrina porque de ella te he instruido desde que eras niño; es inútil, pues, que te escriba más. Pero te ruego encarecidamente, por la misericordia de nuestro Señor, que no me imites en ninguna de las vanidades en que me has visto caer." En la cubierta de la carta, añadió: "Te ruego mucho, amigo mío, que no rompas este sello sino cuando tengas la seguridad de que yo haya muerto."—*Id*., págs. 163, 164.

En el curso de su viaje vio Hus por todas partes señales de la propagación de sus doctrinas y de la buena acogida de que gozaba su causa. Las gentes se agolpaban para ir a su encuentro, y en algunos pueblos le acompañaban los magistrados por las calles.

Al llegar a Constanza, Hus fue dejado en completa libertad. Además del salvoconducto del emperador, se le dio una garantía personal que le aseguraba la protección del papa. Pero esas solemnes y repetidas promesas de seguridad fueron violadas, y pronto el reformador fue arrestado por orden del pontífice y de los cardenales, y encerrado en un inmundo calabozo. Más tarde fue transferido a un castillo feudal, al otro lado del Rin, donde se le tuvo preso. Pero el papa sacó poco provecho de su perfidia, pues fue luego encerrado en la misma cárcel. (*Id.*, pág. 269.) Se le probó ante el concilio que, además de homicidios, simonía y adulterio, era culpable de los delitos más viles, "pecados que no se pueden mencionar." Así declaro el mismo concilio y finalmente se le despojó de la tiara y se le arrojó en un calabozo. Los antipapas fueron destituídos también y un nuevo pontífice fue elegido.

Aunque el mismo papa se había hecho culpable de crímenes mayores que aquellos de que Hus había acusado a los sacerdotes, y por los cuales exigía que se hiciese una reforma, con todo, el mismo concilio que degradara al pontífice, procedió a concluir con el reformador. El encarcelamiento de Hus despertó grande indignación en Bohemia. Algunos nobles poderosos se dirigieron al concilio protestando contra tamaño ultraje. El emperador, que de mala gana había consentido en que se violase su salvoconducto, se opuso a que se procediera contra él. Pero los enemigos del reformador eran malévolos y resueltos. Apelaron a las preocupaciones del emperador, a sus temores y a su celo por la iglesia. Le presentaron argumentos muy poderosos para convencerle de que "no había que guardar la palabra empeñada con herejes, ni con personas sospechosas de herejía, aun cuando estuvieran provistas de salvoconductos del emperador y de reyes."—Jacques Lenfant, "*Histoire du Concile de Constance*," tomo I, pág. 493 (Amsterdam, 1727). De ese modo se salieron con la suya.

Debilitado por la enfermedad y por el encierro, pues el aire húmedo y sucio del calabozo le ocasionó una fiebre que estuvo a punto de llevarle al sepulcro, Hus fue al fin llevado ante el concilio. Cargado de cadenas se presentó ante el emperador que empeñara su honor y buena fe en protegerle. Durante todo el largo proceso sostuvo Hus la verdad con firmeza, y en presencia de los dignatarios de la iglesia y del estado allí reunidos elevó una enérgica y solemne protesta contra la corrupción del clero. Cuando se le exigió que escogiese entre retractarse o sufrir la muerte, eligió la suerte de los mártires.

El Señor le sostuvo con su gracia. Durante las semanas de padecimientos que sufrió antes de su muerte, la paz del cielo inundó su alma. "Escribo esta carta—decía a un amigo—en la cárcel, y con la mano encadenada, esperando que se cumpla mañana mi sentencia de muerte. ... En el día aquél en que por la gracia del Señor nos encontremos otra vez gozando de la paz deliciosa de ultratumba, sabrás cuán misericordioso ha sido Dios conmigo y de qué modo tan admirable me ha sostenido en medio de mis pruebas y tentaciones."—Bonnechose, lib. 3, pág. 74.

En la obscuridad de su calabozo previó el triunfo de la fe verdadera. Volviendo en sueños a su capilla de Praga donde había predicado el Evangelio, vio al papa y a sus obispos borrando los cuadros de Cristo que él había pintado en sus paredes. "Este sueño le aflige; pero el día siguiente ve muchos pintores ocupados en restablecer las imágenes en mayor número y colores más brillantes. Concluido este trabajo, los pintores, rodeados de un gentío inmenso, exclaman: '¡Que vengan ahora papas y obispos! ya no las borrarán jamás.'" Al referir el reformador su sueño añadió: "Tengo por cierto, que la imagen de Cristo no será borrada jamás. Ellos han querido destruirla; pero será nuevamente pintada en los corazones, por unos predicadores que valdrán más que yo."—D'Aubigné, lib. 1, cap. 7.

Por última vez fue llevado Hus ante el concilio. Era ésta una asamblea numerosa y deslumbradora: el emperador, los príncipes del imperio, delegados reales, cardenales, obispos y sacerdotes, y una inmensa multitud de personas que habían acudido a presenciar los acontecimientos del día. De todas partes de la cristiandad se habían reunido los testigos de este gran sacrificio, el primero en la larga lucha entablada para asegurar la libertad de conciencia.

Instado Hus para que manifestara su decisión final, declaró que se negaba a abjurar, y fijando su penetrante mirada en el monarca que tan vergonzosamente violara la palabra empeñada, dijo: "Resolví, de mi propia y espontánea libertad, comparecer ante este concilio, bajo la fe y la protección pública del emperador aquí presente."—Bonnechose, lib. 3, pág. 94. El bochorno se le subió a la cara al monarca Segismundo al fijarse en él las miradas de todos los circunstantes.

Habiendo sido pronunciada la sentencia, se dio principio a la ceremonia de la degradación. Los obispos vistieron a su prisionero el hábito sacerdotal, y al recibir éste la vestidura dijo: "A nuestro Señor Jesucristo se le vistió con una túnica blanca con el fin de insultarle, cuando Herodes le envió a Pilato."—Id., págs. 95, 96. Habiéndosele exhortado otra vez a que se retractara, replicó mirando al pueblo: "Y entonces, ¿con qué cara me presentaría en el cielo? ¿cómo miraría a las multitudes de hombres a quienes he predicado el Evangelio puro? No; estimo su salvación más que este pobre cuerpo destinado ya a morir." Las vestiduras le fueron quitadas una por una, pronunciando cada obispo una maldición cuando le tocaba tomar parte en la ceremonia. Por último, "colocaron sobre su cabeza una gorra o mitra de papel en forma de pirámide, en la que estaban pintadas horribles figuras de demonios, y en cuyo frente se destacaba esta inscripción: 'El archihereje.' 'Con gozo—dijo Hus—llevaré por ti esta corona de oprobio, oh Jesús, que llevaste por mí una de espinas."

Acto continuo, "los prelados dijeron: 'Ahora dedicamos tu alma al diablo.' 'Y yo—dijo Hus, levantando sus ojos al cielo—en tus manos encomiendo mi espíritu, oh Señor Jesús, porque tú me redimiste.'"—Wylie, lib. 3, cap. 7.

Fue luego entregado a las autoridades seculares y conducido al lugar de la ejecución. Iba seguido por inmensa procesión formada por centenares de hombres armados, sacerdotes y obispos que lucían sus ricas vestiduras, y por el pueblo de Constanza. Cuando lo sujetaron a la estaca y todo estuvo dispuesto para encender la hoguera, se instó una vez más al mártir a que se salvara retractándose de sus errores. "¿A cuáles errores—dijo Hus—debo renunciar? De ninguno me encuentro culpable. Tomo a Dios por testigo de que todo lo que he escrito y predicado ha sido con el fin de rescatar a las almas del pecado y de la perdición; y, por consiguiente, con el mayor gozo confirmaré con mi sangre aquella verdad que he anunciado por escrito y de viva voz."—Ibid. Cuando las llamas comenzaron a arder en torno suyo, principió a cantar: "Jesús, Hijo de David, ten misericordia de mí," y continuó hasta que su voz enmudeció para siempre.

Sus mismos enemigos se conmovieron frente a tan heroica conducta. Un celoso partidario del papa, al referir el martirio de Hus y de Jerónimo que murió poco después, dijo: "Ambos se portaron como valientes al aproximarse su última hora. Se prepararon para ir a la hoguera como se hubieran preparado para ir a una boda; no dejaron oír un grito de dolor. Cuando subieron las llamas, entonaron himnos y apenas podía la vehemencia del fuego acallar sus cantos."—Ibid.

Cuando el cuerpo de Hus fue consumido por completo, recogieron sus cenizas, las mezclaron con la tierra donde yacían y las arrojaron al Rin, que las llevó hasta el océano. Sus perseguidores se figuraban en vano que habían arrancado de raíz las verdades que predicara. No soñaron que las cenizas que echaban al mar eran como semilla esparcida en todos los países del mundo, y que en tierras aún desconocidas darían mucho fruto en testimonio por la verdad. La voz que había hablado en la sala del concilio de Constanza había despertado ecos que resonarían al través de las edades futuras. Hus ya no existía, pero las verdades por las cuales había muerto no podían perecer. Su ejemplo de fe y perseverancia iba a animar a las muchedumbres a mantenerse firmes por la verdad frente al tormento y a la muerte. Su ejecución puso de manifiesto ante el mundo entero la pérfida crueldad de Roma. Los enemigos de la verdad, aunque sin saberlo, no hacían más que fomentar la causa que en vano procuraban aniquilar.

Una estaca más iba a levantarse en Constanza. La sangre de otro mártir iba a testificar por la misma verdad. Jerónimo al decir adiós a Hus, cuando éste partiera para el concilio, le exhortó a ser valiente y firme, declarándole que si caía en algún peligro él mismo volaría en su auxilio. Al saber que el reformador se hallaba encarcelado, el fiel discípulo se dispuso inmediatamente a cumplir su promesa. Salió para Constanza con un solo compañero y sin proveerse de salvoconducto. Al llegar a la ciudad, se convenció de que sólo se había expuesto al peligro, sin que le fuera posible hacer nada para libertar a Hus. Huyó entonces pero fue arrestado en el camino y devuelto a la ciudad cargado de cadenas, bajo la custodia de una compañía de soldados. En su primera comparecencia ante el concilio, sus esfuerzos para contestar los cargos que le arrojaban se malograban entre los gritos: "¡A la hoguera con él! ¡A las llamas!"—Bonnechose, lib. 2, pág. 256. Fue arrojado en un calabozo, lo encadenaron en una postura muy penosa y lo tuvieron a pan y agua. Después de algunos meses, las crueldades de su prisión causaron a Jerónimo una enfermedad que puso en peligro su vida, y sus enemigos, temiendo que se les escapase, le trataron con menos severidad aunque dejándole en la cárcel por un año.

La muerte de Hus no tuvo el resultado que esperaban los papistas. La violación del salvoconducto que le había sido dado al reformador, levantó una tempestad de indignación, y como medio más seguro, el concilio resolvió que en vez de quemar a Jerónimo se le obligaría, si posible fuese, a retractarse. Fue llevado ante el concilio y se le instó para que escogiera entre la retractación o la muerte en la hoguera. Haberle dado muerte al principio de su encarcelamiento hubiera sido un acto de misericordia en comparación con los terribles sufrimientos a que le sometieron; pero después de esto, debilitado por su enfermedad y por los rigores de su prisión, detenido en aquellas mazmorras y sufriendo torturas y angustias, separado de sus amigos y herido en el alma por la muerte de Hus, el ánimo de Jerónimo decayó y consintió en someterse al concilio. Se comprometió a adherirse a la fe católica y aceptó el auto de la asamblea que condenaba las doctrinas de Wiclef y de Hus, exceptuando, sin embargo, las "santas verdades" que ellos enseñaron.—Id., lib. 3, pág. 156.

Por medio de semejante expediente Jerónimo trató de acallar la voz de su conciencia y librarse de la condena; pero, vuelto al calabozo, a solas consigo mismo percibió la magnitud de su acto. Comparó el valor y la fidelidad de Hus con su propia retractación. Pensó en el divino Maestro a quien él se había propuesto servir y que por causa suya sufrió la muerte en la cruz. Antes de su retractación había hallado consuelo en medio de sus sufrimientos, seguro del favor de Dios; pero ahora, el remordimiento y la duda torturaban su alma. Harto sabía que tendría que hacer otras retractaciones para vivir en paz con Roma. El sendero que empezaba a recorrer le llevaría infaliblemente a una completa apostasía. Resolvió no volver a negar al Señor para librarse de un breve plazo de padecimientos.

Pronto fue llevado otra vez ante el concilio, pues sus declaraciones no habían dejado satisfechos a los jueces. La sed de sangre despertada por la muerte de Hus, reclamaba nuevas víctimas. Sólo la completa abjuración podía salvar de la muerte al reformador. Pero éste había resuelto confesar su fe y seguir hasta la hoguera a su hermano mártir.

Desvirtuó su anterior retractación, y a punto de morir, exigió que se le diera oportunidad para defenderse. Temiendo los prelados el efecto de sus palabras, insistieron en que él se limitara a afirmar o negar lo bien fundado de los cargos que se le hacían. Jerónimo protestó contra tamaña crueldad e injusticia. "Me habéis tenido encerrado—dijo,—durante trescientos cuarenta días, en una prisión horrible, en medio de inmundicias, en un sitio malsano y pestilente, y falto de todo en absoluto. Me traéis hoy ante vuestra presencia y tras de haber prestado oídos a mis acérrimos enemigos, os negáis a oírme. ... Si en verdad sois sabios, y si sois la luz del mundo, cuidaos de pecar contra la justicia. En cuanto a mí, no soy más que un débil mortal; mi vida es de poca importancia, y cuando os exhorto a no dar una sentencia injusta, hablo más por vosotros que por mí."—*Id.*, págs. 162, 163.

Al fin le concedieron a Jerónimo lo que pedía. Se arrodilló en presencia de sus jueces y pidió que el Espíritu divino guiara sus pensamientos y le diese palabras para que nada de lo que iba a decir fuese contrario a la verdad e indigno de su Maestro. En aquel día se cumplió en su favor la promesa del Señor a los primeros discípulos: "Seréis llevados ante gobernadores y reyes por mi causa. ... Cuando os entregaren, no os afanéis sobre cómo o qué habéis de decir; porque en aquella misma hora os será dado lo que habéis de decir; porque no sois vosotros quienes habláis, sino el Espíritu de vuestro Padre que habla en vosotros." (S. Mateo 10:18-20, V.M.)

Las palabras de Jerónimo produjeron sorpresa y admiración aun a sus enemigos. Por espacio de todo un año había estado encerrado en un calabozo, sin poder leer ni ver la luz siquiera, sufriendo físicamente a la vez que dominado por terrible ansiedad mental; y no obstante, supo presentar sus argumentos con tanta claridad y con tanta fuerza como si hubiera podido estudiar constantemente. Llamó la atención de sus oyentes a la larga lista de santos varones que habían sido condenados por jueces injustos. En casi todas las generaciones hubo hombres que por más que procuraban levantar el nivel moral del pueblo de su época, eran despreciados y rechazados, pero que en tiempos ulteriores fueron reconocidos dignos de recibir honor. Cristo mismo fue condenado como malhechor, por un tribunal inicuo.

Al retractarse Jerónimo había declarado justa la sentencia condenatoria que el concilio lanzara contra Hus; pero esta vez declaró que se arrepentía de ello y dio un valiente testimonio a la inocencia y santidad del mártir. Expresóse en estos términos: "Conocí a Juan Hus desde su niñez. Era el hombre más excelente, justo y santo; pero no por eso dejó de ser condenado. ... Y ahora yo también estoy listo para morir. No retrocederé ante los tormentos que hayan preparado para mí mis enemigos, los testigos falsos, los cuales tendrán que ser llamados un día a cuentas por sus imposturas, ante el gran Dios a quien nadie puede engañar."—Bonnechose, lib. 3, pág. 167.

Al censurarse a sí mismo por haber negado la verdad, dijo Jerónimo: "De todos los pecados que he cometido desde mi juventud, ninguno pesa tanto sobre mí ni me causa tan acerbos remordimientos, como el que cometí en este funesto lugar, cuando aprobé la inicua sentencia pronunciada contra Wiclef y contra el santo mártir, Juan Hus, maestro y amigo mío. Sí, lo confieso de todo corazón, y declaro con verdadero horror que desgraciadamente me turbé cuando, por temor a la muerte, condené las doctrinas de ellos. Por tanto, ruego ... al Dios todopoderoso se digne perdonarme mis pecados y éste en particular, que es el más monstruoso de todos." Señalando a los jueces, dijo con entereza: "Vosotros condenasteis a Wiclef y a Juan Hus no porque hubieran invalidado las doctrinas de la iglesia, sino sencillamente por haber denunciado los escándalos provenientes del clero—su pompa, su orgullo y todos los vicios de los prelados y sacerdotes. Las cosas que aquellos afirmaron y que son irrefutables, yo también las creo y las proclamo."

Sus palabras fueron interrumpidas. Los prelados, temblando de ira, exclamaron: "¿Qué necesidad hay de mayores pruebas? ¡Contemplamos con nuestros propios ojos el más obstinado de los herejes!"

Sin conmoverse ante la tempestad, repuso Jerónimo: "¡Qué! ¿imagináis que tengo miedo de morir? Por un año me habéis tenido encadenado, encerrado en un calabozo horrible, más espantoso que la misma muerte. Me habéis tratado con más crueldad que a un turco, judío o pagano, y mis carnes se han resecado hasta dejar los huesos descubiertos; pero no me quejo, porque las lamentaciones sientan mal en un hombre de corazón y de carácter; pero no puedo menos que expresar mi asombro ante tamaña barbarie con que habéis tratado a un cristiano.—*Ibid.*, págs. 168, 169.

Volvió con esto a estallar la tempestad de ira y Jerónimo fue devuelto en el acto a su calabozo. A pesar de todo, hubo en la asamblea algunos que quedaron impresionados por sus palabras y que desearon salvarle la vida. Algunos dignatarios de la iglesia le visitaron y le instaron a que se sometiera al concilio. Se le hicieron las más brillantes promesas si renunciaba a su oposición contra Roma. Pero, a semejanza de su Maestro, cuando le ofrecieron la gloria del mundo, Jerónimo se mantuvo firme.

"Probadme con las Santas Escrituras que estoy en error—dijo él—y abjuraré de él."

"¡Las Santas Escrituras!—exclamó uno de sus tentadores,—¿todo debe ser juzgado por ellas? ¿Quién puede comprenderlas si la iglesia no las interpreta?"

"¿Son las tradiciones de los hombres más dignas de fe que el Evangelio de nuestro Salvador?—replicó Jerónimo.—Pablo no exhortó a aquellos a quienes escribía a que escuchasen las tradiciones de los hombres, sino que les dijo: 'Escudriñad las Escrituras.'"

"Hereje—fue la respuesta,—me arrepiento de haber estado alegando contigo tanto tiempo. Veo que es el diablo el que te impulsa."—Wylie, lib. 3, cap. 10.

En breve se falló sentencia de muerte contra él. Le condujeron en seguida al mismo lugar donde Hus había dado su vida. Fue al suplicio cantando, iluminado el rostro de gozo y paz. Fijó en Cristo su mirada y la muerte ya no le infundía miedo alguno. Cuando el verdugo, a punto de prender la hoguera, se puso detrás de él, el mártir exclamó: "Ven por delante, sin vacilar. Prende la hoguera en mi presencia. Si yo hubiera tenido miedo, no estaría aquí."

Las últimas palabras que pronunció cuando las llamas le envolvían fueron una oración. Dijo: "Señor, Padre todopoderoso, ten piedad de mí y perdóname mis pecados, porque tú sabes que siempre he amado tu verdad."—Bonnechose, lib. 3, págs. 185, 186. Su voz dejó de oírse, pero sus labios siguieron murmurando la oración. Cuando el fuego hubo terminado su obra, las cenizas del mártir fueron recogidas juntamente con la tierra donde estaban esparcidas y, como las de Hus, fueron arrojadas al Rin.

Así murieron los fieles siervos que derramaron la luz de Dios. Pero la luz de las verdades que proclamaron—la luz de su heroico ejemplo—no pudo extinguirse. Antes podían los hombres intentar hacer retroceder al sol en su carrera que apagar el alba de aquel día que vertía ya sus fulgores sobre el mundo.

La ejecución de Hus había encendido llamas de indignación y horror en Bohemia. La nación entera se conmovió al reconocer que había caído víctima de la malicia de los sacerdotes y de la traición del emperador. Se le declaró fiel maestro de la verdad, y el concilio que decretó su muerte fue culpado del delito de asesinato. Como consecuencia de esto las doctrinas del reformador llamaron más que nunca la atención. Los edictos del papa condenaban los escritos de Wiclef a las llamas, pero las obras que habían escapado a dicha sentencia fueron sacadas de donde habían sido escondidas para estudiarlas comparándolas con la Biblia o las porciones de ella que el pueblo podía conseguir, y muchos fueron inducidos así a aceptar la fe reformada.

Los asesinos de Hus no permanecieron impasibles al ser testigos del triunfo de la causa de aquél. El papa y el emperador se unieron para sofocar el movimiento, y los ejércitos de Segismundo fueron despachados contra Bohemia.

Pero surgió un libertador. Ziska, que poco después de empezada la guerra quedó enteramente ciego, y que fue no obstante uno de los más hábiles generales de su tiempo, era el que guiaba a los bohemios. Confiando en la ayuda de Dios y en la justicia de su causa, aquel pueblo resistió a los más poderosos ejércitos que fueron movilizados contra él. Vez tras vez el emperador, suscitando nuevos ejércitos, invadió a Bohemia, tan sólo para ser rechazado ignominiosamente. Los husitas no le tenían miedo a la muerte y nada les podía resistir. A los pocos años de empeñada la lucha, murió el valiente Ziska; pero le reemplazó Procopio, general igualmente arrojado y hábil, y en varios respectos jefe más capaz.

Los enemigos de los bohemios, sabiendo que había fallecido el guerrero ciego, creyeron llegada la oportunidad favorable para recuperar lo que habían perdido. El papa proclamó entonces una cruzada contra los husitas, y una vez más se arrojó contra Bohemia una fuerza inmensa, pero sólo para sufrir terrible descalabro. Proclamóse otra cruzada. En todas las naciones de Europa que estaban sujetas al papa se reunió dinero, se hizo acopio de armamentos y se reclutaron hombres. Muchedumbres se reunieron bajo el estandarte del papa con la seguridad de que al fin acabarían con los herejes husitas. Confiando en la victoria, un inmenso número de soldados invadió a Bohemia. El pueblo se reunió para defenderse. Los dos ejércitos se aproximaron uno al otro, quedando separados tan sólo por un río que corría entre ellos. "Los cruzados eran muy superiores en número, pero en vez de arrojarse a cruzar el río y entablar batalla con los husitas a quienes habían venido a atacar desde tan lejos, permanecieron absortos y en silencio mirando a aquellos guerreros."—Wylie, lib. 3, cap. 17. Repentinamente un terror misterioso se apoderó de ellos. Sin asestar un solo golpe, esa fuerza irresistible se desbandó y se dispersó como por un poder invisible. Las tropas husitas persiguieron a los fugitivos y mataron a gran número de ellos, y un rico botín quedó en manos de los vencedores, de modo que, en lugar de empobrecer a los bohemios, la guerra los enriqueció.

Pocos años después, bajo un nuevo papa, se preparó otra cruzada. Como anteriormente, se volvió a reclutar gente y a allegar medios de entre los países papales de Europa. Se hicieron los más halagüeños ofrecimientos a los que quisiesen tomar parte en esta peligrosa empresa. Se daba indulgencia plenaria a los cruzados aunque hubiesen cometido los más monstruosos crímenes. A los que muriesen en la guerra se les aseguraba hermosa recompensa en el cielo, y los que sobreviviesen cosecharían honores y riquezas en el campo de batalla. Así se logró reunir un inmenso ejército que cruzó la frontera y penetró en Bohemia. Las fuerzas husitas se retiraron ante el enemigo y atrajeron así a los invasores al interior del país, dejándoles creer que ya habían ganado la victoria. Finalmente, el ejército de Procopio se detuvo y dando frente al enemigo se adelantó al combate. Los cruzados descubrieron entonces su error y esperaron el ataque en sus reales. Al oír el ejército que se aproximaba contra ellos y aun antes de que vieran a los husitas, el pánico volvió a apoderarse de los cruzados. Los príncipes, los generales y los soldados rasos, arrojando sus armas, huyeron en todas direcciones. En vano el legado papal que guiaba la invasión se esforzó en reunir aquellas fuerzas aterrorizadas y dispersas. A pesar de su decididísimo empeño, él mismo se vio precisado a huir entre los fugitivos. La derrota fue completa y otra vez un inmenso botín cayó en manos de los vencedores.

De esta manera por segunda vez un gran ejército despachado por las más poderosas naciones de Europa, una hueste de valientes guerreros, disciplinados y bien pertrechados, huyó sin asestar un solo golpe, ante los defensores de una nación pequeña y débil. Era una manifestación del poder divino. Los invasores fueron heridos por un terror sobrenatural. El que anonadó los ejércitos de Faraón en el Mar Rojo, e hizo huir a los ejércitos de Madián ante Gedeón y los trescientos, y en una noche abatió las fuerzas de los orgullosos asirios, extendió una vez más su mano para destruir el poder del opresor. "Allí se sobresaltaron de pavor donde no había miedo; porque Dios ha esparcido los huesos del que asentó campo contra ti: los avergonzaste, porque Dios los desechó." (Salmo 53:5.)

Los caudillos papales desesperaron de conseguir nada por la fuerza y se resolvieron a usar de diplomacia. Se adoptó una transigencia que, aparentando conceder a los bohemios libertad de conciencia, los entregaba al poder de Roma. Los bohemios habían especificado cuatro puntos como condición para hacer la paz con Roma, a saber: La predicación libre de la Biblia; el derecho de toda la iglesia a participar de los elementos del pan y vino en la comunión, y el uso de su idioma nativo en el culto divino; la exclusión del clero de los cargos y autoridad seculares; y en casos de crímenes, su sumisión a la jurisdicción de las cortes civiles que tendrían acción sobre clérigos y laicos. Al fin, las autoridades papales "convinieron en aceptar los cuatro artículos de los husitas, pero estipularon que el derecho de explicarlos, es decir, de determinar su exacto significado, pertenecía al concilio o, en otras palabras, al papa y al emperador."—Wylie, lib. 3, cap. 18. Sobre estas bases se ajustó el tratado y Roma ganó por medio de disimulos y fraudes lo que no había podido ganar en los campos de batalla; porque, imponiendo su propia interpretación de los artículos de los husitas y de la Biblia, pudo adulterar su significado y acomodarlo a sus propias miras.

En Bohemia, muchos, al ver así defraudada la libertad que ya disfrutaban, no aceptaron el convenio. Surgieron disensiones y divisiones que provocaron contiendas y derramamiento de sangre entre ellos mismos. En esta lucha sucumbió el noble Procopio y con él sucumbieron también las libertades de Bohemia.

Por aquel tiempo, Segismundo, el traidor de Hus y de Jerónimo, llegó a ocupar el trono de Bohemia, y a pesar de su juramento de respetar los derechos de los bohemios, procedió a imponerles el papismo. Pero muy poco sacó con haberse puesto al servicio de Roma. Por espacio de veinte años su vida no había sido más que un cúmulo de trabajos y peligros. Sus ejércitos y sus tesoros se habían agotado en larga e infructuosa contienda; y ahora, después de un año de reinado murió dejando el reino en vísperas de la guerra civil y a la posteridad un nombre manchado de infamia.

Continuaron mucho tiempo las contiendas y el derramamiento de sangre. De nuevo los ejércitos extranjeros invadieron a Bohemia y las luchas intestinas debilitaron y arruinaron a la nación. Los que permanecieron fieles al Evangelio fueron objeto de encarnizada persecución.

En vista de que, al transigir con Roma, sus antiguos hermanos habían aceptado sus errores, los que se adherían a la vieja fe se organizaron en iglesia distinta, que se llamó de "los Hermanos Unidos." Esta circunstancia atrajo sobre ellos toda clase de maldiciones; pero su firmeza era inquebrantable. Obligados a refugiarse en los bosques y las cuevas, siguieron reuniéndose para leer la Palabra de Dios y para celebrar culto.

Valiéndose de mensajeros secretos que mandaron a varios países, llegaron a saber que había, diseminados en varias partes, "algunos sostenedores de la verdad, unos en ésta, otros en aquella ciudad, siendo como ellos, objeto de encarnizada persecución; supieron también que entre las montañas de los Alpes había una iglesia antigua que se basaba en las Sagradas Escrituras, y que protestaba contra la idólatra corrupción de Roma."—*Ibid.*, cap. 19. Recibieron estos datos con gran regocijo e iniciaron relaciones por correspondencia con los cristianos valdenses.

Permaneciendo firmes en el Evangelio, los bohemios, a través de las tinieblas de la persecución y aun en la hora más sombría, volvían la vista hacia el horizonte como quien espera el rayar del alba. "Les tocó vivir en días malos, pero … recordaban las palabras pronunciadas por Hus y repetidas por Jerónimo, de que pasaría un siglo antes de que se viera despuntar la aurora. Estas palabras eran para los husitas lo que para las tribus esclavas en la tierra de servidumbre aquellas palabras de José: 'Yo me muero, mas Dios ciertamente os visitará, y os hará subir de aquesta tierra.'"—*Ibid.* "La última parte del siglo XV vio el crecimiento lento pero seguro de las iglesias de los Hermanos. Aunque distaban mucho de no ser molestados, gozaron sin embargo de relativa tranquilidad. A principios del siglo XVI se contaban doscientas de sus iglesias en Bohemia y en Moravia."—T. H. Gilett, *Life and Times of John Huss*, tomo 2, pág. 570. "Tan numeroso era el residuo, que sobrevivió a la furia destructora del fuego y de la espada y pudo ver la aurora de aquel día que Hus había predicho."—Wylie, lib. 3, cap. 19.

7

EN LA ENCRUCIJADA DE LOS CAMINOS

EL MAS distinguido de todos los que fueron llamados a guiar a la iglesia de las tinieblas del papado a la luz de una fe más pura, fue Martín Lutero. Celoso, ardiente y abnegado, sin más temor que el temor de Dios y sin reconocer otro fundamento de la fe religiosa que el de las Santas Escrituras, fue Lutero el hombre de su época. Por su medio realizó Dios una gran obra para reformar a la iglesia e iluminar al mundo.

A semejanza de los primeros heraldos del Evangelio, Lutero surgió del seno de la pobreza. Sus primeros años transcurrieron en el humilde hogar de un aldeano de Alemania, que con su oficio de minero ganara los medios necesarios para educar al niño. Quería que ese hijo fuese abogado, pero Dios se había propuesto hacer de él un constructor del gran templo que venía levantándose lentamente en el transcurso de los siglos. Las contrariedades, las privaciones y una disciplina severa constituyeron la escuela donde la Infinita Sabiduría preparara a Lutero para la gran misión que iba a desempeñar.

El padre de Lutero era hombre de robusta y activa inteligencia y de gran fuerza de carácter, honrado, resuelto y franco. Era fiel a las convicciones que le señalaban su deber, sin cuidarse de las consecuencias. Su propio sentido común le hacía mirar con desconfianza el sistema monástico. Le disgustó mucho ver que Lutero, sin su consentimiento, entrara en un monasterio, y pasaron dos años antes que el padre se reconciliara con el hijo, y aun así no cambió de opinión.

Los padres de Lutero velaban con gran esmero por la educación y el gobierno de sus hijos. Procuraban instruirlos en el conocimiento de Dios y en la práctica de las virtudes cristianas. Muchas veces oía el hijo las oraciones que su padre dirigía al Cielo para pedir que Martín tuviera siempre presente el nombre del Señor y contribuyese un día a propagar la verdad. Los padres no desperdiciaban los medios que su trabajo podía proporcionarles, para dedicarse a la cultura moral e intelectual. Hacían esfuerzos sinceros y perseverantes para preparar a sus hijos para una vida piadosa y útil. Siendo siempre firmes y fieles en sus propósitos y obrando a impulsos de su sólido carácter, eran a veces demasiado severos; pero el reformador mismo, si bien reconoció que se habían equivocado en algunos respectos, no dejó de encontrar en su disciplina más cosas dignas de aprobación que de censura.

En la escuela a la cual le enviaran en su tierna edad, Lutero fue tratado con aspereza y hasta con dureza. Tanta era la pobreza de sus padres que al salir de su casa para la escuela de un pueblo cercano, se vio obligado por algún tiempo a ganar su sustento cantando de puerta en puerta y padeciendo hambre con mucha frecuencia. Las ideas religiosas lóbregas y supersticiosas que prevalecían en su tiempo le llenaban de pavor. A veces se iba a acostar con el corazón angustiado, pensando con temor en el sombrío porvenir, y viendo en Dios a un juez inexorable y un cruel tirano más bien que un bondadoso Padre celestial.

Mas a pesar de tantos motivos de desaliento, Lutero siguió resueltamente adelante, puesta la vista en un dechado elevado de moral y de cultura intelectual que le cautivaba el alma. Tenía sed de saber, y el carácter serio y práctico de su genio le hacía desear lo sólido y provechoso más bien que lo vistoso y superficial.

Cuando a la edad de dieciocho años ingresó en la universidad de Erfurt, su situación era más favorable y se le ofrecían perspectivas más brillantes que las que había tenido en años anteriores. Sus padres podían entonces mantenerle más desahogadamente merced a la pequeña hacienda que habían logrado con su laboriosidad y sus economías. Y la influencia de amigos juiciosos había borrado un tanto el sedimento de tristeza que dejara en su carácter su primera educación. Se dedicó a estudiar los mejores autores, atesorando con diligencia sus maduras reflexiones y haciendo suyo el tesoro de conocimientos de los sabios. Aun bajo la dura disciplina de sus primeros maestros, dio señales de distinción; y ahora, rodeado de influencias más favorables, vio desarrollarse rápidamente su talento. Por su buena memoria, su activa imaginación, sus sólidas facultades de raciocinio y su incansable consagración al estudio vino a quedar pronto al frente de sus condiscípulos. La disciplina intelectual maduró su entendimiento y la actividad mental despertó una aguda percepción que le preparó convenientemente para los conflictos de la vida.

El temor del Señor moraba en el corazón de Lutero y le habilitó para mantenerse firme en sus propósitos y siempre humilde delante de Dios. Permanentemente dominado por la convicción de que dependía del auxilio divino, comenzaba cada día con oración y elevaba constantemente su corazón a Dios para pedirle su dirección y su auxilio. "Orar bien—decía él con frecuencia—es la mejor mitad del estudio."—D'Aubigné, lib. 2, cap. 2.

Un día, mientras examinaba unos libros en la biblioteca de la universidad, descubrió Lutero una Biblia latina. Jamás había visto aquel libro. Hasta ignoraba que existiese. Había oído porciones de los Evangelios y de las Epístolas que se leían en el culto público y suponía que eso era todo lo que contenía la Biblia. Ahora veía, por primera vez, la Palabra de Dios completa. Con reverencia mezclada de admiración hojeó las sagradas páginas; con pulso tembloroso y corazón turbado leyó con atención las palabras de vida, deteniéndose a veces para exclamar: "¡Ah! ¡si Dios quisiese darme para mí otro libro como éste!"—*Ibid.* Los ángeles del cielo estaban a su lado y rayos de luz del trono de Dios revelaban a su entendimiento los tesoros de la verdad. Siempre había tenido temor de ofender a Dios, pero ahora se sentía como nunca antes convencido de que era un pobre pecador.

Un sincero deseo de librarse del pecado y de reconciliarse con Dios le indujo al fin a entrar en un claustro para consagrarse a la vida monástica. Allí se le obligó a desempeñar los trabajos más humillantes y a pedir limosnas de casa en casa. Se hallaba en la edad en que más se apetecen el aprecio y el respeto de todos, y por consiguiente aquellas viles ocupaciones le mortificaban y ofendían sus sentimientos naturales; pero todo lo sobrellevaba con paciencia, creyendo que lo necesitaba por causa de sus pecados.

Dedicaba al estudio todo el tiempo que le dejaban libre sus ocupaciones de cada día y aun robaba al sueño y a sus escasas comidas el tiempo que hubiera tenido que darles. Sobre todo se deleitaba en el estudio de la Palabra de Dios. Había encontrado una Biblia encadenada en el muro del convento, y allá iba con frecuencia a escudriñarla. A medida que se iba convenciendo más y más de su condición de pecador, procuraba por medio de sus obras obtener perdón y paz. Observaba una vida llena de mortificaciones, procurando dominar por medio de ayunos y vigilias y de castigos corporales sus inclinaciones naturales, de las cuales la vida monástica no le había librado. No rehuía sacrificio alguno con tal de llegar a poseer un corazón limpio que mereciese la aprobación de Dios. "Verdaderamente—decía él más tarde—yo fui un fraile piadoso y seguí con mayor severidad de la que puedo expresar las reglas de mi orden. ... Si algún fraile hubiera podido entrar en el cielo por sus obras monacales, no hay duda que yo hubiera entrado. Si hubiera durado mucho tiempo aquella rigidez, me hubiera hecho morir a fuerza de austeridades."—*Id.*, cap. 3. A consecuencia de esta dolorosa disciplina perdió sus fuerzas y sufrió convulsiones y desmayos de los que jamás pudo reponerse enteramente. Pero a pesar de todos sus esfuerzos, su alma agobiada no hallaba alivio, y al fin fue casi arrastrado a la desesperación.

Cuando Lutero creía que todo estaba perdido, Dios le deparó un amigo que le ayudó. El piadoso Staupitz le expuso la Palabra de Dios y le indujo a apartar la mirada de sí mismo, a dejar de contemplar un castigo venidero infinito por haber violado la ley de Dios, y a acudir a Jesús, el Salvador que le perdonaba sus pecados. "En lugar de martirizarte por tus faltas, échate en los brazos del Redentor. Confía en él, en la justicia de su vida, en la expiación de su muerte. ... Escucha al Hijo de Dios, que se hizo hombre para asegurarte el favor divino." "¡Ama a quien primero te amó!"—*Id.*, cap. 4. Así se expresaba este mensajero de la misericordia. Sus palabras hicieron honda impresión en el ánimo de Lutero. Después de larga lucha contra los errores que por tanto tiempo albergara, pudo asirse de la verdad y la paz reinó en su alma atormentada.

Lutero fue ordenado sacerdote y se le llamó del claustro a una cátedra de la universidad de Wittenberg. Allí se dedicó al estudio de las Santas Escrituras en las lenguas originales. Comenzó a dar conferencias sobre la Biblia, y de este modo, el libro de los Salmos, los Evangelios y las epístolas fueron abiertos al entendimiento de multitudes de oyentes que escuchaban aquellas enseñanzas con verdadero deleite. Staupitz, su amigo y superior, le instaba a que ocupara el púlpito y predicase la Palabra de Dios. Lutero vacilaba, sintiéndose indigno de hablar al pueblo en lugar de Cristo. Sólo después de larga lucha consigo mismo se rindió a las súplicas de sus amigos. Era ya poderoso en las Sagradas Escrituras y la gracia del Señor descansaba sobre él. Su elocuencia cautivaba a los oyentes, la claridad y el poder con que presentaba la verdad persuadía a todos y su fervor conmovía los corazones.

Lutero seguía siendo hijo sumiso de la iglesia papal y no pensaba cambiar. La providencia de Dios le llevó a hacer una visita a Roma. Emprendió el viaje a pie, hospedándose en los conventos que hallaba en su camino. En uno de ellos, en Italia, quedó maravillado de la magnificencia, la riqueza y el lujo que se presentaron a su vista. Dotados de bienes propios de príncipes, vivían los monjes en espléndidas mansiones, se ataviaban con los trajes más ricos y preciosos y se regalaban en suntuosa mesa. Consideró Lutero todo aquello que tanto contrastaba con la vida de abnegación y de privaciones que el llevaba, y se quedó perplejo.

Finalmente vislumbró en lontananza la ciudad de las siete colinas. Con profunda emoción, cayó de rodillas y, levantando las manos hacia el cielo, exclamó: "¡Salve Roma santa!"—*Id.*, cap. 6. Entró en la ciudad, visitó las iglesias, prestó oídos a las maravillosas narraciones de los sacerdotes y de los monjes y cumplió con todas las ceremonias de ordenanza. Por todas partes veía escenas que le llenaban de extrañeza y horror. Notó que había iniquidad entre todas las clases del clero. Oyó a los sacerdotes contar chistes indecentes y se escandalizó de la espantosa profanación de que hacían gala los prelados aun en el acto de decir misa. Al mezclarse con los monjes y con el pueblo descubrió en ellos una vida de disipación y lascivia. Doquiera volviera la cara, tropezaba con libertinaje y corrupción en vez de santidad. "Sin verlo—escribió él,—no se podría creer que en Roma se cometan pecados y acciones infames; y por lo mismo acostumbran decir: 'Si hay un infierno, no puede estar en otra parte que debajo de Roma; y de este abismo salen todos los pecados.'"—*Ibid*.

Por decreto expedido poco antes prometía el papa indulgencia a todo aquel que subiese de rodillas la "escalera de Pilato" que se decía ser la misma que había pisado nuestro Salvador al bajar del tribunal romano, y que, según aseguraban, había sido llevada de Jerusalén a Roma de un modo milagroso. Un día, mientras estaba Lutero subiendo devotamente aquellas gradas, recordó de pronto estas palabras que como trueno repercutieron en su corazón: "El justo vivirá por la fe." (Romanos 1:17.) Púsose de pronto de pie y huyó de aquel lugar sintiendo vergüenza y horror. Ese pasaje bíblico no dejó nunca de ejercer poderosa influencia en su alma. Desde entonces vio con más claridad que nunca el engaño que significa para el hombre confiar en sus obras para su salvación y cuán necesario es tener fe constante en los méritos de Cristo. Sus ojos se habían abierto y ya no se cerrarían jamás para dar crédito a los engaños del papado. Al apartarse de Roma sus miradas, su corazón se apartó también, y desde entonces la separación se hizo más pronunciada, hasta que Lutero concluyó por cortar todas sus relaciones con la iglesia papal.

Después de su regreso de Roma, recibió Lutero en la universidad de Wittenberg el grado de doctor en teología. Tenía pues mayor libertad que antes para consagrarse a las Santas Escrituras, que tanto amaba. Había formulado el voto solemne de estudiar cuidadosamente y de predicar con toda fidelidad y por toda la vida la Palabra de Dios, y no los dichos ni las doctrinas de los papas. Ya no sería en lo sucesivo un mero monje, o profesor, sino el heraldo autorizado de la Biblia. Había sido llamado como pastor para apacentar el rebaño de Dios que estaba hambriento y sediento de la verdad. Declaraba firmemente que los cristianos no debieran admitir más doctrinas que las que tuviesen apoyo en la autoridad de las Sagradas Escrituras. Estas palabras minaban los cimientos en que descansaba la supremacía papal. Contenían los principios vitales de la Reforma.

Lutero advirtió que era peligroso ensalzar las doctrinas de los hombres en lugar de la Palabra de Dios. Atacó resueltamente la incredulidad especulativa de los escolásticos y combatió la filosofía y la teología que por tanto tiempo ejercieran su influencia dominadora sobre el pueblo. Denunció el estudio de aquellas disciplinas no sólo como inútil sino como pernicioso, y trató de apartar la mente de sus oyentes de los sofismas de los filósofos y de los teólogos y de hacer que se fijasen más bien en las eternas verdades expuestas por los profetas y los apóstoles.

Era muy precioso el mensaje que Lutero daba a las ansiosas muchedumbres que pendían de sus palabras. Nunca antes habían oído tan hermosas enseñanzas. Las buenas nuevas de un amante Salvador, la seguridad del perdón y de la paz por medio de su sangre expiatoria, regocijaban los corazones e inspiraban en todos una esperanza de vida inmortal. Encendióse así en Wittenberg una luz cuyos rayos iban a esparcirse por todas partes del mundo y que aumentaría en esplendor hasta el fin de los tiempos.

Pero la luz y las tinieblas no pueden conciliarse. Entre el error y la verdad media un conflicto inevitable. Sostener y defender uno de ellos es atacar y vencer al otro. Nuestro Salvador ya lo había declarado: "No vine a traer paz, sino espada." (S. Mateo 10:34, V.M.) Y el mismo Lutero dijo pocos años después de principiada la Reforma: "No me conducía Dios, sino que me impelía y me obligaba; yo no era dueño de mí mismo; quería permanecer tranquilo, y me veía lanzado en medio de tumultos y revoluciones."—D'Aubigné, lib. 5, cap. 2. En aquella época de su vida estaba a punto de verse obligado a entrar en la contienda.

La iglesia romana hacía comercio con la gracia de Dios. Las mesas de los cambistas (S. Mateo 21:12) habían sido colocadas junto a los altares y llenaba el aire la gritería de los que compraban y vendían. Con el pretexto de reunir fondos para la erección de la iglesia de San Pedro en Roma, se ofrecían en venta pública, con autorización del papa, indulgencias por el pecado. Con el precio de los crímenes se iba a construir un templo para el culto divino, y la piedra angular se echaba sobre cimientos de iniquidad. Empero los mismos medios que adoptara Roma para engrandecerse fueron los que hicieron caer el golpe mortal que destruyó su poder y su soberbia. Aquellos medios fueron lo que exasperó al más abnegado y afortunado de los enemigos del papado, y le hizo iniciar la lucha que estremeció el trono de los papas e hizo tambalear la triple corona en la cabeza del pontífice.

El encargado de la venta de indulgencias en Alemania, un monje llamado Tetzel, era reconocido como culpable de haber cometido las más viles ofensas contra la sociedad y contra la ley de Dios; pero habiendo escapado del castigo que merecieran sus crímenes, recibió el encargo de propagar los planes mercantiles y nada escrupulosos del papa. Con atroz cinismo divulgaba las mentiras más desvergonzadas y contaba leyendas maravillosas para engañar al pueblo ignorante, crédulo y supersticioso. Si hubiese tenido éste la Biblia no se habría dejado engañar. Pero para poderlo sujetar bajo el dominio del papado, y para acrecentar el poderío y los tesoros de los ambiciosos jefes de la iglesia, se le había privado de la Escritura. (Véase Gieseler, *A Compendium of Ecclesiastical History*, período 4, sec. I, párr. 5.)

Cuando entraba Tetzel en una ciudad, iba delante de él un mensajero gritando: "La gracia de Dios y la del padre santo están a las puertas de la ciudad."— D'Aubigné, lib. 3, cap. 1. Y el pueblo recibía al blasfemo usurpador como si hubiera sido el mismo Dios que hubiera descendido del cielo. El infame tráfico se establecía en la iglesia, y Tetzel ponderaba las indulgencias desde el púlpito como si hubiesen sido el más precioso don de Dios. Declaraba que en virtud de los certificados de perdón que ofrecía, quedábanle perdonados al que comprara las indulgencias aun aquellos pecados que desease cometer después, y que "ni aun el arrepentimiento era necesario."—*Ibid.* Hasta aseguraba a sus oyentes que las indulgencias tenían poder para salvar no sólo a los vivos sino también a los muertos, y que en el instante en que las monedas resonaran al caer en el fondo de su cofre, el alma por la cual se hacía el pago escaparía del purgatorio y se dirigiría al cielo. (Véase Hagenbach, *History of the Reformation*, tomo I, pág. 96.)

Cuando Simón el Mago intentó comprar a los apóstoles el poder de hacer milagros, Pedro le respondió: "Tu dinero perezca contigo, que piensas que el don de Dios se gane por dinero." (Hechos 8:20.) Pero millares de personas aceptaban ávidamente el ofrecimiento de Tetzel. Sus arcas se llenaban de oro y plata. Una salvación que podía comprarse con dinero era más fácil de obtener que la que requería arrepentimiento, fe y un diligente esfuerzo para resistir y vencer el mal. (Véase el Apéndice.)

La doctrina de las indulgencias había encontrado opositores entre hombres instruídos y piadosos del seno mismo de la iglesia de Roma, y eran muchos los que no tenían fe en asertos tan contrarios a la razón y a las Escrituras. Ningún prelado se atrevía a levantar la voz para condenar el inicuo tráfico, pero los hombres empezaban a turbarse y a inquietarse, y muchos se preguntaban ansiosamente si Dios no obraría por medio de alguno de sus siervos para purificar su iglesia.

Lutero, aunque seguía adhiriéndose estrictamente al papa, estaba horrorizado por las blasfemas declaraciones de los traficantes en indulgencias. Muchos de sus feligreses habían comprado certificados de perdón y no tardaron en acudir a su pastor para confesar sus pecados esperando de él la absolución, no porque fueran penitentes y desearan cambiar de vida, sino por el mérito de las indulgencias. Lutero les negó la absolución y les advirtió que como no se arrepintiesen y no reformasen su vida morirían en sus pecados. Llenos de perplejidad recurrieron a Tetzel para quejarse de que su confesor no aceptaba los certificados; y hubo algunos que con toda energía exigieron que les devolviese su dinero. El fraile se llenó de ira. Lanzó las más terribles maldiciones, hizo encender hogueras en las plazas públicas, y declaró que "había recibido del papa la orden de quemar a los herejes que osaran levantarse contra sus santísimas indulgencias." (D'Aubigné, lib. 3, cap. 4.)

Lutero inició entonces resueltamente su obra como campeón de la verdad. Su voz se oyó desde el púlpito en solemne exhortación. Expuso al pueblo el carácter ofensivo del pecado y enseñóle que le es imposible al hombre reducir su culpabilidad o evitar el castigo por sus propias obras. Sólo el arrepentimiento ante Dios y la fe en Cristo podían salvar al pecador. La gracia de Cristo no podía comprarse; era un don gratuito. Aconsejaba a sus oyentes que no comprasen indulgencias, sino que tuviesen fe en el Redentor crucificado. Refería su dolorosa experiencia personal, diciéndoles que en vano había intentado por medio de la humillación y de las mortificaciones del cuerpo asegurar su salvación, y afirmaba que desde que había dejado de mirarse a sí mismo y había confiado en Cristo, había alcanzado paz y gozo para su corazón.

Viendo que Tetzel seguía con su tráfico y sus impías declaraciones, resolvió Lutero hacer una protesta más enérgica contra semejantes abusos. Pronto ofreciósele excelente oportunidad. La iglesia del castillo de Wittenberg era dueña de muchas reliquias que se exhibían al pueblo en ciertos días festivos, en ocasión de los cuales se concedía plena remisión de pecados a los que visitasen la iglesia e hiciesen confesión de sus culpas. De acuerdo con esto, el pueblo acudía en masa a aquel lugar. Una de tales oportunidades, y de las más importantes por cierto, se acercaba: la fiesta de "todos los santos." La víspera, Lutero, uniéndose a las muchedumbres que iban a la iglesia, fijó en las puertas del templo un papel que contenía noventa y cinco proposiciones contra la doctrina de las indulgencias. Declaraba además que estaba listo para defender aquellas tesis al día siguiente en la universidad, contra cualquiera que quisiera rebatirlas.

Estas proposiciones atrajeron la atención general. Fueron leídas y vueltas a leer y se repetían por todas partes. Fue muy intensa la excitación que produjeron en la universidad y en toda la ciudad. Demostraban que jamás se había otorgado al papa ni a hombre alguno el poder de perdonar los pecados y de remitir el castigo consiguiente. Todo ello no era sino una farsa, un artificio para ganar dinero valiéndose de las supersticiones del pueblo, un invento de Satanás para destruir las almas de todos los que confiasen en tan necias mentiras. Se probaba además con toda evidencia que el Evangelio de Cristo es el tesoro más valioso de la iglesia, y que la gracia de Dios revelada en él se otorga de balde a los que la buscan por medio del arrepentimiento y de la fe.

Las tesis de Lutero desafiaban a discutir; pero nadie osó aceptar el reto. Las proposiciones hechas por él se esparcieron luego por toda Alemania y en posas semanas se difundieron por todos los dominios de la cristiandad. Muchos devotos romanistas, que habían visto y lamentado las terribles iniquidades que prevalecían en la iglesia, pero que no sabían qué hacer para detener su desarrollo, leyeron las proposiciones de Lutero con profundo regocijo, reconociendo en ellas la voz de Dios. Les pareció que el Señor extendía su mano misericordiosa para detener el rápido avance de la marejada de corrupción que procedía de la sede de Roma. Los príncipes y los magistrados se alegraron secretamente de que iba a ponerse un dique al arrogante poder que negaba todo derecho a apelar de sus decisiones.

Pero las multitudes supersticiosas y dadas al pecado se aterrorizaron cuando vieron desvanecerse los sofismas que amortiguaban sus temores. Los astutos eclesiásticos, al ver interrumpida su obra que sancionaba el crimen, y en peligro sus ganancias, se airaron y se unieron para sostener sus pretensiones. El reformador tuvo que hacer frente a implacables acusadores, algunos de los cuales le culpaban de ser violento y ligero para apreciar las cosas. Otros le acusaban de presuntuoso, y declaraban que no era guiado por Dios, sino que obraba a impulso del orgullo y de la audacia. "¿Quién no sabe—respondía él—que rara vez se proclama una idea nueva sin ser tildado de orgulloso, y sin ser acusado de buscar disputas? ... ¿Por qué fueron inmolados Jesucristo y todos los mártires? Porque parecieron despreciar orgullosamente la sabiduría de su tiempo y porque anunciaron novedades, sin haber consultado previa y humildemente a los órganos de la opinión contraria."

Y añadía: "No debo consultar la prudencia humana, sino el consejo de Dios. Si la obra es de Dios, ¿quién la contendrá? Si no lo es ¿quién la adelantará? ¡Ni mi voluntad, ni la de ellos, ni la nuestra, sino la tuya, oh Padre santo, que estás en el cielo!"—*Id.*, lib. 3, cap. 6.

A pesar de ser movido Lutero por el Espíritu de Dios para comenzar la obra, no había de llevarla a cabo sin duros conflictos. Las censuras de sus enemigos, la manera en que falseaban los propósitos de Lutero y la mala fe con que juzgaban desfavorable e injustamente el carácter y los móviles del reformador, le envolvieron como ola que todo lo sumerge; y no dejaron de tener su efecto. Lutero había abrigado la confianza de que los caudillos del pueblo, tanto en la iglesia como en las escuelas se unirían con él de buen grado para colaborar en la obra de reforma. Ciertas palabras de estímulo que le habían dirigido algunos personajes de elevada categoría le habían infundido gozo y esperanza. Ya veía despuntar el alba de un día mejor para la iglesia; pero el estímulo se tornó en censura y en condenación. Muchos dignatarios de la iglesia y del estado estaban plenamente convencidos de la verdad de las tesis; pero pronto vieron que la aceptación de estas verdades entrañaba grandes cambios. Dar luz al pueblo y realizar una reforma equivalía a minar la autoridad de Roma y detener en el acto miles de corrientes que ahora iban a parar a las arcas del tesoro, lo que daría por resultado hacer disminuir la magnificencia y el fausto de los eclesiásticos. Además, enseñar al pueblo a pensar y a obrar como seres responsables, mirando sólo a Cristo para obtener la salvación, equivalía a derribar el trono pontificio y destruir por ende su propia autoridad. Por estos motivos rehusaron aceptar el conocimiento que Dios había puesto a su alcance y se declararon contra Cristo y la verdad, al oponerse a quien él había enviado para que les iluminase.

Lutero temblaba cuando se veía a sí mismo solo frente a los más opulentos y poderosos de la tierra. Dudaba a veces, preguntándose si en verdad Dios le impulsaba a levantarse contra la autoridad de la iglesia. "¿Quién era yo—escribió más tarde—para oponerme a la majestad del papa, a cuya presencia temblaban... los reyes de la tierra? … Nadie puede saber lo que sufrió mi corazón en los dos primeros años, y en qué abatimiento, en qué desesperación caí muchas veces."— *Ibid*. Pero no fue dejado solo en brazos del desaliento. Cuando le faltaba la ayuda de los hombres, la esperaba de Dios solo y aprendió así a confiar sin reserva en su brazo todopoderoso.

A un amigo de la Reforma escribió Lutero: "No se puede llegar a comprender las Escrituras, ni con el estudio, ni con la inteligencia; vuestro primer deber es pues empezar por la oración. Pedid al Señor que se digne, por su gran misericordia, concederos el verdadero conocimiento de su Palabra. No hay otro intérprete de la Palabra de Dios, que el mismo Autor de esta Palabra, según lo que ha dicho: 'Todos serán enseñados de Dios.' Nada esperéis de vuestros estudios ni de vuestra inteligencia; confiad únicamente en Dios y en la influencia de su Espíritu. Creed a un hombre que lo ha experimentado."—*Id*., cap. 7. Aquí tienen una lección de vital importancia los que sienten que Dios les ha llamado para presentar a otros en estos tiempos las verdades grandiosas de su Palabra. Estas verdades despertarán la enemistad del diablo y de los hombres que tienen en mucha estimación las fábulas inventadas por él. En la lucha contra las potencias del mal necesitamos algo más que nuestro propio intelecto y la sabiduría de los hombres.

Mientras que los enemigos apelaban a las costumbres y a la tradición, o a los testimonios y a la autoridad del papa, Lutero los atacaba con la Biblia y sólo con la Biblia. En ella había argumentos que ellos no podían rebatir; en consecuencia, los esclavos del formalismo y de la superstición pedían a gritos la sangre de Lutero, como los judíos habían pedido la sangre de Cristo. "Es un hereje—decían los fanáticos romanistas.—¡Es un crimen de alta traición contra la iglesia dejar vivir una hora más tan horrible hereje: que preparen al punto un cadalso para él!"—*Id*., cap. 9. Pero Lutero no fue víctima del furor de ellos. Dios le tenía reservada una tarea; y mandó a los ángeles del cielo para que le protegiesen. Pero muchos de los que recibieron de él la preciosa luz resultaron blanco de la ira del demonio, y por causa de la verdad sufrieron valientemente el tormento y la muerte.

Las enseñanzas de Lutero despertaron por toda Alemania la atención de los hombres reflexivos. Sus sermones y demás escritos arrojaban rayos de luz que alumbraban y despertaban a miles y miles de personas. Una fe viva fue reemplazando el formalismo muerto en que había estado viviendo la iglesia por tanto tiempo. El pueblo iba perdiendo cada día la confianza que había depositado en las supersticiones de Roma. Poco a poco iban desapareciendo las vallas de los prejuicios. La Palabra de Dios, por medio de la cual probaba Lutero cada doctrina y cada aserto, era como una espada de dos filos que penetraba en los corazones del pueblo. Por doquiera se notaba un gran deseo de adelanto espiritual. En todas partes había hambre y sed de justicia como no se habían conocido por siglos. Los ojos del pueblo, acostumbrados por tanto tiempo a mirar los ritos humanos y a los mediadores terrenales, se apartaban de éstos y se fijaban, con arrepentimiento y fe, en Cristo y Cristo crucificado.

Este interés general contribuyó a despertar más los recelos de las autoridades papales. Lutero fue citado a Roma para que contestara el cargo de herejía que pesaba sobre él. Este mandato llenó de espanto a sus amigos. Comprendían muy bien el riesgo que correría en aquella ciudad corrompida y embriagada con la sangre de los mártires de Jesús. De modo que protestaron contra su viaje a Roma y pidieron que fuese examinado en Alemania.

Así se convino al fin y se eligió al delegado papal que debería entender en el asunto. En las instrucciones que a éste dio el pontífice, se hacía constar que Lutero había sido declarado ya hereje. Se encargaba, pues, al legado que le procesara y constriñera "sin tardanza." En caso de que persistiera firme, y el legado no lograra apoderarse de su persona, tenía poder para "proscribirle de todos los puntos de Alemania, así como para desterrar, maldecir y excomulgar a todos sus adherentes."—*Id.*, lib. 4, cap. 2. Además, para arrancar de raíz la pestilente herejía, el papa dio órdenes a su legado de que excomulgara a todos los que fueran negligentes en cuanto a prender a Lutero y a sus correligionarios para entregarlos a la venganza de Roma, cualquiera que fuera su categoría en la iglesia o en el estado, con excepción del emperador.

Esto revela el verdadero espíritu del papado. No hay en todo el documento un vestigio de principio cristiano ni de la justicia más elemental. Lutero se hallaba a gran distancia de Roma; no había tenido oportunidad para explicar o defender sus opiniones; y sin embargo, antes que su caso fuese investigado, se le declaró sumariamente hereje, y en el mismo día fue exhortado, acusado, juzgado y sentenciado; ¡y todo esto por el que se llamaba padre santo, única autoridad suprema e infalible de la iglesia y del estado!

En aquel momento, cuando Lutero necesitaba tanto la simpatía y el consejo de un amigo verdadero, Dios en su providencia mandó a Melanchton a Wittenberg. Joven aún, modesto y reservado, tenía Melanchton un criterio sano, extensos conocimientos y elocuencia persuasiva, rasgos todos que combinados con la pureza y rectitud de su carácter le granjeaban el afecto y la admiración de todos. Su brillante talento no era más notable que su mansedumbre. Muy pronto fue discípulo sincero del Evangelio a la vez que el amigo de más confianza de Lutero y su más valioso cooperador; su dulzura, su discreción y su formalidad servían de contrapeso al valor y a la energía de Lutero. La unión de estos dos hombres en la obra vigorizó la Reforma y estimuló mucho a Lutero.

Augsburgo era el punto señalado para la verificación del juicio, y allá se dirigió a pie el reformador. Sus amigos sintieron despertarse en sus ánimos serios temores por él. Se habían proferido amenazas sin embozo de que le secuestrarían y le matarían en el camino, y sus amigos le rogaban que no se arriesgara. Hasta llegaron a aconsejarle que saliera de Wittenberg por una temporada y que se refugiara entre los muchos que gustosamente le protegerían. Pero él no quería dejar por nada el lugar donde Dios le había puesto. Debía seguir sosteniendo fielmente la verdad a pesar de las tempestades que se cernían sobre él. Sus palabras eran éstas: "Soy como Jeremías, el hombre de las disputas y de las discordias; pero cuanto más aumentan sus amenazas, más acrecientan mi alegría ... Han destrozado ya mi honor y mi reputación. Una sola cosa me queda, y es mi miserable cuerpo; que lo tomen; abreviarán así mi vida de algunas horas. En cuanto a mi alma, no pueden quitármela. El que quiere propagar la Palabra de Cristo en el mundo, debe esperar la muerte a cada instante."—*Id.*, lib. 4, cap. 4.

Las noticias de la llegada de Lutero a Augsburgo dieron gran satisfacción al legado del papa. El molesto hereje que había despertado la atención del mundo entero parecía hallarse ya en poder de Roma, y el legado estaba resuelto a no dejarle escapar. El reformador no se había cuidado de obtener un salvoconducto.

Sus amigos le instaron a que no se presentase sin él y ellos mismos se prestaron a recabarlo del emperador. El legado quería obligar a Lutero a retractarse, o si no lo lograba, a hacer que lo llevaran a Roma para someterle a la suerte que habían corrido Hus y Jerónimo. Así que, por medio de sus agentes se esforzó en inducir a Lutero a que compareciese sin salvoconducto, confiando sólo en el arbitrio del legado. El reformador se negó a ello resueltamente. No fue sino después de recibido el documento que le garantizaba la protección del emperador, cuando se presentó ante el embajador papal.

Pensaron los romanistas que convenía conquistar a Lutero por una apariencia de bondad. El legado, en sus entrevistas con él, fingió gran amistad, pero le exigía que se sometiera implícitamente a la autoridad de la iglesia y que cediera a todo sin reserva alguna y sin alegar. En realidad no había sabido aquilatar el carácter del hombre con quien tenía que habérselas. Lutero, en debida respuesta, manifestó su veneración por la iglesia, su deseo de conocer la verdad, su disposición para contestar las objeciones que se hicieran a lo que él había enseñado, y que sometería sus doctrinas al fallo de ciertas universidades de las principales. Pero, a la vez, protestaba contra la actitud del cardenal que le exigía se retractara sin probarle primero que se hallaba en error.

La única respuesta que se le daba era: "¡Retráctate! ¡retráctate!" El reformador adujo que su actitud era apoyada por las Santas Escrituras, y declaró con entereza que él no podía renunciar a la verdad. El legado, no pudiendo refutar los argumentos de Lutero, le abrumó con un cúmulo de reproches, burlas y palabras de adulación, con citas de las tradiciones y dichos de los padres de la iglesia, sin dejar al reformador oportunidad para hablar. Viendo Lutero que, de seguir así, la conferencia resultaría inútil, obtuvo al fin que se le diera, si bien de mala gana, permiso para presentar su respuesta por escrito.

"De esta manera—decía él, escribiendo a un amigo suyo—la persona abrumada alcanza doble ganancia: primero, que lo escrito puede someterse al juicio de terceros; y segundo, que hay más oportunidad para apelar al temor, ya que no a la conciencia, de un déspota arrogante y charlatán que de otro modo se sobrepondría con su imperioso lenguaje."—Martyn, *The Life and Times of Luther*, págs. 271, 272.

En la subsiguiente entrevista, Lutero presentó una clara, concisa y rotunda exposición de sus opiniones, bien apoyada con muchas citas bíblicas. Este escrito, después de haberlo leído en alta voz, lo puso en manos del cardenal, quien lo arrojó desdeñosamente a un lado, declarando que era una mezcla de palabras tontas y de citas desatinadas. Lutero se levantó con toda dignidad y atacó al orgulloso prelado en su mismo terreno—el de las tradiciones y enseñanzas de la iglesia—refutando completamente todas sus aseveraciones.

Cuando vio el prelado que aquellos razonamientos de Lutero eran incontrovertibles, perdió el dominio sobre sí mismo y en un arrebato de ira exclamó: "¡Retráctate! que si no lo haces, te envío a Roma, para que comparezcas ante los jueces encargados de examinar tu caso. Te excomulgo a ti, a todos tus secuaces, y a todos los que te son o fueren favorables, y los expulso de la iglesia." Y en tono soberbio y airado dijo al fin: "Retráctate o no vuelvas."—D'Aubigné, lib. 4, cap. 8.

El reformador se retiró luego junto con sus amigos, demostrando así a las claras que no debía esperarse una retractación de su parte. Pero esto no era lo que el cardenal se había propuesto. Se había lisonjeado de que por la violencia obligaría a Lutero a someterse. Al quedarse solo con sus partidarios, miró de uno a otro desconsolado por el inesperado fracaso de sus planes.

Esta vez los esfuerzos de Lutero no quedaron sin buenos resultados. El vasto concurso reunido allí pudo comparar a ambos hombres y juzgar por sí mismo el espíritu que habían manifestado, así como la fuerza y veracidad de sus asertos. ¡Cuán grande era el contraste! El reformador, sencillo, humilde, firme, se apoyaba en la fuerza de Dios, teniendo de su parte a la verdad; mientras que el representante del papa, dándose importancia, intolerante, hinchado de orgullo, falto de juicio, no tenía un solo argumento de las Santas Escrituras, y sólo gritaba con impaciencia: "Si no te retractas, serás despachado a Roma para que te castiguen."

No obstante tener Lutero un salvoconducto, los romanistas intentaban apresarle. Sus amigos insistieron en que, como ya era inútil su presencia allí, debía volver a Wittenberg sin demora y que era menester ocultar sus propósitos con el mayor sigilo. Conforme con esto salió de Augsburgo antes del alba, a caballo, y acompañado solamente por un guía que le proporcionara el magistrado. Con mucho cuidado cruzó las desiertas y obscuras calles de la ciudad. Enemigos vigilantes y crueles complotaban su muerte. ¿Lograría burlar las redes que le tendían? Momentos de ansiedad y de solemne oración eran aquéllos. Llegó a una pequeña puerta, practicada en el muro de la ciudad; le fue abierta y pasó con su guía sin impedimento alguno. Viéndose ya seguros fuera de la ciudad, los fugitivos apresuraron su huída y antes que el legado se enterara de la partida de Lutero, ya se hallaba éste fuera del alcance de sus perseguidores. Satanás y sus emisarios habían sido derrotados. El hombre a quien pensaban tener en su poder se les había escapado, como un pájaro de la red del cazador.

Al saber que Lutero se había ido, el legado quedó anonadado por la sorpresa y el furor. Había pensado recibir grandes honores por su sabiduría y aplomo al tratar con el perturbador de la iglesia, y ahora quedaban frustradas sus esperanzas. Expresó su enojo en una carta que dirigió a Federico, elector de Sajonia, para quejarse amargamente de Lutero, y exigir que Federico enviase a Roma al reformador o que le desterrase de Sajonia.

En su defensa, había pedido Lutero que el legado o el papa le demostrara sus errores por las Santas Escrituras, y se había comprometido solemnemente a renunciar a sus doctrinas si le probaban que estaban en contradicción con la Palabra de Dios. También había expresado su gratitud al Señor por haberle tenido por digno de sufrir por tan sagrada causa.

El elector tenía escasos conocimientos de las doctrinas reformadas, pero le impresionaban profundamente el candor, la fuerza y la claridad de las palabras de Lutero; y Federico resolvió protegerle mientras no le demostrasen que el reformador estaba en error. Contestando las peticiones del prelado, dijo: "'En vista de que el doctor Martín Lutero compareció a vuestra presencia en Augsburgo, debéis estar satisfecho. No esperábamos que, sin haberlo convencido, pretendieseis obligarlo a retractarse. Ninguno de los sabios que se hallan en nuestros principados, nos ha dicho que la doctrina de Martín fuese impía, anticristiana y herética.' Y el príncipe rehusó enviar a Lutero a Roma y arrojarle de sus estados."—*Id.*, cap. 10.

El elector notaba un decaimiento general en el estado moral de la sociedad. Se necesitaba una grande obra de reforma. Las disposiciones tan complicadas y costosas requeridas para refrenar y castigar los delitos estarían de más si los hombres reconocieran y acataran los mandatos de Dios y los dictados de una conciencia iluminada. Vio que los trabajos de Lutero tendían a este fin y se regocijó secretamente de que una influencia mejor se hiciese sentir en la iglesia.

Vió asimismo que como profesor de la universidad Lutero tenía mucho éxito. Sólo había transcurrido un año desde que el reformador fijara sus tesis en la iglesia del castillo, y ya se notaba una disminución muy grande en el número de peregrinos que concurrían allí en la fiesta de todos los santos. Roma estaba perdiendo adoradores y ofrendas; pero al mismo tiempo había otros que se encaminaban a Wittenberg—no como peregrinos que iban a adorar reliquias, sino como estudiantes que invadían las escuelas para instruirse. Los escritos de Lutero habían despertado en todas partes nuevo interés por el conocimiento de las Sagradas Escrituras, y no sólo de todas partes de Alemania sino que hasta de otros países acudían estudiantes a las aulas de la universidad. Había jóvenes que, al ver a Wittenberg por vez primera, "levantaban … sus manos al cielo, y alababan a

Dios, porque hacía brillar en aquella ciudad, como en otro tiempo en Sión, la luz de la verdad, y la enviaba hasta a los países más remotos."—*Ibid.*

Lutero no estaba aún convertido del todo de los errores del romanismo. Pero cuando comparaba los Sagrados Oráculos con los decretos y las constituciones papales, se maravillaba. "Leo—escribió—los decretos de los pontífices, y ... no sé si el papa es el mismo Anticristo o su apóstol, de tal manera está Cristo desfigurado y crucificado en ellos."—*Id.*, lib. 5, cap. I. A pesar de esto, Lutero seguía sosteniendo la iglesia romana y no había pensado en separarse de la comunión de ella.

Los escritos del reformador y sus doctrinas se estaban difundiendo por todas las naciones de la cristiandad. La obra se inició en Suiza y Holanda. Llegaron ejemplares de sus escritos a Francia y España. En Inglaterra recibieron sus enseñanzas como palabra de vida. La verdad se dio a conocer en Bélgica e Italia. Miles de creyentes despertaban de su mortal letargo y recibían el gozo y la esperanza de una vida de fe.

Roma se exasperaba más y más con los ataques de Lutero, y de entre los más encarnizados enemigos de éste y aun de entre los doctores de las universidades católicas, hubo quienes declararon que no se imputaría pecado al que matase al rebelde monje. Cierto día, un desconocido se acercó al reformador con una pistola escondida debajo de su manto y le preguntó por qué iba solo. "Estoy en manos de Dios—contestó Lutero;—él es mi fuerza y mi amparo. ¿Qué puede hacerme el hombre mortal?'—*Id.*, lib. 6, cap. 2. Al oír estas palabras el hombre se demudó y huyó como si se hubiera hallado en presencia de los ángeles del cielo.

Roma estaba resuelta a aniquilar a Lutero, pero Dios era su defensa. Sus doctrinas se oían por doquiera, "en las cabañas, en los conventos, ... en los palacios de los nobles, en las academias, y en la corte de los reyes;" y aun hubo hidalgos que se levantaron por todas partes para sostener los esfuerzos del reformador.—*Ibid.*

Por aquel tiempo fue cuando Lutero, al leer las obras de Hus, descubrió que la gran verdad de la justificación por la fe, que él mismo enseñaba y sostenía, había sido expuesta por el reformador bohemio. "¡Todos hemos sido husitas—dijo Lutero,—aunque sin saberlo; Pablo, Agustín y yo mismo!" Y añadía: "¡Dios pedirá cuentas al mundo, porque la verdad fue predicada hace ya un siglo, y la quemaron!"—Wylie, lib. 6, cap. I.

En un llamamiento que dirigió Lutero al emperador y a la nobleza de Alemania en pro de la reforma del cristianismo, decía refiriéndose al papa: "Es una cosa horrible contemplar al que se titula vicario de Jesucristo ostentando una magnificencia superior a la de los emperadores. ¿Es esto parecerse al pobre Jesús o al humilde San Pedro? ¡Él es, dicen, el señor del mundo! Mas Cristo, del cual se jacta ser el vicario, dijo: 'Mi reino no es de este mundo.' El reino de un vicario ¿se extendería más allá que el de su Señor?"—D'Aubigné, lib. 6, cap. 3.

Hablando de las universidades, decía: "Temo mucho que las universidades sean unas anchas puertas del infierno, si no se aplican cuidadosamente a explicar la Escritura Santa y grabarla en el corazón de la juventud. Yo no aconsejaré a nadie que coloque a su hijo donde no reine la Escritura Santa. Todo instituto donde los hombres no están constantemente ocupados con la Palabra de Dios se corromperá."—*Ibid.*

Este llamamiento circuló con rapidez por toda Alemania e influyó poderosamente en el ánimo del pueblo. La nación entera se sentía conmovida y muchos se apresuraban a alistarse bajo el estandarte de la Reforma. Los opositores de Lutero que se consumían en deseos de venganza, exigían que el papa tomara medidas decisivas contra él. Se decretó que sus doctrinas fueran condenadas inmediatamente. Se concedió un plazo de sesenta días al reformador y a sus correligionarios, al cabo de los cuales, si no se retractaban, serían todos excomulgados.

Fue un tiempo de crisis terrible para la Reforma. Durante siglos la sentencia de excomunión pronunciada por Roma había sumido en el terror a los monarcas más poderosos, y había llenado los más soberbios imperios con desgracias y desolaciones. Aquellos sobre quienes caía la condenación eran mirados con espanto y horror; quedaban incomunicados de sus semejantes y se les trataba como a bandidos a quienes se debía perseguir hasta exterminarlos. Lutero no ignoraba la tempestad que estaba a punto de desencadenarse sobre él; pero se mantuvo firme, confiando en que Cristo era su escudo y fortaleza. Con la fe y el valor de un mártir, escribía: "¿Qué va a suceder? No lo sé, ni me interesa saberlo. ... Sea donde sea que estalle el rayo, permanezco sin temor; ni una hoja del árbol cae sin el beneplácito de nuestro Padre celestial; ¡cuánto menos nosotros! Es poca cosa morir por el Verbo, pues que este Verbo se hizo carne y murió por nosotros; con él resucitaremos, si con él morimos; y pasando por donde pasó, llegaremos adonde llegó, y moraremos con él durante la eternidad."—*Id*., cap. 9.

Cuando tuvo conocimiento de la bula papal, dijo: "La desprecio y la ataco como impía y mentirosa. ... El mismo Cristo es quien está condenado en ella. ... Me regocijo de tener que sobrellevar algunos males por la más justa de las causas. Me siento ya más libre en mi corazón; pues sé finalmente que el papa es el Anticristo, y que su silla es la de Satanás."—*Ibid.*

Sin embargo el decreto de Roma no quedó sin efecto. La cárcel, el tormento y la espada eran armas poderosas para imponer la obediencia. Los débiles y los supersticiosos temblaron ante el decreto del papa, y si bien era general la simpatía hacia Lutero, muchos consideraron que la vida era demasiado cara para arriesgarla en la causa de la Reforma. Todo parecía indicar que la obra del reformador iba a terminar.

Pero Lutero se mantuvo intrépido. Roma había lanzado sus anatemas contra él, y el mundo pensaba que moriría o se daría por vencido. Pero con irresistible fuerza Lutero devolvió a Roma la sentencia de condenación, y declaró públicamente que había resuelto separarse de ella para siempre. En presencia de gran número de estudiantes, doctores y personas de todas las clases de la sociedad, quemó Lutero la bula del papa con las leyes canónicas, las decretales y otros escritos que daban apoyo al poder papal. "Al quemar mis libros—dijo él,—mis enemigos han podido causar mengua a la verdad en el ánimo de la plebe y destruir sus almas; por esto yo también he destruído sus libros. Ha principiado una lucha reñida; hasta aquí no he hecho sino chancear con el papa; principié esta obra en nombre de Dios, y ella se acabará sin mí y por su poder."—*Id*., cap. 10.

A los escarnios de sus enemigos que le desafiaban por la debilidad de su causa, contestaba Lutero: "¿Quién puede decir que no sea Dios el que me ha elegido y llamado; y que ellos al menospreciarme no debieran temer que están menospreciando a Dios mismo? Moisés iba solo a la salida de Egipto; Elías estaba solo, en los días del rey Acab; Isaías solo en Jerusalén; Ezequiel solo en Babilonia. ... Dios no escogió jamás por profeta, ni al sumo sacerdote, ni a otro personaje distinguido, sino que escogió generalmente a hombres humildes y menospreciados, y en cierta ocasión a un pastor, Amós. En todo tiempo los santos debieron, con peligro de su vida, reprender a los grandes, a los reyes, a los príncipes, a los sacerdotes y a los sabios. ... Yo no digo que soy un profeta, pero digo que deben temer precisamente porque yo soy solo, y porque ellos son muchos. De lo que estoy cierto es de que la palabra de Dios está conmigo y no con ellos."—*Ibid.*

No fue sino después de haber sostenido una terrible lucha en su propio corazón, cuando se decidió finalmente Lutero a separarse de la iglesia. En aquella época de su vida, escribió lo siguiente: "Cada día comprendo mejor lo difícil que es para uno desprenderse de los escrúpulos que le fueron imbuídos en la niñez. ¡Oh! ¡cuánto no me ha costado, a pesar de que me sostiene la Santa Escritura, convencerme de que es mi obligación encararme yo solo con el papa y presentarlo como el Anticristo! ¡Cuántas no han sido las tribulaciones de mi corazón! ¡Cuántas veces no me he hecho a mí mismo con amargura la misma pregunta que he oído frecuentemente de labios de los papistas! '¿Tú solo eres sabio? ¿Todos los demás están errados? ¿Qué sucederá si al fin de todo eres tú el que estás en error y envuelves en el engaño a tantas almas que serán condenadas por toda la eternidad?' Así luché yo contra mí mismo y contra Satanás, hasta que Cristo, por su Palabra infalible, fortaleció mi corazón contra estas dudas."—Martyn, págs. 372, 373.

El papa había amenazado a Lutero con la excomunión si no se retractaba, y la amenaza se cumplió. Se expidió una nueva bula para publicar la separación definitiva de Lutero de la iglesia romana. Se le declaraba maldito por el cielo, y se incluía en la misma condenación a todos los que recibiesen sus doctrinas. La gran lucha se iniciaba de lleno.

La oposición es la suerte que les toca a todos aquellos a quienes emplea Dios para que prediquen verdades aplicables especialmente a su época. Había una verdad presente o de actualidad en los días de Lutero—una verdad que en aquel tiempo revestía especial importancia; y así hay ahora una verdad de actualidad para la iglesia en nuestros días. Al Señor que hace todas las cosas de acuerdo con su voluntad le ha agradado colocar a los hombres en diversas condiciones y encomendarles deberes particulares, propios del tiempo en que viven y según las circunstancias de que estén rodeados. Si ellos aprecian la luz que se les ha dado, obtendrán más amplia percepción de la verdad. Pero hoy día la mayoría no tiene más deseo de la verdad que los papistas enemigos de Lutero. Existe hoy la misma disposición que antaño para aceptar las teorías y tradiciones de los hombres antes que las palabras de Dios. Y los que esparcen hoy este conocimiento de la verdad no deben esperar encontrar más aceptación que la que tuvieron los primeros reformadores. El gran conflicto entre la verdad y la mentira, entre Cristo y Satanás, irá aumentando en intensidad a medida que se acerque el fin de la historia de este mundo.

Jesús había dicho a sus discípulos: "Si fueseis del mundo, el mundo os amaría como a cosa suya; mas por cuanto no sois del mundo, sino que yo os he escogido del mundo, por esto os odia el mundo. Acordaos de aquella palabra que os dije: El siervo no es mayor que su señor. Si me han perseguido a mí, a vosotros también os perseguirán; si han guardado mi palabra, guardarán también la vuestra." (S. Juan 15:19, 20, V.M.) Y en otra ocasión había dicho abiertamente: "¡Ay de vosotros cuando todos los hombres hablaren bien de vosotros! pues que del mismo modo hacían los padres de ellos con los falsos profetas." (S. Lucas 6:26, V.M.) En nuestros días el espíritu del mundo no está más en armonía con el espíritu de Cristo que en tiempos antiguos; y los que predican la Palabra de Dios en toda su pureza no encontrarán mejor acogida ahora que entonces. Las formas de oposición a la verdad pueden cambiar, la enemistad puede ser menos aparente en sus ataques porque es más sutil; pero existe el mismo antagonismo que seguirá manifestándose hasta el fin de los siglos.

8
Un Campeón de la Verdad

U N NUEVO emperador, Carlos V, había ascendido al trono de Alemania, y los emisarios de Roma se apresuraron a presentarle sus plácemes, y procuraron que el monarca emplease su poder contra la Reforma. Por otra parte, el elector de Sajonia, con quien Carlos tenía una gran deuda por su exaltación al trono, le rogó que no tomase medida alguna contra Lutero, sin antes haberle oído. De este modo, el emperador se hallaba en embarazosa situación que le dejaba perplejo. Los papistas no se darían por contentos sino con un edicto imperial que sentenciase a muerte a Lutero. El elector había declarado terminantemente "que ni su majestad imperial, ni otro ninguno había demostrado que los escritos de Lutero hubiesen sido refutados;" y por este motivo, "pedía que el doctor Lutero, provisto de un salvoconducto, pudiese comparecer ante jueces sabios, piadosos e imparciales."—D'Aubigné, lib. 6, cap. II.

La atención general se fijó en la reunión de los estados alemanes convocada en Worms a poco de haber sido elevado Carlos al trono. Varios asuntos políticos importantes tenían que ventilarse en dicha dieta, en que por primera vez los príncipes de Alemania iban a ver a su joven monarca presidir una asamblea deliberativa. De todas partes del imperio acudieron los altos dignatarios de la iglesia y del estado. Nobles hidalgos, señores de elevada jerarquía, poderosos y celosos de sus derechos hereditarios; representantes del alto clero que ostentaban su categoría y superioridad; palaciegos seguidos de sus guardas armados, y embajadores de tierras extrañas y lejanas—todos se juntaron en Worms. Con todo, el asunto que despertaba más interés en aquella vasta asamblea era la causa del reformador sajón.

Carlos había encargado ya de antemano al elector que trajese a Lutero ante la dieta, asegurándole protección, y prometiendo disponer una discusión libre con gente competente para debatir los motivos de disidencia. Lutero por su parte ansiaba comparecer ante el monarca. Su salud por entonces no estaba muy buena; no obstante, escribió al elector: "Si no puedo ir a Worms bueno y sano, me haré llevar enfermo allá. Porque si el emperador me llama, no puedo dudar que sea un llamamiento de Dios. Si quieren usar de violencia contra mí, lo cual parece probable (puesto que no es para instruirse por lo que me hacen comparecer), lo confío todo en manos del Señor. Aun vive y reina el que conservó ilesos a los mancebos en la hornalla. Si no me quiere salvar, poco vale mi vida. Impidamos solamente que el Evangelio sea expuesto al vilipendio de los impíos, y derramemos nuestra sangre por él, para que no triunfen. ¿Será acaso mi vida o mi muerte la que más contribuirá a la salvación de todos? ... Esperadlo todo de mí, menos la fuga y la retractación. Huir, no puedo; y retractarme, mucho menos."—Id., lib. 7, cap. 1.

La noticia de que Lutero comparecería ante la dieta circuló en Worms y despertó una agitación general. Aleandro a quien, como legado del papa, se le había confiado el asunto de una manera especial, se alarmó y enfureció. Preveía que el resultado sería desastroso para la causa del papado. Hacer investigaciones en un caso sobre el cual el papa había dictado ya sentencia condenatoria, era tanto como discutir la autoridad del soberano pontífice. Además de esto, temía que los elocuentes y poderosos argumentos de este hombre apartasen de la causa del papa a muchos de los príncipes. En consecuencia, insistió mucho cerca de Carlos en que Lutero no compareciese en Worms. Por este mismo tiempo se publicó la bula de excomunión contra Lutero, y esto, unido a las gestiones del legado, hizo ceder al emperador, quien escribió al elector diciéndole que si Lutero no quería retractarse debía quedarse en Wittenberg.

No bastaba este triunfo para Aleandro, el cual siguió intrigando para conseguir también la condenación de Lutero. Con una tenacidad digna de mejor causa, insistía en presentar al reformador a los príncipes, a los prelados y a varios miembros de la dieta, "como sedicioso, rebelde, impío y blasfemo." Pero la vehemencia y la pasión de que daba pruebas el legado revelaban a las claras el espíritu de que estaba animado. "Es la ira y el deseo de venganza lo que le excita—decían,—y no el celo y la piedad."—*Ibid.* La mayoría de los miembros de la dieta estaban más dispuestos que nunca a ver con benevolencia la causa del reformador y a inclinarse en su favor.

Con redoblado celo insistió Alejandro cerca del emperador para que cumpliese su deber de ejecutar los edictos papales. Esto empero, según las leyes de Alemania, no podía hacerse sin el consentimiento de los príncipes, y Carlos V, no pudiendo resistir a las instancias del nuncio, le concedió que llevara el caso ante la dieta. "Fue éste un día de orgullo para el nuncio. La asamblea era grande y el negocio era aún mayor. Aleandro iba a alegar en favor de Roma, ... madre y señora de todas las iglesias." Iba a defender al primado de San Pedro ante los principados de la cristiandad. "Tenía el don de la elocuencia, y esta vez se elevó a la altura de la situación. Quiso la Providencia que ante el tribunal más augusto Roma fuese defendida por el más hábil de sus oradores, antes de ser condenada."—Wylie, lib. 6, cap. 4. Los que amparaban la causa de Lutero preveían de antemano, no sin recelo, el efecto que produciría el discurso del legado. El elector de Sajonia no se hallaba presente, pero por indicación suya habían concurrido algunos de sus cancilleres para tomar nota del discurso de Aleandro.

Con todo el poder de la instrucción y la elocuencia se propuso Aleandro derrocar la verdad. Arrojó contra Lutero cargo sobre cargo acusándole de ser enemigo de la iglesia y del estado, de vivos y muertos, de clérigos y laicos, de concilios y cristianos en particular. "Hay—dijo—en los errores de Lutero motivo para quemar a cien mil herejes."

En conclusión procuró vilipendiar a los adherentes de la fe reformada, diciendo: "¿Qué son todos estos luteranos? Un puñado de gramáticos insolentes, de sacerdotes enviciados, de frailes disolutos, abogados ignorantes, nobles degradados y populacho pervertido y seducido. ¡Cuánto más numeroso, más hábil, más poderoso es el partido católico! Un decreto unánime de esta ilustre asamblea iluminará a los sencillos, advertirá a los incautos, decidirá a los que dudan, fortalecerá a los débiles."—D'Aubigné, lib. 7, cap. 3.

Estas son las armas que en todo tiempo han esgrimido los enemigos de la verdad. Estos son los mismos argumentos que presentan hoy los que sostienen el error, para combatir a los que propagan las enseñanzas de la Palabra de Dios." ¿Quiénes son estos predicadores de nuevas doctrinas?—exclaman los que abogan por la religión popular.—Son indoctos, escasos en número, y los más pobres de la sociedad. Y, con todo, pretenden tener la verdad y ser el pueblo escogido de Dios. Son ignorantes que se han dejado engañar. ¡Cuán superior es en número y en influencia nuestra iglesia! ¡Cuántos hombres grandes e ilustrados hay entre nosotros! ¡Cuánto más grande es el poder que está de nuestra parte!" Estos son los argumentos que más sacan a relucir y que parecen tener influencia en el mundo, pero que no son ahora de más peso que en los días del gran reformador.

La Reforma no terminó, como muchos lo creen, al concluir la vida de Lutero. Tiene aún que seguir hasta el fin del mundo. Lutero tuvo una gran obra que hacer—la de dar a conocer a otros la luz que Dios hiciera brillar en su corazón; pero él no recibió toda la luz que iba a ser dada al mundo. Desde aquel tiempo hasta hoy y sin interrupción, nuevas luces han brillado sobre las Escrituras y nuevas verdades han sido dadas a conocer.

Honda fue la impresión que produjo en la asamblea el discurso del legado. No hubo ningún Lutero para refutar los cargos del campeón papal con las verdades convincentes y sencillas de la Palabra de Dios. Ningún esfuerzo se hizo para defender al reformador. Se manifestaba una disposición general no sólo para condenarlo junto con las doctrinas que enseñaba, sino para arrancar de raíz la herejía. Roma había disfrutado de la oportunidad más favorable para defender su causa. Se había dicho todo cuanto pudiera decirse para justificarla. Pero aquella victoria aparente no fue sino la señal de la derrota. Desde aquel día el contraste entre la verdad y el error iba a resaltar más y más, porque la lucha entre ambos quedaba resueltamente empeñada. Nunca desde aquel momento iba a quedar Roma tan segura como antes lo estuviera.

En tanto que la mayoría de los miembros de la dieta no hubieran vacilado en entregar a Lutero a la venganza de Roma, no eran pocos los que echaban de ver con dolor la corrupción que prevalecía en la iglesia, y deseaban que se concluyera con los abusos que sufría el pueblo alemán como consecuencia de la degradación e inmoralidad del clero. El legado había presentado al gobierno del papa del modo más favorable. Pero entonces el Señor movió a uno de los miembros de la dieta a que hiciese una verdadera exposición de los efectos de la tiranía papal. Con noble firmeza el duque Jorge de Sajonia se levantó ante aquella asamblea de príncipes y expuso con aterradora exactitud los engaños y las abominaciones del papado y sus fatales consecuencias. En conclusión añadió:

"He aquí indicados algunos de los abusos de que acusan a Roma. Han echado a un lado la vergüenza, y no se aplican más que a una cosa: ¡al dinero! ¡siempre más dinero! ... de modo que los predicadores que debieran enseñar la verdad, no predican sino la mentira; y no solamente son tolerados, sino también recompensados, porque cuanto más mientan, tanto más ganan. De esta fuente cenagosa es de donde dimanan todas esas aguas corrompidas. El desarreglo conduce a la avaricia. ... ¡Ah! es un escándalo que da el clero, precipitando así tantas almas a una condenación eterna. Se debe efectuar una reforma universal."—*Id.*, cap. 4.

Lutero mismo no hubiera podido hablar con tanta maestría y con tanta fuerza contra los abusos de Roma; y la circunstancia de ser el orador un declarado enemigo del reformador daba más valor a sus palabras.

De haber estado abiertos los ojos de los circunstantes, habrían visto allí a los ángeles de Dios arrojando rayos de luz para disipar las tinieblas del error y abriendo las mentes y los corazones de todos, para que recibiesen la verdad. Era el poder del Dios de verdad y de sabiduría el que dominaba a los mismos adversarios de la Reforma y preparaba así el camino para la gran obra que iba a realizarse. Martín Lutero no estaba presente, pero la voz de Uno más grande que Lutero se había dejado oír en la asamblea.

La dieta nombró una comisión encargada de sacar una lista de todas las opresiones papales que agobiaban al pueblo alemán. Esta lista, que contenía ciento una especificaciones, fue presentada al emperador, acompañada de una solicitud en que se le pedía que tomase medidas encaminadas a reprimir estos abusos. "¡Cuántas almas cristianas se pierden!—decían los solicitantes—¡cuántas rapiñas! ¡cuántas exacciones exorbitantes! ¡y de cuántos escándalos está rodeado el jefe de la cristiandad! Es menester precaver la ruina y el vilipendio de nuestro pueblo. Por esto unánimemente os suplicamos sumisos, pero con las más vivas instancias, que ordenéis una reforma general, que la emprendáis, y la acabéis."—*Ibid.*

El concilio pidió entonces que compareciese ante él el reformador. A pesar de las intrigas, protestas y amenazas de Aleandro, el emperador consintió al fin, y Lutero fue citado a comparecer ante la dieta. Con la notificación se expidió también un salvoconducto que garantizaba al reformador su regreso a un lugar seguro. Ambos documentos le fueron llevados por un heraldo encargado de conducir a Lutero de Wittenberg a Worms.

Los amigos de Lutero estaban espantados y desesperados. Sabedores del prejuicio y de la enemistad que contra él reinaban, pensaban que ni aun el salvoconducto sería respetado, y le aconsejaban que no expusiese su vida al peligro. Pero él replicó: "Los papistas ... no deseaban que yo fuese a Worms, pero sí, mi condenación y mi muerte. ¡No importa! rogad, no por mí, sino por la Palabra de Dios. ... Cristo me dará su Espíritu para vencer a estos ministros del error. Yo los desprecio durante mi vida, y triunfaré de ellos con mi muerte. En Worms se agitan para hacer que me retracte. He aquí cuál será mi retractación: Antes decía que el papa era el vicario de Cristo; ahora digo que es el adversario del Señor, y el apóstol del diablo."—*Id.*, cap. 6.

Lutero no iba a emprender solo su peligroso viaje. Además del mensajero imperial, se decidieron a acompañarle tres de sus más fieles amigos. Melanchton deseaba ardientemente unirse con ellos. Su corazón estaba unido con el de Lutero y se desvivía por seguirle, aun hasta la prisión o la muerte. Pero sus ruegos fueron inútiles. Si sucumbía Lutero, las esperanzas de la Reforma quedarían cifradas en los esfuerzos de su joven colaborador. Al despedirse de él, díjole el reformador: "Si yo no vuelvo, caro hermano, y mis enemigos me matan, no ceses de enseñar la verdad y permanecer firme en ella. ... Trabaja en mi lugar. Si tú vives, poco importa que yo perezca."—*Id.*, cap. 7. Los estudiantes y los vecinos que se habían reunido para ver partir a Lutero estaban hondamente conmovidos. Una multitud de personas cuyos corazones habían sido tocados por el Evangelio le despidieron con llantos. Así salieron de Wittenberg el reformador y sus acompañantes.

En el camino notaron que siniestros presentimientos embargaban los corazones de cuantos hallaban al paso. En algunos puntos no les mostraron atención alguna. En uno de ellos donde pernoctaron, un sacerdote amigo manifestó sus temores al reformador, enseñándole el retrato de un reformador italiano que había padecido el martirio. A la mañana siguiente se supo que los escritos de Lutero habían sido condenados en Worms. Los pregoneros del emperador publicaban su decreto y obligaban al pueblo a que entregase a los magistrados las obras del reformador. El heraldo, temiendo por la seguridad de Lutero en la dieta y creyendo que ya empezaba a cejar en su propósito de acudir a la dieta, le preguntó si estaba aún resuelto a seguir adelante. Lutero contestó: "¡Aunque se me ha puesto entredicho en todas las ciudades, continuaré!"—*Ibid.*

En Erfurt, Lutero fue recibido con honra. Rodeado por multitudes que le admiraban, cruzó aquellas mismas calles que antes recorriera tan a menudo con su bolsa de limosnero. Visitó la celda de su convento y meditó en las luchas mediante las cuales la luz que ahora inundaba Alemania había penetrado en su alma. Deseaban oírle predicar. Esto le era prohibido, pero el heraldo dio su consentimiento y el mismo que había sido fraile sirviente del convento ocupó ahora el púlpito.

Habló a la vasta concurrencia de las palabras de Cristo: "La paz sea con vosotros." "Los filósofos—dijo—doctores y escritores han intentado demostrar cómo puede el hombre alcanzar la vida eterna, y no lo han conseguido. Yo os lo explicaré ahora. ... Dios resucitó a un Hombre, a Jesucristo nuestro Señor, por quien anonada la muerte, destruye el pecado y cierra las puertas del infierno. He aquí la obra de salvación. ... ¡Jesucristo venció! ¡he aquí la grata nueva! y somos salvos por su obra, y no por las nuestras. ... Nuestro Señor Jesucristo dice: '¡La paz sea con vosotros! mirad mis manos;' es decir: Mira, ¡oh hombre! yo soy, yo solo soy quien he borrado tus pecados y te he rescatado. ¡Por esto tienes ahora la paz! dice el Señor."

Y siguió explicando cómo la verdadera fe se manifiesta en una vida santa: "Puesto que Dios nos ha salvado, obremos de un modo digno de su aprobación. ¿Eres rico? Sirvan tus bienes a los pobres. ¿Eres pobre? Tu labor sirva a los ricos. Si tu trabajo no es útil más que para ti mismo, el servicio que pretendes hacer a Dios no es más que mentira."—*Ibid*.

El pueblo escuchaba embelesado. El pan de vida fue repartido a aquellas almas hambrientas. Cristo fue ensalzado ante ellas por encima de papas, legados, emperadores y reyes. No dijo Lutero una palabra tocante a su peligrosa situación. No quería hacerse objeto de los pensamientos y de las simpatías. En la contemplación de Cristo se perdía de vista a sí mismo. Se ocultaba detrás del Hombre del Calvario y sólo procuraba presentar a Jesús como Redentor de los pecadores.

El reformador prosiguió su viaje siendo agasajado en todas partes y considerado con grande interés. Las gentes salían presurosas a su encuentro, y algunos amigos le ponían en guardia contra el propósito hostil que respecto de él acariciaban los romanistas. "Os echarán en una hoguera—le decían,—y os reducirán a cenizas como lo hicieron con Juan Hus." Él contestaba: "Aun cuando encendiesen un fuego que se extendiera desde Worms hasta Wittenberg, y se elevara hasta el cielo, lo atravesaría en nombre del Señor; compareceré ante ellos, entraré en la boca de ese Behemoth, romperé sus dientes, y confesaré a nuestro Señor Jesucristo."—*Ibid.*

Al tener noticias de que se aproximaba a Worms, el—pueblo se conmovió. Sus amigos temblaron recelando por su seguridad; los enemigos temblaron porque desconfiaban del éxito de su causa. Se hicieron los últimos esfuerzos para disuadir a Lutero de entrar en la ciudad. Por instigación de los papistas se le instó a hospedarse en el castillo de un caballero amigo, en donde, se aseguraba, todas las dificultades podían arreglarse pacíficamente. Sus amigos se esforzaron por despertar temores en él describiéndole los peligros que le amenazaban. Todos sus esfuerzos fracasaron. Lutero sin inmutarse, dijo: "Aunque haya tantos diablos en Worms cuantas tejas hay en los techos, entraré allí."—*Ibid.*

Cuando llegó a Worms una enorme muchedumbre se agolpó a las puertas de la ciudad para darle la bienvenida. No se había reunido un concurso tan grande para saludar la llegada del emperador mismo. La agitación era intensa, y de en medio del gentío se elevó una voz quejumbrosa que cantaba una endecha fúnebre, como tratando de avisar a Lutero de la suerte que le estaba reservada. "Dios será mi defensa," dijo él al apearse de su carruaje.

Los papistas no creían que Lutero se atrevería a comparecer en Worms, y su llegada a la ciudad fue para ellos motivo de profunda consternación. El emperador citó inmediatamente a sus consejeros para acordar lo que debía hacerse. Uno de los obispos, fanático papista, dijo: "Mucho tiempo hace que nos hemos consultado sobre este asunto. Deshágase pronto de ese hombre vuestra majestad imperial. ¿No hizo quemar Segismundo a Juan Hus? Nadie está obligada a conceder ni a respetar un salvoconducto dado a un hereje." "No—dijo el emperador;—lo que uno ha prometido es menester cumplirlo."—*Id.*, cap. 8. Se convino entonces en que el reformador sería oído.

Todos ansiaban ver a aquel hombre tan notable, y en inmenso número se agolparon junto a la casa en donde se hospedaba. Hacía poco que Lutero se había repuesto de la enfermedad que poco antes le aquejara; estaba debilitado por el viaje que había durado dos semanas enteras; debía prepararse para los animados acontecimientos del día siguiente y necesitaba quietud y reposo. Era tan grande la curiosidad que tenían todos por verlo, que no bien había descansado unas pocas horas cuando llegaron a la posada de Lutero condes, barones, caba-lleros, hidalgos, eclesiásticos y ciudadanos que ansiaban ser recibidos por él. Entre estos visitantes se contaban algunos de aquellos nobles que con tanta bizarría pidieran al emperador que emprendiera una reforma de los abusos de la iglesia, y que, decía Lutero, "habían sido libertados por mi evangelio."—Martyn, pág. 393. Todos, amigos como enemigos, venían a ver al monje indómito, que los recibía con inalterable serenidad y a todos contestaba con saber y dignidad. Su porte era distinguido y resuelto. Su rostro delicado y pálido dejaba ver huellas de cansancio y enfermedad, a la vez que una mezcla de bondad y gozo. Sus palabras, impregnadas de solemnidad y profundo fervor, le daban un poder que sus mismos enemigos no podían resistir. Amigos y enemigos estaban maravillados. Algunos estaban convencidos de que le asistía una fuerza divina; otros decían de él lo que los fariseos decían de Cristo: "Demonio tiene."

Al día siguiente de su llegada Lutero fue citado a comparecer ante la dieta. Se nombró a un dignatario imperial para que lo condujese a la sala de audiencias, a la que llegaron no sin dificultad. Todas las calles estaban obstruídas por el gentío que se agolpaba en todas partes, curioso de conocer al monje que se había atrevido a resistir la autoridad del papa.

En el momento en que entraba en la presencia de sus jueces, un viejo general, héroe de muchas batallas, le dijo en tono bondadoso: "¡Frailecito! ¡frailecito! ¡haces frente a una empresa tan ardua, que ni yo ni otros capitanes hemos visto jamás tal en nuestros más sangrientos combates! Pero si tu causa es justa, y si estás convencido de ello, ¡avanza en nombre de Dios, y nada temas! ¡Dios no te abandonará!"—D'Aubigné lib. 7, cap. 8.

Abriéronse por fin ante él las puertas del concilio. El emperador ocupaba el trono, rodeado de los más ilustres personajes del imperio. Ningún hombre compareció jamás ante una asamblea tan imponente como aquella ante la cual compareció Martín Lutero para dar cuenta de su fe. "Esta comparecencia era ya un manifiesto triunfo conseguido sobre el papismo. El papa había condenado a este hombre; y él se hallaba ante un tribunal que se colocaba así sobre el papa. El papa le había puesto en entredicho y expulsado de toda sociedad humana, y sin embargo se le había convocado con términos honrosos, e introducido ante la más augusta asamblea del universo. El papa le había impuesto silencio; él iba a hablar delante de miles de oyentes reunidos de los países más remotos de la cristiandad. Una revolución sin límites se había cumplido así por medio de Lutero. Roma bajaba ya de su trono, y era la palabra de un fraile la que la hacía descender."—*Ibid.*

Al verse ante tan augusta asamblea, el reformador de humilde cuna pareció sentirse cohibido. Algunos de los príncipes, observando su emoción, se acercaron a él y uno de ellos le dijo al oído: "No temáis a aquellos que no pueden matar más que el cuerpo y que nada pueden contra el alma." Otro añadió también: "Cuando os entregaren ante los reyes y los gobernadores, no penséis cómo o qué habéis de hablar; el Espíritu de vuestro Padre hablará por vosotros." Así fueron recordadas las palabras de Cristo por los grandes de la tierra para fortalecer al siervo fiel en la hora de la prueba.

Lutero fue conducido hasta un lugar situado frente al trono del emperador. Un profundo silencio reinó en la numerosa asamblea. En seguida un alto dignatario se puso en pie y señalando una colección de los escritos de Lutero, exigió que el reformador contestase dos preguntas: Si reconocía aquellas obras como suyas, y si estaba dispuesto a retractar el contenido de ellas. Habiendo sido leídos los títulos de los libros, Lutero dijo que sí los reconocía como suyos. "Tocante a la segunda pregunta—añadió,—atendido que concierne a la fe y a la salvación de las almas, en la que se halla interesada la Palabra de Dios, a saber el más grande y precioso tesoro que existe en los cielos y en la tierra, obraría yo imprudentemente si respondiera sin reflexión. Pudiera afirmar menos de lo que se me pide, o más de lo que exige la verdad, y hacerme así culpable contra esta palabra de Cristo: 'Cualquiera que me negare delante de los hombres, le negaré yo también delante de mi Padre que está en los cielos.' [S. Mateo 10:33.] Por esta razón, suplico a su majestad imperial, con toda sumisión, se digne concederme tiempo, para que pueda yo responder sin manchar la Palabra de Dios."—*Ibid.*

Lutero obró discretamente al hacer esta súplica. Sus palabras convencieron a la asamblea de que él no hablaba movido por pasión ni arrebato. Esta reserva, esta calma tan sorprendente en semejante hombre, acreció su fuerza, y le preparó para contestar más tarde con una sabiduría, una firmeza y una dignidad que iban a frustrar las esperanzas de sus adversarios y confundir su malicia y su orgullo.

Al día siguiente debía comparecer de nuevo para dar su respuesta final. Por unos momentos, al verse frente a tantas fuerzas que hacían causa común contra la verdad, sintió desmayar su corazón. Flaqueaba su fe; sintióse presa del temor y horror. Los peligros se multiplicaban ante su vista y parecía que sus enemigos estaban cercanos al triunfo, y que las potestades de las tinieblas iban a prevalecer. Las nubes se amontonaban sobre su cabeza y le ocultaban la faz de Dios. Deseaba con ansia estar seguro de que el Señor de los ejércitos le ayudaría. Con el ánimo angustiado se postró en el suelo, y con gritos entrecortados que sólo Dios podía comprender, exclamó:

"¡Dios todopoderoso! ¡Dios eterno! ¡cuán terrible es el mundo! ¡cómo abre la boca para tragarme! ¡y qué débil es la confianza que tengo en ti! ... Si debo confiar en lo que es poderoso según el mundo, ¡estoy perdido! ¡Está tomada la última resolución, y está pronunciada la sentencia! ... ¡Oh Dios mío! ¡Asísteme contra toda la sabiduría del mundo! Hazlo ... tú solo ... porque no es obra mía sino tuya. ¡Nada tengo que hacer aquí, nada tengo que combatir contra estos grandes del mundo! ... ¡Mas es tuya la causa, y ella es justa y eterna! ¡Oh Señor! ¡sé mi ayuda! ¡Dios fiel, Dios inmutable! ¡No confío en ningún hombre, pues sería en vano! por cuanto todo lo que procede del hombre fallece. ... Me elegiste para esta empresa. ... Permanece a mi lado en nombre de tu Hijo muy amado, Jesucristo, el cual es mi defensa, mi escudo y mi fortaleza."—*Ibid*.

Una sabia providencia permitió a Lutero apreciar debidamente el peligro que le amenazaba, para que no confiase en su propia fuerza y se arrojase al peligro con temeridad y presunción. Sin embargo no era el temor del dolor corporal, ni de las terribles torturas que le amenazaban, ni la misma muerte que parecía tan cercana, lo que le abrumaba y le llenaba de terror. Había llegado al momento crítico y no se sentía capaz de hacerle frente. Temía que por su debilidad la causa de la verdad se malograra. No suplicaba a Dios por su propia seguridad, sino por el triunfo del Evangelio. La angustia que sintiera Israel en aquella lucha nocturna que sostuviera a orillas del arroyo solitario, era la que él sentía en su alma. Y lo mismo que Israel, Lutero prevaleció con Dios. En su desamparo su fe se cifró en Cristo el poderoso libertador. Sintióse fortalecido con la plena seguridad de que no comparecería solo ante el concilio. La paz volvió a su alma e inundóse de gozo su corazón al pensar que iba a ensalzar a Cristo ante los gobernantes de la nación.

Con el ánimo puesto en Dios se preparó Lutero para la lucha que le aguardaba. Meditó un plan de defensa, examinó pasajes de sus propios escritos y sacó pruebas de las Santas Escrituras para sustentar sus proposiciones. Luego, colocando la mano izquierda sobre la Biblia que estaba abierta delante de él, alzó la diestra hacia el cielo y juró "permanecer fiel al Evangelio, y confesar libremente su fe, aunque tuviese que sellar su confesión con su sangre."—*Ibid*.

Cuando fue llevado nuevamente ante la dieta, no revelaba su semblante sombra alguna de temor ni de cortedad. Sereno y manso, a la vez que valiente y digno, presentóse como testigo de Dios entre los poderosos de la tierra. El canciller le exigió que dijese si se retractaba de sus doctrinas. Lutero respondió del modo más sumiso y humilde, sin violencia ni apasionamiento. Su porte era correcto y respetuoso si bien revelaba en sus modales una confianza y un gozo que llenaban de sorpresa a la asamblea.

"¡Serenísimo emperador ! ¡ ilustres príncipes, benignísimos señores!—dijo Lutero.—Comparezco humildemente hoy ante vosotros, según la orden que se me comunicó ayer, suplicando por la misericordia de Dios, a vuestra majestad y a vuestras augustas altezas, se dignen escuchar bondadosamente la defensa de una causa acerca de la cual tengo la convicción que es justa y verdadera. Si falto por ignorancia a los usos y conveniencias de las cortes, perdonádmelo; pues no he sido educado en los palacios de los reyes, sino en la obscuridad del claustro."—*Ibid*.

Entrando luego en el asunto pendiente, hizo constar que sus escritos no eran todos del mismo carácter. En algunos había tratado de la fe y de las buenas obras y aun sus enemigos los declaraban no sólo inofensivos, sino hasta provechosos.

Retractarse de ellos, dijo, sería condenar verdades que todo el mundo se gozaba en confesar. En otros escritos exponía los abusos y la corrupción del papado. Revocar lo que había dicho sobre el particular equivaldría a infundir nuevas fuerzas a la tiranía de Roma y a abrir a tan grandes impiedades una puerta aun más ancha. Finalmente había una tercera categoría de escritos en que atacaba a simples particulares que querían defender los males reinantes. En cuanto a esto confesó francamente que los había atacado con más acritud de lo debido. No se declaró inocente, pero tampoco podía retractar dichos libros, sin envalentonar a los enemigos de la verdad, dándoles ocasión para despedazar con mayor crueldad al pueblo de Dios.

"Sin embargo—añadió,—soy un simple hombre, y no Dios; por consiguiente me defenderé como lo hizo Jesucristo al decir: 'Si he hablado mal, dadme testimonio del mal.' ... Os conjuro por el Dios de las misericordias, a vos, serenísimo emperador y a vosotros, ilustres príncipes, y a todos los demás, de alta o baja graduación, a que me probéis, por los escritos de los profetas y de los apóstoles, que he errado. Así que me hayáis convencido, retractaré todos mis errores y seré el primero en echar mano de mis escritos para arrojarlos a las llamas.

"Lo que acabo de decir muestra claramente que he considerado y pesado bien los peligros a que me expongo; pero lejos de acobardarme, es para mí motivo de gozo ver que el Evangelio es hoy día lo que antes, una causa de disturbio y de discordia. Este es el carácter y el destino de la Palabra de Dios. 'No vine a traeros paz, sino guerra,' dijo Jesucristo. Dios es admirable y terrible en sus juicios; temamos que al pretender reprimir las discordias, persigamos la Palabra de Dios, y hagamos caer sobre nosotros un diluvio de irresistibles peligros, desastres presentes y desolaciones eternas. ... Yo pudiera citar ejemplos sacados de la Sagrada Escritura, y hablaros de Faraón, de los reyes de Babilonia y de los de Israel, quienes jamás obraron con más eficacia para su ruina, que cuando por consejos en apariencia muy sabios, pensaban consolidar su imperio. Dios 'remueve las montañas y las derriba antes que lo perciban.'"—*Ibid.*

Lutero había hablado en alemán; se le pidió que repitiera su discurso en latín. Y aunque rendido por el primer esfuerzo, hizo lo que se le pedía y repitió su discurso en latín, con la misma energía y claridad que la primera vez. La providencia de Dios dirigió este asunto. La mente de muchos de los príncipes estaba tan cegada por el error y la superstición que la primera vez no apreciaron la fuerza de los argumentos de Lutero; pero al repetirlos el orador pudieron darse mejor cuenta de los puntos desarrollados por él.

Aquellos que cerraban obstinadamente los ojos para no ver la luz, resueltos ya a no aceptar la verdad, se llenaron de ira al oír las poderosas palabras de Lutero. Tan luego como hubo dejado de hablar, el que tenía que contestar en nombre de la dieta le dijo con indignación: "No habéis respondido a la pregunta que se os ha hecho. ... Se exige de vos una respuesta clara y precisa. ¿Queréis retractaros, sí o no?"

El reformador contestó: "Ya que su serenísima majestad y sus altezas exigen de mí una respuesta sencilla, clara y precisa, voy a darla, y es ésta: Yo no puedo someter mi fe ni al papa ni a los concilios, porque es tan claro como la luz del día que ellos han caído muchas veces en el error así como en muchas contradicciones consigo mismos. Por lo cual, si no se me convence con testimonios bíblicos, o con razones evidentes, y si no se me persuade con los mismos textos que yo he citado, y si no sujetan mi conciencia a la Palabra de Dios, *yo no puedo ni quiero retractar nada*, por no ser digno de un cristiano hablar contra su conciencia. Heme aquí; no me es dable hacerlo de otro modo. ¡Que Dios me ayude! ¡Amén!"—*Ibid.*

Así se mantuvo este hombre recto en el firme fundamento de la Palabra de Dios. La luz del cielo iluminaba su rostro. La grandeza y pureza de su carácter, el gozo y la paz de su corazón eran manifiestos a todos los que le oían dar su testimonio contra el error, y veían en él esa fe que vence al mundo.

La asamblea entera quedó un rato muda de asombro. La primera vez había hablado Lutero en tono respetuoso y bajo, en actitud casi sumisa. Los romanistas habían interpretado todo esto como prueba evidente de que el valor empezaba a faltarle. Se habían figurado que la solicitud de un plazo para dar su contestación equivalía al preludio de su retractación. Carlos mismo, al notar no sin desprecio el hábito raído del fraile, su actitud tan llana, la sencillez de su oración, había exclamado: "Por cierto no será este monje el que me convierta en hereje." Empero el valor y la energía que esta vez desplegara, así como la fuerza y la claridad de sus argumentaciones, los dejaron a todos sorprendidos. El emperador, lleno de admiración, exclamó entonces: "El fraile habla con un corazón intrépido y con inmutable valor." Muchos de los príncipes alemanes veían con orgullo y satisfacción a este representante de su raza.

Los partidarios de Roma estaban derrotados; su causa ofrecía un aspecto muy desfavorable. Procuraron conservar su poderío, no por medio de las Escrituras, sino apelando a las amenazas, como lo hace siempre Roma en semejantes casos. El orador de la dieta dijo: "Si no te retractas, el emperador y los estados del imperio verán lo que debe hacerse con un hereje obstinado."

Los amigos de Lutero, que habían oído su noble defensa, poseídos de sincero regocijo, temblaron al oír las palabras del orador oficial; pero el doctor mismo, con toda calma, repuso: "¡Dios me ayude! porque de nada puedo retractarme."—*Ibid*.

Se indicó a Lutero que se retirase mientras los príncipes deliberaban. Todos se daban cuenta de que era un momento de gran crisis. La persistente negativa de Lutero a someterse podía afectar la historia de la iglesia por muchos siglos. Se acordó darle otra oportunidad para retractarse. Por última vez le hicieron entrar de nuevo en la sala. Se le volvió a preguntar si renunciaba a sus doctrinas. Contestó: "No tengo otra respuesta que dar, que la que he dado." Era ya bien claro y evidente que no podrían inducirle a ceder, ni de grado ni por fuerza, a las exigencias de Roma.

Los caudillos papales estaban acongojados porque su poder, que había hecho temblar a los reyes y a los nobles, era así despreciado por un pobre monje, y se propusieron hacerle sentir su ira, entregándole al tormento. Pero, reconociendo Lutero el peligro que corría, había hablado a todos con dignidad y serenidad cristiana. Sus palabras habían estado exentas de orgullo, pasión o falsedad. Se había perdido de vista a sí mismo y a los grandes hombres que le rodeaban, y sólo sintió que se hallaba en presencia de Uno que era infinitamente superior a los papas, a los prelados, a los reyes y a los emperadores. Cristo mismo había hablado por medio del testimonio de Lutero con tal poder y grandeza, que tanto en los amigos como en los adversarios despertó pavor y asombro. El Espíritu de Dios había estado presente en aquel concilio impresionando vivamente los corazones de los jefes del imperio. Varios príncipes reconocieron sin embozo la justicia de la causa del reformador. Muchos se convencieron de la verdad; pero en algunos la impresión no fue duradera. Otros aún hubo que en aquel momento no manifestaron sus convicciones, pero que, habiendo estudiado las Escrituras después, llegaron a ser intrépidos sostenedores de la Reforma.

El elector Federico había aguardado con ansiedad la comparecencia de Lutero ante la dieta y escuchó su discurso con profunda emoción. Experimentó regocijo y orgullo al presenciar el valor del fraile, su firmeza y el modo en que se mostraba dueño de sí mismo, y resolvió defenderle con mayor firmeza que antes. Comparó entre sí a ambas partes contendientes, y vio que la sabiduría de los papas, de los reyes y de los prelados había sido anulada por el poder de la verdad. El papado había sufrido una derrota que iba a dejarse sentir en todas las naciones al través de los siglos.

Al notar el legado el efecto que produjeran las palabras de Lutero, temió, como nunca había temido, por la seguridad del poder papal, y resolvió echar mano de todos los medios que estuviesen a su alcance para acabar con el reformador. Con toda la elocuencia y la habilidad diplomática que le distinguían en gran manera, le pintó al joven emperador la insensatez y el peligro que representaba el sacrificar, en favor de un insignificante fraile, la amistad y el apoyo de la poderosa sede de Roma.

Sus palabras no fueron inútiles. El día después de la respuesta de Lutero, Carlos mandó a la dieta un mensaje en que manifestaba su determinación de seguir la política de sus antecesores de sostener y proteger la religión romana. Ya que Lutero se negaba a renunciar a sus errores, se tornarían las medidas más enérgicas contra él y contra las herejías que enseñaba. "Un solo fraile, extraviado por su propia locura, se levanta contra la fe de la cristiandad. Sacrificaré mis reinos, mi poder, mis amigos, mis tesoros, mi cuerpo, mi sangre, mi espíritu y mi vida para contener esta impiedad. Voy a despedir al agustino Lutero, prohibiéndole causar el más leve tumulto entre el pueblo; en seguida procederé contra él y sus secuaces, como contra herejes declarados, por medio de la excomunión, de la suspensión y por todos los medios convenientes para destruirlos. Pido a los miembros de los estados que se conduzcan como fieles cristianos."—*Id.*, cap. 9. No obstante el emperador declaró que el salvoconducto de Lutero debía ser respetado y que antes de que se pudiese proceder contra él, debía dejársele llegar a su casa sano y salvo.

Dos opiniones encontradas fueron entonces propuestas por los miembros de la dieta. Los emisarios y representantes del papa solicitaron que el salvoconducto del reformador fuera violado. "El Rin—decían—debe recibir sus cenizas, como recibió hace un siglo las de Juan Hus."—*Ibid.* Pero los príncipes alemanes, si bien papistas y enemigos jurados de Lutero, se opusieron a que se violara así la fe pública, alegando que aquello sería un baldón en el honor de la nación. Recordaron las calamidades que habían sobrevenido por la muerte de Juan Hus y declararon que ellos no se atrevían a acarrearlas a Alemania ni a su joven emperador.

Carlos mismo dijo, en respuesta a la vil propuesta: "Aun cuando la buena fe y la fidelidad fuesen desterradas del universo, deberían hallar refugio en el corazón de los príncipes."—*Ibid.* Pero los enemigos más encarnizados de Lutero siguieron hostigando al monarca para que hiciera con el reformador lo que Segismundo hiciera con Hus: abandonarle a la misericordia de la iglesia; pero Carlos V evocó la escena en que Hus, señalando las cadenas que le aherrojaban, le recordó al monarca su palabra que había sido quebrantada, y contestó: "Yo no quiero sonrojarme como Segismundo."—Lenfant, tomo 1, pág. 422.

Carlos empero había rechazado deliberadamente las verdades expuestas por Lutero. El emperador había declarado: "Estoy firmemente resuelto a seguir el ejemplo de mis antepasados."—D'Aubigné, lib. 7, cap. 9. Estaba decidido a no salirse del sendero de la costumbre, ni siquiera para ir por el camino de la verdad y de la rectitud. Por la razón de que sus padres lo habían sostenido, él también sostendría al papado y toda su crueldad y corrupción. De modo que se dispuso a no aceptar más luz que la que habían recibido sus padres y a no hacer cosa que ellos no hubiesen hecho.

Son muchos los que en la actualidad se aferran a las costumbres y tradiciones de sus padres. Cuando el Señor les envía alguna nueva luz se niegan a aceptarla porque sus padres, no habiéndola conocido, no la recibieron. No estamos en la misma situación que nuestros padres, y por consiguiente nuestros deberes y responsabilidades no son los mismos tampoco. No nos aprobará Dios si miramos el ejemplo de nuestros padres para determinar lo que es nuestro deber, en vez de escudriñar la Biblia por nosotros mismos. Nuestra responsabilidad es más grande que la de nuestros antepasados. Somos deudores por la luz que recibieron ellos y que nos entregaron como herencia, y deudores por la mayor luz que nos alumbra hoy procedente de la Palabra de Dios.

Cristo dijo a los incrédulos judíos: "Si yo no hubiera venido y les hubiera hablado, no hubieran tenido pecado; mas ahora no tienen excusa por su pecado." (S. Juan 15:22, V.M.) El mismo poder divino habló por boca de Lutero al emperador y a los príncipes de Alemania. Y mientras la luz resplandecía procedente de la Palabra de Dios, su Espíritu alegó por última vez con muchos de los que se hallaban en aquella asamblea. Así como Pilato, siglos antes, permitiera que el orgullo y la popularidad le cerraran el corazón para que no recibiera al Redentor del mundo; y así como el cobarde Félix rechazara el mensaje de verdad, diciendo: "Ahora vete; mas en teniendo oportunidad te llamaré," y así como el orgulloso Agripa confesara: "Por poco me persuades a ser Cristiano" (Hechos 24:25; 26:28), pero rechazó el mensaje que le era enviado del cielo, así también Carlos V, cediendo a las instancias del orgullo y de la política del mundo, decidió rechazar la luz de la verdad.

Corrían por todas partes muchos rumores de los proyectos hostiles a Lutero y despertaban gran agitación en la ciudad. Lutero se había conquistado muchos amigos que, conociendo la traidora crueldad de Roma para con los que se atrevían a sacar a luz sus corrupciones, resolvieron evitar a todo trance que él fuese sacrificado. Centenares de nobles se comprometieron a protegerle. No pocos denunciaban públicamente el mensaje imperial como prueba evidente de humillante sumisión al poder de Roma. Se fijaron pasquines en las puertas de las casas y en las plazas públicas, unos contra Lutero y otros en su favor. En uno de ellos se leían sencillamente estas enérgicas palabras del sabio: "¡Ay de ti, oh tierra, cuyo rey es un niño!" (Eclesiastés 10:16, V.M.) El entusiasmo que el pueblo manifestaba en favor de Lutero en todas partes del imperio, dio a conocer a Carlos y a la dieta que si se cometía una injusticia contra él bien podrían quedar comprometidas la paz del imperio y la estabilidad del trono.

Federico de Sajonia observó una bien estudiada reserva, ocultando cuidadosamente sus verdaderos sentimientos para con el reformador, y al mismo tiempo lo custodiaba con incansable vigilancia, observando todos sus movimientos y los de sus adversarios. Pero había muchos que no se cuidaban de ocultar su simpatía hacia Lutero. Era éste visitado por príncipes, condes, barones y otras personas de distinción, clérigos y laicos. "El pequeño cuarto del doctor—escribía Spalatino—no podía contener a todos los que acudían a verle."—Martyn, tomo 1, pág. 404. El pueblo le miraba como si fuese algo más que humano. Y aun los que no creían en sus enseñanzas, no podían menos que admirar en él la sublime integridad que le hacía desafiar la muerte antes que violar los dictados de su conciencia.

Se hicieron esfuerzos supremos para conseguir que Lutero consintiera en transigir con Roma. Príncipes y nobles le manifestaron que si persistía en sostener sus opiniones contra la iglesia y los concilios, pronto se le desterraría del imperio y entonces nadie le defendería. A esto respondió el reformador: "El Evangelio de Cristo no puede ser predicado sin escándalo. … ¿Cómo es posible que el temor o aprensión de los peligros me desprenda del Señor y de su Palabra divina, que es la única verdad? ¡No; antes daré mi cuerpo, mi sangre y mi vida!"—D'Aubigné, lib. 7, cap. 10.

Se le instó nuevamente a someterse al juicio del emperador, pues entonces no tendría nada que temer. "Consiento de veras—dijo—en que el emperador, los príncipes y aun los más humildes cristianos, examinen y juzguen mis libros; pero bajo la condición de que tomarán por norma la Sagrada Escritura. Los hombres no tienen más que someterse a ella. Mi conciencia depende de ella, y soy esclavo de su observancia."—*Ibid.*

En respuesta a otra instancia, dijo: "Consiento en renunciar al salvoconducto. Abandono mi persona y mi vida entre las manos del emperador, pero la Palabra de Dios, ¡nunca!"—*Ibid.* Expresó que estaba dispuesto a someterse al fallo de un concilio general, pero con la condición expresa de que el concilio juzgara según las Escrituras. "En lo que se refiere a la Palabra de Dios y a la fe—añadió—cada cristiano es tan buen juez como el mismo papa secundado por un millón de concilios."—Martyn, tomo 1, pág. 410. Finalmente los amigos y los enemigos de Lutero se convencieron de que todo esfuerzo encaminado a una reconciliación sería inútil.

Si el reformador hubiera cedido en un solo punto, Satanás y sus ejércitos habrían ganado la victoria. Pero la inquebrantable firmeza de él fue el medio de emancipar a la iglesia y de iniciar una era nueva y mejor. La influencia de este solo hombre que se atrevió a pensar y a obrar por sí mismo en materia de religión, iba a afectar a la iglesia y al mundo, no sólo en aquellos días sino en todas las generaciones futuras. Su fidelidad y su firmeza fortalecerían la resolución de todos aquellos que, al través de los tiempos, pasaran por experiencia semejante. El poder y la majestad de Dios prevalecieron sobre los consejos de los hombres y sobre el gran poder de Satanás.

Pronto recibió Lutero orden del emperador de volver al lugar de su residencia, y comprendió que aquello era un síntoma precursor de su condenación. Nubes amenazantes se cernían sobre su camino, pero, al salir de Worms, su corazón rebosaba de alegría y de alabanza. "El mismo diablo—dijo él—custodiaba la ciudadela del papa; mas Cristo abrió en ella una ancha brecha y Satanás vencido se vio precisado a confesar que el Señor es más poderoso que él."—D'Aubigné, lib. 7, cap. II.

Después de su partida, deseoso aún de manifestar que su firmeza no había que tomarla por rebelión, escribió Lutero al emperador, diciendo entre otras cosas: "Dios, que es el que lee en el interior de los corazones, me es testigo de que estoy pronto a obedecer con diligencia a vuestra majestad, así en lo próspero como en lo adverso; ya por la vida, ya por la muerte; exceptuando sólo la Palabra de Dios por la que el hombre existe. En todas las cosas relativas al tiempo presente, mi fidelidad será perenne, puesto que en la tierra ganar o perder son cosas indiferentes a la salvación. Pero Dios prohibe que en las cosas concernientes a los bienes eternos, el hombre se someta al hombre. En el mundo espiritual la sumisión es un culto verdadero que no debe rendirse sino al Creador."—*Ibid*.

En su viaje de regreso fue recibido en los pueblos del tránsito con más agasajos que los que se le tributaran al ir a Worms. Príncipes de la iglesia daban la bienvenida al excomulgado monje, y gobernantes civiles tributaban honores al hombre a quien el monarca había despreciado. Se le instó a que predicase, y a despecho de la prohibición imperial volvió a ocupar el púlpito. Dijo: "Nunca me comprometí a encadenar la Palabra de Dios, y nunca lo haré."—Martyn, tomo 1, pág. 420.

No hacía mucho que el reformador dejara a Worms cuando los papistas consiguieron que el emperador expidiera contra él un edicto en el cual se le denunciaba como "el mismo Satanás bajo la figura humana y envuelto con hábito de fraile."—D'Aubigné, lib. 7, cap. II. Se ordenaba que tan pronto como dejara de ser valedero su salvoconducto, se tomaran medidas para detener su obra. Se prohibía guarecerle, suministrarle alimento, bebida o socorro alguno, con obras o palabras, en público o en privado. Debía apresársele en cualquier parte donde se le hallara y entregársele a las autoridades. Sus adeptos debían ser encarcelados también y sus bienes confiscados. Los escritos todos de Lutero debían ser destruídos y, finalmente, cualquiera que osara obrar en contradicción con el decreto quedaba incluido en las condenaciones del mismo. El elector de Sajonia y los príncipes más adictos a Lutero habían salido ya de Worms, y el decreto del emperador recibió la sanción de la dieta. Los romanistas no cabían de gozo. Consideraban que la suerte de la Reforma estaba ya sellada.

Pero Dios había provisto un medio de escape para su siervo en aquella hora de peligro. Un ojo vigilante había seguido los movimientos de Lutero y un corazón sincero y noble se había resuelto a ponerle a salvo. Fácil era echar de ver que Roma no había de quedar satisfecha sino con la muerte del reformador; y sólo ocultándose podía éste burlar las garras del león. Dios dio sabiduría a Federico de Sajonia para idear un plan que salvara la vida de Lutero. Ayudado por varios amigos verdaderos se llevó a cabo el propósito del elector, y Lutero fue efectivamente sustraído a la vista de amigos y enemigos. Mientras regresaba a su residencia, se vio rodeado de repente, separado de sus acompañantes y llevado por fuerza a través de los bosques al castillo de Wartburg, fortaleza que se alzaba sobre una montaña aislada. Tanto su secuestro como su escondite fueron rodeados de tanto misterio, que Federico mismo por mucho tiempo no supo dónde se hallaba el reformador. Esta ignorancia tenía un propósito, pues mientras el elector no conociera el paradero del reformador, no podía revelar nada. Se aseguró de que Lutero estuviera protegido, y esto le bastaba.

Pasaron así la primavera, el verano y el otoño, y llegó el invierno, y Lutero seguía aún secuestrado. Ya exultaban Aleandro y sus partidarios al considerar casi apagada la luz del Evangelio. Pero, en vez de ser esto así, el reformador estaba llenando su lámpara en los almacenes de la verdad y su luz iba a brillar con deslumbrantes fulgores.

En la amigable seguridad que disfrutaba en la Wartburg, congratulábase Lutero por haber sido sustraído por algún tiempo al calor y al alboroto del combate. Pero no podía encontrar satisfacción en prolongado descanso. Acostumbrado a la vida activa y al rudo combate, no podía quedar mucho tiempo ocioso. En aquellos días de soledad, tenía siempre presente la situación de la iglesia, y exclamaba desesperado: "¡Ay! ¡y que no haya nadie en este último día de su ira, que quede en pie delante del Señor como un muro, para salvar a Israel!"—*Id.*, lib. 9, cap. 2. También pensaba en sí mismo y tenía miedo de ser tachado de cobardía por haber huído de la lucha. Se reprochaba su indolencia y la indulgencia con que se trataba a sí mismo. Y no obstante esto, estaba haciendo diariamente más de lo que hubiera podido hacer un hombre solo. Su pluma no permanecía nunca ociosa. En el momento en que sus enemigos se lisonjeaban de haberle acallado, los asombraron y confundieron las pruebas tangibles de su actividad. Un sinnúmero de tratados, provenientes de su pluma, circulaban por toda Alemania. También prestó entonces valioso servicio a sus compatriotas al traducir al alemán el Nuevo Testamento. Desde su Patmos perdido entre riscos siguió casi un año proclamando el Evangelio y censurando los pecados y los errores de su tiempo.

Pero no fue únicamente para preservar a Lutero de la ira de sus enemigos, ni para darle un tiempo de descanso en el que pudiese hacer estos importantes trabajos, para lo que Dios separó a su siervo del escenario de la vida pública. Había otros resultados más preciosos que alcanzar. En el descanso y en la obscuridad de su montaña solitaria, quedó Lutero sin auxilio humano y fuera del alcance de las alabanzas y de la admiración de los hombres. Así fue salvado del orgullo y de la confianza en sí mismo, que a menudo son frutos del éxito. Por medio del sufrimiento y de la humillación fue preparado para andar con firmeza en las vertiginosas alturas adonde había sido llevado de repente.

A la vez que los hombres se regocijan en la libertad que les da el conocimiento de la verdad, se sienten inclinados a ensalzar a aquellos de quienes Dios se ha valido para romper las cadenas de la superstición y del error. Satanás procura distraer de Dios los pensamientos y los afectos de los hombres y hacer que se fijen en los agentes humanos; induce a los hombres a dar honra al mero instrumento, ocultándole la Mano que dirige todos los sucesos de la providencia. Con demasiada frecuencia acontece que los maestros religiosos así alabados y reverenciados, pierden de vista su dependencia de Dios y sin sentirlo empiezan a confiar en sí mismos. Resulta entonces que quieren gobernar el espíritu y la conciencia del pueblo, el cual está dispuesto a considerarlos como guías en vez de mirar a la Palabra de Dios. La obra de reforma ve así frenada su marcha por el espíritu que domina a los que la sostienen. Dios quiso evitar este peligro a la Reforma.

Quiso que esa obra recibiese, no la marca de los hombres, sino la impresión de Dios. Los ojos de los hombres estaban fijos en Lutero como en el expositor de la verdad; pero él fue arrebatado de en medio de ellos para que todas las miradas se dirigieran al eterno Autor de la verdad.

9

SE ENCIENDE UNA LUZ EN SUIZA

EN LA elección de los instrumentos que sirvieron para reformar la iglesia se nota el mismo plan divino que en la de quienes la establecieron. El Maestro celestial pasó por alto a los grandes de la tierra, a los hombres que gozaban de reputación y de riquezas, y estaban acostumbrados a recibir alabanzas y homenajes como caudillos del pueblo. Eran tan orgullosos y tenían tanta confianza en la superioridad de que se jactaban, que no hubieran podido amoldarse a simpatizar con sus semejantes ni convertirse en colaboradores del humilde Nazareno. Fue a los indoctos y rudos pescadores de Galilea a quienes dirigió él su llamamiento: "Venid en pos de mí, y os haré pescadores de hombres." (S. Mateo 4:19.) Estos sí que eran humildes y dóciles. Cuanto menos habían sentido la influencia de las falsas doctrinas de su tiempo, tanto más fácil era para Cristo instruirlos y educarlos para su servicio. Otro tanto sucedió cuando la Reforma. Los principales reformadores eran hombres de humilde condición y más ajenos que sus coetáneos a todo sentimiento de orgullo de casta así como a la influencia del fanatismo clerical. El plan de Dios es valerse de instrumentos humildes para la realización de grandes fines. La gloria no se tributa entonces a los hombres, sino a Aquel que obra por medio de ellos el querer y el hacer según su buena voluntad.

Pocas semanas después que naciera Lutero en la cabaña de un minero de Sajonia, nació Ulrico Zuinglio, en la choza de un pastor de los Alpes. Las circunstancias de que Zuinglio se vio rodeado en su niñez y su primera educación contribuyeron a prepararlo para su futura misión. Criado entre bellezas naturales imponentes, quedó desde temprano impresionado por el sentimiento de la inmensidad, el poder y la majestad de Dios. La historia de las hazañas que tuvieran por teatro sus montes natales inflamó las aspiraciones de su juventud. Junto a su piadosa abuela oyó los pocos relatos bíblicos que ella espigara entre las leyendas y tradiciones de la iglesia. Con verdadero interés oía él hablar de los grandes hechos de los patriarcas y de los profetas, de los pastores que velaban sobre sus ganados en los cerros de Palestina donde los ángeles les hablaron del Niño de Belén y del Hombre del Calvario.

Lo mismo que Juan Lutero, el padre de Zuinglio deseaba dar educación a su hijo, para lo cual dejó éste su valle natal en temprana edad. Su espíritu se desarrolló pronto, y resultó difícil saber dónde podrían hallarle profesores competentes. A los trece años fue a Berna, que poseía entonces la mejor escuela de Suiza. Sin embargo, surgió un peligro que amenazaba dar en tierra con lo que de él se esperaba. Los frailes hicieron esfuerzos muy resueltos para seducirlo a que entrara en un convento. Los monjes franciscanos y los dominicos rivalizaban por ganarse el favor del pueblo, y al efecto se esmeraban a porfía en el adorno de los templos, en la pompa de las ceremonias y en lo atractivo de las reliquias y de las imágenes milagrosas.

Los dominicanos de Berna vieron que si les fuera posible ganar a un joven de tanto talento obtendrían ganancias y honra. Su tierna juventud, sus dotes de orador y escritor, y su genio musical y poético, serían de más efecto que la pompa y el fausto desplegados en los servicios, para atraer al pueblo y aumentar las rentas de su orden. Valiéndose de engaños y lisonjas, intentaron inducir a Zuinglio a que entrara en su convento. Cuando Lutero era estudiante se encerró voluntariamente en una celda y se habría perdido para el mundo si la providencia de Dios no le hubiera libertado. No se le dejó a Zuinglio correr el mismo riesgo. Supo providencialmente su padre cuáles eran los designios de los frailes, y como no tenía intención de que su hijo siguiera la vida indigna y holgazana de los monjes, vio que su utilidad para el porvenir estaba en inminente peligro, y le ordenó que regresara a su casa sin demora.

El mandato fue obedecido; pero el joven no podía sentirse contento por mucho tiempo en su valle natal, y pronto volvió a sus estudios, yéndose a establecer después de algún tiempo en Basilea. En esta ciudad fue donde Zuinglio oyó por primera vez el Evangelio de la gracia de Dios. Wittenbach, profesor de idiomas antiguos, había sido llevado, en su estudio del griego y del hebreo, al conocimiento de las Sagradas Escrituras, y por su medio la luz divina esparcía sus rayos en las mentes de los estudiantes que recibían de él enseñanza. Declaraba el catedrático que había una verdad más antigua y de valor infinitamente más grande que las teorías enseñadas por los filósofos y los escolásticos. Esta antigua verdad consistía en que la muerte de Cristo era el único rescate del pecador. Estas palabras fueron para Zuinglio como el primer rayo de luz que alumbra al amanecer.

Pronto fue llamado Zuinglio de Basilea, para entrar en la que iba a ser la obra de su vida. Su primer campo de acción fue una parroquia alpina no muy distante de su valle natal. Habiendo recibido las órdenes sacerdotales, "se aplicó con ardor a investigar la verdad divina; porque estaba bien enterado—dice un reformador de su tiempo—de cuánto deben saber aquellos a quienes les está confiado el cuidado del rebaño del Señor."—Wylie, lib. 8, cap. 5. A medida que escudriñaba las Escrituras, más claro le resultaba el contraste entre las verdades en ellas encerradas y las herejías de Roma. Se sometía a la Biblia y la reconocía como la Palabra de Dios y única regla suficiente e infalible. Veía que ella debía ser su propio intérprete. No se atrevía a tratar de explicar las Sagradas Escrituras para sostener una teoría o doctrina preconcebida, sino que consideraba su deber aprender lo que ellas enseñan directamente y de un modo evidente. Procuraba valerse de toda ayuda posible para obtener un conocimiento correcto y pleno de sus enseñanzas, e invocaba al Espíritu Santo, el cual, declaraba él, quería revelar la verdad a todos los que la investigasen con sinceridad y en oración.

"Las Escrituras—decía Zuinglio—vienen de Dios, no del hombre. Y ese mismo Dios que brilla en ellas te dará a entender que las palabras son de Dios. La Palabra de Dios ... no puede errar. Es brillante, se explica a sí misma, se descubre, ilumina el alma con toda salvación y gracia, la consuela en Dios, y la humilla hasta que se anonada, se niega a sí misma, y se acoge a Dios." Zuinglio mismo había experimentado la verdad de estas palabras. Hablando de ello, escribió lo siguiente: "Cuando ... comencé a consagrarme enteramente a las Sagradas Escrituras, la filosofía y la teología [escolástica] me suscitaban objeciones sin número, y al fin resolví dejar a un lado todas estas quimeras y aprender las enseñanzas de Dios en toda su pureza, tomándolas de su preciosa Palabra. Desde entonces pedí a Dios luz y las Escrituras llegaron a ser mucho más claras para mí."—Id., cap. 6.

Zuinglio no había recibido de Lutero la doctrina que predicaba. Era la doctrina de Cristo. "Si Lutero predica a Jesucristo—decía el reformador suizo—hace lo que yo hago. Los que por su medio han llegado al conocimiento de Jesucristo son más que los conducidos por mí. Pero no importa. Yo no quiero llevar otro nombre que el de Jesucristo, de quien soy soldado, y no reconozco otro jefe. No he escrito una sola palabra a Lutero, ni Lutero a mí. Y ¿por qué? ... Pues para que se viese de qué modo el Espíritu de Dios está de acuerdo consigo mismo, ya que, sin acuerdo previo, enseñamos con tanta uniformidad la doctrina de Jesucristo."—D'Aubigné, lib. 8, cap. 9.

En 1516 fue llamado Zuinglio a predicar regularmente en el convento de Einsiedeln, donde iba a ver más de cerca las corrupciones de Roma y donde iba a ejercer como reformador una influencia que se dejaría sentir más allá de sus Alpes natales. Entre los principales atractivos de Einsiedeln había una virgen de la que se decía que estaba dotada del poder de hacer milagros. Sobre la puerta de la abadía estaba grabada esta inscripción: "Aquí se consigue plena remisión de todos los pecados."—Id., cap. 5. En todo tiempo acudían peregrinos a visitar el santuario de la virgen, pero en el día de la gran fiesta anual de su consagración venían multitudes de toda Suiza y hasta de Francia y Alemania. Zuinglio, muy afligido al ver estas cosas, aprovechó la oportunidad para proclamar la libertad por medio del Evangelio a aquellas almas esclavas de la superstición.

"No penséis—decía—que Dios esté en este templo de un modo más especial que en cualquier otro lugar de la creación. Sea la que fuere la comarca que vosotros habitáis, Dios os rodea y os oye. ... ¿Será acaso con obras muertas, largas peregrinaciones, ofrendas, imágenes, la invocación de la virgen o de los santos, con lo que alcanzaréis la gracia de Dios? ... ¿De qué sirve el conjunto de palabras de que formamos nuestras oraciones? ¿Qué eficacia tienen la rica capucha del fraile, la cabeza rapada, hábito largo y bien ajustado, y las zapatillas bordadas de oro? ¡Al corazón es a lo que Dios mira, y nuestro corazón está lejos de Dios!" "Cristo—añadía,—que se ofreció una vez en la cruz, es la hostia y la víctima que satisfizo eternamente a Dios por los pecados de todos los fieles."—*Ibid.*

Muchos de los que le oían recibían con desagrado estas enseñanzas. Era para ellos un amargo desengaño saber que su penoso viaje era absolutamente inútil. No podían comprender el perdón que se les ofrecía de gracia por medio de Cristo. Estaban conformes con el antiguo camino del cielo que Roma les había marcado. Rehuían la perplejidad de buscar algo mejor. Era más fácil confiar la salvación de sus almas a los sacerdotes y al papa que buscar la pureza de corazón.

Otros, en cambio, recibieron con alegría las nuevas de la redención por Cristo. Las observancias establecidas por Roma no habían infundido paz a su alma y, llenos de fe, aceptaban la sangre del Salvador en propiciación por sus pecados. Estos regresaron a sus hogares para revelar a otros la luz preciosa que habían recibido. Así fue llevada la verdad de aldea en aldea, de pueblo en pueblo, y el número de peregrinos que iban al santuario de la virgen, disminuyó notablemente. Menguaron las ofrendas, y en consecuencia la prebenda de Zuinglio menguó también, porque de aquéllas sacaba su subsistencia. Pero sentíase feliz al ver quebrantarse el poder del fanatismo y de la superstición.

Las autoridades de la iglesia no ignoraban la obra que Zuinglio estaba realizando, pero en aquel momento no pensaron intervenir. Abrigaban todavía la esperanza de ganarlo para su causa y se esforzaron en conseguirlo por medio de agasajos; entre tanto la verdad fue ganando terreno y extendiéndose en los corazones del pueblo.

Los trabajos de Zuinglio en Einsiedeln le prepararon para una esfera de acción más amplia en la cual pronto iba a entrar. Pasados tres años, fue llamado a desempeñar el cargo de predicador en la catedral de Zurich. Era esta ciudad en aquel entonces la más importante de la confederación suiza, y la influencia que el predicador pudiera ejercer en ella debía tener un radio más extenso. Pero los eclesiásticos que le habían llamado a Zurich, deseosos de evitar sus innovaciones, procedieron a darle instrucciones acerca de sus deberes.

"Pondréis todo vuestro cuidado—le dijeron—en recaudar las rentas del cabildo, sin descuidar siquiera las de menor cuantía. Exhortaréis a los fieles, ya desde el púlpito, ya en el confesonario, a que paguen los censos y los diezmos, y a que muestren con sus ofrendas cuánto aman a la iglesia. Procuraréis multiplicar las rentas procedentes de los enfermos, de las misas, y en general de todo acto eclesiástico." "Respecto a la administración de los sacramentos, a la predicación y a la vigilancia requerida para apacentar la grey, son también deberes del cura párroco. No obstante, podéis descargaros de esta última parte de vuestro ministerio tomando un vicario substituto, sobre todo para la predicación. Vos no debéis administrar los sacramentos sino a los más notables, y sólo después que os lo hayan pedido; os está prohibido administrarlos sin distinción de personas."—*Id.*, cap. 6.

Zuinglio oyó en silencio estas explicaciones, y en contestación, después de haber expresado su gratitud por el honor que le habían conferido al haberle llamado a tan importante puesto, procedió a explicar el plan de trabajo que se había propuesto adoptar. "La vida de Jesús—dijo—ha estado demasiado tiempo oculta al pueblo. Me propongo predicar sobre todo el Evangelio según San Mateo, ... ciñéndome a la fuente de la Sagrada Escritura, escudriñándola y comparándola con ella misma, buscando su inteligencia por medio de ardientes y constantes oraciones. A la gloria de Dios, a la alabanza de su único Hijo, a la pura salvación de las almas, y a su instrucción en la verdadera fe, es a lo que consagraré mi ministerio."—*Ibid*. Aunque algunos de los eclesiásticos desaprobaron este plan y procuraron disuadirle de adoptarlo, Zuinglio se mantuvo firme. Declaró que no iba a introducir un método nuevo, sino el antiguo método empleado por la iglesia en lo pasado, en tiempos de mayor pureza religiosa.

Ya se había despertado el interés de los que escuchaban las verdades que él enseñaba, y el pueblo se reunía en gran número a oír la predicación. Muchos que desde hacía tiempo habían dejado de asistir a los oficios, se hallaban ahora entre sus oyentes. Inició Zuinglio su ministerio abriendo los Evangelios y leyendo y explicando a sus oyentes la inspirada narración de la vida, doctrina y muerte de Cristo. En Zurich, como en Einsiedeln, presentó la Palabra de Dios como la única autoridad infalible, y expuso la muerte de Cristo como el solo sacrificio completo. "Es a Jesucristo—dijo—a quien deseo conduciros; a Jesucristo, verdadero manantial de salud."—*Ibid*. En torno del predicador se reunían multitudes de personas de todas las clases sociales, desde los estadistas y los estudiantes, hasta los artesanos y los campesinos. Escuchaban sus palabras con el más profundo interés. Él no proclamaba tan sólo el ofrecimiento de una salvación gratuita, sino que denunciaba sin temor los males y las corrupciones de la época. Muchos regresaban de la catedral dando alabanzas a Dios. "¡Este, decían, es un predicador de verdad! él será nuestro Moisés, para sacarnos de las tinieblas de Egipto."—*Ibid*.

Pero, por más que al principio fuera su obra acogida con entusiasmo, vino al fin la oposición. Los frailes se propusieron estorbar su obra y condenar sus enseñanzas. Muchos le atacaron con burlas y sátiras; otros le lanzaron insolencias y amenazas. Empero Zuinglio todo lo soportaba con paciencia, diciendo: "Si queremos convertir a Jesucristo a los malos, es menester cerrar los ojos a muchas cosas."—*Ibid*.

Por aquel tiempo un nuevo agente vino a dar impulso a la obra de la Reforma. Un amigo de ésta mandó a Zurich a un tal Luciano que llevaba consigo varios de los escritos de Lutero. Este amigo, residente en Basilea, había pensado que la venta de estos libros sería un poderoso auxiliar para la difusión de la luz. "Averiguad—dijo a Zuinglio en una carta—si Luciano posee bastante prudencia y habilidad; si así es, mandadle de villa en villa, de lugar en lugar, y aun de casa en casa entre los suizos, con los escritos de Lutero, y en particular con la exposición de la oración dominical escrita para los seglares. Cuanto más conocidos sean, tantos más compradores hallarán."—*Ibid*. De este modo se esparcieron los rayos de luz.

Cuando Dios se dispone a quebrantar las cadenas de la ignorancia y de la superstición, es cuando Satanás trabaja con mayor esfuerzo para sujetar a los hombres en las tinieblas, y para apretar aun más las ataduras que los tienen sujetos. A medida que se levantaban en diferentes partes del país hombres que presentaban al pueblo el perdón y la justificación por medio de la sangre de Cristo, Roma procedía con nueva energía a abrir su comercio por toda la cristiandad, ofreciendo el perdón a cambio de dinero.

Cada pecado tenía su precio, y se otorgaba a los hombres licencia para cometer crímenes, con tal que abundase el dinero en la tesorería de la iglesia. De modo que seguían adelante dos movimientos: uno que ofrecía el perdón de los pecados por dinero, y el otro que lo ofrecía por medio de Cristo; Roma que daba licencia para pecar, haciendo de esto un recurso para acrecentar sus rentas, y los reformadores que condenaban el pecado y señalaban a Cristo como propiciación y Redentor.

En Alemania la venta de indulgencias había sido encomendada a los domínicos y era dirigida por el infame Tetzel. En Suiza el tráfico fue puesto en manos de los franciscanos, bajo la dirección de un fraile italiano llamado Samsón. Había prestado éste ya buenos servicios a la iglesia y reunido en Suiza y Alemania grandes cantidades para el tesoro del papa. Cruzaba entonces a Suiza, atrayendo a grandes multitudes, despojando a los pobres campesinos de sus escasas ganancias y obteniendo ricas ofrendas entre los ricos. Pero la influencia de la Reforma hacía disminuir el tráfico de las indulgencias aunque sin detenerlo del todo. Todavía estaba Zuinglio en Einsiedeln cuando Samsón se presentó con su mercadería en una población vecina. Enterándose de su misión, el reformador trató inmediatamente de oponérsele. No se encontraron frente a frente, pero fue tan completo el éxito de Zuinglio al exponer las pretensiones del fraile, que éste se vio obligado a dejar aquel lugar y tomar otro rumbo.

En Zurich predicó Zuinglio con ardor contra estos monjes traficantes en perdón, y cuando Samsón se acercó a dicha ciudad le salió al encuentro un mensajero enviado por el concejo para ordenarle que no entrara. No obstante, logró al fin introducirse por estratagema, pero a poco se despidieron sin que hubiese vendido ni un solo perdón y no tardó en abandonar a Suiza.

Un fuerte impulso recibió la Reforma con la aparición de la peste o "gran mortandad," que azotó a Suiza en el año 1519. Al verse los hombres cara a cara con la muerte, se convencían de cuán vanos e inútiles eran los perdones que habían comprado poco antes, y ansiaban tener un fundamento más seguro sobre el cual basar su fe. Zuinglio se contagió en Zurich y se agravó de tal modo que se perdió toda esperanza de salvarle y circuló por muchos lugares el rumor de que había muerto. En aquella hora de prueba su valor y su esperanza no vacilaron. Miraba con los ojos de la fe hacia la cruz del Calvario y confió en la propiciación absoluta allí alcanzada para perdón de los pecados. Cuando volvió a la vida después de haberse visto a las puertas del sepulcro, se dispuso a predicar el Evangelio con más fervor que nunca antes, y sus palabras iban revestidas de nuevo poder. El pueblo dio la bienvenida con regocijo a su amado pastor que volvía de los umbrales de la muerte. Ellos mismos habían tenido que atender a enfermos y moribundos, y reconocían mejor que antes el valor del Evangelio.

Zuinglio había alcanzado ya un conocimiento más claro de las verdades de éste y experimentaba mejor en sí mismo su poder regenerador. La caída del hombre y el plan de redención eran los temas en los cuales se espaciaba. "En Adán—decía él—todos somos muertos, hundidos en corrupción y en condenación."—Wylie, lib. 8, cap. 9. Pero "Jesucristo ... nos ha dado una redención que no tiene fin. ... Su muerte aplaca continuamente la justicia divina en favor de todos aquellos que se acogen a aquel sacrificio con fe firme e inconmovible." Y explicaba que el hombre no podía disfrutar de la gracia de Cristo, si seguía en el pecado. "Donde se cree en Dios, allí está Dios; y donde está Dios, existe un celo que induce a obrar bien."—D'Aubigné, lib. 8, cap. 9.

Creció tanto el interés en las predicaciones de Zuinglio, que la catedral se llenaba materialmente con las multitudes de oyentes que acudían para oírle. Poco a poco, a medida que podían soportarla, el predicador les exponía la verdad. Cuidaba de no introducir, desde el principio, puntos que los alarmasen y creasen en ellos prejuicios. Su obra era ganar sus corazones a las enseñanzas de Cristo, enternecerlos con su amor y hacerles tener siempre presente su ejemplo; y a medida que recibieran los principios del Evangelio, abandonarían inevitablemente sus creencias y prácticas supersticiosas.

Paso a paso avanzaba la Reforma en Zurich. Alarmados, los enemigos se levantaron en activa oposición. Un año antes, el fraile de Wittenberg había lanzado su "No" al papa y al emperador en Worms, y ahora todo parecía indicar que también en Zurich iba a haber oposición a las exigencias del papa. Fueron dirigidos repetidos ataques contra Zuinglio. En los cantones que reconocían al papa, de vez en cuando algunos discípulos del Evangelio eran entregados a la hoguera, pero esto no bastaba; el que enseñaba la herejía debía ser amordazado. Por lo tanto, el obispo de Constanza envió tres diputados al concejo de Zurich, para acusar a Zuinglio de enseñar al pueblo a violar las leyes de la iglesia, con lo que trastornaba la paz y el buen orden de la sociedad. Insistía él en que si se menospreciaba la suprema autoridad de la iglesia, vendría como consecuencia una anarquía general. Zuinglio replicó que por cuatro años había estado predicando el Evangelio en Zurich, "y que la ciudad estaba más tranquila que cualquiera otra ciudad de la confederación." Preguntó: "¿No es, por tanto, el cristianismo la mejor salvaguardia para la seguridad general?"—Wylie, lib. 8, cap. II.

Los diputados habían exhortado a los concejales a que no abandonaran la iglesia, porque, fuera de ella, decían, no hay salvación. Zuinglio replicó: "¡Que esta acusación no os conmueva! El fundamento de la iglesia es aquella piedra de Jesucristo, cuyo nombre dio a Pedro por haberle confesado fielmente. En toda nación el que cree de corazón en el Señor Jesús se salva. Fuera de esta iglesia, y no de la de Roma, es donde nadie puede salvarse."—D'Aubigné, lib. 8, cap. II. Como resultado de la conferencia, uno de los diputados del obispo se convirtió a la fe reformada.

El concejo se abstuvo de proceder contra Zuinglio, y Roma se preparó para un nuevo ataque. Cuando el reformador se vio amenazado por los planes de sus enemigos, exclamó: "¡Que vengan contra mí! Yo los temo lo mismo que un peñasco escarpado teme las olas que se estrellan a sus pies."—Wylie, lib. 8, cap. II. Los esfuerzos de los eclesiásticos sólo sirvieron para adelantar la causa que querían aniquilar. La verdad seguía cundiendo. En Alemania, los adherentes abatidos por la desaparición inexplicable de Lutero, cobraron nuevo aliento al notar los progresos del Evangelio en Suiza.

A medida que la Reforma se fue afianzando en Zurich, se vieron más claramente sus frutos en la supresión del vicio y en el dominio del orden y de la armonía. "La paz tiene su habitación en nuestro pueblo—escribía Zuinglio;—no hay disputas, ni hipocresías, ni envidias, ni escándalos. ¿De dónde puede venir tal unión del Señor y de la doctrina que enseñamos, la cual nos colma de los frutos de la piedad y de la paz?"—Id., cap. 15.

Las victorias obtenidas por la Reforma indujeron a los romanistas a hacer esfuerzos más resueltos para dominarla. Viendo cuán poco habían logrado con la persecución para suprimir la obra de Lutero en Alemania, decidieron atacar a la Reforma con sus mismas armas. Sostendrían una discusión con Zuinglio y encargándose de los asuntos se asegurarían el triunfo al elegir no sólo el lugar en que se llevaría a efecto el acto, sino también los jueces que decidirían de parte de quién estaba la verdad. Si lograban por una vez tener a Zuinglio en su poder, tendrían mucho cuidado de que no se les escapase. Una vez acallado el jefe, todo el movimiento sería pronto aplastado. Este plan, por supuesto, se mantuvo en la mayor reserva.

El punto señalado para el debate fue Baden, pero Zuinglio no concurrió. El concejo de Zurich, sospechando los designios de los papistas, y advertido del peligro por las horrendas piras que habían sido encendidas ya en los cantones papistas para los confesores del Evangelio, no permitió que su pastor se expusiera a este peligro. En Zurich estaba siempre listo para recibir a todos los partidarios de Roma que ésta pudiera enviar; pero ir a Baden, donde poco antes se había derramado la sangre de los martirizados por causa de la verdad, era lo mismo que exponerse a una muerte segura. Ecolampadio y Haller fueron elegidos para representar a los reformadores, en tanto que el famoso doctor Eck, sostenido por un ejército de sabios doctores y prelados, era el campeón de Roma.

Aunque Zuinglio no estaba presente en aquella conferencia, ejerció su influencia en ella. Los secretarios todos fueron elegidos por los papistas, y a todos los demás se les prohibió que sacasen apuntes, so pena de muerte. A pesar de esto, Zuinglio recibía cada día un relato fiel de cuanto se decía en Baden. Un estudiante que asistía al debate, escribía todas las tardes cuantos argumentos habían sido presentados, y otros dos estudiantes se encargaban de llevar a Zuinglio estos papeles, juntamente con cartas de Ecolampadio. El reformador contestaba dando consejos y proponiendo ideas. Escribía sus cartas durante la noche y por la mañana los estudiantes regresaban con ellas a Baden. Para burlar la vigilancia de la guardia en las puertas de la ciudad, estos mensajeros llevaban en la cabeza sendos canastos con aves de corral, de modo que se les dejaba entrar sin inconveniente alguno.

Así sostuvo Zuinglio la batalla contra sus astutos antagonistas: "Ha trabajado más—decía Miconius,—meditando y desvelándose, y transmitiendo sus opiniones a Baden, de lo que hubiera hecho disputando en medio de sus enemigos."—D'Aubigné, lib. II, cap. 13.

Los romanistas, engreídos con el triunfo que esperaban por anticipado, habían llegado a Baden luciendo sus más ricas vestiduras y brillantes joyas. Se regalaban a cuerpo de rey, cubrían sus mesas con las viandas más preciadas y delicadas y con los vinos más selectos. Aliviaban la carga de sus obligaciones eclesiásticas con banqueteos y regocijos. Los reformadores presentaban un pronunciado contraste, y el pueblo los miraba casi como una compañía de pordioseros, cuyas comidas frugales los detenían muy poco frente a la mesa. El mesonero de Ecolampadio, que tenía ocasión de espiarlo en su habitación, le veía siempre ocupado en el estudio o en la oración y declaró admirado que el hereje era "muy piadoso."

En la conferencia, "Eck subía orgullosamente a un púlpito soberbiamente decorado, en tanto que el humilde Ecolampadio, pobremente vestido, estaba obligado a sentarse frente a su adversario en tosca plataforma."—*Ibid*. La voz estentórea de aquél y la seguridad de que se sentía poseído, nunca le abandonaron. Su celo era estimulado tanto por la esperanza del oro como por la de la fama; porque el defensor de la fe iba a ser recompensado con una hermosa cantidad. A falta de mejores argumentos, recurría a insultos y aun blasfemias.

Ecolampadio, modesto y desconfiado de sí mismo, había rehuído el combate, y entró en él con esta solemne declaración: "No reconozco otra norma de juicio que la Palabra de Dios."—*Ibid*. Si bien de carácter manso y de modales corteses, demostró capacidad y entereza. En tanto que los romanistas, según su costumbre, apelaban a las tradiciones de la iglesia, el reformador se adhería firmemente a las Escrituras. "En nuestra Suiza—dijo—las tradiciones carecen de fuerza a no ser que estén de acuerdo con la constitución; y en asuntos de fe, la Biblia es nuestra única constitución."—*Ibid*.

El contraste entre ambos contendientes no dejó de tener su efecto. La serena e inteligente argumentación del reformador, el cual se expresaba con tan noble mansedumbre y modestia, impresionó a los que veían con desagrado las orgullosas pretensiones de Eck.

El debate se prolongó durante dieciocho días. Al terminarlo los papistas cantaron victoria con gran confianza, y la dieta declaró vencidos a los reformadores y todos ellos, con Zuinglio, su jefe, separados de la iglesia. Pero los resultados de esta conferencia revelaron de qué parte estuvo el triunfo. El debate tuvo por consecuencia un gran impulso de la causa protestante, y no mucho después las importantes ciudades de Berna y Basilea se declararon en favor de la Reforma.

10
PROGRESOS DE LA REFORMA

L A MISTERIOSA desaparición de Lutero despertó consternación en toda Alemania, y por todas partes se oían averiguaciones acerca de su paradero. Circulaban los rumores más descabellados y muchos creían que había sido asesinado. Oíanse lamentos, no sólo entre sus partidarios declarados, sino también entre millares de personas que aún no se habían decidido abiertamente por la Reforma. Muchos se comprometían por juramento solemne a vengar su muerte.

Los principales jefes del romanismo vieron aterrorizados a qué grado había llegado la animosidad contra ellos, y aunque al principio se habían regocijado por la supuesta muerte de Lutero, pronto desearon huir de la ira del pueblo. Los enemigos del reformador no se habían visto tan preocupados por los actos más atrevidos que cometiera mientras estaba entre ellos como por su desaparición. Los que en su ira habían querido matar al arrojado reformador estaban dominados por el miedo ahora que él no era más que un cautivo indefenso. "El único medio que nos queda para salvarnos—dijo uno—consiste en encender antorchas e ir a buscar a Lutero por toda la tierra, para devolverle a la nación que le reclama." —D'Aubigné, lib. 9, cap. 1. El edicto del emperador parecía completamente ineficaz. Los legados del papa se llenaron de indignación al ver que dicho edicto llamaba menos la atención que la suerte de Lutero.

Las noticias de que él estaba en salvo, aunque prisionero, calmaron los temores del pueblo y hasta acrecentaron el entusiasmo en su favor. Sus escritos se leían con mayor avidez que nunca antes. Un número siempre creciente de adeptos se unía a la causa del hombre heroico que frente a desventajas abrumadoras defendía la Palabra de Dios. La Reforma iba cobrando constantemente fuerzas. La semilla que Lutero había sembrado brotaba en todas partes. Su ausencia realizó una obra que su presencia no habría realizado. Otros obreros sintieron nueva responsabilidad al serles quitado su jefe, y con nueva fe y ardor se adelantaron a hacer cuanto pudiesen para que la obra tan noblemente comenzada no fuese estorbada.

Satanás empero no estaba ocioso. Intentó lo que ya había intentado en otros movimientos de reforma, es decir engañar y perjudicar al pueblo dándole una falsificación en lugar de la obra verdadera. Así como hubo falsos cristos en el primer siglo de la iglesia cristiana, así también se levantaron falsos profetas en el siglo XVI.

Unos cuantos hombres afectados íntimamente por la agitación religiosa, se imaginaron haber recibido revelaciones especiales del cielo, y se dieron por designados divinamente para llevar a feliz término la obra de la Reforma, la cual, según ellos, había sido débilmente iniciada por Lutero. En realidad, lo que hacían era deshacer la obra que el reformador había realizado. Rechazaban el gran principio que era la base misma de la Reforma, es a saber, que la Palabra de Dios es la regla perfecta de fe y práctica; y en lugar de tan infalible guía substituían la norma variable e insegura de sus propios sentimientos e impresiones. Y así, por haberse despreciado al único medio seguro de descubrir el engaño y la mentira se le abrió camino a Satanás para que a su antojo dominase los espíritus.

Uno de estos profetas aseveraba haber sido instruido por el ángel Gabriel. Un estudiante que se le unió abandonó los estudios, declarándose investido de poder por Dios mismo para exponer su Palabra. Se les unieron otros, de por sí inclinados al fanatismo. Los procederes de estos iluminados crearon mucha excitación. La predicación de Lutero había hecho sentir al pueblo en todas partes la necesidad de una reforma, y algunas personas de buena fe se dejaron extraviar por las pretensiones de los nuevos profetas.

Los cabecillas de este movimiento fueron a Wittenberg y expusieron sus exigencias a Melanchton y a sus colaboradores. Decían: "Somos enviados por Dios para enseñar al pueblo. Hemos conversado familiarmente con Dios, y por lo tanto, sabemos lo que ha de acontecer. Para decirlo en una palabra: somos apóstoles y profetas y apelamos al doctor Lutero."—*Id.*, cap. 7.

Los reformadores estaban atónitos y perplejos. Era éste un factor con que nunca habían tenido que habérselas y se hallaban sin saber qué partido tomar. Melanchton dijo: "Hay en verdad espíritus extraordinarios en estos hombres; pero ¿qué espíritus serán? … Por una parte debemos precavernos de contristar el Espíritu de Dios, y por otra, de ser seducidos por el espíritu de Satanás."—*Ibid.*

Pronto se dio a conocer el fruto de toda esta enseñanza. El pueblo fue inducido a descuidar la Biblia o a rechazarla del todo. Las escuelas se llenaron de confusión. Los estudiantes, despreciando todas las sujeciones, abandonaron sus estudios y se separaron de la universidad. Los hombres que se tuvieron a sí mismos por competentes para reavivar y dirigir la obra de la Reforma, lograron sólo arrastrarla al borde de la ruina. Los romanistas, recobrando confianza, exclamaban alegres: "Un esfuerzo más, y todo será nuestro."—*Ibid.*

Al saber Lutero en la Wartburg lo que ocurría, dijo, con profunda consternación: "Siempre esperaba yo que Satanás nos mandara esta plaga."—*Ibid.* Se dio cuenta del verdadero carácter de estos fementidos profetas y vio el peligro que amenazaba a la causa de la verdad. La oposición del papa y del emperador no le habían sumido en la perplejidad y congoja que ahora experimentaba. De entre los que profesaban ser amigos de la Reforma se habían levantado sus peores enemigos. Las mismas verdades que le habían producido tan profundo regocijo y consuelo eran empleadas para despertar pleitos y confusión en la iglesia.

En la obra de la Reforma, Lutero había sido impulsado por el Espíritu de Dios y llevado más allá de lo que pensara. No había tenido el propósito de tomar tales resoluciones ni de efectuar cambios tan radicales. Había sido solamente instrumento en manos del poder infinito. Sin embargo, temblaba a menudo por el resultado de su trabajo. Dijo una vez: "Si yo supiera que mi doctrina hubiera dañado a un ser viviente por pobre y obscuro que hubiera sido,—lo que es imposible, pues ella es el mismo Evangelio,—hubiera preferido mejor morir diez veces antes que negarme a retractarme."—*Ibid.*

Y ahora hasta el mismo Wittenberg, el verdadero centro de la Reforma, caía rápidamente bajo el poder del fanatismo y de los desórdenes. Esta terrible situación no era efecto de las enseñanzas de Lutero; pero no obstante por toda Alemania sus enemigos se la achacaban a él. Con el ánimo deprimido, preguntábase a veces a sí mismo: " ¿Será posible que así remate la gran obra de la Reforma?'—*Ibid.* Pero cuando hubo orado fervientemente al respecto, volvió la paz a su alma. "La obra no es mía sino tuya—decía él,—y no consentirás que se malogre por causa de la superstición o del fanatismo." El solo pensamiento de seguir apartado del conflicto en una crisis tal, le era insoportable; de modo que decidió volver a Wittenberg.

Sin más tardar arriesgó el viaje. Se hallaba proscrito en todo el imperio. Sus enemigos tenían libertad para quitarle la vida, y a sus amigos les era prohibido protegerle. El gobierno imperial aplicaba las medidas más rigurosas contra sus adherentes, pero vio que peligraba la obra del Evangelio, y en el nombre del Señor se adelantó sin miedo a combatir por la verdad.

En una carta que dirigió al elector, después de manifestar el propósito que alentaba de salir de la Wartburg, decía: "Sepa su alteza que me dirijo a Wittenberg bajo una protección más valiosa que la de príncipes y electores. No he pensado solicitar la ayuda de su alteza; y tan lejos estoy de impetrar vuestra protección, que yo mismo abrigo más bien la esperanza de protegeros a vos. Si supiese yo que su alteza querría o podría tomar mi defensa, no iría a Wittenberg. Ninguna espada material puede adelantar esta causa. Dios debe hacerlo todo sin la ayuda o la cooperación del hombre. El que tenga más fe será el que podrá presentar mejor defensa."—*Id.*, cap. 8.

En una segunda carta que escribió, camino de Wittenberg, añadía Lutero: "Héme aquí, dispuesto a sufrir la reprobación de su alteza y el enojo del mundo entero. ¿No son los vecinos de Wittenberg mi propia grey? ¿No los encomendó Dios a mi cuidado? y ¿no deberé, si es necesario, dar mi vida por amor de ellos? Además, temo ver una terrible revuelta en Alemania, que ha de acarrear a nuestro país el castigo de Dios."—*Id.*, cap. 7.

Con exquisita precaución y humildad, pero a la vez con decisión y firmeza, volvió Lutero a su trabajo. "Con la Biblia—dijo,—debemos rebatir y echar fuera lo que logró imponerse por medio de la fuerza. Yo no deseo que se valgan de la violencia contra los supersticiosos y los incrédulos. ... No hay que constreñir a nadie. La libertad es la esencia misma de la fe."—*Id.*, cap. 8.

Pronto se supo por todo Wittenberg que Lutero había vuelto y que iba a predicar. El pueblo acudió de todas partes, al punto que no podía caber en la iglesia. Subiendo al púlpito, instruyó el reformador a sus oyentes; con notable sabiduría y mansedumbre los exhortó y los amonestó. Refiriéndose en su sermón a las medidas violentas de que algunos habían echado mano para abolir la misa, dijo:

"La misa es una cosa mala. Dios se opone a ella. Debería abolirse, y yo desearía que en su lugar se estableciese en todas partes la santa cena del Evangelio. Pero no apartéis de ella a nadie por la fuerza. Debemos dejar el asunto en manos de Dios. No somos nosotros los que hemos de obrar, sino su Palabra. Y ¿por qué? me preguntaréis. Porque los corazones de los hombres no están en mis manos como el barro en las del alfarero. Tenemos derecho de hablar, pero *no* tenemos derecho de obligar a nadie. Prediquemos; y confiemos lo demás a Dios. Si me resuelvo a hacer uso de la fuerza, ¿qué conseguiré? Fingimientos, formalismo, ordenanzas humanas, hipocresía. ... Pero en todo esto no se hallará sinceridad de corazón, ni fe, ni amor. Y donde falte esto, todo falta, y yo no daría ni una paja por celebrar una victoria de esta índole. ... Dios puede hacer más mediante el mero poder de su Palabra que vosotros y yo y el mundo entero con nuestros esfuerzos unidos. Dios sujeta el corazón, y una vez sujeto, todo está ganado. ...

"Estoy listo para predicar, alegar y escribir; pero a nadie constreñiré, porque la fe es un acto voluntario. Recordad todo lo que ya he hecho. Me encaré con el papa, combatí las indulgencias y a los papistas; pero sin violencia, sin tumultos. Expuse con claridad la Palabra de Dios; prediqué y escribí, esto es todo lo que hice. Y sin embargo, mientras yo dormía, ... la Palabra que había predicado afectó al papado como nunca le perjudicó príncipe ni emperador alguno. Y sin embargo nada hice; la Palabra sola lo hizo todo. Si hubiese yo apelado a la fuerza, el suelo de Alemania habría sido tal vez inundado con sangre. ¿Pero cuál hubiera sido el resultado? La ruina y la destrucción del alma y del cuerpo. En consecuencia, me quedo quieto, y dejo que la Palabra se extienda a lo largo y a lo ancho de la tierra."—*Ibid.*

Por siete días consecutivos predicó Lutero a las ansiosas muchedumbres. La Palabra de Dios quebrantó la esclavitud del fanatismo. El poder del Evangelio hizo volver a la verdad al pueblo que se había descarriado.

Lutero no deseaba verse con los fanáticos cuyas enseñanzas habían causado tan grave perjuicio. Harto los conocía por hombres de escaso juicio y de pasiones desordenadas, y que, pretendiendo ser iluminados directamente por el cielo, no admitirían la menor contradicción ni atenderían a un solo consejo ni a un solo cariñoso reproche. Arrogándose la suprema autoridad, exigían de todos que, sin la menor resistencia, reconociesen lo que ellos pretendían. Pero como solicitasen una entrevista con él, consintió en recibirlos; y denunció sus pretensiones con tanto éxito que los impostores se alejaron en el acto de Wittenberg.

El fanatismo quedó detenido por un tiempo; pero pocos años después resucitó con mayor violencia y logró resultados más desastrosos. Respecto a los principales directores de este movimiento, dijo Lutero: "Para ellos las Sagradas Escrituras son letra muerta; todos gritan: '¡El Espíritu! ¡El Espíritu!' Pero yo no quisiera ir por cierto adonde su espíritu los guía. ¡Plegue a Dios en su misericordia guardarme de pertenecer a una iglesia en la cual sólo haya santos! Deseo estar con los humildes, los débiles, los enfermos, todos los cuales conocen y sienten su pecado y suspiran y claman de continuo a Dios desde el fondo de sus corazones para que él los consuele y los sostenga."—*Id.*, lib. 10, cap. 10.

Tomás Munzer, el más activo de los fanáticos, era hombre de notable habilidad que, si la hubiese encauzado debidamente, habría podido hacer mucho bien; pero desconocía aun los principios más rudimentarios de la religión verdadera. "Deseaba vehementemente reformar el mundo, olvidando, como otros muchos iluminados, que la reforma debía comenzar por él mismo."—*Id.*, lib. 9, cap. 8. Ambicionaba ejercer cargos e influencia, y no quería ocupar el segundo puesto, ni aun bajo el mismo Lutero. Declaraba que, al colocar la autoridad de la Escritura en substitución de la del papa, los reformadores no hacían más que establecer una nueva forma de papado. Y se declaraba divinamente comisionado para llevar a efecto la verdadera reforma. "El que tiene este espíritu—decía Munzer—posee la verdadera fe, aunque ni por una sola vez en su vida haya visto las Sagradas Escrituras."—*Id.*, lib. 10, cap. 10.

Los maestros del fanatismo se abandonaban al influjo de sus impresiones y consideraban cada pensamiento y cada impulso como voz de Dios; en consecuencia, se fueron a los extremos. Algunos llegaron hasta quemar sus Biblias, exclamando: "La letra mata, el Espíritu es el que da vida." Las enseñanzas de Munzer apelaban a la afición del hombre a lo maravilloso, y de paso daban rienda suelta a su orgullo al colocar en realidad las ideas y las opiniones de los hombres por encima de la Palabra de Dios. Millares de personas aceptaban sus doctrinas. Pronto llegó a condenar el orden en el culto público y declaró que obedecer a los príncipes era querer servir a Dios y a Belial.

El pueblo que comenzaba a emanciparse del yugo del papado, tascaba el freno bajo las restricciones de la autoridad civil. Las enseñanzas revolucionarias de Munzer, con su presunta aprobación divina, los indujeron a sublevarse contra toda sujeción y a abandonarse a sus prejuicios y a sus pasiones. Siguiéronse las más terribles escenas de sedición y contienda y los campos de Alemania se empaparon de sangre.

La angustia de corazón que Lutero había experimentado hacía tanto tiempo en Erfurt, se apoderó de él nuevamente con redoblada fuerza al ver que los resultados del fanatismo eran considerados como efecto de la Reforma. Los príncipes papistas declaraban—y muchos estaban dispuestos a dar crédito al aserto—que la rebelión era fruto legítimo de las doctrinas de Lutero. A pesar de que estos cargos carecían del más leve fundamento, no pudieron menos que causar honda pena al reformador. Parecíale insoportable que se deshonrase así la causa de la verdad identificándola con tan grosero fanatismo. Por otra parte, los jefes de la revuelta odiaban a Lutero no sólo porque se había opuesto a sus doctrinas y se había negado a reconocerles autorización divina, sino porque los había declarado rebeldes ante las autoridades civiles. En venganza le llamaban vil impostor. Parecía haberse atraído la enemistad tanto de los príncipes como del pueblo.

Los romanistas se regocijaban y esperaban ver pronto la ruina de la Reforma. Hasta culpaban a Lutero de los mismos errores que él mismo se afanara tanto en corregir. El partido de los fanáticos, declarando falsamente haber sido tratado con injusticia, logró ganar la simpatía de mucha gente, y, como sucede con frecuencia con los que se inclinan del lado del error, fueron pronto aquellos considerados como mártires. De esta manera los que desplegaran toda su energía en oposición a la Reforma fueron compadecidos y admirados como víctimas de la crueldad y de la opresión. Esta era la obra de Satanás, y la impulsaba el mismo espíritu de rebelión que se manifestó por primera vez en los cielos.

Satanás procura constantemente engañar a los hombres y les hace llamar pecado a lo que es bueno, y bueno a lo que es pecado. ¡Y cuánto éxito ha tenido su obra! ¡Cuántas veces se critica a los siervos fieles de Dios porque permanecen firmes en defensa de la verdad! Hombres que sólo son agentes de Satanás reciben alabanzas y lisonjas y hasta pasan por mártires, en tanto que otros que deberían ser considerados y sostenidos por su fidelidad a Dios, son abandonados y objeto de sospecha y de desconfianza.

La falsa piedad y la falsa santificación siguen haciendo su obra de engaño. Bajo diversas formas dejan ver el mismo espíritu que las caracterizara en días de Lutero, pues apartan a las mentes de las Escrituras e inducen a los hombres a seguir sus propios sentimientos e impresiones en vez de rendir obediencia a la ley de Dios. Este es uno de los más eficaces inventos de Satanás para desprestigiar la pureza y la verdad.

Denodadamente defendió Lutero el Evangelio contra los ataques de que era objeto desde todas partes. La Palabra de Dios demostró ser una arma poderosa en cada conflicto. Con ella combatió el reformador la usurpada autoridad del papa y la filosofía racionalista de los escolásticos, a la vez que se mantenía firme como una roca contra el fanatismo que pretendía aliarse con la Reforma.

Cada uno a su manera, estos elementos opuestos dejaban a un lado las Sagradas Escrituras y exaltaban la sabiduría humana como el gran recurso para conocer la verdad religiosa. El racionalismo hace un ídolo de la razón, y la constituye como criterio religioso. El romanismo, al atribuir a su soberano pontífice una inspiración que proviene en línea recta de los apóstoles y continúa invariable al través de los tiempos, da amplia oportunidad para toda clase de extravagancias y corrupciones que se ocultan bajo la santidad del mandato apostólico. La inspiración a que pretendían Munzer y sus colegas no procedía sino de los desvaríos de su imaginación y su influencia subvertía toda autoridad, humana o divina. El cristianismo recibe la Palabra de Dios como el gran tesoro de la verdad inspirada y la piedra de toque de toda inspiración.

A su regreso de la Wartburg, terminó Lutero su traducción del Nuevo Testamento y no tardó el Evangelio en ser ofrecido al pueblo de Alemania en su propia lengua. Esta versión fue recibida con agrado por todos los amigos de la verdad, pero fue vilmente desechada por los que preferían dejarse guiar por las tradiciones y los mandamientos de los hombres.

Se alarmaron los sacerdotes al pensar que el vulgo iba a poder discutir con ellos los preceptos de la Palabra de Dios y descubrir la ignorancia de ellos. Las armas carnales de su raciocinio eran impotentes contra la espada del Espíritu. Roma puso en juego toda su autoridad para impedir la circulación de las Santas Escrituras; pero los decretos, los anatemas y el mismo tormento eran inútiles. Cuanto más se condenaba y prohibía la Biblia, mayor era el afán del pueblo por conocer lo que ella enseñaba. Todos los que sabían leer deseaban estudiar la Palabra de Dios por sí mismos. La llevaban consigo, la leían y releían, y no se quedaban satisfechos antes de saber grandes trozos de ella de memoria. Viendo la buena voluntad con que fue acogido el Nuevo Testamento, Lutero dio comienzo a la traducción del Antiguo y la fue publicando por partes conforme las iba terminando.

Sus escritos tenían aceptación en la ciudad y en las aldeas. "Lo que Lutero y sus amigos escribían, otros se encargaban de esparcirlo por todas partes. Los monjes que habían reconocido el carácter ilegítimo de las obligaciones monacales y deseaban cambiar su vida de indolencia por una de actividad, pero se sentían muy incapaces de proclamar por sí mismos la Palabra de Dios, cruzaban las provincias vendiendo los escritos de Lutero y sus colegas. Al poco tiempo Alemania pululaba con estos intrépidos colportores."—*Id.*, lib. 9, cap. II.

Estos escritos eran estudiados con profundo interés por ricos y pobres, por letrados e ignorantes. De noche, los maestros de las escuelas rurales los leían en alta voz a pequeños grupos que se reunían al amor de la lumbre. Cada esfuerzo que en este sentido se hacía convencía a algunas almas de la verdad, y ellas a su vez habiendo recibido la Palabra con alegría, la comunicaban a otros.

Así se cumplían las palabras inspiradas: "La entrada de tus palabras alumbra; a los simples les da inteligencia." (Salmo 119:130, V.M.) El estudio de las Sagradas Escrituras producía un cambio notable en las mentes y en los corazones del pueblo. El dominio papal les había impuesto un yugo férreo que los mantenía en la ignorancia y en la degradación. Con escrúpulos supersticiosos, observaban las formas, pero era muy pequeña la parte que la mente y el corazón tomaban en los servicios. La predicación de Lutero, al exponer las sencillas verdades de la Palabra de Dios, y la Palabra misma, al ser puesta en manos del pueblo, despertaron sus facultades aletargadas, y no sólo purificaban y ennoblecían la naturaleza espiritual, sino que daban nuevas fuerzas y vigor a la inteligencia.

Véianse a personas de todas las clases sociales defender, con la Biblia en la mano, las doctrinas de la Reforma. Los papistas que habían abandonado el estudio de las Sagradas Escrituras a los sacerdotes y a los monjes, les pidieron que viniesen en su auxilio a refutar las nuevas enseñanzas. Empero, ignorantes de las Escrituras y del poder de Dios, monjes y sacerdotes fueron completamente derrotados por aquellos a quienes habían llamado herejes e indoctos. "Desgraciadamente—decía un escritor católico,—Lutero ha convencido a sus correligionarios de que su fe debe fundarse solamente en la Santa Escritura."—*Id.*, lib. 9, cap. II. Las multitudes se congregaban para escuchar a hombres de poca ilustración defender la verdad y hasta discutir acerca de ella con teólogos instruídos y elocuentes. La vergonzosa ignorancia de estos grandes hombres se descubría tan luego como sus argumentos eran refutados por las sencillas enseñanzas de la Palabra de Dios. Los hombres de trabajo, los soldados y hasta los niños, estaban más familiarizados con las enseñanzas de la Biblia que los sacerdotes y los sabios doctores.

El contraste entre los discípulos del Evangelio y los que sostenían las supersticiones papistas no era menos notable entre los estudiantes que entre las masas populares. "En oposición a los antiguos campeones de la jerarquía que había descuidado el estudio de los idiomas y de la literatura, ... levantábanse jóvenes de mente privilegiada, muchos de los cuales se consagraban al estudio de las Escrituras, y se familiarizaban con los tesoros de la literatura antigua. Dotados de rápida percepción, de almas elevadas y de corazones intrépidos, pronto llegaron a alcanzar estos jóvenes tanta competencia, que durante mucho tiempo nadie se atrevía a hacerles frente. ... De manera que en los concursos públicos en que estos jóvenes campeones de la Reforma se encontraban con doctores papistas, los atacaban con tanta facilidad y confianza que los hacían vacilar y los exponían al desprecio de todos."—*Ibid.*

Cuando el clero se dio cuenta de que iba menguando el número de los congregantes, invocó la ayuda de los magistrados, y por todos los medios a su alcance procuró atraer nuevamente a sus oyentes. Pero el pueblo había hallado en las nuevas enseñanzas algo que satisfacía las necesidades de sus almas, y se apartaba de aquellos que por tanto tiempo le habían alimentado con las cáscaras vacías de los ritos supersticiosos y de las tradiciones humanas.

Cuando la persecución ardía contra los predicadores de la verdad, ponían éstos en práctica las palabras de Cristo: "Cuando pues os persiguieren en una ciudad, huid a otra." (S. Mateo 10:23, V.M.) La luz penetraba en todas partes. Los fugitivos hallaban en algún lugar puertas hospitalarias que les eran abiertas, y morando allí, predicaban a Cristo, a veces en la iglesia, o, si se les negaba ese privilegio, en casas particulares o al aire libre. Cualquier sitio en que hallasen un oyente se convertía en templo. La verdad, proclamada con tanta energía y fidelidad, se extendía con irresistible poder.

En vano se mancomunaban las autoridades civiles y eclesiásticas para detener el avance de la herejía. Inútilmente recurrían a la cárcel, al tormento, al fuego y a la espada. Millares de creyentes sellaban su fe con su sangre, pero la obra seguía adelante. La persecución no servía sino para hacer cundir la verdad, y el fanatismo que Satanás intentara unir a ella, no logró sino hacer resaltar aun más el contraste entre la obra diabólica y la de Dios.

11
La Protesta de los Príncipes

UNO de los testimonios más nobles dados en favor de la Reforma, fue la protesta presentada por los príncipes cristianos de Alemania, ante la dieta de Spira, el año 1529. El valor, la fe y la entereza de aquellos hombres de Dios, aseguraron para las edades futuras la libertad de pensamiento y la libertad de conciencia. Esta protesta dio a la iglesia reformada el nombre de protestante; y sus principios son "la verdadera esencia del protestantismo."—D'Aubigné, lib. 13, cap. 6.

Había llegado para la causa de la Reforma un momento sombrío y amenazante. A despecho del edicto de Worms, que colocaba a Lutero fuera de la ley, y prohibía enseñar o creer sus doctrinas, la tolerancia religiosa había prevalecido en el imperio. La providencia de Dios había contenido las fuerzas que se oponían a la verdad. Esforzábase Carlos V por aniquilar la Reforma, pero muchas veces, al intentar dañarla, se veía obligado a desviar el golpe. Vez tras vez había parecido inevitable la inmediata destrucción de los que se atrevían a oponerse a Roma; pero, en el momento crítico, aparecían los ejércitos de Turquía en las fronteras del oriente, o bien el rey de Francia o el papa mismo, celosos de la grandeza del emperador, le hacían la guerra; y de esta manera, entre el tumulto y las contiendas de las naciones la Reforma había podido extenderse y fortalecerse.

Por último, los soberanos papistas pusieron tregua a sus disputas para hacer causa común contra los reformadores. En 1526, la dieta de Spira había concedido a cada estado plena libertad en asuntos religiosos, hasta tanto que se reuniese un concilio general; pero en cuanto desaparecieron los peligros que imponían esta concesión el emperador convocó una segunda dieta en Spira, para 1529, con el fin de aplastar la herejía. Quería inducir a los príncipes, en lo posible, por medios pacíficos, a que se declararan contra la Reforma, pero si no lo conseguía por tales medios, Carlos estaba dispuesto a echar mano de la espada.

Los papistas se consideraban triunfantes. Se presentaron en gran número en Spira y manifestaron abiertamente sus sentimientos hostiles para con los reformadores y para con todos los que los favorecían. Decía Melanchton: "Nosotros somos la escoria y la basura del mundo, mas Dios proveerá para sus pobres hijos y cuidará de ellos."—*Id.*, cap. 5. A los príncipes evangélicos que asistieron a la dieta se les prohibió que se predicara el Evangelio en sus residencias. Pero la gente de Spira estaba sedienta de la Palabra de Dios y, no obstante dicha prohibición, miles acudían a los cultos que se celebraban en la capilla del elector de Sajonia.

Esto precipitó la crisis. Una comunicación imperial anunció a la dieta que habiendo originado graves desórdenes la autorización que concedía la libertad de conciencia, el emperador mandaba que fuese suprimida. Este acto arbitrario excitó la indignación y la alarma de los cristianos evangélicos. Uno de ellos dijo: "Cristo ha caído de nuevo en manos de Caifás y de Pilato." Los romanistas se volvieron más intransigentes. Un fanático papista dijo: "Los turcos son mejores que los luteranos; porque los turcos observan días de ayuno mientras que los luteranos los profanan. Si hemos de escoger entre las Sagradas Escrituras de Dios y los antiguos errores de la iglesia, tenemos que rechazar aquéllas." Melanchton decía: "Cada día, Faber, en plena asamblea, arroja una piedra más contra los evangélicos."—*Ibid*

La tolerancia religiosa había sido implantada legalmente, y los estados evangélicos resolvieron oponerse a que sus derechos fueran pisoteados. A Lutero, todavía condenado por el edicto de Worms, no le era permitido presentarse en Spira, pero le representaban sus colaboradores y los príncipes que Dios había suscitado en defensa de su causa en aquel trance. El ilustre Federico de Sajonia, antiguo protector de Lutero, había sido arrebatado por la muerte, pero el duque Juan, su hermano y sucesor, había saludado la Reforma con gran gozo, y aunque hombre de paz no dejó de desplegar gran energía y celo en todo lo que se relacionaba con los intereses de la fe.

Los sacerdotes exigían que los estados que habían aceptado la Reforma se sometieran implícitamente a la jurisdicción de Roma. Por su parte, los reformadores reclamaban la libertad que previamente se les había otorgado. No podían consentir en que Roma volviera a tener bajo su dominio los estados que habían recibido con tanto regocijo la Palabra de Dios.

Finalmente se propuso que en los lugares donde la Reforma no había sido establecida, el edicto de Worms se aplicara con todo rigor, y que "en los lugares donde el pueblo se había apartado de él y donde no se le podría hacer conformarse a él sin peligro de levantamiento, por lo menos no se introdujera ninguna nueva reforma, no se predicara sobre puntos que se prestaran a disputas, no se hiciera oposición a la celebración de la misa, ni se permitiera que los católicos romanos abrazaran las doctrinas de Lutero."—*Ibid*. La dieta aprobó esta medida con gran satisfacción de los sacerdotes y prelados del papa.

Si se aplicaba este edicto, "la Reforma no podría extenderse … en los puntos adonde no había llegado todavía, ni podría siquiera afirmarse … en los países en que se había extendido."—*Ibid*. Quedaría suprimida la libertad de palabra y no se tolerarían más conversiones. Y se exigía a los amigos de la Reforma que se sometieran inmediatamente a estas restricciones y prohibiciones. Las esperanzas del mundo parecían estar a punto de extinguirse. "El restablecimiento de la jerarquía papal … volvería a despertar inevitablemente los antiguos abusos," y sería fácil hallar ocasión de "acabar con una obra que ya había sido atacada tan violentamente" por el fanatismo y la disensión. (*Ibid*.)

Cuando el partido evangélico se reunió para conferenciar, los miembros se miraban unos a otros con manifiesto desaliento. Todos se preguntaban unos a otros: "¿Qué hacer?" Estaban en juego grandes consecuencias para el porvenir del mundo. "¿Debían someterse los jefes de la Reforma y acatar el edicto? ¡Cuán fácil hubiera sido para los reformadores en aquella hora, angustiosa en extremo, tomar por un sendero errado! ¡Cuántos excelentes pretextos y hermosas razones no hubieran podido alegar para presentar como necesaria la sumisión! A los príncipes luteranos se les garantizaba el libre ejercicio de su culto. El mismo favor se hacía extensivo a sus súbditos que con anterioridad al edicto hubiesen abrazado la fe reformada. ¿No podían contentarse con esto? ¡De cuántos peligros no les libraría su sumisión! ¡A cuántos sinsabores y conflictos no les iba a exponer su oposición! ¿Quién sabía qué oportunidades no les traería el porvenir? Abracemos la paz; aceptemos el ramo de olivo que nos brinda Roma, y restañemos las heridas de Alemania. Con argumentos como éstos hubieran podido los reformadores cohonestar su sumisión y entrar en el sendero que infaliblemente y en tiempo no lejano, hubiera dado al traste con la Reforma.

"Afortunadamente, consideraron el principio sobre el cual estaba basado el acuerdo, y obraron por fe. ¿ Cuál era ese principio? Era el derecho de Roma de coartar la libertad de conciencia y prohibir la libre investigación. Pero ¿no había quedado estipulado que ellos y sus súbditos protestantes gozarían libertad religiosa?—Sí, pero como un favor, consignado en el acuerdo, y no como un derecho. En cuanto a aquellos a quienes no alcanzaba la disposición, los había de regir el gran principio de autoridad; la conciencia no contaba para nada; Roma era el juez infalible a quien habría que obedecer. Aceptar semejante convenio hubiera equivalido a admitir que la libertad religiosa debía limitarse a la Sajonia reformada; y en el resto de la cristiandad la libre investigación y la profesión de fe reformada serían entonces crímenes dignos del calabozo o del patíbulo. ¿Se resignarían ellos a ver así localizada la libertad religiosa? ¿Declararían con esto que la Reforma había hecho ya su último convertido y conquistado su última pulgada de terreno? ¿Y que en las regiones donde Roma dominaba, su dominio se perpetuaría? ¿Podrían los reformadores declararse inocentes de la sangre de los centenares y miles de luchadores que, perseguidos por semejante edicto, tendrían que sucumbir en los países dominados por el papa? Esto hubiera sido traicionar en aquella hora suprema la causa del Evangelio y las libertades de la cristiandad."—Wylie, lib. 9, cap. 15. Más bien "lo sacrificarían ellos todo, hasta sus posesiones, sus títulos y sus propias vidas."—D'Aubigné, lib. 13, cap. 5.

"Rechacemos este decreto—dijeron los príncipes.—En asuntos de conciencia la mayoría no tiene poder." Declararon los diputados: "Es al decreto de 1526 al que debemos la paz de que disfruta el imperio: su abolición llenaría a Alemania de disturbios y facciones. Es incompetente la dieta para hacer más que conservar la libertad religiosa hasta tanto que se reúna un concilio general."—*Ibid*. Proteger la libertad de conciencia es un deber del estado, y es el límite de su autoridad en materia de religión. Todo gobierno secular que intenta regir las observancias religiosas o imponerlas por medio de la autoridad civil, sacrifica precisamente el principio por el cual lucharon tan noblemente los cristianos evangélicos.

Los papistas resolvieron concluir con lo que llamaban una "atrevida obstinación." Para principiar, procuraron sembrar disensiones entre los que sostenían la causa de la Reforma e intimidar a quienes todavía no se habían declarado abiertamente por ella. Los representantes de las ciudades libres fueron citados a comparecer ante la dieta y se les exigió que declarasen si accederían a las condiciones del edicto. Pidieron ellos que se les diera tiempo para contestar, lo que no les fue concedido. Al llegar el momento en que cada cual debía dar su opinión personal, casi la mitad de los circunstantes se declararon por los reformadores. Los que así se negaron a sacrificar la libertad de conciencia y el derecho de seguir su juicio individual, harto sabían que su actitud les acarrearía las críticas, la condenación y la persecución. Uno de los delegados dijo: "Debemos negar la Palabra de Dios, o ser quemados."—*Ibid*.

El rey Fernando, representante del emperador ante la dieta, vio que el decreto causaría serios disturbios, a menos que se indujese a los príncipes a aceptarlo y apoyarlo. En vista de esto, apeló al arte de la persuasión, pues sabía muy bien que emplear la fuerza contra semejantes hombres no tendría otro resultado que confirmarlos más en sus resoluciones. "Suplicó a los príncipes que aceptasen el decreto, asegurándoles que este acto llenaría de regocijo al emperador." Pero estos hombres leales reconocían una autoridad superior a todos los gobernantes de la tierra, y contestaron con toda calma: "Nosotros obedeceremos al emperador en todo aquello que contribuya a mantener la paz y la gloria de Dios."—*Ibid*.

Finalmente manifestó el rey al elector y a sus amigos en presencia de la dieta que el edicto "iba a ser promulgado como decreto imperial," y que "lo único que les quedaba era someterse a la decisión de la mayoría." Y habiéndose expresado así, salió de la asamblea, sin dar oportunidad a los reformadores para discutir o replicar. "En vano éstos le mandaron mensajeros para instarle a que volviera." A las súplicas de ellos, sólo contestó: "Es asunto concluido; no queda más que la sumisión."—*Ibid*.

El partido imperial estaba convencido de que los príncipes cristianos se aferrarían a las Santas Escrituras como a algo superior a las doctrinas y a los mandatos de los hombres; sabía también que allí donde se adoptara esta actitud, el papado sería finalmente derrotado. Pero, como lo han hecho millares desde entonces, mirando "las cosas que se ven," se lisonjeó de que la causa del emperador y del papa quedaba firme, y muy débil la de los reformadores. Si éstos sólo hubieran dependido del auxilio humano, habrían resultado tan impotentes como los suponían los papistas. Pero aunque débiles en número, y en desacuerdo con Roma, tenían fuerza. Apelaban "de las decisiones de la dieta a la Palabra de Dios, y del emperador Carlos a Jesucristo, Rey de reyes y Señor de señores."—*Id*., cap. 6.

Como Fernando se negara a tener en cuenta las convicciones de los príncipes, decidieron éstos no hacer caso de su ausencia, sino presentar sin demora su protesta ante el concilio nacional. Formulóse en consecuencia la siguiente declaración que fue presentada a la dieta:

"Protestamos por medio de este manifiesto, ante Dios, nuestro único Creador, Conservador, Redentor y Salvador, y que un día será nuestro Juez, como también ante todos los hombres y todas las criaturas, y hacemos presente, que nosotros, en nuestro nombre, y por nuestro pueblo, no daremos nuestro consentimiento ni nuestra adhesión de manera alguna al propuesto decreto, en todo aquello que sea contrario a Dios, a su santa Palabra, a los derechos de nuestra conciencia, y a la salvación de nuestras almas."

"¡Cómo! ¿Ratificar nosotros este edicto? No podemos admitir que cuando el Dios todopoderoso llame a un hombre a su conocimiento, no se le permita abrazar este conocimiento divino." "No hay doctrina verdadera sino la que esté conforme con la Palabra de Dios. ... El Señor prohibe la enseñanza de cualquiera otra doctrina. ... Las Santas Escrituras deberían explicarse con otros textos más claros; ... este santo Libro es, en todo cuanto es necesario al cristiano, de fácil interpretación, y propio para suministrar luces. Estamos resueltos, por la gracia divina, a mantener la predicación pura y exclusiva de la Palabra de Dios sola, tal como la contienen los libros bíblicos del Antiguo y Nuevo Testamento, sin alteraciones de ninguna especie. Esta Palabra es la única verdad; es la regla segura de toda doctrina y de toda vida, y no puede faltar ni engañarnos. El que edifica sobre este fundamento estará firme contra todos los poderes del infierno, mientras que cuanta vanidad se le oponga caerá delante de Dios."

"Por tanto, rechazamos el yugo que se nos impone." "Al mismo tiempo esperamos que su majestad imperial se portará con nosotros como príncipe cristiano que ama a Dios sobre todas las cosas, y declaramos que estamos dispuestos a prestarle a él lo mismo que a vosotros, graciosos y dignísimos señores, todo el afecto y la obediencia que creemos deberos en justicia."—*Ibid.*

Este acto produjo honda impresión en el ánimo de la dieta. La mayoría de ella se sorprendió y alarmó ante el arrojo de los que suscribían semejante protesta. El porvenir se presentaba incierto y proceloso. Las disensiones, las contiendas y el derramamiento de sangre parecían inevitables. Pero los reformadores, firmes en la justicia de su causa, y entregándose en brazos del Omnipotente, se sentían "fuertes y animosos."

"Los principios contenidos en esta célebre protesta ... constituyen la esencia misma del protestantismo. Ahora bien, esta protesta se opone a dos abusos del hombre en asuntos de fe: el primero es la intervención del magistrado civil, y el segundo la autoridad arbitraria de la iglesia. En lugar de estos dos abusos, el protestantismo sobrepone la autoridad de la conciencia a la del magistrado, y la de la Palabra de Dios a la de la iglesia visible. En primer lugar, niega la competencia del poder civil en asuntos de religión y dice con los profetas y apóstoles: '*Debemos obedecer a Dios antes que a los hombres.*' A la corona de Carlos V sobrepone la de Jesucristo. Es más: sienta el principio de que toda enseñanza humana debe subordinarse a los oráculos de Dios."—*Ibid.* Los protestantes afirmaron además el derecho que les asistía para expresar libremente sus convicciones tocante a la verdad. Querían no solamente creer y obedecer, sino también enseñar lo que contienen las Santas Escrituras, y negaban el derecho del sacerdote o del magistrado para intervenir en asuntos de conciencia. La protesta de Spira fue un solemne testimonio contra la intolerancia religiosa y una declaración en favor del derecho que asiste a todos los hombres para adorar a Dios según les dicte la conciencia.

El acto estaba consumado. Grabado quedaba en la memoria de millares de hombres y consignado en las crónicas del cielo, de donde ningún esfuerzo humano podía arrancarlo. Toda la Alemania evangélica hizo suya la protesta como expresión de su fe. Por todas partes la consideraban como prenda de una era nueva y más halagüeña. Uno de los príncipes expresóse así ante los protestantes de Spira:

"Que el Todopoderoso, que os ha concedido gracia para que le confeséis enérgicamente, con libertad y denuedo, se digne conservaros en esta firmeza cristiana hasta el día de la eternidad."—*Ibid.*

Si la Reforma, después de alcanzado tan notable éxito, hubiese contemporizado con el mundo para contar con su favor, habría sido infiel a Dios y a sí misma, y hubiera labrado su propia ruina. La experiencia de aquellos nobles reformadores encierra una lección para todas las épocas venideras. No ha cambiado en nada el modo en que trabaja Satanás contra Dios y contra su Palabra; se opone hoy tanto como en el siglo XVI a que las Escrituras sean reconocidas como guía de la vida. En la actualidad los hombres se han alejado mucho de sus doctrinas y preceptos, y se hace muy necesario volver al gran principio protestante: la Biblia, únicamente la Biblia, como regla de la fe y del deber. Satanás sigue valiéndose de todos los medios de que dispone para destruir la libertad religiosa. El mismo poder anticristiano que rechazaron los protestantes de Spira procura ahora, con redoblado esfuerzo, restablecer su perdida supremacía. La misma adhesión incondicional a la Palabra de Dios que se manifestó en los días tan críticos de la Reforma del siglo XVI, es la única esperanza de una reforma en nuestros días.

Aparecieron señales precursoras de peligros para los protestantes, juntamente con otras indicadoras de que la mano divina protegía a los fieles. Por aquel entonces fue cuando "Melanchton llevó como a escape a su amigo Simón Gryneo por las calles de Spira, rumbo al Rin, y le instó a que cruzase el río sin demora. Admirado Gryneo, deseaba saber el motivo de tan repentina fuga. Contestóle Melanchton: 'Un anciano de aspecto augusto y venerable, pero que me es desconocido, se me apareció y me dio la noticia de que en un minuto los agentes de la justicia iban a ser despachados por Fernando para arrestar a Gryneo.'"

Durante el día, Gryneo se había escandalizado al oír un sermón de Faber, eminente doctor papista, y al fin de él le reconvino por haber defendido "ciertos errores detestables." 'Faber disimuló su enojo, pero inmediatamente se dirigió al rey y obtuvo de él una orden de arresto contra el importuno profesor de Heidelberg. A Melanchton no le cabía duda de que Dios había salvado a su amigo enviando a uno de los santos ángeles para avisarle del peligro.

Melanchton permaneció en la ribera del río hasta que las aguas mediaran entre su amado amigo y aquellos que le buscaban para quitarle la vida. Así que le vio en salvo, en la ribera opuesta, exclamó: 'Ya está fuera del alcance de las garras de los que tienen sed de sangre inocente.' De regreso en su casa, se le dijo a Melanchton que unos emisarios habían estado buscando a Gryneo y registrándolo todo de arriba abajo."—*Ibid.*

La Reforma debía alcanzar mayor preeminencia ante los poderosos de la tierra. El rey Fernando se había negado a oír a los príncipes evangélicos, pero iban a tener éstos la oportunidad de presentar su causa ante el emperador y ante la asamblea de los dignatarios del estado y de la iglesia. Para calmar las disensiones que perturbaban al imperio, Carlos V, un año después de la protesta de Spira, convocó una dieta en Augsburgo, manifestando que él mismo la presidiría en persona. Y a ella fueron convocados los jefes de la causa protestante.

Grandes peligros amenazaban a la Reforma; pero sus defensores confiaron su causa a Dios, y se comprometieron a permanecer firmes y fieles al Evangelio. Los consejeros del elector de Sajonia le instaron a que no compareciera ante la dieta. Decían ellos que el emperador pedía la presencia de los príncipes para atraerlos a una trampa. "¿No era arriesgarlo todo, eso de encerrarse dentro de los muros de una ciudad, a merced de un poderoso enemigo?" Otros en cambio decían: "Si los príncipes se portan con valor, la causa de Dios está salvada." "Fiel es Dios y nunca nos abandonará," decía Lutero. (*Id.*, lib. 14, cap. 2.) El elector y su comitiva se encaminaron a Augsburgo. Todos conocían el peligro que les amenazaba, y muchos seguían adelante con triste semblante y corazón turbado. Pero Lutero, que los acompañara hasta Coburgo, reanimó su débil fe cantando el himno escrito en el curso de aquel viaje: "Castillo fuerte es nuestro Dios." Muchos lúgubres presentimientos se desvanecieron y muchos corazones apesadumbrados sintieron alivio, al oír las inspiradas estrofas.

Los príncipes reformados habían resuelto redactar una exposición sistemática de sus opiniones, con pruebas de las Santas Escrituras, y presentarla a la dieta; y la preparación de ella fue encomendada a Lutero, Melanchton y sus compañeros. Esta confesión fue aceptada por los protestantes como expresión genuina de su fe, y se reunieron para firmar tan importante documento. Fue ésta una ocasión solemne y decisiva. Estaban muy deseosos los reformadores de que su causa no se confundiera con los asuntos políticos, y creían que la Reforma no debía ejercer otra influencia que la que procede de la Palabra de Dios. Cuando los príncipes cristianos se adelantaron a firmar la confesión, Melanchton se interpuso, diciendo: "A los teólogos y a los ministros es a quienes corresponde proponer estas cosas; reservemos para otros asuntos la autoridad de los poderosos de esta tierra." "No permita Dios—replicó Juan de Sajonia—que sea yo excluído. Estoy resuelto a cumplir con mi deber, sin preocuparme de mi corona. Deseo confesar al Señor. Mi birrete y mi toga de elector no me son tan preciosos como la cruz de Cristo." Habiendo dicho esto, firmó. Otro de los príncipes, al tomar la pluma para firmar, dijo: "Si la honra de mi Señor Jesucristo lo requiere, estoy listo … para sacrificar mis bienes y mi vida." "Preferiría dejar a mis súbditos, mis estados y la tierra de mis padres, para irme bordón en mano—prosiguió diciendo,—antes que recibir otra doctrina que la contenida en esta confesión."—*Id*., cap. 6. Tal era la fe y el arrojo de aquellos hombres de Dios.

Llegó el momento señalado para comparecer ante el emperador. Carlos V, sentado en su trono, rodeado de los electores y los príncipes, dio audiencia a los reformadores protestantes. Dióse lectura a la confesión de fe de éstos. Fueron presentadas con toda claridad las verdades del Evangelio ante la augusta asamblea, y señalados los errores de la iglesia papal. Con razón fue llamado aquel día "el día más grande de la Reforma y uno de los más gloriosos en la historia del cristianismo y de la humanidad."—*Id*., cap. 7.

Hacía apenas unos cuantos años que el monje de Wittenberg se presentara solo en Worms ante el concilio nacional; y ahora, en vez de él veíanse los más nobles y poderosos príncipes del imperio. A Lutero no se le había permitido comparecer en Augsburgo, pero estaba presente por sus palabras y por sus oraciones. "Me lleno de gozo—escribía,—por haber llegado hasta esta hora en que Cristo ha sido ensalzado públicamente por tan ilustres confesores y en tan gloriosa asamblea."—*Ibid*. Así se cumplió lo que dicen las Sagradas Escrituras: "Hablaré de tus testimonios delante de los reyes." (Salmo 119:46.)

En tiempo de Pablo, el Evangelio, por cuya causa se le encarceló, fue presentado así a los príncipes y nobles de la ciudad imperial. Igualmente, en Augsburgo, lo que el emperador había prohibido que se predicase desde el púlpito se proclamó en el palacio. Lo que había sido estimado aun indigno de ser escuchado por los sirvientes, era escuchado con admiración por los amos y señores del imperio. El auditorio se componía de reyes y de nobles, los predicadores eran príncipes coronados, y el sermón era la verdad real de Dios. "Desde los tiempos apostólicos—dice un escritor,—no hubo obra tan grandiosa, ni tan inmejorable confesión."—*Ibid*.

"Cuanto ha sido dicho por los luteranos, es cierto, y no lo podemos negar," declaraba un obispo papista. "¿Podéis refutar con buenas razones la confesión hecha por el elector y sus aliados?" preguntaba otro obispo al doctor Eck. "Sí, lo puedo—respondía,—pero no con los escritos de los apóstoles y los profetas, sino con los concilios y con los escritos de los padres." "Comprendo—repuso el que hacía la pregunta.—Según su opinión, los luteranos están basados en las Escrituras, en tanto que nosotros estamos fuera de ellas."—*Id*., cap. 8.

Varios príncipes alemanes fueron convertidos a la fe reformada, y el mismo emperador declaró que los artículos protestantes contenían la verdad. La confesión fue traducida a muchos idiomas y circuló por toda Europa, y en las generaciones subsiguientes millones la aceptaron como expresión de su fe.

Los fieles siervos de Dios no trabajaban solos. Mientras que los principados y potestades de los espíritus malos se ligaban contra ellos, el Señor no desamparaba a su pueblo. Si sus ojos hubieran podido abrirse habrían tenido clara evidencia de la presencia y el auxilio divinos, que les fueron concedidos como a los profetas en la antigüedad. Cuando el siervo de Eliseo mostró a su amo las huestes enemigas que los rodeaban sin dejarles cómo escapar, el profeta oró: "Ruégote, oh Jehová, que abras sus ojos para que vea." (2 Reyes 6:17.) Y he aquí el monte estaba lleno de carros y caballos de fuego: el ejército celestial protegía al varón de Dios. Del mismo modo, había ángeles que cuidaban a los que trabajaban en la causa de la Reforma.

Uno de los principios que sostenía Lutero con más firmeza, era que no se debía acudir al poder secular para apoyar la Reforma, ni recurrir a las armas para defenderla. Se alegraba de la circunstancia de que los príncipes del imperio confesaran el Evangelio; pero cuando estos mismos príncipes intentaron unirse en una liga defensiva, declaró que "la doctrina del Evangelio debía ser defendida solamente por *Dios*. ... Cuanto menos interviniesen los hombres en esta obra, más notable sería la intervención de Dios en su favor. Todas las precauciones políticas propuestas, eran, según su modo de ver, hijas de un temor indigno y de una desconfianza pecaminosa."—*Id.*, lib. 10, cap. 14.

Cuando enemigos poderosos se unían para destruir la fe reformada y millares de espadas parecían desenvainarse para combatirla, Lutero escribió: "Satanás manifiesta su ira; conspiran pontífices impíos; y nos amenaza la guerra. Exhortad al pueblo a que luche con fervor ante al trono de Dios, en fe y ruegos, para que nuestros adversarios, vencidos por el Espíritu de Dios, se vean obligados a ser pacíficos. Nuestra más ingente necesidad, la primera cosa que debemos hacer, es orar; haced saber al pueblo que en esta hora él mismo se halla expuesto al filo de la espada y a la ira del diablo; haced que ore."—*Ibid.*

En otra ocasión, con fecha posterior, refiriéndose a la liga que trataban de organizar los príncipes reformados, Lutero declaró que la única arma que debería emplearse en esa causa era "la espada del Espíritu." Escribió al elector de Sajonia: "No podemos en conciencia aprobar la alianza propuesta. Preferiríamos morir diez veces antes que el Evangelio fuese causa de derramar una gota de sangre. Nuestra parte es ser como ovejas del matadero. La cruz de Cristo hay que llevarla. No tema su alteza. Más podemos nosotros con nuestras oraciones que todos nuestros enemigos con sus jactancias. Más que nada evitad que se manchen vuestras manos con la sangre de vuestros hermanos. Si el emperador exige que seamos llevados ante sus tribunales, estamos listos para comparecer. No podéis defender la fe: cada cual debe creer a costa suya."—*Id.*, cap. 1.

Del lugar secreto de oración fue de donde vino el poder que hizo estremecerse al mundo en los días de la gran Reforma. Allí, con santa calma, se mantenían firmes los siervos de Dios sobre la roca de sus promesas. Durante la agitación de Augsburgo, Lutero "no dejó de dedicar tres horas al día a la oración; y este tiempo lo tomaba de las horas del día más propicias al estudio." En lo secreto de su vivienda se le oía derramar su alma ante Dios con palabras "de adoración, de temor y de esperanza, como si hablara con un amigo." "Sé que eres nuestro Padre y nuestro Dios—decía,—y que has de desbaratar a los que persiguen a tus hijos, porque tú también estás envuelto en el mismo peligro que nosotros. Todo este asunto es tuyo y si en él estamos también interesados nosotros es porque a ello nos constreñiste. Defiéndenos, pues, ¡oh Padre!"—*Id.*, lib. 14, cap. 6.

A Melanchton que se hallaba agobiado bajo el peso de la ansiedad y del temor, le escribió: "¡Gracia y paz en Jesucristo! ¡En Cristo, digo, y no en el mundo!

¡Amén! Aborrezco de todo corazón esos cuidados exagerados que os consumen. Si la causa es injusta, abandonadla, y si es justa, ¿por qué hacer mentir la promesa de Aquel que nos manda dormir y descansar sin temor? ... Jesucristo no faltará en la obra de justicia y de verdad. Él vive, él reina, ¿qué, pues, temeremos?"—*Ibid.*

Dios oyó los clamores de sus hijos. Infundió gracia y valor a los príncipes y ministros para que sostuvieran la verdad contra las potestades de las tinieblas de este mundo. Dice el Señor: "¡He aquí que yo pongo en Sión la piedra principal del ángulo, escogida, preciosa; y aquel que creyere en ella no quedará avergonzado!" (1 S. Pedro 2:6, V.M.) Los reformadores protestantes habían edificado sobre Cristo y las puertas del infierno no podían prevalecer contra ellos.

12

La Reforma en Francia

A LA protesta de Spira y a la confesión de Augsburgo, que marcaron el triunfo de la Reforma en Alemania, siguieron años de conflicto y obscuridad. El protestantismo, debilitado por las divisiones sembradas entre los que lo sostenían, y atacado por enemigos poderosos, parecía destinado a ser totalmente destruído. Millares sellaron su testimonio con su sangre. Estalló la guerra civil; la causa protestante fue traicionada por uno de sus principales adherentes; los más nobles de los príncipes reformados cayeron en manos del emperador y fueron llevados cautivos de pueblo en pueblo. Pero en el momento de su aparente triunfo, el monarca fue castigado por la derrota. Vio que la presa se le escapaba de las manos y al fin tuvo que conceder tolerancia a las doctrinas cuyo aniquilamiento constituyera el gran anhelo de su vida. Había comprometido su reino, sus tesoros, y hasta su misma vida, en la persecución de la herejía, y ahora veía sus tropas diezmadas, agotados sus tesoros, sus muchos reinos amenazados por las revueltas, y entre tanto seguía cundiendo por todas partes la fe que en vano se había esforzado en suprimir. Carlos V estaba combatiendo contra un poder omnipotente. Dios había dicho: "Haya luz," pero el emperador había procurado impedir que se desvaneciesen las tinieblas. Sus propósitos fallaron, y, en prematura vejez, sintiéndose agotado por tan larga lucha, abdicó el trono, y se encerró en un claustro.

En Suiza, lo mismo que en Alemania, vinieron días tenebrosos para la Reforma. Mientras que muchos cantones aceptaban la fe reformada, otros se aferraban ciega y obstinadamente al credo de Roma. Las persecuciones dirigidas contra los que aceptaban la verdad provocaron finalmente una guerra civil. Zuinglio y muchos de los que se habían unido con él en la Reforma sucumbieron en el sangriento campo de Cappel. Ecolampadio, abrumado por estos terribles desastres, murió poco después. Roma parecía triunfar y recuperar en muchos lugares lo que había perdido. Pero Aquel cuyos consejos son desde el siglo y hasta el siglo, no había abandonado la causa de su pueblo. Su mano le iba a dar libertad. Había levantado en otros países obreros que impulsasen la Reforma.

En Francia, mucho antes que el nombre de Lutero fuese conocido como el de un reformador, había empezado a amanecer. Uno de los primeros en recibir la luz fue el anciano Lefevre, hombre de extensos conocimientos, catedrático de la universidad de París, y sincero y fiel partidario del papa. En las investigaciones que hizo en la literatura antigua se despertó su atención por la Biblia e introdujo el estudio de ella entre sus estudiantes.

Lefevre era entusiasta adorador de los santos y se había consagrado a preparar una historia de éstos y de los mártires como la dan las leyendas de la iglesia. Era ésta una obra magna, que requería mucho trabajo; pero ya estaba muy adelantado en ella cuando decidió estudiar la Biblia con el propósito de obtener de ella datos para su libro. En el sagrado libro halló santos, es verdad, pero no como los que figuran en el calendario romano. Un raudal de luz divina penetró en su mente. Perplejo y disgustado abandonó el trabajo que se había impuesto, y se consagró a la Palabra de Dios. Pronto comenzó a enseñar las preciosas verdades que encontraba en ella.

En 1512, antes que Lutero y Zuinglio empezaran la obra de la Reforma, escribía Lefevre: "Dios es el que da, por la fe, la justicia, que por gracia nos justifica para la vida eterna."—Wylie, lib. 13, cap. 1. Refiriéndose a los misterios de la redención, exclamaba: "¡Oh grandeza indecible de este cambio: el Inocente es condenado, y el culpable queda libre; el que bendice carga con la maldición, y la maldición se vuelve bendición; la Vida muere, y los muertos viven; la Gloria es envuelta en tinieblas, y el que no conocía más que confusión de rostro, es revestido de gloria!"—D'Aubigné, lib. 12, cap. 2.

Y al declarar que la gloria de la salvación pertenece sólo a Dios, declaraba también que al hombre le incumbe el deber de obedecer.

Decía: "Si eres miembro de la iglesia de Cristo, eres miembro de su cuerpo, y en tal virtud, estás lleno de la naturaleza divina. ... ¡Oh! si los hombres pudiesen penetrar en este conocimiento y darse cuenta de este privilegio, ¡cuán pura, casta y santa no sería su vida y cuán despreciable no les parecería toda la gloria de este mundo en comparación con la que está dentro de ellos y que el ojo carnal no puede ver!"—*Ibid*.

Hubo algunos, entre los discípulos de Lefevre, que escuchaban con ansia sus palabras, y que mucho después que fuese acallada la voz del maestro, iban a seguir predicando la verdad. Uno de ellos fue Guillermo Farel. Era hijo de padres piadosos y se le había enseñado a aceptar con fe implícita las enseñanzas de la iglesia. Hubiera podido decir como Pablo: "Conforme a la más rigurosa secta de nuestra religión he vivido Fariseo." (Hechos 26:5.) Como devoto romanista se desvelaba por concluir con todos los que se atrevían a oponerse a la iglesia. "Rechinaba los dientes—decía él más tarde—como un lobo furioso, cuando oía que alguno hablaba contra el papa."—Wylie, lib. 13, cap. 2. Había sido incansable en la adoración de los santos, en compañía de Lefevre, haciendo juntos el jubileo circular de las iglesias de París, adorando en sus altares y adornando con ofrendas los santos relicarios. Pero estas observancias no podían infundir paz a su alma. Todos los actos de penitencia que practicaba no podían borrar la profunda convicción de pecado que pesaba sobre él. Oyó como una voz del cielo las palabras del reformador: "La salvación es por gracia." "El Inocente es condenado, y el culpable queda libre." "Es sólo la cruz de Cristo la que abre las puertas del cielo, y la que cierra las del infierno."—*Ibid*.

Farel aceptó gozoso la verdad. Por medio de una conversión parecida a la de Pablo, salió de la esclavitud de la tradición y llegó a la libertad de los hijos de Dios. "En vez del sanguinario corazón de lobo hambriento," tuvo, al convertirse, dice él, "la mansedumbre de un humilde e inofensivo cordero, libre ya el corazón de toda influencia papista, y entregado a Jesucristo."—D'Aubigné, lib. 12, cap. 3.

Entre tanto que Lefevre continuaba esparciendo entre los estudiantes la luz divina, Farel, tan celoso en la causa de Cristo como lo había sido en la del papa, se dispuso a predicar la verdad en público. Un dignatario de la iglesia, el obispo de Meaux, no tardó en unirse con ellos. Otros maestros que descollaban por su capacidad y talento, se adhirieron a su propagación del Evangelio, y éste ganó adherentes entre todas las clases sociales, desde los humildes hogares de los artesanos y campesinos hasta el mismo palacio del rey. La hermana de Francisco I, que era entonces el monarca reinante, abrazó la fe reformada. El mismo rey y la reina madre parecieron por algún tiempo considerarla con simpatía, y los reformadores miraban con esperanza hacia lo porvenir y veían ya a Francia ganada para el Evangelio.

Pero sus esperanzas no iban a realizarse. Pruebas y persecuciones aguardaban a los discípulos de Cristo, si bien la misericordia divina se las ocultaba, pues hubo un período de paz muy oportuno para permitirles acopiar fuerzas para hacer frente a las tempestades, y la Reforma se extendió con rapidez. El obispo de Meaux trabajó con empeño en su propia diócesis para instruir tanto a los sacerdotes como al pueblo. Los curas inmorales e ignorantes fueron removidos de sus puestos, y en cuanto fue posible, se los reemplazó por hombres instruidos y piadosos. El obispo se afanaba porque su pueblo tuviera libre acceso a la Palabra de Dios y esto pronto se verificó. Lefevre se encargó de traducir el Nuevo Testamento y al mismo tiempo que la Biblia alemana de Lutero salía de la imprenta en Wittenberg, el Nuevo Testamento francés se publicaba en Meaux. El obispo no omitió esfuerzo ni gasto alguno para hacerlo circular entre sus feligreses, y muy pronto el pueblo de Meaux se vio en posesión de las Santas Escrituras.

Así como los viajeros que son atormentados por la sed se regocijan al llegar a un manantial de agua pura, así recibieron estas almas el mensaje del cielo. Los trabajadores del campo y los artesanos en el taller, amenizaban sus trabajos de cada día hablando de las preciosas verdades de la Biblia. De noche, en lugar de reunirse en los despachos de vinos, se congregaban unos en casas de otros para leer la Palabra de Dios y unir sus oraciones y alabanzas. Pronto se notó un cambio muy notable en todas estas comunidades. Aunque formadas de gente de la clase humilde, dedicada al rudo trabajo y carente de instrucción, se veía en ella el poder de la Reforma, y en la vida de todos se notaba el efecto de la gracia divina que dignifica y eleva. Mansos, amantes y fieles, resultaban ser como un testimonio vivo de lo que el Evangelio puede efectuar en aquellos que lo reciben con sinceridad de corazón.

La luz derramada en Meaux iba a extenderse más lejos. Cada día aumentaba el número de los convertidos. El rey contuvo por algún tiempo la ira del clero, porque despreciaba el estrecho fanatismo de los frailes; pero al fin, los jefes papales lograron prevalecer. Se levantó la hoguera. Al obispo de Meaux le obligaron a elegir entre ella y la retractación, y optó por el camino más fácil; pero a pesar de su caída, el rebaño de este débil pastor se mantuvo firme. Muchos dieron testimonio de la verdad entre las llamas. Con su valor y fidelidad en la hoguera, estos humildes cristianos hablaron a millares de personas que en días de paz no hubieran oído jamás el testimonio de ellos.

No eran solamente los pobres y los humildes, los que en medio del padecimiento y del escarnio se atrevían a ser testigos del Señor. En las casas señoriles, en el castillo, en el palacio, había almas regias para quienes la verdad valía más que los tesoros, las categorías sociales y aun que la misma vida. La armadura real encerraba un espíritu más noble y elevado que la mitra y las vestiduras episcopales. Luis de Berquin era de noble alcurnia. Cortés y bravo caballero, dedicado al estudio, de elegantes modales y de intachable moralidad, "era dice un escritor—fiel partidario de las instituciones del papa y celoso oyente de misas y sermones, ... y coronaba todas estas virtudes aborreciendo de todo corazón el luteranismo." Empero, como a otros muchos, la Providencia le condujo a la Biblia, y quedó maravillado de hallar en ella, "no las doctrinas de Roma, sino las doctrinas de Lutero."—Wylie, lib. 13, cap. 9. Desde entonces se entregó con entera devoción a la causa del Evangelio.

"Siendo el más instruido entre todos los nobles de Francia," su genio y elocuencia y su valor indómito y su celo heroico, tanto como su privanza en la corte—por ser favorito del rey—lo hicieron considerar por muchos como el que estaba destinado a ser el reformador de su país. Beza dijo: "Berquin hubiera sido un segundo Lutero, de haber hallado en Francisco I un segundo Elector." Los papistas decían: "Es peor que Lutero."—*Ibid.* Y efectivamente, era más temido que Lutero por los romanistas de Francia. Le echaron en la cárcel por hereje, pero el rey mandó soltarle. La lucha duró varios años. Francisco fluctuaba entre Roma y la Reforma, tolerando y restringiendo alternadamente el celo bravío de los frailes. Tres veces fue apresado Berquin por las autoridades papales, para ser librado otras tantas por el monarca, quien, admirando su genio y la nobleza de su carácter, se negó a sacrificarle a la malicia del clero.

Berquin fue avisado repetidas veces del peligro que le amenazaba en Francia e instado para que siguiera el ejemplo de aquellos que habían hallado seguridad en un destierro voluntario. El tímido y contemporizador Erasmo, que con todo el esplendor de su erudición carecía sin embargo de la grandeza moral que mantiene la vida y el honor subordinados a la verdad, escribió a Berquin: "Solicita que te manden de embajador al extranjero; ve y viaja por Alemania. Ya sabes lo que es Beda—un monstruo de mil cabezas, que destila ponzoña por todas partes. Tus enemigos son legión. Aunque fuera tu causa mejor que la de Cristo, no te dejarán en paz hasta que hayan acabado miserablemente contigo. No te fíes mucho de la protección del rey. Y sobre todas las cosas, te encarezco que *no me comprometas con la facultad de teología.*"—*Ibid.*

Pero cuanto más cuerpo iban tomando los peligros, más se afirmaba el fervor de Berquin. Lejos de adoptar la política y el egoísmo que Erasmo le aconsejara, resolvió emplear medios más enérgicos y eficaces. No quería ya tan sólo seguir siendo defensor de la verdad, sino que iba a intentar atacar el error. El cargo de herejía que los romanistas procuraban echarle encima, él iba a devolvérselo. Los más activos y acerbos de sus opositores eran los sabios doctores y frailes de la facultad de teología de la universidad de París, una de las más altas autoridades eclesiásticas de la capital y de la nación. De los escritos de estos doctores entresacó Berquin doce proposiciones, que declaró públicamente "contrarias a la Biblia, y por lo tanto heréticas;" y apeló al rey para que actuara de juez en la controversia.

El monarca, no descontento de poner frente a frente el poder y la inteligencia de campeones opuestos, y de tener la oportunidad de humillar la soberbia de los altivos frailes, ordenó a los romanistas que defendiesen su causa con la Biblia. Bien sabían éstos que semejante arma de poco les serviría; la cárcel, el tormento y la hoguera eran las armas que mejor sabían manejar. Cambiadas estaban las suertes y ellos se veían a punto de caer en la sima a que habían querido echar a Berquin. Puestos así en aprieto no buscaban más que un modo de escapar.

"Por aquel tiempo, una imagen de la virgen, que estaba colocada en la esquina de una calle, amaneció mutilada." Esto produjo gran agitación en la ciudad. Multitud de gente acudió al lugar dando señales de duelo y de indignación. El mismo rey fue hondamente conmovido. Vieron en esto los monjes una coyuntura favorable para ellos, y se apresuraron en aprovecharla. "Estos son los frutos de las doctrinas de Berquin—exclamaban.—Todo va a ser echado por tierra, la religión, las leyes, el trono mismo, por esta conspiración luterana."—*Ibid.*

Berquin fue aprehendido de nuevo. El rey salió de París y los frailes pudieron obrar a su gusto. Enjuiciaron al reformador y le condenaron a muerte, y para que Francisco no pudiese interponer su influencia para librarle, la sentencia se ejecutó el mismo día en que fue pronunciada. Al medio día fue conducido Berquin al lugar de suplicio. Un inmenso gentío se reunió para presenciar el auto, y muchos notaron con turbación y espanto que la víctima había sido escogida de entre las mejores y más valientes familias nobles de Francia. La estupefacción, la indignación, el escarnio y el odio, se pintaban en los semblantes de aquella inquieta muchedumbre; pero había un rostro sin sombra alguna, pues los pensamientos del mártir estaban muy lejos de la escena del tumulto, y lo único que percibía era la presencia de su Señor.

La miserable carreta en que lo llevaban, las miradas de enojo que le echaban sus perseguidores, la muerte espantosa que le esperaba—nada de esto le importaba; el que vive, si bien estuvo muerto, pero ahora vive para siempre y tiene las llaves de la muerte y del infierno, estaba a su lado. El semblante de Berquin estaba radiante de luz y paz del cielo. Vestía lujosa ropa, y llevaba "capa de terciopelo, justillo de raso y de damasco, calzas de oro."—D'Aubigné, *Histoire de la Réformation au temps de Calvin*, lib. 2, cap. 16. Iba a dar testimonio de su fe en presencia del Rey de reyes y ante todo el universo, y ninguna señal de duelo empañaba su alegría.

Mientras la procesión desfilaba despacio por las calles atestadas de gente, el pueblo notaba maravillado la paz inalterable y el gozo triunfante que se pintaban en el rostro y el continente del mártir. "Parece—decían—como si estuviera sentado en el templo meditando en cosas santas."—Wylie, lib. 13, cap. 9.

Ya atado a la estaca, quiso Berquin dirigir unas cuantas palabras al pueblo, pero los monjes, temiendo las consecuencias, empezaron a dar gritos y los soldados a entrechocar sus armas, y con esto ahogaron la voz del mártir. Así fue como en 1529, la autoridad eclesiástica y literaria más notable de la culta ciudad de París, "dio al populacho de 1793 el vil ejemplo de sofocar en el cadalso las sagradas palabras de los moribundos."—*Ibid.*

Berquin fue estrangulado y su cuerpo entregado a las llamas. La noticia de su muerte entristeció a los amigos de la Reforma en todas partes de Francia. Pero su ejemplo no quedó sin provecho. "También nosotros estamos listos—decían los testigos de la verdad—para recibir la muerte con gozo, poniendo nuestros ojos en la vida venidera."—D'Aubigné, *Ibid.*

Durante la persecución en Meaux, se prohibió a los predicadores de la Reforma que siguieran en su obra de propaganda, por lo cual fueron a establecerse en otros campos de acción. Lefevre, al cabo de algún tiempo, se dirigió a Alemania, y Farel volvió a su pueblo natal, en el este de Francia para esparcir la luz en la tierra de su niñez. Ya se había sabido lo que estaba ocurriendo en Meaux, y por consiguiente la verdad, que él enseñaba sin temor, encontró adeptos. Muy pronto las autoridades le impusieron silencio y le echaron de la ciudad. Ya que no podía trabajar en público, se puso a recorrer los valles y los pueblos, enseñando en casas particulares y en apartados campos, hallando abrigo en los bosques y en las cuevas de las peñas de él conocidos desde que los frecuentara en los años de su infancia. Dios le preparaba para mayores pruebas. "Las penas, la persecución y todas las asechanzas del diablo, con las que se me amenaza, no han escaseado—decía él,—y hasta han sido mucho más severas de lo que yo con mis propias fuerzas hubiera podido sobrellevar; pero Dios es mi Padre; él me ha suministrado y seguirá suministrándome las fuerzas que necesite."—D'Aubigné, *Histoire de la Réformation au seizieme siecle*, lib. 12, cap. 9.

Como en los tiempos apostólicos, la persecución había redundado en bien del adelanto del Evangelio. (Filipenses 1:12.) Expulsados de París y Meaux, "los que fueron esparcidos, iban por todas partes anunciando la palabra." (Hechos 8:4.) Y de esta manera la verdad se abrió paso en muchas de las remotas provincias de Francia.

Dios estaba preparando aun más obreros para extender su causa. En una de las escuelas de París hallábase un joven formal, de ánimo tranquilo, que daba muestras evidentes de poseer una mente poderosa y perspicaz, y que no era menos notable por la pureza de su vida que por su actividad intelectual y su devoción religiosa. Su talento y aplicación hicieron pronto de él un motivo de orgullo para el colegio, y se susurraba entre los estudiantes que Juan Calvino sería un día uno de los más capaces y más ilustres defensores de la iglesia. Pero un rayo de luz divina penetró aun dentro de los muros del escolasticismo y de la superstición que encerraban a Calvino. Estremecióse al oír las nuevas doctrinas, sin dudar nunca que los herejes merecieran el fuego al que eran entregados. Y no obstante, sin saber cómo, tuvo que habérselas con la herejía y se vio obligado a poner a prueba el poder de la teología romanista para rebatir la doctrina protestante.

Hallábase en París un primo hermano de Calvino, que se había unido con los reformadores. Ambos parientes se reunían con frecuencia para discutir las cuestiones que perturbaban a la cristiandad. "No hay más que dos religiones en el mundo—decía Oliveltán, el protestante.—Una, que los hombres han inventado, y según la cual se salva el ser humano por medio de ceremonias y buenas obras; la otra es la que está revelada en la Biblia y que enseña al hombre a no esperar su salvación sino de la gracia soberana de Dios."

"No quiero tener nada que ver con ninguna de vuestras nuevas doctrinas—respondía Calvino,—¿creéis que he vivido en el error todos los días de mi vida?"—Wylie, lib. 13, cap. 7.

Pero habíanse despertado en su mente pensamientos que ya no podía desterrar de ella. A solas en su aposento meditaba en las palabras de su primo. El sentimiento del pecado se había apoderado de su corazón; se veía sin intercesor en presencia de un Juez santo y justo. La mediación de los santos, las buenas obras, las ceremonias de la iglesia, todo ello le parecía ineficaz para expiar el pecado. Ya no veía ante sí mismo sino la lobreguez de una eterna desesperación. En vano se esforzaban los doctores de la iglesia por aliviarle de su pena. En vano recurría a la confesión y a la penitencia; estas cosas no pueden reconciliar al alma con Dios.

Aun estaba Calvino empeñado en tan infructuosas luchas cuando un día en que por casualidad pasaba por una plaza pública, presenció la muerte de un hereje en la hoguera. Se llenó de admiración al ver la expresión de paz que se pintaba en el rostro del mártir. En medio de las torturas de una muerte espantosa, y bajo la terrible condenación de la iglesia, daba el mártir pruebas de una fe y de un valor que el joven estudiante comparaba con dolor con su propia desesperación y con las tinieblas en que vivía a pesar de su estricta obediencia a los mandamientos de la iglesia. Sabía que los herejes fundaban su fe en la Biblia; por lo tanto se decidió a estudiarla para descubrir, si posible fuera, el secreto del gozo del mártir.

En la Biblia encontró a Cristo. "¡Oh! Padre exclamó,—su sacrificio ha calmado tu ira; su sangre ha lavado mis manchas; su cruz ha llevado mi maldición; su muerte ha hecho expiación por mí. Habíamos inventado muchas locuras inútiles, pero tú has puesto delante de mí tu Palabra como una antorcha y has conmovido mi corazón para que tenga por abominables todos los méritos que no sean los de Jesús."—Martyn, tomo 3, cap. 13.

Calvino había sido educado para el sacerdocio. Tenía sólo doce años cuando fue nombrado capellán de una pequeña iglesia y el obispo le tonsuró la cabeza para cumplir con el canon eclesiástico. No fue consagrado ni desempeñó los deberes del sacerdocio, pero si fue hecho miembro del clero, se le dio el título de su cargo y percibía la renta correspondiente.

Viendo entonces que ya no podría jamás llegar a ser sacerdote, se dedicó por un tiempo a la jurisprudencia, y por último abandonó este estudio para consagrarse al Evangelio. Pero no podía resolverse a dedicarse a la enseñanza. Era tímido por naturaleza, le abrumaba el peso de la responsabilidad del cargo y deseaba seguir dedicándose aún al estudio. Las reiteradas súplicas de sus amigos lograron por fin convencerle. "Cuán maravilloso es—decía—que un hombre de tan bajo origen llegue a ser elevado hasta tan alta dignidad."—Wylie, lib. 13, cap. 9.

Calvino empezó su obra con ánimo tranquilo y sus palabras eran como el rocío que refresca la tierra. Se había alejado de París y ahora se encontraba en un pueblo de provincia bajo la protección de la princesa Margarita, la cual, amante como lo era del Evangelio, extendía su protección a los que lo profesaban. Calvino era joven aún, de continente discreto y humilde. Comenzó su trabajo visitando a los lugareños en sus propias casas. Allí, rodeado de los miembros de la familia, leía la Biblia y exponía las verdades de la salvación. Los que oían el mensaje, llevaban las buenas nuevas a otros, y pronto el maestro fue más allá, a otros lugares, predicando en los pueblos y villorrios. Se le abrían las puertas de los castillos y de las chozas, y con su obra colocaba los cimientos de iglesias de donde iban a salir más tarde los valientes testigos de la verdad.

A los pocos meses estaba de vuelta en París. Reinaba gran agitación en el círculo de literatos y estudiantes. El estudio de los idiomas antiguos había sido causa de que muchos fijaran su atención en la Biblia, y no pocos, cuyos corazones no habían sido conmovidos por las verdades de aquélla, las discutían con interés y aun se atrevían a desafiar a los campeones del romanismo. Calvino, si bien muy capaz para luchar en el campo de la controversia religiosa, tenía que desempeñar una misión más importante que la de aquellos bulliciosos estudiantes. Los ánimos se sentían confundidos, y había llegado el momento oportuno de enseñarles la verdad. Entretanto que en las aulas de la universidad repercutían las disputas de los teólogos, Calvino se abría paso de casa en casa, leyendo la Biblia al pueblo y hablándole de Cristo y de éste crucificado.

Por la providencia de Dios, París iba a recibir otra invitación para aceptar el Evangelio. El llamamiento de Lefevre y Farel había sido rechazado, pero nuevamente el mensaje iba a ser oído en aquella gran capital por todas las clases de la sociedad. Llevado por consideraciones políticas, el rey no estaba enteramente al lado de Roma contra la Reforma. Margarita abrigaba aún la esperanza de que el protestantismo triunfaría en Francia. Resolvió que la fe reformada fuera predicada en París. Ordenó durante la ausencia del rey que un ministro protestante predicase en las iglesias de la ciudad. Pero habiéndose opuesto a esto los dignatarios papales, la princesa abrió entonces las puertas del palacio. Dispúsose uno de los salones para que sirviera de capilla y se dio aviso que cada día, a una hora señalada, se predicaría un sermón, al que podían acudir las personas de toda jerarquía y posición. Muchedumbres asistían a las predicaciones. No sólo se llenaba la capilla sino que las antesalas y los corredores eran invadidos por el gentío. Millares se congregaban diariamente: nobles, magistrados, abogados, comerciantes y artesanos. El rey, en vez de prohibir estas reuniones, dispuso que dos de las iglesias de París fuesen afectadas a este servicio. Antes de esto la ciudad no había sido nunca conmovida de modo semejante por la Palabra de Dios. El Espíritu de vida que descendía del cielo parecía soplar sobre el pueblo. La templanza, la pureza, el orden y el trabajo iban substituyendo a la embriaguez, al libertinaje, a la contienda y a la pereza.

Pero el clero no descansaba. Como el rey se negase a hacer cesar las predicaciones, apeló entonces al populacho. No perdonó medio alguno para despertar los temores, los prejuicios y el fanatismo de las multitudes ignorantes y supersticiosas. Siguiendo ciegamente a sus falsos maestros, París, como en otro tiempo Jerusalén, no conoció el tiempo de su visitación ni las cosas que pertenecían a su paz. Durante dos años fue predicada la Palabra de Dios en la capital; pero si bien muchas personas aceptaban el Evangelio, la mayoría del pueblo lo rechazaba. Francisco había dado pruebas de tolerancia por mera conveniencia personal, y los papistas lograron al fin recuperar su privanza. De nuevo fueron clausuradas las iglesias y se levantó la hoguera.

Calvino permanecía aún en París, preparándose por medio del estudio, la oración y la meditación, para su trabajo futuro, y seguía derramando luz. Pero, al fin, se hizo sospechoso. Las autoridades acordaron entregarlo a las llamas. Creyéndose seguro en su retiro no pensaba en el peligro, cuando sus amigos llegaron apresurados a su estancia para darle aviso de que llegaban emisarios para aprehenderle. En aquel instante se oyó que llamaban con fuerza en el zaguán. No había pues ni un momento que perder. Algunos de sus amigos detuvieron a los emisarios en la puerta, mientras otros le ayudaban a descolgarse por una ventana, para huir luego precipitadamente hacia las afueras de la ciudad. Encontrando refugio en la choza de un labriego, amigo de la Reforma, se disfrazó con la ropa de él, y llevando al hombro un azadón, emprendió viaje. Caminando hacia el sur volvió a hallar refugio en los dominios de Margarita. (Véase D'Aubigné, *Histoire de la Réformation au temps de Calvin*, lib. 2, cap. 30.)

Allí permaneció varios meses, seguro bajo la protección de amigos poderosos, y ocupado como anteriormente en el estudio. Empero su corazón estaba empeñado en evangelizar a Francia y no podía permanecer mucho tiempo inactivo. Tan pronto como escampó la tempestad, buscó nuevo campo de trabajo en Poitiers, donde había una universidad y donde las nuevas ideas habían encontrado aceptación. Personas de todas las clases sociales oían con gusto el Evangelio. No había predicación pública, pero en casa del magistrado principal, en su propio aposento, y a veces en un jardín público, explicaba Calvino las palabras de vida eterna a aquellos que deseaban oírlas. Después de algún tiempo, como creciese el número de oyentes, se pensó que sería más seguro reunirse en las afueras de la ciudad. Se escogió como lugar de culto una cueva que se encontraba en la falda de una profunda quebrada, en un sitio escondido por árboles y rocas sobresalientes. En pequeños grupos, y saliendo de la ciudad por diferentes partes, se congregaban allí. En ese retiro se leía y explicaba la Biblia. Allí celebraron por primera vez los protestantes de Francia la Cena del Señor. De esta pequeña iglesia fueron enviados a otros lugares varios fieles evangelistas.

Calvino volvió a París. No podía abandonar la esperanza de que Francia como nación aceptase la Reforma. Pero halló cerradas casi todas las puertas. Predicar el Evangelio era ir directamente a la hoguera, y resolvió finalmente partir para Alemania. Apenas había salido de Francia cuando estalló un movimiento contra los protestantes que de seguro le hubiera envuelto en la ruina general, si se hubiese quedado.

Los reformadores franceses, deseosos de ver a su país marchar de consuno con Suiza y Alemania, se propusieron asestar a las supersticiones de Roma un golpe audaz que hiciera levantarse a toda la nación. Con este fin en una misma noche y en toda Francia se fijaron carteles que atacaban la misa. En lugar de ayudar a la Reforma, este movimiento inspirado por el celo más que por el buen juicio reportó un fracaso no sólo para sus propagadores, sino también para los amigos de la fe reformada por todo el país. Dio a los romanistas lo que tanto habían deseado: una coyuntura de la cual sacar partido para pedir que se concluyera por completo con los herejes a quienes tacharon de perturbadores peligrosos para la estabilidad del trono y la paz de la nación.

Una mano secreta, la de algún amigo indiscreto, o la de algún astuto enemigo, pues nunca quedó aclarado el asunto, fijó uno de los carteles en la puerta de la cámara particular del rey. El monarca se horrorizó. En ese papel se atacaban con acritud supersticiones que por siglos habían sido veneradas. La ira del rey se encendió por el atrevimiento sin igual de los que introdujeron hasta su real presencia aquellos escritos tan claros y precisos. En su asombro quedó el rey por algún tiempo tembloroso y sin articular palabra alguna. Luego dio rienda suelta a su enojo con estas terribles palabras: "Préndase a todos los sospechosos de herejía luterana. ... Quiero exterminarlos a todos."—*Id.*, lib. 4, cap. 10. La suerte estaba echada. El rey resolvió pasarse por completo al lado de Roma.

Se tomaron medidas para arrestar a todos los luteranos que se hallasen en París. Un pobre artesano, adherente a la fe reformada, que tenía por costumbre convocar a los creyentes para que se reuniesen en sus asambleas secretas, fue apresado e intimidándolo con la amenaza de llevarlo inmediatamente a la hoguera, se le ordenó que condujese a los emisarios papales a la casa de todo protestante que hubiera en la ciudad. Se estremeció de horror al oír la vil proposición que se le hacía; pero, al fin, vencido por el temor de las llamas, consintió en convertirse en traidor de sus hermanos. Precedido por la hostia, y rodeado de una compañía de sacerdotes, monaguillos, frailes y soldados, Morin, el policía secreto del rey, junto con el traidor, recorrían despacio y sigilosamente las calles de la ciudad. Era aquello una ostensible demostración en honor del "santo sacramento" en desagravio por el insulto que los protestantes lanzaran contra la misa. Aquel espectáculo, sin embargo, no servía más que para disfrazar los aviesos fines. Al pasar frente a la casa de un luterano, el traidor hacía una señal, pero no pronunciaba palabra alguna. La procesión se detenía, entraban en la casa, sacaban a la familia y la encadenaban, y la terrible compañía seguía adelante en busca de nuevas víctimas. "No perdonaron casa, grande ni chica, ni los departamentos de la universidad de París. ... Morin hizo temblar la ciudad. ... Era el reinado del terror."—*Ibid.*

Las víctimas sucumbían en medio de terribles tormentos, pues se había ordenado a los verdugos que las quemasen a fuego lento para que se prolongara su agonía. Pero morían como vencedores. No menguaba su fe, ni desmayaba su confianza. Los perseguidores, viendo que no podían conmover la firmeza de aquellos fieles, se sentían derrotados. "Se erigieron cadalsos en todos los barrios de la ciudad de París y se quemaban herejes todos los días con el fin de sembrar el terror entre los partidarios de las doctrinas heréticas, multiplicando las ejecuciones. Sin embargo, al fin la ventaja fue para el Evangelio. Todo París pudo ver qué clase de hombres eran los que abrigaban en su corazón las nuevas enseñanzas. No hay mejor púlpito que la hoguera de los mártires. El gozo sereno que iluminaba los rostros de aquellos hombres cuando … se les conducía al lugar de la ejecución, su heroísmo cuando eran envueltos por las llamas, su mansedumbre para perdonar las injurias, cambiaba no pocas veces, el enojo en lástima, el odio en amor, y hablaba con irresistible elocuencia en pro del Evangelio."—Wylie, lib. 13, cap. 20.

Con el fin de atizar aun más la furia del pueblo, los sacerdotes hicieron circular las más terribles calumnias contra los protestantes. Los culpaban de querer asesinar a los católicos, derribar al gobierno y matar al rey. Ni sombra de evidencia podían presentar en apoyo de tales asertos. Sin embargo resultaron siniestras profecías que iban a tener su cumplimiento, pero en circunstancias diferentes y por muy diversas causas. Las crueldades que los católicos infligieron a los inocentes protestantes acumularon en su contra la debida retribución, y en siglos posteriores se verificó el juicio que habían predicho que sobrevendría sobre el rey, sobre los súbditos y sobre el gobierno; pero dicho juicio se debió a los incrédulos y a los mismos papistas. No fue por el establecimiento, sino por la supresión del protestantismo, por lo que tres siglos más tarde habían de venir sobre Francia tan espantosas calamidades.

Todas las clases sociales se encontraban ahora presa de la sospecha, la desconfianza y el terror. En medio de la alarma general se notó cuán profundamente se habían arraigado las enseñanzas luteranas en las mentes de los hombres que más se distinguían por su brillante educación, su influencia y la superioridad de su carácter. Los puestos más honrosos y de más confianza quedaron de repente vacantes. Desaparecieron artesanos, impresores, literatos, catedráticos de las universidades, autores, y hasta cortesanos. A centenares salían huyendo de París, desterrándose voluntariamente de su propio país, dando así en muchos casos la primera indicación de que estaban en favor de la Reforma. Los papistas se admiraban al ver a tantos herejes de quienes no habían sospechado y que habían sido tolerados entre ellos. Su ira se descargó sobre la multitud de humildes víctimas que había a su alcance. Las cárceles quedaron atestadas y el aire parecía obscurecerse con el humo de tantas hogueras en que se hacía morir a los que profesaban el Evangelio.

Francisco I se vanagloriaba de ser uno de los caudillos del gran movimiento que hizo revivir las letras a principios del siglo XVI. Tenía especial deleite en reunir en su corte a literatos de todos los países. A su empeño de saber, y al desprecio que le inspiraba la ignorancia y la superstición de los frailes se debía, siquiera en parte, el grado de tolerancia que había concedido a los reformadores. Pero, en su celo por aniquilar la herejía, este fomentador del saber expidió un edicto declarando abolida la imprenta en toda Francia. Francisco I ofrece uno de los muchos ejemplos conocidos de cómo la cultura intelectual no es una salvaguardia contra la persecución y la intolerancia religiosa.

Francia, por medio de una ceremonia pública y solemne, iba a comprometerse formalmente en la destrucción del protestantismo. Los sacerdotes exigían que el insulto lanzado al Cielo en la condenación de la misa, fuese expiado con sangre, y que el rey, en nombre del pueblo, sancionara la espantosa tarea.

Se señaló el 21 de enero de 1535 para efectuar la terrible ceremonia. Se atizaron el odio hipócrita y los temores supersticiosos de toda la nación. París estaba repleto de visitantes que habían acudido de los alrededores y que invadían sus calles. Tenía que empezar el día con el desfile de una larga e imponente procesión. "Las casas por delante de las cuales debía pasar, estaban enlutadas, y se habían levantado altares, de trecho en trecho." Frente a todas las puertas había una luz encendida en honor del "santo sacramento." Desde el amanecer se formó la procesión en palacio. "Iban delante las cruces y los pendones de las parroquias, y después, seguían los particulares de dos en dos, y llevando teas encendidas."

A continuación seguían las cuatro órdenes de frailes, luciendo cada una sus vestiduras particulares. A éstas seguía una gran colección de famosas reliquias. Iban tras ella, en sus carrozas, los altos dignatarios eclesiásticos, ostentando sus vestiduras moradas y de escarlata adornadas con pedrerías, formando todo aquello un conjunto espléndido y deslumbrador.

"La hostia era llevada por el obispo de París bajo vistoso dosel ... sostenido por cuatro príncipes de los de más alta jerarquía. ... Tras ellos iba el monarca. ... Francisco I iba en esa ocasión despojado de su corona y de su manto real." Con "la cabeza descubierta y la vista hacia el suelo, llevando en su mano un cirio encendido," el rey de Francia se presentó en público, "como penitente."—Id., cap. 21. Se inclinaba ante cada altar, humillándose, no por los pecados que manchaban su alma, ni por la sangre inocente que habían derramado sus manos, sino por el pecado mortal de sus súbditos que se habían atrevido a condenar la misa. Cerraban la marcha la reina y los dignatarios del estado, que iban también de dos en dos llevando en sus manos antorchas encendidas.

Como parte del programa de aquel día, el monarca mismo dirigió un discurso a los dignatarios del reino en la vasta sala del palacio episcopal. Se presentó ante ellos con aspecto triste, y con conmovedora elocuencia, lamentó el "crimen, la blasfemia, y el día de luto y de desgracia" que habían sobrevenido a toda la nación. Instó a todos sus leales súbditos a que cooperasen en la extirpación de la herejía que amenazaba arruinar a Francia. "Tan cierto, señores, como que soy vuestro rey—declaró,—si yo supiese que uno de mis miembros estuviese contaminado por esta asquerosa podredumbre, os lo entregaría para que fuese cortado por vosotros. ... Y aun más, si viera a uno de mis hijos contaminado por ella, no lo toleraría, sino que lo entregaría yo mismo y lo sacrificaría a Dios." Las lágrimas le ahogaron la voz y la asamblea entera lloró, exclamando unánimemente: "¡Viviremos y moriremos en la religión católica!"—D'Aubigné, *Histoire de la Réformation au temps de Calvin*, lib. 4, cap. 12.

Terribles eran las tinieblas de la nación que había rechazado la luz de la verdad. "La gracia que trae salvación" se había manifestado; pero Francia, después de haber comprobado su poder y su santidad, después que millares de sus hijos hubieron sido alumbrados por su belleza, después que su radiante luz se hubo esparcido por ciudades y pueblos, se desvió y escogió las tinieblas en vez de la luz. Habían rehusado los franceses el don celestial cuando les fuera ofrecido. Habían llamado a lo malo bueno, y a lo bueno malo, hasta llegar a ser víctimas de su propio engaño. Y ahora, aunque creyeran de todo corazón que servían a Dios persiguiendo a su pueblo, su sinceridad no los dejaba sin culpa. Habían rechazado precisamente aquella luz que los hubiera salvado del engaño y librado sus almas del pecado de derramar sangre.

Se juró solemnemente en la gran catedral que se extirparía la herejía, y en aquel mismo lugar, tres siglos más tarde iba a ser entronizada la "diosa razón" por un pueblo que se había olvidado del Dios viviente. Volvióse a formar la procesión y los representantes de Francia se marcharon dispuestos a dar principio a la obra que habían jurado llevar a cabo. "De trecho en trecho, a lo largo del camino, se habían preparado hogueras para quemar vivos a ciertos cristianos protestantes, y las cosas estaban arregladas de modo que cuando se encendieran aquéllas al acercarse el rey, debía detenerse la procesión para presenciar la ejecución."—Wylie, lib. 13, cap. 21. Los detalles de los tormentos que sufrieron estos confesores de Cristo, no son para descritos; pero no hubo desfallecimiento en las víctimas. Al ser instado uno de esos hombres para que se retractase, dijo: "Yo sólo creo en lo que los profetas y apóstoles predicaron en los tiempos antiguos, y en lo que la comunión de los santos ha creído. Mi fe confía de tal manera en Dios que puedo resistir a todos los poderes del infierno."—D'Aubigné, *Histoire de la Réformation au temps de Calvin*, lib. 4, cap. 12.

La procesión se detenía cada vez frente a los sitios de tormento. Al volver al lugar de donde había partido, el palacio real, se dispersó la muchedumbre y se retiraron el rey y los prelados, satisfechos de los autos de aquel día y congratulándose entre sí porque la obra así comenzada se proseguiría hasta lograrse la completa destrucción de la herejía.

El Evangelio de paz que Francia había rechazado iba a ser arrancado de raíz, lo que acarrearía terribles consecuencias. El 21 de enero de 1793, es decir, a los doscientos cincuenta y ocho años cabales, contados desde aquel día en que Francia entera se comprometiera a perseguir a los reformadores, otra procesión, organizada con un fin muy diferente, atravesaba las calles de París. "Nuevamente era el rey la figura principal; otra vez veíase el mismo tumulto y oíase la misma gritería; pedíanse de nuevo más víctimas; volviéronse a erigir negros cadalsos, y nuevamente las escenas del día se clausuraron con espantosas ejecuciones; Luis XVI fue arrastrado a la guillotina, forcejeando con sus carceleros y verdugos que lo sujetaron fuertemente en la temible máquina hasta que cayó sobre su cuello la cuchilla y separó de sus hombros la cabeza que rodó sobre los tablones del cadalso."—Wylie, lib. 13, cap. 21. Y no fue él la única víctima; allí cerca del mismo sitio perecieron decapitados por la guillotina dos mil ochocientos seres humanos, durante el sangriento reinado del terror.

La Reforma había presentado al mundo una Biblia abierta, había desatado los sellos de los preceptos de Dios, e invitado al pueblo a cumplir sus mandatos. El amor infinito había presentado a los hombres con toda claridad los principios y los estatutos del cielo. Dios había dicho: "Los guardaréis pues para cumplirlos; porque en esto consistirá vuestra sabiduría y vuestra inteligencia a la vista de las naciones; las cuales oirán hablar de todos estos estatutos, y dirán: Ciertamente pueblo sabio y entendido es esta gran nación." (Deuteronomio 4:6, V.M.) Francia misma, al rechazar el don celestial, sembró la semilla de la anarquía y de la ruina; y la acción consecutiva e inevitable de la causa y del efecto resultó en la Revolución y el reinado del terror.

Mucho antes de aquella persecución despertada por los carteles, el osado y ardiente Farel se había visto obligado a huir de la tierra de sus padres. Se refugió en Suiza, y mediante los esfuerzos con que secundó la obra de Zuinglio, ayudó a inclinar el platillo de la balanza en favor de la Reforma. Iba a pasar en Suiza sus últimos años, pero no obstante siguió ejerciendo poderosa influencia en la Reforma en Francia. Durante los primeros años de su destierro, dirigió sus esfuerzos especialmente a extender en su propio país el conocimiento del Evangelio. Dedicó gran parte de su tiempo a predicar a sus paisanos cerca de la frontera, desde donde seguía la suerte del conflicto con infatigable constancia, y ayudaba con sus palabras de estímulo y sus consejos. Con el auxilio de otros desterrados, tradujo al francés los escritos del reformador alemán, y éstos y la Biblia vertida a la misma lengua popular se imprimieron en grandes cantidades, que fueron vendidas en toda Francia por los colportores. Los tales conseguían estos libros a bajo precio y con el producto de la venta avanzaban más y más en el trabajo.

Farel dio comienzo a sus trabajos en Suiza como humilde maestro de escuela. Se retiró a una parroquia apartada y se consagró a la enseñanza de los niños. Además de las clases usuales requeridas por el plan de estudios, introdujo con mucha prudencia las verdades de la Biblia, esperando alcanzar a los padres por medio de los niños. Algunos creyeron, pero los sacerdotes se apresuraron a detener la obra, y los supersticiosos campesinos fueron incitados a oponerse a ella. "Ese no puede ser el Evangelio de Cristo—decían con insistencia los sacerdotes,—puesto que su predicación no trae paz sino guerra."—Wylie, lib. 14, cap. 3. Y a semejanza de los primeros discípulos, cuando se le perseguía en una ciudad se iba para otra. Andaba de aldea en aldea, y de pueblo en pueblo, a pie, sufriendo hambre, frío, fatigas, y exponiendo su vida en todas partes. Predicaba en las plazas, en las iglesias y a veces en los púlpitos de las catedrales. En ocasiones se reunía poca gente a oírle; en otras, interrumpían su predicación con burlas y gritería, y le echaban abajo del púlpito. Más de una vez cayó en manos de la canalla, que le dio de golpes hasta dejarlo medio muerto. Sin embargo seguía firme en su propósito. Aunque le rechazaban a menudo, volvía a la carga con incansable perseverancia y logró al fin que una tras otra, las ciudades que habían sido los baluartes del papismo abrieran sus puertas al Evangelio. Fue aceptada la fe reformada en aquella pequeña parroquia donde había trabajado primero. Las ciudades de Morat y de Neuchatel renunciaron también a los ritos romanos y quitaron de sus templos las imágenes de idolatría.

Farel había deseado mucho plantar en Ginebra el estandarte protestante. Si esa ciudad podía ser ganada a la causa, se convertiría en centro de la Reforma para Francia, Suiza e Italia. Para conseguirlo prosiguió su obra hasta que los pueblos y las aldeas de alrededor quedaron conquistados por el Evangelio. Luego entró en Ginebra con un solo compañero. Pero no le permitieron que predicara sino dos sermones. Habiéndose empeñado en vano los sacerdotes en conseguir de las autoridades civiles que le condenaran, lo citaron a un concejo eclesiástico y allí fueron ellos llevando armas bajo sus sotanas y resueltos a asesinarle. Fuera de la sala, una furiosa turba, con palos y espadas, se agolpó para estar segura de matarle en caso de que lograse escaparse del concejo. La presencia de los magistrados y de una fuerza armada le salvaron de la muerte. Al día siguiente, muy temprano, lo condujeron con su compañero a la ribera opuesta del lago y los dejaron fuera de peligro. Así terminó su primer esfuerzo para evangelizar a Ginebra.

Para la siguiente tentativa el elegido fue un instrumento menos destacado: un joven de tan humilde apariencia que era tratado con frialdad hasta por los que profesaban ser amigos de la Reforma. ¿Qué podría hacer uno como él allí donde Farel había sido rechazado? ¿Cómo podría un hombre de tan poco valor y tan escasa experiencia, resistir la tempestad ante la cual había huído el más fuerte y el más bravo? "¡No por esfuerzo, ni con poder, sino por mi Espíritu! dice Jehová de los ejércitos." "Ha escogido Dios las cosas insensatas del mundo, para confundir a los sabios." "Porque lo insensato de Dios, es más sabio que los hombres, y lo débil de Dios es más fuerte que los hombres." (Zacarías 4:6; 1 Corintios 1:27, 25, V.M.)

Fromento principió su obra como maestro de escuela. Las verdades que inculcaba a los niños en la escuela, ellos las repetían en sus hogares. No tardaron los padres en acudir a escuchar la explicación de la Biblia, hasta que la sala de la escuela se llenó de atentos oyentes. Se distribuyeron gratis folletos y Nuevos Testamentos que alcanzaron a muchos que no se atrevían a venir públicamente a oír las nuevas doctrinas. Después de algún tiempo también este sembrador tuvo que huir; pero las verdades que había propagado quedaron grabadas en la mente del pueblo. La Reforma se había establecido e iba a desarrollarse y fortalecerse. Volvieron los predicadores, y merced a sus trabajos, el culto protestante se arraigó finalmente en Ginebra.

La ciudad se había declarado ya partidaria de la Reforma cuando Calvino, después de varios trabajos y vicisitudes, penetró en ella. Volvía de su última visita a su tierra natal y dirigíase a Basilea, cuando hallando el camino invadido por las tropas de Carlos V, tuvo que hacer un rodeo y pasar por Ginebra.

En esta visita reconoció Farel la mano de Dios. Aunque Ginebra había aceptado ya la fe reformada, quedaba aún una gran obra por hacer. Los hombres se convierten a Dios por individuos y no por comunidades; la obra de regeneración debe ser realizada en el corazón y en la conciencia por el poder del Espíritu Santo, y no por decretos de concilios. Si bien el pueblo ginebrino había desechado el yugo de Roma, no por eso estaba dispuesto a renunciar también a los vicios que florecieran en su seno bajo el dominio de aquélla. Y no era obra de poca monta la de implantar entre aquel pueblo los principios puros del Evangelio, y prepararlo para que ocupara dignamente el puesto a que la Providencia parecía llamarle.

Farel estaba seguro de haber hallado en Calvino a uno que podría unírsele en esta empresa. En el nombre de Dios rogó al joven evangelista que se quedase allí a trabajar. Calvino retrocedió alarmado. Era tímido y amigo de la paz, y quería evitar el trato con el espíritu atrevido, independiente y hasta violento de los ginebrinos. Por otra parte, su poca salud y su afición al estudio le inclinaban al retraimiento. Creyendo que con su pluma podría servir mejor a la causa de la Reforma, deseaba encontrar un sitio tranquilo donde dedicarse al estudio, y desde allí, por medio de la prensa, instruir y edificar a las iglesias. Pero la solemne amonestación de Farel le pareció un llamamiento del cielo, y no se atrevió a oponerse a él. Le pareció, según dijo, "como si la mano de Dios se hubiera extendido desde el cielo y le sujetase para detenerle precisamente en aquel lugar que con tanta impaciencia quería dejar."—D'Aubigné, *Histoire de la Réformation au temps de Calvin*, lib. 9, cap. 17.

La causa protestante se veía entonces rodeada de grandes peligros. Los anatemas del papa tronaban contra Ginebra, y poderosas naciones amenazaban destruirla. ¿Cómo iba tan pequeña ciudad a resistir a la poderosa jerarquía que tan a menudo había sometido a reyes y emperadores? ¿Cómo podría vencer los ejércitos de los grandes capitanes del siglo?

En toda la cristiandad se veía amenazado el protestantismo por formidables enemigos. Pasados los primeros triunfos de la Reforma, Roma reunió nuevas fuerzas con la esperanza de acabar con ella. Entonces fue cuando nació la orden de los jesuítas, que iba a ser el más cruel, el menos escrupuloso y el más formidable de todos los campeones del papado. Libres de todo lazo terrenal y de todo interés humano, insensibles a la voz del afecto natural, sordos a los argumentos de la razón y a la voz de la conciencia, no reconocían los miembros más ley, ni más sujeción que las de su orden, y no tenían más preocupación que la de extender su poderío. (Véase el Apéndice.) El Evangelio de Cristo había capacitado a sus adherentes para arrostrar los peligros y soportar los padecimientos, sin desmayar por el frío, el hambre, el trabajo o la miseria, y para sostener con denuedo el estandarte de la verdad frente al potro, al calabozo y a la hoguera. Para combatir contra estas fuerzas, el jesuitismo inspiraba a sus adeptos un fanatismo tal, que los habilitaba para soportar peligros similares y oponer al poder de la verdad todas las armas del engaño. Para ellos ningún crimen era demasiado grande, ninguna mentira demasiado vil, ningún disfraz demasiado difícil de llevar. Ligados por votos de pobreza y de humildad perpetuas, estudiaban el arte de adueñarse de la riqueza y del poder para consagrarlos a la destrucción del protestantismo y al restablecimiento de la supremacía papal.

Al darse a conocer como miembros de la orden, se presentaban con cierto aire de santidad, visitando las cárceles, atendiendo a los enfermos y a los pobres, haciendo profesión de haber renunciado al mundo, y llevando el sagrado nombre de Jesús, de Aquel que anduvo haciendo bienes. Pero bajo esta fingida mansedumbre, ocultaban a menudo propósitos criminales y mortíferos. Era un principio fundamental de la orden, que el fin justifica los medios. Según dicho principio, la mentira, el robo, el perjurio y el asesinato, no sólo eran perdonables, sino dignos de ser recomendados, siempre que sirvieran los intereses de la iglesia. Con muy diversos disfraces se introducían los jesuítas en los puestos del estado, elevándose hasta la categoría de consejeros de los reyes, y dirigiendo la política de las naciones. Se hacían criados para convertirse en espías de sus señores. Establecían colegios para los hijos de príncipes y nobles, y escuelas para los del pueblo; y los hijos de padres protestantes eran inducidos a observar los ritos romanistas. Toda la pompa exterior desplegada en el culto de la iglesia de Roma se aplicaba a confundir la mente y ofuscar y embaucar la imaginación, para que los hijos traicionaran aquella libertad por la cual sus padres habían trabajado y derramado su sangre. Los jesuítas se esparcieron rápidamente por toda Europa y doquiera iban lograban reavivar el papismo.

Para otorgarles más poder, se expidió una bula que restablecía la Inquisición. (Véase el Apéndice.) No obstante el odio general que inspiraba, aun en los países católicos, el terrible tribunal fue restablecido por los gobernantes obedientes al papa; y muchas atrocidades demasiado terribles para cometerse a la luz del día, volvieron a perpetrarse en los secretos y obscuros calabozos. En muchos países, miles y miles de representantes de la flor y nata de la nación, de los más puros y nobles, de los más inteligentes y cultos, de los pastores más piadosos y abnegados, de los ciudadanos más patriotas e industriosos, de los más brillantes literatos, de los artistas de más talento y de los artesanos más expertos, fueron asesinados o se vieron obligados a huir a otras tierras.

Estos eran los medios de que se valía Roma para apagar la luz de la Reforma, para privar de la Biblia a los hombres, y restaurar la ignorancia y la superstición de la Edad Media. Empero, debido a la bendición de Dios y al esfuerzo de aquellos nobles hombres que él había suscitado para suceder a Lutero, el protestantismo no fue vencido. Esto no se debió al favor ni a las armas de los príncipes. Los países más pequeños, las naciones más humildes e insignificantes, fueron sus baluartes. La pequeña Ginebra, a la que rodeaban poderosos enemigos que tramaban su destrucción; Holanda en sus bancos de arena del Mar del Norte, que luchaba contra la tiranía de España, el más grande y el más opulento de los reinos de aquel tiempo; la glacial y estéril Suecia, ésas fueron las que ganaron victorias para la Reforma.

Calvino trabajó en Ginebra por cerca de treinta años; primero para establecer una iglesia que se adhiriese a la moralidad de la Biblia, y después para fomentar el movimiento de la Reforma por toda Europa. Su carrera como caudillo público no fue inmaculada, ni sus doctrinas estuvieron exentas de error. Pero así y todo fue el instrumento que sirvió para dar a conocer verdades especialmente importantes en su época, y para mantener los principios del protestantismo, defendiéndolos contra la ola creciente del papismo, así como para instituir en las iglesias reformadas la sencillez y la pureza de vida en lugar de la corrupción y el orgullo fomentados por las enseñanzas del romanismo.

De Ginebra salían publicaciones y maestros que esparcían las doctrinas reformadas. Y a ella acudían los perseguidos de todas partes, en busca de instrucción, de consejo y de aliento. La ciudad de Calvino se convirtió en refugio para los reformadores que en toda la Europa occidental eran objeto de persecución. Huyendo de las tremendas tempestades que siguieron desencadenándose por varios siglos, los fugitivos llegaban a las puertas de Ginebra. Desfallecientes de hambre, heridos, expulsados de sus hogares, separados de los suyos, eran recibidos con amor y se les cuidaba con ternura; y hallando allí un hogar, eran una bendición para aquella su ciudad adoptiva, por su talento, su sabiduría y su piedad. Muchos de los que se refugiaron allí regresaron a sus propias tierras para combatir la tiranía de Roma. Juan Knox, el valiente reformador de Escocia, no pocos de los puritanos ingleses, los protestantes de Holanda y de España y los hugonotes de Francia, llevaron de Ginebra la antorcha de la verdad con que desvanecer las tinieblas en sus propios países.

13
EL DESPERTAR DE ESPAÑA

Colaboración*

Los comienzos del siglo XVI coinciden con "el período heroico de la historia de España, el período de la victoria final sobre los moros y de la romántica conquista de un nuevo mundo, período en que el entusiasmo religioso y militar elevó el carácter nacional de un modo extraordinario. Tanto en la guerra como en la diplomacia y en el arte de gobernar, se reconocía y temía la preeminencia de los españoles." A fines del siglo XV, Colón había descubierto y reunido a la corona de España "territorios dilatadísimos y fabulosamente ricos." En los primeros años del siglo XVI fue cuando el primer europeo vio el Océano Pacífico; y mientras se colocaba en Aquisgrán la corona de Carlomagno y Barbarroja sobre la cabeza de Carlos Quinto, "Magallanes llevaba a cabo el gran viaje que había de tener por resultado la circunnavegación del globo, y Cortés hallábase empeñado en la ardua conquista de México." Veinte años después "Pizarro había llevado a feliz término la conquista del Perú."—*Encyclopaedia Britannica*, novena ed., art. "Carlos Quinto."

Carlos Quinto ascendió al trono como soberano de España y Nápoles, de los Países Bajos, de Alemania y Austria "en tiempo en que Alemania se encontraba en un estado de agitación sin precedente."—*The New International Encyclopaedia*, art. "Carlos Quinto." Con la invención de la imprenta propagóse la Biblia por los hogares del pueblo, y como muchos aprendieran a leer para sí la Palabra de Dios, la luz de la verdad disipó las tinieblas de la superstición como por obra de una nueva revelación. Era evidente que había habido un alejamiento de las enseñanzas de los fundadores de la iglesia primitiva, tal cual se hallaban relatadas en el Nuevo Testamento. (Motley, *Histoire de la fondation de la République des Provinces Unies*, Introducción, XII.) Entre las órdenes monásticas "la vida conventual habíase corrompido al extremo de que los monjes más virtuosos no podían ya soportarla."—Kurtz, *Kirchengeschichte*, sec. 125. Otras muchas personas relacionadas con la iglesia se asemejaban muy poco a Jesús y a sus apóstoles. Los católicos sinceros, que amaban y honraban la antigua religión, se horrorizaban ante el espectáculo que se les ofrecía por doquiera. Entre todas las clases sociales se notaba "una viva percepción de las corrupciones" que se habían introducido en la iglesia, y "un profundo y general anhelo por la reforma."—*Id.*, sec. 122.

"Deseosos de respirar un ambiente más sano, surgieron por todas partes evangelistas inspirados por una doctrina más pura."—*Id.*, sec. 125. Muchos católicos cristianos, nobles y serios, entre los que se contaban no pocos del clero español e italiano, uniéronse a dicho movimiento, que rápidamente iba extendiéndose por Alemania y Francia. Como lo declaró el sabio arzobispo de Toledo, Bartolomé de Carranza, en sus *Comentarios del Catecismo*, aquellos piadosos prelados querían ver "revivir en su sencillez y pureza el antiguo espíritu de nuestros antepasados y de la iglesia primitiva."—Bartolomé Carranza y Miranda, *Comentarios sobre el catecismo cristiano*, Amberes, 1558, pág. 233; citado por Kurtz, sec. 139.

El clero de España era competente para tomar parte directiva en este retorno al cristianismo primitivo. Siempre amante de la libertad, el pueblo español durante los primeros siglos de la era cristiana se había negado resueltamente a reconocer la supremacía de los obispos de Roma; y sólo después de transcurridos ocho siglos le reconocieron al fin a Roma el derecho de entremeterse con autoridad en sus asuntos internos. Fue precisamente con el fin de aniquilar ese espíritu de libertad, característico del pueblo español hasta en los siglos posteriores en que

---

* Este capítulo fué compilado por los Sres. C. C. Crisler y H. H. Hall, y se insertó en esta obra con la aprobación de la autora.

había reconocido ya la supremacía papal, con el que, en 1483, Fernando e Isabel, en hora fatal para España, permitieron el establecimiento de la Inquisición como tribunal permanente en Castilla y su restablecimiento en Aragón, con Tomás de Torquemada como inquisidor general.

Durante el reinado de Carlos Quinto "la represión de las libertades del pueblo, que ya había ido tan lejos en tiempo de su abuelo, y que su hijo iba a reducir a sistema, siguió desenfrenadamente, ... no obstante las apelaciones de las Cortes. Todas las artes de su famoso ministro, el cardenal Jiménez, fueron requeridas para impedir un rompimiento manifiesto. Al principio del reinado del monarca (1520) las ciudades de Castilla se vieron impulsadas a sublevarse para conservar sus antiguas libertades. Sólo a duras penas logró sofocarse la insurrección (1521)."—*The New International Encyclopaedia*, ed. de 1904, art. "Carlos Quinto." La política de este soberano consistía, como había consistido la de su abuelo Fernando, en oponerse al espíritu de toda una época, considerando tanto las almas como los cuerpos de las muchedumbres como propiedad personal de un individuo. (Motley, Introducción, X.) Como lo ha dicho un historiador: "El soberbio imperio de Carlos Quinto levantóse sobre la tumba de la libertad."—*Id.*, Prefacio.

A pesar de tan extraordinarios esfuerzos para despojar a los hombres de sus libertades civiles y religiosas, y hasta de la del pensamiento, "el ardor del entusiasmo religioso, unido al instinto profundo de la libertad civil" (*Id.*, XI), indujo a muchos hombres y mujeres piadosos a aferrarse tenazmente a las enseñanzas de la Biblia y a sostener el derecho que tenían de adorar a Dios según los dictados de su conciencia. De aquí que por España se propagase un movimiento análogo al de la revolución religiosa que se desarrollaba en otros países. Al paso que los descubrimientos que se realizaban en un mundo nuevo prometían al soldado y al mercader territorios sin límites y riquezas fabulosas, muchos miembros de entre las familias más nobles fijaron resueltamente sus miradas en las conquistas más vastas y riquezas más duraderas del Evangelio. Las *enseñanzas de las Sagradas Escrituras* estaban abriéndose paso silenciosamente en los corazones de hombres como el erudito Alfonso de Valdés, secretario de Carlos Quinto; su hermano, Juan de Valdés, secretario del virrey de Nápoles; y el elocuente Constantino Ponce de la Fuente, capellán y confesor de Carlos Quinto, de quien Felipe II dijo que era "muy gran filósofo y profundo teólogo y de los más señalados hombres en el púlpito y elocuencia que ha habido de tiempos acá."[1] Más allá aún fue la influencia de las Sagradas Escrituras al penetrar en el rico monasterio de San Isidro del Campo, donde casi todos los monjes recibieron gozosos la Palabra de Dios cual antorcha para sus pies y luz sobre su camino. Hasta el arzobispo Carranza, después de haber sido elevado a la primacía, se vio obligado durante cerca de veinte años a batallar en defensa de su vida entre los muros de la Inquisición, porque abogaba por las doctrinas de la Biblia.[2]

---

[1]   J. Cristóbal Calvete de Estrella, *El felicísimo viaje del príncipe D. Felipe . . . desde España a sus tierras de la Baja Alemania*, obra citada por M'Crie, en *The Reformation in Spain*, cap. 7, párr. 19 (ed. de 1856, Edimburgo).

[2]   Por mandato de Felipe II, el arzobispo Carranza pasó "muchos años leyendo libros heréticos," con el objeto de refutarlos. A esta influencia atribuyen los historiadores el que, de implacable enemigo del protestantismo, se convirtiera en secreto sostenedor de él. Acusado de herejía fué encarcelado por la Inquisición en España; mas, como primado, hizo "recusación de todos los arzobispos y obispos de" España "para sus jueces." Como apelara al papa, fué transferido a Roma, donde, después de haber sido encarcelado durante muchos años, se le sentenció finalmente a un nuevo término de encarcelamiento en un convento de los domínicos, por haber "bebido prava doctrina de muchos herejes condenados, como de Martín Lutero, Juan Ecolampadio, Felipe Melanchton y otros." (De Castro y Rossi, *Historia de los protestantes españoles y de su persecución por Felipe II*, págs. 223, 231.) Véase una relación detallada de las enseñanzas y del largo juicio de Carranza, en la obra de C.A. Wilkens titulada *Spanish Protestants in the Sixteenth Century*, cap. 15.

Ya en 1519 empezaron a aparecer, en forma de pequeños folletos en latín, los escritos de los reformadores de otros países, a los que siguieron, meses después, obras de mayor aliento, escritas casi todas en castellano. En ellas se ponderaba la Biblia como piedra de toque que debía servir para probar cualquier doctrina, se exponía sabiamente la necesidad que había de reformas, y se explicaban con claridad las grandes verdades relativas a la justificación por la fe y a la libertad mediante el Evangelio.

"La primera, la más noble, la más sublime de todas las obras—enseñaban los reformadores—es la fe en Jesucristo. De esta obra deben proceder todas las obras." "Un cristiano que tiene fe en Dios lo hace todo con libertad y con gozo; mientras que el hombre que no está con Dios vive lleno de cuidados y sujeto siempre a servidumbre. Este se pregunta a sí mismo con angustia, cuántas obras buenas tendrá que hacer; corre acá y acullá; pregunta a éste y a aquél; no encuentra la paz en parte alguna, y todo lo ejecuta con disgusto y con temor." "La fe viene únicamente de Jesucristo, y nos es prometida y dada gratuitamente. ¡Oh hombre! represéntate a Cristo, y considera cómo Dios te muestra en él su misericordia, sin ningún mérito de tu parte. Saca de esta imagen de su gracia la fe y la certidumbre de que todos tus pecados te están perdonados: esto no lo pueden producir las obras. De la sangre, de las llagas, de la misma muerte de Cristo es de donde mana esa fe que brota en el corazón."[3]

En uno de los tratados se explicaba del siguiente modo la diferencia que media entre la excelencia de la fe y las obras humanas:

"Dios dijo: 'Quien creyere y fuere bautizado, será salvo.' Esta promesa de Dios debe ser preferida a toda la ostentación de las obras, a todos los votos, a todas las satisfacciones, a todas las indulgencias, y a cuanto ha inventado el hombre; porque de esta promesa, si la recibimos con fe, depende toda nuestra felicidad. Si creemos, nuestro corazón se fortalece con la promesa divina; y aunque el fiel quedase despojado de todo, esta promesa en que cree, le sostendría. Con ella resistiría al adversario que se lanzara contra su alma; con ella podrá responder a la despiadada muerte, y ante el mismo juicio de Dios. Su consuelo en todas sus adversidades consistirá en decir: Yo recibí ya las primicias de ella en el bautismo; si Dios es conmigo, ¿quién será contra mí? ¡Oh! ¡qué rico es el cristiano y el bautizado! nada puede perderle a no ser que se niegue a creer."

"Si el cristiano encuentra su salud eterna en la renovación de su bautismo por la fe—preguntaba el autor de este tratado,—¿qué necesidad tiene de las prescripciones de Roma? Declaro pues—añadía—que ni el papa, ni el obispo, ni cualquier hombre que sea, tiene derecho de imponer lo más mínimo a un cristiano sin su consentimiento. Todo lo que no se hace así, se hace tiránicamente. Somos libres con respecto a todos. ... Dios aprecia todas las cosas según la fe, y acontece a menudo que el simple trabajo de un criado o de una criada es más grato a Dios que los ayunos y obras de un fraile, por faltarle a éste la fe. El pueblo cristiano es el verdadero pueblo de Dios."—D'Aubigné, *Histoire de la Réformation du seizième siècle*, lib. 6, cap. 6.

En otro tratado se enseñaba que el verdadero cristiano, al ejercer la libertad que da la fe, tiene buen cuidado también en respetar los poderes establecidos. El amor a sus semejantes le induce a portarse de un modo circunspecto y a ser leal a los que gobiernan el país. "Aunque el cristiano ... [sea] libre, se hace voluntariamente siervo, para obrar con sus hermanos como Dios obró con él mismo por Jesucristo."

---

[3] D'Aubigné, *Historia de la Reforma del siglo XVI*, lib. 6, cap. 2. Este lenguaje es muy semejante al que empleó el arzobispo Carranza, quien dijo en su *Catecismo cristiano* que "la fe sin las obras es muerta, puesto que las obras son una indicación segura de la existencia de la fe;" que "nuestras buenas obras tienen valor solamente cuando son ejecutadas por amor de Cristo, y que, si prescindimos de él, no valen nada; que "los sufrimientos de Cristo son del todo suficientes para salvar de todo pecado;" y que "él carga con nuestros pecados y nosotros quedamos libres."—*Spanish Protestants in the Sixteenth Century*, por C.A. Wilkens, cap, 15.

"Yo quiero—dice el autor—servir libre, gozosa y desinteresadamente. a un Padre que me ha dado toda la abundancia de sus bienes; quiero obrar hacia mis hermanos, así como Cristo obró hacia mí." "De la fe—prosigue el autor—dimana una vida llena de libertad, de caridad y de alegría. ¡Oh! ¡cuán elevada y noble es la vida del cristiano! ... Por la fe se eleva el cristiano hasta Dios; por el amor, desciende hasta al hombre; y no obstante permanece siempre en Dios. He aquí la verdadera libertad; libertad que sobrepuja a toda otra libertad, tanto como los cielos distan de la tierra."—D'Aubigné, *Historia de la Reforma del siglo* XVI, lib. 6, cap. 7.

Estas exposiciones de la libertad del Evangelio no podían dejar de llamar la atención en un país donde el amor a la libertad era tan arraigado. Los tratados y folletos pasaron de mano en mano. Los amigos del movimiento evangélico en Suiza, Alemania y los Países Bajos seguían mandando a España gran número de publicaciones. No era tarea fácil para los comerciantes burlar la vigilancia de los esbirros de la Inquisición, que hacían cuanto podían para acabar con las doctrinas reformadas, contrarrestando la ola de literatura que iba inundando al país. [4]

No obstante, los amigos de la causa perseveraron, hasta que muchos miles de tratados y de libritos fueron introducidos de contrabando, burlando la vigilancia de los agentes apostados en los principales puertos del Mediterráneo y a lo largo de los pasos del Pirineo. A veces se metían estas publicaciones dentro de fardos de heno o de yute (cáñamo de las Indias), o en barriles de vino de Borgoña o de Champaña. (H. C. Lea, *Chapters from the Religious History of Spain*, pág. 28.) A veces iban empaquetadas en un barril interior impermeable dentro de otro barril más grande lleno de vino. Año tras año, durante la mayor parte del siglo décimosexto, hiciéronse esfuerzos constantes para abastecer al pueblo con Testamentos y Biblias en castellano y con los escritos de los reformadores. Era una época en que "la Palabra impresa había tomado un vuelo que la llevaba, como el viento lleva las semillas, hasta los países más remotos."—D'Aubigné, lib. 1, cap. 9.

Entretanto, la Inquisición trataba de impedir con redoblada vigilancia que dichos libros llegasen a manos del pueblo. "Los dueños de librerías tuvieron que entregarle tantos libros, que casi se arruinaban."—Dr. J. P. Fisher, *Historia de la Reformación*, pág. 359. Ediciones enteras fueron confiscadas, y no obstante ejemplares de obras importantes, inclusive muchos Nuevos Testamentos y porciones del Antiguo, llegaban a los hogares del pueblo, merced a los esfuerzos de los comerciantes y colportores. Esto sucedía así especialmente en las provincias del norte, en Cataluña, Aragón y Castilla la Vieja, donde los valdenses habían sembrado pacientemente la semilla que empezaba a brotar y que prometía abundante cosecha. [5]

Uno de los colportores más tesoneros y afortunados en la empresa fue Julián Hernández, un enano que, disfrazado a menudo de buhonero o de arriero, hizo muchos viajes a España, ya cruzando los Pirineos, ya entrando por alguno de los

---

[4]   El extinto Dr. Ed. Boehme, de la universidad de Estrasburgo, y miembro correspondiente de la Real Academia Española, hace un curioso relato de este comercio en libros protestantes entre Alemania y España, en su obra inglesa *Spanish Reformers of Two Centuries from 1520*, tomo 2, págs. 64, 65. Dicho relato, basado en documentos de la época, denota un comercio muy activo llevado a cabo secretamente con amigos de la causa protestante en España.

[5]   Para un relato de las primitivas colonias de cristianos valdenses en el norte de España, véase Perrin, *Histoire des Vaudois*, lib. 3, cap. 7; lib. 4, cap. 2; lib. 5, cap. 8. Según ella muchos de los valdenses, huyendo de la persecución, se establecieron "en Cataluña y en el reino de Aragón. Es lo que hace notar Mateo París, al decir que en tiempo del papa Gregorio IX había gran número de valdenses en España, y por el año 1214, en tiempo del papa Alejandro IV, el cual se quejó en una de sus bulas, de que se les había dejado arraigarse tanto, y de que no se les hubiese molestado para multiplicarse come lo habían hecho. Efectivamente en tiempo de Gregorio IX crecieron tanto en número y crédito, que establecieron obispos sobre sus rebaños pare que les predicasen sus doctrinas, lo cual, al saberlo los otros obispos, fué causa de atroz persecución." (Cap. 18, págs. 245, 246)

puertos del sur de España. Según testimonio del escritor jesuíta, fray Santiáñez, era Julián un español que "salió de Alemania con designio de infernar toda España y corrió gran parte de ella, repartiendo muchos libros de perversa doctrina por varias partes y sembrando las herejías de Lutero en hombres y mujeres; y especialmente en Sevilla. Era sobremanera astuto y mañoso, (condición propia de herejes). Hizo gran daño en toda Castilla y Andalucía. Entraba y salía por todas partes con mucha seguridad con sus trazas y embustes, pegando fuego en donde ponía los pies."[6]

Mientras la difusión de impresos daba a conocer en España las doctrinas reformadas, "debido a la extensión del gobierno de Carlos Quinto sobre Alemania y los Países Bajos, se estrechaban más las relaciones de España con estos países, proporcionando a los españoles, tanto seglares como eclesiásticos, una buena oportunidad para informarse acerca de las doctrinas protestantes, y no pocos les dieron favorable acogida."—Fisher, *Historia de la Reformación*, pág. 360. Entre ellos se encontraban algunos que, como Alfonso y Juan de Valdés, hijos de Don Fernando de Valdés, corregidor de la antigua ciudad de Cuenca, desempeñaban altos puestos públicos.

Alfonso de Valdés que, como secretario imperial, acompañó a Carlos Quinto con motivo de su coronación, en 1520, y a la dieta de Worms, en 1521, aprovechó su viaje a Alemania y a los Países Bajos para informarse bien respecto al origen y a la propagación del movimiento evangélico, y escribió dos cartas a sus amigos de España haciendo un relato completo de cuanto había oído, incluso un informe detallado de la comparecencia de Lutero ante la dieta.[7] Unos diez años después estuvo con Carlos Quinto en la dieta de Augsburgo, donde tuvo oportunidad para conversar libremente con Melanchton, a quien aseguró que "su influencia había contribuido a librar el ánimo del emperador de … falsas impresiones; y que en una entrevista posterior se le había encargado dijera a Melanchton que su majestad deseaba que éste escribiera un compendio claro de las opiniones de los luteranos, poniéndolas en oposición, artículo por artículo, con las de sus adversarios. El reformador accedió gustoso al pedido, y el resultado de su labor fue comunicado por Valdés a Campegio, legado del papa. Este acto no se le escapó al ojo vigilante de la Inquisición. Luego que Valdés regresó a su país natal, se le acusó ante el '*Santo Oficio*' y fue condenado como sospechoso de luteranismo."—M'Crie, cap. 4.

El poder del Espíritu Santo que asistió a los reformadores en la tarea de presentar las verdades de la Palabra de Dios durante las grandes dietas convocadas de tanto en tanto por Carlos Quinto, hizo gran impresión en el ánimo de los nobles y de los dignatarios de la iglesia que de España acudieron a aquéllas. Por más que a algunos de éstos, como al arzobispo Carranza, se les contase durante muchos años entre los más decididos partidarios del catolicismo romano, con todo no pocos cedieron al fin a la convicción de que era verdaderamente Dios quien dirigía y enseñaba a aquellos intrépidos defensores de la verdad, que, con la Biblia, abogaban por el retorno al cristianismo primitivo y a la libertad del Evangelio.

Entre los primeros reformadores españoles que se valieron de la imprenta para esparcir el conocimiento de la verdad bíblica, hay que mencionar a Juan de Valdés, hermano de Alfonso, sabio jurisconsulto y secretario del virrey español de Nápoles. Sus obras se caracterizaban por un "amor a la libertad, digno del más alto encarecimiento."[8] Escritas "con gran maestría y agudeza, en estilo ameno y con

---

[6]   MS. *Historia de la Compañía de Jesús en esta provincia de Andalucía*, citada por De Castro, *Historia de los protestantes españoles*, nota (1), pág. 250. (El MS. original se encuentra en la biblioteca "Columbina," Washington.)

[7]   "Hay razón para creer que la primera de estas cartas se publicó en aquel entonces." —M'Crie, cap. 4.

[8]   De Castro, *Historia de los protestantes españoles*, págs. 99-102. En una nota (págs. 104, 105), De Castro publica una lista de las obras de este reformador.

pensamientos muy originales" contribuyeron grandemente a echar los cimientos del protestantismo en España.

"En Sevilla y Valladolid los protestantes llegaron a contar con el mayor número de adeptos." Pero como "los que adoptaron la interpretación reformada del Evangelio, se contentaron por regla general con su promulgación, sin atacar abiertamente la teología o la iglesia católica" (Fisher, *Historia de la Reformación*, pág. 361), sólo a duras penas podían los creyentes reconocerse unos a otros, pues temían revelar sus verdaderos sentimientos a los que no les parecían dignos de confianza. En la providencia de Dios, fue un golpe dado por la misma Inquisición el que rompió en Valladolid aquella valla de retraimiento, y el que les hizo posible a los creyentes reconocerse y hablar unos con otros.

Francisco San Román, natural de Burgos, e hijo del alcalde mayor de Bribiesca, en el curso de sus viajes comerciales tuvo oportunidad de visitar a Bremen, donde oyó predicar las doctrinas evangélicas. De regreso a Amberes fue encarcelado durante ocho meses, pasados los cuales se le permitió proseguir su viaje a España, donde se creía que guardaría silencio. Pero, cual aconteciera con los apóstoles de antaño, no pudo "dejar de hablar las cosas que había visto y oído" debido a lo cual no tardó en ser "entregado a la Inquisición en Valladolid."

"Corto fue su proceso. … Confesó abiertamente su fe en las principales doctrinas de la Reforma, es a saber que nadie se salva por sus propias obras, méritos o fuerzas, sino únicamente debido a la gracia de Dios, mediante el sacrificio de un solo Medianero." Ni con súplicas ni con torturas pudo inducírsele a que se retractara; se le sentenció, pues, a la hoguera, y sufrió el martirio en un notable auto de fe, en 1544.

Hacía cerca de un cuarto de siglo que la doctrina reformada había llegado por primera vez a Valladolid, empero durante dicho período "sus discípulos se habían contentado con guardarla en sus corazones o hablar de ella con la mayor cautela a sus amigos de confianza. El estudio y la meditación, avivados por el martirio de San Román, pusieron fin a tal retraimiento. Expresiones de simpatía por su suerte, o de admiración por sus opiniones, dieron lugar a conversaciones, en cuyo curso los que favorecían la nueva fe, como se la llamaba, pudieron fácilmente reconocerse unos a otros. El celo y la magnanimidad de que dio prueba el mártir al arrostrar el odio general y al sufrir tan horrible muerte por causa de la verdad, provocó la emulación hasta de los más tímidos de aquéllos; de suerte que, pocos años después de aquel auto, se organizaron formando una iglesia que se reunía con regularidad, en privado, para la instrucción y el culto religioso." —M'Crie, cap. 4.

Esta iglesia, cuyo desarrollo fue fomentado por los esfuerzos de la Inquisición, tuvo por primer pastor a Domingo de Rojas. "Su padre fue Don Juan, primer marqués de Poza; su madre fue hija del conde de Salinas, y descendía de la familia del marqués de la Mota. … Además de los libros de los reformadores alemanes, con los que estaba familiarizado, propagó ciertos escritos suyos, y particularmente un tratado con el título de *Explicación de los artículos de fe*, que contenía una corta exposición y defensa de las nuevas opiniones." "Rechazaba como contraria a las Escrituras la doctrina del purgatorio, la misa y otros artículos de la fe establecida." "Merced a sus exhortaciones llenas de celo, muchos fueron inducidos a unirse a la iglesia reformada de Valladolid, entre los que se contaban varios miembros de la familia del mismo Rojas, como también de la del marqués de Alcañices y de otras familias nobles de Castilla."—*Id.*, cap. 6. Después de algunos años de servicio en la buena causa, Rojas sufrió el martirio de la hoguera. Camino del sitio del suplicio, pasó frente al palco real, y preguntó al rey: "¿Cómo podéis, señor, presenciar así los tormentos de vuestros inocentes súbditos? Salvadnos de muerte tan cruel." "No—replicó Felipe,—yo mismo llevaría la leña para quemar a mi propio hijo si fuese un miserable como tú."—*Id.*, cap. 7.

El Dr. Don Agustín Cazalla, compañero y sucesor de Rojas, "era hijo de Pedro Cazalla, oficial mayor del tesoro real" y se le consideraba como "a uno de los principales oradores sagrados de España." En 1545 fue nombrado capellán del emperador "a quien acompañó el año siguiente a Alemania," y ante quien predicó ocasionalmente años después, cuando Carlos Quinto se hubo retirado al convento de Yuste. De 1555 a 1559 tuvo Cazalla oportunidad para pasar larga temporada en Valladolid, de donde era natural su madre, en cuya casa solía reunirse secretamente para el culto de la iglesia protestante. "No pudo resistir a las repetidas súplicas con que se le instó para que se hiciera cargo de los intereses espirituales de ésta; la cual, favorecida con el talento y la nombradía del nuevo pastor, creció rápidamente en número y respetabilidad."—*Id.*, cap. 6.

En Valladolid "la doctrina reformada penetró hasta en los monasterios. Fue abrazada por gran número de las monjas de Sta. Clara, y de la orden cisterciense de San Belén, y contaba con personas convertidas entre la clase de mujeres devotas, llamadas beatas, que … se dedicaban a obras de caridad."

"Las doctrinas protestantes se esparcieron por todas partes alrededor de Valladolid, habiendo convertidos en casi todas las ciudades y en muchos de los pueblos del antiguo reino de León. En la ciudad de Toro fueron aceptadas las nuevas doctrinas por … Antonio Herrezuelo, abogado de gran talento, y por miembros de las familias de los marqueses de la Mota y de Alcañices. En la ciudad de Zamora, Don Cristóbal de Padilla era cabeza de los protestantes." De éstos los había también en Castilla la Vieja, en Logroño, en la raya de Navarra, en Toledo y en las provincias de Granada, Murcia, Valencia y Aragón. "Formaron agrupaciones en Zaragoza, Huesca, Barbastro y en otras muchas ciudades."—*Ibid.*

Respecto al carácter y posición social de los que se unieron al movimiento reformador en España, se expresa así el historiador: "Tal vez no hubo nunca en país alguno tan gran proporción de personas ilustres, por su cuna o por su saber, entre los convertidos a una religión nueva y proscrita. Esta circunstancia ayuda a explicar el hecho singular de que un grupo de disidentes que no bajaría de dos mil personas, diseminadas en tan vasto país, y débilmente relacionadas unas con otras, hubiese logrado comunicar sus ideas y tener sus reuniones privadas durante cierto número de años, sin ser descubierto por un tribunal tan celoso como lo fue el de la Inquisición."—*Ibid.*

Al paso que la Reforma se propagaba por todo el norte de España, con Valladolid por centro, una obra de igual importancia, centralizada en Sevilla, llevábase a cabo en el sur. Merced a una serie de circunstancias providenciales, Rodrigo de Valero, joven acaudalado, fue inducido a apartarse de los deleites y pasatiempos de los ricos ociosos y a hacerse heraldo del Evangelio de Cristo. Hízose de un ejemplar de la Vulgata, y aprovechaba todas las oportunidades para aprender el latín, en que estaba escrita su Biblia. "A fuerza de estudiar día y noche," pronto logró familiarizarse con las enseñanzas de las Sagradas Escrituras. El ideal sostenido por ellas era tan patente y diferente del clero, que Valero se sintió obligado a hacerle ver a éste cuánto se habían apartado del cristianismo primitivo todas las clases sociales, tanto en cuanto a la fe como en cuanto a las costumbres; la corrupción de su propia orden, que había contribuido a inficionar toda la comunidad cristiana; y el sagrado deber que le incumbía a la orden de aplicar inmediato y radical remedio antes que el mal se volviera del todo incurable. Estas representaciones iban siempre acompañadas de una apelación a las Sagradas Escrituras como autoridad suprema en materia de religión, y de una exposición de las principales doctrinas que aquéllas enseñan."—*Id.*, cap. 4. "Y esto lo decía—escribe Cipriano de Valera—no por rincones, sino en medio de las plazas y calles, y en las gradas de Sevilla."—Cipriano de Valera, *Dos tratados del papa, y de la misa*, págs. 242-246.

El más distinguido entre los conversos de Rodrigo de Valero fue el Dr. Egidio (Juan Gil), canónigo mayor de la corte eclesiástica de Sevilla (De Castro, pág.

109), quien, no obstante su extraordinario saber, no logró por muchos años alcanzar popularidad como predicador. Valero, reconociendo la causa del fracaso del Dr. Egidio, le aconsejó "estudiara día y noche los preceptos y doctrinas de la Biblia; y la frialdad impotente con que había solido predicar fue substituída con poderosos llamamientos a la conciencia y tiernas pláticas dirigidas a los corazones de sus oyentes. Despertóse la atención de éstos, que llegaron a la íntima convicción de la necesidad y ventaja de aquella salvación revelada por el Evangelio; de este modo los oyentes fueron preparados para recibir las nuevas doctrinas de la verdad que les presentara el predicador, tales cuales a él mismo le eran reveladas, y con la precaución que parecía aconsejar y requerir tanto la debilidad del pueblo como la peligrosa situación del predicador."

"De este modo y debido a un celo ... atemperado con prudencia, ... cúpole la honra no sólo de ganar convertidos a Cristo, sino de educar mártires para la verdad. 'Entre las demás dotes celestiales de aquel santo varón,' decía uno de sus discípulos,[9] 'era verdaderamente de admirar el que a todos aquellos cuya instrucción religiosa tomaba sobre sí, parecía que en su misma doctrina, les aplicaba al alma una tea de un fuego santo, inflamándolos con ella para todos los ejercicios piadosos, así internos como externos, y encendiéndolos particularmente para sufrir y aun amar la cruz que les amenazaba: en esto sólo, en los iluminados con la luz divina, daba a conocer que le asistía Cristo en su ministerio, puesto que, en virtud de su Espíritu grababa en los corazones de los suyos las mismas palabras que el con su boca pronunciaba.' —M'Crie, cap. 4.

El Dr. Egidio contaba entre sus convertidos al Dr. Vargas. como también al Dr. Constantino Ponce de la Fuente, hombre de talento poco común, que había predicado durante muchos años en la catedral de Sevilla, y a quien en 1539, con motivo de la muerte de la emperatriz, se había elegido para pronunciar la oración fúnebre. En 1548 el Dr. Constantino acompañó, por mandato real, al príncipe Felipe a los Países Bajos "para hacer ver a los flamencos que no le faltaban a España sabios y oradores corteses" (Geddes, *Miscellaneous Tracts*, tomo 1, pág. 556); y de regreso a Sevilla predicaba regularmente en la catedral cada dos domingos. "Cuando el tenía que predicar (y predicaba por lo común a las ocho), era tanta la concurrencia del pueblo, que a las cuatro, muchas veces aun a las tres de la madrugada, apenas se encontraba en el templo sitio cómodo para oírle."[10]

Era, en verdad, una grandísima bendición para los creyentes protestantes de Sevilla, tener como guías espirituales a hombres como los Dres. Egidio y Vargas, y el elocuente Constantino que cooperó con tanto ánimo y de un modo incansable para el adelanto de la causa que tanto amaban. "Asiduamente ocupados en el desempeño de sus deberes profesionales durante el día, se reunían de noche con los amigos de la doctrina reformada, unas veces en una casa particular, otras veces en otra; el pequeño grupo de Sevilla creció insensiblemente, y llego a ser el tronco principal del que se tomaron ramas para plantarlas en la campiña vecina."—M'Crie, cap. 4.

Durante su ministerio, "Constantino, a la par que instruía al pueblo de Sevilla desde el púlpito, se ocupaba en propagar el conocimiento religioso por el país por medio de la prensa. El carácter de sus escritos nos muestra con plena claridad lo excelente de su corazón. Eran aquéllos adecuados a las necesidades espirituales de sus paisanos, pero no calculados para lucir sus talentos, o para ganar fama entre los sabios. Fueron escritos en su idioma patrio, en estilo al alcance de las

---

[9] Reinaldo Gonzales de Montes (Reginaldo Montano), *Artes de la Inquisición Española*, ed. castellana, Madrid, 1851, págs 252, 253, 281-285, 292-303; ed. latinas, Heidelberg, 1567, y Madrid, 1857, págs. 231, 256-259, 265-274.

[10] R. Gonzales Montano (ed. 1567, pág. 278), citado en la "*Exposición del primer salmo*, por Constantino Ponce de la Fuente." Bonn, 3a. ed., 1881, apéndice del editor (Ed. Böhmer), pág. 236.

inteligencias menos desarrolladas. Las especulaciones abstractas y los adornos retóricos, en los que por naturaleza y educación podía sobresalir, sacrificólos sin vacilar, persiguiendo el único fin de que todos lo entendieran y resultara útil a todos."—*Id.*, cap. 6. Es un hecho histórico singular y por demás significativo que cuando Carlos Quinto, cansado de la lucha contra la propagación del protestantismo, lucha en que había pasado casi toda su vida, había abdicado el trono y se había retirado a un convento en busca de descanso, fue uno de los libros del Dr. Constantino, su Suma de doctrina cristiana, la que el rey escogió como una de las treinta obras favoritas que constituían aproximadamente toda su biblioteca. (Véase Stirling, *The Cloister Life of the Emperor Charles the Fifth*, pág. 266.)

Si se tienen en cuenta el carácter y la alta categoría de los caudillos del protestantismo en Sevilla, no resulta extraño que la luz del Evangelio brillase allí con claridad bastante para iluminar no sólo muchos hogares del bajo pueblo, sino también los palacios de príncipes, nobles y prelados. La luz brilló con tanta claridad que, como sucedió en Valladolid, penetró hasta en algunos de los monasterios, que a su vez volviéronse centros de luz y bendición. "El capellán del monasterio dominicano de S. Pablo propagaba con celo" las doctrinas reformadas. Se contaban discípulos en el convento de Santa Isabel y en otras instituciones religiosas de Sevilla y sus alrededores.

Empero fue en "el convento jeronimiano de San Isidro del Campo, uno de los más célebres monasterios de España," situado a unos dos kilómetros de Sevilla, donde la luz de la verdad divina brilló con más fulgor. Uno de los monjes, García de Arias, llamado vulgarmente Dr. Blanco, enseñaba precavidamente a sus hermanos "que el recitar en los coros de los conventos, de día y de noche, las sagradas preces, ya rezando ya cantando, no era rogar a Dios; que los ejercicios de la verdadera religión eran otros que los que pensaba el vulgo religioso; que debían leerse y meditarse con suma atención las Sagradas Escrituras, y que sólo de ellas se podía sacar el verdadero conocimiento de Dios y de su voluntad."—R. Gonzales de Montes, págs. 258-272; (237-247). Esta enseñanza púsola hábilmente en realce otro monje, Casiodoro de Reyna, "que se hizo célebre posteriormente traduciendo la Biblia en el idioma de su país." La instrucción dada por tan notables personalidades preparó el camino para "el cambio radical" que, en 1557, fue introducido "en los asuntos internos de aquel monasterio." "Habiendo recibido un buen surtido de ejemplares de las Escrituras y de libros protestantes, en castellano, los frailes los leyeron con gran avidez, circunstancia que contribuyó a confirmar desde luego a cuantos habían sido instruídos, y a librar a otros de las preocupaciones de que eran esclavos. Debido a esto el prior y otras personas de carácter oficial, de acuerdo con la cofradía, resolvieron reformar su institución religiosa. Las horas, llamadas de rezo, que habían solido pasar en solemnes momerías, fueron dedicadas a oír conferencias sobre las Escrituras; los rezos por los difuntos fueron suprimidos o substituídos con enseñanzas para los vivos; se suprimieron por completo las indulgencias y las dispensas papales, que constituyeran lucrativo monopolio; se dejaron subsistir las imágenes, pero ya no se las reverenciaba; la temperancia habitual substituyó a los ayunos supersticiosos; y a los novicios se les instruía en los principios de la verdadera piedad, en lugar de iniciarlos en los hábitos ociosos y degradantes del monaquismo. Del sistema antiguo no quedaba más que el hábito monacal y la ceremonia exterior de la misa, que no podían abandonar sin exponerse a inevitable e inminente peligro.

"Los buenos efectos de semejante cambio no tardaron en dejarse sentir fuera del monasterio de San Isidro del Campo. Por medio de sus pláticas y de la circulación de libros, aquellos diligentes monjes difundieron el conocimiento de la verdad por las comarcas vecinas y la dieron a conocer a muchos que vivían en ciudades bastante distantes de Sevilla."M'Crie, cap. 6.

Por deseable que fuese "la reforma introducida por los monjes de San Isidro en su convento, ... no obstante ella los puso en situación delicada a la par que dolorosa. No podían deshacerse del todo de las formas monásticas sin exponerse al furor de sus enemigos; no podían tampoco conservarlas sin incurrir en culpable inconsecuencia."

Todo bien pensado, resolvieron que no sería cuerdo tratar de fugarse del convento, y que lo único que podían hacer era "quedarse donde estaban y encomendarse a lo que dispusiera una Providencia omnipotente y bondadosa." Acontecimientos subsiguientes les hicieron reconsiderar el asunto, llegando al acuerdo de dejar a cada cual libre de hacer, según las circunstancias, lo que mejor y más prudente le pareciera. "Consecuentemente, doce de entre ellos abandonaron el monasterio y, por diferentes caminos, lograron ponerse a salvo fuera de España, y a los doce meses se reunieron en Ginebra."*Ibid.*

Hacía unos cuarenta años que las primeras publicaciones que contenían las doctrinas reformadas habían penetrado en España. Los esfuerzos combinados de la iglesia católica romana no habían logrado contrarrestar el avance secreto del movimiento, y año tras año la causa del protestantismo se había robustecido, hasta contarse por miles los adherentes a la nueva fe. De cuando en cuando se iban algunos a otros países para gozar de la libertad religiosa. Otros salían de su tierra para colaborar en la obra de crear toda una literatura especialmente adecuada para fomentar la causa que amaban más que la misma vida. Otros aún, cual los monjes que abandonaron el monasterio de San Isidro, se sentían impelidos a salir debido a las circunstancias peculiares en que se hallaban.

La desaparición de estos creyentes, muchos de los cuales se habían destacado en la vida política y religiosa, había despertado, desde hacía mucho tiempo, las sospechas de la Inquisición. y andando el tiempo, algunos de los ausentes fueron descubiertos en el extranjero, desde donde se afanaban por fomentar la causa protestante en España. Esto indujo a creer que había muchos protestantes en España. Empero los creyentes habían sido tan discretos, que ninguno de los familiares de la Inquisición podía ni siquiera fijar el paradero de ellos.

Fue entonces cuando una serie de circunstancias llevó al descubrimiento de los centros del movimiento en España, y de muchos creyentes. En 1556 Juan Pérez, que vivía a la sazón en Ginebra, terminó su versión castellana del Nuevo Testamento. Esta edición, junto con ejemplares del catecismo español que preparó el año siguiente y con una traducción de los Salmos, deseaba mandarla a España, pero durante algún tiempo fuéle imposible encontrar a nadie que estuviese dispuesto a acometer tan arriesgada empresa. Finalmente, Julián Hernández, el fiel colportor, se ofreció a hacer la prueba. Colocando los libros dentro de dos grandes barriles, logró burlar los esbirros de la Inquisición y llegó a Sevilla, desde donde se distribuyeron rápidamente los preciosos volúmenes. Esta edición del Nuevo Testamento fue la primera versión protestante que alcanzara circulación bastante grande en España. [11]

"Durante su viaje, Hernández había dado un ejemplar del Nuevo Testamento a un herrero en Flandes. El herrero enseñó el libro a un cura que obtuvo del donante una descripción de la persona que se lo había dado a él, y la transmitió inmediatamente a los inquisidores de España. Merced a estas señas, los esbirros inquisitoriales "le acecharon a su regreso y le prendieron cerca de la ciudad de Palma." Le volvieron a conducir a Sevilla, y le encerraron entre los muros de la Inquisición, donde durante más de dos años se hizo cuanto fue posible para

---

[11] La versión castellana de Francisco de Encinas, publicada en Amberes en 1543, sólo tuvo limitada circulación, pues gran parte de la edición fué confiscada, En cuanto a Encinas, fué encerrado en una cárcel en Bruselas por haberse atrevido a proporcionar a sus compatriotas ejemplares del Nuevo Testamento en su propio idioma. "Después de haber estado encerrado quince meses, un día se encontró con las puertas de su prisión abiertas, y saliendo, sin que nadie se opusiera a ello en lo más mínimo, escapó de Bruselas y llegó sano y salvo a Wittenberg." (M'Crie, cap. 5.)

inducirle a que delatara a sus amigos, pero sin resultado alguno. Fiel hasta el fin, sufrió valientemente el martirio de la hoguera, gozoso de haber sido honrado con el privilegio de "introducir la luz de la verdad divina en su descarriado país," y seguro de que el día del juicio final, al comparecer ante su Hacedor, oiría las palabras de aprobación divina que le permitirían vivir para siempre con su Señor.

No obstante, aunque desafortunados en sus esfuerzos para conseguir de Hernández datos que llevaran al descubrimiento de los amigos de éste, "al fin llegaron los inquisidores a conocer el secreto que tanto deseaban saber."—M'Crie, cap. 7. Por aquel mismo entonces, uno de sus agentes secretos consiguió informes análogos referentes a la iglesia de Valladolid.

Inmediatamente los que estaban a cargo de la Inquisición en España "despacharon mensajeros a los diferentes tribunales inquisitoriales del reino, ordenándoles que hicieran investigaciones con el mayor sigilo en sus respectivas jurisdicciones, y que estuvieran listos para proceder en común tan pronto como recibieran nuevas instrucciones."—*Ibid*. Así, silenciosamente y con presteza, se consiguieron los nombres de centenares de creyentes, y al tiempo señalado y sin previo aviso, fueron éstos capturados simultáneamente y encarcelados. Los miembros nobles de las prósperas iglesias de Valladolid y de Sevilla, los monjes que permanecieron en el monasterio de San Isidro del Campo, los fieles creyentes que vivían lejos en el norte, al pie de los Pirineos, y otros más en Toledo, Granada, Murcia y Valencia, todos se vieron de pronto encerrados entre los muros de la Inquisición, para sellar luego su testimonio con su sangre.

"Las personas convictas de luteranismo … eran tan numerosas que alcanzaron a abastecer con víctimas cuatro grandes y tétricos autos de fe en el curso de los dos años subsiguientes. … Dos se celebraron en Valladolid, en 1559; uno en Sevilla, el mismo año, y otro el 22 de diciembre de 1560."—B. B. Wiffen, Nota en su reimpresión de la *Epístola consolatoria*, de Juan Pérez, pág. 17.

Entre los primeros que fueron apresados en Sevilla figuraba el Dr. Constantino Ponce de la Fuente, que había trabajado tanto tiempo sin despertar sospechas. "Cuando se le dio la noticia a Carlos Quinto, el cual se encontraba entonces en el monasterio de Yuste, de que se había encarcelado a su capellán favorito, exclamó: '¡Si Constantino es hereje, gran hereje es!' y cuando más tarde un inquisidor le aseguró que había sido declarado reo, replicó suspirando: '¡No podéis condenar a otro mayor!'"—Sandoval, *Historia del Emperador Carlos Quinto*, tomo 2, pág. 829; citado por M'Crie, cap. 7.

No obstante no fue fácil probar la culpabilidad de Constantino. En efecto, parecían ser incapaces los inquisidores de probar los cargos levantados contra él, cuando por casualidad "encontraron, entre otros muchos, un gran libro, escrito todo de puño y letra del mismo Constantino, en el cual, abiertamente y como si escribiese para sí mismo, trataba en particular de estos capítulos (según los mismos inquisidores declararon en su sentencia, publicada después en el cadalso), a saber: del estado de la iglesia; de la verdadera iglesia y de la iglesia del papa, a quien llamaba anticristo; del sacramento de la eucaristía y del invento de la misa, acerca de todo lo cual, afirmaba él, estaba el mundo fascinado a causa de la ignorancia de las Sagradas Escrituras; de la justificación del hombre; del purgatorio, al que llamaba cabeza de lobo e invento de los frailes en pro de su gula; de las bulas e indulgencias papales; de los méritos de los hombres; de la confesión. …" Al enseñársele el volumen a Constantino, éste dijo: "Reconozco mi letra, y así confieso haber escrito todo esto, y declaro ingenuamente ser todo verdad. Ni tenéis ya que cansaros en buscar contra mí otros testimonios: tenéis aquí ya una confesión clara y explícita de mi creencia: obrad pues, y haced de mí lo que queráis."—R. Gonzales de Montes, págs. 320-322; (289, 290).

Debido a los rigores de su encierro, Constantino no llegó a vivir dos años desde que entró en la cárcel. Hasta sus últimos momentos se mantuvo fiel a la fe protestante y conservó su serena confianza en Dios. Providencialmente fue encerrado en el mismo calabozo de Constantino uno de los jóvenes monjes del monasterio de San Isidro del Campo, al cual le cupo el privilegio de atenderle durante su última enfermedad y de cerrarle los ojos en paz. (M'Crie, cap. 7.)

El Dr. Constantino no fue el único amigo y capellán del emperador que sufriera a causa de sus relaciones con la causa protestante. El Dr. Agustín Cazalla, tenido durante muchos años por uno de los mejores oradores sagrados de España, y que había oficiado a menudo ante la familia real; se encontraba entre los que habían sido apresados y encarcelados en Valladolid. En el momento de su ejecución pública volvióse hacia la princesa Juana, ante quien había predicado muchas veces, y señalando a su hermana que había sido también condenada, dijo: "Os suplico, Alteza, tengáis compasión de esa mujer inocente que tiene trece hijos huérfanos." No obstante no se la absolvió, si bien su suerte es desconocida. Pero se sabe que los esbirros de la Inquisición, en su insensata ferocidad, no estando contentos aún con haber condenado a los vivos, entablaron juicio contra la madre de aquélla, Doña Leonor de Vivero, que había muerto años antes, acusándola de que su casa había servido de "templo a los luteranos." "Se falló que había muerto en estado de herejía, que su memoria era digna de difamación y que se confiscaba su hacienda, y se mandaron exhumar sus huesos y quemarlos públicamente junto con su efigie; ítem más que se arrasara su casa, que se esparramara sal sobre el solar y que se erigiera allí mismo una columna con una inscripción que explicara el motivo de la demolición. Todo lo cual fue hecho," y el monumento ha permanecido en pie durante cerca de tres siglos. [12]

Fue durante ese auto cuando la fe sublime y la constancia inquebrantable de los protestantes quedaron realzadas en el comportamiento de "Antonio Herrezuelo, jurisconsulto sapientísimo, y de doña Leonor de Cisneros, su mujer, dama de veinticuatro años, discreta y virtuosa a maravilla y de una hermosura tal que parecía fingida por el deseo."

"Herrezuelo era hombre de una condición altiva y de una firmeza en sus pareceres, superior a los tormentos del 'Santo' Oficio. En todas las audiencias que tuvo con sus jueces, … se manifestó desde luego protestante, y no sólo protestante, sino dogmatizador de su secta en la ciudad de Toro, donde hasta entonces había morado. Exigiéronle los jueces de la Inquisición que declarase uno a uno los nombres de aquellas personas llevadas por él a las nuevas doctrinas; pero ni las promesas, ni los ruegos, ni las amenazas bastaron a alterar el propósito de Herrezuelo en no descubrir a sus amigos y parciales. ¿Y qué más? ni aun los tormentos pudieron quebrantar su constancia, más firme que envejecido roble o que soberbia peña nacida en el seno de los mares.

"Su esposa … presa también en los calabozos de la Inquisición; al fin débil como joven de veinticuatro años [después de cerca de dos años de encarcelamiento], cediendo al espanto de verse reducida a la estrechez de los negros paredones que formaban su cárcel, tratada como delincuente, lejos de su marido a quien amaba aun más que a su propia vida, … y temiendo todas las iras de los inquisidores, declaró haber dado franca entrada en su pecho a los errores de los herejes, manifestando al propio tiempo con dulces lágrimas en los ojos su arrepentimiento. …

---

[12] Durante una visita hecha a Valladolid en 1826, el Sr. B.B. Wiffen sacó copia exacta de esta inscripción que reza como sigue:

"Presidiendo la Igla. Roma. Paulo IV. y Reinando en Espa. Phelip. II.—El Santo Oficio de la Inquisicion condeno a derrocar e asolar estas Cassas de Pedro de Cazalla y Da. Leonor de Vibero su Muger porque los hereges Luteranos se juntaban a acer conciliabulos contra nra. Sta. fee chaa. é igla. Roma. Ano de MDLIX. en XXI de Mayo."

La casa donde se reunían los protestantes de Sevilla tuvo fin análogo: se roció la tierra con sal, y se erigió un pilar monumental parecido. (B.B. Wiffen, Nota, por vía de prólogo, en su reimpresión de la *Epístola consolatoria*, de Juan Pérez. Londres, ed. de 1871, pág. 16.)

"Llegado el día en que se celebraba el auto de fe con la pompa conveniente al orgullo de los inquisidores, salieron los reos al cadalso y desde él escucharon la lectura de sus sentencias. Herrezuelo iba a ser reducido a cenizas en la voracidad de una hoguera: y su esposa doña Leonor a abjurar las doctrinas luteranas, que hasta aquel punto había albergado en su alma, y a vivir, a voluntad del 'Santo' Oficio, en las casas de reclusión que para tales delincuentes estaban preparadas. En ellas, con penitencias y sambenito recibiría el castigo de sus errores y una enseñanza para en lo venidero desviarse del camino de su perdición y ruina."—De Castro, págs. 167, 168.

Al ir Herrezuelo al cadalso "lo único que le conmovió fue el ver a su esposa en ropas de penitenta; y la mirada que echó (pues no podía hablar) al pasar cerca de ella, camino del lugar de la ejecución, parecía decir: '¡Esto sí que es difícil soportarlo!' Escuchó sin inmutarse a los frailes que le hostigaban con sus importunas exhortaciones para que se retractase, mientras le conducían a la hoguera. 'El bachiller Herrezuelo—dice Gonzalo de Illescas en su *Historia pontifical*—se dejó quemar vivo con valor sin igual. Estaba yo tan cerca de él que podía verlo por completo y observar todos sus movimientos y expresiones. No podía hablar, pues estaba amordazado: ... pero todo su continente revelaba que era una persona de extraordinaria resolución y fortaleza, que antes que someterse a creer con sus compañeros lo que se les exigiera, resolvió morir en las llamas. Por mucho que lo observara, no pude notar ni el más mínimo síntoma de temor o de dolor; eso sí, se reflejaba en su semblante una tristeza cual nunca había yo visto.'"—M'Crie, cap. 7.

Su esposa no olvidó jamás su mirada de despedida. "La idea—dice el historiador—de que había causado dolor a su corazón durante el terrible conflicto por el que tuvo que pasar, avivó la llama del afecto que hacia la religión reformada ardía secretamente en su pecho; y habiendo resuelto, confiada en el poder que se perfecciona en la flaqueza," seguir el ejemplo de constancia dado por el mártir, "interrumpió resueltamente el curso de penitencia a que había dado principio." En el acto fue arrojada en la cárcel, donde durante ocho años resistió a todos los esfuerzos hechos por los inquisidores para que se retractara, y por fin murió ella también en la hoguera como había muerto su marido. Quién no será del mismo parecer que su paisano, De Castro, cuando exclama: "¡Infelices esposos, iguales en el amor, iguales en las doctrinas e iguales en la muerte! ¿Quién negará una lágrima a vuestra memoria y un sentimiento de horror y de desprecio a unos jueces que, en vez de encadenar los entendimientos con la dulzura de la Palabra divina, usaron como armas del raciocinio, los potros y las hogueras?"—De Castro, pág. 171.

Tal fue la suerte que corrieron muchos que en España se habían identificado íntimamente con la Reforma protestante en el siglo XVI, pero de esto "no debemos sacar la conclusión de que los mártires españoles sacrificaran sus vidas y derramaran su sangre en vano. Ofrecieron a Dios sacrificios de grato olor. Dejaron en favor de la verdad un testimonio que no se perdió del todo."—M'Crie, Prefacio.

Al través de los siglos este testimonio hizo resaltar la constancia de los que prefirieron obedecer a Dios antes que a los hombres; y subsiste hoy día para inspirar aliento a quienes decidan mantenerse firmes, en la hora de prueba, en defensa de las verdades de la Palabra de Dios, y para que con su constancia y fe inquebrantable sean testimonios vivos del poder transformador de la gracia redentora.

14

En los Países Bajos y Escandinavia

E N LOS Países Bajos se levantó muy temprano una enérgica protesta contra la tiranía papal. Setecientos años antes de los tiempos de Lutero, dos obispos que habían sido enviados en delegación a Roma, al darse cuenta del verdadero carácter de la "santa sede," dirigieron sin temor al pontífice romano las siguientes acusaciones: Dios "hizo reina y esposa suya a la iglesia, y la proveyó con bienes abundantes para sus hijos, dotándola con una herencia perenne e incorruptible, entregándole corona y cetro eternos; ... pero estos favores vos los habéis usurpado como un ladrón. Os introducís en el templo del Señor y en él os elevéis como Dios; en vez de pastor, sois el lobo de las ovejas, ... e intentáis hacernos creer que sois el obispo supremo cuando no sois más que un tirano. ... Lejos de ser siervo de siervos, como a vos mismo os llamáis, sois un intrigante que desea hacerse señor de señores. ... Hacéis caer en el desprecio los mandamientos de Dios. ... El Espíritu Santo es el edificador de las iglesias en todos los ámbitos del mundo. ... La ciudad de nuestro Dios, de la que somos ciudadanos abarca todas las partes del cielo, y es mayor que la que los santos profetas llamaron Babilonia y que aseverando ser divina, se iguala al cielo, se envanece de poseer ciencia inmortal, y finalmente sostiene, aunque sin razón, que nunca erró ni puede errar jamás."—Brandt, *History of the Reformation in and about the Low Countries*, lib. 1, pág. 6.

Otros hombres se levantaron siglo tras siglo para repetir esta protesta. Y aquellos primitivos maestros que, atravesando diferentes países y conocidos con diferentes nombres, poseían el carácter de los misioneros valdenses y esparcían por todas partes el conocimiento del Evangelio, penetraron en los Países Bajos. Sus doctrinas cundieron con rapidez. Tradujeron la Biblia valdense en verso al holandés. "En ella hay—decían—muchas ventajas; no tiene chanzas, ni fábulas, ni cuentos, ni engaños; sólo tiene palabras de verdad. Bien puede tener por aquí y por allí alguna que otra corteza dura, pero aun en estos trozos no es difícil descubrir la médula y lo dulce de lo bueno y lo santo."—*Id.*, lib. 1, pág. 14. Esto es lo que escribían en el siglo XII los amigos de la antigua fe.

Luego empezaron las persecuciones de Roma; pero en medio de hogueras y tormentos seguían multiplicándose los creyentes que declaraban con firmeza que la Biblia es la única autoridad infalible en materia de religión, y que "ningún hombre debe ser obligado a creer, sino que debe ser persuadido por la predicación."—Martyn, tomo 2, pág. 87.

Las enseñanzas de Lutero hallaron muy propicio terreno en los Países Bajos, y levantáronse hombres fieles y sinceros a predicar el Evangelio. De una de las provincias de Holanda vino Menno Simonis. Educado católico romano, y ordenado para el sacerdocio, desconocía por completo la Biblia, y no quería leerla por temor de ser inducido en herejía. Cuando le asaltó una duda con respecto a la doctrina de la transubstanciación, la consideró como una tentación de Satanás, y por medio de oraciones y confesiones trató, pero en vano, de librarse dé ella. Participando en escenas de disipación, procuró acallar la voz acusadora de su conciencia, pero inútilmente. Después de algún tiempo, fue inducido a estudiar el Nuevo Testamento, y esto unido a los escritos de Lutero, le hizo abrazar la fe reformada. Poco después, presenció en un pueblo vecino la decapitación de un hombre por el delito de haber sido bautizado de nuevo. Esto le indujo a estudiar las Escrituras para investigar el asunto del bautismo de los niños. No pudo encontrar evidencia alguna en favor de él, pero comprobó que en todos los pasajes relativos al bautismo, la condición impuesta para recibirlo era que se manifestase arrepentimiento y fe.

Menno abandonó la iglesia romana y consagró su vida a enseñar las verdades que había recibido. Se había levantado en Alemania y en los Países Bajos cierta clase de fanáticos que defendían doctrinas sediciosas y absurdas, contrarias al orden y a la decencia, y originaban agitaciones y tumultos. Menno previó las funestas consecuencias a que llevarían estos movimientos y se opuso con energía a las erróneas doctrinas y a los designios desenfrenados de los fanáticos. Fueron muchos los que, habiendo sido engañados por aquellos perturbadores, volvieron sobre sus pasos y renunciaron a sus perniciosas doctrinas. Además, quedaban muchos descendientes de los antiguos cristianos, fruto de las enseñanzas de los valdenses. Entre ambas clases de personas trabajó Menno con gran empeño y con mucho éxito.

Viajó durante veinticinco años, con su esposa y sus hijos, y exponiendo muchas veces su vida. Atravesó los Países Bajos y el norte de Alemania, y aunque trabajaba principalmente entre las clases humildes, ejercía dilatada influencia. Dotado de natural elocuencia, si bien de instrucción limitada, era hombre de firme integridad, de espíritu humilde, de modales gentiles, de piedad sincera y profunda; y como su vida era un ejemplo de la doctrina que enseñaba, ganábase la confianza del pueblo. Sus partidarios eran dispersados y oprimidos. Sufrían mucho porque se les confundía con los fanáticos de Munster. Y sin embargo, a pesar de todo, era muy grande el número de los que eran convertidos por su ministerio.

En ninguna parte fueron recibidas las doctrinas reformadas de un modo tan general como en los Países Bajos. Y en pocos países sufrieron sus adherentes tan espantosas persecuciones. En Alemania Carlos V había publicado edictos contra la Reforma, y de buena gana hubiera llevado a la hoguera a todos los partidarios de ella; pero allí estaban los príncipes oponiendo una barrera a su tiranía. En los Países Bajos su poder era mayor, y los edictos de persecución se seguían unos a otros en rápida sucesión. Leer la Biblia, oírla leer, predicarla, o aun referirse a ella en la conversación, era incurrir en la pena de muerte por la hoguera. Orar a Dios en secreto, abstenerse de inclinarse ante las imágenes, o cantar un salmo, eran otros tantos hechos castigados también con la muerte. Aun los que abjuraban de sus errores eran condenados, si eran hombres, a ser degollados, y si eran mujeres, a ser enterradas vivas. Millares perecieron durante los reinados de Carlos y de Felipe II.

En cierta ocasión llevaron ante los inquisidores a toda una familia acusada de no oír misa y de adorar a Dios en su casa. Interrogado el hijo menor respecto de las prácticas de la familia, contestó: "Nos hincamos de rodillas y pedimos a Dios que ilumine nuestra mente y nos perdone nuestros pecados. Rogamos por nuestro soberano, porque su reinado sea próspero y su vida feliz. Pedimos también a Dios que guarde a nuestros magistrados."—Wylie, lib. 18, cap. 6. Algunos de los jueces quedaron hondamente conmovidos, pero, no obstante, el padre y uno de los hijos fueron condenados a la hoguera.

La ira de los perseguidores era igualada por la fe de los mártires. No sólo los hombres sino aun delicadas señoras y doncellas desplegaron un valor inquebrantable. "Las esposas se colocaban al lado de sus maridos en la hoguera y mientras éstos eran envueltos en las llamas, ellas los animaban con palabras de consuelo, o cantándoles" salmos. "Las doncellas, al ser enterradas vivas, se acostaban en sus tumbas con la tranquilidad con que hubieran entrado en sus aposentos o subían a la hoguera y se entregaban a las llamas, vestidas con sus mejores galas, lo mismo que si fueran a sus bodas."—*Ibid*.

Así como en los tiempos en que el paganismo procuró aniquilar el Evangelio, la sangre de los cristianos era simiente. (Véase Tertuliano, *Apología*, párr. 50.) La persecución no servía más que para aumentar el número de los testigos de la verdad. Año tras año, el monarca enloquecido de ira al comprobar su impotencia para doblegar la determinación del pueblo, se ensañaba más y más en su obra de exterminio, pero en vano. Finalmente, la revolución acaudillada por el noble Guillermo de Orange dio a Holanda la libertad de adorar a Dios.

En las montañas del Piamonte, en las llanuras de Francia, y en las costas de Holanda, el progreso del Evangelio era señalado con la sangre de sus discípulos. Pero en los países del norte halló pacífica entrada. Ciertos estudiantes de Wittenberg, al regresar a sus hogares, introdujeron la fe reformada en la península escandinava. La publicación de los escritos de Lutero ayudó a esparcir la luz. El pueblo rudo y sencillo del norte se alejó de la corrupción, de la pompa y de las supersticiones de Roma, para aceptar la pureza, la sencillez y las verdades vivificadoras de la Biblia.

Tausen, "el reformador de Dinamarca," era hijo de un campesino. Desde su temprana edad dio pruebas de poseer una inteligencia vigorosa; tenía sed de instruirse; pero no pudiendo aplacarla, debido a las circunstancias de sus padres, entró en un claustro. Allí la pureza de su vida, su diligencia y su lealtad le granjearon la buena voluntad de su superior. Los exámenes demostraron que tenía talento y que podría prestar buenos servicios a la iglesia. Se resolvió permitirle que se educase en una universidad de Alemania o de los Países Bajos. Se le concedió libertad para elegir la escuela a la cual quisiera asistir, siempre que no fuera la de Wittenberg. No convenía exponer al educando a la ponzoña de la herejía, pensaban los frailes.

Tausen fue a Colonia, que era en aquella época uno de los baluartes del romanismo. Pronto le desagradó el misticismo de los maestros de la escuela. Por aquel mismo tiempo llegaron a sus manos los escritos de Lutero. Los leyó maravillado y deleitado; y sintió ardientes deseos de recibir instrucción personal del reformador. Pero no podía conseguirlo sin ofender a su superior monástico ni sin perder su sostén. Pronto tomó su resolución, y se matriculó en la universidad de Wittenberg.

Cuando volvió a Dinamarca se reintegró a su convento. Nadie le sospechaba contagiado de luteranismo; tampoco reveló él su secreto, sino que se esforzó, sin despertar los prejuicios de sus compañeros, en conducirlos a una fe más pura y a una vida más santa. Abrió las Sagradas Escrituras y explicó el verdadero significado de sus doctrinas, y finalmente les predicó a Cristo como la justicia de los pecadores, y su única esperanza de salvación. Grande fue la ira del prior, que había abrigado firmes esperanzas de que Tausen llegase a ser valiente defensor de Roma. Inmediatamente lo cambiaron a otro monasterio, y lo confinaron en su celda, bajo estricta vigilancia.

Con terror vieron sus nuevos guardianes que pronto algunos de los monjes se declaraban ganados al protestantismo. Al través de los barrotes de su encierro, Tausen había comunicado a sus compañeros el conocimiento de la verdad. Si aquellos padres dinamarqueses hubiesen cumplido hábilmente el plan de la iglesia para tratar con la herejía, la voz de Tausen no hubiera vuelto a oírse, pero, en vez de confinarlo para siempre en el silencio sepulcral de algún calabozo subterráneo, le expulsaron del monasterio, y quedaron entonces reducidos a la impotencia. Un edicto real, que se acababa de promulgar, ofrecía protección a los propagadores de la nueva doctrina. Tausen principió a predicar. Las iglesias le fueron abiertas y el pueblo acudía en masa a oírle. Había también otros que predicaban la Palabra de Dios. El Nuevo Testamento fue traducido en el idioma dinamarqués y circuló con profusión. Los esfuerzos que hacían los papistas para detener la obra sólo servían para esparcirla más y más, y al poco tiempo Dinamarca declaró que aceptaba la fe reformada.

En Suecia también, jóvenes que habían bebido en las fuentes de Wittenberg, llevaron a sus compatriotas el agua de la vida. Dos de los caudillos de la Reforma de Suecia, Olaf y Lorenzo Petri, hijos de un herrero de Orebro, estudiaron bajo la dirección de Lutero y de Melanchton, y con diligencia se pusieron a enseñar las mismas verdades en que fueron instruidos. Como el gran reformador, Olaf, con su fervor y su elocuencia, despertaba al pueblo, mientras que Lorenzo, como Melanchton, era sabio, juicioso, y de ánimo sereno. Ambos eran hombres de piedad ardiente, de profundos conocimientos teológicos y de un valor a toda prueba al luchar por el avance de la verdad. No faltó la oposición de los papistas. Los sacerdotes católicos incitaban a las multitudes ignorantes y supersticiosas. La turba asaltó repetidas veces a Olaf Petri, y en más de una ocasión sólo a duras penas pudo escapar con vida. Sin embargo, estos reformadores eran favorecidos y protegidos por el rey.

Bajo el dominio de la iglesia romana el pueblo quedaba sumido en la miseria y deprimido por la opresión. Carecía de las Escrituras, y como tenía una religión de puro formalismo y ceremonias, que no daba luz al espíritu, la gente regresaba a las creencias supersticiosas y a las prácticas paganas de sus antepasados. La nación estaba dividida en facciones que contendían unas con otras, lo cual agravaba la miseria general del pueblo. El rey decidió reformar la iglesia y el estado y acogió cordialmente a esos valiosos auxiliares en su lucha contra Roma.

En presencia del monarca y de los hombres principales de Suecia, Olaf Petri defendió con mucha habilidad las doctrinas de la fe reformada, contra los campeones del romanismo. Manifestó que las doctrinas de los padres de la iglesia no debían aceptarse sino cuando concordasen con lo que dice la Sagrada Escritura, y que las doctrinas esenciales de la fe están expresadas en la Biblia de un modo claro y sencillo, que todos pueden entender. Cristo dijo: "Mi enseñanza no es mía, sino de Aquel que me envió" (S. Juan 7:16, V.M.); y Pablo declaró que si predicara él otro evangelio que el que había recibido, sería anatema. (Gálatas 1:8.) "Por lo tanto—preguntó el reformador,—¿cómo pueden otros formular dogmas a su antojo e imponerlos como cosas necesarias para la salvación?"—Wylie, lib. 10, cap. 4. Probó que los decretos de la iglesia no tienen autoridad cuando están en pugna con los mandamientos de Dios, y sostuvo el gran principio protestante de que "la Biblia y la Biblia sola" es la regla de fe y práctica.

Este debate, si bien se desarrolló es un escenario comparativamente obscuro, sirve "para dar a conocer la clase de hombres que formaban las filas de los reformadores. No eran controversistas ruidosos, sectarios e indoctos, sino hombres que habían estudiado la Palabra de Dios y eran diestros en el manejo de las armas de que se habían provisto en la armería de la Biblia. En cuanto a erudición, estaban más adelantados que su época. Cuando nos fijamos en los brillantes centros de Wittenberg y Zurich, y en los nombres ilustres de Lutero y Melanchton, de Zuinglio y Ecolampadio, se nos suele decir que éstos eran los jefes del movimiento de la Reforma, y que sería de esperar en ellos un poder prodigioso y gran acopio de saber, pero que los subalternos no eran como ellos. Pues bien, si echamos una mirada sobre el obscuro teatro de Suecia y, yendo de los maestros a los discípulos, nos fijamos en los humildes nombres de Olaf y Lorenzo Petri, ¿qué encontramos? ... Pues maestros y teólogos; hombres que entienden a fondo todo el sistema de la verdad bíblica, y que ganaron fáciles victorias sobre los sofistas de las escuelas y sobre los dignatarios de Roma."—*Ibid.*

Como consecuencia de estas discusiones, el rey de Suecia aceptó la fe protestante, y poco después la asamblea nacional se declaró también en favor de ella. El Nuevo Testamento había sido traducido al idioma sueco por Olaf Petri, y por deseo del rey ambos hermanos emprendieron la traducción de la Biblia entera. De esta manera, el pueblo sueco recibió por primera vez la Palabra de Dios en su propio idioma. La dieta dispuso que los ministros explicasen las Escrituras por todo el reino, y que en las escuelas se enseñase a los niños a leer la Biblia.

De un modo constante y seguro, la luz bendita del Evangelio disipaba las tinieblas de la superstición y de la ignorancia. Libre ya de la opresión de Roma, alcanzó la nación una fuerza y una grandeza que jamás conociera hasta entonces. Suecia vino a ser uno de los baluartes del protestantismo. Un siglo más tarde, en tiempo de peligro inminente, esta pequeña y hasta entonces débil nación—la única en Europa que se atrevió a prestar su ayuda—intervino en auxilio de Alemania en el terrible conflicto de la guerra de treinta años. Toda la Europa del norte parecía estar a punto de caer otra vez bajo la tiranía de Roma. Fueron los ejércitos de Suecia los que habilitaron a Alemania para rechazar la ola romanista y asegurar tolerancia para los protestantes—calvinistas y luteranos,—y para devolver la libertad de conciencia a los pueblos que habían aceptado la Reforma.

15
La Verdad Progresa en Inglaterra

AL MISMO tiempo que Lutero daba la Biblia al pueblo de Alemania, Tyndale era impulsado por el Espíritu de Dios a hacer otro tanto para Inglaterra. La Biblia de Wiclef había sido traducida del texto latino, que contenía muchos errores. No había sido impresa, y el costo de las copias manuscritas era tan crecido que, fuera de los ricos y de los nobles, pocos eran los que podían proporcionárselas, y como, además, la iglesia las proscribía terminantemente, sólo alcanzaban una circulación muy escasa. En el año 1516, o sea un año antes de que aparecieran las tesis de Lutero, había publicado Erasmo su versión greco—latina del Nuevo Testamento. Era ésta la primera vez que la Palabra de Dios se imprimía en el idioma original. En esta obra fueron corregidos muchos de los errores de que adolecían las versiones más antiguas, y el sentido de la Escritura era expresado con más claridad. Comunicó a muchos representantes de las clases educadas un conocimiento mejor de la verdad, y dio poderoso impulso a la obra de la Reforma. Pero en su gran mayoría el vulgo permanecía apartado de la Palabra de Dios. Tyndale iba a completar la obra de Wiclef al dar a sus compatriotas la Biblia en su propio idioma.

Muy dedicado al estudio y sincero investigador de la verdad, había recibido el Evangelio por medio del Testamento griego de Erasmo. Exponía sus convicciones sin temor alguno e insistía en que todas las doctrinas tienen que ser probadas por las Santas Escrituras. Al aserto papista de que la iglesia había dado la Biblia y de que sólo la iglesia podía explicarla, contestaba Tyndale: "¿Sabéis quién enseñó a las águilas a buscarse su presa? Ese mismo Dios es el que enseña a sus hijos hambrientos a encontrar a su Padre en su Palabra. Lejos de habernos dado vosotros las Santas Escrituras, las habéis escondido de nuestra vista, y sois vosotros los que quemáis a los que las escudriñan; y, si pudierais, quemaríais también las mismas Escrituras."— D'Aubigné, *Histoire de la Réformation du seizième siècle*, lib. 18, cap. 4.

La predicación de Tyndale despertó mucho interés y numerosas personas aceptaron la verdad. Pero los sacerdotes andaban alerta y no bien se hubo alejado del campo de sus trabajos cuando ellos, valiéndose de amenazas y de engaños, se esforzaron en destruir su obra, y con éxito muchas veces. "¡Ay!—decía él— ¿qué hacer? Mientras que yo siembro en un punto, el enemigo destruye lo que dejé sembrado en otro. No me es posible estar a la vez en todas partes. ¡Oh! si los cristianos poseyesen la Biblia en su propio idioma serían capaces de resistir a estos sofistas. Sin las Santas Escrituras, es imposible confirmar a los legos en la verdad."—*Ibid*.

Un nuevo propósito surgió entonces en su mente. "Era en la lengua de Israel—decía—en que se cantaban los salmos en el templo de Jehová; y ¿no resonará el Evangelio entre nosotros en la lengua de Inglaterra? ... ¿Será posible que la iglesia tenga menos luz a mediodía que al alba? ... Los cristianos deben leer el Nuevo Testamento en su lengua materna." Los doctores y maestros de la iglesia estaban en desacuerdo. Solamente por la Biblia podían los hombres llegar a la verdad. "Uno sostiene a este doctor, otro a aquél ... y cada escritor contradice a los demás. ... ¿De qué manera puede uno saber quién dice la verdad y quién enseña el error? ... ¿Cómo? ... En verdad, ello es posible solamente por medio de la Palabra de Dios."—*Ibid*.

Fue poco después cuando un sabio doctor papista que sostenía con él una acalorada controversia, exclamó: "Mejor seria para nosotros estar sin la ley de Dios que sin la del papa." Tyndale repuso: "Yo desafío al papa y todas sus leyes; y si Dios me guarda con vida, no pasarán muchos años sin que haga yo que un muchacho que trabaje en el arado sepa de las Santas Escrituras más que vos."— Anderson, *Annals of the English Bible*, pág. 19.

Así confirmado su propósito de dar a su pueblo el Nuevo Testamento en su propia lengua, Tyndale puso inmediatamente manos a la obra. Echado de su casa por la persecución, fuése a Londres y allí, por algún tiempo, prosiguió sus labores sin interrupción. Pero al fin la saña de los papistas le obligó a huir. Toda Inglaterra parecía cerrársele y resolvió buscar refugio en Alemania. Allí dio principio a la publicación del Nuevo Testamento en inglés. Dos veces su trabajo fue suspendido; pero cuando le prohibían imprimirlo en una ciudad, se iba a otra. Finalmente se dirigió a Worms, donde unos cuantos años antes, Lutero había defendido el Evangelio ante la dieta. En aquella antigua ciudad había muchos amigos de la Reforma, y allí prosiguió Tyndale sus trabajos sin más trabas. Pronto salieron de la imprenta tres mil ejemplares del Nuevo Testamento, y en el mismo año se hizo otra edición.

Con gran concentración de espíritu y perseverancia prosiguió sus trabajos. A pesar de la vigilancia con que las autoridades de Inglaterra guardaban los puertos, la Palabra de Dios llegó de varios modos a Londres y de allí circuló por todo el país. Los papistas trataron de suprimir la verdad, pero en vano. El obispo de Durham compró de una sola vez a un librero amigo de Tyndale todo el surtido de Biblias que tenía, para destruirlas, suponiendo que de esta manera estorbaría en algo la circulación de las Escrituras; pero, por el contrario, el dinero así conseguido, fue suficiente para hacer una edición nueva y más elegante, que: de otro modo no hubiera podido publicarse. Cuando Tyndale fue aprehendido posteriormente, le ofrecieron la libertad a condición de que revelase los nombres de los que le habían ayudado a sufragar los gastos de impresión de sus Biblias. El contestó que el obispo de Durham le había ayudado más que nadie, porque al pagar una gran suma por las Biblias que había en existencia, le había ayudado eficazmente para seguir adelante con valor.

La traición entregó a Tyndale a sus enemigos, y quedó preso por mucho meses. Finalmente dio testimonio de su fe por el martirio, pero las armas que él había preparado sirvieron para ayudar a otros soldados a seguir batallando a través de los siglos hasta el día de hoy.

Látimer sostuvo desde el púlpito que la Biblia debía ser leída en el lenguaje popular. El Autor de las Santas Escrituras, decía él, "es Dios mismo," y ellas participan del poder y de la eternidad de su Autor. "No hay rey, ni emperador, ni magistrado, ni gobernador ... que no esté obligado a obedecer ... su santa Palabra." "Cuidémonos de las sendas laterales y sigamos el camino recto de la Palabra de Dios. No andemos como andaban ... nuestros padres, ni tratemos de saber lo que hicieron sino lo que hubieran debido hacer."—H. Látimer, "First Sermon Preached before King Edward VI."

Barnes y Frith, fieles amigos de Tyndale, se levantaron en defensa de la verdad. Siguieron después Cranmer y los Ridley. Estos caudillos de la Reforma inglesa eran hombres instruídos, y casi todos habían sido muy estimados por su fervor y su piedad cuando estuvieron en la comunión de la iglesia romana. Su oposición al papado fue resultado del conocimiento que tuvieron de los errores de la "santa sede." Por estar familiarizados con los misterios de Babilonia, tuvieron más poder para alegar contra ella.

"Ahora voy a hacer una pregunta peregrina—decía Látimer,—¿ sabéis cuál es el obispo y prelado más diligente de toda Inglaterra? ... Veo que escucháis y que deseáis conocerle. ... Pues, os diré quién es. Es el diablo. ... Nunca está fuera de su diócesis; ... id a verle cuando queráis, siempre está en casa; ... siempre está con la mano en el arado. ... Os aseguro que nunca lo encontraréis ocioso. En donde el diablo vive, ... abajo los libros, vivan los cirios; mueran las Biblias y vivan los rosarios; abajo la luz del Evangelio y viva la de los cirios, aun a mediodía; ... afuera con la cruz de Cristo y vivan los rateros del purgatorio; ... nada de vestir a los desnudos, a los pobres, los desamparados, y vamos adornando imágenes y ataviando alegremente piedras y palos; arriba las tradiciones y leyes humanas, abajo Dios y su santísima Palabra. … ¡Mal haya que no sean nuestros prelados tan diligentes en sembrar buenas doctrinas como Satanás lo es para sembrar abrojos y cizaña!"—*Id.*, "Sermon of the Plough."

El gran principio que sostenían estos reformadores—el mismo que sustentaron los valdenses, Wiclef, Juan Hus, Lutero, Zuinglio y los que se unieron a ellos—era la infalible autoridad de las Santas Escrituras como regla de fe y práctica. Negaban a los papas, a los concilios, a los padres y a los reyes todo derecho para dominar las conciencias en asuntos de religión. La Biblia era su autoridad y por las enseñanzas de ella juzgaban todas las doctrinas y exigencias. La fe en Dios y en su Palabra era la que sostenía a estos santos varones cuando entregaban su vida en la hoguera. "Ten buen ánimo—decía Látimer a su compañero de martirio cuando las llamas estaban a punto de acallar sus voces,—que en este día encenderemos una luz tal en Inglaterra, que, confío en la gracia de Dios, jamás se apagará."—*Works of Hugh Latimer*, tomo 1, pág. XIII.

En Escocia la semilla de la verdad esparcida por Colombano y sus colaboradores no se había malogrado nunca por completo. Centenares de años después que las iglesias de Inglaterra se hubieron sometido al papa, las de Escocia conservaban aún su libertad. En el siglo XII, sin embargo, se estableció en ella el romanismo, y en ningún otro país ejerció un dominio tan absoluto. En ninguna parte fueron más densas las tinieblas. Con todo, rayos de luz penetraron la obscuridad trayendo consigo la promesa de un día por venir. Los lolardos, que vinieron de Inglaterra con la Biblia y las enseñanzas de Wiclef, hicieron mucho por conservar el conocimiento del Evangelio, y cada siglo tuvo sus confesores y sus mártires.

Con la iniciación de la gran Reforma vinieron los escritos de Lutero y luego el Nuevo Testamento inglés de Tyndale. Sin llamar la atención del clero, aquellos silenciosos mensajeros cruzaban montañas y valles, reanimando la antorcha de la verdad que parecía estar a punto de extinguirse en Escocia, y deshaciendo la obra que Roma realizara en los cuatro siglos de opresión que ejerció en el país.

Entonces la sangre de los mártires dio nuevo impulso al movimiento de la Reforma. Los caudillos papistas despertaron repentinamente ante el peligro que amenazaba su causa, y llevaron a la hoguera a algunos de los más nobles y más honorables hijos de Escocia. Pero con esto no hicieron más que cambiar la hoguera en púlpito, desde el cual las palabras dichas por esos mártires al morir resonaron por toda la tierra escocesa y crearon en el alma del pueblo el propósito bien decidido de libertarse de los grillos de Roma.

Hamilton y Wishart, príncipes por su carácter y por su nacimiento, y con ellos un largo séquito de más humildes discípulos, entregaron sus vidas en la hoguera. Empero, de la ardiente pira de Wishart volvió uno a quien las llamas no iban a consumir, uno que bajo la dirección de Dios iba a hacer oír el toque de difuntos por el papado en Escocia.

Juan Knox se había apartado de las tradiciones y de los misticismos de la iglesia para nutrirse de las verdades de la Palabra de Dios, y las enseñanzas de Wishart le confirmaron en la resolución de abandonar la comunión de Roma y unirse con los perseguidos reformadores.

Solicitado por sus compañeros para que desempeñase el cargo de predicador, rehuyó temblando esta responsabilidad y sólo después de unos días de meditación y lucha consigo mismo consintió en llevarla. Pero una vez aceptado el puesto siguió adelante con inquebrantable resolución y con valor a toda prueba por toda la vida. Este sincero reformador no tuvo jamás miedo de los hombres. El resplandor de las hogueras no hizo más que dar a su fervor mayor intensidad. Con el hacha del tirano pendiente sobre su cabeza y amenazándole de muerte, permanecía firme y asestando golpes a diestra y a siniestra para demoler la idolatría.

Cuando lo llevaron ante la reina de Escocia, en cuya presencia flaqueó el valor de más de un caudillo protestante, Juan Knox testificó firme y denodadamente por la verdad. No podían ganarlo con halagos, ni intimidarlo con amenazas. La reina le culpó de herejía. Había enseñado al pueblo una religión que estaba prohibida por el estado y con ello, añadía ella, transgredía el mandamiento de Dios que ordena a los súbditos obedecer a sus gobernantes. Knox respondió con firmeza:

"Como la religión verdadera no recibió de los gobernantes su fuerza original ni su autoridad, sino sólo del eterno Dios, así tampoco deben los súbditos amoldar su religión al gusto de sus reyes. Porque muy a menudo son los príncipes los más ignorantes de la religión verdadera. ... Si toda la simiente de Abrahán hubiera sido de la religión del faraón del cual fueron súbditos por largo tiempo, os pregunto, señora, ¿qué religión habría hoy en el mundo? Y si en los días de los apóstoles todos hubieran sido de la religión de los emperadores de Roma, decidme, señora, ¿qué religión habría hoy en el mundo? ... De esta suerte, señora, podéis comprender que los súbditos no están obligados a sujetarse a la religión de sus príncipes si bien les está ordenado obedecerles."

María respondió: "Vos interpretáis las Escrituras de un modo, y ellos [los maestros romanistas] las interpretan de otro, ¿a quién creeré y quién será juez en este asunto?"

"Debéis creer en Dios, que habla con sencillez en su Palabra—contestó el reformador,—y más de lo que ella os diga no debéis creer ni de unos ni de otros. La Palabra de Dios es clara; y si parece haber obscuridad en algún pasaje, el Espíritu Santo, que nunca se contradice a sí mismo, se explica con más claridad en otros pasajes, de modo que no queda lugar a duda sino para el ignorante."—David Laing, *Works of John Knox*, tomo 2, págs. 281, 284.

Tales fueron las verdades que el intrépido reformador, con peligro de su vida, dirigió a los oídos reales. Con el mismo valor indómito se aferró a su propósito y siguió orando y combatiendo como fiel soldado del Señor hasta que Escocia quedó libre del papado.

En Inglaterra el establecimiento del protestantismo como religión nacional, hizo menguar la persecución, pero no la hizo cesar por completo. Aunque muchas de las doctrinas de Roma fueron suprimidas, se conservaron muchas de sus formas de culto. La supremacía del papa fue rechazada, pero en su lugar se puso al monarca como cabeza de la iglesia. Mucho distaban aún los servicios de la iglesia de la pureza y sencillez del Evangelio. El gran principio de la libertad religiosa no era aún entendido. Si bien es verdad que pocas veces apelaron los gobernantes protestantes a las horribles crueldades de que se valía Roma contra los herejes, no se reconocía el derecho que tiene todo hombre de adorar a Dios según los dictados de su conciencia. Se exigía de todos que aceptaran las doctrinas y observaran las formas de culto prescritas por la iglesia establecida. Aún se siguió persiguiendo a los disidentes por centenares de años con mayor o menor encarnizamiento.

En el siglo XVII millares de pastores fueron depuestos de sus cargos. Se le prohibió al pueblo so pena de fuertes multas, prisión y destierro, que asistiera a cualesquiera reuniones religiosas que no fueran las sancionadas por la iglesia. Los que no pudieron dejar de reunirse para adorar a Dios, tuvieron que hacerlo en callejones obscuros, en sombrías buhardillas y, en estaciones propicias, en los bosques a medianoche. En la protectora espesura de la floresta, como en templo hecho por Dios mismo, aquellos esparcidos y perseguidos hijos del Señor, se reunían para derramar sus almas en plegarias y alabanzas. Pero a despecho de todas estas precauciones muchos sufrieron por su fe. Las cárceles rebosaban. Las familias eran divididas. Muchos fueron desterrados a tierras extrañas. Sin embargo, Dios estaba con su pueblo y la persecución no podía acallar su testimonio. Muchos cruzaron el océano y se establecieron en Norteamérica, donde echaron los cimientos de la libertad civil y religiosa que fueron baluarte y gloria de los Estados Unidos.

Otra vez, como en los tiempos apostólicos, la persecución contribuyó al progreso del Evangelio. En una asquerosa mazmorra atestada de reos y libertinos,

Juan Bunyan respiró el verdadero ambiente del cielo y escribió su maravillosa alegoría del viaje del peregrino de la ciudad de destrucción a la ciudad celestial. Por más de doscientos años aquella voz habló desde la cárcel de Bedford con poder penetrante a los corazones de los hombres. El *Viador y La gracia abundante para el mayor de los pecadores* han guiado a muchos por el sendero de la vida eterna.

Baxter, Flavel, Alleine y otros hombres de talento, de educación y de profunda experiencia cristiana, se mantuvieron firmes defendiendo valientemente la fe que en otro tiempo fuera entregada a los santos. La obra que ellos hicieron y que fue proscrita y anatematizada por los reyes de este mundo, es imperecedera. *La Fuente de la vida y El método de la gracia* de Flavel enseñaron a millares el modo de confiar al Señor la custodia de sus almas.

El pastor reformado, de Baxter, fue una verdadera bendición para muchos que deseaban un avivamiento de la obra de Dios, y su *Descanso eterno de los santos* cumplió su misión de llevar almas "al descanso que queda para el pueblo de Dios."

Cien años más tarde, en tiempos de tinieblas espirituales, aparecieron Whitefield y los Wesley como portadores de la luz de Dios. Bajo el régimen de la iglesia establecida, el pueblo de Inglaterra había llegado a un estado tal de decadencia, que apenas podía distinguirse del paganismo. La religión natural era el estudio favorito del clero y en él iba incluida casi toda su teología. La aristocracia hacía escarnio de la piedad y se jactaba de estar por sobre lo que llamaba su fanatismo, en tanto que el pueblo bajo vivía en la ignorancia y el vicio, y la iglesia no tenía valor ni fe para seguir sosteniendo la causa de la verdad ya decaída.

La gran doctrina de la justificación por la fe, tan claramente enseñada por Lutero, se había perdido casi totalmente de vista, y ocupaban su lugar los principios del romanismo de confiar en las buenas obras para obtener la salvación. Whitefield y los Wesley, miembros de la iglesia establecida, buscaban con sinceridad el favor de Dios, que, según se les había enseñado, se conseguía por medio de una vida virtuosa y por la observancia de los ritos religiosos.

En cierta ocasión en que Carlos Wesley cayó enfermo y pensaba que estaba próximo su fin, se le preguntó en qué fundaba su esperanza de la vida eterna. Su respuesta fue: "He hecho cuanto he podido por servir a Dios." Pero como el amigo que le dirigiera la pregunta no parecía satisfecho con la contestación, Wesley pensó: "¡Qué! ¿No son suficientes mis esfuerzos para fundar mi esperanza? ¿Me privaría de mis esfuerzos? No tengo otra cosa en que confiar."—Juan Whitehead, *Life of the Rev. Charles Wesley*, pág. 102. Tales eran las tinieblas que habían caído sobre la iglesia, y ocultaban la expiación, despojaban a Cristo de su gloria y desviaban la mente de los hombres de su única esperanza de salvación: la sangre del Redentor crucificado.

Wesley y sus compañeros fueron inducidos a reconocer que la religión verdadera tiene su asiento en el corazón y que la ley de Dios abarca los pensamientos lo mismo que las palabras y las obras. Convencidos de la necesidad de tener santidad en el corazón, así como de conducirse correctamente, decidieron seriamente iniciar una vida nueva. Por medio de esfuerzos diligentes acompañados de fervientes oraciones, se empeñaban en vencer las malas inclinaciones del corazón natural. Llevaban una vida de abnegación, de amor y de humillación, y observaban rigurosamente todo aquello que a su parecer podría ayudarles a alcanzar lo que más deseaban: una santidad que pudiese asegurarles el favor de Dios. Pero no lograban lo que buscaban. Vanos eran sus esfuerzos para librarse de la condenación del pecado y para quebrantar su poder. Era la misma lucha que había tenido que sostener Lutero en su celda del convento en Erfurt. Era la misma pregunta que le había atormentado el alma: "¿Cómo puede el hombre ser justo para con Dios?" (Job 9:2, V.M.)

El fuego de la verdad divina que se había extinguido casi por completo en los altares del protestantismo, iba a prender de nuevo al contacto de la antorcha antigua que al través de los siglos había quedado firme en manos de los cristianos de Bohemia. Después de la Reforma, el protestantismo había sido pisoteado en Bohemia por las hordas de Roma. Los que no quisieron renunciar a la verdad tuvieron que huir. Algunos de ellos que se refugiaron en Sajonia guardaron allí la antigua fe, y de los descendientes de estos cristianos provino la luz que iluminó a Wesley y a sus compañeros.

Después de haber sido ordenados para el ministerio, Juan y Carlos Wesley fueron enviados como misioneros a América. Iba también a bordo un grupo de moravos. Durante el viaje se desencadenaron violentas tempestades, y Juan Wesley, viéndose frente a la muerte, no se sintió seguro de estar en paz con Dios. Los alemanes, por el contrario, manifestaban una calma y una confianza que él no conocía.

"Ya mucho antes—dice él,—había notado yo el carácter serio de aquella gente. De su humildad habían dado pruebas manifiestas, al prestarse a desempeñar en favor de los otros pasajeros las tareas serviles que ninguno de los ingleses quería hacer, y al no querer recibir paga por estos servicios, declarando que era un beneficio para sus altivos corazones y que su amante Salvador había hecho más por ellos. Y día tras día manifestaban una mansedumbre que ninguna injuria podía alterar. Si eran empujados, golpeados o derribados, se ponían en pie y se marchaban a otro lugar; pero sin quejarse. Ahora se presentaba la oportunidad de probar si habían quedado tan libres del espíritu de temor como del de orgullo, ira y venganza. Cuando iban a la mitad del salmo que estaban entonando al comenzar su culto, el mar embravecido desgarró la vela mayor, anegó la embarcación, y penetró de tal modo por la cubierta que parecía que las tremendas profundidades nos habían tragado ya. Los ingleses se pusieron a gritar desaforadamente. Los alemanes siguieron cantando con serenidad. Más tarde, pregunté a uno de ellos: '¿No tuvisteis miedo?' Y me dijo: 'No; gracias a Dios.' Volví a preguntarle: '¿No tenían temor las mujeres y los niños?' Y me contestó con calma: 'No; nuestras mujeres y nuestros niños no tienen miedo de morir.'"—Whitehead, *op. cit.*, pág. 10.

Al arribar a Savannah vivió Wesley algún tiempo con los moravos y quedó muy impresionado por su comportamiento cristiano. Refiriéndose a uno de sus servicios religiosos que contrastaba notablemente con el formalismo sin vida de la iglesia anglicana, dijo: "La gran sencillez y solemnidad del acto entero casi me hicieron olvidar los diecisiete siglos transcurridos, y me parecía estar en una de las asambleas donde no había fórmulas ni jerarquía, sino donde presidía Pablo, el tejedor de tiendas, o Pedro, el pescador, y donde se manifestaba el poder del Espíritu."—d., págs. 11, 12.

Al regresar a Inglaterra, Wesley, bajo la dirección de un predicador moravo llegó a una inteligencia más clara de la fe bíblica. Llegó al convencimiento de que debía renunciar por completo a depender de sus propias obras para la salvación, y confiar plenamente en el "Cordero de Dios, que quita el pecado del mundo." En una reunión de la sociedad morava, en Londres, se leyó una declaración de Lutero que describía el cambio que obra el Espíritu de Dios en el corazón del creyente. Al escucharlo Wesley, se encendió la fe en su alma. "Sentí—dice—calentarse mi corazón de un modo extraño." "Sentí entrar en mí la confianza en Cristo y en Cristo solo, para mi salvación; y fuéme dada plena seguridad de que había quitado *mis* pecados, sí, los *míos*, y de que *me* había librado a *mí* de la ley del pecado y de la muerte."—*Id.*, pág. 52.

Durante largos años de arduo y enojoso trabajo, de rigurosa abnegación, de censuras y de humillación, Wesley se había sostenido firme en su propósito de buscar a Dios. Al fin le encontró y comprobó que la gracia que se había empeñado en ganar por medio de oraciones y ayunos, de limosnas y sacrificios, era un don "sin dinero y sin precio."

Una vez afirmado en la fe de Cristo, ardió su alma en deseos de esparcir por todas partes el conocimiento del glorioso Evangelio de la libre gracia de Dios.

"Considero el mundo entero como mi parroquia—decía él,—y dondequiera que esté, encuentro oportuno, justo y de mi deber declarar a todos los que quieran oírlas, las alegres nuevas de la salvación."—*Id.*, pág 74

Siguió llevando una vida de abnegación y rigor, ya no como *base* sino como *resultado* de la fe; no como *raíz* sino como *fruto* de la santidad. La gracia de Dios en Cristo es el fundamento de la esperanza del cristiano, y dicha gracia debe manifestarse en la obediencia. Wesley consagró su vida a predicar las grandes verdades que había recibido: la justificación por medio de la fe en la sangre expiatoria de Cristo, y el poder regenerador del Espíritu Santo en el corazón, que lleva fruto en una vida conforme al ejemplo de Cristo.

Whitefield y los Wesley habían sido preparados para su obra por medio de un profundo sentimiento de su propia perdición; y para poder sobrellevar duras pruebas como buenos soldados de Jesucristo, se habían visto sometidos a una larga serie de escarnios, burlas y persecución, tanto en la universidad, como al entrar en el ministerio. Ellos y otros pocos que simpatizaban con ellos fueron llamados despectivamente "metodistas" por sus condiscípulos incrédulos, pero en la actualidad el apodo es considerado como honroso por una de las mayores denominaciones de Inglaterra y América.

Como miembros de la iglesia de Inglaterra estaban muy apegados a sus formas de culto, pero el Señor les había señalado en su Palabra un modelo más perfecto. El Espíritu Santo les constriñó a predicar a Cristo y a éste crucificado. El poder del Altísimo acompañó sus labores. Millares fueron convencidos y verdaderamente convertidos. Había que proteger de los lobos rapaces a estas ovejas. Wesley no había pensado formar una nueva denominación, pero organizó a los convertidos en lo que se llamó en aquel entonces la Unión Metodista.

Misteriosa y ruda fue la oposición que estos predicadores encontraron por parte de la iglesia establecida; y sin embargo, Dios, en su sabiduría, ordenó las cosas de modo que la reforma se inició dentro de la misma iglesia. Si hubiera venido por completo de afuera, no habría podido penetrar donde tanto se necesitaba Pero como los predicadores del reavivamiento eran eclesiásticos, y trabajaban dentro de los límites de la iglesia dondequiera que encontraban oportunidad para ello, la verdad entró donde las puertas hubieran de otro modo quedado cerradas. Algunos de los clérigos despertaron de su sopor y se convirtieron en predicadores activos de sus parroquias. Iglesias que habían sido petrificadas por el formalismo fueron de pronto devueltas a la vida.

En los tiempos de Wesley, como en todas las épocas de la historia de la iglesia, hubo hombres dotados de diferentes dones que hicieron cada uno la obra que les fuera señalada. No estuvieron de acuerdo en todos los puntos de doctrina, pero todos fueron guiados por el Espíritu de Dios y unidos en el absorbente propósito de ganar almas para Cristo. Las diferencias que mediaron entre Whitefield y los Wesley estuvieron en cierta ocasión a punto de separarlos; pero habiendo aprendido a ser mansos en la escuela de Cristo, la tolerancia y el amor fraternal los reconciliaron. No tenían tiempo para disputarse cuando en derredor suyo abundaban el mal y la iniquidad y los pecadores iban hacia la ruina.

Los siervos de Dios tuvieron que recorrer un camino duro. Hombres de saber y de talento empleaban su influencia contra ellos. Al cabo de algún tiempo muchos de los eclesiásticos manifestaron hostilidad resuelta y las puertas de la iglesia se cerraron a la fe pura y a los que la proclamaban. La actitud adoptada por los clérigos al denunciarlos desde el púlpito despertó los elementos favorables a las tinieblas, la ignorancia y la iniquidad. Una y otra vez, Wesley escapó a la muerte por algún milagro de la misericordia de Dios. Cuando la ira de las turbas rugía contra él y parecía no haber ya modo de escapar, un ángel en forma de hombre se le ponía al lado, la turba retrocedía, y el siervo de Cristo salía ileso del lugar peligroso.

Hablando él de cómo se salvó de uno de estos lances dijo: "Muchos trataron de derribarme mientras descendíamos de una montaña por una senda resbalosa que conducía a la ciudad, porque suponían, y con razón, que una vez caído allí me hubiera sido muy difícil levantarme. Pero no tropecé ni una vez, ni resbalé en la pendiente, hasta lograr ponerme fuera de sus manos. ... Muchos quisieron sujetarme por el cuello o tirarme de los faldones para hacerme caer, pero no lo pudieron, si bien hubo uno que alcanzó a asirse de uno de los faldones de mi chaleco, el cual se le quedó en la mano, mientras que el otro faldón, en cuyo bolsillo guardaba yo un billete de banco, no fue desgarrado más que a medias. ... Un sujeto fornido que venía detrás de mí me dirigió repetidos golpes con un garrote de encina. Si hubiera logrado pegarme una sola vez en la nuca, se habría ahorrado otros esfuerzos. Pero siempre se le desviaba el golpe, y no puedo explicar el porqué, pues me era imposible moverme hacia la derecha ni hacia la izquierda. ... Otro vino corriendo entre el tumulto y levantó el brazo para descargar un golpe sobre mí, se detuvo de pronto y sólo me acarició la cabeza, diciendo: '¡Qué cabello tan suave tiene!' ... Los primeros que se convirtieron fueron los héroes del pueblo, los que en todas las ocasiones capitanean a la canalla, uno de los cuales había ganado un premio peleando en el patio de los osos. ...

"¡Cuán suave y gradualmente nos prepara Dios para hacer su voluntad! Dos años ha, pasó rozándome el hombro un pedazo de ladrillo. Un año después recibí una pedrada en la frente. Hace un mes que me asestaron un golpe y hoy por la tarde, dos; uno antes de que entrara en el pueblo y otro después de haber salido de él; pero fue como si no me hubieran tocado; pues si bien un desconocido me dio un golpe en el pecho con todas sus fuerzas y el otro en la boca con tanta furia que la sangre brotó inmediatamente, no sentí más dolor que si me hubieran dado con una paja."—Juan Wesley, *Works*, tomo 3, págs. 297, 298.

Los metodistas de aquellos días—tanto el pueblo como los predicadores—eran blanco de escarnios y persecuciones, tanto por parte de los miembros de la iglesia establecida como de gente irreligiosa excitada por las calumnias inventadas por esos miembros. Se les arrastraba ante los tribunales de justicia, que lo eran sólo de nombre, pues la justicia en aquellos días era rara en las cortes. Con frecuencia eran atacados por sus perseguidores. La turba iba de casa en casa y les destruía los muebles y lo que encontraban, llevándose lo que les parecía y ultrajando brutalmente a hombres, mujeres y niños. En ocasiones se fijaban avisos en las calles convocando a los que quisiesen ayudar a quebrar ventanas y saquear las casas de los metodistas, dándoles cita en lugar y hora señalados. Estos atropellos de las leyes divinas y humanas se dejaban pasar sin castigo. Se organizó una persecución en forma contra gente cuya única falta consistía en que procuraban apartar a los pecadores del camino de la perdición y llevarlos a la senda de la santidad.

Refiriéndose Juan Wesley a las acusaciones dirigidas contra él y sus compañeros, dijo: "Algunos sostienen que las doctrinas de estos hombres son falsas, erróneas e hijas del entusiasmo; que son cosa nueva y desconocida hasta últimamente; que son cuaquerismo, fanatismo o romanismo. Todas estas pretensiones han sido cortadas de raíz y ha quedado bien probado que cada una de dichas doctrinas es sencillamente doctrina de las Escrituras, interpretada por nuestra propia iglesia. De consiguiente no pueden ser falsas ni erróneas, si es que la Escritura es verdadera." "Otros sostienen que las doctrinas son demasiado estrictas; que hacen muy estrecho el camino del cielo, y ésta es en verdad la objeción fundamental (pues durante un tiempo fue casi la única) y en realidad se basan implícitamente en ella otras más que se presentan en varias formas. Sin embargo, ¿hacen el camino del cielo más estrecho de lo que fue hecho por el Señor y sus apóstoles ? ¿Son sus doctrinas más estrictas que las de la Biblia? Considerad sólo unos cuantos textos: 'Amarás pues al Señor tu Dios de todo tu corazón, y de toda tu alma, y de toda tu mente, y de todas tus fuerzas. ... Amarás a tu prójimo como a ti mismo.'

'Mas yo os digo, que toda palabra ociosa que hablaren los hombres, de ella darán cuenta en el día del juicio.' 'Si pues coméis, o bebéis, o hacéis otra cosa, hacedlo todo a gloria de Dios.'

"Si su doctrina es más estricta que esto, son dignos de censura; pero en conciencia bien sabéis que no lo es. Y ¿quién puede ser menos estricto sin corromper la Palabra de Dios? ¿Podría algún mayordomo de los misterios de Dios ser declarado fiel si alterase parte siquiera de tan sagrado depósito?—No; nada puede quitar; nada puede suavizar; antes está en la obligación de manifestar a todos: 'No puedo rebajar las Escrituras a vuestro gusto. Tenéis que elevaros vosotros mismos hasta ellas o morir para siempre.' El grito general es: '¡Qué faltos de caridad son estos hombres!' ¿Que no tienen caridad? ¿En qué respecto? ¿No dan de comer al hambriento y no visten al desnudo? 'No; no es éste el asunto, que en esto no faltan; donde les falta caridad es en su modo de juzgar, pues creen que ninguno puede ser salvo a no ser que siga el camino de ellos.'"—*Id.*, tomo 3, págs. 152, 153.

El decaimiento espiritual que se había dejado sentir en Inglaterra poco antes del tiempo de Wesley, era debido en gran parte a las enseñanzas contrarias a la ley de Dios, o antinomianismo. Muchos afirmaban que Cristo había abolido la ley moral y que los cristianos no tenían obligación de observarla; que el creyente está libre de la "esclavitud de las buenas obras." Otros, si bien admitían la perpetuidad de la ley, declaraban que no había necesidad de que los ministros exhortaran al pueblo a que obedeciera los preceptos de ella, puesto que los que habían sido elegidos por Dios para ser salvos eran "llevados por el impulso irresistible de la gracia divina, a practicar la piedad y la virtud," mientras los sentenciados a eterna perdición, "no tenían poder para obedecer a la ley divina."

Otros, que también sostenían que "los elegidos no pueden ser destituidos de la gracia ni perder el favor divino" llegaban a la conclusión aun más horrenda de que "sus malas acciones no son en realidad pecaminosas ni pueden ser consideradas como casos de violación de la ley divina, y que en consecuencia los tales no tienen por qué confesar sus pecados ni romper con ellos por medio del arrepentimiento."—McClintock and Strong, *Cyclopedia*, art. Antinomians. Por lo tanto, declaraban que aun uno de los pecados más viles "considerado universalmente como enorme violación de la ley divina, no es pecado a los ojos de Dios," siempre que lo hubiera cometido uno de los elegidos, "porque es característica esencial y distintiva de éstos que no pueden hacer nada que desagrade a Dios ni que sea contrario a la ley."

Estas monstruosas doctrinas son esencialmente lo mismo que la enseñanza posterior de los educadores y teólogos populares, quienes dicen que no existe ley divina como norma inmutable de lo que es recto, y que más bien la norma de la moralidad es indicada por la sociedad y que ha estado siempre sujeta a cambios. Todas estas ideas son inspiradas por el mismo espíritu maestro: por aquel que, hasta entre los seres impecables de los cielos, comenzó su obra de procurar suprimir las justas restricciones de la ley de Dios.

La doctrina de los decretos divinos que fija de una manera inalterable el carácter de los hombres, había inducido a muchos a rechazar virtualmente la ley de Dios. Wesley se oponía tenazmente a los errores de los maestros del antinomianismo y probaba que son contrarios a las Escrituras. "Porque la gracia de Dios que trae salvación a *todos los hombres*, se manifestó." "Porque esto es bueno y agradable delante de Dios nuestro Salvador; el cual quiere que *todos los hombres* sean salvos, y que vengan al conocimiento de la verdad. Porque hay un Dios, asimismo un mediador entre Dios y los hombres, Jesucristo hombre; el cual se dio a sí mismo en precio del rescate por *todos*." (Tito 2:11; 1 Timoteo 2:3-6.) El Espíritu de Dios es concedido libremente para que todos puedan echar mano de los medios de salvación. Así es cómo Cristo "la Luz verdadera," "alumbra a todo hombre que viene a este mundo." (S. Juan 1:9.) Los hombres se privan de la salvación porque rehusan voluntariamente la dádiva de vida.

En contestación al aserto de que a la muerte de Cristo quedaron abolidos los preceptos del Decálogo juntamente con los de la ley ceremonial, decía Wesley: "La ley moral contenida en los diez mandamientos y sancionada por los profetas, Cristo no la abolió. Al venir al mundo, no se propuso suprimir parte alguna de ella. Esta es una ley que jamás puede ser abolida, pues permanece firme como fiel testigo en los cielos. ... Existía desde el principio del mundo, habiendo sido escrita no en tablas de piedra sino en el corazón de todos los hijos de los hombres al salir de manos del Creador. Y no obstante estar ahora borradas en gran manera por el pecado las letras tiempo atrás escritas por el dedo de Dios, no pueden serlo del todo mientras tengamos conciencia alguna del bien y del mal. Cada parte de esta ley ha de seguir en vigor para toda la humanidad y por todos los siglos; porque no depende de ninguna consideración de tiempo ni de lugar ni de ninguna otra circunstancia sujeta a alteración, sino que depende de la naturaleza de Dios mismo, de la del hombre y de la invariable relación que existe entre uno y otro.

"'No he venido para abrogar, sino a cumplir.' ... Sin duda quiere [el Señor] dar a entender en este pasaje—según se colige por el contexto—que vino a establecerla en su plenitud a despecho de cómo puedan interpretarla los hombres; que vino a aclarar plenamente lo que en ella pudiera haber de obscuro; vino para poner de manifiesto la verdad y la importancia de cada una de sus partes; para demostrar su longitud y su anchura, y la medida exacta de cada mandamiento que la ley contiene y al mismo tiempo la altura y la profundidad, la inapreciable pureza y la espiritualidad de ella en todas sus secciones."—Wesley, sermón 25.

Wesley demostró la perfecta armonía que existe entre la ley y el Evangelio. "Existe, pues, entre la ley y el Evangelio la relación más estrecha que se pueda concebir. Por una parte, la ley nos abre continuamente paso hacia el Evangelio y nos lo señala; y por otra, el Evangelio nos lleva constantemente a un cumplimiento exacto de la ley. La ley, por ejemplo, nos exige que amemos a Dios y a nuestro prójimo, y que seamos mansos, humildes y santos. Nos sentimos incapaces de estas cosas y aun más, sabemos que 'a los hombres esto es imposible;' pero vemos una promesa de Dios de darnos ese amor y de hacernos humildes, mansos y santos; nos acogemos a este Evangelio y a estas alegres nuevas; se nos da conforme a nuestra fe; y 'la justicia de la ley se cumple en nosotros' por medio de la fe que es en Cristo Jesús. ...

"Entre los más acérrimos enemigos del Evangelio de Cristo—dijo Wesley,—se encuentran aquellos que 'juzgan la ley' misma abierta y explícitamente y 'hablan mal de ella;' que enseñan a los hombres a quebrantar (a disolver, o anular la obligación que impone) no sólo uno de los mandamientos de la ley, ya sea el menor o el mayor, sino todos ellos de una vez. ... La más sorprendente de todas las circunstancias que acompañan a este terrible engaño, consiste en que los que se entregan a él creen que realmente honran a Cristo cuando anulan su ley, y que ensalzan su carácter mientras destruyen su doctrina. Sí, le honran como le honró Judas cuando le dijo: 'Salve, Maestro. Y le besó.' Y él podría decir también a cada uno de ellos: '¿Con beso entregas al Hijo del hombre?' No es otra cosa que entregarle con un beso hablar de su sangre y despojarle al mismo tiempo de su corona; despreciar una parte de sus preceptos, con el pretexto de hacer progresar su Evangelio. Y en verdad nadie puede eludir el cargo, si predica la fe de una manera que directa o indirectamente haga caso omiso de algún aspecto de la obediencia: si predica a Cristo de un modo que anule o debilite en algo el más pequeño de los mandamientos de Dios."—*Id.*, sermón 35.

Y a los que insistían en que "la predicación del Evangelio satisface todas las exigencias de la ley," Wesley replicaba: "Lo negamos rotundamente. No satisface ni siquiera el primer fin de la ley que es convencer a los hombres de su pecado, despertar a los que duermen aún al borde del infierno." El apóstol Pablo dice que "por medio de la ley es el conocimiento del pecado," "y mientras no esté el hombre completamente convencido de sus pecados, no puede sentir verdaderamente la necesidad de la sangre expiatoria de Cristo. ... Como lo dijo nuestro Señor, 'los sanos no tienen necesidad de médico, sino los enfermos.' Es por lo tanto absurdo ofrecerle médico al que está sano o que cuando menos cree estarlo. Primeramente tenéis que convencerle de que está enfermo; de otro modo no os agradecerá la molestia que por él os dais. Es igualmente absurdo ofrecer a Cristo a aquellos cuyo corazón no ha sido quebrantado todavía."—*Ibid.*

De modo que, al predicar el Evangelio de la gracia de Dios, Wesley, como su Maestro, procuraba "engrandecer" la ley y hacerla "honorable." Hizo fielmente la obra que Dios le encomendara y gloriosos fueron los resultados que le fue dado contemplar. Hacia el fin de su larga vida de más de ochenta años—de los cuales consagró más de medio siglo a su ministerio itinerante—sus fieles adherentes sumaban más de medio millón de almas. Pero las multitudes que por medio de sus trabajos fueron rescatadas de la ruina y de la degradación del pecado y elevadas a un nivel más alto de pureza y santidad, y el número de los que por medio de sus enseñanzas han alcanzado una experiencia más profunda y más rica, nunca se conocerán hasta que toda la familia de los redimidos sea reunida en el reino de Dios. La vida de Wesley encierra una lección de incalculable valor para cada cristiano. ¡Ojalá que la fe y la humildad, el celo incansable, la abnegación y el desprendimiento de este siervo de Cristo se reflejasen en las iglesias de hoy!

16
LA BIBLIA Y LA REVOLUCIÓN FRANCESA

E N EL siglo XVI la Reforma, presentando a los pueblos la Biblia abierta, procuró entrar en todos los países de Europa. Algunas naciones le dieron la bienvenida como a mensajera del cielo. En otros países el papado consiguió hasta cierto punto cerrarle la entrada; y la luz del conocimiento de la Biblia, con sus influencias ennoblecedoras, quedó excluída casi por completo. Hubo un país donde, aunque la luz logró penetrar, las tinieblas no permitieron apreciarla. Durante siglos, la verdad y el error se disputaron el predominio. Triunfó al fin el mal y la verdad divina fue desechada. "Esta es la condenación, que la luz ha venido al mundo, y los hombres amaron más las tinieblas que la luz." (S. Juan 3:19, V.M.) Aquella nación tuvo que cosechar los resultados del mal que ella misma se había escogido. El freno del Espíritu de Dios le fue quitado al pueblo que había despreciado el don de su gracia. Se permitió al mal que llegase a su madurez, y todo el mundo pudo palpar las consecuencias de este rechazamiento voluntario de la luz.

La guerra que se hizo en Francia contra la Biblia durante tantos siglos llegó a su mayor grado en los días de la Revolución. Esa terrible insurrección del pueblo no fue sino resultado natural de la supresión que Roma había hecho de las Sagradas Escrituras. (Véase el Apéndice.) Fue la ilustración más elocuente que jamás presenciara el mundo, de las maquinaciones de la política papal, y una ilustración de los resultados hacia los cuales tendían durante más de mil años las enseñanzas de la iglesia de Roma.

La supresión de las Sagradas Escrituras durante el período de la supremacía papal había sido predicha por los profetas; y el revelador había señalado también los terribles resultados que iba a tener especialmente para Francia el dominio "del hombre de pecado."

Dijo el ángel del Señor: "Hollarán la Santa Ciudad, cuarenta y dos meses. Y daré autoridad a mis dos testigos, los cuales profetizarán mil doscientos sesenta días, vestidos de sacos. ... Y cuando hayan acabado de dar su testimonio, la bestia que sube del abismo hará guerra contra ellos, y prevalecerá contra ellos, y los matará. Y sus cuerpos muertos yacerán en la plaza de la gran ciudad, que se llama simbólicamente Sodoma y Egipto, en donde también el Señor de ellos fue crucificado. ... Y los que habitan sobre la tierra se regocijan sobre ellos, y hacen fiesta, y se envían regalos los unos a los otros; porque estos dos profetas atormentaron a los que habitan sobre la tierra. Y después de los tres días y medio, el espíritu de vida, venido de Dios, entró en ellos, y se levantaron sobre sus pies: y cayó gran temor sobre los que lo vieron." (Apocalipsis 11:2-11, V.M.)

Los "cuarenta y dos meses" y los "mil doscientos sesenta días" designan el mismo plazo, o sea el tiempo durante el cual la iglesia de Cristo iba a sufrir bajo la opresión de Roma. Los 1260 años del dominio temporal del papa comenzaron en el año 538 de J. C. y debían terminar en 1798 (Véase el Apéndice.) En dicha fecha, entró en Roma un ejército francés que tomó preso al papa, el cual murió en el destierro. A pesar de haberse elegido un nuevo papa al poco tiempo, la jerarquía pontificia no volvió a alcanzar el esplendor y poderío que antes tuviera.

La persecución contra la iglesia no continuó durante todos los 1260 años. Dios, usando de misericordia con su pueblo, acortó el tiempo de tan horribles pruebas. Al predecir la "gran tribulación" que había de venir sobre la iglesia, el Salvador había dicho: "Si aquellos días no fuesen acortados, ninguna carne sería salva; mas por causa de los escogidos, aquellos días serán acortados." (S. Mateo 24:22.) Debido a la influencia de los acontecimientos relacionados con la Reforma, las persecuciones cesaron antes del año 1798.

Y acerca de los dos testigos, el profeta declara más adelante: "Estos son los dos olivos y los dos candelabros, que están delante de la presencia del Señor de toda la tierra." "Lámpara es a mis pies tu palabra—dijo el salmista,—y luz a mi camino." (Apocalipsis 11:4; Salmo 119:105, V.M.) Estos dos testigos representan las Escrituras del Antiguo Testamento y del Nuevo. Ambos son testimonios importantes del origen y del carácter perpetuo de la ley de Dios. Ambos testifican también acerca del plan de salvación. Los símbolos, los sacrificios y las profecías del Antiguo Testamento se refieren a un Salvador que había de venir. Y los Evangelios y las epístolas del Nuevo Testamento hablan de un Salvador que vino tal como fuera predicho por los símbolos y la profecía.

"Los cuales profetizarán mil doscientos sesenta días, vestidos de sacos." Durante la mayor parte de dicho período los testigos de Dios permanecieron en obscuridad. El poder papal procuró ocultarle al pueblo la Palabra de verdad y poner ante él testigos falsos que contradijeran su testimonio. (Véase el Apéndice.) Cuando la Biblia fue prohibida por las autoridades civiles y religiosas, cuando su testimonio fue pervertido y se hizo cuanto pudieron inventar los hombres y los demonios para desviar de ella la atención de la gente, y cuando los que osaban proclamar sus verdades sagradas fueron perseguidos, entregados, atormentados, confinados en las mazmorras, martirizados por su fe u obligados a refugiarse en las fortalezas de los montes y en las cuevas de la tierra, fue entonces cuando los fieles testigos profetizaron vestidos de sacos. No obstante, siguieron dando su testimonio durante todo el período de 1260 años. Aun en los tiempos más sombríos hubo hombres fieles que amaron la Palabra de Dios y se manifestaron celosos por defender su honor. A estos fieles siervos de Dios les fueron dados poder, sabiduría y autoridad para que divulgasen la verdad durante todo este período.

"Y si alguno procura dañarlos, fuego procede de sus bocas, y devora a sus enemigos; y si alguno procurare dañarlos, es menester que de esta manera sea muerto." (Apocalipsis 11:5, V.M.) Los hombres no pueden pisotear impunemente la Palabra de Dios. El significado de tan terrible sentencia resalta en el último capítulo del Apocalipsis: "Yo protesto a cualquiera que oye las palabras de la profecía de este libro: Si alguno añadiere a estas cosas, Dios pondrá sobre él las plagas que están escritas en este libro. Y si alguno quitare de las palabras del libro de esta profecía, Dios quitará su parte del libro de la vida, y de la santa ciudad, y de las cosas que están escritas en este libro." (Apocalipsis 22:18, 19.)

Tales son los avisos que ha dado Dios para que los hombres se abstengan de alterar lo revelado o mandado por él. Estas solemnes denuncias se refieren a todos los que con su influencia hacen que otros consideren con menosprecio la ley de Dios. Deben hacer temblar y temer a los que declaran con liviandad que poco importa que obedezcamos o no obedezcamos a la ley de Dios. Todos los que alteran el significado preciso de las Sagradas Escrituras sobreponiéndoles sus opiniones particulares, y los que tuercen los preceptos de la Palabra divina ajustándolos a sus propias conveniencias, o a las del mundo, se arrogan terrible responsabilidad. La Palabra escrita, la ley de Dios, medirá el carácter de cada individuo y condenará a todo el que fuere hallado falto por esta prueba infalible.

"Y cuando hayan acabado [estén acabando] de dar su testimonio.' El período en que los dos testigos iban a testificar "vestidos de sacos" terminó en 1798. Cuando estuviesen por concluir su obra en la obscuridad, les haría la guerra el poder representado por "la bestia que sube del abismo." En muchas de las naciones de Europa los poderes que gobernaban la iglesia y el estado habían permanecido bajo el dominio de Satanás por medio del papado. Mas aquí se deja ver una nueva manifestación del poder satánico.

Con el pretexto de reverenciar las Escrituras, Roma las había mantenido aprisionadas en una lengua desconocida, y las había ocultado al pueblo. Durante la época de su dominio los testigos profetizaron "vestidos de sacos;" pero, otro poder—la bestia que sube del abismo—iba a levantarse a combatir abiertamente contra la Palabra de Dios.

La "gran ciudad" en cuyas calles son asesinados los testigos y donde yacen sus cuerpos muertos, "se llama simbólicamente Egipto." De todas las naciones mencionadas en la historia de la Biblia, fue Egipto la que con más osadía negó la existencia del Dios vivo y se opuso a sus mandamientos. Ningún monarca resistió con tanto descaro a la autoridad del cielo, como el rey de Egipto. Cuando se presentó Moisés ante él para comunicarle el mensaje del Señor, el faraón contestó con arrogancia: "¿Quién es Jehová, para que yo oiga su voz y deje ir a Israel? Yo no conozco a Jehová, ni tampoco dejaré ir a Israel." (Éxodo 5:2.) Esto es ateísmo; y la nación representada por Egipto iba a oponerse de un modo parecido a la voluntad del Dios vivo, y a dar pruebas del mismo espíritu de incredulidad y desconfianza. La "gran ciudad" es también comparada "simbólicamente" con Sodoma. La corrupción de Sodoma al quebrantar la ley de Dios fue puesta de manifiesto especialmente en la vida disoluta. Y este pecado iba a ser también rasgo característico de la nación que cumpliría lo que estaba predicho en este pasaje.

En conformidad con lo que dice el profeta, se iba a ver en aquel tiempo, poco antes del año 1798, que un poder de origen y carácter satánicos se levantaría para hacer guerra a la Biblia. Y en la tierra en que de aquella manera iban a verse obligados a callar los dos testigos de Dios, se manifestarían el ateísmo del faraón y la disolución de Sodoma.

Esta profecía se cumplió de un modo muy preciso y sorprendente en la historia de Francia. Durante la Revolución, en 1793, "el mundo oyó por primera vez a toda una asamblea de hombres nacidos y educados en la civilización, que se habían arrogado el derecho de gobernar a una de las más admirables naciones europeas, levantar unánime voz para negar la verdad más solemne para las almas y renunciar de común acuerdo a la fe y a la adoración que se deben tributar a la Deidad."—Sir Walter Scott, *Life of Napoleon Bonaparte*, tomo 1, cap. 17. "Francia ha sido la única nación del mundo acerca de la cual consta en forma auténtica que fue una nación erguida en rebelión contra el Autor del universo. Muchos blasfemos, muchos infieles hay y seguirá habiéndolos en Inglaterra, Alemania, España y en otras partes; pero Francia es la única nación en la historia del mundo, que por decreto de su asamblea legislativa, declaró que no hay Dios, cosa que regocijó a todos los habitantes de la capital, y entre una gran mayoría de otros pueblos, cantaron y bailaron hombres y mujeres al aceptar el manifiesto."—*Blackwood's Magazine*, noviembre, 1870.

Francia presentó también la característica que más distinguió a Sodoma. Durante la Revolución manifestóse una condición moral tan degradada y corrompida que puede compararse con la que acarreó la destrucción de las ciudades de la llanura. Y el historiador presenta juntos el ateísmo y la prostitución de Francia, tal como nos los da la profecía: "Íntimamente relacionada con estas leyes que afectan la religión, se encontraba aquella que reducía la unión matrimonial—el contrato más sagrado que puedan hacer seres humanos, y cuya permanencia y estabilidad contribuye eficacísimamente a la consolidación de la sociedad—a un mero convenio civil de carácter transitorio, que dos personas cualesquiera podían celebrar o deshacer a su antojo. ... Si los demonios se hubieran propuesto inventar la manera más eficaz de destruir todo lo que existe de venerable, de bueno o de permanente en la vida doméstica, con la seguridad a la vez de que el daño que intentaban hacer se perpetuaría de generación en generación, no habrían podido echar mano de un plan más adecuado que el de la degradación del matrimonio. ... Sofía Arnoult, notable actriz que se distinguía por la agudeza de sus dichos, definió el casamiento republicano como 'el sacramento del adulterio.'"—Scott, tomo 1, cap. 17.

"En donde también el Señor de ellos fue crucificado." En Francia se cumplió también este rasgo de la profecía. En ningún otro país se había desarrollado tanto el espíritu de enemistad contra Cristo. En ninguno había hallado la verdad tan acerba y cruel oposición. En la persecución con que Francia afligió a los que profesaban el Evangelio, crucificó también a Cristo en la persona de sus discípulos.

Siglo tras siglo la sangre de los santos había sido derramada. Mientras los valdenses sucumbían en las montañas del Piamonte "a causa de la Palabra de Dios y del testimonio de Jesús," sus hermanos, los albigenses de Francia, testificaban de la misma manera por la verdad. En los días de la Reforma los discípulos de ésta habían sucumbido en medio de horribles tormentos. Reyes y nobles, mujeres de elevada alcurnia, delicadas doncellas, la flor y nata de la nación, se habían recreado viendo las agonías de los mártires de Jesús. Los valientes hugonotes, en su lucha por los derechos más sagrados al corazón humano, habían derramado su sangre en muchos y rudos combates. Los protestantes eran considerados como fuera de la ley; sus cabezas eran puestas a precio y se les cazaba como a fieras.

La "iglesia del desierto," es decir, los pocos descendientes de los antiguos cristianos que aún quedaban en Francia en el siglo XVIII, escondidos en las montañas del sur, seguían apegados a la fe de sus padres. Cuando se arriesgaban a congregarse en las faldas de los montes o en los páramos solitarios, eran cazados por los soldados y arrastrados a las galeras donde llevaban una vida de esclavos hasta su muerte. A los habitantes más morales, más refinados e inteligentes de Francia se les encadenaba y torturaba horriblemente entre ladrones y asesinos. (Wylie, lib. 22, cap. 6.) Otros, tratados con más misericordia, eran muertos a sangre fría y a balazos, mientras que indefensos oraban de rodillas. Centenares de ancianos, de mujeres indefensas y de niños inocentes, eran dejados muertos en el mismo lugar donde se habían reunido para celebrar su culto. Al recorrer la falda del monte o el bosque para acudir al punto en donde solían reunirse, no era raro hallar "a cada trecho, cadáveres que maculaban la hierba o que colgaban de los árboles." Su país, asolado por la espada, el hacha y la hoguera, "se había convertido en vasto y sombrío yermo." "Estas atrocidades no se cometieron en la Edad Media, sino en el siglo brillante de Luis XIV, en que se cultivaba la ciencia y florecían las letras; cuando los teólogos de la corte y de la capital eran hombres instruidos y elocuentes y que afectaban poseer las gracias de la mansedumbre y del amor."—*Id*., cap. 7.

Pero lo más inicuo que se registra en el lóbrego catálogo de los crímenes, el más horrible de los actos diabólicos de aquella sucesión de siglos espantosos, fue la "matanza de San Bartolomé." Todavía se estremece horrorizado el mundo al recordar las escenas de aquella carnicería, la más vil y alevosa que se registra. El rey de Francia instado por los sacerdotes y prelados de Roma sancionó tan espantoso crimen. El tañido de una campana, resonando a medianoche, dio la señal del degüello. Millares de protestantes que dormían tranquilamente en sus casas, confiando en la palabra que les había dado el rey, asegurándoles protección, fueron arrastrados a la calle sin previo aviso y asesinados a sangre fría.

Así como Cristo era el jefe invisible de su pueblo cuando salió de la esclavitud de Egipto, así lo fue Satanás de sus súbditos cuando acometieron la horrenda tarea de multiplicar el número de los mártires. La matanza continuó en París por siete días, con una furia indescriptible durante los tres primeros. Y no se limitó a la ciudad, sino que por decreto especial del rey se hizo extensiva a todas las provincias y pueblos donde había protestantes. No se respetaba edad ni sexo. No escapaba el inocente niño ni el anciano de canas. Nobles y campesinos, viejos y jóvenes, madres y niños, sucumbían juntos. La matanza siguió en Francia por espacio de dos meses. Perecieron en ella setenta mil personas de la flor y nata de la nación.

"Cuando la noticia de la matanza llegó a Roma, el regocijo del clero no tuvo límites. El cardenal de Lorena premió al mensajero con mil duros; el cañón de San Angelo tronó en alegres salvas; se oyeron las campanas de todas las torres; innumerables fogatas convirtieron la noche en día; y Gregorio XIII acompañado de los cardenales y otros dignatarios eclesiásticos, se encaminó en larga procesión hacia la iglesia de San Luis, donde el cardenal de Lorena cantó el *Te Deum*. ...

Se acuñó una medalla para conmemorar la matanza, y aun pueden verse en el Vaticano tres frescos de Vasari, representando la agresión contra el almirante, al rey en el concilio maquinando la matanza, y la matanza misma. Gregorio envió a Carlos la Rosa de Oro; y a los cuatro meses de la matanza, . . . escuchó complacido el sermón de un sacerdote francés, ... que habló de 'ese día tan lleno de dicha y alegría, cuando el santísimo padre recibió la noticia y se encaminó hacia San Luis en solemne comitiva para dar gracias a Dios.'"—H. White, *The Massacre of St. Bartholomew*, cap. 14.

El mismo espíritu maestro que impulsó la matanza de San Bartolomé fue también el que dirigió las escenas de la Revolución. Jesucristo fue declarado impostor, y el grito de unión de los incrédulos franceses era: "Aplastad al infame," lo cual decían refiriéndose a Cristo. Las blasfemias contra el cielo y las iniquidades más abominables se daban la mano, y eran exaltados a los mejores puestos los hombres más degradados y los más entregados al vicio y a la crueldad. En todo esto no se hacía más que tributar homenaje supremo a Satanás, mientras que se crucificaba a Cristo en sus rasgos característicos de verdad, pureza y amor abnegado.

"La bestia que sube del abismo hará guerra contra ellos, y prevalecerá contra ellos y los matará." El poder ateo que gobernó a Francia durante la Revolución y el reinado del terror, hizo a Dios y a la Biblia una guerra como nunca la presenciara el mundo. El culto de la Deidad fue abolido por la asamblea nacional. Se recogían Biblias para quemarlas en las calles haciendo cuanta burla de ellas se podía. La ley de Dios fue pisoteada; las instituciones de la Biblia abolidas; el día del descanso semanal fue abandonado y en su lugar se consagraba un día de cada diez a la orgía y a la blasfemia. El bautismo y la comunión quedaron prohibidos. Y en los sitios más a la vista en los cementerios se fijaron avisos en que se declaraba que la muerte era un sueño eterno.

El temor de Dios, decían, dista tanto de ser el principio de la sabiduría que más bien puede considerársele como principio de la locura. Quedó prohibida toda clase de culto religioso a excepción del tributado a la libertad y a la patria. El "obispo constitucional de París fue empujado a desempeñar el papel más importante en la farsa más desvergonzada que jamás fuera llevada a cabo ante una representación nacional. ... Lo sacaron en pública procesión para que manifestase a la convención que la religión que él había enseñado por tantos años, era en todos respectos una tramoya del clero, sin fundamento alguno en la historia ni en la verdad sagrada. Negó solemnemente y en los términos más explícitos la existencia de la Deidad a cuyo culto se había consagrado él y ofreció que en lo sucesivo se dedicaría a rendir homenaje a la libertad, la igualdad, la virtud y la moral. Colocó luego sobre una mesa sus ornamentos episcopales y recibió un abrazo fraternal del presidente de la convención. Varios sacerdotes apóstatas imitaron el ejemplo del prelado."—Scott, tomo 1, cap. 17.

"Y los que habitan sobre la tierra se regocijan sobre ellos, y hacen fiesta; y se envían regalos los unos a los otros; porque estos dos profetas atormentaron a los que habitan sobre la tierra." La Francia incrédula había acallado las voces de reprensión de los testigos de Dios. La Palabra de verdad yacía muerta en sus calles y los que odiaban las restricciones y los preceptos de la ley de Dios se llenaron de júbilo. Los hombres desafiaban públicamente al Rey de los cielos, y gritaban como los pecadores de la antigüedad: "¿Cómo sabe Dios? ¿y hay conocimiento en lo alto?" (Salmo 73:11.)

Uno de los sacerdotes del nuevo orden, profiriendo terribles blasfemias, dijo: "¡Dios! si es cierto que existes, toma venganza de las injurias que se hacen a tu nombre. ¡Yo te desafío! Guardas silencio; no te atreves a descargar tus truenos. Entonces ¿quién va a creer que existes?"—M. Ch. Lacretelle, *Histoire de France pendant le dixhuitième siècle*, tomo 2, pág. 309. ¡Qué eco tan fiel de la pregunta de Faraón: "¿Quién es Jehová, para que yo oiga su voz?" "No conozco a Jehová"!

"Dijo el necio en su corazón: No hay Dios." (Salmo 14:1.) Y el Señor declara respecto de los que pervierten la verdad que "se hará manifiesta a todos su necedad." (2 Timoteo 3:9, V.M.) Después que hubo renunciado al culto del Dios vivo, "el Alto y el Excelso que habita la eternidad," cayó Francia al poco tiempo en una idolatría degradante rindiendo culto a la diosa de la razón en la persona de una mujer libertina. ¡Y esto en la cámara representativa de la nación y por medio de las más altas autoridades civiles y legislativas! Dice el historiador: "Una de las ceremonias de aquel tiempo de locura no tiene igual por lo absurdo combinado con lo impío. Las puertas de la convención se abrieron de par en par para dar entrada a los músicos de la banda que precedía a los miembros del cuerpo municipal que entraron en solemne procesión, cantando un himno a la libertad y escoltando como objeto de su futura adoración a una mujer cubierta con un velo y a la cual llamaban la diosa de la razón. Cuando llegó ésta al lugar que le estaba reservado, le fue quitado el velo con gran ceremonial, y se le dio asiento a la derecha del presidente, reconociendo todos ellos en ella a una bailarina de la ópera. ... A esta mujer rindió público homenaje la convención nacional de Francia, considerándola como la representación más perfecta de la razón que ellos veneraban.

"Esta momería sacrílega y ridícula estuvo de moda; y la instalación de la diosa de la razón fue imitada en algunas poblaciones del país que deseaban demostrar que se hallaban a la altura de la Revolución."—Scott, tomo 1, cap. 17.

El orador que introdujo el culto de la razón, se expresó en estos términos: "¡Legisladores! El fanatismo ha cedido su puesto a la razón; sus turbios ojos no han podido resistir el brillo de la luz. Un pueblo inmenso se ha trasladado hoy a esas bóvedas góticas, en las que por vez primera han repercutido los ecos de la verdad. Allí han celebrado los franceses el único culto verdadero: el de la libertad, el de la razón. Allí hemos hecho votos por la prosperidad de las armas de la República; allí hemos abandonado inanimados ídolos para seguir a la razón, a esta imagen animada, la obra más sublime de la naturaleza."—M. A. Thiers, *Historia de la Revolución Francesa*, cap. 29.

Al ser presentada la diosa ante la convención, la tomó el orador de la mano y dirigiéndose a toda la asamblea, dijo: "Mortales, cesad de temblar ante los truenos impotentes de un Dios que vuestros temores crearon. No reconozcáis de hoy en adelante otra divinidad que la razón. Yo os presento su imagen más noble y pura; y, si habéis de tener ídolos, ofreced sacrificios solamente a los que sean como éste. ... ¡Caiga ante el augusto senado de la libertad, el velo de la razón! ...

"La diosa, después de haber sido abrazada por el presidente, tomó asiento en una magnífica carroza que condujeron por entre el inmenso gentío hasta la catedral de Notre Dame, para reemplazar a la Deidad. La elevaron sobre el altar mayor y recibió la adoración de todos los que estaban presentes."—Alison, tomo 1, cap. 10.

Poco después de esto procedieron a quemar públicamente la Biblia. En cierta ocasión "la Sociedad Popular del Museo" entró en el salón municipal gritando: ¡*Vive la Raison*! y llevando en la punta de un palo los fragmentos de varios libros que habían sacado de las llamas, quemados en parte; entre otros, breviarios, misales, y el Antiguo y Nuevo Testamentos que "expiaron en un gran fuego—dijo el presidente—todas las locuras en que por causa de ellos había incurrido la raza humana."—*Journal de París*, 14 de nov. de 1793 (No. 318, pág. 1279).

El romanismo había principiado la obra que el ateísmo se encargaba de concluir. A la política de Roma se debía la condición social, política y religiosa que empujaba a Francia hacia la ruina. No faltan los autores que, refiriéndose a los horrores de la Revolución, admiten que de esos excesos debe hacerse responsables al trono y a la iglesia. (Véase el Apéndice.) En estricta justicia debieran atribuirse a la iglesia sola. El romanismo había enconado el ánimo de los monarcas contra la Reforma, haciéndola aparecer como enemiga de la corona, como elemento de discordia que podía ser fatal a la paz y a la buena marcha de la nación. Fue el genio de Roma el que por este medio inspiró las espantosas crueldades y la acérrima opresión que procedían del trono.

El espíritu de libertad acompañaba a la Biblia. Doquiera se le recibiese, el Evangelio despertaba la inteligencia de los hombres. Estos empezaban por arrojar las cadenas que por tanto tiempo los habían tenido sujetos a la ignorancia, al vicio y a la superstición. Empezaban a pensar y a obrar como hombres. Al ver esto los monarcas temieron por la suerte de su despotismo.

Roma no fue tardía para inflamar los temores y los celos de los reyes. Decía el papa al regente de Francia en 1525: "Esta manía [el protestantismo] no sólo confundirá y acabará con la religión, sino hasta con los principados, con la nobleza, con las leyes, con el orden y con las jerarquías."—G. de Felice, *Histoire des Protestants de France*, lib. 1, cap. 2. Y pocos años después un nuncio papal le daba este aviso al rey: "Señor, no os engañéis. Los protestantes van a trastornar tanto el orden civil como el religioso. ... El trono peligra tanto como el altar. ... Al introducirse una nueva religión se introduce necesariamente un nuevo gobierno."—D'Aubigné, *Histoire de la Réformation au temps de Calvin*, lib. 2, cap. 36. Y los teólogos apelaban a las preocupaciones del pueblo al declarar que las doctrinas protestantes "seducen a los hombres hacia las novedades y la locura; roban así al rey el afecto leal de sus súbditos y destruyen la iglesia y el estado al mismo tiempo." De ese modo logró Roma predisponer a Francia contra la Reforma. "Y la espada de la persecución se desenvainó por primera vez en Francia para sostener el trono, resguardar a los nobles y conservar las leyes."—Wylie, lib. 13, cap. 4.

Poco previeron los reyes cuán fatales iban a ser los resultados de tan odiosa política. Las enseñanzas de la Biblia eran las que hubieran podido implantar en las mentes y en los corazones de los hombres aquellos principios de justicia, de templanza, de verdad, de equidad y de benevolencia, que son la piedra angular del edificio de la prosperidad de un pueblo. "La justicia engrandece la nación." Y con ella "será afirmado el trono." (Proverbios 14:34; 16:12.) "El efecto de la justicia será paz; y la labor de justicia, reposo y seguridad para siempre." (Isaías 32:17.) El que obedece las leyes divinas es el que mejor respetará y acatará las leyes de su país. El que teme a Dios honrará al rey en el ejercicio de su autoridad justa y legítima. Pero por desgracia Francia prohibió la Biblia y desterró a sus discípulos. Siglo tras siglo hubo hombres de principios e integridad, de gran inteligencia y de fuerza moral, que tuvieron valor para confesar sus convicciones y fe suficiente para sufrir por la verdad—siglo tras siglo estos hombres penaron como esclavos en las galeras, y perecieron en la hoguera o los dejaron que se pudrieran en tenebrosas e inmundas mazmorras. Miles y miles se pusieron en salvo huyendo; y esto duró doscientos cincuenta años después de iniciada la Reforma.

"Casi no hubo generación de franceses durante ese largo período de tiempo que no fuera testigo de la fuga de los discípulos del Evangelio que huían para escapar de la furia insensata de sus perseguidores, llevándose consigo la inteligencia, las artes, la industria y el carácter ordenado que por lo general los distinguían y contribuían luego a enriquecer a los países donde encontraban refugio. Pero en la medida en que enriquecían otros países con sus preciosos dones, despojaban al suyo propio. Si hubieran permanecido en Francia todos los que la abandonaron; si por espacio de trescientos años la pericia industrial de aquéllos hubiera sido empleada en cultivar el suelo de su país, en hacer progresar las manufacturas; si durante estos trescientos años el genio creador de los mismos, junto con su poder analítico, hubiera seguido enriqueciendo la literatura y cultivando las ciencias de Francia; si hubiera sido dedicada la sabiduría de tan nobles hijos a dirigir sus asambleas, su valor a pelear sus batallas, y su equidad a formular las leyes, y la religión de la Biblia a robustecer la inteligencia y dirigir las conciencias del pueblo, ¡qué inmensa gloria no tendría Francia hoy ! ¡ Qué grande, qué próspera y qué dichoso país no sería! ... ¡Toda una nación modelo!

"Pero un fanatismo ciego e inexorable echó de su suelo a todos los que enseñaban la virtud, a los campeones del orden y a los honrados defensores del trono; dijo a los que hubieran podido dar a su país 'renombre y gloria': Escoged entre la hoguera o el destierro. Al fin la ruina del estado fue completa; ya no quedaba en el país conciencia que proscribir, religión que arrastrar a la hoguera ni patriotismo que desterrar."—Wylie, lib. 13, cap. 20. Todo lo cual dio por resultado la Revolución con sus horrores.

"Con la huída de los hugonotes quedó Francia sumida en general decadencia. Florecientes ciudades manufactureras quedaron arruinadas; los distritos más fértiles volvieron a quedar baldíos, el entorpecimiento intelectual y el decaimiento de la moralidad sucedieron al notable progreso que antes imperara. París quedó convertido en un vasto asilo: asegúrase que precisamente antes de estallar la Revolución doscientos mil indigentes dependían de los socorros del rey. Únicamente los jesuítas prosperaban en la nación decaída, y gobernaban con infame tiranía sobre las iglesias y las escuelas, las cárceles y las galeras."

El Evangelio hubiera dado a Francia la solución de estos problemas políticos y sociales que frustraron los propósitos de su clero, de su rey y de sus gobernantes, y arrastraron finalmente a la nación entera a la anarquía y a la ruina. Pero bajo el dominio de Roma el pueblo había perdido las benditas lecciones de sacrificio y de amor que diera el Salvador. Todos se habían apartado de la práctica de la abnegación en beneficio de los demás. Los ricos no tenían quien los reprendiera por la opresión con que trataban a los pobres, y a éstos nadie los aliviaba de su degradación y servidumbre. El egoísmo de los ricos y de los poderosos se hacía más y más manifiesto y avasallador. Por varios siglos el libertinaje y la ambición de los nobles habían impuesto a los campesinos extorsiones agotadoras. El rico perjudicaba al pobre y éste odiaba al rico.

En muchas provincias sucedía que los nobles eran dueños del suelo y los de las clases trabajadoras simples arrendatarios; y de este modo, el pobre estaba a merced del rico, y se veía obligado a someterse a sus exorbitantes exigencias. La carga del sostenimiento de la iglesia y del estado pesaba sobre los hombros de las clases media y baja del pueblo, las cuales eran recargadas con tributos por las autoridades civiles y por el clero. "El placer de los nobles era considerado como ley suprema; y que el labriego y el campesino pereciesen de hambre no era para conmover a sus opresores. ... En todo momento el pueblo debía velar exclusivamente por los intereses del propietario. Los agricultores llevaban una vida de trabajo duro y continuo, y de una miseria sin alivio; y si alguna vez osaban quejarse se les trataba con insolente desprecio. En los tribunales siempre se fallaba en favor del noble y en contra del campesino; los jueces aceptaban sin escrúpulo el cohecho; en virtud de este sistema de corrupción universal, cualquier capricho de la aristocracia tenía fuerza de ley. De los impuestos exigidos a la gente común por los magnates seculares y por el clero, no llegaba ni la mitad al tesoro del reino, ni al arca episcopal, pues la mayor parte de lo que cobraban lo gastaban los recaudadores en la disipación y en francachelas. Y los que de esta manera despojaban a sus consúbditos estaban libres de impuestos y con derecho por la ley o por la costumbre a ocupar todos los puestos del gobierno. La clase privilegiada estaba formada por ciento cincuenta mil personas, y para regalar a esta gente se condenaba a millones de seres a una vida de degradación irremediable." (Véase el Apéndice.)

La corte estaba completamente entregada a la lujuria y al libertinaje. El pueblo y sus gobernantes se veían con desconfianza. Se sospechaba de todas las medidas que dictaba el gobierno, porque se le consideraba intrigante y egoísta. Por más de medio siglo antes de la Revolución, ocupó el trono Luis XV, quien aun en aquellos tiempos corrompidos sobresalió en su frivolidad, su indolencia y su lujuria. Al observar aquella depravada y cruel aristocracia y la clase humilde sumergida en la ignorancia y en la miseria, al estado en plena crisis financiera y al pueblo exasperado, no se necesitaba tener ojo de profeta para ver de antemano una inminente insurrección. A las amonestaciones que le daban sus consejeros, solía contestar el rey: "Procurad que todo siga así mientras yo viva; después de mi muerte, suceda lo que quiera." En vano se le hizo ver la necesidad que había de una reforma. Bien comprendía él el mal estado de las cosas, pero no tenía ni valor ni poder suficiente para remediarlo. Con acierto describía él la suerte de Francia con su respuesta tan egoísta como indolente: "¡Después de mí el diluvio!"

Valiéndose Roma de la ambición de los reyes y de las clases dominantes, había ejercido su influencia para sujetar al pueblo en la esclavitud, pues comprendía que de ese modo el estado se debilitaría y ella podría dominar completamente gobiernos y súbditos. Por su previsora política advirtió que para esclavizar eficazmente a los hombres necesitaba subyugar sus almas y que el medio mas seguro para evitar que escapasen de su dominio era convertirlos en seres impropios para la libertad. Mil veces más terrible que el padecimiento físico que resultó de su política, fue la degradación moral que prevaleció en todas partes. Despojado el pueblo de la Biblia y sin más enseñanzas que la del fanatismo y la del egoísmo, quedó sumido en la ignorancia y en la superstición y tan degradado por los vicios que resultaba incapaz de gobernarse por sí solo.

Empero los resultados fueron muy diferentes de lo que Roma había procurado. En vez de que las masas se sujetaran ciegamente a sus dogmas, su obra las volvió incrédulas y revolucionarias; odiaron al romanismo y al sacerdocio a los que consideraban cómplices en la opresión. El único Dios que el pueblo conocía era el de Roma, y la enseñanza de ésta su única religión. Considerando la crueldad y la iniquidad de Roma como fruto legítimo de las enseñanzas de la Biblia, no quería saber nada de éstas.

Roma había dado a los hombres una idea falsa del carácter de Dios, y pervertido sus requerimientos. En consecuencia, al fin el pueblo rechazó la Biblia y a su Autor. Roma había exigido que se creyese ciegamente en sus dogmas, que declaraba sancionados por las Escrituras. En la reacción que se produjo, Voltaire y sus compañeros desecharon en absoluto la Palabra de Dios e hicieron cundir por todas partes el veneno de la incredulidad. Roma había hollado al pueblo con su pie de hierro, y las masas degradadas y embrutecidas, al sublevarse contra tamaña tiranía, desconocieron toda sujeción. Se enfurecieron al ver que por mucho tiempo habían aceptado tan descarados embustes y rechazaron la verdad juntamente con la mentira; y confundiendo la libertad con el libertinaje, los esclavos del vicio se regocijaron con una libertad imaginaria.

Al estallar la Revolución el rey concedió al pueblo que lo representara en la asamblea nacional un número de delegados superior al del clero y al de los nobles juntos. Era pues el pueblo dueño de la situación; pero no estaba preparado para hacer uso de su poder con sabiduría y moderación. Ansioso de reparar los agravios que había sufrido, decidió reconstituir la sociedad. Un populacho encolerizado que guardaba en su memoria el recuerdo de tantos sufrimientos, resolvió levantarse contra aquel estado de miseria que había venido ya a ser insoportable, y vengarse de aquellos a quienes consideraba como responsables de sus padecimientos. Los oprimidos, poniendo en práctica las lecciones que habían aprendido bajo el yugo de los tiranos, se convirtieron en opresores de los mismos que antes les habían oprimido.

La desdichada Francia recogió con sangre lo que había sembrado. Terribles fueron las consecuencias de su sumisión al poder avasallador de Roma. Allí donde Francia, impulsada por el papismo, prendiera la primera hoguera en los comienzos de la Reforma, allí también la Revolución levantó su primera guillotina. En el mismo sitio en que murieron quemados los primeros mártires del protestantismo en el siglo XVI, fueron precisamente decapitadas las primeras víctimas en el siglo

XVIII. Al rechazar Francia el Evangelio que le brindaba bienestar, franqueó las puertas a la incredulidad y a la ruina. Una vez desechadas las restricciones de la ley de Dios, se echó de ver que las leyes humanas no tenían fuerza alguna para contener las pasiones, y la nación fue arrastrada a la rebeldía y a la anarquía. La guerra contra la Biblia inició una era conocida en la historia como "el reinado del terror." La paz y la dicha fueron desterradas de todos los hogares y de todos los corazones. Nadie tenía la vida segura. El que triunfaba hoy era considerado al día siguiente como sospechoso y le condenaban a muerte. La violencia y la lujuria dominaban sin disputa.

El rey, el clero y la nobleza, tuvieron que someterse a las atrocidades de un pueblo excitado y frenético. Su sed de venganza subió de punto cuando el rey fue ejecutado, y los mismos que decretaron su muerte le siguieron bien pronto al cadalso. Se resolvió matar a cuantos resultasen sospechosos de ser hostiles a la Revolución. Las cárceles se llenaron y hubo en cierta ocasión dentro de sus muros más de doscientos mil presos. En las ciudades del reino se registraron crímenes horrorosos. Se levantaba un partido revolucionario contra otro, y Francia quedó convertida en inmenso campo de batalla donde las luchas eran inspiradas y dirigidas por las violencias y las pasiones. "En París sucedíanse los tumultos uno a otro y los ciudadanos divididos en diversos partidos, no parecían llevar otra mira que el exterminio mutuo." Y para agravar más aun la miseria general, la nación entera se vio envuelta en prolongada y devastadora guerra con las mayores potencias de Europa. "El país estaba casi en bancarrota, el ejército reclamaba pagos atrasados, los parisienses se morían de hambre, las provincias habían sido puestas a saco por los bandidos y la civilización casi había desaparecido en la anarquía y la licencia."

Harto bien había aprendido el pueblo las lecciones de crueldad y de tormento que con tanta diligencia Roma le enseñara. Al fin había llegado el día de la retribución. Ya no eran los discípulos de Jesús los que eran arrojados a las mazmorras o a la hoguera. Tiempo hacía ya que éstos habían perecido o que se hallaban en el destierro; la desapiadada Roma sentía ya el poder mortífero de aquellos a quienes ella había enseñado a deleitarse en la perpetración de crímenes sangrientos. "El ejemplo de persecución que había dado el clero de Francia durante varios siglos se volvía contra él con señalado vigor. Los cadalsos se teñían con la sangre de los sacerdotes. Las galeras y las prisiones en donde antes se confinaba a los hugonotes, se hallaban ahora llenas de los perseguidores de ellos. Sujetos con cadenas al banquillo del buque y trabajando duramente con los remos, el clero católico romano experimentaba los tormentos que antes con tanta prodigalidad infligiera su iglesia a los mansos herejes." (Véase el Apéndice.)

"Llegó entonces el día en que el código más bárbaro que jamás se haya conocido fue puesto en vigor por el tribunal más bárbaro que se hubiera visto hasta entonces; día aquél en que nadie podía saludar a sus vecinos, ni a nadie se le permitía que hiciese oración … so pena de incurrir en el peligro de cometer un crimen digno de muerte; en que los espías acechaban en cada esquina; en que la guillotina no cesaba en su tarea día tras día; en que las cárceles estaban tan llenas de presos que más parecían galeras de esclavos; y en que las acequias corrían al Sena llevando en sus raudales la sangre de las víctimas. … Mientras que en París se llevaban cada día al suplicio carros repletos de sentenciados a muerte, los procónsules que eran enviados por el comité supremo a los departamentos desplegaban tan espantosa crueldad que ni aun en la misma capital se veía cosa semejante. La cuchilla de la máquina infernal no daba abasto a la tarea de matar gente. Largas filas de cautivos sucumbían bajo descargas graneadas de fusilería. Se abrían intencionalmente boquetes en las barcazas sobrecargadas de cautivos. Lyon se había convertido en desierto. En Arrás ni aun se concedía a los presos la cruel misericordia de una muerte rápida. Por toda la ribera del Loira, río abajo desde Saumur al mar, se veían grandes bandadas de cuervos y milanos que devoraban los cadáveres desnudos que yacían unidos en abrazos horrendos y repugnantes. No se hacía cuartel ni a sexo ni a edad. El número de muchachos y doncellas menores de diecisiete años que fueron asesinados por orden de aquel execrable gobierno se cuenta por centenares. Pequeñuelos arrebatados del regazo de sus madres eran ensartados de pica en pica entre las filas jacobinas." (Véase el Apéndice.) En apenas diez años perecieron multitudes de seres humanos.

Todo esto era del agrado de Satanás. Con este fin había estado trabajando desde hacía muchos siglos. Su política es el engaño desde el principio hasta el fin, y su firme intento es acarrear a los hombres dolor y miseria, desfigurar y corromper la obra de Dios, estorbar sus planes divinos de benevolencia y amor, y de esta manera contristar al cielo. Confunde con sus artimañas las mentes de los hombres y hace que éstos achaquen a Dios la obra diabólica, como si toda esta miseria fuera resultado de los planes del Creador. Asimismo, cuando los que han sido degradados y embrutecidos por su cruel dominio alcanzan su libertad, los impulsa al crimen, a los excesos y a las atrocidades. Y luego los tiranos y los opresores se valen de semejantes cuadros del libertinaje para ilustrar las consecuencias de la libertad.

Cuando un disfraz del error ha sido descubierto, Satanás le da otro, y la gente lo saluda con el mismo entusiasmo con que acogió el anterior. Cuando el pueblo descubrió que el romanismo era un engaño, y él, Satanás, ya no podía conseguir por ese medio que se violase la ley de Dios, optó entonces por hacerle creer que todas las religiones eran engañosas y la Biblia una fábula; y arrojando lejos de sí los estatutos divinos se entregó a una iniquidad desenfrenada.

El error fatal que ocasionó tantos males a los habitantes de Francia fue el desconocimiento de esta gran verdad: que la libertad bien entendida se basa en las prohibiciones de la ley de Dios. "¡Oh si hubieras escuchado mis mandamientos! entonces tu paz habría sido como un río, y tu justicia como las olas del mar." "¡Mas no hay paz, dice Jehová, para los inicuos!" "Aquel empero que me oyere a mí, habitará seguro, y estará tranquilo, sin temor de mal." (Isaías 48:18, 22; Proverbios 1:33, V.M.)

Los ateos, los incrédulos y los apóstatas se oponen abiertamente a la ley de Dios; pero los resultados de su influencia prueban que el bienestar del hombre depende de la obediencia a los estatutos divinos. Los que no quieran leer esta lección en el libro de Dios, tendrán que leerla en la historia de las naciones.

Cuando Satanás obró por la iglesia romana para desviar a los hombres de la obediencia a Dios, nadie sospechaba quiénes fueran sus agentes y su obra estaba tan bien disfrazada que nadie comprendió que la miseria que de ella resultó fuera fruto de la transgresión. Pero su poder fue contrarrestado de tal modo por la obra del Espíritu de Dios que sus planes no llegaron a desarrollarse hasta su consumación. La gente no supo remontar del efecto a la causa ni descubrir el origen de tanta desgracia. Pero en la Revolución la asamblea nacional rechazó la ley de Dios, y durante el reinado del terror que siguió todos pudieron ver cuál era la causa de todas las desgracias.

Cuando Francia desechó a Dios y descartó la Biblia públicamente, hubo impíos y espíritus de las tinieblas que se llenaron de júbilo por haber logrado al fin el objeto que por tanto tiempo se habían propuesto: un reino libre de las restricciones de la ley de Dios. Y porque la maldad no era pronto castigada, el corazón de los hijos de los hombres estaba "plenamente resuelto a hacer el mal." Empero la transgresión de una ley justa y recta debía traer inevitablemente como consecuencia la miseria y el desastre. Si bien es verdad que no vino el juicio inmediatamente sobre los culpables, estaban éstos labrando su ruina segura. Siglos de apostasía y de crimen iban acumulando la ira para el día de la retribución; y cuando llegaron al colmo de la iniquidad comprendieron los menospreciadores de Dios cuán terrible es agotar la paciencia divina. Fue retirado en gran medida el poder restrictivo del Espíritu de Dios que hubiera sido el único capaz de tener en jaque al poder cruel de Satanás y se le permitió al que se deleita en los sufrimientos de la humanidad que hiciese su voluntad. Los que habían preferido servir a la rebelión cosecharon los frutos de ella hasta que la tierra se llenó de crímenes tan horribles que la pluma se resiste a describirlos. De las provincias asoladas y de las ciudades arruinadas, levantábase un clamor terrible de desesperación, de angustia indescriptible. Francia se estremecía como sacudida por un terremoto. La religión, la ley, la sociedad, el orden; la familia, el estado y la iglesia, todo lo abatía la mano impía que se levantara contra la ley de Dios. Bien dijo el sabio: "Por su misma maldad caerá el hombre malo." "Pero aunque el pecador haga mal cien veces, y con todo se le prolonguen los días, sin embargo yo ciertamente sé que les irá bien a los que temen a Dios, por lo mismo que temen delante de él. Al hombre malo empero no le irá bien." "Por cuanto aborrecieron la ciencia, y no escogieron el temor de Jehová; ... por tanto comerán del fruto de su mismo camino, y se hartarán de sus propios consejos." (Proverbios 11:5; Eclesiastés 8:12, 13; Proverbios 1:29, 31, V.M.)

No iban a permanecer mucho tiempo en silencio los fieles testigos de Dios que habían sucumbido bajo el poder blasfemo "que sube del abismo." "Después de los tres días y medio, el espíritu de vida, venido de Dios, entró en ellos, y se levantaron sobre sus pies: y cayó gran temor sobre los que lo vieron." (Apocalipsis 11:11, V.M.) En 1793 había promulgado la Asamblea francesa los decretos que abolían la religión cristiana y desechaban la Biblia. Tres años y medio después, este mismo cuerpo legislativo adoptó una resolución que rescindía esos decretos y concedía tolerancia a las Sagradas Escrituras. El mundo contemplaba estupefacto los terribles resultados que se había obtenido al despreciar los Oráculos Sagrados y los hombres reconocían que la fe en Dios y en su Palabra son la base de la virtud y de la moralidad. Dice el Señor: "¿A quién injuriaste y a quién blasfemaste? ¿contra quién has alzado tu voz, y levantado tus ojos en alto? Contra el Santo de Israel." "Por tanto, he aquí, les enseñaré de esta vez, enseñarles he mi mano y mi fortaleza, y sabrán que mi nombre es Jehová." (Isaías 37:23; Jeremías 16:21.)

Hablando de los dos testigos, el profeta dice además: "Y oyeron una grande voz del cielo, que les decía: Subid acá. Y subieron al cielo en una nube, y sus enemigos los vieron." (Apocalipsis 11:12.) Desde que Francia les declarara la guerra, estos dos testigos de Dios han recibido mayor honra que nunca antes. En el año 1804 se organizó la Sociedad Bíblica Británica y Extranjera. Este hecho fue seguido de otros semejantes en otras partes de Europa donde se organizaron sociedades similares con numerosas ramas esparcidas por muchas partes del continente. En 1816 se fundó la Sociedad Bíblica Americana. Cuando se creó la Sociedad Británica, la Biblia circulaba en cincuenta idiomas. Desde entonces ha sido traducida en muchos centenares de idiomas y dialectos. (Véase el Apéndice.)

Durante los cincuenta años que precedieron a 1792, se daba muy escasa importancia a la obra de las misiones en el extranjero. No se fundaron sociedades nuevas, y eran muy pocas las iglesias que se esforzaban por extender el Evangelio en los países paganos. Pero en las postrimerías del siglo XVIII se vio un cambio notable. Los hombres comenzaron a sentirse descontentos con los resultados del racionalismo y comprendieron la gran necesidad que tenían de la revelación divina y de la experiencia religiosa. Desde entonces la obra de las misiones en el extranjero se extendió rápidamente. (Véase el Apéndice.)

Los adelantos de la imprenta dieron notable impulso a la circulación de la Biblia. El incremento de los medios de comunicación entre los diferentes países, la supresión de las barreras del prejuicio y del exclusivismo nacional, y la pérdida del dominio temporal del pontífice de Roma, han ido abriéndole paso a la Palabra de Dios. Hace ya muchos años que la Biblia se vende en las calles de Roma sin que haya quien lo impida, y en el día de hoy ha sido llevada a todas las partes del mundo habitado.

El incrédulo Voltaire dijo con arrogancia en cierta ocasión: "Estoy cansado de oír de continuo que doce hombres establecieron la religión cristiana. Yo he de probar que un solo hombre basta para destruirla." Han transcurrido varias generaciones desde que Voltaire murió y millones de hombres han secundado su obra de propaganda contra la Biblia. Pero lejos de agotarse la circulación del precioso libro, allí donde había cien ejemplares en tiempo de Voltaire hay diez mil hoy día, por no decir cien mil. Como dijo uno de los primitivos reformadores hablando de la iglesia cristiana: "La Biblia es un yunque sobre el cual se han gastado muchos martillos." Ya había dicho el Señor: "Ninguna arma forjada contra ti tendrá éxito; y a toda lengua que en juicio se levantare contra ti, condenarás." (Isaías 54:17, V.M.)

"La Palabra de nuestro Dios permanece para siempre." "Seguros son todos sus preceptos; establecidos para siempre jamás, hechos en verdad y en rectitud." (Isaías 40:8; Salmo 111:7, 8, V.M.) Lo que fuere edificado sobre la autoridad de los hombres será derribado; mas lo que lo fuere sobre la roca inamovible de la Palabra de Dios, permanecerá para siempre.

17
AMÉRICA, TIERRA DE LIBERTAD

NO OBSTANTE haber renunciado al romanismo, los reformadores ingleses conservaron muchas de sus formas. De manera que aunque habían rechazado la autoridad y el credo de Roma, no pocas de sus costumbres y ceremonias se incorporaron en el ritual de la iglesia anglicana. Se aseveraba que estas cosas no eran asuntos de conciencia; que por más que no estaban ordenadas en las Santas Escrituras, y por lo mismo no eran necesarias, sin embargo como tampoco estaban prohibidas no eran intrínsecamente malas. Por la observancia de esas prácticas se hacía menos notable la diferencia que separaba de Roma a las iglesias reformadas y se procuraba a la vez promover con más esperanzas de éxito la aceptación del protestantismo entre los romanistas.

Para los conservadores y los partidarios de las transigencias, estos argumentos eran decisivos. Empero había otros que no pensaban así. El mero hecho de que semejantes prácticas "tendían a colmar la sima existente entre Roma y la Reforma" (Martyn, tomo 5, pág. 22), era para ellos argumento terminante contra la conservación de las mismas. Las consideraban como símbolos de la esclavitud de que habían sido libertados y a la cual no tenían ganas de volver. Argüían que en su Palabra Dios tiene establecidas reglas para su culto y que los hombres no tienen derecho para quitar ni añadir otras. El comienzo de la gran apostasía consistió precisamente en que se quiso suplir la autoridad de Dios con la de la iglesia. Roma empezó por ordenar cosas que Dios no había prohibido, y acabó por prohibir lo que él había ordenado explícitamente.

Muchos deseaban ardientemente volver a la pureza y sencillez que caracterizaban a la iglesia primitiva. Consideraban muchas de las costumbres arraigadas en la iglesia anglicana como monumentos de idolatría y no podían en conciencia unirse a dicha iglesia en su culto; pero como la iglesia estaba sostenida por el poder civil no consentía que nadie sustentara opiniones diferentes en asunto de formas. La asistencia a los cultos era requerida por la ley, y no podían celebrarse sin licencia asambleas religiosas de otra naturaleza, so pena de prisión, destierro o muerte.

A principios del siglo XVII el monarca que acababa de subir al trono de Inglaterra declaró que estaba resuelto a hacer que los puritanos "se conformaran, o de lo contrario … que fueran expulsados del país, o tratados todavía peor.'—Jorge Bancroft, *History of the United States of America*, parte 1, cap. 12. Acechados, perseguidos, apresados, no esperaban mejores días para lo por venir y muchos se convencieron de que para los que deseaban servir a Dios según el dictado de su conciencia, "Inglaterra había dejado de ser lugar habitable."—J.G. Palfrey, *History of New England*, cap. 3. Algunos decidieron refugiarse en Holanda. A fin de lograrlo tuvieron que sufrir pérdidas, cárceles y mil dificultades. Frustrábanse sus planes y eran entregados en manos de sus enemigos. Pero al fin triunfó su firme perseverancia y encontraron refugio en las playas hospitalarias de la República Holandesa.

En su fuga habían tenido que abandonar sus casas, sus bienes y sus medios de subsistencia. Eran forasteros en tierra extraña, entre gente de costumbres y de lengua diferentes de las de ellos. Se vieron obligados a ocuparse en trabajos desconocidos hasta entonces para ellos, a fin de ganarse el pan de cada día. Hombres de mediana edad que se habían ocupado durante toda su vida en labrar la tierra, se vieron en la necesidad de aprender oficios mecánicos. Pero se acomodaron animosamente a la situación y no perdieron tiempo en la ociosidad ni en quejas inútiles. Aunque afectados a menudo por la pobreza, daban gracias a Dios por las bendiciones que les concedía y se regocijaban de poder tener comunión espiritual sin que se les molestara. "Comprendían que eran peregrinos y no se preocupaban mucho por aquellas cosas; sino que levantaban la vista al cielo, su anhelada patria, y serenaban su espíritu."—Bancroft, parte 1, cap. 12.

Aunque vivían en el destierro y en medio de contratiempos, crecían su amor y su fe; confiaban en las promesas del Señor, el cual no los olvidó en el tiempo de la prueba. Sus ángeles estaban a su lado para animarlos y sostenerlos. Y cuando les pareció ver la mano de Dios señalándoles hacia más allá del mar una tierra en donde podrían fundar un estado, y dejar a sus hijos el precioso legado de la libertad religiosa, avanzaron sin miedo por el camino que la Providencia les indicaba.

Dios había permitido que viniesen pruebas sobre su pueblo con el fin de habilitarlo para la realización de los planes misericordiosos que él tenía preparados para ellos. La iglesia había sido humillada para ser después ensalzada. Dios iba a manifestar su poder en ella e iba a dar al mundo otra prueba de que él no abandona a los que en él confían. El había predominado sobre los acontecimientos para conseguir que la ira de Satanás y la conspiración de los malvados redundasen para su gloria y llevaran a su pueblo a un lugar seguro. La persecución y el destierro abrieron el camino de la libertad.

En cuanto se vieron obligados a separarse de la iglesia anglicana, los puritanos se unieron en solemne pacto como pueblo libre del Señor para "andar juntos en todos sus caminos que les había hecho conocer, o en los que él les notificase."—J. Brown, *The Pilgrim Fathers*, pág. 74. En esto se manifestaba el verdadero espíritu de la Reforma, el principio esencial del protestantismo. Con ese fin partieron los peregrinos de Holanda en busca de un hogar en el Nuevo Mundo. Juan Robinson, su pastor, a quien la Providencia impidió que les acompañase, díjoles en su discurso de despedida:

"Hermanos: Dentro de muy poco tiempo vamos a separarnos y sólo el Señor sabe si viviré para volver a ver vuestros rostros; pero sea cual fuere lo que el Señor disponga, yo os encomiendo a él y os exhorto ante Dios y sus santos ángeles a que no me sigáis más allá de lo que yo he seguido a Cristo. Si Dios quiere revelaros algo por medio de alguno de sus instrumentos, estad prontos a recibirlo como lo estuvisteis para recibir la verdad por medio de mi ministerio; pues seguro estoy de que el Señor tiene más verdades y más luces que sacar de su Santa Palabra."— Martyn, tomo 5, pág. 70.

"Por mi parte, no puedo deplorar lo bastante la triste condición de las iglesias reformadas que han llegado a un punto final en religión, y no quieren ir más allá de lo que fueron los promotores de su reforma. No se puede hacer ir a los luteranos más allá de lo que Lutero vio; ... y a los calvinistas ya los veis manteniéndose con tenacidad en el punto en que los dejó el gran siervo de Dios que no lo logró ver todo. Es ésta una desgracia por demás digna de lamentar, pues por más que en su tiempo fueron luces que ardieron y brillaron, no llegaron a penetrar todos los planes de Dios, y si vivieran hoy estarían tan dispuestos a recibir la luz adicional como lo estuvieron para aceptar la primera que les fue dispensada."—D. Neal, *History of the Puritans*, tomo 1, pág. 269.

"Recordad el pacto de vuestra iglesia, en el que os comprometisteis a andar en todos los caminos que el Señor os ha dado u os diere a conocer. Recordad vuestra promesa y el pacto que hicisteis con Dios y unos con otros, de recibir cualquier verdad y luz que se os muestre en su Palabra escrita. Pero, con todo, tened cuidado, os ruego, de ver qué es lo que aceptáis como verdad. Examinadlo, consideradlo, y comparadlo con otros pasajes de las Escrituras de verdad antes de aceptarlo; porque no es posible que el mundo cristiano, salido hace poco de tan densas tinieblas anticristianas, pueda llegar en seguida a un conocimiento perfecto en todas las cosas."—Martyn, tomo 5, págs. 70, 71.

El deseo de tener libertad de conciencia fue lo que dio valor a los peregrinos para exponerse a los peligros de un viaje a través del mar, para soportar las privaciones y riesgos de las soledades selváticas y con la ayuda de Dios echar los cimientos de una gran nación en las playas de América. Y sin embargo, aunque eran honrados y temerosos de Dios, los peregrinos no comprendieron el gran principio de la libertad religiosa, y aquella libertad por cuya consecución se impusieran tantos sacrificios, no estuvieron dispuestos a concederla a otros. "Muy pocos aun entre los más distinguidos pensadores y moralistas del siglo XVII tuvieron un concepto justo de ese gran principio, esencia del Nuevo Testamento, que reconoce a Dios como único juez de la fe humana."—*Id.*, pág. 297. La doctrina que sostiene que Dios concedió a la iglesia el derecho de regir la conciencia y de definir y castigar la herejía, es uno de los errores papales más arraigados. A la vez que los reformadores rechazaban el credo de Roma, no estaban ellos mismos libres por completo del espíritu de intolerancia de ella. Las densas tinieblas en que, al través de los interminables siglos de su dominio, el papado había envuelto a la cristiandad, no se habían disipado del todo. En cierta ocasión dijo uno de los principales ministros de la colonia de la Bahía de Massachusetts: "La tolerancia fue la que hizo anticristiano al mundo. La iglesia no se perjudica jamás castigando a los herejes."—*Id.*, pág. 335. Los colonos acordaron que solamente los miembros de la iglesia tendrían voz en el gobierno civil. Organizóse una especie de iglesia de estado, en la cual todos debían contribuir para el sostén del ministerio, y los magistrados tenían amplios poderes para suprimir la herejía. De esa manera el poder secular quedaba en manos de la iglesia, y no se hizo esperar mucho el resultado inevitable de semejantes medidas: la persecución.

Once años después de haber sido fundada la primera colonia, llegó Rogelio Williams al Nuevo Mundo. Como los primeros peregrinos, vino para disfrutar de libertad religiosa, pero de ellos se diferenciaba en que él vio lo que pocos de sus contemporáneos habían visto, a saber que esa libertad es derecho inalienable de todos, cualquiera que fuere su credo. Investigó diligentemente la verdad, pensando, como Robinson, que no era posible que hubiese sido recibida ya toda la luz que de la Palabra de Dios dimana. Williams "fue la primera persona del cristianismo moderno que estableció el gobierno civil de acuerdo con la doctrina de la libertad de conciencia, y la igualdad de opiniones ante la ley."—Bancroft, parte 1, cap. 15. Sostuvo que era deber de los magistrados restringir el crimen mas nunca regir la conciencia. Decía: "El público o los magistrados pueden fallar en lo que atañe a lo que los hombres se deben unos a otros, pero cuando tratan de señalar a los hombres las obligaciones para con Dios, obran fuera de su lugar y no puede haber seguridad alguna, pues resulta claro que si el magistrado tiene tal facultad, bien puede decretar hoy una opinión y mañana otra contraria, tal como lo hicieron en Inglaterra varios reyes y reinas, y en la iglesia romana los papas y los concilios, a tal extremo que la religión se ha convertido en una completa confusión."—Martyn, tomo 5, pág. 340.

La asistencia a los cultos de la iglesia establecida era obligatoria so pena de multa o de encarcelamiento. "Williams reprobó tal ley; la peor cláusula del código inglés era aquella en la que se obligaba a todos a asistir a la iglesia parroquial. Consideraba él que obligar a hombres de diferente credo a unirse entre sí, era una flagrante violación de los derechos naturales del hombre; forzar a concurrir a los cultos públicos a los irreligiosos e indiferentes era tan sólo exigirles que fueran hipócritas. ... 'Ninguno—decía él—debe ser obligado a practicar ni a sostener un culto contra su consentimiento.' '¡Cómo!—replican sus antagonistas, espantados de los principios expresados por Williams,—¿ no es el obrero digno de su salario?' 'Sí—respondía él,—cuando ese salario se lo dan los que quieren ocuparle.'"—Bancroft, parte 1, cap. 15.

Rogelio Williams era respetado y querido como ministro fiel, como hombre de raras dotes, de intachable integridad y sincera benevolencia. Sin embargo, su actitud resuelta al negar que los magistrados civiles tuviesen autoridad sobre la iglesia y al exigir libertad religiosa, no podía ser tolerada. Se creía que la aplicación de semejante nueva doctrina, "alteraría el fundamento del estado y el gobierno del país."—*Ibid.* Le sentenciaron a ser desterrado de las colonias y finalmente, para evitar que le arrestasen, se vio en la necesidad de huir en medio de los rigores de un crudo invierno, y se refugió en las selvas vírgenes.

"Durante catorce semanas—cuenta él,—anduve vagando en medio de la inclemencia del invierno, careciendo en absoluto de pan y de cama." Pero "los cuervos me alimentaron en el desierto," y el hueco de un árbol le servía frecuentemente de albergue. (Martyn, tomo 5, págs. 349, 350.) Así prosiguió su penosa huída por entre la nieve y los bosques casi inaccesibles, hasta que encontró refugio en una tribu de indios cuya confianza y afecto se había ganado esforzándose por darles a conocer las verdades del Evangelio.

Después de varios meses de vida errante llegó al fin a orillas de la bahía de Narragansett, donde echó los cimientos del primer estado de los tiempos modernos que reconoció en el pleno sentido de la palabra los derechos de la libertad religiosa. El principio fundamental de la colonia de Rogelio Williams, era "que cada hombre debía tener libertad para adorar a Dios según el dictado de su propia conciencia."—*Id.*, pág. 354. Su pequeño estado, Rhode Island, vino a ser un lugar de refugio para los oprimidos, y siguió creciendo y prosperando hasta que su principio fundamental—la libertad civil y religiosa—llegó a ser la piedra angular de la república americana de los Estados Unidos.

En el antiguo documento que nuestros antepasados expidieron como su carta de derechos—la Declaración de Independencia—declaraban lo siguiente: "Sostenemos como evidentes estas verdades, a saber, que todos los hombres han sido creados iguales, que han sido investidos por su Creador con ciertos derechos inalienables; que entre éstos están la vida, la libertad y la búsqueda de la felicidad." Y la Constitución garantiza en los términos más explícitos, la inviolabilidad de la conciencia: "No se exigirá examen alguno religioso como calificación para obtener un puesto público de confianza en los Estados Unidos." "El Congreso no dictará leyes para establecer una religión ni para estorbar el libre ejercicio de ella."

"Los que formularon la Constitución reconocieron el principio eterno de que la relación del hombre con Dios se halla por sobre toda legislación humana y que los derechos de la conciencia son inalienables. No se necesitaba argumentar para establecer esta verdad; pues la sentimos en nuestro mismo corazón. Fue este sentimiento el que, desafiando leyes humanas, sostuvo a tantos mártires en tormentos y llamas. Reconocían que su deber para con Dios era superior a los decretos de los hombres y que nadie podía ejercer autoridad sobre sus conciencias. Es un principio innato que nada puede desarraigar."—*Congressional Documents* (E.U.A.), serie No. 200, documento No. 271.

Cuando circuló por los países de Europa la noticia de que había una tierra donde cada hombre podía disfrutar del producto de su trabajo y obedecer a las convicciones de su conciencia, millares se apresuraron a venir al Nuevo Mundo. Las colonias se multiplicaron con rapidez. "Por una ley especial, Massachusetts ofreció bienvenida y ayuda, a costa del pueblo, a todos los cristianos de cualquiera nacionalidad que pudieran huir al través del Atlántico 'para escapar de las guerras, del hambre y de la opresión de sus perseguidores.' De esa manera los fugitivos y oprimidos eran, por la ley, considerados como huéspedes de la comunidad."—Martyn, tomo 5, pág. 417. A los veinte años de haberse efectuado el primer desembarco en Plymouth, había ya establecidos en Nueva Inglaterra otros tantos miles de peregrinos.

Con el fin de asegurar lo que buscaban, "se contentaban con ganar apenas su subsistencia y se acomodaban a una vida de frugalidad y de trabajo. No pedían de aquel suelo sino la justa retribución de su propio trabajo. Ninguna visión de oro venía a engañarles en su camino. ... Se conformaban con el progreso lento pero firme de su estado social. Soportaban pacientemente las privaciones de la vida rústica, y regaron con sus lágrimas y con el sudor de su frente el árbol de la libertad, hasta verlo echar profundas raíces en la tierra."

La Biblia era considerada como la base de la fe, la fuente de la sabiduría y la carta magna de la libertad. Sus principios se enseñaban cuidadosamente en los hogares, en las escuelas y en las iglesias, y sus frutos se hicieron manifiestos, en lo que se ganó en inteligencia, en pureza y en templanza. Podíase vivir por años entre los puritanos "sin ver un borracho, ni oír una blasfemia ni encontrar un mendigo."—Bancroft, parte 1, cap. 19. Quedaba demostrado que los principios de la Biblia son las más eficaces salvaguardias de la grandeza nacional. Las colonias débiles y aisladas vinieron a convertirse pronto en una confederación de estados poderosos, y el mundo pudo fijarse admirado en la paz y prosperidad de una "iglesia sin papa y de un estado sin rey."

Pero un número siempre creciente de inmigrantes arribaba a las playas de América, atraído e impulsado por motivos muy distintos de los que alentaran a los primeros peregrinos. Si bien la fe primitiva y la pureza ejercían amplia influencia y poder subyugador, estas virtudes se iban debilitando más y más cada día en la misma proporción en que iba en aumento el número de los que llegaban guiados tan sólo por la esperanza de ventajas terrenales.

La medida adoptada por los primitivos colonos de no conceder voz ni voto ni tampoco empleo alguno en el gobierno civil sino a los miembros de la iglesia, produjo resultados perniciosos. Dicha medida había sido tomada para conservar la pureza del estado, pero dio al fin por resultado la corrupción de la iglesia. Siendo indispensable profesar la religión para poder tomar parte en la votación o para desempeñar un puesto público, muchos se unían a la iglesia tan sólo por motivos de conveniencia mundana y de intrigas políticas, sin experimentar un cambio de corazón. Así llegaron las iglesias a componerse en considerable proporción de gente no convertida, y en el ministerio mismo había quienes no sólo erraban en la doctrina, sino que ignoraban el poder regenerador del Espíritu Santo. De este modo quedó otra vez demostrado el mal resultado que tan a menudo comprobamos en la historia de la iglesia desde el tiempo de Constantino hasta hoy, y que da el pretender fundar la iglesia valiéndose de la ayuda del estado, y el apelar al poder secular para el sostenimiento del Evangelio de Aquel que dijo: "Mi reino no es de este mundo." (Juan 18:36.) El consorcio de la iglesia con el estado, por muy poco estrecho que sea, puede en apariencia acercar el mundo a la iglesia, mientras que en realidad es la iglesia la que se acerca al mundo.

El gran principio que defendieron tan noblemente Robinson y Rogelio Williams, de que la verdad es progresiva, y de que los cristianos deberían estar prontos para aceptar toda la luz que proceda de la santa Palabra de Dios, lo perdieron de vista sus descendientes. Las iglesias protestantes de América —lo mismo que las de Europa—tan favorecidas al recibir las bendiciones de la Reforma, dejaron de avanzar en el camino que ella les había trazado. Si bien es verdad que de tiempo en tiempo surgieron hombres fieles que proclamaron nuevas verdades y denunciaron el error tanto tiempo acariciado, la mayoría, como los judíos en el tiempo de Cristo, o como los papistas en el de Lutero, se contentaba con creer lo que sus padres habían creído, y con vivir como ellos habían vivido. De consiguiente la religión degeneró de nuevo en formalismo; y los errores y las supersticiones que hubieran podido desaparecer de haber seguido la iglesia avanzando en la luz de la Palabra de Dios, se conservaron y siguieron practicándose. De este modo, el espíritu inspirado por la Reforma murió paulatinamente, hasta que llegó a sentirse la necesidad de una reforma en las iglesias protestantes tanto como se necesitara en la iglesia romana en tiempo de Lutero. Se notaba el mismo estupor espiritual y la misma mundanalidad, la misma reverencia hacia las opiniones de los hombres, y la substitución de teorías humanas en lugar de las enseñanzas de la Palabra de Dios.

La vasta circulación que alcanzó la Biblia en los comienzos del siglo XIX, y la abundante luz que de esa manera se esparció por todo el mundo, no fue seguida por el adelanto correspondiente en el conocimiento de la verdad revelada, ni en la religión experimental. Satanás no pudo, como en las edades pasadas, quitarle al pueblo la Palabra de Dios, que había sido puesta al alcance de todos; pero para poder alcanzar su objeto indujo a muchos a tenerla en poca estima. Los hombres descuidaron el estudio de las Sagradas Escrituras y siguieron aceptando interpretaciones torcidas y falsas y conservando doctrinas que no tenían fundamento alguno en la Biblia.

Viendo el fracaso de sus esfuerzos para destruir la verdad por medio de la persecución, Satanás había recurrido de nuevo al plan de transigencias que condujo a la apostasía y a la formación de la iglesia de Roma. Había inducido a los cristianos a que se aliasen, no con los paganos, sino con aquellos que por su devoción a las cosas de este mundo demostraban ser tan idólatras como los mismos adoradores de imágenes. Y los resultados de esta unión no fueron menos perniciosos entonces que en épocas anteriores; el orgullo y el despilfarro fueron fomentados bajo el disfraz de la religión, y se corrompieron las iglesias. Satanás siguió pervirtiendo las doctrinas de la Biblia, y empezaron a echar profundas raíces las tradiciones que iban a perder a millones de almas. La iglesia amparaba y defendía estas tradiciones, en lugar de defender "la fe que una vez fue entregada a los santos." Así se degradaron los principios que los reformadores sustentaron y por los cuales sufrieran tanto.

18

HERALDOS DE UNA NUEVA ERA

UNA de las verdades más solemnes y más gloriosas que revela la Biblia, es la de la segunda venida de Cristo para completar la gran obra de la redención. Al pueblo peregrino de Dios, que por tanto tiempo hubo de morar "en región y sombra de muerte," le es dada una valiosa esperanza inspiradora de alegría con la promesa de la venida de Aquel que es "la resurrección y la vida" para hacer "volver a su propio desterrado." La doctrina del segundo advenimiento es verdaderamente la nota tónica de las Sagradas Escrituras. Desde el día en que la primera pareja se alejara apesadumbrada del Edén, los hijos de la fe han esperado la venida del Prometido que había de aniquilar el poder destructor de Satanás y volverlos a llevar al paraíso perdido. Hubo santos desde los antiguos tiempos que miraban hacia el tiempo del advenimiento glorioso del Mesías como hacia la consumación de sus esperanzas. Enoc, que se contó entre la séptima generación descendiente de los que moraran en el Edén y que por tres siglos anduvo con Dios en la tierra, pudo contemplar desde lejos la venida del Libertador. "He aquí que viene el Señor, con las huestes innumerables de sus santos ángeles, para ejecutar juicio sobre todos." (S. Judas 14, 15, V.M.) El patriarca Job, en la lobreguez de su aflicción, exclamaba con confianza inquebrantable: "Pues yo sé que mi Redentor vive, y que en lo venidero ha de levantarse sobre la tierra; ... aun desde mi carne he de ver a Dios; a quien yo tengo de ver por mí mismo, y mis ojos le mirarán; y ya no como a un extraño." (Job 19:25-27, V.M.)

La venida de Cristo que ha de inaugurar el reino de la justicia, ha inspirado los más sublimes y conmovedores acentos de los escritores sagrados. Los poetas y profetas de la Biblia hablaron de ella con ardientes palabras de fuego celestial. El salmista cantó el poder y la majestad del Rey de Israel: "¡Desde Sión, perfección de la hermosura, ha resplandecido Dios! Vendrá nuestro Dios, y no guardará silencio. ... Convocará a los altos cielos, y a la tierra, para juzgar a su pueblo.' "Alégrense los cielos, y gócese la tierra ... delante de Jehová; porque viene, sí, porque viene a juzgar la tierra. ¡Juzgará al mundo con justicia, y a los pueblos con su verdad!" (Salmos 50:2-4; 96:11-13, V.M.)

El profeta Isaías dice: "¡Despertad, y cantad, vosotros que moráis en el polvo! porque como el rocío de hierbas es tu rocío, y la tierra echará fuera los muertos." "¡Vivirán tus muertos; los cadáveres de mi pueblo se levantarán!" "¡Tragado ha a la muerte para siempre; y Jehová el Señor enjugará las lágrimas de sobre todas las caras, y quitará el oprobio de su pueblo de sobre toda la tierra! porque Jehová así lo ha dicho. Y se dirá en aquel día: ¡He aquí, éste es nuestro Dios; le hemos esperado, y él nos salvará! ¡éste es Jehová, le hemos esperado; estaremos alegres, y nos regocijaremos en su salvación!" (Isaías 26:19; 25:8, 9, V.M.)

Habacuc también, arrobado en santa visión, vio la venida de Cristo. "¡Viene Dios desde Temán, y el Santo desde el monte Parán: su gloria cubre los cielos, y la tierra se llena de su alabanza! También su resplandor es como el fuego." "¡Se para y mide la tierra! ¡echa una mirada, y hace estremecer a las naciones! se esparcen también como polvo las montañas sempiternas, se hunden los collados eternos; ¡suyos son los senderos de la eternidad!" "Para que cabalgues sobre tus caballos, sobre tus carros de salvación." "¡Te ven las montañas, y se retuercen en angustia: ... el abismo da su voz y levanta en alto sus manos! ¡El sol y la luna se paran en sus moradas! a la luz de sus flechas pasan adelante, al brillo de su relumbrante lanza." "Sales para la salvación de tu pueblo, para la salvación de tu ungido." (Habacuc 3:3-13, V.M.)

Cuando el Señor estuvo a punto de separarse de sus discípulos, los consoló en su aflicción asegurándoles que volvería: "¡No se turbe vuestro corazón! ... En la casa de mi Padre muchas moradas hay; ... voy a prepararos el lugar. Y si yo fuere y os preparare el lugar, vendré otra vez, y os recibiré conmigo." "Cuando el Hijo del hombre vendrá en su gloria, y todos los ángeles con él, entonces se sentará sobre el trono de su gloria; y delante de él serán juntadas todas las naciones." (S. Juan 14:1-3; S. Mateo 25:31, 32, V.M.)

Los ángeles que estuvieron en el Monte de los Olivos después de la ascensión de Cristo, repitieron a los discípulos la promesa de volver que él les hiciera: "Este mismo Jesús que ha sido tomado de vosotros arriba al cielo, *así* vendrá del mismo modo que le habéis visto ir al cielo." Y el apóstol Pablo, hablando por inspiración, asegura: "El Señor *mismo* descenderá del cielo con mandato soberano, con la voz del arcángel y con trompeta de Dios." El profeta de Patmos dice: "¡He aquí que viene con las nubes, y todo ojo le verá!" (Hechos 1:11; 1 Tesalonicenses 4:16; Apocalipsis 1:7, V.M.)

En torno de su venida se agrupan las glorias de "la restauración de todas las cosas, de la cual habló Dios por boca de sus santos profetas, que ha habido desde la antigüedad." Entonces será quebrantado el poder del mal que tanto tiempo duró; "¡el reino del mundo" vendrá "a ser el reino de nuestro Señor y de su Cristo; y él reinará para siempre jamás!" "¡Será manifestada la gloria de Jehová, y la verá toda carne juntamente!" "Jehová hará crecer justicia y alabanza en presencia de todas las naciones." El "será corona de gloria y diadema de hermosura para el resto de su pueblo." (Hechos 3:21; Apocalipsis 11:15; Isaías 40:5; 61:11; 28:5, V.M.)

Entonces el reino de paz del Mesías esperado por tan largo tiempo, será establecido por toda la tierra. "Jehová ha consolado a Sión, ha consolado todas sus desolaciones; y ha convertido su desierto en un Edén, y su soledad en jardín de Jehová." "La gloria del Líbano le será dada, la hermosura del Carmelo y de Sarón." "Ya no serás llamada Azuba [Dejada], y tu tierra en adelante no será llamada Asolamiento; sino que serás llamada Héfzi-ba [mi deleite en ella], y tu tierra, Beúla [Casada]." "De la manera que el novio se regocija sobre la novia, así tu Dios se regocijará sobre ti." (Isaías 51:3; 35:2; 62:4, 5, V.M.)

La venida del Señor ha sido en todo tiempo la esperanza de sus verdaderos discípulos. La promesa que hizo el Salvador al despedirse en el Monte de los Olivos, de que volvería, iluminó el porvenir para sus discípulos al llenar sus corazones de una alegría y una esperanza que las penas no podían apagar ni las pruebas disminuir. Entre los sufrimientos y las persecuciones, "el aparecimiento en gloria del gran Dios y Salvador nuestro, Jesucristo" era la "esperanza bienaventurada." Cuando los cristianos de Tesalónica, agobiados por el dolor, enterraban a sus amados que habían esperado vivir hasta ser testigos de la venida del Señor, Pablo, su maestro, les recordaba la resurrección, que había de verificarse cuando viniese el Señor. Entonces los que hubiesen muerto en Cristo resucitarían, y juntamente con los vivos serían arrebatados para recibir a Cristo en el aire. "Y así—dijo—estaremos siempre con el Señor. Consolaos pues los unos a los otros con estas palabras." (1 Tesalonicenses 4:16-18, V.M.)

En la isla peñascosa de Patmos, el discípulo amado oyó la promesa: "Ciertamente, vengo en breve." Y su anhelante respuesta expresa la oración que la iglesia exhaló durante toda su peregrinación: "¡Ven, Señor Jesús!" (Apocalipsis 22:20.)

Desde la cárcel, la hoguera y el patíbulo, donde los santos y los mártires dieron testimonio de la verdad, llega hasta nosotros a través de los siglos la expresión de su fe y esperanza. Estando "seguros de la resurrección personal de Cristo, y, por consiguiente, de la suya propia, a la venida de Aquel—como dice uno de estos cristianos,—ellos despreciaban la muerte y la superaban."—Daniel T. Taylor, *The Reign of Christ on Earth; or, The Voice of the Church in all Ages*, pág. 33. Estaban dispuestos a bajar a la tumba, a fin de que pudiesen "resucitar libertados." Esperaban al "Señor que debía venir del cielo entre las nubes con la gloria de su Padre," "trayendo para los justos el reino eterno." Los valdenses acariciaban la misma fe. Wiclef aguardaba la aparición del Redentor como la esperanza de la iglesia. (*Id.*, págs. 54, 129-134.)

Lutero declaró: "Estoy verdaderamente convencido de que el día del juicio no tardará más de trescientos años. Dios no quiere ni puede sufrir por más tiempo a este mundo malvado." "Se acerca el gran día en que el reino de las abominaciones será derrocado."—*Id*., págs. 158, 134.

"Este viejo mundo no está lejos de su fin," decía Melanchton. Calvino invita a los cristianos a "desear sin vacilar y con ardor el día de la venida de Cristo como el más propicio de todos los acontecimientos," y declara que "toda la familia de los fieles no perderá de vista ese día." "Debemos tener hambre de Cristo—dice— debemos buscarle, contemplarle hasta la aurora de aquel gran día en que nuestro Señor manifestará la gloria de su reino en su plenitud."—*Ibid*.

"¿No llevó acaso nuestro Señor Jesús nuestra carne al cielo?—dice Knox, el reformador escocés,—¿y no ha de regresar por ventura? Sabemos que volverá, y esto con prontitud." Ridley y Látimer, que dieron su vida por la verdad, esperaban con fe la venida del Señor. Ridley escribió: "El mundo llega sin duda a su fin. Así lo creo y por eso lo digo. Clamemos del fondo de nuestros corazones a nuestro Salvador, Cristo, con Juan el siervo de Dios: Ven, Señor Jesús, ven."—*Id*., pág. 151, 145.

"El pensar en la venida del Señor—decía Baxter—es dulce en extremo para mí y me llena de alegría." "Es obra de fe y un rasgo característico de sus santos desear con ansia su advenimiento y vivir con tan bendita esperanza." "Si la muerte es el último enemigo que ha de ser destruido en la resurrección podemos representarnos con cuánto ardor los creyentes esperarán y orarán por la segunda venida de Cristo, cuando esta completa y definitiva victoria será alcanzada." "Ese es el día que todos los creyentes deberían desear con ansia por ser el día en que habrá de quedar consumada toda la obra de su redención, cumplidos todos los deseos y esfuerzos de sus almas." "¡Apresura, oh Señor, ese día bendito!"—Ricardo Baxter, *Works*, tomo 17 págs. 555; 500; 182, 183. Tal fue la esperanza de la iglesia apostólica, de la "iglesia del desierto," y de los reformadores.

No sólo predecían las profecías cómo ha de producirse la venida de Cristo y el objeto de ella, sino también las señales que iban a anunciar a los hombres cuándo se acercaría ese acontecimiento. Jesús dijo: "Habrá señales en el sol, y en la luna, y en las estrellas." (S. Lucas 21:25.) "El sol se obscurecerá, y la luna no dará su resplandor; y las estrellas caerán del cielo, y las virtudes que están en los cielos serán conmovidas; y entonces verán al Hijo del hombre, que vendrá en las nubes con mucha potestad y gloria." (S. Marcos 13:24-26.) El revelador describe así la primera de las señales que iban a preceder el segundo advenimiento: "Fue hecho un gran terremoto; y el sol se puso negro como un saco de silicio, y la luna se puso toda como sangre." (Apocalipsis 6:12.)

Estas señales se vieron antes de principios del siglo XIX. En cumplimiento de esta profecía, en 1755 se sintió el más espantoso terremoto que se haya registrado. Aunque generalmente se lo llama el terremoto de Lisboa, se extendió por la mayor parte de Europa, África y América. Se sintió en Groenlandia en las Antillas, en la isla de Madera, en Noruega, en Suecia, en Gran Bretaña e Irlanda. Abarcó por lo menos diez millones de kilómetros cuadrados. La conmoción fue casi tan violenta en África como en Europa. Gran parte de Argel fue destruida; y a corta distancia de Marruecos, un pueblo de ocho a diez mil habitantes desapareció en el abismo. Una ola formidable barrió las costas de España y África, sumergiendo ciudades y causando inmensa desolación.

Fue en España y Portugal donde la sacudida alcanzó su mayor violencia. Se dice que en Cádiz, la oleada llegó a sesenta pies de altura. Algunas de las montañas "más importantes de Portugal fueron sacudidas hasta sus cimientos y algunas de ellas se abrieron en sus cumbres, que quedaron partidas de un modo asombroso, en tanto que trozos enormes se desprendieron sobre los valles adyacentes. Se dice que de esas montañas salieron llamaradas de fuego."—Sir Carlos Lyell, *Principles of Geology*, pág. 495.

En Lisboa "se oyó bajo la tierra un ruido de trueno, e inmediatamente después una violenta sacudida derribó la mayor parte de la ciudad. En unos seis minutos murieron sesenta mil personas. El mar se retiró primero y dejó seca la barra, luego volvió en una ola que se elevaba hasta cincuenta pies sobre su nivel ordinario." "Entre los sucesos extraordinarios ocurridos en Lisboa durante la catástrofe, se cuenta la sumersión del nuevo malecón, construido completamente de mármol y con ingente gasto. Un gran gentío se había reunido allí en busca de un sitio fuera del alcance del derrumbe general; pero de pronto el muelle se hundió con todo el gentío que lo llenaba, y ni uno de los cadáveres salió jamás a la superficie."—*Ibid.*

"La sacudida" del terremoto "fue seguida instantáneamente del hundimiento de todas las iglesias y conventos, de casi todos los grandes edificios públicos y más de la cuarta parte de las casas. Unas horas después estallaron en diferentes barrios incendios que se propagaron con tal violencia durante casi tres días que la ciudad quedó completamente destruida. El terremoto sobrevino en un día de fiesta en que las iglesias y conventos estaban llenos de gente, y escaparon muy pocas personas."—*Encyclopaedia Americana*, art. Lisboa, nota (ed. 1831). "El terror del pueblo era indescriptible. Nadie lloraba; el siniestro superaba la capacidad de derramar lágrimas. Todos corrían de un lado a otro, delirantes de horror y espanto, golpeándose la cara y el pecho, gritando: '¡*Misericordia*! ¡*Llegó el fin del mundo*!' Las madres se olvidaban de sus hijos y corrían de un lado a otro llevando crucifijos. Desgraciadamente, muchos corrieron a refugiarse en las iglesias; pero en vano se expuso el sacramento; en vano aquella pobre gente abrazaba los altares; imágenes, sacerdotes y feligreses fueron envueltos en la misma ruina." Se calcula que noventa mil personas perdieron la vida en aquel aciago día.

Veinticinco años después apareció la segunda señal mencionada en la profecía: el obscurecimiento del sol y de la luna. Lo que hacía esto aun más sorprendente, era la circunstancia de que el tiempo de su cumplimiento había sido indicado de un modo preciso. En su conversación con los discípulos en el Monte de los Olivos, después de describir el largo período de prueba por el que debía pasar la iglesia, es decir, los mil doscientos sesenta años de la persecución papal, acerca de los cuales había prometido que la tribulación sería acortada, el Salvador mencionó en las siguientes palabras ciertos acontecimientos que debían preceder su venida y fijó además el tiempo en que se realizaría el primero de éstos: "En aquellos días, después de aquella aflicción, el sol se obscurecerá, y la luna no dará su resplandor." (S. Marcos 13:24.) Los 1260 días, o años, terminaron en 1798. La persecución había concluido casi por completo desde hacía casi un cuarto de siglo. Después de esta persecución, según las palabras de Cristo, el sol debía obscurecerse. Pues bien, el 19 de mayo de 1780 se cumplió esta profecía.

"Único o casi único en su especie, por lo misterioso del hasta ahora inexplicado fenómeno que en él se verificó, ... fue el día obscuro del 19 de mayo de 1780, inexplicable obscurecimiento de todo el cielo visible y atmósfera de Nueva Inglaterra."—R. M. Devens, *Our First Century*, pág. 89.

Un testigo ocular que vivía en Massachusetts describe el acontecimiento del modo siguiente: "Por la mañana salió el sol despejado, pero pronto se anubló. Las nubes fueron espesándose y del seno de la obscuridad que ostentaban brillaron relámpagos, se oyeron truenos y descargóse leve aguacero. A eso de las nueve, las nubes se atenuaron y, revistiendo un tinte cobrizo, demudaron el aspecto del suelo, peñas y árboles al punto que no parecían ser de nuestra tierra. A los pocos minutos, un denso nubarrón negro se extendió por todo el firmamento dejando tan sólo un estrecho borde en el horizonte, y haciendo tan obscuro el día como suele serlo en verano a las nueve de la noche. ...

"Temor, zozobra y terror se apoderaron gradualmente de los ánimos. Desde las puertas de sus casas, las mujeres contemplaban la lóbrega escena; los hombres volvían de las faenas del campo; el carpintero dejaba las herramientas, el herrero la fragua, el comerciante el mostrador. Los niños fueron despedidos de las escuelas y huyeron a sus casas llenos de miedo. Los caminantes hacían alto en la primera casa que encontraban. ¿Qué va a pasar? preguntaban todos. No parecía sino que un huracán fuera a desatarse por toda la región, o que el día del juicio estuviera inminente.

"Hubo que prender velas, y la lumbre del hogar brillaba como en noche de otoño sin luna. ... Las aves se recogieron en sus gallineros, el ganado se juntó en sus encierros, las ranas cantaron, los pájaros entonaron sus melodías del anochecer, y los murciélagos se pusieron a revolotear. Sólo el hombre sabía que no había llegado la noche. ...

"El Dr. N. Whittaker, pastor de la iglesia del Tabernáculo, en Salem, dirigió cultos en la sala de reuniones, y predicó un sermón en el cual sostuvo que la obscuridad era sobrenatural. Otras congregaciones también se reunieron en otros puntos. En todos los casos, los textos de los sermones improvisados fueron los que parecían indicar que la obscuridad concordaba con la profecía bíblica. ... La obscuridad alcanzó su mayor densidad poco después de las once."—*The Essex Antiquarian*, abril de 1899, tomo 3, No. 4, págs. 53, 54. "En la mayor parte del país fue tanta la obscuridad durante el día, que la gente no podía decir qué hora era ni por reloj de bolsillo ni por reloj de pared. Tampoco pudo comer, ni atender a los quehaceres de casa sin vela prendida. ... !

"La extensión de esta obscuridad fue también muy notable. Se la observó al este hasta Falmouth, y al oeste, hasta la parte más lejana del estado de Connecticut y en la ciudad de Albany; hacia el sur fue observada a lo largo de toda la costa, y por el norte lo fue hasta donde se extendían las colonias americanas."—Guillermo Gordon, *History of the Rise, Progress, and Establishment of the Independence of the U.S.A.*, tomo 3, pág. 57.

La profunda obscuridad del día fue seguida, una o dos horas antes de la caída de la tarde, por un aclaramiento parcial del cielo, pues apareció el sol, aunque obscurecido por una neblina negra y densa. "Después de la puesta del sol, las nubes volvieron a apiñarse y obscureció muy pronto." "La obscuridad de la noche no fue menos extraordinaria y terrorífica que la del día, pues no obs-tante ser casi tiempo de luna llena, ningún objeto se distinguía sin la ayuda de luz artificial, la cual vista de las casas vecinas u otros lugares distantes parecía pasar por una obscuridad como la de Egipto, casi impenetrable para sus rayos."—Isaías Thomas, *Massachusetts Spy; or American Oracle of Liberty*, tomo 9, No. 472 (25 de mayo, 1780). Un testigo ocular de la escena dice: "No pude substraerme, en aquel momento, a la idea de que si todos los cuerpos luminosos del universo hubiesen quedado envueltos en impenetrable obscuridad, o hubiesen dejado de existir, las tinieblas no habrían podido ser más intensas."—Carta del Dr. S. Tenney, de Exeter, N. H., diciembre de 1785 (*Massachusetts Historical Society Collections*, 1792, serie 1, tomo 1, pág. 97). Aunque la luna llegó aquella noche a su plenitud, "no logró en lo más mínimo disipar las sombras sepulcrales." Después de media noche desapareció la obscuridad, y cuando la luna volvió a verse, parecía de sangre.

El 19 de mayo de 1780 figura en la historia como el "día obscuro." Desde el tiempo de Moisés, no se ha registrado jamás período alguno de obscuridad tan densa y de igual extensión y duración. La descripción de este acontecimiento que han hecho los historiadores no es más que un eco de las palabras del Señor, expresadas por el profeta Joel, dos mil quinientos años antes de su cumplimiento: "El sol se tornará en tinieblas, y la luna en sangre, antes de que venga el día grande y espantoso de Jehová" (Joel 2:31)

Cristo había mandado a sus discípulos que se fijasen en las señales de su advenimiento, y que se alegrasen cuando viesen las pruebas de que se acercaba. "Cuando estas cosas comenzaren a hacerse—dijo,—mirad, y levantad vuestras cabezas, por que vuestra redención está cerca." Llamó la atención de sus discípulos a los árboles a punto de brotar en primavera, y dijo: "Cuando ya brotan, viéndolo, de vosotros mismos entendéis que el verano está cerca. Así también vosotros, cuando viereis hacerse estas cosas, entended que está cerca el reino de Dios." (S. Lucas 21:28, 30, 31.)

Pero a medida que el espíritu de humildad y piedad fue reemplazado en la iglesia por el orgullo y formalismo, se enfriaron el amor a Cristo y la fe en su venida. Absorbido por la mundanalidad y la búsqueda de placeres, el profeso pueblo de Dios fue quedando ciego y no vio las instrucciones del Señor referentes a las señales de su venida. La doctrina del segundo advenimiento había sido descuidada; los pasajes de las Sagradas Escrituras que a ella se refieren fueron obscurecidos por falsas interpretaciones, hasta quedar ignorados y olvidados casi por completo. Tal fue el caso especialmente en las iglesias de los Estados Unidos de Norteamérica. La libertad y comodidad de que gozaban todas las clases de la sociedad, el deseo ambicioso de riquezas y lujo, que creaba una atención exclusiva a juntar dinero, la ardiente persecución de la popularidad y del poder, que parecían estar al alcance de todos, indujeron a los hombres a concentrar sus intereses y esperanzas en las cosas de esta vida, y a posponer para el lejano porvenir aquel solemne día en que el presente estado de cosas habrá de acabar.

Cuando el Salvador dirigió la atención de sus discípulos hacia las señales de su regreso, predijo el estado de apostasía que existiría precisamente antes de su segundo advenimiento. Habría, como en los días de Noé, actividad febril en los negocios mundanos y sed de placeres, y los seres humanos iban a comprar, vender, sembrar, edificar, casarse y darse en matrimonio, olvidándose entre tanto de Dios y de la vida futura. La amonestación de Cristo para los que vivieran en aquel tiempo es: "Mirad, pues, por vosotros mismos, no sea que vuestros corazones sean entorpecidos con la glotonería, y la embriaguez, y los cuidados de esta vida, y así os sobrevenga de improviso aquel día." "Velad, pues, en todo tiempo, y orad, a fin de que logréis evitar todas estas cosas que van a suceder, y estar en pie delante del Hijo del hombre." (S. Lucas 21:34, 36, V.M.)

La condición en que se hallaría entonces la iglesia está descrita en las palabras del Salvador en el Apocalipsis: "Tienes nombre que vives, y estás muerto." Y a los que no quieren dejar su indolente descuido, se les dirige el solemne aviso: "Si no velares, vendré a ti como ladrón, y no sabrás en qué hora vendré a ti." (Apocalipsis 3:1, 3.)

Era necesario despertar a los hombres y hacerles sentir su peligro para inducirlos a que se preparasen para los solemnes acontecimientos relacionados con el fin del tiempo de gracia. El profeta de Dios declara: "Grande es el día de Jehová, y muy terrible: ¿quién lo podrá sufrir?" (Joel 2:11.) ¿Quién soportará la aparición de Aquel de quien está escrito: "Tú eres de ojos demasiado puros para mirar el mal, ni puedes contemplar la iniquidad"? (Habacuc 1:13, V.M.) Para los que claman: "Dios mío, te hemos conocido," y sin embargo han quebrantado su pacto y se apresuraron tras otro dios, encubriendo la iniquidad en sus corazones y amando las sendas del pecado, para los tales "será el día de Jehová tinieblas, y no luz; oscuridad, que no tiene resplandor." (Oseas 8:2, 1; Salmo 16:4; Amós 5:20.) "Sucederá en aquel tiempo—dice el Señor—que yo registraré a Jerusalem con lámparas, y castigaré a los hombres que, como vino, están asentados sobre sus heces; los cuales dicen en su corazón: ¡Jehová no hará bien, ni tampoco hará mal!" "Castigaré el mundo por su maldad, y los impíos por su iniquidad; y acabaré con la arrogancia de los presumidos, y humillaré la altivez de los terribles." "No podrá librarlos su plata ni su oro;" "y sus riquezas vendrán a ser despojo, y sus casas una desolación." (Sofonías 1:12, 18, 13; Isaías 13:11, V.M.)

El profeta Jeremías mirando hacia lo por venir, hacia aquel tiempo terrible, exclamó: "¡Se conmueve mi corazón; no puede estarse quieto, por cuanto has oído, oh alma mía, el sonido de la trompeta y la alarma de guerra! ¡Destrucción sobre destrucción es anunciada!" (Jeremías 4:19, 20, V.M.)

"Día de ira es aquel día; día de apretura y de angustia, día de devastación y desolación, día de tinieblas y de espesa obscuridad, día de nubes y densas tinieblas; día de trompeta y de grito de guerra." "He aquí que viene el día de Jehová, ... para convertir la tierra en desolación, y para destruir de en medio de ella sus pecadores." (Sofonías 1:15, 16; Isaías 13:9, V.M.)

Ante la perspectiva de aquel gran día, la Palabra de Dios exhorta a su pueblo del modo más solemne y expresivo a que despierte de su letargo espiritual, y a que busque su faz con arrepentimiento y humillación: "¡Tocad trompeta en Sión, y sonad alarma en mi santo monte! ¡tiemblen todos los moradores de la tierra! porque viene el día de Jehová, porque está ya cercano." "¡Proclamad riguroso ayuno! ¡convocad asamblea solemnísima! ¡Reunid al pueblo! ¡proclamad una convocación obligatoria! ¡congregad a los ancianos! ¡juntad a los muchachos! ... ¡salga el novio de su recámara, y la novia de su tálamo! Entre el pórtico y el altar, lloren los sacerdotes, ministros de Jehová." "Volveos a mí de todo vuestro corazón; con ayuno también, y con llanto, y con lamentos; rasgad vuestros corazones y no vuestros vestidos, y volveos a Jehová vuestro Dios; porque él es clemente y compasivo, lento en iras y grande en misericordia." (Joel 2:1, 15-17, 12, 13, V.M.)

Una gran obra de reforma debía realizarse para preparar a un pueblo que pudiese subsistir en el día de Dios. El Señor vio que muchos de los que profesaban pertenecer a su pueblo no edificaban para la eternidad, y en su misericordia iba a enviar una amonestación para despertarlos de su estupor e inducirlos a prepararse para la venida de su Señor.

Esta amonestación nos es presentada en el capítulo catorce del Apocalipsis. En él encontramos un triple mensaje proclamado por seres celestiales y seguido inmediatamente por la venida del Hijo del hombre para segar "la mies de la tierra." La primera de estas amonestaciones anuncia la llegada del juicio. El profeta vio un ángel "volando en medio del cielo, teniendo un evangelio eterno que anunciar a los que habitan sobre la tierra, y a cada nación, y tribu, y lengua, y pueblo; y dice a gran voz: ¡Temed a Dios y dadle gloria; porque ha llegado la hora de su juicio; y adorad al que hizo el cielo y la tierra, y el mar y las fuentes de agua!" (Apocalipsis 14:6, 7, V.M.)

Este mensaje es declarado parte del "evangelio eterno." La predicación del Evangelio no ha sido encargada a los ángeles, sino a los hombres. En la dirección de esta obra se han empleado ángeles santos y ellos tienen a su cargo los grandes movimientos para la salvación de los hombres; pero la proclamación misma del Evangelio es llevada a cabo por los siervos de Cristo en la tierra.

Hombres fieles, obedientes a los impulsos del Espíritu de Dios y a las enseñanzas de su Palabra, iban a pregonar al mundo esta amonestación. Eran los que habían estado atentos a la "firme ... palabra profética," la "lámpara que luce en un lugar tenebroso, hasta que el día esclarezca, y el lucero nazca." (2 S. Pedro 1:19, V.M.) Habían estado buscando el conocimiento de Dios más que todos los tesoros escondidos, estimándolo más que "la ganancia de plata," y "su rédito" más "que el oro puro." (Proverbios 3:14, V.M.) Y el Señor les reveló los grandes asuntos del reino. "El secreto de Jehová es para los que le temen; y a ellos hará conocer su alianza." (Salmo 25:14.)

Los que llegaron a comprender esta verdad y se dedicaron a proclamarla no fueron los teólogos eruditos. Si éstos hubiesen sido centinelas fieles y hubieran escudriñado las Santas Escrituras con diligencia y oración, habrían sabido qué hora era de la noche; las profecías les habrían revelado los acontecimientos que estaban por realizarse. Pero tal no fue su actitud, y fueron hombres más humildes los que proclamaron el mensaje. Jesús había dicho: "Andad entre tanto que tenéis luz, porque no os sorprendan las tinieblas." (S. Juan 12:35.) Los que se apartan de la luz que Dios les ha dado, o no la procuran cuando está a su alcance, son dejados en las tinieblas. Pero el Salvador dice también: "El que me sigue no andará en tinieblas, sino que tendrá la luz de la vida." (S. Juan 8:12, V.M.) Cualquiera que con rectitud de corazón trate de hacer la voluntad de Dios siguiendo atentamente la luz que ya le ha sido dada, recibirá aun más luz; a esa alma le será enviada alguna estrella de celestial resplandor para guiarla a la plenitud de la verdad.

Cuando se produjo el primer advenimiento de Cristo, los sacerdotes y los fariseos de la ciudad santa, a quienes fueran confiados los oráculos de Dios, habrían podido discernir las señales de los tiempos y proclamar la venida del Mesías prometido. La profecía de Miqueas señalaba el lugar de su nacimiento. (Miqueas 5:2.) Daniel especificaba el tiempo de su advenimiento. (Daniel 9:25.) Dios había encomendado estas profecías a los caudillos de Israel; no tenían pues excusa por no saber que el Mesías estaba a punto de llegar y por no habérselo dicho al pueblo. Su ignorancia era resultado de culpable descuido. Los judíos estaban levantando monumentos a los profetas de Dios que habían sido muertos, mientras que con la deferencia con que trataban a los grandes de la tierra estaban rindiendo homenaje a los siervos de Satanás. Absortos en sus luchas ambiciosas por los honores mundanos y el poder, perdieron de vista los honores divinos que el Rey de los cielos les había ofrecido.

Los ancianos de Israel deberían haber estudiado con profundo y reverente interés el lugar, el tiempo, las circunstancias del mayor acontecimiento de la historia del mundo: la venida del Hijo de Dios para realizar la redención del hombre. Todo el pueblo debería haber estado velando y esperando para hallarse entre los primeros en saludar al Redentor del mundo. En vez de todo esto, vemos, en Belén, a dos caminantes cansados que vienen de los collados de Nazaret, y que recorren toda la longitud de la angosta calle del pueblo hasta el extremo este de la ciudad, buscando en vano lugar de descanso y abrigo para la noche. Ninguna puerta se abre para recibirlos. En un miserable cobertizo para el ganado, encuentran al fin un refugio, y allí fue donde nació el Salvador del mundo.

Los ángeles celestiales habían visto la gloria de la cual el Hijo de Dios participaba con el Padre antes que el mundo existiese, y habían esperado con intenso interés su advenimiento en la tierra como acontecimiento del mayor gozo para todos los pueblos. Fueron escogidos ángeles para llevar las buenas nuevas a los que estaban preparados para recibirlas, y que gozosos las darían a conocer a los habitantes de la tierra. Cristo había condescendido en revestir la naturaleza humana; iba a llevar una carga infinita de desgracia al ofrendar su alma por el pecado; sin embargo los ángeles deseaban que aun en su humillación el Hijo del Altísimo apareciese ante los hombres con la dignidad y gloria que correspondían a su carácter. ¿Se juntarían los grandes de la tierra en la capital de Israel para saludar su venida? ¿Sería presentado por legiones de ángeles a la muchedumbre que le esperara?

Un ángel desciende a la tierra para ver quiénes están preparados para dar la bienvenida a Jesús. Pero no puede discernir señal alguna de expectación. No oye ninguna voz de alabanza ni de triunfo que anuncie que la venida del Mesías es inminente. El ángel se cierne durante un momento sobre la ciudad escogida y sobre el templo donde durante siglos y siglos se manifestara la divina presencia; pero allí también se nota la misma indiferencia. Con pompa y orgullo, los sacerdotes ofrecen sacrificios impuros en el templo. Los fariseos hablan al pueblo con grandes voces, o hacen oraciones jactanciosas en las esquinas de las calles. En los palacios de los reyes, en las reuniones de los filósofos, en las escuelas de los rabinos, nadie piensa en el hecho maravilloso que ha llenado todo el cielo de alegría y alabanzas, el hecho de que el Redentor de los hombres está a punto de hacer su aparición en la tierra.

No hay señal de que se espere a Cristo ni preparativos para recibir al Príncipe de la vida. Asombrado, el mensajero celestial está a punto de volverse al cielo con la vergonzosa noticia, cuando descubre un grupo de pastores que están cuidando sus rebaños durante la noche, y que al contemplar el cielo estrellado, meditan en la profecía de un Mesías que debe venir a la tierra y anhelan el advenimiento del Redentor del mundo. Aquí tenemos un grupo de seres humanos preparado para recibir el mensaje celestial. Y de pronto aparece el ángel del Señor proclamando las buenas nuevas de gran gozo. La gloria celestial inunda la llanura, una compañía innumerable de ángeles aparece, y, como si el júbilo fuese demasiado para ser traído del cielo por un solo mensajero, una multitud de voces entonan la antífona que todas las legiones de los rescatados cantarán un día: "¡Gloria en las alturas a Dios, y sobre la tierra paz; entre los hombres buena voluntad!" (S. Lucas 2:14, V.M.)

¡Oh! ¡qué lección encierra esta maravillosa historia de Belén! ¡Qué reconvención para nuestra incredulidad, nuestro orgullo y amor propio! ¡Cómo nos amonesta a que tengamos cuidado, no sea que por nuestra criminal indiferencia, nosotros también dejemos de discernir las señales de los tiempos, y no conozcamos el día de nuestra visitación!

No fue sólo sobre los collados de Judea, ni entre los humildes pastores, donde los ángeles encontraron a quienes velaban esperando la venida del Mesías En tierra de paganos había también quienes le esperaban; eran sabios, ricos y nobles filósofos del oriente. Observadores de la naturaleza, los magos habían visto a Dios en sus obras. Por las Escrituras hebraicas tenían conocimiento de la estrella que debía proceder de Jacob, y con ardiente deseo esperaban la venida de Aquel que sería no sólo la "consolación de Israel," sino una "luz para iluminación de las naciones" y "salvación hasta los fines de la tierra." (S. Lucas 2:25, 32; Hechos 13:47, V.M.) Buscaban luz, y la luz del trono de Dios iluminó su senda. Mientras los sacerdotes y rabinos de Jerusalén, guardianes y expositores titulados de la verdad, quedaban envueltos en tinieblas, la estrella enviada del cielo guió a los gentiles del extranjero al lugar en que el Rey acababa de nacer.

Es "para la salvación de los que le esperan" para lo que Cristo aparecerá "la segunda vez, sin pecado." (Hebreos 9:28, V.M.) Como las nuevas del nacimiento del Salvador, el mensaje del segundo advenimiento no fue confiado a los caudillos religiosos del pueblo. No habían conservado éstos la unión con Dios, y habían rehusado la luz divina; por consiguiente no se encontraban entre aquellos de quienes habla el apóstol Pablo cuando dice: "Vosotros, empero, hermanos, no estáis en tinieblas, para que aquel día a vosotros os sorprenda como ladrón: porque todos vosotros sois hijos de la luz e hijos del día; nosotros no somos de la noche, ni de las tinieblas." (1 Tesalonicenses 5:4, 5, V.M.)

Los centinelas apostados sobre los muros de Sión deberían haber sido los primeros en recoger como al vuelo las buenas nuevas del advenimiento del Salvador, los primeros en alzar la voz para proclamarle cerca y advertir al pueblo que se preparase para su venida. Pero en vez de eso, estaban soñando tranquilamente en paz, mientras el pueblo seguía durmiendo en sus pecados. Jesús vio su iglesia, semejante a la higuera estéril, cubierta de hojas de presunción y sin embargo carente de rica fruta. Se observaban con jactancia las formas de religión, mientras que faltaba el espíritu de verdadera humildad, arrepentimiento y fe, o sea lo único que podía hacer aceptable el servicio ofrecido a Dios. En lugar de los frutos del Espíritu, lo que se notaba era orgullo, formalismo, vanagloria, egoísmo y opresión. Era aquélla una iglesia apóstata que cerraba los ojos a las señales de los tiempos. Dios no la había abandonado ni había dejado de ser fiel para con ella; pero ella se alejó de él y se apartó de su amor. Como se negara a satisfacer las condiciones, tampoco las promesas divinas se cumplieron para con ella.

Esto es lo que sucede infaliblemente cuando se dejan de apreciar y aprovechar la luz y los privilegios que Dios concede. A menos que la iglesia siga el sendero que le abre la Providencia, y aceptando cada rayo de luz, cumpla todo deber que le sea revelado, la religión degenerará inevitablemente en mera observancia de formas, y el espíritu de verdadera piedad desaparecerá. Esta verdad ha sido demostrada repetidas veces en la historia de la iglesia. Dios requiere de su pueblo obras de fe y obediencia que correspondan a las bendiciones y privilegios que él le concede. La obediencia requiere sacrificios y entraña una cruz; y por esto fueron tantos los profesos discípulos de Cristo que se negaron a recibir la luz del cielo, y, como los judíos de antaño, no conocieron el tiempo de su visitación. (S. Lucas 19:44.) A causa de su orgullo e incredulidad, el Señor los dejó a un lado y reveló su verdad a los que, cual los pastores de Belén y los magos de oriente, prestaron atención a toda la luz que habían recibido.

19
UNA PROFECÍA SIGNIFICATIVA

UN AGRICULTOR íntegro y de corazón recto, que había llegado a dudar de la autoridad divina de las Santas Escrituras, pero que deseaba sinceramente conocer la verdad, fue el hombre especialmente escogido por Dios para dar principio a la proclamación de la segunda venida de Cristo. Como otros muchos reformadores. Guillermo Miller había batallado con la pobreza en su juventud, y así había aprendido grandes lecciones de energía y abnegación. Los miembros de la familia de que descendía se habían distinguido por un espíritu independiente y amante de la libertad, por su capacidad de resistencia y ardiente patriotismo; y estos rasgos sobresalían también en el carácter de Guillermo. Su padre fue capitán en la guerra de la independencia norteamericana, y a los sacrificios que hizo durante las luchas de aquella época tempestuosa pueden achacarse las circunstancias apremiantes que rodearon la juventud de Miller.

Poseía una robusta constitución, y ya desde su niñez dio pruebas de una inteligencia poco común, que se fue acentuando con la edad. Su espíritu era activo y bien desarrollado, y ardiente su sed de saber. Aunque no gozara de las ventajas de una instrucción académica, su amor al estudio y el hábito de reflexionar cuidadosamente, junto con su agudo criterio, hacían de cl un hombre de sano juicio y de vasta comprensión. Su carácter moral era irreprochable, y gozaba de envidiable reputación, siendo generalmente estimado por su integridad, su frugalidad y su benevolencia. A fuerza de energía y aplicación no tardó en adquirir bienestar, si bien conservó siempre sus hábitos de estudio. Desempeñó con éxito varios cargos civiles y militares, y el camino hacia la riqueza y los honores parecía estarle ampliamente abierto.

Su madre era mujer de verdadera piedad, de modo que durante su infancia estuvo sujeto a influencias religiosas. Sin embargo, siendo aún niño tuvo trato con deístas, cuya influencia fue reforzada por el hecho de que la mayoría de ellos eran buenos ciudadanos y hombres de disposiciones humanitarias y benévolas. Viviendo como vivían en medio de instituciones cristianas, sus caracteres habían sido modelados hasta cierto punto por el medio ambiente. Debían a la Biblia las cualidades que les granjeaban respeto y confianza; y no obstante, tan hermosas dotes se habían malogrado hasta ejercer influencia contra la Palabra de Dios. Al rozarse con esos hombres Miller llegó a adoptar sus opiniones. Las interpretaciones corrientes de las Sagradas Escrituras presentaban dificultades que le parecían insuperables; pero como, al paso que sus nuevas creencias le hacían rechazar la Biblia no le ofrecían nada mejor con que substituirla, distaba mucho de estar satisfecho. Sin embargo conservó esas ideas cerca de doce años. Pero a la edad de treinta y cuatro, el Espíritu Santo obró en su corazón y le hizo sentir su condición de pecador. No hallaba en su creencia anterior seguridad alguna de dicha para más allá de la tumba. El porvenir se le presentaba sombrío y tétrico. Refiriéndose años después a los sentimientos que le embargaban en aquel entonces, dijo:

"El pensar en el aniquilamiento me helaba y me estremecía, y el tener que dar cuenta me parecía entrañar destrucción segura para todos. El cielo antojábaseme de bronce sobre mi cabeza, y la tierra hierro bajo mis pies. La eternidad—¿qué era? y la muerte ¿por qué existía? Cuanto más discurría, tanto más lejos estaba de la demostración. Cuanto más pensaba, tanto más divergentes eran las conclusiones a que llegaba. Traté de no pensar más; pero ya no era dueño de mis pensamientos. Me sentía verdaderamente desgraciado, pero sin saber por qué. Murmuraba y me quejaba, pero no sabía de quién. Sabía que algo andaba mal, pero no sabía ni donde ni cómo encontrar lo correcto y justo. Gemía, pero lo hacía sin esperanza."

En ese estado permaneció varios meses. "De pronto—dice,—el carácter de un Salvador se grabó hondamente en mi espíritu. Me pareció que bien podía existir un ser tan bueno y compasivo que expiara nuestras transgresiones, y nos librara así de sufrir la pena del pecado. Sentí inmediatamente cuán amable había de ser este alguien, y me imaginé que podría yo echarme en sus brazos y confiar en su misericordia. Pero surgió la pregunta: ¿cómo se puede probar la existencia de tal ser? Encontré que, fuera de la Biblia, no podía obtener prueba alguna de la existencia de semejante Salvador, o siquiera de una existencia futura. ...

"Discerní que la Biblia presentaba precisamente un Salvador como el que yo necesitaba; pero no veía cómo un libro no inspirado pudiera desarrollar principios tan perfectamente adaptados a las necesidades de un mundo caído. Me vi obligado a admitir que las Sagradas Escrituras debían ser una revelación de Dios. Llegaron a ser mi deleite; y encontré en Jesús un amigo. El Salvador vino a ser para mí el más señalado entre diez mil; y las Escrituras, que antes eran obscuras y contradictorias, se volvieron entonces antorcha a mis pies y luz a mi senda. Mi espíritu obtuvo calma y satisfacción. Encontré que el Señor Dios era una Roca en medio del océano de la vida. La Biblia llegó a ser entonces mi principal objeto de estudio, y puedo decir en verdad que la escudriñaba con gran deleite. Encontré que no se me había dicho nunca ni la mitad de lo que contenía. Me admiraba de que no hubiese visto antes su belleza y magnificencia, y de que hubiese podido rechazarla. En ella encontré revelado todo lo que mi corazón podía desear, y un remedio para toda enfermedad del alma. Perdí enteramente el gusto por otra lectura, y me apliqué de corazón a adquirir sabiduría de Dios."—S. Bliss, *Memoirs of Wm. Miller*, págs. 65-67.

Miller hizo entonces pública profesión de fe en la religión que había despreciado antes. Pero sus compañeros incrédulos no tardaron en aducir todos aquellos argumentos de que él mismo había echado mano a menudo contra la autoridad divina de las Santas Escrituras. El no estaba todavía preparado para contestarles; pero se dijo que si la Biblia es una revelación de Dios, debía ser consecuente consigo misma; y que habiendo sido dada para instrucción del hombre, debía estar adaptada a su inteligencia. Resolvió estudiar las Sagradas Escrituras por su cuenta, y averiguar si toda contradicción aparente no podía armonizarse.

Procurando poner a un lado toda opinión preconcebida y prescindiendo de todo comentario, comparó pasaje con pasaje con la ayuda de las referencias marginales y de la concordancia. Prosiguió su estudio de un modo regular y metódico: empezando con el Génesis y leyendo versículo por versículo, no pasaba adelante sino cuando el que estaba estudiando quedaba aclarado, dejándole libre de toda perplejidad. Cuando encontraba algún pasaje obscuro, solía compararlo con todos los demás textos que parecían tener alguna referencia con el asunto en cuestión. Reconocía a cada palabra el sentido que le correspondía en el tema de que trataba el texto, y si la idea que de él se formaba armonizaba con cada pasaje colateral, la dificultad desaparecía. Así, cada vez que daba con un pasaje difícil de comprender, encontraba la explicación en alguna otra parte de las Santas Escrituras. A medida que estudiaba y oraba fervorosamente para que Dios le alumbrara, lo que antes le había parecido obscuro se le aclaraba. Experimentaba la verdad de las palabras del salmista: "El principio de tus palabras alumbra; hace entender a los simples." (Salmo 119:130.)

Con profundo interés estudió los libros de Daniel y el Apocalipsis, siguiendo los mismos principios de interpretación que en los demás libros de la Biblia, y con gran gozo comprobó que los símbolos proféticos podían ser comprendidos. Vio que, en la medida en que se habían cumplido, las profecías lo habían hecho literalmente; que todas las diferentes figuras, metáforas, parábolas, similitudes, etc., o estaban explicadas en su contexto inmediato, o los términos en que estaban expresadas eran definidos en otros pasajes; y que cuando eran así explicados debían ser entendidos literalmente. "Así me convencí—dice—de que la Biblia es un sistema de verdades reveladas dadas con tanta claridad y sencillez, que el que anduviere en el camino trazado por ellas, por insensato que fuere, no tiene por qué extraviarse."—Bliss, pág. 70. Eslabón tras eslabón de la cadena de la verdad descubierta vino a recompensar sus esfuerzos, a medida que paso a paso seguía las grandes líneas de la profecía. Ángeles del cielo dirigían sus pensamientos y descubrían las Escrituras a su inteligencia.

Tomando por criterio el modo en que las profecías se habían cumplido en lo pasado, para considerar el modo en que se cumplirían las que quedaban aún por cumplirse, se convenció de que el concepto popular del reino espiritual de Cristo—un milenio temporal antes del fin del mundo—no estaba fundado en la Palabra de Dios. Esta doctrina que indicaba mil años de justicia y de paz antes de la venida personal del Señor, difería para un futuro muy lejano los terrores del día de Dios. Pero, por agradable que ella sea, es contraria a las enseñanzas de Cristo y de sus apóstoles, quienes declaran que el trigo y la cizaña crecerán juntos hasta la siega al fin del mundo; que "los malos hombres y los engañadores, irán de mal en peor;" que "en los postreros días vendrán tiempos peligrosos;" y que el reino de las tinieblas subsistirá hasta el advenimiento del Señor y será consumido por el espíritu de su boca y destruído con el resplandor de su venida. (S. Mateo 13:30, 38-41; 2 Timoteo 3:13, 1; 2 Tesalonicenses 2:8.)

La doctrina de la conversión del mundo y del reino espiritual de Cristo no era sustentada por la iglesia apostólica. No fue generalmente aceptada por los cristianos hasta casi a principios del siglo XVIII. Como todos los demás errores, éste también produjo malos resultados. Enseñó a los hombres a dejar para un remoto porvenir la venida del Señor y les impidió que dieran importancia a las señales de su cercana llegada. Infundía un sentimiento de confianza y seguridad mal fundado, y llevó a muchos a descuidar la preparación necesaria para ir al encuentro de su Señor.

Miller encontró que la venida verdadera y personal de Cristo está claramente enseñada en las Santas Escrituras. San Pablo dice: "El Señor mismo descenderá del cielo con mandato soberano, con la voz del arcángel y con trompeta de Dios." Y el Salvador declara que "verán al Hijo del hombre viniendo sobre las nubes del cielo, con poder y grande gloria." "Porque como el relámpago sale del oriente, y se ve lucir hasta el occidente, así será la venida del Hijo del hombre." Será acompañado por todas las huestes del cielo, pues "el Hijo del hombre" vendrá "en su gloria, y todos los ángeles con él." "Y enviará sus ángeles con grande estruendo de trompeta, los cuales juntarán a sus escogidos." (1 Tesalonicenses 4:16; S. Mateo 24:30, 27, 31; 25:31, V.M.)

A su venida los justos muertos resucitarán, y los justos que estuvieren aún vivos serán mudados. "No todos dormiremos—dice Pablo,—mas todos seremos mudados, en un momento, en un abrir de ojos, al sonar la última trompeta: porque sonará la trompeta, y los muertos resucitarán incorruptibles, y nosotros seremos mudados. Porque es necesario que este cuerpo corruptible se revista de incorrupción, y que este cuerpo mortal se revista de inmortalidad." (1 Corintios 15:51-53, V.M.) Y en 1 Tesalonicenses 4:16, 17, después de describir la venida del Señor, dice: "Los muertos en Cristo se levantarán primero; luego, nosotros los vivientes, los que hayamos quedado, seremos arrebatados juntamente con ellos a las nubes, al encuentro del Señor, en el aire; y así estaremos siempre con el Señor."

El pueblo de Dios no puede recibir el reino antes que se realice el advenimiento personal de Cristo. El Señor había dicho: "Cuando el Hijo del hombre venga en su gloria, y todos los ángeles con él, entonces se sentará sobre el trono de su gloria; y delante de él serán juntadas todas las naciones; y apártará a los hombres unos de otros, como el pastor aparta las ovejas de las cabras: y pondrá las ovejas a su derecha, y las cabras a la izquierda. Entonces dirá el Rey a los que estarán a su derecha: ¡ Venid, benditos de mi Padre, poseed el reino destinado para vosotros desde la fundación del mundo! "(S. Mateo 25:31-34, V.M.) Hemos visto por los pasajes que acabamos de citar que cuando venga el Hijo del hombre, los muertos serán resucitados incorruptibles, y que los vivos serán mudados. Este gran cambio los preparará para recibir el reino; pues San Pablo dice: "La carne y la sangre no pueden heredar el reino de Dios, ni la corrupción hereda la incorrupción." (1 Corintios 15:50, V.M.) En su estado presente el hombre es mortal, corruptible; pero el reino de Dios será incorrup-tible y sempiterno. Por lo tanto, en su estado presente el hombre no puede entrar en el reino de Dios. Pero cuando venga Jesús, concederá la inmortalidad a su pueblo; y luego los llamará a poseer el reino, del que hasta aquí sólo han sido presuntos herederos.

Estos y otros pasajes bíblicos probaron claramente a Miller que los aconte-cimientos que generalmente se esperaba que se verificasen antes de la venida de Cristo, tales como el reino universal de la paz y el establecimiento del reino de Dios en la tierra, debían realizarse después del segundo advenimiento. Además, todas las señales de los tiempos y el estado del mundo correspondían a la descripción profética de los últimos días. Por el solo estudio de las Sagradas Escrituras, Miller tuvo que llegar a la conclusión de que el período fijado para la subsistencia de la tierra en su estado actual estaba por terminar.

"Otra clase de evidencia que afectó vitalmente mi espíritu—dice él—fue la cronología de las Santas Escrituras. ... Encontré que los acontecimientos predi-chos, que se habían cumplido en lo pasado, se habían desarrollado muchas veces dentro de los límites de un tiempo determinado. Los ciento y veinte años hasta el diluvio(Génesis 6:3); los siete días que debían precederlo, con el anuncio de cuarenta días de lluvia (Génesis 7:4); los cuatrocientos años de la permanencia de la posteridad de Abrahán en Egipto (Génesis 15:13); los tres días de los sueños del copero y del panadero (Génesis 40:12-20) ; los siete años de Faraón (Génesis 41:28-54) ; los cuarenta años en el desierto (Números 14:34) ; los tres años y medio de hambre (1 Reyes 17:1) [véase S. Lucas 4:25]; ... los setenta años del cautiverio en Babilonia (Jeremías 25:11);los siete tiempos de Nabucodonosor (Daniel 4:13-16) ; y las siete semanas, sesenta y dos semanas, y la una semana, que sumaban setenta semanas determinadas sobre los judíos (Daniel 9:24-27); todos los acontecimientos limitados por estos períodos de tiempo no fueron una vez más que asunto profético, pero se cumplieron de acuerdo con las predicciones."—Bliss, págs. 74, 75.

Por consiguiente, al encontrar en su estudio de la Biblia varios períodos crono-lógicos, que, según su modo de entenderlos, se extendían hasta la segunda venida de Cristo, no pudo menos que considerarlos como los "tiempos señalados," que Dios había revelado a sus siervos. "Las cosas secretas—dice Moisés—pertenecen a Jehová nuestro Dios; mas las reveladas nos pertenecen a nosotros y a nuestros hijos para siempre," y el Señor declara por el profeta Amós que "no hará nada sin que revele su secreto a sus siervos los profetas." (Deuteronomio 29:29; Amós 3:7, V.M.) Así que los que estudian la Palabra de Dios pueden confiar que encontrarán indicado con claridad en las Escrituras el acontecimiento más estupendo que debe realizarse en la historia de la humanidad.

"Estando completamente convencido—dice Miller—de que toda Escritura divinamente inspirada es útil [2 Timoteo 3:16]; que en ningún tiempo fue dada por voluntad de hombre, sino que fue escrita por hombres santos inspirados del Espíritu Santo [2 Pedro 1:21], y esto 'para nuestra enseñanza' 'para que por la paciencia, y por la consolación de las Escrituras, tengamos esperanza' [Romanos 15:4], no pude menos que considerar las partes cronológicas de la Biblia tan pertinentes a la Palabra de Dios y tan acreedoras a que las tomáramos en cuenta como cualquiera otra parte de las Sagradas Escrituras. Pensé por consiguiente que al tratar de com-prender lo que Dios, en su misericordia, había juzgado conveniente revelarnos, yo no tenía derecho para pasar por alto los períodos proféticos."—Bliss, pág. 75.

La profecía que parecía revelar con la mayor claridad el *tiempo* del segundo advenimiento, era la de Daniel 8:14: "Hasta dos mil y trescientas tardes y mañanas;

entonces será purificado el Santuario." (V.M.) Siguiendo la regla que se había impuesto, de dejar que las Sagradas Escrituras se interpretasen a sí mismas, Miller llegó a saber que un día en la profecía simbólica representa un año (Números 14:34; Ezequiel 4:6); vio que el período de los 2.300 días proféticos, o años literales, se extendía mucho más allá del fin de la era judaica, y que por consiguiente no podía referirse al santuario de aquella economía. Miller aceptaba la creencia general de que durante la era cristiana la tierra es el santuario, y dedujo por consiguiente que la purificación del santuario predicha en Daniel 8:14 representaba la purificación de la tierra con fuego en el segundo advenimiento de Cristo. Llegó pues a la conclusión de que si se podía encontrar el punto de partida de los 2.300 días, sería fácil fijar el tiempo del segundo advenimiento. Así quedaría revelado el tiempo de aquella gran consumación, "el tiempo en que concluiría el presente estado de cosas, con todo su orgullo y poder, su pompa y vanidad, su maldad y opresión, ... el tiempo en que la tierra dejaría de ser maldita, en que la muerte sería destruida y se daría el galardón a los siervos de Dios, a los profetas y santos, y a todos los que temen su nombre, el tiempo en que serían destruidos los que destruyen la tierra."—Bliss, pág. 76.

Miller siguió escudriñando las profecías con más empeño y fervor que nunca, dedicando noches y días enteros al estudio de lo que resultaba entonces de tan inmensa importancia y absorbente interés. En el capítulo octavo de Daniel no pudo encontrar guía para el punto de partida de los 2.300 días. Aunque se le mandó que hiciera comprender la visión a Daniel, el ángel Gabriel sólo le dio a éste una explicación parcial. Cuando el profeta vio las terribles persecuciones que sobrevendrían a la iglesia, desfallecieron sus fuerzas físicas. No pudo soportar más, y el ángel le dejó por algún tiempo. Daniel quedó "sin fuerzas," y estuvo "enfermo algunos días." "Estaba asombrado de la visión—dice;—mas no hubo quien la explicase."

Y sin embargo Dios había mandado a su mensajero: "Haz que éste entienda la visión." Esa orden debía ser ejecutada. En obedecimiento a ella, el ángel, poco tiempo después, volvió hacia Daniel, diciendo: "Ahora he salido para hacerte sabio de entendimiento;" "entiende pues la palabra, y alcanza inteligencia de la visión." (Daniel 8:27, 16; 9:22, 23, V.M.) Había un punto importante en la visión del capítulo octavo, que no había sido explicado, a saber, el que se refería al tiempo: el período de los 2.300 días; por consiguiente, el ángel, reanudando su explicación, se espacia en la cuestión del tiempo:

"Setenta semanas están determinadas sobre tu pueblo y sobre tu santa ciudad. ... Sepas pues y entiendas, que desde la salida de la palabra para restaurar y edificar a Jerusalem hasta el Mesías Príncipe, habrá siete semanas, y sesenta y dos semanas; tornaráse a edificar la plaza y el muro en tiempos angustiosos. Y después de las sesenta y dos semanas se quitará la vida al Mesías, y no por sí. ... Y en otra semana confirmará el pacto a muchos, y a la mitad de la semana hará cesar el sacrificio y la ofrenda." (Daniel 9:24-27.)

El ángel había sido enviado a Daniel con el objeto expreso de que le explicara el punto que no había logrado comprender en la visión del capítulo octavo, el dato relativo al tiempo: "Hasta dos mil y trescientas tardes y mañanas; entonces será purificado el Santuario." Después de mandar a Daniel que "entienda" "la palabra" y que alcance inteligencia de "la visión," las primeras palabras del ángel son: "Setenta semanas están determinadas sobre tu pueblo y sobre tu santa ciudad." La palabra traducida aquí por "determinadas," significa literalmente "descontadas." El ángel declara que setenta semanas, que representaban 490 años, debían ser descontadas por pertenecer especialmente a los judíos. ¿Pero de dónde fueron descontadas? Como los 2.300 días son el único período de tiempo mencionado en el capítulo octavo, deben constituir el período del que fueron descontadas las setenta semanas; las setenta semanas deben por consiguiente formar parte de los 2.300 días, y ambos períodos deben comenzar juntos. El ángel declaró que las setenta semanas datan del momento en que salió el edicto para reedificar a Jerusalén. Si se puede encontrar la fecha de aquel edicto, queda fijado el punto de partida del gran período de los 2.300 días.

Ese decreto se encuentra en el capítulo séptimo de Esdras. (Vers. 12-26.) Fue expedido en su forma más completa por Artajerjes, rey de Persia, en el año 457 ant. de J. C. Pero en Esdras 6:14 se dice que la casa del Señor fue edificada en Jerusalén "por mandamiento de Ciro, y de Darío y de Artajerjes rey de Persia." Estos tres reyes, al expedir el decreto y al confirmarlo y completarlo, lo pusieron en la condición requerida por la profecía para que marcase el principio de los 2.300 años. Tomando el año 457 ant. de J. C. en que el decreto fue completado, como fecha de la orden, se comprobó que cada especificación de la profecía referente a las setenta semanas se había cumplido.

"Desde la salida de la palabra para restaurar y edificar a Jerusalem hasta el Mesías Príncipe, habrá siete semanas, y sesenta y dos semanas"—es decir sesenta y nueve semanas, o sea 483 años. El decreto de Artajerjes fue puesto en vigencia en el otoño del año 457 ant. de J. C. Partiendo de esta fecha, los 483 años alcanzan al otoño del año 27 de J. C. (Véase el Apéndice, así como el diagrama de la pág. 181.) Entonces fue cuando esta profecía se cumplió. La palabra "Mesías" significa "el Ungido." En el otoño del año 27 de J. C., Cristo fue bautizado por Juan y recibió la unción del Espíritu Santo. El apóstol Pedro testifica que "a Jesús de Nazaret: ... Dios le ungió con el Espíritu Santo y con poder." (Hechos 10:38, V.M.) Y el mismo Salvador declara: "El Espíritu del Señor está sobre mí; por cuanto me ha ungido para anunciar buenas nuevas a los pobres." Después de su bautismo, Jesús volvió a Galilea, "predicando el evangelio de Dios, y diciendo: Se ha cumplido *el tiempo*." (S. Lucas 4:18; S. Marcos 1:14, 15, V.M.)

"Y en otra semana confirmará el pacto a muchos." La semana de la cual se habla aquí es la última de las setenta. Son los siete últimos años del período concedido especialmente a los judíos. Durante ese plazo, que se extendió del año 27 al año 34 de J. C., Cristo, primero en persona y luego por intermedio de sus discípulos, presentó la invitación del Evangelio especialmente a los judíos. Cuando los apóstoles salieron para proclamar las buenas nuevas del reino, las instrucciones del Salvador fueron: "Por el camino de los Gentiles no iréis, y en ciudad de Samaritanos no entréis." (S. Mateo 10:5, 6.)

"A la mitad de la semana hará cesar el sacrificio y la ofrenda." En el año 31 de J. C., tres años y medio después de su bautismo, nuestro Señor fue crucificado. Con el gran sacrificio ofrecido en el Calvario, terminó aquel sistema de ofrendas que durante cuatro mil años había prefigurado al Cordero de Dios. El tipo se encontró con el antitipo, y todos los sacrificios y oblaciones del sistema ceremonial debían cesar.

Las setenta semanas, o 490 años concedidos a los judíos, terminaron, como lo vimos, en el año 34 de J. C. En dicha fecha, por auto del Sanedrín judaico, la nación selló su rechazamiento del Evangelio con el martirio de Esteban y la persecución de los discípulos de Cristo. Entonces el mensaje de salvación, no estando más reservado exclusivamente para el pueblo elegido, fue dado al mundo. Los discípulos, obligados por la persecución a huir de Jerusalén, "andaban por todas partes, predicando la Palabra." "Felipe, descendiendo a la ciudad de Samaria, les proclamó el Cristo." Pedro, guiado por Dios, dio a conocer el Evangelio al centurión de Cesarea, el piadoso Cornelio; el ardiente Pablo, ganado a la fe de Cristo fue comisionado para llevar las alegres nuevas "lejos ... a los gentiles." (Hechos 8:4, 5; 22:21, V.M.)

Hasta aquí cada uno de los detalles de las profecías se ha cumplido de una manera sorprendente, y el principio de las setenta semanas queda establecido irrefutablemente en el año 457 ant. de J.C. y su fin en el año 34 de J.C. Partiendo

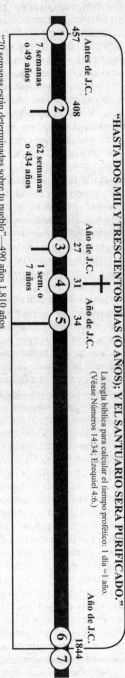

"HASTA DOS MIL Y TRESCIENTOS DÍAS (O AÑOS); Y EL SANTUARIO SERÁ PURIFICADO."

La regla bíblica para calcular el tiempo profético: 1 día = 1 año.
(Véase Números 14:34; Ezequiel 4:6.)

"70 semanas están determinadas sobre tu pueblo"—490 años 1.810 años

Antes de J.C. 457

Antes de J.C. 408

7 semanas o 49 años

62 semanas o 434 años

Año de J.C. 27

Año de J.C. 31

Año de J.C. 34

1 sem. o 7 años

Año de J.C. 1844

1. La orden de Artajerjes, rey de Persia, para restaurar y reedificar Jerusalén, fue dada en 457 ant. de J.C. (Daniel 9:25; Esdras 6:1, 6-12.)

2. La reconstrucción y restauración de Jerusalén se terminó al fin de los primeros 49 años de la profecía de Daniel. (Daniel 9:25.)

3. Jesús fue ungido del Espíritu Santo en ocasión de su bautismo. (S. Mateo 3:16; Hechos 10:38.) De 457 ant. de J.C. hasta el Ungido hubo 483 años.

4. El Mesías Príncipe fue cortado a la mitad de la semana, cuando fue crucificado, en el año 31 de nuestra era. (Daniel 9:27; S. Mateo 27:50, 51.)

5. Desde la muerte de Esteban, el Evangelio fue a los gentiles. (Daniel 9:24; Hechos 7:54-56; 8:1.) De 457 al tiempo de los gentiles: 490 años.

6. Al fin de los 2.300 años, en 1844, se inicia la purificación del santuario celestial, o sea la hora del juicio. (Daniel 8:14; Apocalipsis 14:7.)

7. El triple mensaje de Apocalipsis 14:6-12 es proclamado a todo el mundo antes de la segunda venida de Cristo a esta tierra.

Los 2.300 días

Este período profético, el más largo de la Biblia, había de extenderse, según la profecía de Daniel, desde "la salida de la palabra para restaurar y edificar a Jerusalén" hasta la purificación del santuario. La orden de reedificar a Jerusalén se dio en 457 ant. de J.C. Setenta semanas (490 años) debían cortarse para los judíos, y al fin de este período, en el año 34 de nuestra era, se principió a predicar el Evangelio a los gentiles. Desde que comenzó el período, en 457 ant. de J.C., hasta el Mesías Príncipe, iba a haber 69 semanas (483 años). Precisamente en el momento predicho, en el otoño del 27 de J.C., Jesús fue bautizado en el Jordán por Juan Bautista. Fue también ungido del Espíritu Santo, e inició su ministerio público. "A la mitad de la semana" (3 años y medio más tarde) el Mesías fue cortado. El período completo de los 2.300 días se extendía de 457 ant. de J.C. hasta 1844 de nuestra era, cuando se inició en el cielo el juicio investigador.

de esta fecha no es difícil encontrar el término de los 2.300 días. Las setenta semanas—490 días—descontadas de los 2.300 días, quedaban 1810 días. Concluidos las 490 días, quedaban aún por cumplirse los 1810 días. Contando desde 34 de J.C., los 1810 años alcanzan al año 1844. Por consiguiente los 2.300 días de Daniel 8:14 terminaron en 1844. Al fin de este gran período profético, según el testimonio del ángel de Dios, "el santuario" debía ser "purificado." De este modo la fecha de la purificación del santuario—la cual se creía casi universalmente que se verificaría en el segundo advenimiento de Cristo—quedó definitivamente establecida.

Miller y sus colaboradores creyeron primero que los 2.300 días terminarían en la *primavera* de 1844, mientras que la profecía señala el *otoño* de ese mismo año. (Véase el diagrama y el Apéndice.) La mala inteligencia de este punto fue causa de desengaño y perplejidad para los que habían fijado para la primavera de dicho año el tiempo de la venida del Señor. Pero esto no afectó en lo más mínimo la fuerza de la argumentación que demuestra que los 2.300 días terminaron en el año 1844 y que el gran acontecimiento representado por la purificación del santuario debía verificarse entonces.

Al empezar a estudiar las Sagradas Escrituras como lo hizo, para probar que son una revelación de Dios, Miller no tenía la menor idea de que llegaría a la conclusión a que había llegado. Apenas podía él mismo creer en los resultados de su investigación. Pero las pruebas de la Santa Escritura eran demasiado evidentes y concluyentes para rechazarlas.

Había dedicado dos años al estudio de la Biblia, cuando, en 1818, llegó a tener la solemne convicción de que unos veinticinco años después aparecería Cristo para redimir a su pueblo. "No necesito hablar—dice Miller—del gozo que llenó mi corazón ante tan embelesadora perspectiva, ni de los ardientes anhelos de mi alma para participar del júbilo de los redimidos. La Biblia fue para mí entonces un libro nuevo. Era esto en verdad una fiesta de la razón; todo lo que para mí había sido sombrío, místico u obscuro en sus enseñanzas, había desaparecido de mi mente ante la clara luz que brotaba de sus sagradas páginas; y ¡oh! ¡cuán brillante y gloriosa aparecía la verdad! Todas las contradicciones y disonancias que había encontrado antes en la Palabra desaparecieron; y si bien quedaban muchas partes que no comprendía del todo, era tanta la luz que de las Escrituras manaba para alumbrar mi inteligencia obscurecida, que al estudiarlas sentía un deleite que nunca antes me hubiera figurado que podría sacar de sus enseñanzas."—Bliss, págs. 76, 77.

"Solemnemente convencido de que las Santas Escrituras anunciaban el cumplimiento de tan importantes acontecimientos en tan corto espacio de tiempo, surgió con fuerza en mi alma la cuestión de saber cuál era mi deber para con el mundo, en vista de la evidencia que había conmovido mi propio espíritu."—*Id.*, pág. 81. No pudo menos que sentir que era deber suyo impartir a otros la luz que había recibido. Esperaba encontrar oposición de parte de los impíos, pero estaba seguro de que todos los cristianos se alegrarían en la esperanza de ir al encuentro del Salvador a quien profesaban amar. Lo único que temía era que en su gran júbilo por la perspectiva de la gloriosa liberación que debía cumplirse tan pronto, muchos recibiesen la doctrina sin examinar detenidamente las Santas Escrituras para ver si era la verdad. De aquí que vacilara en presentarla, por temor de estar errado y de hacer descarriar a otros. Esto le indujo a revisar las pruebas que apoyaban las conclusiones a que había llegado, y a considerar cuidadosamente cualquiera dificultad que se presentase a su espíritu. Encontró que las objeciones se desvanecían ante la luz de la Palabra de Dios como la neblina ante los rayos del sol. Los cinco años que dedicó a esos estudios le dejaron enteramente convencido de que su manera de ver era correcta.

El deber de hacer conocer a otros lo que él creía estar tan claramente enseñado en las Sagradas Escrituras, se le impuso entonces con nueva fuerza. "Cuando estaba ocupado en mi trabajo—explicó,—sonaba continuamente en mis oídos el mandato:

Anda y haz saber al mundo el peligro que corre. Recordaba constantemente este pasaje: ' Diciendo yo al impío: Impío, de cierto morirás; si tú no hablares para que se guarde el impío de su camino, el impío morirá por su pecado, mas su sangre yo la demandaré de tu mano. Y si tú avisares al impío de su camino para que de él se aparte, y él no se apartare de su camino, por su pecado morirá él, y tú libraste tu vida." (Ezequiel 33:8, 9.) Me parecía que si los impíos podían ser amonestados eficazmente, multitudes de ellos se arrepentirían; y que si no eran amonestados, su sangre podía ser demandada de mi mano."—Bliss, pág. 92.

Empezó a presentar sus ideas en círculo privado siempre que se le ofrecía la oportunidad, rogando a Dios que algún ministro sintiese la fuerza de ellas y se dedicase a proclamarlas. Pero no podía librarse de la convicción de que tenía un deber personal que cumplir dando el aviso. De continuo se presentaban a su espíritu las siguientes palabras: "Anda y anúncialo al mundo; su sangre demandaré de tu mano." Esperó nueve años; y la carga continuaba pesando sobre su alma, hasta que en 1831 expuso por primera vez en público las razones de la fe que tenía.

Así como Eliseo fue llamado cuando seguía a sus bueyes en el campo, para recibir el manto de la consagración al ministerio profético, así también Guillermo Miller fue llamado a dejar su arado y revelar al pueblo los misterios del reino de Dios. Con temblor dio principio a su obra de conducir a sus oyentes paso a paso a través de los períodos proféticos hasta el segundo advenimiento de Cristo. Con cada esfuerzo cobraba más energía y valor al ver el marcado interés que despertaban sus palabras.

A la solicitación de sus hermanos, en cuyas palabras creyó oír el llamamiento de Dios, se debió que Miller consintiera en presentar sus opiniones en público. Tenía ya cincuenta años, y no estando acostumbrado a hablar en público, se consideraba incapaz de hacer la obra que de él se esperaba. Pero desde el principio sus labores fueron notablemente bendecidas para la salvación de las almas. Su primera conferencia fue seguida de un despertamiento religioso, durante el cual treinta familias enteras, menos dos personas, fueron convertidas. Se le instó inmediatamente a que hablase en otros lugares, y casi en todas partes su trabajo tuvo por resultado un avivamiento de la obra del Señor. Los pecadores se convertían, los cristianos renovaban su consagración a Dios, y los deístas e incrédulos eran inducidos a reconocer la verdad de la Biblia y de la religión cristiana. El testimonio de aquellos entre quienes trabajara fue: "Consigue ejercer una influencia en una clase de espíritus a la que no afecta la influencia de otros hombres."—*Id.*, pág. 138. Su predicación era para despertar interés en los grandes asuntos de la religión y contrarrestar la mundanalidad y sensualidad creciente de la época.

En casi todas las ciudades se convertían los oyentes por docenas y hasta por centenares. En muchas poblaciones se le abrían de par en par las iglesias protestantes de casi todas las denominaciones, y las invitaciones para trabajar en ellas le llegaban generalmente de los mismos ministros de diversas congregaciones. Tenía por regla invariable no trabajar donde no hubiese sido invitado. Sin embargo pronto vio que no le era posible atender siquiera la mitad de los llamamientos que se le dirigían. Muchos que no aceptaban su modo de ver en cuanto a la fecha exacta del segundo advenimiento, estaban convencidos de la seguridad y proximidad de la venida de Cristo y de que necesitaban prepararse para ella. En algunas de las grandes ciudades, sus labores hicieron extraordinaria impresión. Hubo taberneros que abandonaron su tráfico y convirtieron sus establecimientos en salas de culto; los garitos eran abandonados; incrédulos, deístas, universalistas y hasta libertinos de los más perdidos—algunos de los cuales no habían entrado en ningún lugar de culto desde hacía años—se convertían. Las diversas denominaciones establecían reuniones de oración en diferentes barrios y a casi cualquier hora del día los hombres de negocios se reunían para orar y cantar alabanzas. No se notaba excitación extravagante, sino que un sentimiento de solemnidad dominaba a casi todos. La obra de Miller, como la de los primeros reformadores, tendía más a convencer el entendimiento y a despertar la conciencia que a excitar las emociones.

En 1833 Miller recibió de la iglesia bautista, de la cual era miembro, una licencia que le autorizaba para predicar. Además, buen número de los ministros de su denominación aprobaban su obra, y le dieron su sanción formal mientras proseguía sus trabajos.

Viajaba y predicaba sin descanso, si bien sus labores personales se limitaban principalmente a los estados del este y del centro de los Estados Unidos. Durante varios años sufragó él mismo todos sus gastos de su bolsillo y ni aun más tarde se le costearon nunca por completo los gastos de viaje a los puntos adonde se le llamaba. De modo que, lejos de reportarle provecho pecuniario, sus labores públicas constituían un pesado gravamen para su fortuna particular que fue menguando durante este período de su vida. Era padre de numerosa familia, pero como todos los miembros de ella eran frugales y diligentes, su finca rural bastaba para el sustento de todos ellos.

En 1833, dos años después de haber principiado Miller a presentar en público las pruebas de la próxima venida de Cristo, apareció la última de las señales que habían sido anunciadas por el Salvador como precursoras de su segundo advenimiento. Jesús había dicho: "Las estrellas caerán del cielo." (S. Mateo 24:29.) Y Juan, al recibir la visión de la escenas que anunciarían el día de Dios, declara en el Apocalipsis: "Las estrellas del cielo cayeron sobre la tierra, como la higuera echa sus higos cuando es movida de gran viento." (Apocalipsis 6:13.) Esta profecía se cumplió de modo sorprendente y pasmoso con la gran lluvia meteórica del 13 de noviembre de 1833. Fue éste el más dilatado y admirable espectáculo de estrellas fugaces que se haya registrado, pues "¡sobre todos los Estados Unidos el firmamento entero estuvo entonces, durante horas seguidas, en conmoción ígnea! No ha ocurrido jamás en este país, desde el tiempo de los primeros colonos, un fenómeno celestial que despertara tan grande admiración entre unos, ni tanto terror ni alarma entre otros." "Su sublimidad y terrible belleza quedan aún grabadas en el recuerdo de muchos. ... Jamás cayó lluvia más tupida que ésa en que cayeron los meteoros hacia la tierra; al este, al oeste, al norte y al sur era lo mismo. En una palabra, todo el cielo parecía en conmoción. ... El espectáculo, tal como está descrito en el diario del profesor Silliman, fue visto por toda la América del Norte. ... Desde las dos de la madrugada hasta la plena claridad del día, en un firmamento perfectamente sereno y sin nubes, todo el cielo estuvo constantemente surcado por una lluvia incesante de cuerpos que brillaban de modo deslumbrador."—R. M. Devens, *American Progress; or, The Great Events of the Greatest Century*, cap. 28, párrs. 1-5.

"En verdad, ninguna lengua podría describir el esplendor de tan hermoso espectáculo; ... nadie que no lo haya presenciado puede formarse exacta idea de su esplendor. Parecía que todas las estrellas del cielo se hubiesen reunido en un punto cerca del cenit, y que fuesen lanzadas de allí, con la velocidad del rayo, en todas las direcciones del horizonte; y sin embargo no se agotaban: con toda rapidez seguíanse por miles unas tras otras, como si hubiesen sido creadas para el caso."—F. Reed, en el *Christian Advocate and Journal*, 13 de dic. de 1833. "Es imposible contemplar una imagen más exacta de la higuera que deja caer sus higos cuando es sacudida por un gran viento."—"The Old Countryman," en el *Evening Advertiser* de Portland, 26 de nov. de 1833.

En el *Journal of Commerce* de Nueva York del 14 de noviembre se publicó un largo artículo referente a este maravilloso fenómeno y en él se leía la siguiente declaración: "Supongo que ningún filósofo ni erudito ha referido o registrado jamás un suceso como el de ayer por la mañana. Hace mil ochocientos años un profeta lo predijo con toda exactitud, si entendemos que las estrellas que cayeron eran estrellas errantes o fugaces, ... que es el único sentido verdadero y literal."

Así se realizó la última de las señales de su venida acerca de las cuales Jesús había dicho a sus discípulos: "Cuando viereis todas estas cosas, *sabed* que está cercano, a las puertas." (S. Mateo 24:33.) Después de estas señales, Juan vio que el gran acontecimiento que debía seguir consistía en que el cielo desaparecía como un libro cuando es arrollado, mientras que la tierra era sacudida, las montañas y las islas eran movidas de sus lugares, y los impíos, aterrorizados, trataban de esconderse de la presencia del Hijo del hombre. (Apocalipsis 6:12-17.)

Muchos de los que presenciaron la caída de las estrellas la consideraron como un anuncio del juicio venidero—"como un signo precursor espantoso, un presagio misericordioso, de aquel grande y terrible día."—"The Old Countryman," en el *Evening Advertiser* de Portland, 26 de nov. de 1833. Así fue dirigida la atención del pueblo hacia el cumplimiento de la profecía, y muchos fueron inducidos a hacer caso del aviso del segundo advenimiento.

En 1840 otro notable cumplimiento de la profecía despertó interés general. Dos años antes, Josías Litch, uno de los principales ministros que predicaban el segundo advenimiento, publicó una explicación del capítulo noveno del Apocalipsis, que predecía la caída del imperio otomano. Según sus cálculos esa potencia sería derribada "en el año 1840 de J. C., durante el mes de agosto"; y pocos días antes de su cumplimiento escribió: "Admitiendo que el primer período de 150 años se haya cumplido exactamente antes de que Deacozes subiera al trono con permiso de los turcos, y que los 391 años y quince días comenzaran al terminar el primer período, terminarán el 11 de agosto de I 840, día en que puede anticiparse que el poder otomano en Constantinopla será quebrantado. Y esto es lo que creo que va a confirmarse.' —Josías Litch, en *Signs of the Times, and Expositor of Prophecy*, 1° de agosto de 1840.

En la fecha misma que había sido especificada, Turquía aceptó, por medio de sus embajadores, la protección de las potencias aliadas de Europa, y se puso así bajo la tutela de las naciones cristianas. El acontecimiento cumplió exactamente la predicción. (Véase el Apéndice.) Cuando esto se llegó a saber, multitudes se convencieron de que los principios de interpretación profética adoptados por Miller y sus compañeros eran correctos, con lo que recibió un impulso maravilloso el movimiento adventista. Hombres de saber y de posición social se adhirieron a Miller para divulgar sus ideas, y de 1840 a 1844 la obra se extendió rápidamente.

Guillermo Miller poseía grandes dotes intelectuales, disciplinadas por la reflexión y el estudio; y a ellas añadió la sabiduría del cielo al ponerse en relación con la Fuente de la sabiduría. Era hombre de verdadero valer, que no podía menos que imponer respeto y granjearse el aprecio dondequiera que supiera estimarse la integridad, el carácter y el valor moral. Uniendo verdadera bondad de corazón a la humildad cristiana y al dominio de sí mismo, era atento y afable para con todos, y siempre listo para escuchar las opiniones de los demás y pesar sus argumentos. Sin apasionamiento ni agitación, examinaba todas las teorías y doctrinas a la luz de la Palabra de Dios; y su sano juicio y profundo conocimiento de las Santas Escrituras, le permitían descubrir y refutar el error.

Sin embargo no prosiguió su obra sin encontrar violenta oposición. Como les sucediera a los primeros reformadores, las verdades que proclamaba no fueron recibidas favorablemente por los maestros religiosos del pueblo. Como éstos no podían sostener sus posiciones apoyándose en las Santas Escrituras, se vieron obligados a recurrir a los dichos y doctrinas de los hombres, a las tradiciones de los padres. Pero la Palabra de Dios era el único testimonio que aceptaban los predicadores de la verdad del segundo advenimiento. "La Biblia, y la Biblia sola," era su consigna. La falta de argumentos bíblicos de parte de sus adversarios era suplida por el ridículo y la burla. Tiempo, medios y talentos fueron empleados en difamar a aquellos cuyo único crimen consistía en esperar con gozo el regreso de su Señor, y en esforzarse por vivir santamente, y en exhortar a los demás a que se preparasen para su aparición.

Serios fueron los esfuerzos que se hicieron para apartar la mente del pueblo del asunto del segundo advenimiento. Se hizo aparecer como pecado, como algo de que los hombres debían avergonzarse, el estudio de las profecías referentes a la venida de Cristo y al fin del mundo. Así los ministros populares socavaron la fe en la Palabra de Dios. Sus enseñanzas volvían incrédulos a los hombres, y muchos se arrogaron la libertad de andar según sus impías pasiones. Luego los autores del mal echaban la culpa de él a los adventistas.

Mientras que un sinnúmero de personas inteligentes e interesadas se apiñaban para oír a Miller, su nombre era rara vez mencionado por la prensa religiosa y sólo para ridiculizarlo y acusarlo. Los indiferentes y los impíos, alentados por la actitud de los maestros de religión, recurrieron a epítetos difamantes, a chistes vulgares y blasfemos, en sus esfuerzos para atraer el desprecio sobre él y su obra. El siervo de Dios, encanecido en el servicio y que había dejado su cómodo hogar para viajar a costa propia de ciudad en ciudad, y de pueblo en pueblo, para proclamar al mundo la solemne amonestación del juicio inminente, fue llamado fanático, mentiroso y malvado.

Las mofas, las mentiras y los ultrajes acumulados sobre él despertaron la censura y la indignación hasta de la prensa profana. La gente del mundo declaró que "tratar un tema de tan imponente majestad e importantes consecuencias" con ligereza y lenguaje vulgar, "no equivalía sólo a divertirse a costa de los sentimientos de sus propagadores y defensores," sino "a reírse del día del juicio, a mofarse del mismo Dios y a hacer burla de su tribunal."—Bliss, pág. 183.

El instigador de todo mal no trató únicamente de contrarrestar los efectos del mensaje del advenimiento, sino de destruir al mismo mensajero. Miller hacía una aplicación práctica de la verdad bíblica a los corazones de sus oyentes, reprobando sus pecados y turbando el sentimiento de satisfacción de sí mismos, y sus palabras claras y contundentes despertaron la animosidad de ellos. La oposición manifestada por los miembros de las iglesias contra su mensaje alentaba a las clases bajas a ir aún más allá; y hubo enemigos que conspiraron para quitarle la vida a su salida del local de reunión. Pero hubo ángeles guardianes entre la multitud, y uno de ellos, bajo la forma de un hombre, tomó el brazo del siervo del Señor, y lo puso a salvo del populacho furioso. Su obra no estaba aún terminada, y Satanás y sus emisarios se vieron frustrados en sus planes.

A pesar de toda oposición, el interés en el movimiento adventista siguió en aumento. De decenas y centenas el número de los creyentes alcanzó a miles. Las diferentes iglesias se habían acrecentado notablemente, pero al poco tiempo el espíritu de oposición se manifestó hasta contra los conversos ganados por Miller, y las iglesias empezaron a tomar medidas disciplinarias contra ellos. Esto indujo a Miller a instar a los cristianos de todas las denominaciones a que, si sus doctrinas eran falsas, se lo probasen por las Escrituras.

"¿Qué hemos creído —decía él— que no nos haya sido ordenado creer por la Palabra de Dios, que vosotros mismos reconocéis como regla única de nuestra fe y de nuestra conducta? ¿Qué hemos hecho para que se nos arrojasen tan virulentos cargos y diatribas desde el púlpito y la prensa, y para daros motivo para excluirnos a nosotros [los adventistas] de vuestras iglesias y de vuestra comunión?" "Si estamos en el error, os ruego nos enseñéis en qué consiste nuestro error. Probádnoslo por la Palabra de Dios; harto se nos ha ridiculizado, pero no será eso lo que pueda jamás convencernos de que estemos en error; la Palabra de Dios sola puede cambiar nuestro modo de ver. Llegamos a nuestras conclusiones después de madura reflexión y de mucha oración, a medida que veíamos las evidencias de las Escrituras."—*Id.*, págs. 250, 252.

Siglo tras siglo las amonestaciones que Dios dirigió al mundo por medio de sus siervos, fueron recibidas con la misma incredulidad y falta de fe. Cuando la maldad de los antediluvianos le indujo a enviar el diluvio sobre la tierra, les dio primero a conocer su propósito para ofrecerles oportunidad de apartarse de sus malos caminos. Durante ciento veinte años oyeron resonar en sus oídos la amonestación que los llamaba al arrepentimiento, no fuese que la ira de Dios los destruyese. Pero el mensaje se les antojó fábula ridícula, y no lo creyeron. Envalentonándose en su maldad, se mofaron del mensajero de Dios, se rieron de sus amenazas, y hasta le acusaron de presunción. ¿Cómo se atrevía él solo a levantarse contra todos los grandes de la tierra? Si el mensaje de Noé era verdadero, ¿por qué no lo reconocía por tal el mundo entero? y ¿por qué no le daba crédito? ¡Era la afirmación de un hombre contra la sabiduría de millares! No quisieron dar fe a la amonestación, ni buscar protección en el arca.

Los burladores llamaban la atención a las cosas de la naturaleza,—a la sucesión invariable de las estaciones, al cielo azul que nunca había derramado lluvia, a los verdes campos refrescados por el suave rocío de la noche,—y exclamaban: "¿No habla acaso en parábolas?" Con desprecio declaraban que el predicador de la justicia era fanático rematado; y siguieron corriendo tras los placeres y andando en sus malos caminos con más empeño que nunca antes. Pero su incredulidad no impidió la realización del acontecimiento predicho. Dios soportó mucho tiempo su maldad, dándoles amplia oportunidad para arrepentirse, pero a su debido tiempo sus juicios cayeron sobre los que habían rechazado su misericordia.

Cristo declara que habrá una incredulidad análoga respecto a su segunda venida. Así como en tiempo de Noé los hombres "no entendieron hasta que vino el diluvio, y los llevó a todos; así," según las palabras de nuestro Salvador, "será la venida del Hijo del hombre." (S. Mateo 24:39, V.M.) Cuando los que profesan ser el pueblo de Dios se unan con el mundo, viviendo como él vive y compartiendo sus placeres prohibidos; cuando el lujo del mundo se vuelva el lujo de la iglesia; cuando las campanas repiquen a bodas, y todos cuenten en perspectiva con muchos años de prosperidad mundana,—entonces, tan repentinamente como el relámpago cruza el cielo, se desvanecerán sus visiones brillantes y sus falaces esperanzas.

Así como Dios envió a su siervo para dar al mundo aviso del diluvio que se acercaba, también envió mensajeros escogidos para anunciar la venida del juicio final. Y así como los contemporáneos de Noé se burlaron con desprecio de las predicciones del predicador de la justicia, también en los días de Miller muchos, hasta de los que profesaban ser del pueblo de Dios, se burlaron de las palabras de aviso.

¿Y por qué la doctrina y predicación de la segunda venida de Cristo fueron tan mal recibidas por las iglesias? Si bien el advenimiento del Señor significa desgracia y desolación para los impíos, para los justos es motivo de dicha y esperanza. Esta gran verdad había sido consuelo de los fieles siervos de Dios a través de los siglos; ¿por qué hubo de convertirse, como su Autor, en "piedra de tropiezo, y piedra de caída," para los que profesaban ser su pueblo? Fue nuestro Señor mismo quien prometió a sus discípulos: "Si yo fuere y os preparare el lugar, vendré otra vez, y os recibiré conmigo." (S. Juan 14:3, V.M.) El compasivo Salvador fue quien, previendo el abandono y dolor de sus discípulos, encargó a los ángeles que los consolaran con la seguridad de que volvería en persona, como había subido al cielo. Mientras los discípulos estaban mirando con ansia al cielo para percibir la última vislumbre de Aquel a quien amaban, fue atraída su atención por las palabras: "¡Varones galileos, ¿por qué os quedáis mirando así al cielo? este mismo Jesús que ha sido tomado de vosotros al cielo, así vendrá del mismo modo que le habéis visto ir al cielo!" (Hechos 1:11, V.M.) El mensaje de los ángeles reavivó la esperanza de los discípulos. "Volvieron a Jerusalem con gran gozo: y estaban siempre en el templo, alabando y bendiciendo a Dios." (S. Lucas 24:52, 53.) No se alegraban de que Jesús se hubiese separado de ellos ni de que hubiesen sido dejados para luchar con las pruebas y tentaciones del mundo, sino porque los ángeles les habían asegurado que él volvería.

La proclamación de la venida de Cristo debería ser ahora lo que fue la hecha por los ángeles a los pastores de Belén, es decir, buenas nuevas de gran gozo. Los que aman verdaderamente al Salvador no pueden menos que recibir con aclamaciones de alegría el anuncio fundado en la Palabra de Dios de que Aquel en quien se concentran sus esperanzas para la vida eterna volverá, no para ser insultado, despreciado y rechazado como en su primer advenimiento, sino con poder y gloria, para redimir a su pueblo. Son aquellos que no aman al Salvador quienes desean que no regrese; y no puede haber prueba más concluyente de que las iglesias se han apartado de Dios, que la irritación y la animosidad despertadas por este mensaje celestial.

Los que aceptaron la doctrina del advenimiento vieron la necesidad de arrepentirse y humillarse ante Dios. Muchos habían estado vacilando mucho tiempo entre Cristo y el mundo; entonces comprendieron que era tiempo de decidirse. "Las cosas eternas asumieron para ellos extraordinaria realidad. Acercóseles el cielo y se sintieron culpables ante Dios."—Bliss, pág. 146. Nueva vida espiritual se despertó en los creyentes. El mensaje les hizo sentir que el tiempo era corto, que debían hacer pronto cuanto habían de hacer por sus semejantes. La tierra retrocedía, la eternidad parecía abrirse ante ellos, y el alma, con todo lo que pertenece a su dicha o infortunio inmortal, eclipsaba por así decirlo todo objeto temporal. El Espíritu de Dios descansaba sobre ellos, y daba fuerza a los llamamientos ardientes que dirigían tanto a sus hermanos como a los pecadores a fin de que se preparasen para el día de Dios. El testimonio mudo de su conducta diaria equivalía a una censura constante para los miembros formalistas y no santificados de las iglesias. Estos no querían que se les molestara en su búsqueda de placeres, ni en su culto a Mamón ni en su ambición de honores mundanos. De ahí la enemistad y oposición despertadas contra la fe adventista y los que la proclamaban.

Como los argumentos basados en los períodos proféticos resultaban irrefutables, los adversarios trataron de prevenir la investigación de este asunto enseñando que las profecías estaban selladas. De este modo los protestantes seguían las huellas de los romanistas. Mientras que la iglesia papal le niega la Biblia al pueblo (véase el Apéndice), las iglesias protestantes aseguraban que parte importante de la Palabra Sagrada—o sea la que pone a la vista verdades de especial aplicación para nuestro tiempo—no podía ser entendida.

Los ministros y el pueblo declararon que las profecías de Daniel y del Apocalipsis eran misterios incomprensibles. Pero Cristo había llamado la atención de sus discípulos a las palabras del profeta Daniel relativas a los acontecimientos que debían desarrollarse en tiempo de ellos, y les había dicho: "El que lee, *entienda*." Y la aseveración de que el Apocalipsis es un misterio que no se puede comprender es rebatida por el título mismo del libro: "Revelación de Jesucristo, que Dios le dio, para manifestar a sus siervos las cosas que deben suceder pronto. ... *Bienaventurado* el que *lee* y los que *oyen* las palabras de esta profecía, y *guardan* las cosas en ella escritas: porque el tiempo está cerca." (Apocalipsis 1:1-3.)

El profeta dice: "Bienaventurado el que lee"—hay quienes no quieren leer; la bendición no es para ellos. "Y los que oyen"—hay algunos, también, que se niegan a oír cualquier cosa relativa a las profecías; la bendición no es tampoco para esa clase de personas. "Y guardan las cosas en ella escritas"—muchos se niegan a tomar en cuenta las amonestaciones e instrucciones contenidas en el Apocalipsis. Ninguno de ellos tiene derecho a la bendición prometida. Todos los que ridiculizan los argumentos de la profecía y se mofan de los símbolos dados solemnemente en ella, todos los que se niegan a reformar sus vidas y a prepararse para la venida del Hijo del hombre, no serán bendecidos.

Ante semejante testimonio de la Inspiración, ¿cómo se atreven los hombres a enseñar que el Apocalipsis es un misterio fuera del alcance de la inteligencia humana? Es un misterio revelado, un libro abierto. El estudio del Apocalipsis nos lleva a las profecías de Daniel, y ambos libros contienen enseñanzas de suma importancia, dadas por Dios a los hombres, acerca de los acontecimientos que han de desarrollarse al fin de la historia de este mundo.

A San Juan le fueron descubiertos cuadros de la experiencia de la iglesia que resultaban de interés profundo y conmovedor. Vio las circunstancias, los peligros, las luchas y la liberación final del pueblo de Dios. Consigna los mensajes finales que han de hacer madurar la mies de la tierra, ya sea en gavillas para el granero celestial, o en manojos para los fuegos de la destrucción. Fuéronle revelados asuntos de suma importancia, especialmente para la última iglesia, con el objeto de que los que se volviesen del error a la verdad pudiesen ser instruídos con respecto a los peligros y luchas que les esperaban. Nadie necesita estar a obscuras en lo que concierne a lo que ha de acontecer en la tierra.

¿Por qué existe, pues, esta ignorancia general acerca de tan importante porción de las Escrituras? ¿Por qué es tan universal la falta de voluntad para investigar sus enseñanzas? Es resultado de un esfuerzo del príncipe de las tinieblas para ocultar a los hombres lo que revela sus engaños. Por esto Cristo, el Revelador, previendo la guerra que se haría al estudio del Apocalipsis, pronunció una bendición sobre cuantos leyesen, oyesen y guardasen las palabras de la profecía.

20

LUZ A TRAVÉS DE LAS TINIEBLAS

L A OBRA de Dios en la tierra presenta, siglo tras siglo, sorprendente analogía
en cada gran movimiento reformatorio o religioso. Los principios que rigen
el trato de Dios con los hombres son siempre los mismos. Los movimientos importantes de hogaño concuerdan con los de antaño, y la experiencia de la
iglesia en tiempos que fueron encierra lecciones de gran valor para los nuestros.

Ninguna verdad se enseña en la Biblia con mayor claridad que aquella de que
por medio de su Santo Espíritu Dios dirige especialmente a sus siervos en la tierra en
los grandes movimientos en pro del adelanto de la obra de salvación. Los hombres
son en mano de Dios instrumentos de los que él se vale para realizar sus fines de
gracia y misericordia. Cada cual tiene su papel que desempeñar; a cada cual le ha
sido concedida cierta medida de luz adecuada a las necesidades de su tiempo, y
suficiente para permitirle cumplir la obra que Dios le asignó. Sin embargo, ningún
hombre, por mucho que le haya honrado el Cielo, alcanzó jamás a comprender
completamente el gran plan de la redención, ni siquiera a apreciar debidamente el
propósito divino en la obra para su propia época. Los hombres no entienden por
completo lo que Dios quisiera cumplir por medio de la obra que les da que hacer;
no entienden, en todo su alcance, el mensaje que proclaman en su nombre.

"¿Puedes tú descubrir las cosas recónditas de Dios? ¿puedes hasta lo sumo
llegar a conocer al Todopoderoso?" "Mis pensamientos no son vuestros pensamientos, ni vuestros caminos son mis caminos, dice Jehová. Porque como los
cielos son más altos que la tierra, así mis caminos son más altos que vuestros
caminos, y mis pensamientos que vuestros pensamientos." "Yo soy Dios, ... y no
hay ninguno como yo, que declaro el fin desde el principio, y desde la antigüedad
cosas aún no hechas." (Job 11:7; Isaías 55:8, 9; 46:9, 10, V.M.)

Ni siquiera los profetas que fueron favorecidos por la iluminación especial
del Espíritu comprendieron del todo el alcance de las revelaciones que les fueron
concedidas. Su significado debía ser aclarado, de siglo en siglo, a medida que el
pueblo de Dios necesitase la instrucción contenida en ellas.

Escribiendo San Pedro acerca de la salvación dada a conocer por el Evangelio,
dice: "Respecto de la cual salvación, buscaron e inquirieron diligentemente los
profetas, que profetizaron de la gracia que estaba reservada para vosotros: inquiriendo *qué cosa, o qué manera de tiempo* indicaba el Espíritu de Cristo que estaba
en ellos, cuando de antemano daba testimonio de los padecimientos que durarían
hasta Cristo, y de las glorias que los seguirían. A quienes fue revelado que no para
sí mismos, sino para *nosotros*, ministraban estas cosas." (1 S. Pedro 1:10-12, V.M.)

No obstante, a pesar de no haber sido dado a los profetas que comprendiesen
enteramente las cosas que les fueron reveladas, procuraron con fervor toda la luz
que Dios había tenido a bien manifestar. "Buscaron e inquirieron diligentemente,"
"inquiriendo qué cosa o qué manera de tiempo indicaba el Espíritu de Cristo que
estaba en ellos." ¡Qué lección para el pueblo de Dios en la era cristiana, para cuyo
beneficio estas profecías fueron dadas a sus siervos! "A quienes fue revelado que
no para sí mismos, sino para nosotros, ministraban estas cosas." Considerad a esos
santos hombres de Dios que "buscaron e inquirieron diligentemente" tocante a las
revelaciones que les fueron dadas para generaciones que aún no habían nacido.
Comparad su santo celo con la indiferencia con que los favorecidos en edades
posteriores trataron este don del cielo. ¡Qué censura contra la apatía, amiga de la
comodidad y de la mundanalidad, que se contenta con declarar que no se pueden
entender las profecías!

Si bien es cierto que la inteligencia de los hombres no es capaz de penetrar
en los consejos del Eterno, ni de comprender enteramente el modo en que se cumplen sus designios, el hecho de que le resulten tan vagos los mensajes del cielo se

debe con frecuencia a algún error o descuido de su parte. A menudo la mente del pueblo—y hasta de los siervos de Dios—es ofuscada por las opiniones humanas, las tradiciones y las falsas enseñanzas de los hombres, de suerte que no alcanzan a comprender más que parcialmente las grandes cosas que Dios reveló en su Palabra. Así les pasó a los discípulos de Cristo, cuando el mismo Señor estaba con ellos en persona. Su espíritu estaba dominado por la creencia popular de que el Mesías sería un príncipe terrenal, que exaltaría a Israel a la altura de un imperio universal, y no pudieron comprender el significado de sus palabras cuando les anunció sus padecimientos y su muerte.

El mismo Cristo los envió con el mensaje: "Se ha cumplido el tiempo, y se ha acercado el reino de Dios: arrepentíos, y creed el evangelio." (S. Marcos 1:15, V.M.) El mensaje se fundaba en la profecía del capítulo noveno de Daniel. El ángel había declarado que las sesenta y nueve semanas alcanzarían "hasta el Mesías Príncipe," y con grandes esperanzas y gozo anticipado los discípulos anhelaban que se estableciera en Jerusalén el reino del Mesías que debía extenderse por toda la tierra.

Predicaron el mensaje que Cristo les había confiado aun cuando ellos mismos entendían mal su significado. Aunque su mensaje se basaba en Daniel 9:25, no notaron que, según el versículo siguiente del mismo capítulo, el Mesías iba a ser muerto. Desde su más tierna edad la esperanza de su corazón se había cifrado en la gloria de un futuro imperio terrenal, y eso les cegaba la inteligencia con respecto tanto a los datos de la profecía como a las palabras de Cristo.

Cumplieron su deber presentando a la nación judaica el llamamiento misericordioso, y luego, en el momento mismo en que esperaban ver a su Señor ascender al trono de David, le vieron aprehendido como un malhechor, azotado, escarnecido y condenado, y elevado en la cruz del Calvario. ¡Qué desesperación y qué angustia no desgarraron los corazones de esos discípulos durante los días en que su Señor dormía en la tumba!

Cristo había venido al tiempo exacto y en la manera que anunciara la profecía. La declaración de las Escrituras se había cumplido en cada detalle de su ministerio. Había predicado el mensaje de salvación, y "su palabra era con autoridad." Los corazones de sus oyentes habían atestiguado que el mensaje venía del cielo. La Palabra y el Espíritu de Dios confirmaban el carácter divino de la misión de su Hijo.

Los discípulos seguían aferrándose a su amado Maestro con afecto indisoluble. Y sin embargo sus espíritus estaban envueltos en la incertidumbre y la duda. En su angustia no recordaron las palabras de Cristo que aludían a sus padecimientos y a su muerte. Si Jesús de Nazaret hubiese sido el verdadero Mesías, ¿habríanse visto ellos sumidos así en el dolor y el desengaño? Tal era la pregunta que les atormentaba el alma mientras el Salvador descansaba en el sepulcro durante las horas desesperanzadas de aquel sábado que medió entre su muerte y su resurrección.

Aunque el tétrico dolor dominaba a estos discípulos de Jesús, no por eso fueron abandonados. El profeta dice: "¡Aunque more en tinieblas, Jehová será mi luz! … El me sacará a luz; veré su justicia." "Aun las tinieblas no encubren de ti, y la noche resplandece como el día: lo mismo te son las tinieblas que la luz." Dios había dicho: "Para el recto se levanta luz en medio de tinieblas." "Y conduciré a los ciegos por un camino que no conocen; por senderos que no han conocido los guiaré; tornaré tinieblas en luz delante de ellos, y los caminos torcidos en vías rectas. Estas son mis promesas; las he cumplido, y no las he dejado sin efecto." (Miqueas 7:8, 9; Salmo 139:12; 112:4, V.M.; Isaías 42:16, V.M.)

Lo que los discípulos habían anunciado en nombre de su Señor, era exacto en todo sentido, y los acontecimientos predichos estaban realizándose en ese mismo momento. "Se ha cumplido el tiempo, y se ha acercado el reino de Dios," había sido el mensaje de ellos. Transcurrido "el tiempo"—las sesenta y nueve semanas del capítulo noveno de Daniel, que debían extenderse hasta el Mesías, "el Ungido"—Cristo había recibido la unción del Espíritu después de haber sido bautizado por Juan en el Jordán, y el "reino de Dios" que habían declarado estar próximo, fue establecido por la muerte de Cristo. Este reino no era un imperio terrenal como se les había enseñado a creer. No era tampoco el reino venidero e inmortal que se establecerá cuando "el reino, y el dominio, y el señorío de los reinos por debajo de todos los cielos, será dado al pueblo de los santos del Altísimo;" ese reino eterno en que "todos los dominios le servirán y le obedecerán a él." (Daniel 7:27, V.M.) La expresión "reino de Dios," tal cual la emplea la Biblia, significa tanto el reino de la gracia como el de la gloria. El reino de la gracia es presentado por San Pablo en la Epístola a los Hebreos. Después de haber hablado de Cristo como del intercesor que puede "compadecerse de nuestras flaquezas," el apóstol dice: "Lleguémonos pues confiadamente al *trono de la gracia*, para alcanzar misericordia, y hallar gracia." (Hebreos 4:16.) El trono de la gracia representa el reino de la gracia; pues la existencia de un trono envuelve la existencia de un reino. En muchas de sus parábolas, Cristo emplea la expresión, "el reino de los cielos," para designar la obra de la gracia divina en los corazones de los hombres.

Asimismo el trono de la gloria representa el reino de la gloria y es a este reino al que se refería el Salvador en las palabras: "Cuando el Hijo del hombre venga en su gloria, y todos los santos ángeles con él, entonces se sentará sobre el trono de su gloria; y serán reunidas delante de él todas las gentes." (S. Mateo 25:31, 32.) Este reino está aún por venir. No quedará establecido sino en el segundo advenimiento de Cristo.

El reino de la gracia fue instituído inmediatamente después de la caída del hombre, cuando se ideó un plan para la redención de la raza culpable. Este reino existía entonces en el designio de Dios y por su promesa; y mediante la fe los hombres podían hacerse sus súbditos. Sin embargo, no fue establecido en realidad hasta la muerte de Cristo. Aun después de haber iniciado su misión terrenal, el Salvador, cansado de la obstinación e ingratitud de los hombres, habría podido retroceder ante el sacrificio del Calvario. En Getsemaní la copa del dolor le tembló en la mano. Aun entonces, hubiera podido enjugar el sudor de sangre de su frente y dejar que la raza culpable pereciese en su iniquidad. Si así lo hubiera hecho no habría habido redención para la humanidad caída. Pero cuando el Salvador hubo rendido la vida y exclamado en su último aliento: "Consumado es," entonces el cumplimiento del plan de la redención quedó asegurado. La promesa de salvación hecha a la pareja culpable en el Edén quedó ratificada. El reino de la gracia, que hasta entonces existiera por la promesa de Dios, quedó establecido.

Así, la muerte de Cristo—el acontecimiento mismo que los discípulos habían considerado como la ruina final de sus esperanzas—fue lo que las aseguró para siempre. Si bien es verdad que esa misma muerte fuera para ellos cruel desengaño, no dejaba de ser la prueba suprema de que su creencia había sido bien fundada. El acontecimiento que los había llenado de tristeza y desesperación, fue lo que abrió para todos los hijos de Adán la puerta de la esperanza, en la cual se concentraban la vida futura y la felicidad eterna de todos los fieles siervos de Dios en todas las edades.

Los designios de la misericordia infinita alcanzaban a cumplirse, hasta por medio del desengaño de los discípulos. Si bien sus corazones habían sido ganados por la gracia divina y el poder de las enseñanzas de Aquel que hablaba como "jamás habló hombre alguno," conservaban, mezclada con el oro puro de su amor a Jesús, la liga vil del orgullo humano y de las ambiciones egoístas. Hasta en el aposento de la cena pascual, en aquella hora solemne en que su Maestro estaba entrando ya en las sombras de Getsemaní, "hubo también entre ellos una contienda sobre quién de ellos debía estimarse como el mayor." (S. Lucas 22:24, V.M.) No veían más que el trono, la corona y la gloria, cuando lo que tenían delante era el oprobio y la agonía del huerto, el pretorio y la cruz del Calvario. Era el orgullo de sus corazones, la sed de gloria mundana lo que les había inducido a adherirse tan tenazmente a las falsas doctrinas de su tiempo, y a no tener en cuenta las palabras del Salvador que exponían la verdadera naturaleza de su reino y predecían su agonía y muerte Y estos errores remataron en prueba—dura pero necesaria—que Dios permitió para escarmentarlos. Aunque los discípulos comprendieron mal el sentido del mensaje y vieron frustrarse sus esperanzas, habían predicado la amonestación que Dios les encomendara, y el Señor iba a recompensar su fe y honrar su obediencia confiándoles la tarea de proclamar a todas las naciones el glorioso Evangelio del Señor resucitado. Y a fin de prepararlos para esta obra, había permitido que pasaran por el trance que tan amargo les pareciera.

Después de su resurrección, Jesús apareció a sus discípulos en el camino de Emaús, y "comenzando desde Moisés y todos los profetas, les iba interpretando en todas las Escrituras las cosas referentes a él mismo." (S. Lucas 24:27, V.M.) Los corazones de los discípulos se conmovieron. Su fe se reavivó. Fueron reengendrados "en esperanza viva," aun antes de que Jesús se revelase a ellos. El propósito de éste era iluminar sus inteligencias y fundar su fe en la "palabra profética" "más firme." Deseaba que la verdad se arraigase firmemente en su espíritu, no sólo porque era sostenida por su testimonio personal sino a causa de las pruebas evidentes suministradas por los símbolos y sombras de la ley típica, y por las profecías del Antiguo Testamento. Era necesario que los discípulos de Cristo tuviesen una fe inteligente, no sólo en beneficio propio, sino para comunicar al mundo el conocimiento de Cristo. Y como primer paso en la comunicación de este conocimiento, Jesús dirigió a sus discípulos a "Moisés y todos los profetas." Tal fue el testimonio dado por el Salvador resucitado en cuanto al valor e importancia de las Escrituras del Antiguo Testamento.

¡Qué cambio el que se efectuó en los corazones de los discípulos cuando contemplaron una vez más el amado semblante de su Maestro! (S. Lucas 24:32.) En un sentido más completo y perfecto que nunca antes, habían hallado "a Aquel, de quien escribió Moisés en la ley, y asimismo los profetas." La incertidumbre, la angustia, la desesperación, dejaron lugar a una seguridad perfecta, a una fe serena. ¿Qué mucho entonces que después de su ascensión ellos estuviesen "siempre en el templo alabando y bendiciendo a Dios"? El pueblo, que no tenía conocimiento sino de la muerte ignominiosa del Salvador, miraba para descubrir en sus semblantes una expresión de dolor, confusión y derrota; pero sólo veía en ellos alegría y triunfo. ¡Qué preparación la que habían recibido para la obra que les esperaba! Habían pasado por la prueba más grande que les fuera dable experimentar, y habían visto cómo, cuando a juicio humano todo estaba perdido, la Palabra de Dios se había cumplido y había salido triunfante. En lo sucesivo ¿qué podría hacer vacilar su fe, o enfriar el ardor de su amor? En sus penas más amargas ellos tuvieron "poderoso consuelo," una esperanza que era "como ancla del alma, segura y firme." (Hebreos 6:18, 19, V.M.) Habían comprobado la sabiduría y poder de Dios, y estaban persuadidos de "que ni la muerte, ni la vida, ni los ángeles, ni los principados, ni poderes, ni cosas presentes, ni cosas por venir, ni lo alto, ni lo bajo, ni ninguna otra cosa creada" podría apartarlos "del amor de Dios, que es en Cristo Jesús nuestro Señor." "En todas estas cosas—decían—somos vencedores, y más aún, por medio de Aquel que nos amó." "La Palabra del Señor permanece para siempre." Y "¿quién es el que condena? ¡Cristo Jesús es el que murió; más aún, el que fue levantado de entre los muertos; el que está a la diestra de Dios; el que también intercede por nosotros!" (Romanos 8:38, 39, 37; 1 Pedro 1:25; Romanos 8:34, V.M.)

El Señor dice: "Nunca jamás será mi pueblo avergonzado." (Joel 2:26.) "Una noche podrá durar el lloro, mas a la mañana vendrá la alegría." (Salmo 30:5, V.M.) Cuando en el día de su resurrección estos discípulos encontraron al Salvador, y sus corazones ardieron al escuchar sus palabras; cuando miraron su cabeza, sus manos y sus pies que habían sido heridos por ellos; cuando antes de su ascensión, Jesús les llevara hasta cerca de Betania y, levantando sus manos para bendecirlos, les dijera: "Id por todo el mundo; predicad el evangelio a toda criatura," y agregara: "He aquí, yo estoy con vosotros todos los días, hasta el fin del mundo" (S. Marcos 16:15; S. Mateo 28:20); cuando en el día de Pentecostés descendió el Consolador prometido, y por el poder de lo alto que les fue dado las almas de los creyentes se estremecieron con el sentimiento de la presencia de su Señor que ya había ascendido al cielo,—entonces, aunque la senda que seguían, como la que siguiera su Maestro, fuera la senda del sacrificio y del martirio, ¿habrían ellos acaso cambiado el ministerio del Evangelio de gracia, con la "corona de justicia" que habían de recibir a su venida, por la gloria de un trono mundano que había sido su esperanza en los comienzos de su discipulado? Aquel "que es poderoso para hacer infinitamente más de todo cuanto podemos pedir, y aun pensar," les había concedido con la participación en sus sufrimientos, la comunión de su gozo—el gozo de "llevar muchos hijos a la gloria," dicha indecible, "un peso eterno de gloria," al que, dice San Pablo, nuestra "ligera aflicción que no dura sino por un momento," no es "digna de ser comparada."

Lo que experimentaron los discípulos que predicaron el "evangelio del reino" cuando vino Cristo por primera vez tuvo su contraparte en lo que experimentaron los que proclamaron el mensaje de su segundo advenimiento. Así como los discípulos fueron predicando: "Se ha cumplido el tiempo, y se ha acercado el reino de Dios," así también Miller y sus asociados proclamaron que estaba a punto de terminar el período profético más largo y último de que habla la Biblia, que el juicio era inminente y que el reino eterno iba a ser establecido. La predicación de los discípulos en cuanto al tiempo se basaba en las setenta semanas del capítulo noveno de Daniel. El mensaje proclamado por Miller y sus colaboradores anunciaba la conclusión de los 2.300 días de Daniel 8:14, de los cuales las setenta semanas forman parte. En cada caso la predicación se fundaba en el cumplimiento de una parte diferente del mismo gran período profético.

Como los primeros discípulos, Guillermo Miller y sus colaboradores no comprendieron ellos mismos enteramente el alcance del mensaje que proclamaban. Los errores que existían desde hacía largo tiempo en la iglesia les impidieron interpretar correctamente un punto importante de la profecía. Por eso si bien proclamaron el mensaje que Dios les había confiado para que lo diesen al mundo, sufrieron un desengaño debido a un falso concepto de su significado.

Al explicar Daniel 8:14 "Hasta dos mil y trescientas tardes y mañanas; entonces será purificado el santuario," Miller, como ya lo hemos dicho, aceptó la creencia general de que la tierra era el santuario, y creyó que la purificación del santuario representaba la purificación de la tierra por el fuego a la venida del Señor. Por consiguiente, cuando echó de ver que el fin de los 2.300 días estaba predicho con precisión, sacó la conclusión de que esto revelaba el tiempo del segundo advenimiento. Su error provenía de que había aceptado la creencia popular relativa a lo que constituye el santuario.

En el sistema típico—que era sombra del sacrificio y del sacerdocio de Cristo— la purificación del santuario era el último servicio efectuado por el sumo sacerdote en el ciclo anual de su ministerio. Era el acto final de la obra de expiación—una remoción o apartamiento del pecado de Israel. Prefiguraba la obra final en el ministerio de nuestro Sumo Sacerdote en el cielo, en el acto de borrar los pecados de su pueblo, que están consignados en los libros celestiales. Este servicio envuelve una obra de investigación, una obra de juicio, y precede inmediatamente la venida de Cristo en las nubes del cielo con gran poder y gloria, pues cuando él venga, la causa de cada uno habrá sido fallada. Jesús dice: "Mi galardón está conmigo, para dar la recompensa a cada uno según sea su obra." (Apocalipsis 22:12, V.M.) Esta obra de juicio, que precede inmediatamente al segundo advenimiento, es la que se anuncia en el primer mensaje angelical de Apocalipsis 14:7: "¡Temed a Dios y dadle honra; porque ha llegado la hora de su juicio!" (V.M.)

Los que proclamaron esta amonestación dieron el debido mensaje a su debido tiempo. Pero así como los primitivos discípulos declararan: "Se ha cumplido el tiempo, y se ha acercado el reino de Dios," fundándose en la profecía de Daniel 9, sin darse cuenta de que la muerte del Mesías estaba anunciada en el mismo pasaje bíblico, así también Miller y sus colaboradores predicaron el mensaje fundado en Daniel 8:14 y Apocalipsis 14:7 sin echar de ver que el capítulo 14 del Apocalipsis encerraba aún otros mensajes que debían ser también proclamados antes del advenimiento del Señor. Como los discípulos se equivocaron en cuanto al reino que debía establecerse al fin de las setenta semanas, así también los adventistas se equivocaron en cuanto al acontecimiento que debía producirse al fin de los 2.300 días. En ambos casos la circunstancia de haber aceptado errores populares, o mejor dicho la adhesión a ellos, fue lo que cerró el espíritu a la verdad. Ambas escuelas cumplieron la voluntad de Dios, proclamando el mensaje que él deseaba fuese proclamado, y ambas, debido a su mala comprensión del mensaje, sufrieron desengaños.

Sin embargo, Dios cumplió su propósito misericordioso permitiendo que el juicio fuese proclamado precisamente como lo fue. El gran día estaba inminente, y en la providencia de Dios el pueblo fue probado tocante a un tiempo fijo a fin de que se les revelase lo que había en sus corazones. El mensaje tenía por objeto probar y purificar la iglesia. Los hombres debían ser inducidos a ver si sus afectos pendían de las cosas de este mundo o de Cristo y del cielo. Ellos profesaban amar al Salvador; debían pues probar su amor. ¿Estarían dispuestos a renunciar a sus esperanzas y ambiciones mundanas, para saludar con gozo el advenimiento de su Señor? El mensaje tenía por objeto hacerles ver su verdadero estado espiritual; fue enviado misericordiosamente para despertarlos a fin de que buscasen al Señor con arrepentimiento y humillación.

Además, si bien el desengaño era resultado de una comprensión errónea del mensaje que anunciaban, Dios iba a predominar para bien sobre las circunstancias. Los corazones de los que habían profesado recibir la amonestación iban a ser probados. En presencia de su desengaño, ¿se apresurarían ellos a renunciar a su experiencia y a abandonar su confianza en la Palabra de Dios o con oración y humildad procurarían discernir en qué puntos no habían comprendido el significado de la profecía? ¿Cuántos habían obrado por temor o por impulso y arrebato? ¿Cuántos eran de corazón indeciso e incrédulo? Muchos profesaban anhelar el advenimiento del Señor. Al ser llamados a sufrir las burlas y el oprobio del mundo, y la prueba de la dilación y del desengaño, ¿renunciarían a su fe? Porque no pudieran comprender luego los caminos de Dios para con ellos, ¿rechazarían verdades confirmadas por el testimonio más claro de su Palabra?

Esta prueba revelaría la fuerza de aquellos que con verdadera fe habían obedecido a lo que creían ser la enseñanza de la Palabra y del Espíritu de Dios. Ella les enseñaría, como sólo tal experiencia podía hacerlo, el peligro que hay en aceptar las teorías e interpretaciones de los hombres, en lugar de dejar la Biblia interpretarse a sí misma. La perplejidad y el dolor que iban a resultar de su error, producirían en los hijos de la fe el escarmiento necesario. Los inducirían a profundizar aún más el estudio de la palabra profética. Aprenderían a examinar más detenidamente el fundamento de su fe, y a rechazar todo lo que no estuviera fundado en la verdad de las Sagradas Escrituras, por muy amplia que fuese su aceptación en el mundo cristiano.

A estos creyentes les pasó lo que a los primeros discípulos: lo que en la hora de la prueba pareciera obscuro a su inteligencia, les fue aclarado después. Cuando vieron el "fin que vino del Señor," supieron que a pesar de la prueba que resultó de sus errores, los propósitos del amor divino para con ellos no habían dejado de seguir cumpliéndose. Merced a tan bendita experiencia llegaron a saber que el "Señor es muy misericordioso y compasivo;" que todos sus caminos "son misericordia y verdad, para los que guardan su pacto y sus testimonios."

21
UN GRAN DESPERTAR RELIGIOSO

EN LA profecía del primer mensaje angelical, en el capítulo 14 del Apocalipsis, se predice un gran despertamiento religioso bajo la influencia de la proclamación de la próxima venida de Cristo. Se ve un "ángel volando en medio del cielo, teniendo un evangelio eterno que anunciar a los que habitan sobre la tierra, y a cada nación, y tribu, y lengua, y pueblo." "A gran voz" proclama el mensaje: "¡Temed a Dios y dadle gloria; porque ha llegado la hora de su juicio; y adorad al que hizo el cielo y la tierra, y el mar y las fuentes de agua!" (Apocalipsis 14:6, 7, V.M.)

La circunstancia de que se diga que es un ángel el heraldo de esta advertencia, no deja de ser significativa. La divina sabiduría tuvo a bien representar el carácter augusto de la obra que el mensaje debía cumplir y el poder y gloria que debían acompañarlo, por la pureza, la gloria y el poder del mensajero celestial. Y el vuelo del ángel "en medio del cielo," la "gran voz" con la que se iba a dar la amonestación, y su promulgación a todos "los que habitan" "la tierra"—"a cada nación, y tribu, y lengua, y pueblo,"—evidencian la rapidez y extensión universal del movimiento.

El mismo mensaje revela el tiempo en que este movimiento debe realizarse. Se dice que forma parte del "evangelio eterno;" y que anuncia el principio del juicio. El mensaje de salvación ha sido predicado en todos los siglos; pero este mensaje es parte del Evangelio que sólo podía ser proclamado en los últimos días, pues sólo entonces podía ser verdad que la hora del juicio *había llegado.* Las profecías presentan una sucesión de acontecimientos que llevan al comienzo del juicio. Esto es particularmente cierto del libro de Daniel. Pero la parte de su profecía que se refería a los últimos días, debía Daniel cerrarla y sellarla "hasta el tiempo del fin." Un mensaje relativo al juicio, basado en el cumplimiento de estas profecías, no podía ser proclamado antes de que llegásemos a aquel tiempo. Pero al tiempo del fin, dice el profeta, "muchos correrán de aquí para allá, y la ciencia será aumentada." (Daniel 12:4, V.M.)

El apóstol Pablo advirtió a la iglesia que no debía esperar la venida de Cristo en tiempo de él. "Ese día—dijo—no puede venir, sin que" haya venido "primero la apostasía," y sin que haya sido "revelado el hombre de pecado." (2 Tesalonicenses 2:3, V.M.) Sólo después que se haya producido la gran apostasía y se haya cumplido el largo período del reino del "hombre de pecado," podemos esperar el advenimiento de nuestro Señor. El "hombre de pecado," que también es llamado "misterio de iniquidad," "hijo de perdición" y "el inicuo," representa al papado, el cual, como está predicho en las profecías, conservaría su supremacía durante 1.260 años. Este período terminó en 1798. La venida del Señor no podía verificarse antes de dicha fecha. San Pablo abarca con su aviso toda la dispensación cristiana hasta el año 1798. Sólo después de esta fecha debía ser proclamado el mensaje de la segunda venida de Cristo.

Semejante mensaje no se predicó en los siglos pasados. San Pablo, como lo hemos visto, no lo predicó; predijo a sus hermanos la venida de Cristo para un porvenir muy lejano. Los reformadores no lo proclamaron tampoco. Martín Lutero fijo la fecha del juicio para cerca de trescientos años después de su época. Pero desde 1798 el libro de Daniel ha sido desellado, la ciencia de las profecías ha aumentado y muchos han proclamado el solemne mensaje del juicio cercano.

Así como en el caso de la gran Reforma del siglo XVI, el movimiento adventista surgió simultáneamente en diferentes países de la cristiandad. Tanto en Europa como en América, hubo hombres de fe y de oración que fueron inducidos a estudiar las profecías, y que al escudriñar la Palabra inspirada, hallaron pruebas convincentes de que el fin de todas las cosas era inminente. En diferentes países había grupos aislados de cristianos, que por el solo estudio de las Escrituras, llegaron a creer que el advenimiento del Señor estaba cerca.

En 1821, tres años después de haber llegado Miller a su modo de interpretar las profecías que fijan el tiempo del juicio, el Dr. José Wolff, "el misionero universal," empezó a proclamar la próxima venida del Señor. Wolff había nacido en Alemania, de origen israelita, pues su padre era rabino. Desde muy temprano se convenció de la verdad de la religión cristiana. Dotado de inteligencia viva y dada a la investigación, solía prestar profunda atención a las conversaciones que se oían en casa de su padre mientras que diariamente se reunían piadosos correligionarios para recordar las esperanzas de su pueblo, la gloria del Mesías venidero y la restauración de Israel. Un día, cuando el niño oyó mencionar a Jesús de Nazaret, preguntó quién era. "Un israelita del mayor talento—le contestaron;—pero como aseveraba ser el Mesías, el tribunal judío le sentenció a muerte." "¿Por qué entonces—siguió preguntando el niño—está Jerusalén destruida? ¿y por qué estamos cautivos?" "¡Ay, ay!—contestó su padre.—Es porque los judíos mataron a los profetas." Inmediatamente se le ocurrió al niño que "tal vez Jesús de Nazaret había sido también profeta, y los judíos le mataron siendo inocente."—*Travels and Adventures of the Rev. Joseph Wolff*, tomo 1, pág. 6. Este sentimiento era tan vivo, que a pesar de haberle sido prohibido entrar en iglesias cristianas, a menudo se acercaba a ellas para escuchar la predicación.

Cuando tenía apenas siete años habló un día con jactancia a un anciano cristiano vecino suyo del triunfo futuro de Israel y del advenimiento del Mesías. El anciano le dijo entonces con bondad: "Querido niño, te voy a decir quién fue el verdadero Mesías: fue Jesús de Nazaret, … a quien tus antepasados crucificaron, como también habían matado a los antiguos profetas. Anda a casa y lee el capítulo cincuenta y tres de Isaías, y te convencerás de que Jesucristo es el Hijo de Dios."—*Id.*, tomo 1, pág. 7. No tardó el niño en convencerse. Se fue a casa y leyó el pasaje correspondiente, maravillándose al ver cuán perfectamente se había cumplido en Jesús de Nazaret. ¿Serían verdad las palabras de aquel cristiano? El muchacho pidió a su padre que le explicara la profecía; pero éste lo recibió con tan severo silencio que nunca más se atrevió a mencionar el asunto. Pero el incidente ahondó su deseo de saber más de la religión cristiana.

El conocimiento que buscaba le era negado premeditadamente en su hogar judío; pero cuando tuvo once años dejó la casa de su padre y salió a recorrer el mundo para educarse por sí mismo y para escoger su religión y su profesión. Se albergó por algún tiempo en casa de unos parientes, pero no tardó en ser expulsado como apóstata, y solo y sin un centavo tuvo que abrirse camino entre extraños. Fue de pueblo en pueblo, estudiando con diligencia, y ganándose la vida enseñando hebreo. Debido a la influencia de un maestro católico, fue inducido a aceptar la fe romanista, y se propuso ser misionero para su propio pueblo. Con tal objeto fue, pocos años después, a proseguir sus estudios en el Colegio de la Propaganda, en Roma. Allí, su costumbre de pensar con toda libertad y de hablar con franqueza le hicieron tachar de herejía. Atacaba abiertamente los abusos de la iglesia, e insistía en la necesidad de una reforma. Aunque al principio fue tratado por los dignatarios papales con favor especial, fue luego alejado de Roma. Bajo la vigilancia de la iglesia fue de lugar en lugar, hasta que se hizo evidente que no se le podría obligar jamás a doblegarse al yugo del romanismo. Fue declarado incorregible, y se le dejó en libertad para ir donde quisiera. Dirigióse entonces a Inglaterra, y, habiendo abrazado la fe protestante, se unió a la iglesia anglicana. Después de dos años de estudio, dio principio a su misión en 1821.

Al aceptar la gran verdad del primer advenimiento de Cristo como "varón de dolores, experimentado en quebranto," Wolff comprendió que las profecías presentan con igual claridad su segundo advenimiento en poder y gloria. Y mientras trataba de conducir a su pueblo a Jesús de Nazaret, como al Prometido, y a presentarle su primera venida en humillación como un sacrificio por los pecados de los hombres, le hablaba también de su segunda venida como rey y libertador.

"Jesús de Nazaret—decía,—el verdadero Mesías, cuyas manos y pies fueron traspasados, que fue conducido como cordero al matadero, que fue Varón de dolores y experimentado en quebranto, que vino por primera vez después que el cetro fue apartado de Judá y la vara de gobernador de entre sus pies, vendrá por segunda vez en las nubes del cielo y con trompeta de arcángel." (Wolff, *Researches and Missionary Labors*, pág. 62.) "Sus pies se asentarán sobre el Monte de los Olivos. Y el dominio sobre la creación, que fue dado primeramente a Adán y que le fue quitado después (Génesis 1:26; 3:17) será dado a Jesús. El será rey sobre toda la tierra. Cesarán los gemidos y lamentos de la creación y oiránse cantos de alabanza y acciones de gracias. ... Cuando Jesús venga en la gloria de su Padre con los santos ángeles ... los creyentes que murieron resucitarán los primeros. (1 Tesalonicenses 4:16; 1 Corintios 15:23.) Esto es lo que nosotros los cristianos llamamos la primera resurrección. Entonces el reino animal cambiará de naturaleza (Isaías 11:6-9), y será sometido a Jesús. (Salmo 8.) Prevalecerá la paz universal."—*Journal of the Rev. Joseph Wolff*, págs. 378, 379. "El Señor volverá a mirar la tierra, y dirá que todo es muy bueno."—*Id.*, pág. 294.

Wolff creía inminente la venida del Señor. Según su interpretación de los períodos proféticos, la gran consumación debía verificarse en fecha no muy diferente de la señalada por Miller. A los que se fundaban en el pasaje: "Del día y hora nadie sabe," para afirmar que nadie podía saber nada respecto a la proximidad del advenimiento, Wolff les contestaba: "¿Dijo el Señor que el día y la hora no se sabrían *jamás*? ¿No nos dio señales de los tiempos, para que reconociéramos siquiera la *proximidad* de su venida, como se reconoce la cercanía del estío por la higuera cuando brotan sus hojas? (S. Mateo 24:32.) ¿No conoceremos jamás ese tiempo, cuando él mismo nos exhortó no sólo a leer la profecía de Daniel sino también a comprenderla? Y es precisamente en Daniel donde se dice que las palabras serían selladas hasta el tiempo del fin (lo que era el caso en su tiempo), y que 'muchos correrán de aquí para allá' (expresión hebraica que significa observar y pensar en el tiempo), y 'la *ciencia*' respecto a ese tiempo será aumentada. (Daniel 12:4.) Además, nuestro Señor no dice que la *proximidad* del tiempo no será conocida, sino que nadie sabe con *exactitud el 'día*' ni la '*hora.*' Dice que se sabrá bastante por las señales de los tiempos, para inducirnos a que nos preparemos para su venida, así como Noé preparó el arca."—Wolff, *Researches and Missionary Labors*, págs. 404, 405.

Respecto al sistema popular de interpretar, o mejor dicho de torcer las Sagradas Escrituras, Wolff escribió: "La mayoría de las iglesias cristianas se ha apartado del claro sentido de las Escrituras, para adoptar el sistema fantástico de los budistas; creen que la dicha futura de la humanidad consistirá en cernerse en el aire, y suponen que cuando se lee *judíos*, debe entenderse *gentiles*; y cuando se lee *Jerusalén*, debe entenderse la *iglesia*; y que si se habla de la *tierra*, es por decir *cielo*; que por la venida del *Señor* debe entenderse el progreso de las *sociedades de misiones*; y que subir a la montaña de la casa del Señor significa *una gran asamblea de los metodistas*."—*Journal of the Rev. Joseph Wolff*, pág. 96.

Durante los veinticuatro años que transcurrieron de 1821 a 1845, Wolff hizo muchísimos viajes: recorrió en África, Egipto y Abisinia; en Asia, la Palestina, Siria, Persia, Bokara y la India. Visitó también los Estados Unidos de Norteamérica, y de paso para aquel país predicó en la isla de Santa Elena. Llegó a Nueva York en agosto de 1837, y después de haber hablado en aquella ciudad, predicó en Filadelfia y Baltimore, y finalmente se dirigió a Wáshington. Allí, dice, "debido a una proposición hecha por el ex presidente Juan Quincy Adams, en una de las cámaras del congreso, se me concedió por unanimidad el uso del salón del congreso para una conferencia que dí un sábado, y que fue honrada con la presencia de todos los miembros del congreso, como también del obispo de Virginia, y del clero y de los vecinos de Wáshington. El mismo honor me fue conferido por los miembros del gobierno de Nueva Jersey y de Pensilvania, en cuya presencia dí conferencias sobre mis investigaciones en el Asia, como también sobre el reinado personal de Jesucristo."—*Id.*, págs. 398, 399.

El Dr. Wolff visitó los países más bárbaros sin contar con la protección de ningún gobierno europeo, sufriendo muchas privaciones y rodeado de peligros sin número. Fue apaleado y reducido al hambre, vendido como esclavo y condenado tres veces a muerte. Fue atacado por bandidos y a veces estuvo a punto de morir de sed. Una vez fue despojado de cuanto poseía, y tuvo que andar centenares de millas a pie a través de las montañas, con la nieve azotándole la cara y con pies descalzos entumecidos por el contacto del suelo helado.

Cuando se le aconsejó que no fuera sin armas entre tribus salvajes y hostiles, declaró estar provisto de armas: "la oración, el celo por Cristo y la confianza en su ayuda." "Además—decía,—llevo el amor de Dios y de mi prójimo en mi corazón, y la Biblia en la mano."—W. H. D. Adams, *In Perils Oft*, pág. 192. Doquiera fuese llevaba siempre consigo la Biblia en hebreo e inglés. Hablando de uno de sus últimos viajes, dice: "Solía tener la Biblia abierta en mis manos. Sentía que mi fuerza estaba en el Libro, y que su poder me sostendría."—*Id.*, pág. 201.

Perseveró así en sus labores hasta que el mensaje del juicio quedó proclamado en gran parte del mundo habitado. Distribuyó la Palabra de Dios entre judíos, turcos, parsis e hindúes y entre otros muchos pueblos y razas, anunciando por todas partes la llegada del reino del Mesías.

En sus viajes por Bokara encontró profesada la doctrina de la próxima venida del Señor entre un pueblo remoto y aislado. Los árabes del Yemen, dice, "poseen un libro llamado Seera, que anuncia la segunda venida de Cristo y su reino de gloria, y esperan que grandes acontecimientos han de desarrollarse en el año 1840."—*Journal of the Rev. Joseph Wolff*, pág. 377. "En el Yemen ... pasé seis días con los hijos de Recab. No beben vino, no plantan viñas, ni siembran semillas, viven en tiendas y recuerdan las palabras de Jonadab, hijo de Recab; y encontré entre ellos hijos de Israel de la tribu de Dan, ... quienes, en común con los hijos de Recab, esperan que antes de mucho vendrá el Mesías en las nubes del cielo."—*Id.*, pág. 389.

Otro misionero encontró una creencia parecida en Tartaria. Un sacerdote tártaro preguntó al misionero cuándo vendría Cristo por segunda vez. Cuando el misionero le contestó que no sabía nada de eso, el sacerdote pareció admirarse mucho de tanta ignorancia por parte de uno que profesaba enseñar la Biblia, y manifestó su propia creencia fundada en la profecía de que Cristo vendría hacia 1844.

Desde 1826 el mensaje del advenimiento empezó a ser predicado en Inglaterra. Pero en este país el movimiento no tomó forma tan definida como en los Estados Unidos de Norteamérica; no se enseñaba tan generalmente la fecha exacta del advenimiento, pero la gran verdad de la próxima venida de Cristo en poder y gloria fue extensamente proclamada. Y eso no sólo entre los disidentes y no conformistas. El escritor inglés Mourant Brock dice que cerca de setecientos ministros de la iglesia anglicana predicaban este "evangelio del reino." El mensaje que fijaba el año 1844 como fecha de la venida del Señor fue también proclamado en Gran Bretaña. Circularon profusamente las publicaciones adventistas procedentes de los Estados Unidos. Se reimprimieron libros y periódicos en Inglaterra. Y en 1842, Roberto Winter, súbdito inglés que había aceptado la fe adventista en Norteamérica, regresó a su país para anunciar la venida del Señor. Muchos se unieron a él en la obra, y el mensaje del juicio fue proclamado en varias partes de Inglaterra.

En la América del Sur, en medio de la barbarie y de las supercherías de los ministros de la religión, el jesuíta chileno Lacunza se abrió camino hasta las Sagradas Escrituras y allí encontró la verdad de la próxima vuelta de Cristo. Impelido a dar el aviso, pero deseando no obstante librarse de la censura de Roma, publicó sus opiniones bajo el seudónimo de "Rabbi Ben—Ezra," dándose por judío convertido. Lacunza vivió en el siglo XVIII, pero fue tan sólo hacia 1825 cuando su libro fue traducido al inglés en Londres. Su publicación contribuyó a aumentar el interés que se estaba despertando ya en Inglaterra por la cuestión del segundo advenimiento. (Véase el Apéndice.)

En Alemania, esta doctrina había sido enseñada en el siglo XVIII por Bengel, ministro de la iglesia luterana y célebre teólogo y crítico. Al terminar su educación, Bengel se había "dedicado al estudio de la teología, hacia la cual se sentía naturalmente inclinado por el carácter grave y religioso de su espíritu, que ganó en profundidad y robustez merced a su temprana educación y a la disciplina. Como otros jóvenes de carácter reflexivo antes y después de él, tuvo que luchar con dudas y dificultades de índole religiosa, y él mismo alude, con mucho sentimiento, a los 'muchos dardos que atravesaron su pobre corazón, y que amargaron su juventud.' " Llegado a ser miembro del consistorio de Wurtemberg, abogó por la causa de la libertad religiosa. "Si bien defendía los derechos y privilegios de la iglesia, abogaba por que se concediera toda libertad razonable a los que se sentían constreñidos por motivos de conciencia a abandonar la iglesia oficial."—*Encyclopaedia Britannica*, 9a. edición, art. "Bengel." Aún se dejan sentir hoy día en su país natal los buenos efectos de su política.

Mientras estaba preparando un sermón sobre Apocalipsis 21 para un "domingo de advento" la luz de la segunda venida de Cristo se hizo en la mente de Bengel. Las profecías del Apocalipsis se desplegaron ante su inteligencia como nunca antes. Como anonadado por el sentimiento de la importancia maravillosa y de la gloria incomparable de las escenas descritas por el profeta, se vio obligado a retraerse por algún tiempo de la contemplación del asunto. Pero en el púlpito se le volvió a presentar éste en toda su claridad y su poder. Desde entonces se dedicó al estudio de las profecías, especialmente las del Apocalipsis, y pronto llegó a creer que ellas señalan la proximidad de la venida de Cristo. La fecha que él fijó para el segundo advenimiento no difería más que en muy pocos años de la que fue determinada después por Miller.

Los escritos de Bengel se propagaron por toda la cristiandad. Sus opiniones acerca de la profecía fueron adoptadas en forma bastante general en su propio estado de Wurtemberg, y hasta cierto punto en otras partes de Alemania. El movimiento continuó después de su muerte, y el mensaje del advenimiento se dejó oír en Alemania al mismo tiempo que estaba llamando la atención en otros países. Desde fecha temprana algunos de los creyentes fueron a Rusia, y formaron allí colonias, y la fe de la próxima venida de Cristo está aún viva entre las iglesias alemanas de aquel país.

La luz brilló también en Francia y en Suiza. En Ginebra, donde Farel y Calvino propagaran las verdades de la Reforma, Gaussen predicó el mensaje del segundo advenimiento. Cuando era aún estudiante, Gaussen había conocido el espíritu racionalista que dominaba en toda Europa hacia fines del siglo XVIII y principios del XIX, y cuando entró en el ministerio no sólo ignoraba lo que era la fe verdadera, sino que se sentía inclinado al escepticismo. En su juventud se había interesado en el estudio de la profecía. Después de haber leído la *Historia Antigua* de Rollin, su atención fue atraída al segundo capítulo de Daniel, y le sorprendió la maravillosa exactitud con que se había cumplido la profecía, según resalta de la relación del historiador. Había en ésta un testimonio en favor de la inspiración de las Escrituras, que fue para él como un ancla en medio de los peligros de los años posteriores. No podía conformarse con las enseñanzas del racionalismo, y al estudiar la Biblia en busca de luz más clara, fue conducido, después de algún tiempo, a una fe positiva.

Al continuar sus investigaciones sobre las profecías, llegó a creer que la venida del Señor era inminente. Impresionado por la solemnidad e importancia de esta gran verdad, deseó presentarla al pueblo, pero la creencia popular de que las profecías de Daniel son misterios y no pueden ser entendidas, le resultó obstáculo serio. Al fin resolvió—como Farel lo había hecho antes que él en la evangelización de Ginebra—empezar con los niños, esperando por medio de ellos alcanzar a los padres.

Al hablar de su propósito en esta tarea, decía él, tiempo después: "Deseo que se comprenda que no es a causa de su escasa importancia, sino a causa de su gran valor, por lo que yo deseaba presentar esas enseñanzas en esta forma fami-liar y por qué las dirigía a los niños. Deseaba que se me oyese, y temía que no se me escuchara si me dirigía primero a los adultos." "Resolví por consiguiente dirigir-me a los más jóvenes. Reúno pues una asistencia de niños; si ésta aumenta, si se ve que los niños escuchan, que están contentos e interesados, que comprenden el tema y saben exponerlo, estoy seguro de tener pronto otro círculo de oyentes, y a su vez los adultos verán que vale la pena sentarse y estudiar. Y así se gana la causa."—Gaussen, *Daniel le Prophete*, tomo 2, prefacio.

El esfuerzo fue recompensado. Al dirigirse a los niños, tuvo el gusto de ver acudir a la reunión a personas mayores. Las galerías de su iglesia se llenaban de oyentes atentos. Entre ellos había hombres de posición y saber, así como extranjeros y otras personas que estaban de paso en Ginebra; y así el mensaje era llevado a otras partes.

Animado por el éxito, Gaussen publicó sus lecciones, con la esperanza de promover el estudio de los libros proféticos en las iglesias de los pueblos que hablan francés. "Publicar las lecciones dadas a los niños—dice Gaussen,—equivale a decir a los adultos, que hartas veces descuidan la lectura de dichos libros son pretexto de que son obscuros: '¿Cómo pueden serlo, cuando vuestros niños los entienden?' "Tenía un gran deseo—agrega,—de popularizar el conocimiento de las profecías entre nuestros rebaños, en cuanto fuera posible." "En realidad no hay estudio que parezca responder mejor a las necesidades de la época." "Por medio de él debemos prepararnos para la tribulación cercana y velar, y esperar a Jesucristo."

Aunque Gaussen era uno de los predicadores más distinguidos y de mayor aceptación entre el público de idioma francés, fue suspendido del ministerio por el delito de haber hecho uso de la Biblia al instruir a la juventud, en lugar del catecismo de la iglesia, manual insípido y racionalista, casi desprovisto de fe positiva. Posteriormente fue profesor en una escuela de teología, sin dejar de proseguir su obra de catequista todos los domingos, dirigiéndose a los niños e instruyéndolos en las Sagradas Escrituras. Sus obras sobre las profecías despertaron también mucho interés. Desde la cátedra, desde las columnas de la prensa y por medio de su ocupación favorita como maestro de los niños, siguió aún muchos años ejerciendo extensa influencia y llamando la atención de muchos hacia el estudio de las profecías que enseñaban que la venida del Señor se acercaba.

El mensaje del advenimiento fue proclamado también en Escandinavia, y despertó interés por todo el país. Muchos fueron turbados en su falsa seguridad, confesaron y dejaron sus pecados y buscaron perdón en Cristo. Pero el clero de la iglesia oficial se opuso al movimiento, y debido a su influencia algunos de los que predicaban el mensaje fueron encarcelados. En muchos puntos donde los predicadores de la próxima venida del Señor fueron así reducidos al silencio, plugo a Dios enviar el mensaje, de modo milagroso, por conducto de niños pequeños. Como eran menores de edad, la ley del estado no podía impedírselo, y se les dejó hablar sin molestarlos.

El movimiento cundió principalmente entre la clase baja, y era en las humildes viviendas de los trabajadores donde la gente se reunía para oír la amonestación. Los mismos predicadores infantiles eran en su mayoría pobres rústicos. Algunos de ellos no tenían más de seis a ocho años de edad, y aunque sus vidas testificaban que amaban al Salvador y que procuraban obedecer los santos preceptos de

Dios, no podían dar prueba de mayor inteligencia y pericia que las que se suelen ver en los niños de esa edad. Sin embargo, cuando se encontraban ante el pueblo, era de toda evidencia que los movía una influencia superior a sus propios dones naturales. Su tono y sus ademanes cambiaban, y daban la amonestación del juicio con poder y solemnidad, empleando las palabras mismas de las Sagradas Escrituras: "¡Temed a Dios, y dadle gloria; porque ha llegado la hora de su juicio!" Reprobaban los pecados del pueblo, condenando no solamente la inmoralidad y el vicio, sino también la mundanalidad y la apostasía, y exhortaban a sus oyentes a huir de la ira venidera.

La gente oía temblando. El Espíritu convincente de Dios hablaba a sus corazones. Muchos eran inducidos a escudriñar las Santas Escrituras con profundo interés; los intemperantes y los viciosos se enmendaban, otros renunciaban a sus hábitos deshonestos y se realizaba una obra tal, que hasta los ministros de la iglesia oficial se vieron obligados a reconocer que la mano de Dios estaba en el movimiento.

Dios quería que las nuevas de la venida del Salvador fuesen publicadas en los países escandinavos, y cuando las voces de sus siervos fueron reducidas al silencio, puso su Espíritu en los niños para que la obra pudiese hacerse. Cuando Jesús se acercó a Jerusalén, seguido de alegres muchedumbres que, con gritos de triunfo y ondeando palmas, le aclamaron Hijo de David, los fariseos envidiosos le intimaron para que hiciese callar al pueblo; pero Jesús contestó que todo eso se realizaba en cumplimiento de la profecía, y que si la gente callaba las mismas piedras clamarían. El pueblo, intimidado por las amenazas de los sacerdotes y de los escribas, dejó de lanzar aclamaciones de júbilo al entrar por las puertas de Jerusalén; pero en los atrios del templo los niños reanudaron el canto y, agitando sus palmas, exclamaban: "¡Hosanna al Hijo de David!" (S. Mateo 21:8-16.) Cuando los fariseos, con amargo descontento, dijeron a Jesús: "¿Oyes lo que éstos dicen?" el Señor contestó: "Sí: ¿nunca leísteis: De la boca de los niños y de los que maman perfeccionaste la alabanza?" Así como Dios actuó por conducto de los niños en tiempo del primer advenimiento de Cristo, así también intervino por medio de ellos para proclamar el mensaje de su segundo advenimiento. Y es que tiene que cumplirse la Palabra de Dios que dice que la proclamación de la venida del Salvador debe ser llevada a todos los pueblos, lenguas y naciones.

A Guillermo Miller y a sus colaboradores les fue encomendada la misión de predicar la amonestación en los Estados Unidos de Norteamérica. Dicho país vino a ser el centro del gran movimiento adventista. Allí fue donde la profecía del mensaje del primer ángel tuvo su cumplimiento más directo. Los escritos de Miller y de sus compañeros se propagaron hasta en países lejanos. Adonde quiera que hubiesen penetrado misioneros allá también fueron llevadas las alegres nuevas de la pronta venida de Cristo. Por todas partes fue predicado el mensaje del Evangelio eterno: "¡Temed a Dios y dadle gloria; porque ha llegado la hora de su juicio!"

El testimonio de las profecías que parecían señalar la fecha de la venida de Cristo para la primavera de 1844 se arraigó profundamente en la mente del pueblo. Al pasar de un estado a otro, el mensaje despertaba vivo interés por todas partes. Muchos estaban convencidos de que los argumentos de los pasajes proféticos eran correctos, y, sacrificando el orgullo de la opinión propia, aceptaban alegremente la verdad. Algunos ministros dejaron también a un lado sus opiniones y sentimientos sectarios y con ellos sus mismos sueldos y sus iglesias, y se pusieron a proclamar la venida de Jesús. Fueron sin embargo comparativamente pocos los ministros que aceptaron este mensaje; por eso la proclamación de éste fue confiada en gran parte a humildes laicos. Los agricultores abandonaban sus campos, los artesanos sus herramientas, los comerciantes sus negocios, los profesionales sus puestos, y no obstante el número de los obreros era pequeño comparado con la obra que había que hacer. La condición de una iglesia impía y de un mundo sumergido en la maldad, oprimía el alma de los verdaderos centinelas, que sufrían voluntariamente trabajos y privaciones para invitar a los hombres a arrepentirse para salvarse. A pesar de la oposición de Satanás, la obra siguió adelante, y la verdad del advenimiento fue aceptada por muchos miles.

Por todas partes se oía el testimonio escrutador que amonestaba a los pecadores, tanto mundanos como miembros de iglesia, para que huyesen de la ira venidera. Como Juan el Bautista, el precursor de Cristo, los predicadores ponían la segur a la raíz del árbol e instaban a todos a que hiciesen frutos dignos de arrepentimiento. Sus llamamientos conmovedores contrastaban notablemente con las seguridades de paz y salvación que se oían desde los púlpitos populares; y dondequiera que se proclamaba el mensaje, conmovía al pueblo. El testimonio sencillo y directo de las Sagradas Escrituras, inculcado en el corazón de los hombres por el poder del Espíritu Santo, producía una fuerza de convicción a la que sólo pocos podían resistir. Personas que profesaban cierta religiosidad fueron despertadas de su falsa seguridad. Vieron sus apostasías, su mundanalidad y poca fe, su orgullo y egoísmo. Muchos buscaron al Señor con arrepentimiento y humillación. El apego que por tanto tiempo se había dejado sentir por las cosas terrenales se dejó entonces sentir por las cosas del cielo. El Espíritu de Dios descansaba sobre ellos, y con corazones ablandados y subyugados se unían para exclamar: "¡Temed a Dios y dadle gloria; porque ha llegado la hora de su juicio!"

Los pecadores preguntaban llorando: "¿Qué debo yo hacer para ser salvo?" Aquellos cuyas vidas se habían hecho notar por su mala fe, deseaban hacer restituciones. Todos los que encontraban paz en Cristo ansiaban ver a otros participar de la misma bendición. Los corazones de los padres se volvían hacia sus hijos, y los corazones de los hijos hacia sus padres. Los obstáculos levantados por el orgullo y la reserva desaparecían. Se hacían sentidas confesiones y los miembros de la familia trabajaban por la salvación de los más cercanos y más queridos. A menudo se oían voces de ardiente intercesión. Por todas partes había almas que con angustia luchaban con Dios. Muchos pasaban toda la noche en oración para tener la seguridad de que sus propios pecados eran perdonados, o para obtener la conversión de sus parientes o vecinos.

Todas las clases de la sociedad se agolpaban en las reuniones de los adventistas. Ricos y pobres, grandes y pequeños ansiaban por varias razones oír ellos mismos la doctrina del segundo advenimiento. El Señor contenía el espíritu de oposición mientras que sus siervos daban razón de su fe. A veces el instrumento era débil; pero el Espíritu de Dios daba poder a su verdad. Se sentía en esas asambleas la presencia de los santos ángeles, y cada día muchas personas eran añadidas al número de los creyentes. Siempre que se exponían los argumentos en favor de la próxima venida de Cristo, había grandes multitudes que escuchaban embelesadas. No parecía sino que el cielo y la tierra se juntaban. El poder de Dios era sentido por ancianos, jóvenes y adultos. Los hombres volvían a sus casas cantando alabanzas, y sus alegres acentos rompían el silencio de la noche. Ninguno de los que asistieron a las reuniones podrá olvidar jamás escenas de tan vivo interés.

La proclamación de una fecha determinada para la venida de Cristo suscitó gran oposición por parte de muchas personas de todas las clases, desde el pastor hasta el pecador más vicioso y atrevido. Cumpliéronse así las palabras de la profecía que decían: "En los postrimeros días vendrán burladores, andando según sus propias concupiscencias, y diciendo: ¿Dónde está la promesa de su advenimiento? porque desde el día en que los padres durmieron, todas las cosas permanecen así como desde el principio de la creación." (2 Pedro 3:3, 4.) Muchos que profesaban amar al Salvador declaraban que no se oponían a la doctrina del segundo advenimiento, sino tan sólo a que se le fijara una fecha. Pero el ojo escrutador de Dios leía en sus corazones. En realidad lo que había era que no querían oír decir que Cristo estaba por venir para juzgar al mundo en justicia. Habían sido siervos infieles, sus obras no hubieran podido soportar la inspección del Dios que escudriña los corazones, y temían comparecer ante su Señor. Como los judíos en tiempo del primer advenimiento de Cristo, no estaban preparados para dar la bienvenida a Jesús. No sólo se negaban a escuchar los claros argumentos de la Biblia, sino que ridiculizaban a los que esperaban al Señor. Satanás y sus ángeles se regocijaban de esto y arrojaban a la cara de Cristo y de sus santos ángeles la afrenta de que los que profesaban ser su pueblo que le amaban tan poco que ni deseaban su aparición.

"Nadie sabe el día ni la hora" era el argumento aducido con más frecuencia por los que rechazaban la fe del advenimiento. El pasaje bíblico dice: "Empero del día y hora nadie sabe, ni aun los ángeles de los cielos, sino mi Padre solo." (S. Mateo 24:36.) Los que estaban esperando al Señor dieron una explicación clara y armoniosa de esta cita bíblica, y resultó claramente refutada la falsa interpretación que de ella hacían sus adversarios. Esas palabras fueron pronunciadas por Cristo en la memorable conversación que tuvo con sus discípulos en el Monte de los Olivos, después de haber salido del templo por última vez. Los discípulos habían preguntado: "¿Qué señal habrá de tu venida, y del fin del mundo?" Jesús les dio las señales, y les dijo: "Cuando viereis todas estas cosas, sabed que está cercano, a las puertas." No debe interpretarse una declaración del Salvador en forma que venga a anular otra. Aunque nadie sepa el *día* ni la *hora* de su venida, se nos exhorta y se requiere de nosotros que sepamos cuando está cerca. Se nos enseña, además, que menospreciar su aviso y negarse a averiguar cuándo su advenimiento esté cercano, será tan fatal para nosotros como lo fue para los que viviendo en días de Noé no supieron cuándo vendría el diluvio. Y la parábola del mismo capítulo que pone en contraste al siervo fiel y al malo y que señala la suerte de aquel que dice en su corazón: "Mi señor se tarda en venir," enseña cómo considerará y recompensará Cristo a los que encuentre velando y proclamando su venida, y a los que la nieguen. "Velad pues," dice, y añade: "Bienaventurado aquel siervo, al cual, cuando su señor viniere, le hallare haciendo así." (S. Mateo 24:3, 33, 42-51.) "Y si no velares, vendré a ti como ladrón, y no sabrás en qué hora vendré a ti." (Apocalipsis 3:3.)

San Pablo habla de una clase de personas para quienes la aparición del Señor vendrá sin que la hayan esperado. Como ladrón en la noche, así viene el día del Señor. Cuando los hombres estén diciendo: "Paz y seguridad, entonces vendrá sobre ellos destrucción de repente, ... y no escaparán." Pero agrega también, refiriéndose a los que han tomado en cuenta la amonestación del Salvador: "Mas vosotros, hermanos, no estáis en tinieblas, para que aquel día os sobrecoja como ladrón; porque todos vosotros sois hijos de luz, e hijos del día; no somos de la noche, ni de las tinieblas." (1 Tesalonicenses 5:2-5.)

Así quedó demostrado que las Sagradas Escrituras no autorizan a los hombres a permanecer ignorantes con respecto a la proximidad de la venida de Cristo. Pero los que no buscaban más que un pretexto para rechazar la verdad, cerraron sus oídos a esta explicación, y las palabras: "Empero del día y hora nadie sabe" seguían siendo repetidas por los atrevidos escarnecedores y hasta por los que profesaban ser ministros de Cristo. Cuando la gente se despertaba y empezaba a inquirir el camino de la salvación, los maestros en religión se interponían entre ellos y la verdad, tratando de tranquilizar sus temores con falsas interpretaciones de la Palabra de Dios. Los atalayas infieles colaboraban en la obra del gran engañador, clamando: Paz, paz, cuando Dios no había hablado de paz. Como los fariseos en tiempo de Cristo, muchos se negaban a entrar en el reino de los cielos, e impedían a los que querían entrar. La sangre de esas almas será demandada de sus manos.

Los miembros más humildes y piadosos de las iglesias eran generalmente los primeros en aceptar el mensaje. Los que estudiaban la Biblia por sí mismos no podían menos que echar de ver que el carácter de las opiniones corrientes respecto de la profecía era contrario a las Sagradas Escrituras; y dondequiera que el pueblo no estuviese sujeto a la influencia del clero y escudriñara la Palabra de Dios por sí mismo, la doctrina del advenimiento no necesitaba más que ser cotejada con las Escrituras para que se reconociese su autoridad divina.

Muchos fueron perseguidos por sus hermanos incrédulos. Para conservar sus puestos en las iglesias, algunos consintieron en guardar silencio respecto a su esperanza; pero otros sentían que la fidelidad para con Dios les prohibía tener así ocultas las verdades que él les había comunicado. No pocos fueron excluidos de la comunión de la iglesia por la única razón de haber dado expresión a su fe en la venida de Cristo. Muy valiosas eran estas palabras del profeta dirigidas a los que sufrían esa prueba de su fe: "Vuestros hermanos los que os aborrecen, y os niegan por causa de mi nombre, dijeron: Glorifíquese Jehová. Mas él se mostrará con alegría vuestra, y ellos serán confundidos." (Isaías 66:5.)

Los ángeles de Dios observaban con el más profundo interés el resultado de la amonestación. Cuando las iglesias rechazaban el mensaje, los ángeles se apartaban con tristeza. Sin embargo, eran muchos los que no habían sido probados con respecto a la verdad del advenimiento. Muchos se dejaron descarriar por maridos, esposas, padres o hijos, y se les hizo creer que era pecado prestar siquiera oídos a las herejías enseñadas por los adventistas. Los ángeles recibieron orden de velar fielmente sobre esas almas, pues otra luz había de brillar aún sobre ellas desde el trono de Dios.

Los que habían aceptado el mensaje velaban por la venida de su Salvador con indecible esperanza. El tiempo en que esperaban ir a su encuentro estaba próximo. Y a esa hora se acercaban con solemne calma. Descansaban en dulce comunión con Dios, y esto era para ellos prenda segura de la paz que tendrían en la gloria venidera. Ninguno de los que abrigaron esa esperanza y esa confianza pudo olvidar aquellas horas tan preciosas de expectación. Pocas semanas antes del tiempo determinado dejaron de lado la mayor parte de los negocios mundanos. Los creyentes sinceros examinaban cuidadosamente todos los pensamientos y emociones de sus corazones como si estuviesen en el lecho de muerte y como si tuviesen que cerrar pronto sus ojos a las cosas de este mundo. No se trataba de hacer "vestidos de ascensión" (véase el Apéndice), pero todos sentían la necesidad de una prueba interna de que estaban preparados para recibir al Salvador; sus vestiduras blancas eran la pureza del alma, y un carácter purificado de pecado por la sangre expiatoria de Cristo. ¡Ojalá hubiese aún entre el pueblo que profesa pertenecer a Dios el mismo espíritu para estudiar el corazón, y la misma fe sincera y decidida! Si hubiesen seguido humillándose así ante el Señor y dirigiendo sus súplicas al trono de misericordia, poseerían una experiencia mucho más valiosa que la que poseen ahora. No se ora lo bastante, escasea la comprensión de la condición real del pecado, y la falta de una fe viva deja a muchos destituidos de la gracia tan abundantemente provista por nuestro Redentor.

Dios se propuso probar a su pueblo. Su mano cubrió el error cometido en el cálculo de los períodos proféticos. Los adventistas no descubrieron el error, ni fue descubierto tampoco por los más sabios de sus adversarios. Estos decían: "Vuestro cálculo de los períodos proféticos es correcto. Algún gran acontecimiento está a punto de realizarse; pero no es lo que predice Miller; es la conversión del mundo, y no el segundo advenimiento de Cristo." (Véase el Apéndice.)

Pasó el tiempo de expectativa, y no apareció Cristo para libertar a su pueblo. Los que habían esperado a su Salvador con fe sincera, experimentaron un amargo desengaño. Sin embargo los designios de Dios se estaban cumpliendo: Dios estaba probando los corazones de los que profesaban estar esperando su aparición. Había muchos entre ellos que no habían sido movidos por un motivo más elevado que el miedo. Su profesión de fe no había mejorado sus corazones ni sus vidas. Cuando el acontecimiento esperado no se realizó, esas personas declararon que no estaban desengañadas; no habían creído nunca que Cristo vendría. Fueron de los primeros en ridiculizar el dolor de los verdaderos creyentes.

Pero Jesús y todas las huestes celestiales contemplaron con amor y simpatía a los creyentes que fueron probados y fieles aunque chasqueados. Si se hubiese podido descorrer el velo que separa el mundo visible del invisible, se habrían visto ángeles que se acercaban a esas almas resueltas y las protegían de los dardos de Satanás.

22
UNA AMONESTACIÓN RECHAZADA

A L PREDICAR la doctrina del segundo advenimiento, Guillermo Miller y sus colaboradores no tuvieron otro propósito que el de estimular a los hombres para que se preparasen para el juicio. Habían procurado despertar a los creyentes religiosos que hacían profesión de cristianismo y hacerles comprender la verdadera esperanza de la iglesia y la necesidad que tenían de una experiencia cristiana más profunda; trabajaron además para hacer sentir a los inconversos su deber de arrepentirse y de convertirse a Dios inmediatamente. "No trataron de convertir a los hombres a una secta ni a un partido religioso. De aquí que trabajasen entre todos los partidos y sectas, sin entremeterse en su organización ni disciplina."

Miller aseveró: "En todas mis labores nunca abrigué el deseo ni el pensamiento de fomentar interés distinto del de las denominaciones existentes, ni de favorecer a una a expensas de otra. Pensé en ser útil a todas. Suponiendo que todos los cristianos se regocijarían en la perspectiva de la venida de Cristo, y que aquellos que no pudiesen ver las cosas como yo no dejarían por eso de amar a los que aceptasen esta doctrina, no me figuré que habría jamás necesidad de tener reuniones distintas. Mi único objeto era el deseo de convertir almas a Dios, de anunciar al mundo el juicio venidero e inducir a mis semejantes a que hiciesen la preparación de corazón que les permitirá ir en paz al encuentro de su Dios. La gran mayoría de los que fueron convertidos por medio de mi ministerio se unieron a las diversas iglesias existentes."—Bliss, pág. 328.

Como su obra tendía a la edificación de las iglesias, se la miró durante algún tiempo con simpatía. Pero cuando los ministros y los directores de aquéllas se declararon contra la doctrina del advenimiento y quisieron sofocar el nuevo movimiento, no sólo se opusieron a ella desde el púlpito, sino que además negaron a sus miembros el derecho de asistir a predicaciones sobre ella y hasta de hablar de sus esperanzas en las reuniones de edificación mutua en la iglesia. Así se vieron reducidos los creyentes a una situación crítica que les causaba perplejidad. Querían a sus iglesias y les repugnaba separarse de ellas; pero al ver que se anulaba el testimonio de la Palabra de Dios, y que se les negaba el derecho que tenían para investigar las profecías, sintieron que la lealtad hacia Dios les impedía someterse. No podían considerar como constituyendo la iglesia de Cristo a los que trataban de rechazar el testimonio de la Palabra de Dios, "columna y apoyo de la verdad." De ahí que se sintiesen justificados para separarse de la que hasta entonces fuera su comunión religiosa. En el verano de 1844 cerca de cincuenta mil personas se separaron de las iglesias.

Por aquel tiempo se advirtió un cambio notable en la mayor parte de las iglesias de los Estados Unidos de Norteamérica. Desde hacía muchos años venía observándose una conformidad cada vez mayor con las prácticas y costumbres mundanas, y una decadencia correspondiente en la vida espiritual; pero en aquel año se notó repentinamente una decadencia aún más acentuada en casi todas las iglesias del país. Aunque nadie parecía capaz de indicar la causa de ella, el hecho mismo fue muy notado y comentado, tanto por la prensa como desde el púlpito.

En una reunión del presbiterio de Filadelfia, el Sr. Barnes, autor de un comentario de uso muy general, y pastor de una de las principales iglesias de dicha ciudad, "declaró que ejercía el ministerio desde hacía veinte años, y que nunca antes de la última comunión había administrado la santa cena sin recibir muchos o pocos nuevos miembros en la iglesia. Pero ahora, añadía, *no hay despertamientos, ni conversiones*, ni mucho aparente crecimiento en la gracia en los que hacen profesión de religión, y nadie viene más a su despacho para conversar acerca de la salvación de sus almas. Con el aumento de los negocios y las perspectivas florecientes del comercio y de las manufacturas, ha aumentado también el espíritu mundano. *Y esto sucede en todas las denominaciones.*"—*Congregational Journal*, 23 de mayo de 1844.

En el mes de febrero del mismo año, el profesor Finney, del colegio de Oberlin, dijo: "Hemos podido comprobar el hecho de que en general las iglesias protestantes de nuestro país, han sido o apáticas u hostiles con respecto a casi todas las reformas morales de la época. Existen excepciones parciales, pero no las suficientes para impedir que el hecho sea general. Tenemos además otro hecho más que confirma lo dicho y es la falta casi universal de influencias reavivadoras en las iglesias. La apatía espiritual lo penetra casi todo y es por demás profunda; así lo atestigua la prensa religiosa de todo el país. ... De modo muy general, los miembros de las iglesias se están volviendo esclavos de la moda, se asocian con los impíos en diversiones, bailes, festejos, etc. ... Pero no necesitamos extendernos largamente sobre tan doloroso tema. Basta con que las pruebas aumenten y nos abrumen para demostrarnos que las *iglesias en general están degenerando de un modo que da pena.* Se han alejado muchísimo de Dios, y él se ha alejado de ellas."

Y un escritor declaraba en el *Religious Telescope*, conocido periódico religioso: "Jamás habíamos presenciado hasta ahora un estado de decadencia semejante al de la actualidad. En verdad que la iglesia debería despertar y buscar la causa de este estado aflictivo; pues tal debe ser para todo aquel que ama a Sión. Cuando recordamos cuán pocos son los casos de verdadera conversión, y la impenitencia sin igual y la dureza de los pecadores, exclamamos casi involuntariamente: '¿Se ha olvidado Dios de tener misericordia? o está cerrada la puerta de la gracia?'"

Tal condición no existe nunca sin que la iglesia misma tenga la culpa. Las tinieblas espirituales que caen sobre las naciones, sobre las iglesias y sobre los individuos, no se deben a un retraimiento arbitrario de la gracia divina por parte de Dios, sino a la negligencia o al rechazamiento de la luz divina por parte de los hombres. Ejemplo sorprendente de esta verdad lo tenemos en la historia del pueblo judío en tiempo de Cristo. Debido a su apego al mundo y al olvido de Dios y de su Palabra, el entendimiento de este pueblo se había obscurecido y su corazón se había vuelto mundano y sensual. Así permaneció en la ignorancia respecto al advenimiento del Mesías, y en su orgullo e incredulidad rechazó al Redentor. Pero ni aun entonces Dios privó a la nación judía de conocer o participar en las bendiciones de la salvación. Pero los que rechazaron la verdad perdieron todo deseo de obtener el don del cielo. Ellos habían hecho "de la luz tinieblas, y de las tinieblas luz" hasta que la luz que había en ellos se volvió tinieblas; y ¡cuán grandes fueron aquellas tinieblas!

Conviene a la política de Satanás que los hombres conserven las formas de religión, con tal que carezcan de piedad vital. Después de haber rechazado el Evangelio, los judíos siguieron conservando ansiosamente sus antiguos ritos, y guardaron intacto su exclusivismo nacional, mientras que ellos mismos no podían menos que confesar que la presencia de Dios ya no se manifestaba más entre ellos. La profecía de Daniel señalaba de modo tan exacto el tiempo de la venida del Mesías y predecía tan a las claras su muerte, que ellos trataban de desalentar el estudio de ella, y finalmente los rabinos pronunciaron una maldición sobre todos los que intentaran computar el tiempo. En su obcecación e impenitencia, el pueblo de Israel ha permanecido durante mil ochocientos años indiferente a los ofrecimientos de salvación gratuita, así como a las bendiciones del Evangelio, de modo que constituye una solemne y terrible advertencia del peligro que se corre al rechazar la luz del cielo.

Dondequiera que esta causa exista, seguirán los mismos resultados. Quien deliberadamente mutila su conciencia del deber porque ella está en pugna con sus inclinaciones, acabará por perder la facultad de distinguir entre la verdad y el error.

La inteligencia se entenebrece, la conciencia se insensibiliza, el corazón se endurece, y el alma se aparta de Dios. Donde se desdeña o se desprecia la verdad divina, la iglesia se verá envuelta en tinieblas; la fe y el amor se enfriarán, y entrarán el desvío y la disensión. Los miembros de las iglesias concentran entonces sus intereses y energías en asuntos mundanos, y los pecadores se endurecen en su impenitencia.

El mensaje del primer ángel en el capítulo 14 del Apocalipsis, que anuncia la hora del juicio de Dios y que exhorta a los hombres a que le teman y adoren, tenía por objeto separar de las influencias corruptoras del mundo al pueblo que profesaba ser de Dios y despertarlo para que viera su verdadero estado de mundanalidad y apostasía. Con este mensaje Dios había enviado a la iglesia un aviso que, de ser aceptado, habría curado los males que la tenían apartada de él. Si los cristianos hubiesen recibido el mensaje del cielo, humillándose ante el Señor y tratando sinceramente de prepararse para comparecer ante su presencia, el Espíritu y el poder de Dios se habrían manifestado entre ellos. La iglesia habría vuelto a alcanzar aquel bendito estado de unidad, fe y amor que existía en tiempos apostólicos, cuando "la muchedumbre de los creyentes era de un mismo corazón y de una misma alma," y "hablaron la Palabra de Dios con denuedo," cuando "el Señor añadía a la iglesia los salvados, de día en día." (Hechos 4:32, 31; 2:47, V.M.)

Si los que profesan pertenecer a Dios recibiesen la luz tal cual brilla sobre ellos al dimanar de su Palabra, alcanzarían esa unidad por la cual oró Cristo y que el apóstol describe como "la unidad del Espíritu en el vínculo de la paz." "Hay—dice—*un* mismo cuerpo, y *un* mismo espíritu, así como fuisteis llamados en *una* misma esperanza de vuestra vocación; un mismo Señor, una misma fe, un mismo bautismo." (Efesios 4:3-5, V.M.)

Tales fueron los resultados benditos experimentados por los que aceptaron el mensaje del advenimiento. Provenían de diferentes denominaciones, y sus barreras confesionales cayeron al suelo; los credos opuestos se hicieron añicos; la esperanza antibíblica de un milenio temporal fue abandonada, las ideas erróneas sobre el segundo advenimiento fueron enmendadas. el orgullo y la conformidad con el mundo fueron extirpados; los agravios fueron reparados; los corazones se unieron en la más dulce comunión, y el amor y el gozo reinaban por encima de todo; si esta doctrina hizo esto para los pocos que la recibieron, lo mismo lo habría hecho para todos, si todos la hubiesen aceptado.

Pero las iglesias en general no aceptaron la amonestación. Sus ministros que, como centinelas "a la casa de Israel," hubieran debido ser los primeros en discernir las señales de la venida de Jesús, no habían aprendido la verdad, fuese por el testimonio de los profetas o por las señales de los tiempos. Como las esperanzas y ambiciones mundanas llenaban su corazón, el amor a Dios y la fe en su Palabra se habían enfriado, y cuando la doctrina del advenimiento fue presentada, sólo despertó sus prejuicios e incredulidad. La circunstancia de ser predicado el mensaje mayormente por laicos, se presentaba como argumento desfavorable. Como antiguamente, se oponían al testimonio claro de la Palabra de Dios con la pregunta: "¿Ha creído en él alguno de los príncipes, o de los Fariseos?" Y al ver cuán difícil era refutar los argumentos sacados de los pasajes proféticos, muchos dificultaban el estudio de las profecías, enseñando que los libros proféticos estaban sellados y que no se podían entender. Multitudes que confiaban implícitamente en sus pastores, se negaron a escuchar el aviso, y otros, aunque convencidos de la verdad, no se atrevían a "por no ser echados de la sinagoga." El mensaje que Dios había enviado para probar y purificar la iglesia reveló con exagerada evidencia cuán grande era el número de los que habían concentrado sus afectos en este mundo más bien que en Cristo. Los lazos que los unían a la tierra eran más fuertes que los que les atraían hacia el cielo. Prefirieron escuchar la voz de la sabiduría humana y no hicieron caso del mensaje de verdad destinado a escudriñar los corazones.

Al rechazar la amonestación del primer ángel, rechazaron los medios que Dios había provisto para su redención. Despreciaron al mensajero misericordioso que habría enmendado los males que los separaban de Dios, y con mayor ardor volvieron a buscar la amistad del mundo. Tal era la causa del terrible estado de mundanalidad, apostasía y muerte espiritual que imperaba en las iglesias en 1844.

En el capítulo 14 de Apocalipsis, el primer ángel es seguido de otro que dice: "¡Caída, caída es la gran Babilonia, la cual ha hecho que todas las naciones beban del vino de la ira de su fornicación!" (Apocalipsis 14:8, V.M.) La palabra "Babilonia" deriva de "Babel" y significa confusión. Se emplea en las Santas Escrituras para designar las varias formas de religiones falsas y apóstatas. En el capítulo 17 del Apocalipsis, Babilonia está simbolizada por una mujer,—figura que se emplea en la Biblia para representar una iglesia, siendo una mujer virtuosa símbolo de una iglesia pura, y una mujer vil, de una iglesia apóstata.

En la Biblia, el carácter sagrado y permanente de la relación que existe entre Cristo y su iglesia está representado por la unión del matrimonio. El Señor se ha unido con su pueblo en alianza solemne, prometiendo él ser su Dios, y el pueblo a su vez comprometiéndose a ser suyo y sólo suyo. Dios dice: "Te desposaré conmigo para siempre: sí, te desposaré conmigo en justicia, y en rectitud, y en misericordia, y en compasiones." (Oseas 2:19, V.M.) Y también: "Yo soy vuestro esposo." (Jeremías 3:14.) Y San Pablo emplea la misma figura en el Nuevo Testamento cuando dice: "Os he desposado a un marido, para presentaros como una virgen pura a Cristo." (2 Corintios 11:2.)

La infidelidad a Cristo de que la iglesia se hizo culpable al dejar enfriarse la confianza y el amor que a él le unieran, y al permitir que el apego a las cosas mundanas llenase su alma, es comparada a la violación del voto matrimonial. El pecado que Israel cometió al apartarse del Señor está representado bajo esta figura; y el amor maravilloso de Dios que ese pueblo despreció, está descrito de modo conmovedor: "Te di juramento y entré en pacto contigo, dice Jehová el Señor; y viniste a ser mía." "Y fuiste sumamente hermosa, y prosperaste hasta llegar a dignidad real. Y salió tu renombre entre las naciones, en atención a tu hermosura, la cual era perfecta, a causa de mis adornos que yo había puesto sobre ti. ... Mas pusiste tu confianza en tu hermosura, y te prostituíste a causa de tu renombre." "Así como una mujer es desleal a su marido, así vosotros habéis sido desleales para conmigo, oh casa de Israel, dice Jehová." "¡Ah, mujer adúltera, que en vez de tu marido admites los extraños!" (Ezequiel 16:8, 13-15, 32; Jeremías 3:20, V.M.)

En el Nuevo Testamento se hace uso de un lenguaje muy parecido para con los cristianos profesos que buscan la amistad del mundo más que el favor de Dios. El apóstol Santiago dice: "¡Almas adúlteras! ¿no sabéis acaso que la amistad del mundo es enemistad contra Dios? Aquel pues que quisiere ser amigo del mundo, se hace enemigo de Dios." (Santiago 4:4, V.M.)

La mujer Babilonia de Apocalipsis 17 está descrita como "vestida de púrpura y escarlata, y adornada de oro y piedras preciosas y perlas, teniendo en su mano un cáliz de oro, lleno de abominaciones, es decir, las inmundicias de sus fornicaciones; y en su frente tenía un nombre escrito: *Misterio: Babilonia la grande, madre de las rameras.*" El profeta dice: "Ví a aquella mujer embriagada de la sangre de los santos, y de la sangre de los mártires de Jesús." Se declara además que Babilonia "es aquella gran ciudad, la cual tiene el imperio sobre los reyes de la tierra." (Apocalipsis 17:4-6, 18, V.M.) La potencia que por tantos siglos dominó con despotismo sobre los monarcas de la cristiandad, es Roma. La púrpura y la escarlata, el oro y las piedras preciosas y las perlas describen como a lo vivo la magnificencia y la pompa más que reales de que hacía gala la arrogante sede romana. Y de ninguna otra potencia se podría decir con más propiedad que estaba "embriagada de la sangre de los santos" que de aquella iglesia que ha perseguido tan cruelmente a los discípulos de Cristo. Se acusa además a Babilonia de haber tenido relaciones ilícitas con "los reyes de la tierra." Por su alejamiento del Señor y su alianza con los paganos la iglesia judía se transformó en ramera; Roma se corrompió de igual manera al buscar el apoyo de los poderes mundanos, y por consiguiente recibe la misma condenación.

Se dice que Babilonia es *madre de las rameras.*" Sus *hijas* deben simbolizar las iglesias que se atienen a sus doctrinas y tradiciones, y siguen su ejemplo sacrificando la verdad y la aprobación de Dios, para formar alianza ilícita con el mundo. El mensaje de Apocalipsis 14, que anuncia la *caída* de Babilonia, debe aplicarse a comunidades religiosas que un tiempo fueron puras y luego se han corrompido. En vista de que este mensaje sigue al aviso del juicio, debe ser proclamado en los últimos días, y no puede por consiguiente referirse sólo a la iglesia romana, pues dicha iglesia está en condición caída desde hace muchos siglos. Además, en el capítulo 18 del Apocalipsis se exhorta al pueblo de Dios a que salga de Babilonia. Según este pasaje de la Escritura, muchos del pueblo de Dios deben estar aún en Babilonia. ¿Y en qué comunidades religiosas se encuentra actualmente la mayoría de los discípulos de Cristo? Sin duda alguna, en las varias iglesias que profesan la fe protestante. Al nacer, esas iglesias se decidieron noblemente por Dios y la verdad, y la bendición divina las acompañó. Aun el mundo incrédulo se vio obligado a reconocer los felices resultados de la aceptación de los principios del Evangelio. Se les aplican las palabras del profeta a Israel: "Salió tu renombre entre las naciones, en atención a tu hermosura, la cual era perfecta, a causa de mis adornos, que yo había puesto sobre ti, dice Jehová el Señor." Pero esas iglesias cayeron víctimas del mismo deseo que causó la maldición y la ruina de Israel: el deseo de imitar las prácticas de los impíos y de buscar su amistad. "Pusiste tu confianza en tu hermosura, y te prostituíste a causa de tu renombre." (Ezequiel 16:14, 15, V.M.)

Muchas de las iglesias protestantes están siguiendo el ejemplo de Roma, y se unen inicuamente con "los reyes de la tierra." Así obran las iglesias del estado en sus relaciones con los gobiernos seculares, y otras denominaciones en su afán de captarse el favor del mundo. Y la expresión "Babilonia"—confusión—puede aplicarse acertadamente a esas congregaciones que, aunque declaran todas que sus doctrinas derivan de la Biblia, están sin embargo divididas en un sinnúmero de sectas, con credos y teorías muy opuestos.

Además de la unión pecaminosa con el mundo, las iglesias que se separaron de Roma presentan otras características de ésta.

Una obra católica romana arguye que "si la iglesia romana fue alguna vez culpable de idolatría con respecto a los santos, su hija, la iglesia anglicana, es igualmente culpable, pues tiene diez iglesias dedicadas a María por una dedicada a Cristo."—Dr. Challoner, *The Catholic Christian Instructed*, prólogo, págs. 21, 22.

Y el Dr. Hopkins, en un "Tratado sobre el milenio," declara: "No hay razón para creer que el espíritu y las prácticas anticristianas se limiten a lo que se llama actualmente la iglesia romana. Las iglesias protestantes tienen en sí mucho del Anticristo, y distan mucho de haberse reformado enteramente de ... las corrupciones e impiedades."—Samuel Hopkins, *Works*, tomo 2, pág. 328.

Respecto a la separación entre la iglesia presbiteriana y la de Roma, el doctor Guthrie escribe: "Hace trescientos años que nuestra iglesia, con una Biblia abierta en su bandera y el lema 'Escudriñad las Escrituras' en su rollo de pergamino, salió de las puertas de Roma." Luego hace la significativa pregunta: "¿*Salió del todo de Babilonia?*"—Tomás Guthrie, *The Gospel in Ezekiel*, pág. 237.

"La iglesia de Inglaterra—dice Spurgeon—parece estar completamente roída por la doctrina de que la salvación se encuentra en los sacramentos; pero los disidentes parecen estar tan hondamente contaminados por la incredulidad filosófica. Aquellos de quienes esperábamos mejores cosas están apartándose unos tras otros de los fundamentos de la fe. Creo que el mismo corazón de Inglaterra está completamente carcomido por una incredulidad fatal que hasta se atreve a subir al púlpito y llamarse cristiana."

¿Cuál fue el origen de la gran apostasía? ¿Cómo empezó a apartarse la iglesia de la sencillez del Evangelio?—Conformándose a las prácticas del paganismo para facilitar a los paganos la aceptación del cristianismo. El apóstol Pablo dijo acerca de su propio tiempo: "Ya está obrando el misterio de iniquidad." (2 Tesalonicenses 2:7.) Mientras aún vivían los apóstoles, la iglesia permaneció relativamente pura. "Pero hacia fines del siglo segundo, la mayoría de las iglesias asumieron una forma nueva; la sencillez primitiva desapareció, e insensiblemente, a medida que los antiguos discípulos bajaban a la tumba, sus hijos, en unión con nuevos convertidos, ... se adelantaron y dieron nueva forma a la causa."—Roberto Robinson, *Ecclesiastical Researches*, capítulo 6, pág. 51. Para aumentar el número de los convertidos, se rebajó el alto nivel de la fe cristiana, y el resultado fue que "una ola de paganismo anegó la iglesia, trayendo consigo sus costumbres, sus prácticas y sus ídolos."—Gavazzi, *Lectures*, pág. 278. Una vez que la religión cristiana hubo ganado el favor y el apoyo de los legisladores seculares, fue aceptada nominalmente por multitudes; pero mientras éstas eran cristianas en apariencia, muchos "permanecieron en el fondo paganos que seguían adorando sus ídolos en secreto."—*Ibid.*

¿No ha sucedido otro tanto en casi todas las iglesias que se llaman protestantes? Cuando murieron sus fundadores, que poseían el verdadero espíritu de reforma, sus descendientes se adelantaron y "dieron nueva forma a la causa." Mientras se atenían ciegamente al credo de sus padres y se negaban a aceptar cualquiera verdad que fuese más allá de lo que veían, los hijos de los reformadores se alejaron mucho de su ejemplo de humildad, de abnegación y de renunciación al mundo. Así "la simplicidad primitiva desaparece." Una ola de mundanalidad invade la iglesia "trayendo consigo sus costumbres, sus prácticas y sus ídolos."

¡Ay, hasta qué grado esa amistad del mundo, que es "enemistad contra Dios," es fomentada actualmente entre los que profesan ser discípulos de Cristo! ¡Cuánto no se han alejado las iglesias nacionales de toda la cristiandad del modelo bíblico de humildad, abnegación, sencillez y piedad! Juan Wesley decía, al hablar del buen uso del dinero: "No malgastéis nada de tan precioso talento, tan sólo por agradar a los ojos con superfluos y costosos atavíos o con adornos innecesarios. No gastéis parte de él adornando prolijamente vuestras casas con muebles inútiles y costosos, con cuadros costosos, pinturas y dorados. ... No gastéis nada para satisfacer la soberbia de la vida, ni para obtener la admiración de los hombres. ... 'Siempre que te halagues a ti mismo, los hombres hablarán bien de ti.' Siempre que te vistas 'de púrpura y de lino fino blanco, y tengas banquetes espléndidos todos los días,' no faltará quien aplauda tu elegancia, tu buen gusto, tu generosidad y tu rumbosa hospitalidad. Pero no vayas a pagar tan caros sus aplausos. Conténtate más bien con el honor que viene de Dios."—Wesley, *Works*, sermón 50, sobre el uso de dinero. Pero muchas iglesias actuales desprecian estas enseñanzas.

Está de moda en el mundo hacer profesión de religión. Gobernantes, políticos, abogados, médicos y comerciantes se unen a la iglesia para asegurarse el respeto y la confianza de la sociedad, y así promover sus intereses mundanos. Tratan de cubrir todos sus procederes injustos con el manto de la religiosidad. Las diversas comunidades religiosas robustecidas con las riquezas y con la influencia de esos mundanos bautizados pujan a cual más por mayor popularidad y patrocinio. Iglesias magníficas, embellecidas con el más extravagante despilfarro, se yerguen en las avenidas más ricas y más pobladas. Los fieles visten con lujo y a la moda. Se pagan grandes sueldos a ministros elocuentes para que entretengan y atraigan a la gente. Sus sermones no deben aludir a los pecados populares, sino que deben ser suaves y agradables como para los oídos de un auditorio elegante. Así los pecadores del mundo son recibidos en la iglesia, y los pecados de moda se cubren con un manto de piedad.

Hablando de la actitud actual de los profesos cristianos para con el mundo, un notable periódico profano dice: "Insensiblemente la iglesia ha seguido el espíritu del siglo, y ha adaptado sus formas de culto a las necesidades de la actualidad." "En verdad, todo cuanto contribuye a hacer atractiva la religión, la iglesia lo emplea ahora y se vale de ello." Y un escritor apunta, en el *Independent* de Nueva York, lo siguiente acerca del metodismo actual: "La línea de separación entre los piadosos y los irreligiosos desaparece en una especie de penumbra, y en ambos lados se está trabajando con empeño para hacer desaparecer toda diferencia entre su modo de ser y sus placeres." "La popularidad de la religión tiende en gran manera a aumentar el número de los que quisieran asegurarse sus beneficios sin cumplir honradamente con los deberes de ella."

Howard Crosby dice: "Motivo de hondo pesar es el hecho de que la iglesia de Cristo esté cumpliendo tan mal los designios del Señor. Así como los antiguos judíos dejaron que el trato familiar con las naciones idólatras alejara sus corazones de Dios, … así también ahora la iglesia de Jesús, merced al falso consorcio con el mundo incrédulo, está abandonando los métodos divinos de su verdadera vida y doblegándose a las costumbres perniciosas, si bien a menudo plausibles, de una sociedad anticristiana, valiéndose de argumentos y llegando a conclusiones ajenas a la revelación de Dios y directamente opuestas a todo crecimiento en la gracia."—*The Healthy Christian: An Appeal to the Church*, págs. 141, 142.

En esta marea de mundanalidad y de afán por los placeres, el espíritu de desprendimiento y de sacrificio personal por el amor de Cristo ha desaparecido casi completamente. "Algunos de los hombres y mujeres que actúan hoy en esas iglesias aprendieron, cuando niños, a hacer sacrificios para poder dar o hacer algo por Cristo." Pero "ahora si se necesitan fondos, … no hay que pedirle nada a nadie. ¡Oh no! Organícese un bazar, prepárese una representación de figuras vivas, una escena jocosa, una comida al estilo antiguo o a la moderna, cualquier cosa para divertir a la gente."

El gobernador Washburn, de Wisconsin, declaró en su mensaje anual, el 9 de enero de 1873: "Parece necesario dictar una ley que obligue a cerrar las escuelas donde se forman jugadores. Se las encuentra por todas partes. Hasta se ven iglesias que (sin saberlo, indudablemente) hacen a veces la obra del diablo. Los conciertos y las representaciones de beneficio, así como las rifas, que se hacen, a veces con fines religiosos o de caridad, pero a menudo con propósitos menos dignos, loterías, premios, etc., no son sino estratagemas para recaudar dinero sin dar un valor correspondiente. No hay nada tan desmoralizador y tan embriagador, especialmente para los jóvenes, como la adquisición de dinero o de propiedad sin trabajo. Si personas respetables toman parte en esas empresas de azar y acallan su conciencia con la reflexión de que el dinero está destinado a un buen fin, nada de raro tiene que la juventud del estado caiga tan a menudo en los hábitos que con casi toda seguridad engendra la afición a los juegos de azar."

El espíritu de conformidad con el mundo está invadiendo las iglesias por toda la cristiandad. Roberto Atkins, en un sermón predicado en Londres, pinta un cuadro sombrío del decaimiento espiritual que predomina en Inglaterra: "Los hombres verdaderamente justos están desapareciendo de la tierra, sin que a nadie se le importe algo. Los que hoy profesan religiosidad, en todas las iglesias, aman al mundo, se conforman con él, gustan de las comodidades terrenales y aspiran a los honores. Están llamados a sufrir con Cristo, pero retroceden ante el simple oprobio. … ¡Apostasía, apostasía, apostasía! es lo que está grabado en el frontis mismo de cada iglesia; y si lo supiesen o sintiesen, habría esperanza; pero ¡ay! lo que se oye decir, es: Rico soy, y estoy lleno de bienes, y nada me falta."—*Second Advent Library*, folleto No. 39.

El gran pecado de que se acusa a Babilonia es que ha hecho que "*todas las naciones* beban del vino de la ira de su fornicación." Esta copa embriagadora que ofrece al mundo representa las falsas doctrinas que ha aceptado como resultado de su unión ilícita con los magnates de la tierra. La amistad con el mundo corrompe su fe, y a su vez Babilonia ejerce influencia corruptora sobre el mundo enseñando doctrinas que están en pugna con las declaraciones más claras de la Sagrada Escritura.

Roma le negó la Biblia al pueblo y exigió que en su lugar todos aceptasen sus propias enseñanzas. La obra de la Reforma consistió en devolver a los hombres la Palabra de Dios; pero ¿ no se ve acaso que en las iglesias de hoy lo que se enseña a los hombres es a fundar su fe en el credo y en las doctrinas de su iglesia antes que en las Sagradas Escrituras? Hablando de las iglesias protestantes, Carlos Beecher dice: "Retroceden ante cualquier palabra severa que se diga contra sus credos con la misma sensibilidad con que los santos padres se habrían estremecido ante una palabra dura pronunciada contra la veneración creciente que estaban fomentando por los santos y los mártires. ... Las denominaciones evangélicas protestantes se han atado mutuamente las manos, de tal modo que nadie puede hacerse predicador entre ellas sin haber aceptado primero la autoridad de algún libro aparte de la Biblia. ... No hay nada de imaginario en la aseveración de que el poder del credo está ahora empezando a proscribir la Biblia tan ciertamente como lo hizo Roma, aunque de un modo más sutil."—Sermón sobre la Biblia como credo suficiente, predicado en Fort Wayne, Indiana, el 22 de febrero, 1846.

Cuando se levantan maestros verdaderos para explicar la Palabra de Dios, levántanse también hombres de saber, ministros que profesan comprender las Santas Escrituras, para denunciar la sana doctrina como si fuera herejía, alejando así a los que buscan la verdad. Si el mundo no estuviese fatalmente embriagado con el vino de Babilonia, multitudes se convencerían y se convertirían por medio del conocimiento de las verdades claras y penetrantes de la Palabra de Dios. Pero la fe religiosa aparece tan confusa y discordante que el pueblo no sabe qué creer ni qué aceptar como verdad. La iglesia es responsable del pecado de impenitencia del mundo.

El mensaje del segundo ángel de Apocalipsis 14 fue proclamado por primera vez en el verano de 1844, y se aplicaba entonces más particularmente a las iglesias de los Estados Unidos de Norteamérica, donde la amonestación del juicio había sido también más ampliamente proclamada y más generalmente rechazada, y donde el decaimiento de las iglesias había sido más rápido. Pero el mensaje del segundo ángel no alcanzó su cumplimiento total en 1844. Las iglesias decayeron entonces moralmente por haber rechazado la luz del mensaje del advenimiento; pero este decaimiento no fue completo. A medida que continuaron rechazando las verdades especiales para nuestro tiempo, fueron decayendo más y más. Sin embargo aún no se puede decir: "¡Caída, caída es la gran Babilonia, la cual ha hecho que todas las naciones beban del vino de la ira de su fornicación!" Aún no ha dado de beber a todas las naciones. El espíritu de conformidad con el mundo y de indiferencia hacia las verdades que deben servir de prueba en nuestro tiempo, existe y ha estado ganando terreno en las iglesias protestantes de todos los países de la cristiandad; y estas iglesias están incluidas en la solemne y terrible amonestación del segundo ángel. Pero la apostasía aún no ha culminado.

La Biblia declara que antes de la venida del Señor, Satanás obrará con *todo* poder, y con señales, y con maravillas mentirosas, y con todo el artificio de la injusticia," y que todos aquellos que "no admitieron el amor de la verdad para" ser "salvos," serán dejados para que reciban "la eficaz operación de error, a fin de que crean a la mentira." (2 Tesalonicenses 2:9-11, V.M.) La caída de Babilonia no será completa sino cuando la iglesia se encuentre en este estado, y la unión de la iglesia con el mundo se haya consumado en toda la cristiandad. El cambio es progresivo, y el cumplimiento perfecto de Apocalipsis 14:8 está aún reservado para lo por venir.

A pesar de las tinieblas espirituales y del alejamiento de Dios que se observan en las iglesias que constituyen Babilonia, la mayoría de los verdaderos discípulos de Cristo se encuentran aún en el seno de ellas. Muchos de ellos no han oído nunca proclamar las verdades especiales para nuestro tiempo. No pocos están descontentos con su estado actual y tienen sed de más luz. En vano buscan el espíritu de Cristo en las iglesias a las cuales pertenecen. Como estas congregaciones se apartan más y más de la verdad y se van uniendo más y más con el mundo, la diferencia entre ambas categorías de cristianos se irá acentuando hasta quedar consumada la separación. Llegará el día en que los que aman a Dios sobre todas las cosas no podrán permanecer unidos con los que son "amadores de los placeres, más bien que amadores de Dios; teniendo la forma de la piedad, mas negando el poder de ella."

El capítulo 18 del Apocalipsis indica el tiempo en que, por haber rechazado la triple amonestación de Apocalipsis 14:16-12, la iglesia alcanzará el estado predicho por el segundo ángel, y el pueblo de Dios que se encontrare aún en Babilonia, será llamado a separarse de la comunión de ésta. Este mensaje será el último que se dé al mundo y cumplirá su obra. Cuando los que "no creen a la verdad, sino que se complacen en la injusticia" (2 Tesalonicenses 2:12, V.M.), sean dejados para sufrir tremendo desengaño y para que crean a la mentira, entonces la luz de la verdad brillará sobre todos aquellos cuyos corazones estén abiertos para recibirla, y todos los hijos del Señor que quedaren en Babilonia, oirán el llamamiento: "¡Salid de ella, pueblo mío!" (Apocalipsis 18:4.)

23
PROFECÍAS CUMPLIDAS

CUANDO hubo pasado el tiempo en que al principio se había esperado la venida del Señor—la primavera de 1844—los que así habían esperado con fe su advenimiento se vieron envueltos durante algún tiempo en la duda y la incertidumbre. Mientras que el mundo los consideraba como completamente derrotados, y como si se hubiese probado que habían estado acariciando un engaño, la fuente de su consuelo seguía siendo la Palabra de Dios. Muchos continuaron escudriñando las Santas Escrituras, examinando de nuevo las pruebas de su fe, y estudiando detenidamente las profecías para obtener más luz. El testimonio de la Biblia en apoyo de su actitud parecía claro y concluyente. Había señales que no podían ser mal interpretadas y que daban como cercana la venida de Cristo. La bendición especial del Señor, manifestada tanto en la conversión de los pecadores como en el reavivamiento de la vida espiritual entre los cristianos, había probado que el mensaje provenía del cielo. Y aunque los creyentes no podían explicar el chasco que habían sufrido abrigaban la seguridad de que Dios los había dirigido en lo que habían experimentado.

Las profecías que ellos habían aplicado al tiempo del segundo advenimiento iban acompañadas de instrucciones que correspondían especialmente con su estado de incertidumbre e indecisión, y que los animaban a esperar pacientemente, en la firme creencia de que lo que entonces parecía obscuro a sus inteligencias sería aclarado a su debido tiempo.

Entre estas profecías se encontraba la de Habacuc 2:1-4: "Me pondré, dije, sobre mi atalaya, me colocaré sobre la fortaleza, y estaré mirando para ver qué me dirá Dios, y lo que yo he de responder tocante a mi queja. A lo que respondió Jehová, y dijo: Escribe la visión, y escúlpela sobre tablillas, para que se pueda leer corrientemente, "Porque la visión todavía tardará hasta el plazo señalado; bien que se apresura hacia el fin, y no engañará la esperanza: aunque tardare, aguárdala, porque de seguro vendrá, no se tardará. ¡Pero he aquí al ensoberbecido! su alma no es recta en él: el justo empero por su fe vivirá." (V.M.)

Ya por el año 1842, la orden dada en esta profecía: "Escribe la visión, y escúlpela sobre tablillas, para que se pueda leer corrientemente," le había sugerido a Carlos Fitch la redacción de un cartel profético con que ilustrar las visiones de Daniel y del Apocalipsis. La publicación de este cartel fue considerada como cumplimiento de la orden dada por Habacuc. Nadie, sin embargo, notó entonces que la misma profecía menciona una dilación evidente en el cumplimiento de la visión—un tiempo de demora. Después del contratiempo, este pasaje de las Escrituras resultaba muy significativo: "La visión todavía tardará hasta el plazo señalado; bien que se apresura hacia el fin, y no engañará la esperanza: aunque tardare, aguárdala, porque de seguro vendrá, no se tardará. ... El justo empero por su *fe* vivirá."

Una porción de la profecía de Ezequiel fue también fuente de fuerza y de consuelo para los creyentes: "Tuve además revelación de Jehová, que decía: Hijo del hombre, ¿qué refrán es éste que tenéis en la tierra de Israel, que dice: Se van prolongando los días, y fracasa toda visión? Por tanto diles: ... Han llegado los días, y el efecto de cada visión; ... hablaré, y la cosa que dijere se efectuará; no se dilatará más." "Los de la casa de Israel están diciendo: La visión que éste ve es para de aquí a muchos días; respecto de tiempos lejanos profetiza él. Por tanto diles: Así dice Jehová el Señor: No se dilatará más ninguna de mis palabras; lo que yo dijere se cumplirá." (Ezequiel 12:21-25, 27, 28, V.M.) Los que esperaban se regocijaron en la creencia de que Aquel que conoce el fin desde el principio había mirado a través de los siglos, y previendo su contrariedad, les había dado palabras de valor y esperanza. De no haber sido por esos pasajes de las Santas

Escrituras, que los exhortaban a esperar con paciencia y firme confianza en la Palabra de Dios, su fe habría cejado en la hora de prueba.

La parábola de las diez vírgenes de S. Mateo 25, ilustra también lo que experimentaron los adventistas. En el capítulo 24 de S. Mateo, en contestación a la pregunta de sus discípulos respecto a la señal de su venida y del fin del mundo, Cristo había anunciado algunos de los acontecimientos más importantes de la historia del mundo y de la iglesia desde su primer advenimiento hasta su segundo; a saber, la destrucción de Jerusalén, la gran tribulación de la iglesia bajo las persecuciones paganas y papales, el obscurecimiento del sol y de la luna, y la caída de las estrellas. Después, habló de su venida en su reino, y refirió la parábola que describe las dos clases de siervos que esperarían su aparecimiento. El capítulo 25 empieza con las palabras: *"Entonces* el reino de los cielos será semejante a diez vírgenes."* Aquí se presenta a la iglesia que vive en los últimos días la misma enseñanza de que se habla al fin del capítulo 24. Lo que ella experimenta se ilustra con las particularidades de un casamiento oriental.

"Entonces el reino de los cielos será semejante a diez vírgenes, que tomaron sus lámparas y salieron a recibir al esposo. Y cinco de ellas eran insensatas, y cinco prudentes. Porque las insensatas, cuando tomaron sus lámparas, no tomaron aceite consigo: pero las prudentes tomaron aceite en sus vasijas, juntamente con sus lámparas. Tardándose, pues, el esposo, cabecearon todas, y se durmieron. Mas a la media noche fue oído el grito: ¡He aquí que viene el esposo! ¡salid a recibirle!" (V.M.)

Se comprendía que la venida de Cristo, anunciada por el mensaje del primer ángel, estaba representada por la venida del esposo. La extensa obra de reforma que produjo la proclamación de su próxima venida, correspondía a la salida de las vírgenes. Tanto en esta parábola como en la de S. Mateo 24, se representan dos clases de personas. Unas y otras habían tomado sus lámparas, la Biblia, y a su luz salieron a recibir al Esposo. Pero mientras que "las insensatas, cuando tomaron sus lámparas, no tomaron aceite consigo," "las prudentes tomaron aceite en sus vasijas, juntamente con sus lámparas." Estas últimas habían recibido la gracia de Dios, el poder regenerador e iluminador del Espíritu Santo, que convertía su Palabra en una antorcha para los pies y una luz en la senda. A fin de conocer la verdad, habían estudiado las Escrituras en el temor de Dios, y habían procurado con ardor que hubiese pureza en su corazón y su vida. Tenían experiencia personal, fe en Dios y en su Palabra, y esto no podían borrarlo el desengaño y la dilación. En cuanto a las otras vírgenes, "cuando tomaron sus lámparas, no tomaron aceite consigo." Habían obrado por impulso. Sus temores habían sido despertados por el solemne mensaje, pero se habían apoyado en la fe de sus hermanas, satisfechas con la luz vacilante de las buenas emociones, sin comprender a fondo la verdad y sin que la gracia hubiese obrado verdaderamente en sus corazones. Habían salido a recibir al Señor, llenas de esperanza en la perspectiva de una recompensa inmediata; pero no estaban preparadas para la tardanza ni para el contratiempo. Cuando vinieron las pruebas, su fe vaciló, y sus luces se debilitaron.

"Tardándose, pues, el esposo, cabecearon todas, y se durmieron." La tardanza del esposo representa la expiración del plazo en que se esperaba al Señor, el contratiempo y la demora aparente. En ese momento de incertidumbre, el interés de los superficiales y de los sinceros *a medias* empezó a vacilar y cejaron en sus esfuerzos; pero aquellos cuya fe descansaba en un conocimiento personal de la Biblia, tenían bajo los pies una roca que no podía ser barrida por las olas de la contrariedad. "Cabecearon todas, y se durmieron;" una clase de cristianos se sumió en la indiferencia y abandonó su fe, la otra siguió esperando pacientemente hasta que se le diese mayor luz. Sin embargo, en la noche de la prueba esta segunda categoría pareció perder, hasta cierto punto, su ardor y devoción. Los tibios y superficiales no podían seguir apoyándose en la fe de sus hermanos. Cada cual debía sostenerse por sí mismo o caer.

Por aquel entonces, despuntó el fanatismo. Algunos que habían profesado creer férvidamente en el mensaje rechazaron la Palabra de Dios como guía infalible, y pretendiendo ser dirigidos por el Espíritu, se abandonaron a sus propios sentimientos, impresiones e imaginación. Había quienes manifestaban un ardor ciego y fanático, y censuraban a todos los que no querían aprobar su conducta. Sus ideas y sus actos inspirados por el fanatismo no encontraban simpatía entre la gran mayoría de los adventistas; no obstante sirvieron para atraer oprobio sobre la causa de la verdad.

Satanás estaba tratando de oponerse por este medio a la obra de Dios y destruirla. El movimiento adventista había conmovido grandemente a la gente, se habían convertido miles de pecadores, y hubo hombres sinceros que se dedicaron a proclamar la verdad, hasta en el tiempo de la tardanza. El príncipe del mal estaba perdiendo sus súbditos, y para echar oprobio sobre la causa de Dios, trató de engañar a algunos de los que profesaban la fe, y de trocarlos en extremistas. Luego sus agentes estaban listos para aprovechar cualquier error, cualquier falta, cualquier acto indecoroso, y presentarlo al pueblo en la forma más exagerada, a fin de hacer odiosos a los adventistas y la fe que profesaban. Así, cuanto mayor era el número de los que lograra incluir entre los que profesaban creer en el segundo advenimiento mientras su poder dirigía sus corazones, tanto más fácil le sería señalarlos a la atención del mundo como representantes de todo el cuerpo de creyentes.

Satanás es "el acusador de nuestros hermanos," y es su espíritu el que inspira a los hombres a acechar los errores y defectos del pueblo de Dios, y a darles publicidad, mientras que no se hace mención alguna de las buenas acciones de este mismo pueblo. Siempre está activo cuando Dios obra para salvar las almas. Cuando los hijos de Dios acuden a presentarse ante el Señor, Satanás viene también entre ellos. En cada despertamiento religioso está listo para introducir a aquellos cuyos corazones no están santificados y cuyos espíritus no están bien equilibrados. Cuando éstos han aceptado algunos puntos de la verdad, y han conseguido formar parte del número de los creyentes, él influye por conducto de ellos para introducir teorías que engañarán a los incautos. El hecho de que una persona se encuentre en compañía de los hijos de Dios, y hasta en el lugar de culto y en torno a la mesa del Señor, no prueba que dicha persona sea verdaderamente cristiana. Allí está con frecuencia Satanás en las ocasiones más solemnes, bajo la forma de aquellos a quienes puede emplear como agentes suyos.

El príncipe del mal disputa cada pulgada del terreno por el cual avanza el pueblo de Dios en su peregrinación hacia la ciudad celestial. En toda la historia de la iglesia, ninguna reforma ha sido llevada a cabo sin encontrar serios obstáculos. Así aconteció en los días de San Pablo. Dondequiera que el apóstol fundase una iglesia, había algunos que profesaban aceptar la fe, pero que introducían herejías que, de haber sido recibidas, habrían hecho desaparecer el amor a la verdad. Lutero tuvo también que sufrir gran aprieto y angustia debido a la conducta de fanáticos que pretendían que Dios había hablado directamente por ellos, y que, por lo tanto, ponían sus propias ideas y opiniones por encima del testimonio de las Santas Escrituras. Muchos a quienes les faltaba fe y experiencia, pero a quienes les sobraba confianza en sí mismos y a quienes les gustaba oír y contar novedades, fueron engañados por los asertos de los nuevos maestros y se unieron a los agentes de Satanás en la tarea de destruir lo que, movido por Dios, Lutero había edificado. Y los Wesley, y otros que por su influencia y su fe fueron causa de bendición para el mundo, tropezaron a cada paso con las artimañas de Satanás, que consistían en empujar a personas de celo exagerado, desequilibradas y no santificadas a excesos de fanatismo de toda clase.

Guillermo Miller no simpatizaba con aquellas influencias que conducían al fanatismo. Declaró, como Lutero, que todo espíritu debía ser probado por la Palabra de Dios. "El diablo—decía Miller—tiene gran poder en los ánimos de algunas personas de nuestra época. ¿Y cómo sabremos de qué espíritu provienen? La Biblia contesta: 'Por sus frutos los conoceréis.' ... Hay muchos espíritus en el mundo, y se nos manda que los probemos. El espíritu que no nos hace vivir sobria, justa y piadosamente en este mundo, no es de Cristo. Estoy más y más convencido de que Satanás tiene mucho que ver con estos movimientos desordenados. ... Muchos de los que entre nosotros aseveran estar completamente santificados, no hacen más que seguir las tradiciones de los hombres, y parecen ignorar la verdad tanto como otros que no hacen tales asertos."—Bliss, págs. 236, 237. "El espíritu de error nos alejará de la verdad, mientras que el Espíritu de Dios nos conducirá a ella. Pero, decís vosotros, una persona puede estar en el error y pensar que posee la verdad. ¿Qué hacer en tal caso? A lo que contestamos: el Espíritu y la Palabra están de acuerdo. Si alguien se juzga a sí mismo por la Palabra de Dios y encuentra armonía perfecta en toda la Palabra, entonces debe creer que posee la verdad; pero si encuentra que el espíritu que le guía no armoniza con todo el contenido de la ley de Dios o su Libro, ande entonces cuidadosamente para no ser apresado en la trampa del diablo."—*The Advent Herald and Signs of the Times Reporter*, tomo 8, No. 23 (15 de enero, 1845). "Muchas veces, al notar una mirada benigna, una mejilla humedecida y unas palabras entrecortadas, he visto mayor prueba de piedad interna que en todo el ruido de la cristiandad."—Bliss, pág. 282.

En los días de la Reforma, los adversarios de ésta achacaron todos los males del fanatismo a quienes lo estaban combatiendo con el mayor ardor. Algo semejante hicieron los adversarios del movimiento adventista. Y no contentos con desfigurar y abultar los errores de los extremistas y fanáticos, hicieron circular noticias desfavorables que no tenían el menor viso de verdad. Esas personas eran dominadas por prejuicios y odios. La proclamación de la venida inminente de Cristo les perturbaba la paz. Temían que pudiese ser cierta, pero esperaban sin embargo que no lo fuese, y éste era el motivo secreto de su lucha contra los adventistas y su fe.

La circunstancia de que unos pocos fanáticos se abrieran paso entre las filas de los adventistas no era mayor razón para declarar que el movimiento no era de Dios, que lo fue la presencia de fanáticos y engañadores en la iglesia en días de San Pablo o de Lutero, para condenar la obra de ambos. Despierte el pueblo de Dios de su somnolencia y emprenda seriamente una obra de arrepentimiento y de reforma; escudriñe las Escrituras para aprender la verdad tal cual es en Jesús; conságrese por completo a Dios, y no faltarán pruebas de que Satanás está activo y vigilante. Manifestará su poder por todos los engaños posibles, y llamará en su ayuda a todos los ángeles caídos de su reino.

No fue la proclamación del segundo advenimiento lo que dio origen al fanatismo y a la división. Estos aparecieron en el verano de 1844, cuando los adventistas se encontraban en un estado de duda y perplejidad con respecto a su situación real. La predicación del mensaje del primer ángel y del "clamor de media noche," tendía directamente a reprimir el fanatismo y la disensión. Los que participaban en estos solemnes movimientos estaban en armonía; sus corazones estaban llenos de amor mutuo y de amor hacia Jesús, a quien esperaban ver pronto. Una sola fe y una sola esperanza bendita los elevaban por encima de cualquier influencia humana, y les servían de escudo contra los ataques de Satanás.

"Tardándose, pues, el esposo, cabecearon todas, y se durmieron. Mas a la media noche fue oído el grito: ¡ He aquí que viene el esposo ! ¡ salid a recibirle! Entonces todas aquellas vírgenes se levantaron y aderezaron sus lámparas." (S. Mateo 25:5-7, V.M.) En el verano de 1844, a mediados de la época comprendida entre el tiempo en que se había supuesto primero que terminarían los 2.300 días y el otoño del mismo año, hasta donde descubrieron después que se extendían, el mensaje fue proclamado en los términos mismos de la Escritura: "¡He aquí que viene el Esposo!"

Lo que condujo a este movimiento fue el haberse dado cuenta de que el decreto de Artajerjes en pro de la restauración de Jerusalén, el cual formaba el punto de partida del período de los 2.300 días, empezó a regir en el otoño del año 457 ant. de C., y no a principios del año, como se había creído anteriormente. Contando desde el otoño de 457, los 2.300 años concluían en el otoño de 1844. (Véanse el diagrama de la pág. 181 y también el Apéndice.)

Los argumentos basados en los símbolos del Antiguo Testamento indicaban también el otoño como el tiempo en que el acontecimiento representado por la "purificación del santuario" debía verificarse. Esto resultó muy claro cuando la atención se fijó en el modo en que los símbolos relativos al primer advenimiento de Cristo se habían cumplido.

La inmolación del cordero pascual prefiguraba la muerte de Cristo. San Pablo dice: "Nuestra pascua, que es Cristo, fue sacrificada por nosotros." (1 Corintios 5:7.) La gavilla de las primicias del trigo, que era costumbre mecer ante el Señor en tiempo de la Pascua, era figura típica de la resurrección de Cristo. San Pablo dice, hablando de la resurrección del Señor y de todo su pueblo: "Cristo las primicias; luego los que son de Cristo, en su venida." (1 Corintios 15:23.) Como la gavilla de la ofrenda mecida, que era las primicias o los primeros granos maduros recogidos antes de la cosecha, así también Cristo es primicias de aquella inmortal cosecha de rescatados que en la resurrección futura serán recogidos en el granero de Dios.

Estos símbolos se cumplieron no sólo en cuanto al acontecimiento sino también en cuanto al tiempo. El día 14 del primer mes de los judíos, el mismo día y el mismo mes en que quince largos siglos antes el cordero pascual había sido inmolado, Cristo, después de haber comido la pascua con sus discípulos, estableció la institución que debía conmemorar su propia muerte como "Cordero de Dios, que quita el pecado del mundo." En aquella misma noche fue aprehendido por manos impías, para ser crucificado e inmolado. Y como antitipo de la gavilla mecida, nuestro Señor fue resucitado de entre los muertos al tercer día, "primicias de los que durmieron," cual ejemplo de todos los justos que han de resucitar, cuyo "vil cuerpo" "transformará" y hará "semejante a su cuerpo glorioso." (1 Corintios 15:20; Filipenses 3:21, V.M.)

Asimismo los símbolos que se refieren al segundo advenimiento deben cumplirse en el tiempo indicado por el ritual simbólico. Bajo el régimen mosaico, la purificación del santuario, o sea el gran día de la expiación, caía en el décimo día del séptimo mes judío (Levítico 16:29-34), cuando el sumo sacerdote, habiendo hecho expiación por todo Israel y habiendo quitado así sus pecados del santuario, salía a bendecir al pueblo. Así se creyó que Cristo, nuestro Sumo Sacerdote, aparecería para purificar la tierra por medio de la destrucción del pecado y de los pecadores, y para conceder la inmortalidad a su pueblo que le esperaba. El décimo día del séptimo mes, el gran día de la expiación, el tiempo de la purificación del santuario, el cual en el año 1844 caía en el 22 de octubre, fue considerado como el día de la venida del Señor. Esto estaba en consonancia con las pruebas ya presentadas, de que los 2.300 días terminarían en el otoño, y la conclusión parecía irrebatible.

En la parábola de S. Mateo 25, el tiempo de espera y el cabeceo son seguidos de la venida del esposo. Esto estaba de acuerdo con los argumentos que se acaban de presentar, y que se basaban tanto en las profecías como en los símbolos. Para muchos entrañaban gran poder convincente de su verdad; y el "clamor de media noche" fue proclamado por miles de creyentes.

Como marea creciente, el movimiento se extendió por el país. Fue de ciudad en ciudad, de pueblo en pueblo y hasta a lugares remotos del campo, y consiguió despertar al pueblo de Dios que estaba esperando. El fanatismo desapareció ante esta proclamación como helada temprana ante el sol naciente. Los creyentes vieron desvanecerse sus dudas y perplejidades; la esperanza y el valor reanimaron sus corazones. La obra quedaba libre de las exageraciones propias de todo arrebato que no es dominado por la influencia de la Palabra y del Espíritu de Dios. Este movimiento recordaba los períodos sucesivos de humillación y de conversión al Señor que entre los antiguos israelitas solían resultar de las reconvenciones dadas por los siervos de Dios. Llevaba el sello distintivo de la obra de Dios en todas las edades. Había en él poco gozo extático, sino más bien un profundo escudriñamiento del corazón, confesión de los pecados y renunciación al mundo. El anhelo de los espíritus abrumados era prepararse para recibir al Señor. Había perseverancia en la oración y consagración a Dios sin reserva.

Dijo Miller al describir esta obra: "No hay gran manifestación de gozo; no parece sino que éste fuera reservado para más adelante, para cuando cielo y tierra gocen juntos de dicha indecible y gloriosa. No se oye tampoco en ella grito de alegría, pues esto también está reservado para la aclamación que ha de oírse del cielo. Los cantores callan; están esperando poderse unir a las huestes angelicales, al coro del cielo. ... No hay conflicto de sentimientos; todos son de un corazón y de una mente."—Bliss, págs. 270, 271.

Otra persona que tomó parte en el movimiento testifica lo siguiente: "Produjo en todas partes el más profundo escudriñamiento del corazón y humillación del alma ante el Dios del alto cielo. ... Ocasionó un gran desapego de las cosas de este mundo, hizo cesar las controversias y animosidades, e impulsó a confesar los malos procederes y a humillarse ante Dios y a dirigirle súplicas sinceras y ardientes para obtener perdón. Causó humillación personal y postración del alma cual nunca las habíamos presenciado hasta entonces. Como el Señor lo dispusiera por boca del profeta Joel, para cuando el día del Señor estuviese cerca, produjo un desgarramiento de los corazones y no de las vestiduras y la conversión al Señor con ayuno, lágrimas y lamentos. Como Dios lo dijera por conducto de Zacarías, un espíritu de gracia y oración fue derramado sobre sus hijos; miraron a Aquel a quien habían traspasado, había gran pesar en la tierra, ... y los que estaban esperando al Señor afligían sus almas ante él."—Bliss, en *Advent Shield and Review*, tomo 1, pág. 271 (enero de 1845).

Entre todos los grandes movimientos religiosos habidos desde los días de los apóstoles, ninguno resultó más libre de imperfecciones humanas y engaños de Satanás que el del otoño de 1844. Ahora mismo, después del transcurso de muchos años, todos los que tomaron parte en aquel movimiento y han permanecido firmes en la verdad, sienten aún la santa influencia de tan bendita obra y dan testimonio de que ella era de Dios.

Al clamar: "¡He aquí que viene el Esposo! ¡salid a recibirle!" los que esperaban "se levantaron y aderezaron sus lámparas;" estudiaron la Palabra de Dios con una intensidad e interés antes desconocidos. Fueron enviados ángeles del cielo para despertar a los que se habían desanimado, y para prepararlos a recibir el mensaje. La obra no descansaba en la sabiduría y los conocimientos humanos, sino en el poder de Dios. No fueron los de mayor talento,—sino los más humildes y piadosos, los que oyeron y obedecieron primero al llamamiento. Los campesinos abandonaban sus cosechas en los campos, los artesanos dejaban sus herramientas y con lágrimas y gozo iban a pregonar el aviso. Los que anteriormente habían encabezado la causa fueron los últimos en unirse a este movimiento. Las iglesias en general cerraron sus puertas a este mensaje, y muchos de los que lo aceptaron se separaron de sus congregaciones. En la providencia de Dios, esta proclamación se unió con el segundo mensaje angelical y dio poder a la obra.

El mensaje: "¡He aquí que viene el Esposo!" no era tanto un asunto de argumentación, si bien la prueba de las Escrituras era clara y terminante. Iba acompañado de un poder que movía e impulsaba al alma. No había dudas ni discusiones. Con motivo de la entrada triunfal de Cristo en Jerusalén, el pueblo que se había reunido de todas partes del país para celebrar la fiesta, fue en tropel al Monte de los Olivos, y al unirse con la multitud que acompañaba a Jesús, se dejó arrebatar por la inspiración del momento y contribuyó a dar mayores proporciones a la aclamación: "¡Bendito el que viene en el nombre del Señor!" (S. Mateo 21:9.) Del mismo modo, los incrédulos que se agolpaban en las reuniones adventistas—unos por curiosidad, otros tan sólo para ridiculizarlas—sentían el poder convincente que acompañaba el mensaje: "¡He aquí que viene el Esposo!"

En aquel entonces había una fe que atraía respuestas del Cielo a las oraciones, una fe que se atenía a la recompensa. Como los aguaceros que caen en tierra sedienta, el Espíritu de gracia descendió sobre los que le buscaban con sinceridad. Los que esperaban verse pronto cara a cara con su Redentor sintieron una solemnidad y un gozo indecibles. El poder suavizador y sojuzgador del Espíritu Santo cambiaba los corazones, pues sus bendiciones eran dispensadas abundantemente sobre los fieles creyentes.

Los que recibieron el mensaje llegaron cuidadosa y solemnemente al tiempo en que esperaban encontrarse con su Señor. Cada mañana sentían que su primer deber consistía en asegurar su aceptación para con Dios. Sus corazones estaban estrechamente unidos, y oraban mucho unos con otros y unos por otros. A menudo se reunían en sitios apartados para ponerse en comunión con Dios, y oíanse voces de intercesión que desde los campos y las arboledas ascendían al cielo. La seguridad de que el Señor les daba su aprobación era para ellos más necesaria que su alimento diario, y si alguna nube obscurecía sus espíritus, no descansaban hasta que se hubiera desvanecido Como sentían el testimonio de la gracia que les perdonaba anhelaban contemplar a Aquel a quien amaban sus almas.

Pero un desengaño más les estaba reservado. El tiempo de espera pasó, y su Salvador no apareció. Con confianza inquebrantable habían esperado su venida, y ahora sentían lo que María, cuando, al ir al sepulcro del Salvador y encontrándolo vacío, exclamó llorando: "Se han llevado a mi Señor, y no sé dónde le han puesto." (S. Juan 20:13.)

Un sentimiento de pavor, el temor de que el mensaje fuese verdad, había servido durante algún tiempo para refrenar al mundo incrédulo. Cumplido el plazo, ese sentimiento no desapareció del todo; al principio no se atrevieron a celebrar su triunfo sobre los que habían quedado chasqueados; pero como no se vieran señales de la ira de Dios, se olvidaron de sus temores y nuevamente profirieron insultos y burlas. Un número notable de los que habían profesado creer en la próxima venida del Señor, abandonaron su fe. Algunos que habían tenido mucha confianza, quedaron tan hondamente heridos en su orgullo, que hubiesen querido huir del mundo. Como Jonás, se quejaban de Dios, y habrían preferido la muerte a la vida. Los que habían fundado su fe en opiniones ajenas y no en la Palabra de Dios, estaban listos para cambiar otra vez de parecer. Los burladores atrajeron a sus filas a los débiles y cobardes, y todos éstos convinieron en declarar que ya no podía haber temor ni expectación. El tiempo había pasado, el Señor no había venido, y el mundo podría subsistir como antes, miles de años.

Los creyentes fervientes y sinceros lo habían abandonado todo por Cristo, y habían gozado de su presencia como nunca antes. Creían haber dado su último aviso al mundo, y, esperando ser recibidos pronto en la sociedad de su divino Maestro y de los ángeles celestiales, se habían separado en su mayor parte de los que no habían recibido el mensaje. Habían orado con gran fervor: "Ven, Señor Jesús; y ven presto." Pero no vino. Reasumir entonces la pesada carga de los cuidados y perplejidades de la vida, y soportar las afrentas y escarnios del mundo, constituía una dura prueba para su fe y paciencia.

Con todo, este contratiempo no era tan grande como el que experimentaran los discípulos cuando el primer advenimiento de Cristo. Cuando Jesús entró triunfalmente en Jerusalén, sus discípulos creían que estaba a punto de subir al trono de David y de libertar a Israel de sus opresores. Llenos de esperanza y de gozo anticipado rivalizaban unos con otros en tributar honor a su Rey. Muchos tendían sus ropas como alfombra en su camino, y esparcían ante él palmas frondosas. En su gozo y entusiasmo unían sus voces a la alegre aclamación: "¡Hosanna al Hijo de David !" Cuando los fariseos, incomodados y airados por esta explosión de regocijo, expresaron el deseo de que Jesús censurara a sus discípulos, él contestó: "Si éstos callaren, las piedras clamarán." (S. Lucas 19:40.) Las profecías deben cumplirse. Los discípulos estaban cumpliendo el propósito de Dios; sin embargo un duro contratiempo les estaba reservado. Pocos días pasaron antes que fueran testigos de la muerte atroz del Salvador y de su sepultura. Su expectación no se había realizado, y sus esperanzas murieron con Jesús. Fue tan sólo cuando su Salvador hubo salido triunfante del sepulcro cuando pudieron darse cuenta de que todo había sido predicho por la profecía, y de "que era necesario que el Mesías padeciese, y resucitase de entre los muertos." (Hechos 17:3, V.M.)

Quinientos años antes, el Señor había declarado por boca del profeta Zacarías: "¡Regocíjate en gran manera, oh hija de Sión! ¡rompe en aclamaciones, oh hija de Jerusalem! he aquí que viene a ti tu rey, justo y victorioso, humilde, y cabalgando sobre un asno, es decir, sobre un pollino, hijo de asna." (Zacarías 9:9, V.M.) Si los discípulos se hubiesen dado cuenta de que Cristo iba al encuentro del juicio y de la muerte, no habrían podido cumplir esta profecía.

Del mismo modo, Miller y sus compañeros cumplieron la profecía y proclamaron un mensaje que la Inspiración había predicho que iba a ser dado al mundo, pero que ellos no hubieran podido dar si hubiesen entendido por completo las profecías que indicaban su contratiempo y que presentaban otro mensaje que debía ser predicado a todas las naciones antes de la venida del Señor. Los mensajes del primer ángel y del segundo fueron proclamados en su debido tiempo, y cumplieron la obra que Dios se había propuesto cumplir por medio de ellos.

El mundo había estado observando, y creía que todo el sistema adventista sería abandonado en caso de que pasase el tiempo sin que Cristo viniese. Pero aunque muchos, al ser muy tentados, abandonaron su fe, hubo algunos que permanecieron firmes. Los frutos del movimiento adventista, el espíritu de humildad, el examen del corazón, la renunciación al mundo y la reforma de la vida, que habían acompañado la obra, probaban que ésta era de Dios. No se atrevían a negar que el poder del Espíritu Santo hubiera acompañado la predicación del segundo advenimiento, y no podían descubrir error alguno en el cómputo de los períodos proféticos. Los más hábiles de sus adversarios no habían logrado echar por tierra su sistema de interpretación profética. Sin pruebas bíblicas, no podían consentir en abandonar posiciones que habían sido alcanzadas merced a la oración y a un estudio formal de las Escrituras, por inteligencias alumbradas por el Espíritu de Dios y por corazones en los cuales ardía el poder vivificante de éste, pues eran posiciones que habían resistido a las críticas más agudas y a la oposición más violenta por parte de los maestros de religión del pueblo y de los sabios mundanos, y que habían permanecido firmes ante las fuerzas combinadas del saber y de la elocuencia y las afrentas y ultrajes tanto de los hombres de reputación como de los más viles.

Verdad es que no se había producido el acontecimiento esperado, pero ni aun esto pudo conmover su fe en la Palabra de Dios. Cuando Jonás proclamó en las calles de Nínive que en el plazo de cuarenta días la ciudad sería destruída, el Señor aceptó la humillación de los ninivitas y prolongó su tiempo de gracia; no obstante el mensaje de Jonás fue enviado por Dios, y Nínive fue probada por la voluntad divina. Las adventistas creyeron que Dios les había inspirado de igual modo para proclamar el aviso del juicio. "El aviso—decían—probó los corazones de todos los que lo oyeron, y despertó interés por el advenimiento del Señor, o determinó un odio a su venida que resultó visible o no, pero que es conocido por Dios. Trazó una línea divisoria, ... de suerte que los que quieran examinar sus propios corazones pueden saber de qué lado de ella se habrían encontrado en caso de haber venido el Señor entonces; si habrían exclamado: '¡He aquí éste es nuestro Dios; le hemos esperado, y él nos salvará!' o si habrían clamado a los montes y a las peñas para que cayeran sobre ellos y los escondieran de la presencia del que está sentado en el trono, y de la ira del Cordero. Creemos que Dios probó así a su pueblo y su fe, y vio si en la hora de aflicción retrocederían del sitio en que creyera conveniente colocarlos, y si abandonarían este mundo confiando absolutamente en la Palabra de Dios."—*The Advent Herald and Signs of the Times Reporter*, tomo 8, No. 14 (13 de nov. de 1844).

Los sentimientos de los que creían que Dios los había dirigido en su pasada experiencia, están expresados en las siguientes palabras de Guillermo Miller: "Si tuviese que volver a empezar mi vida con las mismas pruebas que tuve entonces, para ser de buena fe para con Dios y los hombres, tendría que hacer lo que hice." "Espero haber limpiado mis vestiduras de la sangre de las almas; siento que, en cuanto me ha sido posible, me he librado de toda culpabilidad en su condenación." "Aunque me chasqueé dos veces—escribió este hombre de Dios,—no estoy aún abatido ni desanimado ... Mi esperanza en la venida de Cristo es tan firme como siempre. No he hecho más que lo que, después de años de solemne consideración, sentía que era mi solemne deber hacer. Si me he equivocado, ha sido del lado de la caridad, del amor a mis semejantes y movido por el sentimiento de mi deber para con Dios." "Algo sé de cierto, y es que no he predicado nada en que no creyese; y Dios ha estado conmigo, su poder se ha manifestado en la obra, y mucho bien se ha realizado." "A juzgar por las apariencias humanas, muchos miles fueron inducidos a estudiar las Escrituras por la predicación de la fecha del advenimiento; y por ese medio y la aspersión de la sangre de Cristo, fueron reconciliados con Dios."—Bliss, págs. 256, 255, 277, 280, 281. "Nunca he solicitado el favor de los orgullosos, ni temblado ante las amenazas del mundo. No seré yo quien compre ahora su favor, ni vaya más allá del deber para despertar su odio. Nunca imploraré de ellos mi vida ni vacilaré en perderla, si Dios en su providencia así lo dispone."—J. White, *Life of Wm. Miller*, pág. 315.

Dios no se olvidó de su pueblo; su Espíritu siguió acompañando a los que no negaron temerariamente la luz que habían recibido ni denunciaron el movimiento adventista. En la Epístola a los Hebreos hay palabras de aliento y de admonición para los que vivían en la expectación y fueron probados en esa crisis: "No deséchéis pues esta vuestra confianza, que tiene una grande remuneración. Porque tenéis necesidad de la paciencia, a fin de que, habiendo hecho la voluntad de Dios, recibáis la promesa. Porque dentro de un brevísimo tiempo, vendrá el que ha de venir, y no tardará. El justo empero vivirá por la fe; y si alguno se retirare, no se complacerá mi alma en él. Nosotros empero no somos de aquellos que se retiran para perdición, sino de los que tienen fe para salvación del alma." (Hebreos 10:35-39, V.M.)

Que esta amonestación va dirigida a la iglesia en los últimos días se echa de ver por las palabras que indican la proximidad de la venida del Señor: "Porque dentro de un brevísimo tiempo, vendrá el que ha de venir, y no tardará." Y este pasaje implica claramente que habría una demora aparente, y que el Señor parecería tardar en venir. La enseñanza dada aquí se aplica especialmente a lo que les pasaba a los adventistas en ese entonces. Los cristianos a quienes van dirigidas esas palabras estaban en peligro de zozobrar en su fe. Habían hecho la voluntad de Dios al seguir la dirección de su Espíritu y de su Palabra; pero no podían comprender los designios que había tenido en lo que habían experimentado ni podían discernir el sendero que estaba ante ellos, y estaban tentados a dudar de si en realidad Dios los había dirigido. Entonces era cuando estas palabras tenían su aplicación: "El justo empero vivirá por la fe." Mientras la luz brillante del "clamor de media noche" había alumbrado su sendero, y habían visto abrirse el sello de las profecías, y cumplirse con presteza las señales que anunciaban la proximidad de la venida de Cristo, habían andado en cierto sentido por la vista. Pero ahora, abatidos por esperanzas defraudadas, sólo podían sostenerse por la fe en Dios y en su Palabra. El mundo escarnecedor decía: "Habéis sido engañados. Abandonad vuestra fe, y declarad que el movimiento adventista era de Satanás." Pero la Palabra de Dios declaraba: "Si alguno se retirare, no se complacerá mi alma en él." Renunciar entonces a su fe, y negar el poder del Espíritu Santo que había acompañado al mensaje, habría equivalido a retroceder camino de la perdición. Estas palabras de San Pablo los alentaban a permanecer firmes: "No desechéis pues esta vuestra confianza;" "tenéis necesidad de la paciencia;" "porque dentro de un brevísimo tiempo, vendrá el que ha de venir, y no tardará." El único proceder seguro para ellos consistía en apreciar la luz que ya habían recibido de Dios, atenerse firme-mente a sus promesas, y seguir escudriñando las Sagradas Escrituras esperando con paciencia y velando para recibir mayor luz.

24

EL TEMPLO DE DIOS

EL PASAJE bíblico que más que ninguno había sido el fundamento y el pilar central de la fe adventista era la declaración: "Hasta dos mil y trescientas tardes y mañanas; entonces será purificado el Santuario." (Daniel 8:14, V.M.) Estas palabras habían sido familiares para todos los que creían en la próxima venida del Señor. La profecía que encerraban era repetida como santo y seña de su fe por miles de bocas. Todos sentían que sus esperanzas más gloriosas y más queridas dependían de los acontecimientos en ella predichos. Había quedado demostrado que aquellos días proféticos terminaban en el otoño del año 1844. En común con el resto del mundo cristiano, los adventistas creían entonces que la tierra, o alguna parte de ella, era el santuario. Entendían que la purificación del santuario era la purificación de la tierra por medio del fuego del último y supremo día, y que ello se verificaría en el segundo advenimiento. De ahí que concluyeran que Cristo volvería a la tierra en 1844.

Pero el tiempo señalado había pasado, y el Señor no había aparecido. Los creyentes sabían que la Palabra de Dios no podía fallar; su interpretación de la profecía debía estar pues errada; ¿pero dónde estaba el error? Muchos cortaron sin más ni más el nudo de la dificultad negando que los 2.300 días terminasen en 1844. Este aserto no podía apoyarse con prueba alguna, a no ser con la de que Cristo no había venido en el momento en que se le esperaba. Alegábase que si los días proféticos hubiesen terminado en 1844, Cristo habría vuelto entonces para limpiar el santuario mediante la purificación de la tierra por fuego, y que como no había venido, los días no podían haber terminado.

Aceptar estas conclusiones equivalía a renunciar a los cómputos anteriores de los períodos proféticos. Se había comprobado que los 2.300 días principiaron cuando entró en vigor el decreto de Artajerjes ordenando la restauración y edificación de Jerusalén, en el otoño del año 457 ant. de C. Tomando esto como punto de partida, había perfecta armonía en la aplicación de todos los acontecimientos predichos en la explicación de ese período hallada en Daniel 9:25-27. Sesenta y nueve semanas, o los 483 primeros años de los 2.300 años debían alcanzar hasta el Mesías, el Ungido; y el bautismo de Cristo y su unción por el Espíritu Santo, en el año 27 de nuestra era, cumplían exactamente la predicción. En medio de la septuagésima semana, el Mesías había de ser muerto. Tres años y medio después de su bautismo, Cristo fue crucificado, en la primavera del año 31. Las setenta semanas, o 490 años, les tocaban especialmente a los judíos. Al fin del período, la nación selló su rechazamiento de Cristo con la persecución de sus discípulos, y los apóstoles se volvieron hacia los gentiles en el año 34 de nuestra era. Habiendo terminado entonces los 490 primeros años de los 2.300, quedaban aún 1.810 años. Contando desde el año 34, 1.810 años llegan a 1844. "Entonces—había dicho el ángel—será purificado el Santuario." Era indudable que todas las anteriores predicciones de la profecía se habían cumplido en el tiempo señalado.

En ese cálculo, todo era claro y armonioso, menos la circunstancia de que en 1844 no se veía acontecimiento alguno que correspondiese a la purificación del santuario. Negar que los días terminaban en esa fecha equivalía a confundir todo el asunto y a abandonar creencias fundadas en el cumplimiento indudable de las profecías.

Pero Dios había dirigido a su pueblo en el gran movimiento adventista; su poder y su gloria habían acompañado la obra, y él no permitiría que ésta terminase en la obscuridad y en un chasco, para que se la cubriese de oprobio como si fuese una mera excitación mórbida y producto del fanatismo. No iba a dejar su Palabra envuelta en dudas e incertidumbres. Aunque muchos abandonaron sus primeros cálculos de los períodos proféticos, y negaron la exactitud del movimiento basado en ellos, otros no estaban dispuestos a negar puntos de fe y de experiencia que estaban sostenidos por las Sagradas Escrituras y por el testimonio del Espíritu de Dios. Creían haber adoptado en sus estudios de las profecías sanos principios de interpretación, y que era su deber atenerse firmemente a las verdades ya adquiridas, y seguir en el mismo camino de la investigación bíblica. Orando con fervor, volvieron a considerar su situación, y estudiaron las Santas Escrituras para descubrir su error. Como no encontraran ninguno en sus cálculos de los períodos proféticos, fueron inducidos a examinar más de cerca la cuestión del santuario.

En sus investigaciones vieron que en las Santas Escrituras no hay prueba alguna en apoyo de la creencia general de que la tierra es el santuario; pero encontraron en la Biblia una explicación completa de la cuestión del santuario, su naturaleza, su situación y sus servicios; pues el testimonio de los escritores sagrados era tan claro y tan amplio que despejaba este asunto de toda duda. El apóstol Pablo dice en su Epístola a los Hebreos: "En verdad el primer pacto también tenía reglamentos del culto, y su santuario que lo era de este mundo. Porque un tabernáculo fue preparado, el primero, en que estaban el candelabro y la mesa y los panes de la proposición; el cual se llama el Lugar Santo. Y después del segundo velo, el tabernáculo que se llama el Lugar Santísimo: que contenía el incensario de oro y el arca del pacto, cubierta toda en derredor de oro, en la cual estaba el vaso de oro que contenía el maná, y la vara de Aarón que floreció, y las tablas del pacto; y sobre ella, los querubines de gloria, que hacían sombra al propiciatorio." (Hebreos 9:1-5, V.M.)

El santuario al cual se refiere aquí San Pablo era el tabernáculo construido por Moisés a la orden de Dios como morada terrenal del Altísimo. "Me harán un santuario, para que yo habite en medio de ellos" (Éxodo 25:8, V.M.), había sido la orden dada a Moisés mientras estaba en el monte con Dios. Los israelitas estaban peregrinando por el desierto, y el tabernáculo se preparó de modo que pudiese ser llevado de un lugar a otro; no obstante era una construcción de gran magnificencia. Sus paredes consistían en tablones ricamente revestidos de oro y asegurados en basas de plata, mientras que el techo se componía de una serie de cortinas o cubiertas, las de fuera de pieles, y las interiores de lino fino magníficamente recamado con figuras de querubines. A más del atrio exterior, donde se encontraba el altar del holocausto, el tabernáculo propiamente dicho consistía en dos departamentos llamados el lugar santo y el lugar santísimo, separados por rica y magnífica cortina, o velo; otro velo semejante cerraba la entrada que conducía al primer departamento.

En el lugar santo se encontraba hacia el sur el candelabro, con sus siete lámparas que alumbraban el santuario día y noche; hacia el norte estaba la mesa de los panes de la proposición; y ante el velo que separaba el lugar santo del santísimo estaba el altar de oro para el incienso, del cual ascendía diariamente a Dios una nube de sahumerio junto con las oraciones de Israel.

En el lugar santísimo se encontraba el arca, cofre de madera preciosa cubierta de oro, depósito de las dos tablas de piedra sobre las cuales Dios había grabado la ley de los diez mandamientos. Sobre el arca, a guisa de cubierta del sagrado cofre, estaba el propiciatorio, verdadera maravilla artística, coronada por dos querubines, uno en cada extremo y todo de oro macizo. En este departamento era donde se manifestaba la presencia divina en la nube de gloria entre los querubines.

Después que los israelitas se hubieron establecido en Canaán el tabernáculo fue reemplazado por el templo de Salomón, el cual, aunque edificio permanente y de mayores dimensiones, conservaba las mismas proporciones y el mismo amueblado. El santuario subsistió así—menos durante el plazo en que permaneció en ruinas en tiempo de Daniel—hasta su destrucción por los romanos, en el año 70 de nuestra era.

Tal fue el único santuario que haya existido en la tierra y del cual la Biblia nos dé alguna información. San Pablo dijo de él que era el santuario del primer pacto. Pero ¿no tiene el nuevo pacto también el suyo?

Volviendo al libro de los Hebreos, los que buscaban la verdad encontraron que existía un segundo santuario, o sea el del nuevo pacto, al cual se alude en las palabras ya citadas del apóstol Pablo: "En verdad el primer pacto *también* tenía reglamentos del culto, y su santuario que lo era de este mundo." El uso de la palabra "también" implica que San Pablo ha hecho antes mención de este santuario. Volviendo al principio del capítulo anterior, se lee: "Lo principal, pues, entre las cosas que decimos es esto: Tenemos un tal sumo sacerdote que se ha sentado a la diestra del trono de la Majestad en los cielos; ministro del santuario, y del verdadero tabernáculo, que plantó el Señor, y no el hombre." (Hebreos 8:1, 2, V.M.)

Aquí tenemos revelado el santuario del nuevo pacto. El santuario del primer pacto fue asentado por el hombre, construido por Moisés; éste segundo es asentado por el Señor, no por el hombre. En aquel santuario los sacerdotes terrenales desempeñaban el servicio; en éste es Cristo, nuestro gran Sumo Sacerdote, quien ministra a la diestra de Dios. Uno de los santuarios estaba en la tierra, el otro está en el cielo.

Además, el tabernáculo construido por Moisés fue hecho según un modelo. El Señor le ordenó: "Conforme a todo lo que yo te mostrare, el diseño del tabernáculo, y el diseño de todos sus vasos, así lo haréis." Y le mandó además: "Mira, y hazlos conforme a su modelo, que te ha sido mostrado en el monte." (Éxodo 25:9, 40.) Y San Pablo dice que el primer tabernáculo "era una parábola para aquel tiempo entonces presente; conforme a la cual se ofrecían dones y sacrificios;" que sus santos lugares eran "representaciones de las cosas celestiales;" que los sacerdotes que presentaban las ofrendas según la ley, ministraban lo que era "la mera representación y sombra de las cosas celestiales," y que "no entró Cristo en un lugar santo hecho de mano, que es una mera representación del verdadero, sino en el cielo mismo, para presentarse ahora delante de Dios por nosotros." (Hebreos 9:9, 23; 8:5; 9:24, V.M.)

El santuario celestial, en el cual Jesús ministra, es el gran modelo, del cual el santuario edificado por Moisés no era más que trasunto. Dios puso su Espíritu sobre los que construyeron el santuario terrenal. La pericia artística desplegada en su construcción fue una manifestación de la sabiduría divina. Las paredes tenían aspecto de oro macizo, y reflejaban en todas direcciones la luz de las siete lámparas del candelero de oro. La mesa de los panes de la proposición y el altar del incienso relucían como oro bruñido. La magnífica cubierta que formaba el techo, recamada con figuras de ángeles, en azul, púrpura y escarlata, realzaba la belleza de la escena. Y más allá del segundo velo estaba la santa *shekina*, la manifestación visible de la gloria de Dios, ante la cual sólo el sumo sacerdote podía entrar y sobrevivir.

El esplendor incomparable del tabernáculo terrenal reflejaba a la vista humana la gloria de aquel templo celestial donde Cristo nuestro precursor ministra por nosotros ante el trono de Dios. La morada del Rey de reyes, donde miles y miles ministran delante de él, y millones de millones están en su presencia (Daniel 7:10); ese templo, lleno de la gloria del trono eterno, donde los serafines, sus flamantes guardianes, cubren sus rostros en adoración, no podía encontrar en la más grandiosa construcción que jamás edificaran manos humanas, más que un pálido reflejo de su inmensidad y de su gloria. Con todo, el santuario terrenal y sus servicios revelaban importantes verdades relativas al santuario celestial y a la gran obra que se llevaba allí a cabo para la redención del hombre.

Los lugares santos del santuario celestial están representados por los dos departamentos del santuario terrenal. Cuando en una visión le fue dado al apóstol Juan que viese el templo de Dios en el cielo, contempló allí "siete lámparas de fuego ardiendo delante del trono." (Apocalipsis 4:5, V.M.) Vio un ángel que tenía "en su mano un incensario de oro; y le fue dado mucho incienso, para que lo añadiese a las oraciones de todos los santos, encima del altar de oro que estaba delante del trono." (Apocalipsis 8:3, V.M.) Se le permitió al profeta contemplar el primer departamento del santuario en el cielo; y vio allí las "siete lámparas de fuego" y el "altar de oro" representados por el candelabro de oro y el altar de incienso en el santuario terrenal. De nuevo, "fue abierto el templo de Dios" (Apocalipsis 11:19, V.M.), y miró hacia adentro del velo interior, el lugar santísimo. Allí vio "el arca de su pacto," representada por el cofre sagrado construido por Moisés para guardar la ley de Dios.

Así fue como los que estaban estudiando ese asunto encontraron pruebas irrefutables de la existencia de un santuario en el cielo. Moisés hizo el santuario terrenal según un modelo que le fue enseñado. San Pablo declara que ese modelo era el verdadero santuario que está en el cielo. Y San Juan afirma que lo vio en el cielo.

En el templo celestial, la morada de Dios, su trono está asentado en juicio y en justicia. En el lugar santísimo está su ley, la gran regla de justicia por la cual es probada toda la humanidad. El arca, que contiene las tablas de la ley, está cubierta con el propiciatorio, ante el cual Cristo ofrece su sangre a favor del pecador. Así se representa la unión de la justicia y de la misericordia en el plan de la redención humana. Sólo la sabiduría infinita podía idear semejante unión, y sólo el poder infinito podía realizarla; es una unión que llena todo el cielo de admiración y adoración. Los querubines del santuario terrenal que miraban reverentemente hacia el propiciatorio, representaban el interés con el cual las huestes celestiales contemplan la obra de redención. Es el misterio de misericordia que los ángeles desean contemplar, a saber: que Dios puede ser justo al mismo tiempo que justifica al pecador arrepentido y reanuda sus relaciones con la raza caída; que Cristo pudo humillarse para sacar a innumerables multitudes del abismo de la perdición y revestirlas con las vestiduras inmaculadas de su propia justicia, a fin de unirlas con ángeles que no cayeron jamás y permitirles vivir para siempre en la presencia de Dios.

La obra mediadora de Cristo en favor del hombre se presenta en esta hermosa profecía de Zacarías relativa a Aquel "cuyo nombre es El Vástago." El profeta dice: "Sí, edificará el Templo de Jehová, y llevará sobre sí la gloria; y se sentará y reinará sobre su trono, siendo Sacerdote sobre su trono; y el *consejo de la paz* estará entre los dos." (Zacarías 6:12, 13, V.M.)

"Sí, edificará el Templo de Jehová." Por su sacrificio y su mediación, Cristo es el fundamento y el edificador de la iglesia de Dios. El apóstol Pablo le señala como "la piedra principal del ángulo: en la cual todo el edificio, bien trabado consigo mismo, va creciendo para ser un templo santo en el Señor; en quien— dice—vosotros también sois edificados juntamente, para ser morada de Dios, en virtud del Espíritu." (Efesios 2:20-22, V.M.)

"Y llevará sobre sí la gloria." Es a Cristo a quien pertenece la gloria de la redención de la raza caída. Por toda la eternidad, el canto de los redimidos será: "A Aquel que nos ama, y nos ha lavado de nuestros pecados en su misma sangre, ... a él sea la gloria y el dominio por los siglos de los siglos." (Apocalipsis 1:5, 6, V.M.)

"Y se sentará y reinará sobre su trono, siendo Sacerdote sobre su trono." No todavía "sobre el trono de su gloria;" el reino de gloria no le ha sido dado aún. Solo cuando su obra mediadora haya terminado, "le dará el Señor Dios el trono de David su padre," un reino del que "no habrá fin." (S. Lucas 1:32, 33.) Como sacerdote, Cristo está sentado ahora con el Padre en su trono. (Apocalipsis 3:21.) En el trono, en compañía del Dios eterno que existe por sí mismo, está Aquel que "ha llevado nuestros padecimientos, y con nuestros dolores ... se cargó," quien fue "tentado en todo punto, así como nosotros, mas sin pecado," para que pudiese "también socorrer a los que son tentados." "Si alguno pecare, abogado tenemos para con el Padre, a saber, a Jesucristo el justo. " (Isaías 53:4; Hebreos 4:15; 2:18; 1 Juan 2:1, V.M.) Su intercesión es la de un cuerpo traspasado y quebrantado y de una vida inmaculada. Las manos heridas, el costado abierto, los pies desgarrados, abogan en favor del hombre caído, cuya redención fue comprada a tan infinito precio.

"Y el consejo de la paz estará entre los dos." El amor del Padre, no menos que el del Hijo, es la fuente de salvación para la raza perdida. Jesús había dicho a sus discípulos antes de irse: "No os digo, que yo rogaré al Padre por vosotros; pues el mismo Padre os ama." (S. Juan 16:26, 27.) "Dios estaba en Cristo, reconciliando consigo mismo al mundo." (2 Corintios 5:19, V.M.) Y en el ministerio del santuario celestial, "el consejo de la paz estará entre los dos." "*De tal manera amó* Dios al mundo, que dio a su Hijo unigénito, para que todo aquel que cree en él, no perezca, sino que tenga vida eterna." (S. Juan 3:16, V.M.)

Las Escrituras contestan con claridad a la pregunta: ¿Qué es el santuario? La palabra "santuario," tal cual la usa la Biblia, se refiere, en primer lugar, al tabernáculo que construyó Moisés, como figura o imagen de las cosas celestiales; y, en segundo lugar, al "verdadero tabernáculo" en el cielo, hacia el cual señalaba el santuario terrenal. Muerto Cristo, terminó el ritual típico. El "verdadero tabernáculo" en el cielo es el santuario del nuevo pacto. Y como la profecía de Daniel 8:14 se cumple en esta dispensación, el santuario al cual se refiere debe ser el santuario del nuevo pacto. Cuando terminaron los 2.300 días, en 1844, hacía muchos siglos que no había santuario en la tierra. De manera que la profecía: "Hasta dos mil y trescientas tardes y mañanas; entonces será purificado el Santuario," se refiere indudablemente al santuario que está en el cielo.

Pero queda aún la pregunta más importante por contestar: ¿Qué es la purificación del santuario? En el Antiguo Testamento se hace mención de un servicio tal con referencia al santuario terrenal. ¿Pero puede haber algo que purificar en el cielo? En el noveno capítulo de la Epístola a los Hebreos, se menciona claramente la purificación de ambos santuarios, el terrenal y el celestial. "Según la ley, casi todas las cosas son purificadas con sangre; y sin derramamiento de sangre no hay remisión. Fue pues necesario que las representaciones de las cosas celestiales fuesen purificadas con estos sacrificios, pero las mismas cosas celestiales, con mejores sacrificios que éstos" (Hebreos 9:22, 23, V.M.), a saber, la preciosa sangre de Cristo.

En ambos servicios, el típico y el real, la purificación debe efectuarse con sangre; en aquél con sangre de animales; en éste, con la sangre de Cristo. San Pablo dice que la razón por la cual esta purificación debe hacerse con sangre, es porque sin derramamiento de sangre no hay *remisión*. La remisión, o sea el acto de quitar los pecados, es la obra que debe realizarse. ¿Pero como podía relacionarse el pecado con el santuario del cielo o con el de la tierra? Puede saberse esto estudiando el servicio simbólico, pues los sacerdotes que oficiaban en la tierra, ministraban "lo que es la mera representación y sombra de las cosas celestiales." (Hebreos 8:5, V.M.)

El servicio del santuario terrenal consistía en dos partes; los sacerdotes ministraban diariamente en el lugar santo, mientras que una vez al año el sumo sacerdote efectuaba un servicio especial de expiación en el lugar santísimo, para purificar el santuario. Día tras día el pecador arrepentido llevaba su ofrenda a la puerta del tabernáculo, y poniendo la mano sobre la cabeza de la víctima, confesaba sus pecados, transfiriéndolos así figurativamente de sí mismo a la víctima inocente. Luego se mataba el animal. "Sin derramamiento de sangre," dice el apóstol, no hay remisión de pecados. "La vida de la carne en la sangre está." (Levítico 17:11.) La ley de Dios quebrantada exigía la vida del transgresor. La sangre, que representaba la vida comprometida del pecador, cuya culpa cargaba la víctima, la llevaba el sacerdote al lugar santo y la salpicaba ante el velo, detrás del cual estaba el arca que contenía la ley que el pecador había transgredido. Mediante esta ceremonia, el pecado era transferido figurativamente, por intermedio de la sangre, al santuario. En ciertos casos, la sangre no era llevada al lugar santo; pero el sacerdote debía entonces comer la carne, como Moisés lo había mandado a los hijos de Aarón, diciendo: "Dióla él a vosotros para llevar la iniquidad de la congregación." (Levítico 10:17.) Ambas ceremonias simbolizaban por igual la transferencia del pecado del penitente al santuario.

Tal era la obra que se llevaba a cabo día tras día durante todo el año. Los pecados de Israel eran transferidos así al santuario, y se hacía necesario un servicio especial para eliminarlos. Dios mandó que se hiciera una expiación por cada uno de los departamentos sagrados. "Así hará expiación por el Santuario, a causa de las inmundicias de los hijos de Israel y de sus transgresiones, con motivo de todos sus pecados. Y del mismo modo hará con el Tabernáculo de Reunión, que reside con ellos, en medio de sus inmundicias." Debía hacerse también una expiación por el altar: "Lo purificará y lo santificará, a causa de las inmundicias de los hijos de Israel." (Levítico 16:16, 19, V.M.)

Una vez al año, en el gran día de las expiaciones, el sacerdote entraba en el lugar santísimo para purificar el santuario. El servicio que se realizaba allí completaba la serie anual de los servicios. En el día de las expiaciones se llevaban dos machos cabríos a la entrada del tabernáculo y se echaban suertes sobre ellos, "la una suerte para Jehová y la otra para Azazel." (Vers. 8.) El macho cabrío sobre el cual caía la suerte para Jehová debía ser inmolado como ofrenda por el pecado del pueblo. Y el sacerdote debía llevar velo adentro la sangre de aquél y rociarla sobre el propiciatorio y delante de él. También había que rociar con ella el altar del incienso, que se encontraba delante del velo.

"Y pondrá Aarón entrambas manos sobre la cabeza del macho cabrío vivo, y confesará sobre él todas las iniquidades de los hijos de Israel, y todas sus transgresiones, a causa de todos sus pecados, cargándolos así sobre la cabeza del macho cabrío, y le enviará al desierto por mano de un hombre idóneo. Y el macho cabrío llevará sobre sí las iniquidades de ellos a tierra inhabitada." (Levítico 16:21, 22, V.M.) El macho cabrío emisario no volvía al real de Israel, y el hombre que lo había llevado afuera debía lavarse y lavar sus vestidos con agua antes de volver al campamento.

Toda la ceremonia estaba destinada a inculcar a los israelitas una idea de la santidad de Dios y de su odio al pecado; y además hacerles ver que no podían ponerse en contacto con el pecado sin contaminarse. Se requería de todos que afligiesen sus almas mientras se celebraba el servicio de expiación. Toda ocupación debía dejarse a un lado, y toda la congregación de Israel debía pasar el día en solemne humillación ante Dios, con oración, ayuno y examen profundo del corazón.

El servicio típico enseña importantes verdades respecto a la expiación. Se aceptaba un substituto en lugar del pecador; pero la sangre de la víctima no borraba el pecado. Sólo proveía un medio para transferirlo al santuario. Con la ofrenda de sangre, el pecador reconocía la autoridad de la ley, confesaba su culpa, y expresaba su deseo de ser perdonado mediante la fe en un Redentor por venir; pero no estaba aún enteramente libre de la condenación de la ley. El día de la expiación, el sumo sacerdote, después de haber tomado una víctima ofrecida por la congregación, iba al lugar santísimo con la sangre de dicha víctima y rociaba con ella el propiciatorio, encima mismo de la ley, para dar satisfacción a sus exigencias. Luego, en calidad de mediador, tomaba los pecados sobre sí y los llevaba fuera del santuario. Poniendo sus manos sobre la cabeza del segundo macho cabrío, confesaba sobre él todos esos pecados, transfiriéndolos así figurativamente de él al macho cabrío emisario. Este los llevaba luego lejos y se los consideraba como si estuviesen para siempre quitados y echados lejos del pueblo.

Tal era el servicio que se efectuaba como "mera representación y sombra de las cosas celestiales." Y lo que se hacía típicamente en el santuario terrenal, se hace en realidad en el santuario celestial. Después de su ascensión, nuestro Salvador empezó a actuar como nuestro Sumo Sacerdote. San Pablo dice: "No entró Cristo en un lugar santo hecho de mano, que es una mera representación del verdadero, sino en el cielo mismo, para presentarse ahora delante de Dios por nosotros." (Hebreos 9:24, V.M.)

El servicio del sacerdote durante el año en el primer departamento del santuario, "adentro del velo" que formaba la entrada y separaba el lugar santo del atrio exterior, representa la obra y el servicio a que dio principio Cristo al ascender al cielo. La obra del sacerdote en el servicio diario consistía en presentar ante Dios la sangre del holocausto, como también el incienso que subía con las oraciones de Israel. Así es como Cristo ofrece su sangre ante el Padre en beneficio de los pecadores, y así es como presenta ante él, además, junto con el precioso perfume de su propia justicia, las oraciones de los creyentes arrepentidos. Tal era la obra desempeñada en el primer departamento del santuario en el cielo.

Hasta allí siguieron los discípulos a Cristo por la fe cuando se elevó de la presencia de ellos. Allí se concentraba su esperanza, "la cual—dice San Pablo— tenemos como ancla del alma, segura y firme, y que penetra hasta a lo que está dentro del velo; adonde, como precursor nuestro, Jesús ha entrado por nosotros, constituido sumo sacerdote para siempre." "Ni tampoco por medio de la sangre de machos de cabrío y de terneros, sino por la virtud de su propia sangre, entró una vez para siempre en el lugar santo, habiendo ya hallado eterna redención." (Hebreos 6:19, 20; 9:12, V.M.)

Este ministerio siguió efectuándose durante dieciocho siglos en el primer departamento del santuario. La sangre de Cristo, ofrecida en beneficio de los creyentes arrepentidos, les aseguraba perdón y aceptación cerca del Padre, pero no obstante sus pecados permanecían inscritos en los libros de registro. Como en el servicio típico había una obra de expiación al fin del año, así también, antes de que la obra de Cristo para la redención de los hombres se complete, queda por hacer una obra de expiación para quitar el pecado del santuario. Este es el servicio que empezó cuando terminaron los 2.300 días. Entonces, así como lo había anunciado Daniel el profeta, nuestro Sumo Sacerdote entró en el lugar santísimo, para cumplir la última parte de su solemne obra: la purificación del santuario.

Así como en la antigüedad los pecados del pueblo eran puestos por fe sobre la víctima ofrecida, y por la sangre de ésta se transferían figurativamente al santuario terrenal, así también, en el nuevo pacto, los pecados de los que se arrepienten son puestos por fe sobre Cristo, y transferidos, de hecho, al santuario celestial. Y así como la purificación típica de lo terrenal se efectuaba quitando los pecados con los cuales había sido contaminado, así también la purificación real de lo celestial debe efectuarse quitando o borrando los pecados registrados en el cielo. Pero antes de que esto pueda cumplirse deben examinarse los registros para determinar quiénes son los que, por su arrepentimiento del pecado y su fe en Cristo, tienen derecho a los beneficios de la expiación cumplida por él. La purificación del santuario implica por lo tanto una obra de investigación—una obra de juicio. Esta obra debe realizarse antes de que venga Cristo para redimir a su pueblo, pues cuando venga, su galardón está con él, para que pueda otorgar la recompensa a cada uno según haya sido su obra. (Apocalipsis 22:12.)

Así que los que andaban en la luz de la palabra profética vieron que en lugar de venir a la tierra al fin de los 2.300 días, en 1844, Cristo entró entonces en el lugar santísimo del santuario celestial para cumplir la obra final de la expiación preparatoria para su venida.

Se vio además que, mientras que el holocausto señalaba a Cristo como sacrificio, y el sumo sacerdote representaba a Cristo como mediador, el macho cabrío simbolizaba a Satanás, autor del pecado, sobre quien serán colocados finalmente los pecados de los verdaderamente arrepentidos. Cuando el sumo sacerdote, en virtud de la sangre del holocausto, quitaba los pecados del santuario, los ponía sobre la cabeza del macho cabrío para Azazel. Cuando Cristo, en virtud de su propia sangre, quite del santuario celestial los pecados de su pueblo al fin de su ministerio, los pondrá sobre Satanás, el cual en la consumación del juicio debe cargar con la pena final. El macho cabrío era enviado lejos a un lugar desierto, para no volver jamás a la congregación de Israel. Así también Satanás será desterrado para siempre de la presencia de Dios y de su pueblo, y será aniquilado en la destrucción final del pecado y de los pecadores.

25
JESUCRISTO NUESTRO ABOGADO

EL ASUNTO del santuario fue la clave que aclaró el misterio del desengaño de 1844. Reveló todo un sistema de verdades, que formaban un conjunto armonioso y demostraban que la mano de Dios había dirigido el gran movimiento adventista, y al poner de manifiesto la situación y la obra de su pueblo le indicaba cuál era su deber de allí en adelante. Como los discípulos de Jesús, después de la noche terrible de su angustia y desengaño, "se gozaron viendo al Señor," así también se regocijaron ahora los que habían esperado con fe su segunda venida. Habían esperado que vendría en gloria para recompensar a sus siervos. Como sus esperanzas fuesen chasqueadas, perdieron de vista a Jesús, y como María al lado del sepulcro, exclamaron: "Se han llevado a mi Señor, y no sé dónde le han puesto." Entonces, en el lugar santísimo, contemplaron otra vez a su compasivo Sumo Sacerdote que debía aparecer pronto como su rey y libertador. La luz del santuario iluminaba lo pasado, lo presente y lo porvenir. Supieron que Dios les había guiado por su providencia infalible. Aunque, como los primeros discípulos, ellos mismos no habían comprendido el mensaje que daban, éste había sido correcto en todo sentido. Al proclamarlo habían cumplido los designios de Dios, y su labor no había sido vana en el Señor. Reengendrados "en esperanza viva," se regocijaron "con gozo inefable y glorificado."

Tanto la profecía de Daniel 8:14: "Hasta dos mil y trescientas tardes y mañanas; entonces será purificado el Santuario," como el mensaje del primer ángel: "¡Temed a Dios y dadle gloria; porque ha llegado la hora de su juicio!" señalaban al ministerio de Cristo en el lugar santísimo, al juicio investigador, y no a la venida de Cristo para la redención de su pueblo y la destrucción de los impíos. El error no estaba en el cómputo de los períodos proféticos, sino en el *acontecimiento* que debía verificarse al fin de los 2.300 días. Debido a este error los creyentes habían sufrido un desengaño; sin embargo se había realizado todo lo predicho por la profecía, y todo lo que alguna garantía bíblica permitía esperar. En el momento mismo en que estaban lamentando la defraudación de sus esperanzas, se había realizado el acontecimiento que estaba predicho por el mensaje, y que debía cumplirse antes de que el Señor pudiese aparecer para recompensar a sus siervos.

Cristo había venido, no a la tierra, como ellos lo esperaban, sino, como estaba simbolizado en el símbolo, al lugar santísimo del templo de Dios en el cielo. El profeta Daniel le representa como viniendo en ese tiempo al Anciano de días: "Estaba mirando en visiones de la noche, y he aquí que sobre las nubes del cielo venía Uno parecido a un hijo de hombre; y vino"—no a la tierra, sino—"al Anciano de días, y le trajeron delante de él." (Daniel 7:13, V.M.)

Esta venida está predicha también por el profeta Malaquías: "Repentinamente vendrá a su Templo el Señor a quien buscáis: es decir, el Ángel del Pacto, en quien os deleitéis; he aquí que vendrá, dice Jehová de los Ejércitos." (Malaquías 3:1, V.M.) La venida del Señor a su templo fue repentina, de modo inesperado, para su pueblo. Este no le esperaba *allí*. Esperaba que vendría a la tierra, "en llama de fuego, para dar el pago a los que no conocieron a Dios, ni obedecen al evangelio." (2 Tesalonicenses 1:8.)

Pero el pueblo no estaba aún preparado para ir al encuentro de su Señor. Todavía le quedaba una obra de preparación que cumplir. Debía serle comunicada una luz que dirigiría su espíritu hacia el templo de Dios en el cielo; y mientras siguiera allí por fe a su Sumo Sacerdote en el desempeño de su ministerio se le revelarían nuevos deberes. Había de darse a la iglesia otro mensaje de aviso e instrucción.

El profeta dice: "¿Pero quién es capaz de soportar el día de su advenimiento? ¿y quién podrá estar en pie cuando él apareciere? porque será como el fuego del acrisolador, y como el jabón de los bataneros; pues que se sentará como acrisolador y purificador de la plata; y purificará a los hijos de Leví, y los afinará como el oro y la plata, para que presenten a Jehová ofrenda en justicia." (Malaquías 3:2, 3, V.M.) Los que vivan en la tierra cuando cese la intercesión de Cristo en el santuario celestial deberán estar en pie en la presencia del Dios santo sin mediador. Sus vestiduras deberán estar sin mácula; sus caracteres, purificados de todo pecado por la sangre de la aspersión. Por la gracia de Dios y sus propios y diligentes esfuerzos deberán ser vencedores en la lucha con el mal. Mientras se prosigue el juicio investigador en el cielo, mientras que los pecados de los creyentes arrepentidos son quitados del santuario, debe llevarse a cabo una obra especial de purificación, de liberación del pecado, entre el pueblo de Dios en la tierra. Esta obra está presentada con mayor claridad en los mensajes del capítulo 14 del Apocalipsis.

Cuando esta obra haya quedado consumada, los discípulos de Cristo estarán listos para su venida. "Entonces la ofrenda de Judá y de Jerusalem será grata a Jehová, como en los días de la antigüedad, y como en los años de remotos tiempos." (Malaquías 3:4, V.M.) Entonces la iglesia que nuestro Señor recibirá para sí será una "Iglesia gloriosa, no teniendo mancha, ni arruga, ni otra cosa semejante." (Efesios 5:27, V.M.) Entonces ella aparecerá "como el alba; hermosa como la luna, esclarecida como el sol, imponente como ejército con banderas tremolantes." (Cantares 6:10, V.M.)

Además de la venida del Señor a su templo, Malaquías predice también su segundo advenimiento, su venida para la ejecución del juicio, en estas palabras: "Y yo me acercaré a vosotros para juicio; y seré veloz testigo contra los hechiceros, y contra los adúlteros, y contra los que juran en falso, y contra los que defraudan al jornalero de su salario, y oprimen a la viuda y al huérfano, y apartan al extranjero de su derecho; y no me temen a mí, dice Jehová de los Ejércitos." (Malaquías 3:5, V.M.) San Judas se refiere a la misma escena cuando dice: "¡He aquí que viene el Señor, con las huestes innumerables de sus santos ángeles, para ejecutar juicio sobre todos, y para convencer a todos los impíos de todas las obras impías que han obrado impíamente!" (S. Judas 14, 15, V.M.) Esta venida y la del Señor a su templo son acontecimientos distintos que han de realizarse por separado.

La venida de Cristo como nuestro Sumo Sacerdote al lugar santísimo para la purificación del santuario, de la que se habla en Daniel 8:14; la venida del Hijo del hombre al lugar donde está el Anciano de días, tal como está presentada en Daniel 7:13; y la venida del Señor a su templo, predicha por Malaquías, son descripciones del mismo acontecimiento representado también por la venida del Esposo a las bodas, descrita por Cristo en la parábola de las diez vírgenes, según S. Mateo 25.

En el verano y otoño de 1844 fue hecha esta proclamación: "¡He aquí que viene el Esposo!" Se conocieron entonces las dos clases de personas representadas por las vírgenes prudentes y fatuas: la una que esperaba con regocijo la aparición del Señor y se había estado preparando diligentemente para ir a su encuentro; la otra que, presa del temor y obrando por impulso, se había dado por satisfecha con una teoría de la verdad, pero estaba destituída de la gracia de Dios. En la parábola, cuando vino el Esposo, "las que estaban preparadas entraron con él a las bodas." La venida del Esposo, presentada aquí, se verifica antes de la boda. La boda representa el acto de ser investido Cristo de la dignidad de Rey. La ciudad santa, la nueva Jerusalén, que es la capital del reino y lo representa, se llama "la novia, la esposa del Cordero." El ángel dijo a San Juan: "Ven acá; te mostraré la novia, la esposa del cordero." "Me llevó en el Espíritu," agrega el profeta, "y me mostró la santa ciudad de Jerusalem, descendiendo del cielo, desde Dios." (Apocalipsis 21:9, 10, V.M.) Salta pues a la vista que la Esposa representa la ciudad santa, y las vírgenes que van al encuentro del Esposo representan a la iglesia. En el Apocalipsis, el pueblo de Dios lo constituyen los invitados a la cena de las bodas. (Apocalipsis 19:9.) Si son los *invitados*, no pueden representar también a la *esposa*. Cristo, según el profeta Daniel, recibirá del Anciano de días en el cielo "el dominio, y la gloria, y el reino," recibirá la nueva Jerusalén, la capital de su reino, "preparada como una novia engalanada para su esposo." (Daniel 7:14; Apocalipsis 21:2, V.M.) Después de recibir el reino, vendrá en su gloria, como Rey de reyes y Señor de señores, para redimir a los suyos, que "se sentarán con Abraham, e Isaac, y Jacob," en su reino (S. Mateo 8:11; S. Lucas 22:30), para participar de la cena de las bodas del Cordero.

La proclamación: "¡He aquí que viene el Esposo!" en el verano de 1844, indujo a miles de personas a esperar el advenimiento inmediato del Señor. En el tiempo señalado, vino el Esposo, no a la tierra, como el pueblo lo esperaba, sino hasta donde estaba el Anciano de días en el cielo, a las bodas; es decir, a recibir su reino. "Las que estaban preparadas entraron con él a las bodas; y fue cerrada la puerta." No iban a asistir en persona a las bodas, ya que éstas se verifican en el cielo mientras que ellas están en la tierra. Los discípulos de Cristo han de esperar "a su Señor, cuando haya de *volver* de las bodas." (S. Lucas 12:36, V.M.) Pero deben comprender su obra, y seguirle por fe mientras entra en la presencia de Dios. En este sentido es en el que se dice que ellos van con él a las bodas.

Según la parábola, fueron las que tenían aceite en sus vasos con sus lámparas quienes entraron a las bodas. Los que, junto con el conocimiento de la verdad de las Escrituras, tenían el Espíritu y la gracia de Dios, y que en la noche de su amarga prueba habían esperado con paciencia, escudriñando la Biblia en busca de más luz—fueron los que reconocieron la verdad referente al santuario en el cielo y al cambio de ministerio del Salvador, y por fe le siguieron en su obra en el santuario celestial. Y todos los que por el testimonio de las Escrituras aceptan las mismas verdades, siguiendo por fe a Cristo mientras se presenta ante Dios para efectuar la última obra de mediación y para recibir su reino a la conclusión de ésta—todos ésos están representados como si entraran en las bodas.

En la parábola del capítulo 22 de San Mateo, se emplea la misma figura de las bodas y se ve a las claras que el juicio investigador se realiza antes de las bodas. Antes de verificarse estas entra el Rey para ver a los huéspedes, y cerciorarse de que todos llevan las vestiduras de boda, el manto inmaculado del carácter, lavado y emblanquecido en la sangre del Cordero. (S. Mateo 22:11; Apocalipsis 7:14.) Al que se le encuentra sin traje conveniente, se le expulsa, pero todos los que al ser examinados resultan tener las vestiduras de bodas, son aceptados por Dios y juzgados dignos de participar en su reino y de sentarse en su trono. Esta tarea de examinar los caracteres y de determinar los que están preparados para el reino de Dios es la del juicio investigador, la obra final que se lleva a cabo en el santuario celestial.

Cuando haya terminado este examen, cuando se haya fallado respecto de los que en todos los siglos han profesado ser discípulos de Cristo, entonces y no antes habrá terminado el tiempo de gracia, y será cerrada la puerta de misericordia. Así que las palabras: "Las que estaban preparadas entraron con él a las bodas, y fue cerrada la puerta," nos conducen a través del ministerio final del Salvador, hasta el momento en que quedará terminada la gran obra de la salvación del hombre.

En el servicio del santuario terrenal que, como ya lo vimos, es una figura del servicio que se efectúa en el santuario celestial, cuando el sumo sacerdote entraba el día de la expiación en el lugar santísimo terminaba el servicio del primer departamento. Dios mandó: "No ha de haber hombre alguno en el Tabernáculo de Reunión cuando él entrare para hacer expiación dentro del Santuario, hasta que salga." (Levítico 16:17, V.M.) Así que cuando Cristo entró en el lugar santísimo para consumar la obra final de la expiación, cesó su ministerio en el primer departamento. Pero cuando terminó el servicio que se realizaba en el primer departamento, se inició el ministerio en el segundo departamento. Cuando en el servicio típico el sumo sacerdote salía del lugar santo el día de la expiación, se presentaba ante Dios, para ofrecer la sangre de la víctima ofrecida por el pecado de todos los israelitas que se arrepentían verdaderamente. Así también Cristo sólo había terminado una parte de su obra como intercesor nuestro para empezar otra, y sigue aún ofreciendo su sangre ante el Padre en favor de los pecadores.

Este asunto no lo entendieron los adventistas de 1844. Después que transcurriera la fecha en que se esperaba al Salvador, siguieron creyendo que su venida estaba cercana; sostenían que habían llegado a una crisis importante y que había cesado la obra de Cristo como intercesor del hombre ante Dios. Les parecía que la Biblia enseñaba que el tiempo de gracia concedido al hombre terminaría poco antes de la venida misma del Señor en las nubes del cielo. Eso parecía desprenderse de los pasajes bíblicos que indican un tiempo en que los hombres buscarán, golpearán y llamarán a la puerta de la misericordia, sin que ésta se abra. Y se preguntaban si la fecha en que habían estado esperando la venida de Cristo no señalaba más bien el comienzo de ese período que debía preceder inmediatamente a su venida. Habiendo proclamado la proximidad del juicio, consideraban que habían terminado su labor para el mundo, y no sentían más la obligación de trabajar por la salvación de los pecadores, en tanto que las mofas atrevidas y blasfemas de los impíos les parecían una evidencia adicional de que el Espíritu de Dios se había retirado de los que rechazaran su misericordia. Todo esto les confirmaba en la creencia de que el tiempo de gracia había terminado, o, como decían ellos entonces, que "la puerta de la misericordia estaba cerrada."

Pero una luz más viva surgió del estudio de la cuestión del santuario. Vieron entonces que tenían razón al creer que el fin de los 2.300 días, en 1844, había marcado una crisis importante. Pero si bien era cierto que se había cerrado la puerta de esperanza y de gracia por la cual los hombres habían encontrado durante mil ochocientos años acceso a Dios, otra puerta se les abría, y el perdón de los pecados era ofrecido a los hombres por la intercesión de Cristo en el lugar santísimo. Una parte de su obra había terminado tan sólo para dar lugar a otra. Había aún una "puerta abierta" para entrar en el santuario celestial donde Cristo oficiaba en favor del pecador.

Entonces comprendieron la aplicación de las palabras que Cristo dirigió en el Apocalipsis a la iglesia correspondiente al tiempo en que ellos mismos vivían: "Estas cosas dice el que es santo, el que es veraz, el que tiene la llave de David, el que abre, y ninguno cierra, y cierra, y ninguno abre: Yo conozco tus obras: he aquí he puesto delante de ti una puerta abierta, la cual nadie podrá cerrar." (Apocalipsis 3:7, 8, V.M.)

Son los que por fe siguen a Jesús en su gran obra de expiación, quienes reciben los beneficios de su mediación por ellos, mientras que a los que rechazan la luz que pone a la vista este ministerio, no les beneficia. Los judíos que rechazaron la luz concedida en el tiempo del primer advenimiento de Cristo, y se negaron a creer en él como Salvador del mundo, no podían ser perdonados por intermedio de él. Cuando en la ascensión Jesús entró por su propia sangre en el santuario celestial para derramar sobre sus discípulos las bendiciones de su mediación, los judíos fueron dejados en obscuridad completa y siguieron con sus sacrificios y ofrendas inútiles. Había cesado el ministerio de símbolos y sombras. La puerta por la cual los hombres habían encontrado antes acceso cerca de Dios, no estaba más abierta. Los judíos se habían negado a buscarle de la sola manera en que podía ser encontrado entonces, por el sacerdocio en el santuario del cielo. No encontraban por consiguiente comunión con Dios. La puerta estaba cerrada para ellos. No conocían a Cristo como verdadero sacrificio y único mediador ante Dios; de ahí que no pudiesen recibir los beneficios de su mediación.

La condición de los judíos incrédulos ilustra el estado de los indiferentes e incrédulos entre los profesos cristianos, que desconocen voluntariamente la obra de nuestro misericordioso Sumo Sacerdote. En el servicio típico, cuando el sumo sacerdote entraba en el lugar santísimo, todos los hijos de Israel debían reunirse cerca del santuario y humillar sus almas del modo más solemne ante Dios, a fin de recibir el perdón de sus pecados y no ser separados de la congregación. ¡Cuánto más esencial es que en nuestra época antitípica de la expiación comprendamos la obra de nuestro Sumo Sacerdote, y sepamos qué deberes nos incumben!

Los hombres no pueden rechazar impunemente los avisos que Dios les envía en su misericordia. Un mensaje fue enviado del cielo al mundo en tiempo de Noé, y la salvación de los hombres dependía de la manera en que aceptaran ese mensaje. Por el hecho de que ella había rechazado la amonestación, el Espíritu de Dios se retiró de la raza pecadora que pereció en las aguas del diluvio. En tiempo de Abrahán la misericordia dejó de alegar con los culpables vecinos de Sodoma, y todos, excepto Lot con su mujer y dos hijas, fueron consumidos por el fuego que descendió del cielo. Otro tanto sucedió en días de Cristo. El Hijo de Dios declaró a los judíos incrédulos de aquella generación: "He aquí vuestra casa os es dejada desierta." (S. Mateo 23:38.) Considerando los últimos días, el mismo—Poder Infinito declara respecto de los que "no recibieron el amor de la verdad para ser salvos:" "Por lo tanto, les envía Dios operación de error, para que crean a la mentira; para que sean condenados todos los que no creyeron a la verdad, antes consintieron a la iniquidad." (2 Tesalonicenses 2:10-12.) A medida que se rechazan las enseñanzas de su Palabra, Dios retira su Espíritu y deja a los hombres en brazos del engaño que tanto les gusta.

Pero Cristo intercede aún por el hombre, y se otorgará luz a los que la buscan. Aunque esto no lo comprendieron al principio los adventistas, les resultó claro después, a medida que los pasajes bíblicos que definen la verdadera posición de ellos empezaron a hacerse inteligibles.

Cuando pasó la fecha fijada para 1844, hubo un tiempo de gran prueba para los que conservaban aún la fe adventista. Su único alivio en lo concerniente a determinar su verdadera situación, fue la luz que dirigió su espíritu hacia el santuario celestial. Algunos dejaron de creer en la manera en que habían calculado antes los períodos proféticos, y atribuyeron a factores humanos o satánicos la poderosa influencia del Espíritu Santo que había acompañado al movimiento adventista. Otros creyeron firmemente que el Señor los había conducido en su vida pasada; y mientras esperaban, velaban y oraban para conocer la voluntad de Dios, llegaron a comprender que su gran Sumo Sacerdote había empezado a desempeñar otro ministerio y, siguiéndole con fe, fueron inducidos a ver además la obra final de la iglesia. Obtuvieron un conocimiento más claro de los mensajes de los primeros ángeles, y quedaron preparados para recibir y dar al mundo la solemne amonestación del tercer ángel de Apocalipsis 14.

26

LOS ESTADOS UNIDOS EN LA PROFECÍA

"FUE abierto el templo de Dios en el cielo, y fue vista en su templo el arca de su pacto." (Apocalipsis 11:19, V.M.) El arca del pacto de Dios está en el lugar santísimo, en el segundo departamento del santuario. En el servicio del tabernáculo terrenal, que servía "de mera representación y sombra de las cosas celestiales," este departamento sólo se abría en el gran día de las expiaciones para la purificación del santuario. Por consiguiente, la proclamación de que el templo de Dios fue abierto en el cielo y fue vista el arca de su pacto, indica que el lugar santísimo del santuario celestial fue abierto en 1844, cuando Cristo entró en él para consumar la obra final de la expiación. Los que por fe siguieron a su gran Sumo Sacerdote cuando dio principio a su ministerio en el lugar santísimo, contemplaron el arca de su pacto. Habiendo estudiado el asunto del santuario, llegaron a entender el cambio que se había realizado en el ministerio del Salvador, y vieron que éste estaba entonces oficiando como intercesor ante el arca de Dios, y ofrecía su sangre en favor de los pecadores.

El arca que estaba en el tabernáculo terrenal contenía las dos tablas de piedra, en que estaban inscritos los preceptos de la ley de Dios. El arca era un mero receptáculo de las tablas de la ley, y era esta ley divina la que le daba su valor y su carácter sagrado a aquélla. Cuando fue abierto el templo de Dios en el cielo, se vio el arca de su pacto. En el lugar santísimo, en el santuario celestial, es donde se encuentra inviolablemente encerrada la ley divina—la ley promulgada por el mismo Dios entre los truenos del Sinaí y escrita con su propio dedo en las tablas de piedra.

La ley de Dios que se encuentra en el santuario celestial es el gran original del que los preceptos grabados en las tablas de piedra y consignados por Moisés en el Pentateuco eran copia exacta. Los que llegaron a comprender este punto importante fueron inducidos a reconocer el carácter sagrado e invariable de la ley divina. Comprendieron mejor que nunca la fuerza de las palabras del Salvador: "Hasta que pasen el cielo y la tierra, ni siquiera una jota ni un tilde pasará de la ley." (S. Mateo 5:18, V.M.) Como la ley de Dios es una revelación de su voluntad, un trasunto de su carácter, debe permanecer para siempre "como testigo fiel en el cielo." Ni un mandamiento ha sido anulado; ni un punto ni un tilde han sido cambiados. Dice el salmista: "¡Hasta la eternidad, oh Jehová, tu palabra permanece en el cielo!" "Seguros son todos sus preceptos; establecidos para siempre jamás." (Salmos 119:89; 111:7, 8, V.M.)

En el corazón mismo del Decálogo se encuentra el cuarto mandamiento, tal cual fue proclamado originalmente: "Acordarte has del día del Sábado, para santificarlo. Seis días trabajarás, harás toda tu obra; mas el séptimo día será Sábado a Jehová tu Dios: no hagas obra ninguna, tú, ni tu hijo, ni tu hija; ni tu siervo, ni tu criada; ni tu bestia, ni tu extranjero, que está dentro de tus puertas: porque en seis días hizo Jehová los cielos y la tierra, la mar y todas las cosas que en ellos hay; y en el día séptimo reposó: por tanto Jehová bendijo el día del Sábado, y lo santificó." (Éxodo 20:8-11, Versión Valera de la S.B.A.)

El Espíritu de Dios obró en los corazones de esos cristianos que estudiaban su Palabra, y quedaron convencidos de que, sin saberlo, habían transgredido este precepto al despreciar el día de descanso del Creador. Empezaron a examinar las razones por las cuales se guardaba el primer día de la semana en lugar del día que Dios había santificado. No pudieron encontrar en las Sagradas Escrituras prueba alguna de que el cuarto mandamiento hubiese sido abolido o de que el día de reposo hubiese cambiado; la bendición que desde un principio santificaba el séptimo día no había sido nunca revocada. Habían procurado honradamente conocer y hacer la voluntad de Dios; al reconocerse entonces transgresores de la ley divina, sus corazones se llenaron de pena, y manifestaron su lealtad hacia Dios guardando su santo sábado.

Se hizo cuanto se pudo por conmover su fe. Nadie podía dejar de ver que si el santuario terrenal era una figura o modelo del celestial, la ley depositada en el arca en la tierra era exacto trasunto de la ley encerrada en el arca del cielo; y que aceptar la verdad relativa al santuario celestial envolvía el reconocimiento de las exigencias de la ley de Dios y la obligación de guardar el sábado del cuarto mandamiento. En esto estribaba el secreto de la oposición violenta y resuelta que se le hizo a la exposición armoniosa de las Escrituras que revelaban el servicio desempeñado por Cristo en el santuario celestial. Los hombres trataron de cerrar la puerta que Dios había abierto y de abrir la que él había cerrado. Pero "el que abre, y ninguno cierra; y cierra, y ninguno abre," había declarado: "He aquí, he puesto delante de ti una puerta abierta, la cual nadie podrá cerrar." (Apocalipsis 3:7, 8, V.M.) Cristo había abierto la puerta, o ministerio, del lugar santísimo, la luz brillaba desde la puerta abierta del santuario celestial, y se vio que el cuarto mandamiento estaba incluído en la ley allí encerrada; lo que Dios había establecido, nadie podía derribarlo.

Los que habían aceptado la luz referente a la mediación de Cristo y a la perpetuidad de la ley de Dios, encontraron que éstas eran las verdades presentadas en el capítulo 14 del Apocalipsis. Los mensajes de este capítulo constituyen una triple amonestación (véase el Apéndice), que debe servir para preparar a los habitantes de la tierra para la segunda venida del Señor. La declaración: "Ha llegado la hora de su juicio," indica la obra final de la actuación de Cristo para la salvación de los hombres. Proclama una verdad que debe seguir siendo proclamada hasta el fin de la intercesión del Salvador y su regreso a la tierra para llevar a su pueblo consigo. La obra del juicio que empezó en 1844 debe proseguirse hasta que sean falladas las causas de todos los hombres, tanto de los vivos como de los muertos; de aquí que deba extenderse hasta el fin del tiempo de gracia concedido a la humanidad. Y para que los hombres estén debidamente preparados para subsistir en el juicio, el mensaje les manda: "¡Temed a Dios y dadle gloria," "y adorad al que hizo el cielo y la tierra, y el mar y las fuentes de agua!" El resultado de la aceptación de estos mensajes está indicado en las palabras: "En esto está la paciencia de los santos, los que guardan los mandamientos de Dios, y la fe de Jesús." Para subsistir ante el juicio tiene el hombre que guardar la ley de Dios. Esta ley será la piedra de toque en el juicio. El apóstol Pablo declara: "Cuantos han pecado bajo la ley, por la ley serán juzgados; ... en el día en que juzgará Dios las obras más ocultas de los hombres ... por medio de Jesucristo." Y dice que "los que cumplen la ley serán justificados." (Romanos 2:12-16, V.M.) La fe es esencial para guardar la ley de Dios; pues "sin fe es imposible agradarle." Y "todo lo que no es de fe, es pecado." (Hebreos 11:6, V.M.; Romanos 14:23.)

El primer ángel exhorta a los hombres a que teman al Señor y le den honra y a que le adoren como Creador del cielo y de la tierra. Para poder hacerlo, deben obedecer su ley. El sabio dice: "Teme a Dios, y guarda sus mandamientos; porque esto es la suma del deber humano." (Eclesiastés 12:13, V.M.) Sin obediencia a sus mandamientos, ninguna adoración puede agradar a Dios. "Este es el amor de Dios, que guardemos sus mandamientos." "El que aparte sus oídos para no escuchar la ley, verá que su oración misma es cosa abominable." (1 Juan 5:3; Proverbios 28:9, V.M.)

El deber de adorar a Dios estriba en la circunstancia de que él es el Creador, y que a él es a quien todos los demás seres deben su existencia. Y cada vez que la Biblia presenta el derecho de Jehová a nuestra reverencia y adoración con preferencia a los dioses de los paganos, menciona las pruebas de su poder creador. "Todos los dioses de los pueblos son ídolos; mas Jehová hizo los cielos." (Salmo 96:5.) "¿A quién pues me compararéis, para que yo sea como él? dice el Santo.

¡Levantad hacia arriba vuestros ojos, y ved! ¿Quién creó aquellos cuerpos celestes?" "Así dice Jehová, Creador de los cielos (él solo es Dios), el que formó la tierra y la hizo; … ¡Yo soy Jehová, y no hay otro Dios!" (Isaías 40:25, 26; 45:18, V.M.) Dice el salmista: "Reconoced que Jehová él es Dios: él nos hizo, y no nosotros a nosotros mismos." "¡Venid, postrémonos, y encorvémonos; arrodillémonos ante Jehová nuestro Hacedor!" (Salmos 100:3; 95:6, V.M.) Y los santos que adoran a Dios en el cielo dan como razón del homenaje que le deben: "¡Digno eres tú, Señor nuestro y Dios nuestro, de recibir la gloria y la honra y el poder; porque tú creaste todas las cosas!" (Apocalipsis 4:11, V.M.)

En el capítulo 14 del Apocalipsis se exhorta a los hombres a que adoren al Creador, y la profecía expone a la vista una clase de personas que, como resultado del triple mensaje, guardan los mandamientos de Dios. Uno de estos mandamientos señala directamente a Dios como Creador. El cuarto precepto declara: "El séptimo día será Sábado a Jehová tu Dios: … porque en seis días hizo Jehová los cielos y la tierra, la mar y todas las cosas que en ellos hay; y en el día séptimo reposó; por tanto Jehová bendijo el día del sábado, y lo santificó." (Éxodo 20:10, 11, Versión Valera de la S.B.A.) Respecto al sábado, el Señor dice además, que será una "señal … para que sepáis que yo soy Jehová vuestro Dios." (Ezequiel 20:20, *Id.*) Y la razón aducida es: "Porque en seis días hizo Jehová los cielos y la tierra, y en el séptimo día cesó, y reposó." (Éxodo 31:17.)

"La importancia del sábado, como institución conmemorativa de la creación, consiste en que recuerda siempre la verdadera razón por la cual se debe adorar a Dios,"—porque él es el Creador, y nosotros somos sus criaturas. "Por consiguiente, el sábado forma parte del fundamento mismo del culto divino, pues enseña esta gran verdad del modo más contundente, como no lo hace ninguna otra institución. El verdadero motivo del culto divino, no tan sólo del que se tributa en el séptimo día, sino de toda adoración, reside en la distinción existente entre el Creador y sus criaturas. Este hecho capital no perderá nunca su importancia ni debe caer nunca en el olvido."—J. N. Andrews, *History of the Sabbath*, cap. 27. Por eso, es decir, para que esta verdad no se borrara nunca de la mente de los hombres, instituyó Dios el sábado en el Edén y mientras el ser él nuestro Creador siga siendo motivo para que le adoremos, el sábado seguirá siendo señal conmemorativa de ello. Si el sábado se hubiese observado universalmente, los pensamientos e inclinaciones de los hombres se habrían dirigido hacia el Creador como objeto de reverencia y adoración, y nunca habría habido un idólatra, un ateo, o un incrédulo. La observancia del sábado es señal de lealtad al verdadero Dios, "que hizo el cielo y la tierra, y el mar y las fuentes de agua." Resulta pues que el mensaje que manda a los hombres adorar a Dios y guardar sus mandamientos, los ha de invitar especialmente a observar el cuarto mandamiento.

En contraposición con los que guardan los mandamientos de Dios y tienen la fe de Jesús, el tercer ángel señala otra clase de seres humanos contra cuyos errores va dirigido solemne y terrible aviso: "¡Si alguno adora a la bestia y a su imagen, y recibe su marca en su frente, o en su mano, él también beberá del vino de la ira de Dios!" (Apocalipsis 14:9, 10, V.M.) Para comprender este mensaje hay que interpretar correctamente sus símbolos. ¿Qué representan la bestia, la imagen, la marca?

La ilación profética en la que se encuentran estos símbolos empieza en el capítulo 12 del Apocalipsis, con el dragón que trató de destruir a Cristo cuando nació. En dicho capítulo vemos que el dragón es Satanás (Apocalipsis 12:9); fue él quien indujo a Herodes a procurar la muerte del Salvador. Pero el agente principal de Satanás al guerrear contra Cristo y su pueblo durante los primeros siglos de la era cristiana, fue el Imperio Romano, en el cual prevalecía la religión pagana. Así que si bien el dragón representa primero a Satanás, en sentido derivado es un símbolo de la Roma pagana.

En el capítulo 13 (versículos 1-10, V.M.), se describe otra bestia, "parecida a un leopardo," a la cual el dragón dio "su poder y su trono, y grande autoridad." Este símbolo, como lo han creído la mayoría de los protestantes, representa al papado, el cual heredó el poder y la autoridad del antiguo Imperio Romano. Se dice de la bestia parecida a un leopardo: "Le fue dada una boca que hablaba cosas grandes, y blasfemias. ... Y abrió su boca para decir blasfemias contra Dios, para blasfemar su nombre, y su tabernáculo, y a los que habitan en el cielo. Y le fue permitido hacer guerra contra los santos, y vencerlos: y le fue dada autoridad sobre toda tribu, y pueblo, y lengua, y nación." Esta profecía, que es casi la misma que la descripción del cuerno pequeño en Daniel 7, se refiere sin duda al papado.

"Le fue dada autoridad para hacer sus obras cuarenta y dos meses." Y dice el profeta: "Vi una de sus cabezas como si hubiese sido herida de muerte." Y además: "Si alguno lleva en cautiverio, al cautiverio irá; si alguno mata con espada, es preciso que él sea muerto a espada." Los cuarenta y dos meses son lo mismo que "un tiempo, y dos tiempos, y la mitad de un tiempo," tres años y medio, o 1.260 días de Daniel 7, el tiempo durante el cual el poder papal debía oprimir al pueblo de Dios. Este período, como fue indicado en capítulos anteriores, empezó con la supremacía del papado, en el año 538 de J. C., y terminó en 1798. Entonces, el papa fue hecho prisionero por el ejército francés, el poder papal recibió su golpe mortal y quedó cumplida la predicción: "Si alguno lleva en cautiverio, al cautiverio irá."

Y aquí preséntase otro símbolo. El profeta dice: "Vi otra bestia que subía de la tierra; y tenía dos cuernos semejantes a los de un cordero." (Apocalipsis 13:11.) Tanto el aspecto de esta bestia como el modo en que sube indican que la nación que representa difiere de las representadas en los símbolos anteriores. Los grandes reinos que han gobernado al mundo le fueron presentados al profeta Daniel en forma de fieras, que surgían mientras "los cuatro vientos del cielo combatían en la gran mar." (Daniel 7:2.) En Apocalipsis 17, un ángel explicó que las aguas representan "pueblos y naciones y lenguas." (Apocalipsis 17:15.) Los vientos simbolizan luchas. Los cuatro vientos del cielo que combatían en la gran mar representan los terribles dramas de conquista y revolución por los cuales los reinos alcanzaron el poder.

Pero la bestia con cuernos semejantes a los de un cordero "subía de la tierra." En lugar de derribar a otras potencias para establecerse, la nación así representada debe subir en territorio hasta entonces desocupado, y crecer gradual y pacíficamente. No podía, pues, subir entre las naciones populosas y belicosas del viejo mundo, ese mar turbulento de "pueblos y muchedumbres y naciones y lenguas." Hay que buscarla en el continente occidental.

¿Cuál era en 1798 la nación del nuevo mundo cuyo poder estuviera entonces desarrollándose, de modo que se anunciara como nación fuerte y grande, capaz de llamar la atención del mundo? La aplicación del símbolo no admite duda alguna. Una nación, y sólo una, responde a los datos y rasgos característicos de esta profecía; no hay duda de que se trata aquí de los Estados Unidos de Norteamérica. Una y otra vez el pensamiento y los términos del autor sagrado han sido empleados inconscientemente por los oradores e historiadores al describir el nacimiento y crecimiento de esta nación. El profeta vio que la bestia "subía de la tierra;" y, según los traductores, la palabra dada aquí por "subía" significa literalmente "crecía o brotaba como una planta." Y, como ya lo vimos, la nación debe nacer en territorio hasta entonces desocupado. Un escritor notable, al describir el desarrollo de los Estados Unidos, habla del *misterio de su desarrollo de la nada*," y dice: "Como *silenciosa semilla* crecimos hasta llegar a ser un imperio."—G. A. Townsend, *The New Compared with the Old*, pág. 462. Un periódico europeo habló en 1850 de los Estados Unidos como de un imperio maravilloso, que surgía y que *"en el silencio de la tierra* crecía constantemente en poder y gloria."—*Dublin Nation*. Eduardo Everett, en un discurso acerca de los peregrinos, fundadores de esta nación, dijo: "¿Buscaron un lugar retirado que por su obscuridad resultara inofensivo y seguro en su aislamiento, donde la pequeña iglesia de Leyden pudiese tener libertad de conciencia? ¡He aquí las *inmensas regiones* sobre las cuales, en *pacífica conquista*, ... han plantado los estandartes de la cruz!"—Discurso pronunciado en Plymouth, Massachusetts, el 22 de diciembre de 1824.

"Y tenía dos cuernos semejantes a los de un cordero." Los cuernos semejantes a los de un cordero representan juventud, inocencia y mansedumbre, rasgos del carácter de los Estados Unidos cuando el profeta vio que esa nación "subía" en 1798. Entre los primeros expatriados cristianos que huyeron a América en busca de asilo contra la opresión real y la intolerancia sacerdotal, hubo muchos que resolvieron establecer un gobierno sobre el amplio fundamento de la libertad civil y religiosa. Sus convicciones hallaron cabida en la declaración de la independencia que hace resaltar la gran verdad de que "todos los hombres son creados iguales," y poseen derechos inalienables a la "vida, a la libertad y a la búsqueda de la felicidad." Y la Constitución garantiza al pueblo el derecho de gobernarse a sí mismo, y establece que los representantes elegidos por el voto popular promulguen las leyes y las hagan cumplir. Además, fue otorgada la libertad religiosa, y a cada cual se le permitió adorar a Dios según los dictados de su conciencia. El republicanismo y el protestantismo vinieron a ser los principios fundamentales de la nación. Estos principios son el secreto de su poder y de su prosperidad. Los oprimidos y pisoteados de toda la cristiandad se han dirigido a este país con afán y esperanza. Millones han fondeado en sus playas, y los Estados Unidos han llegado a ocupar un puesto entre las naciones más poderosas de la tierra.

Pero la bestia que tenía cuernos como un cordero "hablaba como dragón. Y ejerce toda la autoridad de la primera bestia en su presencia. Y hace que la tierra y los que en ella habitan, adoren a la bestia primera, cuya herida mortal fue sanada ... diciendo a los que habitan sobre la tierra, que hagan una imagen de la bestia que recibió el golpe de espada, y sin embargo vivió. (Apocalipsis 13:11-14, V.M.)

Los cuernos como de cordero y la voz de dragón del símbolo indican una extraña contradicción entre lo que profesa ser y lo que practica la nación así representada. El "hablar" de la nación son los actos de sus autoridades legislativas y judiciales. Por esos actos la nación desmentirá los principios liberales y pacíficos que expresó como fundamento de su política. La predicción de que hablará "como dragón" y ejercerá "toda la autoridad de la primera bestia," anuncia claramente el desarrollo del espíritu de intolerancia y persecución de que tantas pruebas dieran las naciones representadas por el dragón y la bestia semejante al leopardo. Y la declaración de que la bestia con dos cuernos "hace que la tierra y los que en ella habitan, adoren a la bestia primera," indica que la autoridad de esta nación será empleada para imponer alguna observancia en homenaje al papado.

Semejante actitud sería abiertamente contraria a los principios de este gobierno, al genio de sus instituciones libres, a los claros y solemnes reconocimientos contenidos en la declaración de la independencia, y contrarios finalmente a la constitución. Los fundadores de la nación procuraron con acierto que la iglesia no pudiera hacer uso del poder civil, con los consabidos e inevitables resultados: la intolerancia y la persecución. La constitución garantiza que "el congreso no legislará con respecto al establecimiento de una religión ni prohibirá el libre ejercicio de ella," y que "ninguna manifestación religiosa será jamás requerida como condición de aptitud para ninguna función o cargo público en los Estados Unidos." Sólo en flagrante violación de estas garantías de la libertad de la nación, es cómo se puede imponer por la autoridad civil la observancia de cualquier deber religioso. Pero la inconsecuencia de tal procedimiento no es mayor que lo representado por el símbolo. Es la bestia con cuernos semejantes a los de un cordero—que profesa ser pura, mansa, inofensiva—y que habla como un dragón.

"Diciendo a los que habitan sobre la tierra, que *hagan* una imagen de la bestia." Aquí tenemos presentada a las claras una forma de gobierno en el cual el poder legislativo descansa en el pueblo, y ello prueba que los Estados Unidos de Norteamérica constituyen la nación señalada por la profecía.

¿Pero qué es la "imagen de la bestia"? ¿Y cómo se la formará? La imagen es hecha por la bestia de dos cuernos y es una imagen de la primera bestia. Así que para saber a qué se asemeja la imagen y cómo será formada, debemos estudiar los rasgos característicos de la misma bestia: el papado.

Cuando la iglesia primitiva se corrompió al apartarse de la sencillez del Evangelio y al aceptar costumbres y ritos paganos, perdió el Espíritu y el poder de Dios; y para dominar las conciencias buscó el apoyo del poder civil. El resultado fue el papado, es decir, una iglesia que dominaba el poder del estado y se servía de él para promover sus propios fines y especialmente para extirpar la "herejía." Para que los Estados Unidos formen una imagen de la bestia, el poder religioso debe dominar de tal manera al gobierno civil que la autoridad del estado sea empleada también por la iglesia para cumplir sus fines.

Siempre que la iglesia alcanzó el poder civil, lo empleó para castigar a los que no admitían todas sus doctrinas. Las iglesias protestantes que siguieron las huellas de Roma al aliarse con los poderes mundanos, manifestaron el mismo deseo de restringir la libertad de conciencia. Ejemplo de esto lo tenemos en la larga persecución de los disidentes por la iglesia de Inglaterra. Durante los siglos XVI y XVII miles de ministros no conformistas fueron obligados a abandonar sus iglesias, y a muchos pastores y feligreses se les impusieron multas, encarcelamientos, torturas y el martirio.

Fue la apostasía lo que indujo a la iglesia primitiva a buscar la ayuda del gobierno civil, y esto preparó el camino para el desarrollo del papado, simbolizado por la bestia. San Pablo lo predijo al anunciar que vendría "la apostasía," y sería "revelado el hombre de pecado." (2 Tesalonicenses 2:3, V.M.) De modo que la apostasía en la iglesia preparará el camino para la imagen de la bestia.

La Biblia declara que antes de la venida del Señor habrá un estado de decadencia religiosa análoga a la de los primeros siglos. "En los postreros días vendrán tiempos peligrosos. Porque los hombres serán *amadores de sí mismos*, amadores del dinero, jactanciosos, soberbios, blasfemos, desobedientes a sus padres, ingratos, impíos, sin afecto natural, implacables, calumniadores, incontinentes, fieros, aborrecedores de los que son buenos, traidores, protervos, hinchados de orgullo, *amadores de los placeres, más bien que amadores de Dios; teniendo la forma de la piedad, mas negando el poder de ella.*" (2 Timoteo 3:1-5, V.M.) "Empero el Espíritu dice expresamente, que en tiempos venideros algunos se apartarán de la fe, prestando atención a espíritus seductores, y a enseñanzas de demonios." (1 Timoteo 4:1, V.M.) Satanás obrará "con todo poder, y con señales, y con maravillas mentirosas, y con todo el artificio de la injusticia." Y todos los que "no admitieron el amor de la verdad, para que fuesen salvos," serán dejados para que acepten "operación de error, a fin de que crean a la mentira." (2 Tesalonicenses 2:9-11, V.M.) Cuando se haya llegado a este estado de impiedad, se verán los mismos resultados que en los primeros siglos.

Muchos consideran la gran diversidad de creencias en las iglesias protestantes como prueba terminante de que nunca se procurará asegurar una uniformidad forzada. Pero desde hace años se viene notando entre las iglesias protestantes un poderoso y creciente sentimiento en favor de una unión basada en puntos comunes de doctrina. Para asegurar tal unión, debe necesariamente evitarse toda discusión de asuntos en los cuales no todos están de acuerdo, por importantes que sean desde el punto de vista bíblico.

Carlos Beecher, en un sermón predicado en 1846, declaró que el pastorado de "las denominaciones evangélicas protestantes no está formado sólo bajo la terrible presión del mero temor humano, sino que vive, y se mueve y respira en una atmósfera radicalmente corrompida y que apela a cada instante al elemento más bajo de su naturaleza para tapar la verdad y doblar la rodilla ante el poder de la apostasía. ¿No pasó así con la iglesia romana? ¿No estamos reviviendo su vida? ¿Y qué es lo que vemos por delante? ¡Otro concilio general! ¡Una convención mundial! ¡Alianza evangélica y credo universal!"—Sermón, "The Bible a Sufficient Creed," pronunciado en Fort Wayne, Indiana, el 22 de febrero de 1846. Cuando se haya logrado esto, en el esfuerzo para asegurar completa uniformidad, sólo faltará un paso para apelar a la fuerza.

Cuando las iglesias principales de los Estados Unidos, uniéndose en puntos comunes de doctrina, influyan sobre el estado para que imponga los decretos y las instituciones de ellas, entonces la América protestante habrá formado una imagen de la jerarquía romana, y la inflicción de penas civiles contra los disidentes vendrá de por sí sola.

La bestia de dos cuernos "hace [ordena] que todos, pequeños y grandes, así ricos como pobres, así libres como esclavos, tengan una marca sobre su mano derecha, o sobre su frente; y que nadie pueda comprar o vender, sino aquel que tenga la marca, es decir, el nombre de la bestia o el número de su nombre." (Apocalipsis 13:16, 17, V.M.) La amonestación del tercer ángel es: "¡Si alguno adora a la bestia y a su imagen, y recibe su marca en su frente, o en su mano, él también beberá del vino de la ira de Dios!" "La bestia" mencionada en este mensaje, cuya adoración es impuesta por la bestia de dos cuernos, es la primera bestia, o sea la bestia semejante a un leopardo, de Apocalipsis 13, el papado. La "imagen de la bestia" representa la forma de protestantismo apóstata que se desarrollará cuando las iglesias protestantes busquen la ayuda del poder civil para la imposición de sus dogmas. Queda aún por definir lo que es "la marca de la bestia."

Después de amonestar contra la adoración de la bestia y de su imagen, la profecía dice: "Aquí está la paciencia de los santos; aquí están los que guardan los mandamientos de Dios, y la fe de Jesús." En vista de que los que guardan los mandamientos de Dios están puestos así en contraste con los que adoran la bestia y su imagen y reciben su marca, se deduce que la observancia de la ley de Dios, por una parte, y su violación, por la otra, establecen la distinción entre los que adoran a Dios y los que adoran a la bestia.

El rasgo más característico de la bestia, y por consiguiente de su imagen, es la violación de los mandamientos de Dios. Daniel dice del cuerno pequeño, o sea del papado: "Pensará en mudar los tiempos y la ley." (Daniel 7:25.) Y San Pablo llama al mismo poder el "hombre de pecado," que había de ensalzarse sobre Dios. Una profecía es complemento de la otra. Sólo adulterando la ley de Dios podía el papado elevarse sobre Dios; y quienquiera que guardase a sabiendas la ley así adulterada daría honor supremo al poder que introdujo el cambio. Tal acto de obediencia a las leyes papales sería señal de sumisión al papa en lugar de sumisión a Dios.

El papado intentó alterar la ley de Dios. El segundo mandamiento, que prohíbe el culto de las imágenes, ha sido borrado de la ley, y el cuarto mandamiento ha sido adulterado de manera que autorice la observancia del primer día en lugar del séptimo como día de reposo. Pero los papistas aducen para justificar la supresión del segundo mandamiento, que éste es inútil puesto que está incluido en el primero, y que ellos dan la ley tal cual Dios tenía propuesto que fuese entendida. Este no puede ser el cambio predicho por el profeta. Se trata de un cambio intencional y deliberado: "Pensará en mudar los tiempos y la ley." El cambio introducido en el cuarto mandamiento cumple exactamente la profecía. La única autoridad que se invoca para dicho cambio es la de la iglesia. Aquí el poder papal se ensalza abiertamente sobre Dios.

Mientras los que adoran a Dios se distinguirán especialmente por su respeto al cuarto mandamiento—ya que éste es el signo de su poder creador y el testimonio de su derecho al respeto y homenaje de los hombres,—los adoradores de la bestia se distinguirán por sus esfuerzos para derribar el monumento recordativo del

Creador y ensalzar lo instituído por Roma. Las primeras pretensiones arrogantes del papado fueron hechas en favor del domingo (véase el Apéndice); y la primera vez que recurrió al poder del estado fue para imponer la observancia del domingo como "día del Señor." Pero la Biblia señala el séptimo día, y no el primero, como día del Señor. Cristo dijo: "El Hijo del hombre es Señor aun del sábado." El cuarto mandamiento declara que: "El día séptimo es día de descanso [margen, sábado], consagrado a Jehová." Y por boca del profeta Isaías el Señor lo llama: "Mi día santo." (S. Marcos 2:28; Éxodo 20:10; Isaías 58:13, V.M.)

El aserto, tantas veces repetido, de que Cristo cambió el día de reposo, está refutado por sus propias palabras. En su sermón sobre el monte, dijo: "No penséis que vine pare invalidar la Ley, o los Profetas: no vine a invalidar, sino a cumplir. Porque en verdad os digo, que hasta que pasen el cielo y la tierra, ni siquiera una jota ni un tilde pasará de la ley, hasta que el todo sea cumplido. Por tanto cualquiera que quebrantare uno de estos más mínimos mandamientos, y enseñare a los hombres así, será llamado muy pequeño en el reino de los cielos: mas cualquiera que los hiciere y enseñare será llamado grande en el reino de los cielos." (S. Mateo 5:17-19, V.M.)

Es un hecho generalmente admitido por los protestantes, que las Sagradas Escrituras no autorizan en ninguna parte el cambio del día de reposo. Esto se confirma en publicaciones de la Sociedad Americana de Tratados y la Unión Americana de Escuelas Dominicales. Una de estas obras reconoce "que el Nuevo Testamento no dice absolutamente nada en cuanto a un mandamiento explícito en favor del día de reposo, o a reglas definidas relativas a su observancia."—Jorge Elliott, *The Abiding Sabbath*, pág. 184.

Otra dice: "Hasta la época de la muerte de Cristo, ningún cambio se había hecho en cuanto al día;" y, "por lo que se desprende del relato bíblico, los apóstoles no dieron … mandamiento explícito alguno que ordenara el abandono del séptimo día, sábado, como día de reposo, ni que se lo observara en el primer día de la semana."—A. E. Waffle, *The Lord's Day*, págs. 186-188.

Los católicos romanos reconocen que el cambio del día de descanso fue hecho por su iglesia, y declaran que al observar el domingo los protestantes reconocen la autoridad de ella. En el *Catecismo Católico de la Religión Cristiana*, al contestar una pregunta relativa al día que se debe guardar en obediencia al cuarto mandamiento, sé hace esta declaración: "Bajo la ley antigua, el sábado era el día santificado; pero *la iglesia*, instruída por Jesucristo y dirigida por el Espíritu de Dios, substituyó el sábado por el domingo; de manera que ahora santificamos el primer día y no el séptimo. Domingo significa día del Señor, y es lo que ha venido a ser."

Como signo de la autoridad de la iglesia católica, los escritores católicos citan "el acto mismo de cambiar el sábado al domingo, cambio en que los protestantes consienten … porque al guardar estrictamente el domingo, ellos reconocen el poder de la iglesia para ordenar fiestas y para imponerlas so pena de incurrir en pecado."—H. Tuberville, *An Abridgement of the Christian Doctrine*, pág. 58. ¿Qué es, pues, el cambio del día de descanso, sino el signo o marca de la autoridad de la iglesia romana, ¡"la marca de la bestia'"?

La iglesia romana no ha renunciado a sus pretensiones a la supremacía; y cuando el mundo y las iglesias protestantes aceptan un día de descanso creado por ella, mientras rechazan el día de descanso de la Biblia, acatan en la práctica las tales pretensiones. Pueden apelar a la autoridad de la tradición y de los padres para apoyar el cambio; pero al hacerlo pasan por alto el principio mismo que los separa de Roma, es a saber, que "la Biblia, y la Biblia sola es la religión de los protestantes." Los papistas pueden ver que los protestantes se están engañando a sí mismos, al cerrar voluntariamente los ojos ante los hechos del caso. A medida que gana terreno el movimiento en pro de la observancia obligatoria del domingo, ellos se alegran en la seguridad de que ha de concluir por poner a todo el mundo protestante bajo el estandarte de Roma.

Los romanistas declaran que "la observancia del domingo por los protestantes es un homenaje que rinden, mal de su grado, a la autoridad de la iglesia [católica]."—Mons. de Segur, *Plain Talk About the Protestantism of Today*, pág. 213. La imposición de la observancia del domingo por parte de las iglesias protestantes es una imposición de que se adore al papado, o sea la bestia. Los que, comprendiendo las exigencias del cuarto mandamiento, prefieren observar el falso día de reposo en lugar del verdadero, rinden así homenaje a aquel poder, el único que ordenó su observancia. Pero por el mismo hecho de imponer un deber religioso con ayuda del poder secular, las mismas iglesias estarían elevando una imagen a la bestia; de aquí que la imposición de la observancia del domingo en los Estados Unidos equivaldría a imponer la adoración de la bestia y de su imagen.

Pero los cristianos de las generaciones pasadas observaron el domingo creyendo guardar así el día de descanso bíblico; y ahora hay verdaderos cristianos en todas las iglesias, sin exceptuar la católica romana, que creen honradamente que el domingo es el día de reposo divinamente instituído. Dios acepta su sinceridad de propósito y su integridad. Pero cuando la observancia del domingo sea impuesta por la ley, y que el mundo sea ilustrado respecto a la obligación del verdadero día de descanso, entonces el que transgrediere el mandamiento de Dios para obedecer un precepto que no tiene mayor autoridad que la de Roma, honrará con ello al papado por encima de Dios: rendirá homenaje a Roma y al poder que impone la institución establecida por Roma: adorará la bestia y su imagen. Cuando los hombres rechacen entonces la institución que Dios declaró ser el signo de su autoridad, y honren en su lugar lo que Roma escogió como signo de su supremacía, ellos aceptarán de hecho el signo de la sumisión a Roma, "la marca de la bestia." Y sólo cuando la cuestión haya sido expuesta así a las claras ante los hombres, y ellos hayan sido llamados a escoger entre los mandamientos de Dios y los mandamientos de los hombres, será cuando los que perseveren en la transgresión recibirán "la marca de la bestia."

La más terrible amenaza que haya sido jamás dirigida a los mortales se encuentra contenida en el mensaje del tercer ángel. Debe ser un pecado horrendo el que atrae la ira de Dios sin mezcla de misericordia. Los hombres no deben ser dejados en la ignorancia tocante a esta importante cuestión; la amonestación contra este pecado debe ser dada al mundo antes que los juicios de Dios caigan sobre él, para que todos sepan por qué deben consumarse, y para que tengan oportunidad para librarse de ellos. La profecía declara que el primer ángel hará su proclamación "a cada nación, y tribu, y lengua, y pueblo." El aviso del tercer ángel, que forma parte de ese triple mensaje, no tendrá menos alcance. La profecía dice de él que será proclamado en alta voz por un ángel que vuele por medio del cielo; y llamará la atención del mundo.

Al final de la lucha, toda la cristiandad quedará dividida en dos grandes categorías: la de los que guardan los mandamientos de Dios y la fe de Jesús, y la de los que adoran la bestia y su imagen y reciben su marca. Si bien la iglesia y el estado se unirán para obligar a "todos, pequeños y grandes, así ricos como pobres, así libres como esclavos," a que tengan "la marca de la bestia" (Apocalipsis 13:16, V.M.), el pueblo de Dios no la tendrá. El profeta de Patmos vio que "los que habían salido victoriosos de la prueba de la bestia, y de su imagen, y del número de su nombre, estaban sobre aquel mar de vidrio, teniendo arpas de Dios," y cantaban el cántico de Moisés y del Cordero. (Apocalipsis 15:2, 3, V.M.)

27
UNA OBRA DE REFORMA

LA OBRA de reforma tocante al sábado como día santificado de descanso, que debía cumplirse en los últimos días está predicha en la profecía de Isaías 56: "Así dijo Jehová: Guardad derecho y haced justicia: porque cercana está mi salud para venir, y mi justicia para manifestarse. Bienaventurado el hombre que esto hiciere, y el hijo del hombre que esto abrazare: que guarda el sábado de profanarlo, y que guarda su mano de hacer todo mal." "A los hijos de los extranjeros que se llegaren a Jehová para ministrarle, y que amaren el nombre de Jehová para ser sus siervos: todos los que guardaren el sábado de profanarlo, y abrazaren mi pacto, yo los llevaré al monte de mi santidad, y los recrearé en mi casa de oración." (Isaías 56:1, 2, 6, 7.)

Estas palabras se aplican a la dispensación cristiana, como se ve por el contexto: "Dice Jehová el Señor, el que recoge los dispersos de Israel: Juntaré a él otros todavía, además de los suyos que están ya recogidos." (Isaías 56:8, V.M.) Aquí está anunciada de antemano la reunión de los gentiles por medio del Evangelio. Y una bendición se promete a aquellos que honren entonces el sábado. Así que la obligación del cuarto mandamiento se extiende más acá de la crucifixión, de la resurrección y ascensión de Cristo, hasta cuando sus siervos debían predicar a todas las naciones el mensaje de las buenas nuevas.

El Señor manda por el mismo profeta: "Ata el rollo del testimonio, y sella la ley entre mis discípulos." (Isaías 8:16, V.M.) El sello de la ley de Dios se encuentra en el cuarto mandamiento. Este es el único de los diez mandamientos que contiene tanto el nombre como el título del Legislador. Declara que es el Creador del cielo y de la tierra, y revela así el derecho que tiene para ser reverenciado y adorado sobre todos los demás. Aparte de este precepto, no hay nada en el Decálogo que muestre qué autoridad fue la que promulgó la ley. Cuando el día de reposo fue cambiado por el poder del papa, se le quitó el sello a la ley. Los discípulos de Jesús están llamados a restablecerlo elevando el sábado del cuarto mandamiento a su lugar legítimo como institución conmemorativa del Creador y signo de su autoridad.

"¡A la ley y al testimonio!" Aunque abundan las doctrinas y teorías contradictorias, la ley de Dios es la regla infalible por la cual debe probarse toda opinión, doctrina y teoría. El profeta dice: "Si no hablaren conforme a esta palabra, son aquellos para quienes no ha amanecido." (Isaías 8:20, V.M.)

También se da la orden: "¡Clama a voz en cuello, no te detengas! ¡eleva tu voz como trompeta! ¡declara a mi pueblo su transgresión, a la casa de Jacob sus pecados!" Los que deben ser reconvenidos a causa de sus transgresiones no son los que constituyen el mundo impío, sino aquellos a quienes el Señor designa como "mi pueblo." Dios dice además: "Y con todo, me buscan de día en día, y tienen deleite en aprender mis caminos, como si fuera nación que obra justicia, y que no abandona la ley de su Dios." (Isaías 58:1, 2, V.M.) Aquí se nos presenta a una clase de personas que se creen justas y parecen manifestar gran interés en el servicio de Dios; pero la severa y solemne censura del Escudriñador de corazones prueba que están pisoteando los preceptos divinos.

El profeta indica como sigue la ordenanza que ha sido olvidada: "Los cimientos de generación y generación levantarás: y serás llamado reparador de portillos, restaurador de calzadas para habitar. Si retrajeres del sábado tu pie, de hacer tu voluntad en mi día santo, y al sábado llamares delicias, santo, glorioso de Jehová; y lo venerares, no haciendo tus caminos, ni buscando tu voluntad, ni hablando tus palabras; entonces te deleitarás en Jehová." (Vers. 12-14.) Esta profecía se aplica también a nuestro tiempo. La brecha fue hecha en la ley de Dios cuando el sábado fue cambiado por el poder romano. Pero ha llegado el tiempo en que esa institución divina debe ser restaurada. La brecha debe ser reparada, y levantados los cimientos de muchas generaciones.

Santificado por el reposo y la bendición del Creador, el sábado fue guardado por Adán en su inocencia en el santo Edén; por Adán, caído pero arrepentido, después que fuera arrojado de su feliz morada. Fue guardado por todos los patriarcas, desde Abel hasta el justo Noé, hasta Abrahán y Jacob. Cuando el pueblo escogido estaba en la esclavitud de Egipto, muchos, en medio de la idolatría imperante, perdieron el conocimiento de la ley de Dios, pero cuando el Señor libró a Israel, proclamó su ley con terrible majestad a la multitud reunida para que todos conociesen su voluntad y le temiesen y obedeciesen para siempre.

Desde aquel día hasta hoy, el conocimiento de la ley de Dios se ha conservado en la tierra, y se ha guardado el sábado del cuarto mandamiento. A pesar de que el "hombre de pecado" logró pisotear el día santo de Dios hubo, aun en la época de su supremacía, almas fieles escondidas en lugares secretos, que supieron honrarlo. Desde la Reforma, hubo en cada generación algunas almas que mantuvieron viva su observancia. Aunque fue a menudo en medio de oprobios y persecuciones, nunca se dejó de rendir testimonio constante al carácter perpetuo de la ley de Dios y a la obligación sagrada del sábado de la creación.

Estas verdades, tal cual están presentadas en Apocalipsis 14, en relación con el "evangelio eterno," serán lo que distinga a la iglesia de Cristo cuando él aparezca. Pues, como resultado del triple mensaje, se dice: "Aquí están los que guardan los mandamientos de Dios, y la fe de Jesús." Y éste es el último mensaje que se ha de dar antes que venga el Señor. Inmediatamente después de su proclamación, el profeta vio al Hijo del hombre venir en gloria para segar la mies de la tierra.

Los que recibieron la luz relativa al santuario y a la inmutabilidad de la ley de Dios, se llenaron de alegría y admiración al ver la belleza y armonía del conjunto de verdad que fue revelado a sus inteligencias. Deseaban que esa luz que tan preciosa les resultaba fuese comunicada a todos los cristianos, y no podían menos que creer que la aceptarían con alborozo. Pero las verdades que no podían sino ponerlos en desavenencia con el mundo no fueron bienvenidas para muchos que profesaban ser discípulos de Cristo. La obediencia al cuarto mandamiento exigía un sacrificio ante el cual la mayoría retrocedía.

Cuando se presentaban las exigencias del sábado, muchos argüían desde el punto de vista mundano, diciendo: "Siempre hemos guardado el domingo, nuestros padres lo guardaron, y muchos hombres buenos y piadosos han muerto felices observándolo. Si ellos tuvieron razón, nosotros también la tenemos. La observancia de este nuevo día de reposo nos haría discrepar con el mundo, y no tendríamos influencia sobre él. ¿Qué puede esperar hacer un pequeño grupo de observadores del séptimo día contra todo el mundo que guarda el domingo?" Con argumentos semejantes procurarían los judíos justificar la manera en que rechazaron a Cristo. Sus padres habían agradado a Dios presentándole ofrendas y sacrificios, ¿por qué no alcanzarían los hijos salvación siguiendo el mismo camino? Así también, en días de Lutero, los papistas decían que cristianos verdaderos habían muerto en la fe católica, y que por consiguiente esa religión bastaba para salvarse. Este modo de argumentar iba a resultar en verdadero obstáculo para todo progreso en la fe y en la práctica de la religión.

Muchos insistían en que la observancia del domingo había sido una doctrina establecida y una costumbre muy general de la iglesia durante muchos siglos. Contra este argumento se adujo el de que el sábado y su observancia eran más antiguos y se habían generalizado más; que eran tan antiguos como el mismo mundo, y que llevaban la sanción de los ángeles y de Dios. Cuando fueron puestos los fundamentos de la tierra, cuando los astros de la mañana alababan a una, y se regocijaban todos los hijos de Dios, entonces fue puesto el fundamento del sábado. (Job 38:6, 7; Génesis 2:1-3.) Bien puede esta institución exigir nuestra reverencia: no fue ordenada por ninguna autoridad humana, ni descansa sobre ninguna tradición humana; fue establecida por el Anciano de días y ordenada por su Palabra eterna.

Cuando se llamó la atención de la gente a la reforma tocante al sábado, sus ministros torcieron la Palabra de Dios, interpretándola del modo que mejor tranquilizara los espíritus inquisitivos. Y los que no escudriñaban las Escrituras por sí mismos se contentaron con aceptar las conclusiones que estaban en conformidad con sus deseos. Mediante argumentos y sofismas, con las tradiciones de los padres y la autoridad de la iglesia, muchos trataron de echar abajo la verdad. Pero los defensores de ella recurrieron a la Biblia para defender la validez del cuarto mandamiento. Humildes cristianos, armados con sólo la Palabra de verdad, resistieron los ataques de hombres de saber, que, con sorpresa e ira, tuvieron que convencerse de la ineficacia de sus elocuentes sofismas ante los argumentos sencillos y contundentes de hombres versados en las Sagradas Escrituras más bien que en las sutilezas de las escuelas.

A falta de testimonio bíblico favorable, muchos, olvidando que el mismo modo de argumentar había sido empleado contra Cristo y sus apóstoles, decían con porfiado empeño: "¿Por qué nuestros prohombres no entienden esta cuestión del sábado? Pocos creen como vosotros. Es imposible que tengáis razón, y que todos los sabios del mundo estén equivocados."

Para refutar semejantes argumentos bastaba con citar las enseñanzas de las Santas Escrituras y la historia de las dispensaciones del Señor para con su pueblo en todas las edades. Dios obra por medio de los que oyen su voz y la obedecen, de aquellos que en caso necesario dirán verdades amargas, por medio de aquellos que no temen censurar los pecados de moda. La razón por la cual él no escoge más a menudo a hombres de saber y encumbrados para dirigir los movimientos de reforma, es porque confían en sus credos, teorías y sistemas teológicos, y no sienten la necesidad de ser enseñados por Dios. Sólo aquellos que están en unión personal con la Fuente de la sabiduría son capaces de comprender o explicar las Escrituras. Los hombres poco versados en conocimientos escolásticos son llamados a veces a declarar la verdad, no porque son ignorantes, sino porque no son demasiado pagados de sí mismos para dejarse enseñar por Dios. Ellos aprenden en la escuela de Cristo, y su humildad y obediencia los hace grandes. Al concederles el conocimiento de su verdad, Dios les confiere un honor en comparación con el cual los honores terrenales y la grandeza humana son insignificantes.

La mayoría de los que habían esperado el advenimiento de Cristo rechazaron las verdades relativas al santuario y a la ley de Dios, y muchos renunciaron además a la fe en el movimiento adventista para adoptar pareceres erróneos y contradictorios acerca de las profecías que se aplicaban a ese movimiento. Muchos incurrieron en el error de fijar por repetidas veces una fecha precisa para la venida de Cristo. La luz que brillaba entonces respecto del asunto del santuario les habría enseñado que ningún período profético se extiende hasta el segundo advenimiento; que el tiempo exacto de este acontecimiento no está predicho. Pero, habiéndose apartado de la luz, se empeñaron en fijar fecha tras fecha para la venida del Señor, y cada vez fueron chasqueados.

Cuando la iglesia de Tesalónica adoptó falsas creencias respecto a la venida de Cristo, el apóstol Pablo aconsejó a los cristianos de dicha iglesia que examinaran cuidadosamente sus esperanzas y sus deseos por la Palabra de Dios. Les citó profecías que revelaban los acontecimientos que debían realizarse antes de que Cristo viniese, y les hizo ver que no tenían razón alguna para esperarle en su propio tiempo. "No dejéis que nadie os engañe en manera alguna" (2 Tesalonicenses 2:3, V.M.), fueron sus palabras de amonestación. Si se entregaban a esperanzas no sancionadas por las Sagradas Escrituras, se verían inducidos a seguir una conducta errónea; el chasco los expondría a la mofa de los incrédulos, correrían peligro de ceder al desaliento, y estarían tentados a poner en duda las verdades esenciales para su salvación. La amonestación del apóstol a los tesalonicenses encierra una importante lección para los que viven en los últimos días. Muchos de los que esperaban la venida de Cristo pensaban que no podían ser celosos y diligentes en la obra de preparación, a menos que cimentaran su fe en una fecha definida para esa venida del Señor. Pero como sus esperanzas no fueron estimuladas una y otra vez sino para ser defraudadas, su fe recibió tales golpes que llegó a ser casi imposible que las grandes verdades de la profecía hiciesen impresión en ellos.

La mención de una fecha precisa para el juicio, en la proclamación del primer mensaje, fue ordenada por Dios. La computación de los períodos proféticos en que se basa ese mensaje, que colocan el término de los 2.300 días en el otoño de 1844, puede subsistir sin inconveniente. Los repetidos esfuerzos hechos con el objeto de encontrar nuevas fechas para el principio y fin de los períodos proféticos, y los argumentos para sostener este modo de ver, no sólo alejan de la verdad presente, sino que desacreditan todos los esfuerzos para explicar las profecías. Cuanto más a menudo se fije fecha para el segundo advenimiento, y cuanto mayor sea la difusión recibida por una enseñanza tal, tanto mejor res-ponde a los propósitos de Satanás. Una vez transcurrida la fecha, él cubre de ridículo y desprecio a quienes la anunciaron y echa oprobio contra el gran movimiento adventista de 1843 y 1844. Los que persisten en este error llegarán al fin a fijar una fecha demasiado remota para la venida de Cristo. Ello los arrullará en una falsa seguridad, y muchos sólo se desengañarán cuando sea tarde.

La historia del antiguo Israel es un ejemplo patente de lo que experimentaron los adventistas. Dios dirigió a su pueblo en el movimiento adventista, así como sacó a los israelitas de Egipto. Cuando el gran desengaño, su fe fue probada como lo fue la de los hebreos cerca del Mar Rojo. Si hubiesen seguido confiando en la mano que los había guiado y que había estado con ellos hasta entonces, habrían visto la salvación de Dios. Si todos los que habían trabajado unidos en la obra de 1844 hubiesen recibido el mensaje del tercer ángel, y lo hubiesen proclamado en el poder del Espíritu Santo, el Señor habría actuado poderosamente por los esfuerzos de ellos. Raudales de luz habrían sido derramados sobre el mundo. Años haría que los habitantes de la tierra habrían sido avisados, la obra final se habría consumado, y Cristo habría venido para redimir a su pueblo.

No era voluntad de Dios que Israel peregrinase durante cuarenta años en el desierto; lo que él quería era conducirlo a la tierra de Canaán y establecerlo allí como pueblo santo y feliz. Pero "no pudieron entrar a causa de incredulidad." (Hebreos 3:19.) Perecieron en el desierto a causa de su apostasía, y otros fueron suscitados para entrar en la tierra prometida. Asimismo, no era la voluntad de Dios que la venida de Cristo se dilatara tanto, y que su pueblo permaneciese por tantos años en este mundo de pecado e infortunio. Pero la incredulidad lo separó de Dios. Como se negara a hacer la obra que le había señalado, otros fueron los llamados para proclamar el mensaje. Por misericordia para con el mundo, Jesús difiere su venida para que los pecadores tengan oportunidad de oír el aviso y de encontrar amparo en él antes que se desate la ira de Dios.

Hogaño como antaño, la predicación de una verdad que reprueba los pecados y los errores del tiempo, despertará oposición. "Porque todo aquel que obra el mal, odia la luz, y no viene a la luz, para que sus obras no sean reprendidas." (S. Juan 3:20, V.M.) Cuando los hombres ven que no pueden sostener su actitud por las Sagradas Escrituras, muchos resuelven sostenerla a todo trance, y con espíritu malévolo atacan el carácter y los motivos de los que defienden las verdades que no son populares. Es la misma política que se siguió en todas las edades. Elías fue acusado de turbar a Israel, Jeremías lo fue de traidor, y San Pablo de profanador del templo. Desde entonces hasta ahora, los que quisieron ser leales a la verdad fueron denunciados como sediciosos, herejes o cismáticos. Multitudes que son demasiado descreídas para aceptar la palabra segura de la profecía, aceptarán con ilimitada credulidad la acusación dirigida contra los que se atreven a reprobar los pecados de moda. Esta tendencia irá desarrollándose más y más. Y la Biblia enseña a las claras que se va acercando el tiempo en que las leyes del estado estarán en tal contradicción con la ley de Dios, que quien quiera obedecer a todos los preceptos divinos tendrá que arrostrar censuras y castigos como un malhechor.

En vista de esto, ¿cuál es el deber del mensajero de la verdad? ¿Llegará tal vez a la conclusión de que no se debe predicar la verdad, puesto que a menudo no produce otro efecto que el de empujar a los hombres a burlar o resistir sus exigencias? No; el hecho de que el testimonio de la Palabra de Dios despierte oposición no le da motivo para callarlo, como no se lo dio a los reformadores anteriores. La confesión de fe que hicieron los santos y los mártires fue registrada para beneficio de las generaciones venideras. Los ejemplos vivos de santidad y de perseverante integridad llegaron hasta nosotros para inspirar valor a los que son llamados ahora a actuar como testigos de Dios. Recibieron gracia y verdad, no para sí solos, sino para que, por intermedio de ellos, el conocimiento de Dios iluminase la tierra. ¿Ha dado Dios luz a sus siervos en esta generación? En tal caso deben dejarla brillar para el mundo.

Antiguamente el Señor declaró a uno que hablaba en su nombre: "La casa de Israel empero no querrá escucharte a ti, porque no quieren escucharme a mí." Sin embargo, dijo: "Les hablarás mis palabras, ora oigan, ora que dejen de oír." (Ezequiel 3:7; 2:7, V.M.) Al siervo de Dios en nuestros días se dirige la orden: "¡Eleva tu voz como trompeta! ¡declara a mi pueblo su transgresión, a la casa de Jacob sus pecados!"

En la medida de sus oportunidades, pesa sobre todo aquel que recibió la verdad la misma solemne y terrible responsabilidad que pesara sobre el profeta a quien el Señor dijo: "Hijo del hombre, yo te he puesto por atalaya a la casa de Israel; por tanto, oirás de mi boca la palabra, y les amonestarás de mi parte. Cuando yo digo al inicuo: ¡Oh hombre inicuo, ciertamente morirás! si tú no hablas para amonestar al inicuo de su camino, él, siendo inicuo, en su iniquidad morirá; mas su sangre yo la demandaré de tu mano. Pero cuando tú hubieres amonestado al inicuo de su camino, para que se vuelva de él, si no se volviere de su camino, por su culpa morirá; mas tú has librado a tu alma." (Ezequiel 33:7-9, V.M.)

El gran obstáculo que se opone a la aceptación y a la proclamación de la verdad, es la circunstancia de que ella acarrea inconvenientes y oprobio. Este es el único argumento contra la verdad que sus defensores no han podido nunca refutar. Pero esto no arredra a los verdaderos siervos de Cristo. Ellos no esperan hasta que la verdad se haga popular. Convencidos como lo están de su deber, aceptan resueltamente la cruz, confiados con el apóstol Pablo en que "lo momentáneo y leve de nuestra tribulación, nos obra un sobremanera alto y eterno peso de gloria," "teniendo—como antaño Moisés—por mayores riquezas el vituperio de Cristo que los tesoros de los Egipcios." (2 Corintios 4:17; Hebreos 11:26.)

Cualquiera que sea su profesión de fe, sólo los que son esclavos del mundo en sus corazones obran por política más bien que por principio en asuntos religiosos. Debemos escoger lo justo porque es justo, y dejar a Dios las consecuencias. El mundo debe sus grandes reformas a los hombres de principios, fe y arrojo. Esos son los hombres capaces de llevar adelante la obra de reforma para nuestra época.

Así dice el Señor: "¡Escuchadme, los que conocéis la justicia, pueblo en cuyo corazón está mi ley! no temáis el vituperio de los hombres, ni os acobardéis con motivo de sus ultrajes: porque como a un vestido, los consumirá la polilla, y, como a lana, los consumirá el gusano; mas mi justicia durará para siempre, y mi salvación de siglo en siglo." (Isaías 51:7, 8, V.M.)

28

LA VERDADERA CONVERSIÓN ES ESENCIAL

DONDEQUIERA que la Palabra de Dios se predicara con fidelidad, los resultados atestiguaban su divino origen. El Espíritu de Dios acompañaba el mensaje de sus siervos, y su Palabra tenía poder. Los pecadores sentían despertarse sus conciencias. La luz "que alumbra a todo hombre que viene a este mundo," iluminaba los lugares más recónditos de sus almas, y las ocultas obras de las tinieblas eran puestas de manifiesto. Una profunda convicción se apoderaba de sus espíritus y corazones. Eran redargüidos de pecado, de justicia y del juicio por venir. Tenían conciencia de la justicia de Dios, y temían tener que comparecer con sus culpas e impurezas ante Aquel que escudriña los corazones. En su angustia clamaban: "¿Quién me libertará de este cuerpo de muerte? " Al serles revelada la cruz del Calvario, indicio del sacrificio infinito exigido por los pecados de los hombres, veían que sólo los méritos de Cristo bastaban para expiar sus transgresiones; eran lo único que podía reconciliar al hombre con Dios. Con fe y humildad aceptaban al Cordero de Dios, que quita los pecados del mundo. Por la sangre de Jesús alcanzaban "la remisión de los pecados cometidos anteriormente."

Estos creyentes hacían frutos dignos de su arrepentimiento. Creían y eran bautizados y se levantaban para andar en novedad de vida, como nuevas criaturas en Cristo Jesús; no para vivir conforme a sus antiguas concupiscencias, sino por la fe en el Hijo de Dios, para seguir sus pisadas, para reflejar su carácter y para purificarse a sí mismos, así como él es puro. Amaban lo que antes aborrecieran, y aborrecían lo que antes amaran. Los orgullosos y tercos se volvían mansos y humildes de corazón. Los vanidosos y arrogantes se volvían serios y discretos. Los profanos se volvían piadosos; los borrachos, sobrios; y los corrompidos, puros. Las vanas costumbres del mundo eran puestas a un lado. Los cristianos no buscaban el adorno "exterior del rizado de los cabellos, del ataviarse con joyas de oro o el de la compostura de los vestidos, sino el oculto del corazón, que consiste en la incorrupción de un espíritu manso y tranquilo; esa es la hermosura en la presencia de Dios." (1 Pedro 3:3, 4, V. Nácar-Colunga.)

Los reavivamientos producían en muchos profundo recogimiento y humildad. Eran caracterizados por llamamientos solemnes y fervientes hechos a los pecadores, por una ferviente compasión hacia aquellos a quienes Jesús compró por su sangre. Hombres y mujeres oraban y luchaban con Dios para conseguir la salvación de las almas. Los frutos de semejantes reavivamientos se echaban de ver en las almas que no vacilaban ante el desprendimiento y los sacrificios, sino que se regocijaban de ser tenidas por dignas de sufrir oprobios y pruebas por causa de Cristo. Se notaba una transformación en la vida de los que habían hecho profesión de seguir a Jesús; y la influencia de ellos beneficiaba a la sociedad. Recogían con Cristo y sembraban para el Espíritu, a fin de cosechar la vida eterna.

Se podía decir de ellos que fueron "contristados para arrepentimiento." "Porque el dolor que es según Dios, obra arrepentimiento saludable, de que no hay que arrepentirse; mas el dolor del siglo obra muerte. Porque he aquí, esto mismo que según Dios fuisteis contristados, cuánta solicitud ha obrado en vosotros, y aun defensa, y aun enojo, y aun temor, y aun gran deseo, y aun celo, y aun vindicación. En todo os habéis mostrado limpios en el negocio." (2 Corintios 7:9-11.)

Tal es el resultado de la acción del Espíritu de Dios. Una reforma en la vida es la única prueba segura de un verdadero arrepentimiento. Si restituye la prenda, si devuelve lo que robó, si confiesa sus pecados y ama a Dios y a sus semejantes, el pecador puede estar seguro de haber encontrado la paz con Dios. Tales eran los resultados que en otros tiempos acompañaban a los reavivamientos religiosos. Cuando se los juzgaba por sus frutos se veía que eran bendecidos de Dios para la salvación de los hombres y el mejoramiento de la humanidad.

Pero muchos de los reavivamientos de los tiempos modernos han presentado un notable contraste con aquellas manifestaciones de la gracia divina, que en épocas anteriores acompañaban los trabajos de los siervos de Dios. Es verdad que despiertan gran interés; que muchos se dan por convertidos y aumenta en gran manera el número de los miembros de las iglesias; no obstante los resultados no son tales que nos autoricen para creer que haya habido un aumento correspondiente de verdadera vida espiritual. La llama que alumbra un momento se apaga pronto y deja la obscuridad más densa que antes.

Los avivamientos populares son provocados demasiado a menudo por llamamientos a la imaginación, que excitan las emociones y satisfacen la inclinación por lo nuevo y extraordinario. Los conversos ganados de este modo manifiestan poco deseo de escuchar la verdad bíblica, y poco interés en el testimonio de los profetas y apóstoles. El servicio religioso que no revista un carácter un tanto sensacional no tiene atractivo para ellos. Un mensaje que apela a la fría razón no despierta eco alguno en ellos. No tienen en cuenta las claras amonestaciones de la Palabra de Dios que se refieren directamente a sus intereses eternos.

Para toda alma verdaderamente convertida la relación con Dios y con las cosas eternas será el gran tema de la vida. ¿Pero dónde se nota, en las iglesias populares de nuestros días, el espíritu de consagración a Dios? Los conversos no renuncian a su orgullo ni al amor del mundo. No están más dispuestos a negarse a sí mismos, a llevar la cruz y a seguir al manso y humilde Jesús, que antes de su conversión. La religión se ha vuelto objeto de burla de los infieles y escépticos, debido a que tantos de los que la profesan ignoran sus principios. El poder de la piedad ha desaparecido casi enteramente de muchas de las iglesias. Las comidas campestres, las representaciones teatrales en las iglesias, los bazares, las casas elegantes y la ostentación personal han alejado de Dios los pensamientos de la gente. Tierras y bienes y ocupaciones mundanas llenan el espíritu, mientras que las cosas de interés eterno se consideran apenas dignas de atención.

A pesar del decaimiento general de la fe y de la piedad, hay en esas iglesias verdaderos discípulos de Cristo. Antes que los juicios de Dios caigan finalmente sobre la tierra, habrá entre el pueblo del Señor un avivamiento de la piedad primitiva, cual no se ha visto nunca desde los tiempos apostólicos. El Espíritu y el poder de Dios serán derramados sobre sus hijos. Entonces muchos se separarán de esas iglesias en las cuales el amor de este mundo ha suplantado al amor de Dios y de su Palabra. Muchos, tanto ministros como laicos, aceptarán gustosamente esas grandes verdades que Dios ha hecho proclamar en este tiempo a fin de preparar un pueblo para la segunda venida del Señor. El enemigo de las almas desea impedir esta obra, y antes que llegue el tiempo para que se produzca tal movimiento, tratará de evitarlo introduciendo una falsa imitación. Hará aparecer como que la bendición especial de Dios es derramada sobre las iglesias que pueda colocar bajo su poder seductor; allí se manifestará lo que se considerará como un gran interés por lo religioso. Multitudes se alegrarán de que Dios esté obrando maravillosamente en su favor, cuando, en realidad, la obra provendrá de otro espíritu. Bajo un disfraz religioso, Satanás tratará de extender su influencia sobre el mundo cristiano.

En muchos de los despertamientos religiosos que se han producido durante el último medio siglo, se han dejado sentir, en mayor o menor grado, las mismas influencias que se ejercerán en los movimientos venideros más extensos. Hay una agitación emotiva, mezcla de lo verdadero con lo falso, muy apropiada para extraviar a uno. No obstante, nadie necesita ser seducido. A la luz de la Palabra de Dios no es difícil determinar la naturaleza de estos movimientos. Dondequiera que los hombres descuiden el testimonio de la Biblia y se alejen de las verdades claras que sirven para probar el alma y que requieren abnegación y desprendimiento del mundo, podemos estar seguros de que Dios no dispensa allí sus bendiciones. Y al aplicar la regla que Cristo mismo dio: "Por sus frutos los conoceréis" (S. Mateo 7:16), resulta evidente que estos movimientos no son obra del Espíritu de Dios.

En las verdades de su Palabra, Dios ha dado a los hombres una revelación de sí mismo, y a todos los que las aceptan les sirven de escudo contra los engaños de Satanás. El descuido en que se tuvieron estas verdades fue lo que abrió la puerta a los males que se están propagando ahora tanto en el mundo religioso. Se ha perdido de vista en sumo grado la naturaleza e importancia de la ley de Dios. Un concepto falso del carácter perpetuo y obligatorio de la ley divina ha hecho incurrir en errores respecto a la conversión y santificación, y como resultado se ha rebajado el nivel de la piedad en la iglesia. En esto reside el secreto de la ausencia del Espíritu y poder de Dios en los despertamientos religiosos de nuestros tiempos.

Hay en las diversas denominaciones hombres eminentes por su piedad, que reconocen y deploran este hecho. El profesor Eduardo A. Park, al exponer los peligros religiosos corrientes, dice acertadamente: "Una de las fuentes de peligros es el hecho de que los predicadores insisten muy poco en la ley divina. En otro tiempo el púlpito era eco de la voz de la conciencia. ... Nuestros más ilustres predicadores daban a sus discursos una amplitud majestuosa siguiendo el ejemplo del Maestro y recalcando la ley, sus preceptos y sus amenazas. Repetían las dos grandes máximas de que la ley es fiel trasunto de las perfecciones divinas, y de que un hombre que no tiene amor a la ley no lo tiene tampoco al Evangelio, pues la ley, tanto como el Evangelio, es un espejo que refleja el verdadero carácter de Dios. Este peligro arrastra a otro: el de desestimar la gravedad del pecado, su extensión y su horror. El grado de culpabilidad que acarrea la desobediencia a un mandamiento es proporcional al grado de justicia de ese mandamiento. ...

"A los peligros ya enumerados se une el que se corre al no reconocer plenamente la justicia de Dios. La tendencia del púlpito moderno consiste en hacer separación entre la justicia divina y la misericordia divina, en rebajar la misericordia al nivel de un sentimiento en lugar de elevarla a la altura de un principio. El nuevo prisma teológico separa lo que Dios unió. ¿Es la ley divina un bien o un mal? Es un bien. Luego la justicia es buena; pues es una disposición para cumplir la ley. De la costumbre de tener en poco la ley y justicia divinas, el alcance y demérito de la desobediencia humana, los hombres contraen fácilmente la costumbre de no apreciar la gracia que proveyó expiación por el pecado." Así pierde el Evangelio su valor e importancia en el concepto de los hombres, que no tardan en dejar a un lado la misma Biblia.

Muchos maestros en religión aseveran que Cristo abolió la ley por su muerte, y que desde entonces los hombres se ven libres de sus exigencias. Algunos la representan como yugo enojoso, y en contraposición con la esclavitud de la ley, presentan la libertad de que se debe gozar bajo el Evangelio.

Pero no es así como las profetas y los apóstoles consideraron la santa ley de Dios. David dice: "Y andaré con libertad, porque he buscado tus preceptos." (Salmo 119:45, V.M.) El apóstol Santiago, que escribió después de la muerte de Cristo, habla del Decálogo como de la "ley real," y de la "ley perfecta, la ley de libertad." (Santiago 2:8; 1:25, V.M.) Y el vidente de Patmos, medio siglo después de la crucifixión, pronuncia una bendición sobre los "que guardan sus mandamientos, para que su potencia sea en el árbol de la vida, y que entren por las puertas en la ciudad." (Apocalipsis 22:14.)

El aserto de que Cristo abolió con su muerte la ley de su Padre no tiene fundamento. Si hubiese sido posible cambiar la ley o abolirla, entonces Cristo no habría tenido por qué morir para salvar al hombre de la penalidad del pecado. La muerte de Cristo, lejos de abolir la ley, prueba que es inmutable. El Hijo de Dios vino para engrandecer la ley, y hacerla honorable. (Isaías 42:21.) El dijo: "No penséis que vine a invalidar la ley;" "hasta que pasen el cielo y la tierra, ni siquiera una jota ni un tilde pasará de la ley." (S. Mateo 5:17, 18, V.M.) Y con respecto a sí mismo declara: "Me complazco en hacer tu voluntad, oh Dios mío, y tu ley está en medio de mi corazón." (Salmo 40:8, V.M.)

La ley de Dios, por su naturaleza misma, es inmutable. Es una revelación de la voluntad y del carácter de su Autor. Dios es amor, y su ley es amor. Sus dos grandes principios son el amor a Dios y al hombre. "El amor pues es el cumplimiento de la ley." (Romanos 13:10, V.M.) El carácter de Dios es justicia y verdad; tal es la naturaleza de su ley. Dice el salmista: "Tu ley es la verdad;" "todos tus mandamientos son justos." (Salmo 119:142, 172, V.M.) Y el apóstol Pablo declara: "La ley es santa, y el mandamiento, santo y justo y bueno." (Romanos 7:12, V.M.) Semejante ley, expresión del pensamiento y de la voluntad de Dios, debe ser tan duradera como su Autor.

Es obra de la conversión y de la santificación reconciliar a los hombres con Dios, poniéndolos de acuerdo con los principios de su ley. Al principio el hombre fue creado a la imagen de Dios. Estaba en perfecta armonía con la naturaleza y la ley de Dios; los principios de justicia estaban grabados en su corazón. Pero el pecado le separó de su Hacedor. Ya no reflejaba más la imagen divina. Su corazón estaba en guerra con los principios de la ley de Dios. "La intención de la carne es enemistad contra Dios, porque no se sujeta a la ley de Dios, ni tampoco puede." (Romanos 8:7.) Mas "de tal manera amó Dios al mundo, que dio a su Hijo unigénito," para que el hombre fuese reconciliado con Dios. Por los méritos de Cristo puede restablecerse la armonía entre el hombre y su Creador. Su corazón debe ser renovado por la gracia divina; debe recibir nueva vida de lo alto. Este cambio es el nuevo nacimiento, sin el cual, según expuso Jesús, nadie "puede ver el reino de Dios."

El primer paso hacia la reconciliación con Dios, es la convicción del pecado. "El pecado es transgresión de la ley." "Por la ley es el conocimiento del pecado." (1 Juan 3:4; Romanos 3:20.) Para reconocer su culpabilidad, el pecador debe medir su carácter por la gran norma de justicia que Dios dio al hombre. Es un espejo que le muestra la imagen de un carácter perfecto y justo, y le permite discernir los defectos de su propio carácter.

La ley revela al hombre sus pecados, pero no dispone ningún remedio. Mientras promete vida al que obedece, declara que la muerte es lo que le toca al transgresor. Sólo el Evangelio de Cristo puede librarle de la condenación o de la mancha del pecado. Debe arrepentirse ante Dios cuya ley transgredió, y tener fe en Cristo y en su sacrificio expiatorio. Así obtiene "remisión de los pecados cometidos anteriormente," y se hace partícipe de la naturaleza divina. Es un hijo de Dios, pues ha recibido el espíritu de adopción, por el cual exclama: "¡Abba, Padre !"

¿Está entonces libre para violar la ley de Dios? El apóstol Pablo dice: "¿Abrogamos pues la ley por medio de la fe? ¡No por cierto! antes bien, hacemos estable la ley." "Nosotros que morimos al pecado, ¿cómo podremos vivir ya en él?" Y San Juan dice también: "Este es el amor de Dios, que guardemos sus mandamientos; y sus mandamientos no son gravosos." (Romanos 3:31; 6:2; 1 Juan 5:3, V.M.) En el nuevo nacimiento el corazón viene a quedar en armonía con Dios, al estarlo con su ley. Cuando se ha efectuado este gran cambio en el pecador, entonces ha pasado de la muerte a la vida, del pecado a la santidad, de la transgresión y rebelión a la obediencia y a la lealtad. Terminó su antigua vida de separación con Dios; y comenzó la nueva vida de reconciliación, fe y amor. Entonces "la justicia que requiere la ley" se cumplirá "en nosotros, los que no andamos según la carne, sino según el espíritu." (Romanos 8:4, V.M.) Y el lenguaje del alma será "¡Cuánto amo yo tu ley! todo el día es ella mi meditación." (Salmo 119:97.)

"La ley de Jehová es perfecta, que convierte el alma." (Salmo 19:7, V.M.) Sin la ley, los hombres no pueden formarse un justo concepto de la pureza y santidad de Dios ni de su propia culpabilidad e impureza. No tienen verdadera convicción del pecado, y no sienten necesidad de arrepentirse. Como no ven su condición perdida como violadores de la ley de Dios, no se dan cuenta tampoco de la necesidad que tienen de la sangre expiatoria de Cristo. Aceptan la esperanza de salvación sin que se realice un cambio radical en su corazón ni reforma en su vida. Así abundan las conversiones superficiales, y multitudes se unen a la iglesia sin haberse unido jamás con Cristo.

Falsas teorías sobre la santificación, debidas a que no se hizo caso de la ley divina, o se la rechazó, desempeñan importante papel en los movimientos religiosos de nuestros días. Esas teorías son falsas en cuanto a la doctrina y peligrosas en sus resultados prácticos, y el hecho de que hallen tan general aceptación hace doblemente necesario que todos tengan una clara comprensión de lo que las Sagradas Escrituras enseñan sobre este punto.

La doctrina de la santificación verdadera es bíblica. El apóstol Pablo, en su carta a la iglesia de Tesalónica, declara: "Esta es la voluntad de Dios, es a saber, vuestra santificación." Y ruega así: "El mismo Dios de paz os santifique del todo." (1 Tesalonicenses 4:3; 5:23, V.M.) La Biblia enseña claramente lo que es la santificación, y cómo se puede alcanzarla. El Salvador oró por sus discípulos: "Santifícalos con la verdad: tu Palabra es la verdad." (S. Juan 17:17, 19, V.M.) Y San Pablo enseña que los creyentes deben ser santificados por el Espíritu Santo. (Romanos 15:16.) Cuál es la obra del Espíritu Santo? Jesús dijo a sus discípulos: "Cuando viniere aquél, el Espíritu de verdad, él os guiará al conocimiento de toda la verdad." (S. Juan 16:13, V.M.) Y el salmista dice: "Tu ley es la verdad." Por la Palabra y el Espíritu de Dios quedan de manifiesto ante los hombres los grandes principios de justicia encerrados en la ley divina. Y ya que la ley de Dios es santa, justa y buena, un trasunto de la perfección divina, resulta que el carácter formado por la obediencia a esa ley será santo. Cristo es ejemplo perfecto de semejante carácter. El dice: "He guardado los mandamientos de mi Padre." "Hago siempre las cosas que le agradan." (S. Juan 15:10; 8:29, V.M.) Los discípulos de Cristo han de volverse semejantes a él, es decir, adquirir por la gracia de Dios un carácter conforme a los principios de su santa ley. Esto es lo que la Biblia llama santificación.

Esta obra no se puede realizar sino por la fe en Cristo, por el poder del Espíritu de Dios que habite en el corazón. San Pablo amonesta a los creyentes: "Ocupaos en vuestra salvación con temor y temblor; porque Dios es el que en vosotros obra así el querer como el hacer, por su buena voluntad." (Filipenses 2:12, 13.) El cristiano sentirá las tentaciones del pecado, pero luchará continuamente contra él. Aquí es donde se necesita la ayuda de Cristo. La debilidad humana se une con la fuerza divina, y la fe exclama: "A Dios gracias, que nos da la victoria por el Señor nuestro Jesucristo." (1 Corintios 15:57.)

Las Santas Escrituras enseñan claramente que la obra de santificación es progresiva. Cuando el pecador encuentra en la conversión la paz con Dios por la sangre expiatoria, la vida cristiana no ha hecho más que empezar. Ahora debe llegar "al estado de hombre perfecto;" crecer "a la medida de la estatura de la plenitud de Cristo." El apóstol San Pablo dice: "Una cosa hago: olvidando ciertamente lo que queda atrás, y extendiéndome a lo que está delante, prosigo al blanco, al premio de la soberana vocación de Dios en Cristo Jesús." (Filipenses 3:13, 14.) Y San Pedro nos presenta los peldaños por los cuales se llega a la santificación de que habla la Biblia: "Poniendo de vuestra parte todo empeño, añadid a vuestra fe el poder; y al poder, la ciencia; y a la ciencia, la templanza; y a la templanza, la paciencia; y a la paciencia, la piedad; y a la piedad, fraternidad; y a la fraternidad, amor. ... Porque si hacéis estas cosas, no tropezaréis nunca." (2 Pedro 1:5-10, V.M.)

Los que experimenten la santificación de que habla la Biblia, manifestarán un espíritu de humildad. Como Moisés, contemplaron la terrible majestad de la santidad y se dan cuenta de su propia indignidad en contraste con la pureza y alta perfección del Dios infinito.

El profeta Daniel fue ejemplo de verdadera santificación. Llenó su larga vida del noble servicio que rindió a su Maestro. Era un hombre "muy amado" (Daniel 10:11, V.M.) en el cielo. Sin embargo, en lugar de prevalerse de su pureza y santidad, este profeta tan honrado de Dios se identificó con los mayores pecadores de Israel cuando intercedió cerca de Dios en favor de su pueblo: "¡No derramamos nuestros ruegos ante tu rostro a causa de nuestras justicias, sino a causa de tus grandes compasiones!" "Hemos pecado, hemos obrado impíamente." Él declara: "Yo estaba … hablando, y orando, y confesando mi pecado, y el pecado de mi pueblo." Y cuando más tarde el Hijo de Dios apareció para instruirle, Daniel dijo: "Mi lozanía se me demudó en palidez de muerte, y no retuve fuerza alguna." (Daniel 9:18, 15, 20; 10:8, V.M.)

Cuando Job oyó la voz del Señor de entre el torbellino, exclamó: "Me aborrezco, y me arrepiento en el polvo y la ceniza." (Job 42:6.) Cuando Isaías contempló la gloria del Señor, y oyó a los querubines que clamaban: "¡Santo, santo, santo es Jehová de los ejércitos!" dijo abrumado: "¡Ay de mí, pues soy perdido!" (Isaías 6:3, 5, V.M.) Después de haber sido arrebatado hasta el tercer cielo y haber oído cosas que no le es dado al hombre expresar, San Pablo habló de sí mismo como del "más pequeño de todos los santos." (2 Corintios 12:2-4; Efesios 3:8.) Y el amado Juan, el que había descansado en el pecho de Jesús y contemplado su gloria, fue el que cayó como muerto a los pies del ángel. (Apocalipsis 1:17.)

No puede haber glorificación de sí mismo, ni arrogantes pretensiones de estar libre de pecado, por parte de aquellos que andan a la sombra de la cruz del Calvario. Harta cuenta se dan de que fueron sus pecados los que causaron la agonía del Hijo de Dios y destrozaron su corazón; y este pensamiento les inspira profunda humildad. Los que viven más cerca de Jesús son también los que mejor ven la fragilidad y culpabilidad de la humanidad, y su sola esperanza se cifra en los méritos de un Salvador crucificado y resucitado.

La santificación, tal cual la entiende ahora el mundo religioso en general, lleva en sí misma un germen de orgullo espiritual y de menosprecio de la ley de Dios que nos la presenta como del todo ajena a la religión de la Biblia. Sus defensores enseñan que la santificación es una obra instantánea, por la cual, mediante la fe solamente, alcanzan perfecta santidad. "Tan sólo creed—dicen—y la bendición es vuestra." Según ellos, no se necesita mayor esfuerzo de parte del que recibe la bendición. Al mismo tiempo niegan la autoridad de la ley de Dios y afirman que están dispensados de la obligación de guardar los mandamientos. ¿Pero será acaso posible que los hombres sean santos y concuerden con la voluntad y el modo de ser de Dios, sin ponerse en armonía con los principios que expresan su naturaleza y voluntad, y enseñan lo que le agrada?

El deseo de llevar una religión fácil, que no exija luchas, ni desprendimiento, ni ruptura con las locuras del mundo, ha hecho popular la doctrina de la fe, y de la fe sola; ¿pero qué dice la Palabra de Dios? El apóstol Santiago dice: "Hermanos míos, ¿qué aprovechará si alguno dice que tiene fe, y no tiene obras? ¿Podrá la fe salvarle? … ¿Mas quieres saber, hombre vano, que la fe sin obras es muerta? ¿No fue justificado por las obras Abraham nuestro padre, cuando ofreció a su hijo Isaac sobre el altar? ¿No ves que la fe obró con sus obras, y que la fe fue perfecta por las obras? … Veis, pues, que el hombre es justificado por las obras, y no solamente por la fe." (Santiago 2:14-24.)

El testimonio de la Palabra de Dios se opone a esta doctrina seductora de la fe sin obras. No es fe pretender el favor del Cielo sin cumplir las condiciones necesarias para que la gracia sea concedida. Es presunción, pues la fe verdadera se funda en las promesas y disposiciones de las Sagradas Escrituras.

Nadie se engañe a sí mismo creyendo que pueda volverse santo mientras viole premeditadamente uno de los preceptos divinos. Un pecado cometido deliberadamente acalla la voz atestiguadora del Espíritu y separa al alma de Dios.

"El pecado es transgresión de la ley." Y "todo aquel que peca [transgrede la ley], no le ha visto, ni le ha conocido." (1 Juan 3:6.) Aunque San Juan habla mucho del amor en sus epístolas, no vacila en poner de manifiesto el verdadero carácter de esa clase de personas que pretenden ser santificadas y seguir transgrediendo la ley de Dios. "El que dice: Yo le conozco, y no guarda sus mandamientos, es mentiroso, y no hay verdad en él; mas el que guarda su palabra, verdaderamente en éste se ha perfeccionado el amor de Dios." (1 Juan 2:4, 5, V.M.) Esta es la piedra de toque de toda profesión de fe. No podemos reconocer como santo a ningún hombre sin haberle comparado primero con la sola regla de santidad que Dios haya dado en el cielo y en la tierra. Si los hombres no sienten el peso de la ley moral, si empequeñecen y tienen en poco los preceptos de Dios, si violan el menor de estos mandamientos, y así enseñan a los hombres, no serán estimados ante el cielo, y podemos estar seguros de que sus pretensiones no tienen fundamento alguno.

Y la aserción de estar sin pecado constituye de por sí una prueba de que el que tal asevera dista mucho de ser santo. Es porque no tiene un verdadero concepto de lo que es la pureza y santidad infinita de Dios, ni de lo que deben ser los que han de armonizar con su carácter; es porque no tiene verdadero concepto de la pureza y perfección supremas de Jesús ni de la maldad y horror del pecado, por lo que el hombre puede creerse santo. Cuanto más lejos esté de Cristo y más yerre acerca del carácter y los pedidos de Dios, más justo se cree.

La santificación expuesta en las Santas Escrituras abarca todo el ser: espíritu, cuerpo y alma. San Pablo rogaba por los tesalonicenses, que su "ser entero, espíritu y alma y cuerpo" fuese "guardado y presentado irreprensible en el advenimiento de nuestro Señor Jesucristo." (1 Tesalonicenses 5:23, V.M.) Y vuelve a escribir a los creyentes: "Os ruego pues, hermanos, por las compasiones de Dios, que le presentéis vuestros cuerpos, como sacrificio vivo, santo, acepto a Dios." (Romanos 12:1, V.M.) En tiempos del antiguo Israel, toda ofrenda que se traía a Dios era cuidadosamente examinada. Si se descubría un defecto cualquiera en el animal presentado, se lo rechazaba, pues Dios había mandado que las ofrendas fuesen "sin mancha." Así también se pide a los cristianos que presenten sus cuerpos en "sacrificio vivo, santo, acepto a Dios." Para ello, todas sus facultades deben conservarse en la mejor condición posible. Toda costumbre que tienda a debilitar la fuerza física o mental incapacita al hombre para el servicio de su Creador. ¿Y se complacerá Dios con menos de lo mejor que podamos ofrecerle? Cristo dijo: "Amarás al Señor tu Dios de todo tu corazón." Los que aman a Dios de todo corazón desearán darle el mejor servicio de su vida y tratarán siempre de poner todas las facultades de su ser en armonía con las leyes que aumentarán su aptitud para hacer su voluntad. No debilitarán ni mancharán la ofrenda que presentan a su Padre celestial abandonándose a sus apetitos o pasiones.

San Pedro dice: "Os ruego ... que os abstengáis de las concupiscencias carnales, las cuales guerrean contra el alma." (1 Pedro 2:11, V.M.) Toda concesión hecha al pecado tiende a entorpecer las facultades y a destruir el poder de percepción mental y espiritual, de modo que la Palabra o el Espíritu de Dios ya no puedan impresionar sino débilmente el corazón. San Pablo escribe a los Corintios: "Limpiémonos de toda inmundicia de carne y de espíritu, perfeccionando la santificación en temor de Dios." (2 Corintios 7:1.) Y entre los frutos del Espíritu—"amor, gozo, paz, longanimidad, benignidad, bondad, fidelidad, mansedumbre,"—clasifica la "templanza." (Gálatas 5:22, 23, V.M.)

A pesar de estas inspiradas declaraciones, ¡cuántos cristianos de profesión están debilitando sus facultades en la búsqueda de ganancias o en el culto que tributan a la moda; cuántos están envileciendo en su ser la imagen de Dios, con la glotonería, las bebidas espirituosas, los placeres ilícitos! Y la iglesia, en lugar de reprimir el mal, demasiado a menudo lo fomenta, apelando a los apetitos, al amor del lucro y de los placeres para llenar su tesoro, que el amor a Cristo es demasiado débil para colmar. Si Jesús entrase en las iglesias de nuestros días, y viese los festejos y el tráfico impío que se practica en nombre de la religión, ¿no arrojaría acaso a esos profanadores, como arrojó del templo a los cambiadores de moneda?

El apóstol Santiago declara que la sabiduría que desciende de arriba es "primeramente pura." Si se hubiese encontrado con aquellos que pronuncian el precioso nombre de Jesús con labios manchados por el tabaco, con aquellos cuyo aliento y persona están contaminados por sus fétidos olores, y que infestan el aire del cielo y obligan a todos los que les rodean a aspirar el veneno,—si el apóstol hubiese entrado en contacto con un hábito tan opuesto a la pureza del Evangelio, ¿no lo habría acaso estigmatizado como, "terreno, animal, diabólico"? Los esclavos del tabaco, pretendiendo gozar de las bendiciones de la santificación completa, hablan de su esperanza de ir a la gloria; pero la Palabra de Dios declara positivamente que "no entrará en ella ninguna cosa sucia." (Apocalipsis 21:27.)

"¿O ignoráis que vuestro cuerpo es templo del Espíritu Santo, el cual está en vosotros, el cual tenéis de Dios, y que no sois vuestros? Porque comprados sois por precio: glorificad pues a Dios en vuestro cuerpo." (1 Corintios 6:19, 20.) Aquel cuyo cuerpo es el templo del Espíritu Santo no se dejará esclavizar por ningún hábito pernicioso. Sus facultades pertenecen a Cristo, que le compró con precio de sangre. Sus bienes son del Señor. ¿Cómo podrá quedar sin culpa si dilapida el capital que se le confió? Hay cristianos de profesión que gastan al año ingentes cantidades en goces inútiles y perniciosos, mientras muchas almas perecen por falta de la palabra de vida. Roban a Dios en los diezmos y ofrendas, mientras consumen en aras de la pasión destructora más de lo que dan para socorrer a los pobres o para el sostenimiento del Evangelio. Si todos los que hacen profesión de seguir a Cristo estuviesen verdaderamente santificados, en lugar de gastar sus recursos en placeres inútiles y hasta perjudiciales, los invertirían en el tesoro del Señor, y los cristianos darían un ejemplo de temperancia, abnegación y sacrificio de sí mismos. Serían entonces la luz del mundo.

El mundo está entregado a la sensualidad. "La concupiscencia de la carne, y la concupiscencia de los ojos, y la soberbia de la vida" gobiernan las masas del pueblo. Pero los discípulos de Cristo son llamados a una vida santa. "Salid de en medio de ellos, y apartaos, dice el Señor, y no toquéis lo inmundo." A la luz de la Palabra de Dios, se justifica el aserto de que la santificación que no produce este completo desprendimiento de los deseos y placeres pecaminosos del mundo, no puede ser verdadera.

A aquellos que cumplen con las condiciones: "Salid de en medio de ellos, y apartaos, … y no toquéis lo inmundo," se refiere la promesa de Dios: "Yo os recibiré, y seré a vosotros Padre, y vosotros me seréis a mí hijos e hijas, dice el Señor Todopoderoso." (2 Corintios 6:17, 18.) Es privilegio y deber de todo cristiano tener grande y bendita experiencia de las cosas de Dios. "Yo soy la luz del mundo—dice Jesús:—el que me sigue, no andará en tinieblas, mas tendrá la lumbre de la vida." (S. Juan 8:12.) "La senda de los justos es como la luz de la aurora, que va en aumento hasta que el día es perfecto." (Proverbios 4:18.) Cada paso que se da en fe y obediencia pone al alma en relación más íntima con la luz del mundo, en quien "no hay ningunas tinieblas." Los rayos luminosos del Sol de Justicia brillan sobre los siervos de Dios, y éstos deben reflejarlos. Así como las estrellas nos hablan de una gran luz en el cielo, con cuya gloria resplandecen, así también los cristianos deben mostrar que hay en el trono del universo un Dios cuyo carácter es digno de alabanza e imitación. Las gracias de su Espíritu, su pureza y santidad, se manifestarán en sus testigos.

En su carta a los Colosenses, San Pablo enumera las abundantes bendiciones concedidas a los hijos de Dios. "No cesamos—dice—de orar por vosotros, y de pedir que seáis llenos del conocimiento de su voluntad, en toda sabiduría y espiritual inteligencia; para que andéis como es digno del Señor, agradándole en todo, fructificando en toda buena obra, y creciendo en el conocimiento de Dios: corroborados de toda fortaleza, conforme a la potencia de su gloria, para toda tolerancia y largura de ánimo con gozo." (Colosenses 1:9-11.)

Escribe además respecto a su deseo de que los hermanos de Efeso logren comprender la grandeza de los privilegios del cristiano. Les expone en el lenguaje más claro el maravilloso conocimiento y poder que pueden poseer como hijos e hijas del Altísimo. De ellos estaba el que fueran "fortalecidos con poder, por medio de su Espíritu, en el hombre interior," y "arraigados y cimentados en amor," para poder "comprender, con todos los santos, cuál sea la anchura, y la longitud, y la altura y la profundidad y conocer el amor de Cristo, que sobrepuja a todo conocimiento." Pero la oración del apóstol alcanza al apogeo del privilegio cuando ruega que sean "llenos de ello, hasta la medida de toda la plenitud de Dios." (Efesios 3:16-19, V.M.)

Así se ponen de manifiesto las alturas de la perfección que podemos alcanzar por la fe en las promesas de nuestro Padre celestial, cuando cumplimos con lo que él requiere de nosotros. Por los méritos de Cristo tenemos acceso al trono del poder infinito. "El que aun a su propio Hijo no perdonó, antes le entregó por todos nosotros, ¿cómo no nos dará también con él todas las cosas?" (Romanos 8:32.) El Padre dio a su Hijo su Espíritu sin medida, y nosotros podemos participar también de su plenitud. Jesús dice: "Pues si vosotros, siendo malos, sabéis dar buenas dádivas a vuestros hijos, ¿cuánto más vuestro Padre celestial dará el Espíritu Santo a los que lo pidieren de él?" (S. Lucas 11:13.) "Si algo pidiereis en mi nombre, yo lo haré." "Pedid, y recibiréis, para que vuestro gozo sea cumplido." (S. Juan 14:14; 16:24.)

Si bien la vida del cristiano ha de ser caracterizada por la humildad, no debe señalarse por la tristeza y la denigración de sí mismo. Todos tienen el privilegio de vivir de manera que Dios los apruebe y los bendiga. No es la voluntad de nuestro Padre celestial que estemos siempre en condenación y tinieblas. Marchar con la cabeza baja y el corazón lleno de preocupaciones relativas a uno mismo no es prueba de verdadera humildad. Podemos acudir a Jesús y ser purificados, y permanecer ante la ley sin avergonzarnos ni sentir remordimientos. "Ahora pues, ninguna condenación hay para los que están en Cristo Jesús, los que no andan conforme a la carne, mas conforme al Espíritu." (Romanos 8:1.)

Por medio de Jesús, los hijos caídos de Adán son hechos "hijos de Dios." "Porque el que santifica y los que son santificados, de uno son todos: por lo cual no se avergüenza de llamarlos hermanos." (Hebreos 2:11.) La vida del cristiano debe ser una vida de fe, de victoria y de gozo en Dios. "Todo aquel que es engendrado de Dios vence al mundo; y ésta es la victoria que vence al mundo, a saber, nuestra fe." (1 Juan 5:4, V.M.) Con razón declaró Nehemías, el siervo de Dios: "El gozo de Jehová es vuestra fortaleza." (Nehemías 8:10.) Y San Pablo dijo: "Gozaos en el Señor siempre: otra vez os digo: Que os gocéis." "Estad siempre gozosos. Orad sin cesar. Dad gracias en todo; porque esta es la voluntad de Dios para con vosotros en Cristo Jesús." (Filipenses 4:4; 1 Tesalonicenses 5:16-18.)

Tales son los frutos de la conversión y de la santificación según la Biblia; y es porque el mundo cristiano mira con tanta indiferencia los grandes principios de justicia expuestos en la Palabra de Dios, por lo que se ven tan raramente estos frutos. Esta es la razón por la que se ve tan poco de esa obra profunda y duradera del Espíritu de Dios que caracterizaba los reavivamientos en tiempos pasados.

Por medio de la contemplación nos transformamos. Pero como esos sagrados preceptos en los cuales Dios reveló a los hombres su perfección y santidad son tenidos en poco y el espíritu del pueblo se deja atraer por las enseñanzas y teorías humanas, nada tiene de extraño que en consecuencia se vea un enfriamiento de la piedad viva en la iglesia. El Señor dice: "Dejáronme a mí, fuente de agua viva, por cavar para sí cisternas, cisternas rotas que no detienen aguas." (Jeremías 2:13.)

"Bienaventurado el varón que no anduvo en consejo de malos. ... Antes en la ley de Jehová está su delicia, y en su ley medita de día y de noche. Y será como el árbol plantado junto a arroyos de aguas, que da su fruto en su tiempo, y su hoja no cae; y todo lo que hace prosperará." (Salmo 1:1-3.) Sólo en la medida en que la ley de Dios sea repuesta en el lugar que le corresponde habrá un avivamiento de la piedad y fe primitivas entre los que profesan ser su pueblo. "Así dijo Jehová: Paraos en los caminos, y mirad y preguntad por las sendas antiguas, cuál sea el buen camino, y andad por él, y hallaréis descanso para vuestra alma." (Jeremías 6:16.)

29

EL JUICIO INVESTIGADOR

"ESTUVE mirando—dice el profeta Daniel—hasta que fueron puestas sillas: y un Anciano de grande edad se sentó, cuyo vestido era blanco como la nieve, y el pelo de su cabeza como lana limpia; su silla llama de fuego, sus ruedas fuego ardiente. Un río de fuego procedía y salía de delante de él: millares de millares le servían, y millones de millones asistían delante de él: el Juez se sentó y los libros se abrieron." (Daniel 7:9, 10.)

Así se presentó a la visión del profeta el día grande y solemne en que los caracteres y vidas de los hombres habrán de ser revistados ante el Juez de toda la tierra, y en que a todos los hombres se les dará "conforme a sus obras." El Anciano de días es Dios, el Padre. El salmista dice: "Antes que naciesen los montes, y formases la tierra y el mundo, y desde el siglo y hasta el siglo, tú eres Dios." (Salmo 90:2.) Es él, Autor de todo ser y de toda ley, quien debe presidir en el juicio. Y "millares de millares … y millones de millones" de santos ángeles, como ministros y testigos, están presentes en este gran tribunal.

"Y he aquí en las nubes del cielo como un hijo de hombre que venía, y llegó hasta el Anciano de grande edad, e hiciéronle llegar delante de él. Y fuéle dado señorío, y gloria, y reino; y todos los pueblos, naciones y lenguas le sirvieron; su señorío, señorío eterno, que no será transitorio, y su reino no se corromperá." (Daniel 7:13, 14.) La venida de Cristo descrita aquí no es su segunda venida a la tierra. El viene hacia el Anciano de días en el cielo para recibir el dominio y la gloria, y un reino, que le será dado a la conclusión de su obra de mediador. Es esta venida, y no su segundo advenimiento a la tierra, la que la profecía predijo que había de realizarse al fin de los 2.300 días, en 1844. Acompañado por ángeles celestiales, nuestro gran Sumo Sacerdote entra en el lugar santísimo, y allí, en la presencia de Dios, da principio a los últimos actos de su ministerio en beneficio del hombre, a saber, cumplir la obra del juicio y hacer expiación por todos aquellos que resulten tener derecho a ella.

En el rito típico, sólo aquellos que se habían presentado ante Dios arrepintiéndose y confesando sus pecados, y cuyas iniquidades eran llevadas al santuario por medio de la sangre del holocausto, tenían participación en el servicio del día de las expiaciones. Así en el gran día de la expiación final y del juicio, los únicos casos que se consideran son los de quienes hayan profesado ser hijos de Dios. El juicio de los impíos es obra distinta y se verificará en fecha posterior. "Es tiempo de que el juicio comience de la casa de Dios: y si primero comienza por nosotros, ¿qué será el fin de aquellos que no obedecen al evangelio?" (1 Pedro 4:17.)

Los libros del cielo, en los cuales están consignados los nombres y los actos de los hombres, determinarán los fallos del juicio. El profeta Daniel dice: "El Juez se sentó, y los libros se abrieron." San Juan, describiendo la misma escena en el Apocalipsis, agrega: "Y otro libro fue abierto, el cual es de la vida: y fueron juzgados los muertos por las cosas que estaban escritas en los libros, según sus obras." (Apocalipsis 20:12.)

El libro de la vida contiene los nombres de todos los que entraron alguna vez en el servicio de Dios. Jesús dijo a sus discípulos: "Gozaos de que vuestros nombres están escritos en los cielos." (S. Lucas 10:20.) San Pablo habla de sus fieles compañeros de trabajo, "cuyos nombres están en el libro de la vida." (Filipenses 4:3.) Daniel, vislumbrando un "tiempo de angustia, cual nunca fue," declara que el pueblo de Dios será librado, es decir, "todos los que se hallaren escritos en el libro." (Daniel 12:1.) Y San Juan dice en el Apocalipsis que sólo entrarán en la ciudad de Dios aquellos cuyos nombres "están escritos en el libro de la vida del Cordero." (Apoc. 21:27.)

Delante de Dios está escrito "un libro de memoria," en el cual quedan consignadas las buenas obras de "los que temen a Jehová, y de los que piensan en su nombre." (Malaquías 3:16, V.M.) Sus palabras de fe, sus actos de amor, están registrados en el cielo. A esto se refiere Nehemías cuando dice: "¡Acuérdate de mí, oh Dios mío, ... y no borres mis obras piadosas que he hecho por la Casa de mi Dios!" (Nehemías 13:14, V.M.) En el "libro de memoria" de Dios, todo acto de justicia está inmortalizado. Toda tentación resistida, todo pecado vencido, toda palabra de tierna compasión, están fielmente consignados, y apuntados también todo acto de sacrificio, todo padecimiento y todo pesar sufridos por causa de Cristo. El salmista dice: "Tú cuentas los pasos de mi vida errante: pon mis lágrimas en tu redoma: ¿no están en tu libro?" (Salmo 56:8, V.M.)

Hay además un registro en el cual figuran los pecados de los hombres. "Pues que Dios traerá toda obra a juicio juntamente con toda cosa encubierta, sea buena o sea mala." (Eclesiastés 12:14, V.M.) "De toda palabra ociosa que hablaren los hombres, darán cuenta en el día del juicio." Dice el Salvador: "Por tus palabras serás justificado, y por tus palabras serás condenado." (S. Mateo 12:36, 37, V.M.) Los propósitos y motivos secretos aparecen en el registro infalible, pues Dios "sacará a luz las obras encubiertas de las tinieblas, y pondrá de manifiesto los propósitos de los corazones." (1 Corintios 4:5, V.M.) "He aquí que esto está escrito delante de mí: ... vuestras iniquidades y las iniquidades de vuestros padres juntamente, dice Jehová." (Isaías 65:6, 7, V.M.)

La obra de cada uno pasa bajo la mirada de Dios, y es registrada e imputada ya como señal de fidelidad ya de infidelidad. Frente a cada nombre, en los libros del cielo, aparecen, con terrible exactitud, cada mala palabra, cada acto egoísta, cada deber descuidado, y cada pecado secreto, con todas las tretas arteras. Las admoniciones o reconvenciones divinas despreciadas, los momentos perdidos, las oportunidades desperdiciadas, la influencia ejercida para bien o para mal, con sus abarcantes resultados, todo fue registrado por el ángel anotador.

La ley de Dios es la regla por la cual los caracteres y las vidas de los hombres serán probados en el juicio. Salomón dice: "Teme a Dios, y guarda sus mandamientos; porque esto es la suma del deber humano. Pues que Dios traerá toda obra a juicio." (Eclesiastés 12:13, 14, V.M.) El apóstol Santiago amonesta a sus hermanos diciéndoles: "Así hablad pues, y así obrad, como hombres que van a ser juzgados por la ley de libertad." (Santiago 2:12, V.M.)

Los que en el juicio "serán tenidos por dignos," tendrán parte en la resurrección de los justos. Jesús dijo: "Los que serán tenidos por dignos de alcanzar aquel siglo venidero, y la resurrección de entre los muertos, ... son iguales a los ángeles, y son hijos de Dios, siendo hijos de la resurrección." (S. Lucas 20:35, 36, V.M.) Y además declara que "los que hicieron bien saldrán a resurrección de vida." (S. Juan 5:29.) Los justos ya muertos no serán resucitados más que después del juicio en el cual habrán sido juzgados dignos de la "resurrección de vida." No estarán pues presentes en persona ante el tribunal cuando sus registros sean examinados y sus causas falladas.

Jesús aparecerá como el abogado de ellos, para interceder en su favor ante Dios. "Si alguno hubiere pecado, abogado tenemos para con el Padre, a saber Jesucristo el justo." (1 Juan 2:1.) "Porque no entró Cristo en un lugar santo hecho de mano, que es una mera representación del verdadero, sino en el cielo mismo, para presentarse ahora delante de Dios por nosotros." "Por lo cual también, puede salvar hasta lo sumo a los que se acercan a Dios por medio de él, viviendo siempre para interceder por ellos." (Hebreos 9:24; 7:25, V.M.)

A medida que los libros de memoria se van abriendo en el juicio, las vidas de todos los que hayan creído en Jesús pasan ante Dios para ser examinadas por él. Empezando con los que vivieron los primeros en la tierra, nuestro Abogado presenta los casos de cada generación sucesiva, y termina con los vivos. Cada nombre es mencionado, cada caso cuidadosamente investigado. Habrá nombres que serán aceptados, y otros rechazados. En caso de que alguien tenga en los libros de memoria pecados de los cuales no se haya arrepentido y que no hayan sido perdonados, su nombre será borrado del libro de la vida, y la mención de sus buenas obras será borrada de los registros de Dios. El Señor declaró a Moisés: "Al que haya pecado contra mí, a éste borraré de mi libro." (Éxodo 32: 33, V.M.) Y el profeta Ezequiel dice: "Si el justo se apartare de su justicia, y cometiere maldad, ... todas las justicias que hizo no vendrán en memoria." (Ezequiel 18:24.)

A todos los que se hayan arrepentido verdaderamente de su pecado, y que hayan aceptado con fe la sangre de Cristo como su sacrificio expiatorio, se les ha inscrito el perdón frente a sus nombres en los libros del cielo; como llegaron a ser partícipes de la justicia de Cristo y su carácter está en armonía con la ley de Dios, sus pecados serán borrados, y ellos mismos serán juzgados dignos de la vida eterna. El Señor declara por el profeta Isaías: "Yo, yo soy aquel que borro tus transgresiones a causa de mí mismo, y no me acordaré más de tus pecados." (Isaías 43:25, V.M.) Jesús dijo: "El que venciere, será así revestido de ropas blancas; y no borraré su nombre del libro de la vida, sino confesaré su nombre delante de mi Padre, y delante de sus santos ángeles." "A todo aquel, pues, que me confesare delante de los hombres, le confesaré yo también delante de mi Padre que está en los cielos. Pero a cualquiera que me negare delante de los hombres, le negaré yo también delante de mi Padre que está en los cielos." (Apocalipsis 3:5; S. Mateo 10:32, 33, V.M.)

Todo el más profundo interés manifestado entre los hombres por los fallos de los tribunales terrenales no representa sino débilmente el interés manifestado en los atrios celestiales cuando los nombres inscritos en el libro de la vida desfilen ante el Juez de toda la tierra. El divino Intercesor aboga porque a todos los que han vencido por la fe en su sangre se les perdonen sus transgresiones, a fin de que sean restablecidos en su morada edénica y coronados con él coherederos del "señorío primero." (Miqueas 4:8.) Con sus esfuerzos para engañar y tentar a nuestra raza, Satanás había pensado frustrar el plan que Dios tenía al crear al hombre, pero Cristo pide ahora que este plan sea llevado a cabo como si el hombre no hubiese caído jamás. Pide para su pueblo, no sólo el perdón y la justificación, plenos y completos, sino además participación en su gloria y un asiento en su trono.

Mientras Jesús intercede por los súbditos de su gracia, Satanás los acusa ante Dios como transgresores. El gran seductor procuró arrastrarlos al escepticismo, hacerles perder la confianza en Dios, separarse de su amor y transgredir su ley. Ahora él señala la historia de sus vidas, los defectos de carácter, la falta de semejanza con Cristo, lo que deshonró a su Redentor, todos los pecados que les indujo a cometer, y a causa de éstos los reclama como sus súbditos.

Jesús no disculpa sus pecados, pero muestra su arrepentimiento y su fe, y, reclamando el perdón para ellos, levanta sus manos heridas ante el Padre y los santos ángeles, diciendo: Los conozco por sus nombres. Los he grabado en las palmas de mis manos. "Los sacrificios de Dios son el espíritu quebrantado: al corazón contrito y humillado no despreciarás tú, oh Dios." (Salmo 51:17.) Y al acusador de su pueblo le dice: "Jehová te reprenda, oh Satán; Jehová, que ha escogido a Jerusalem, te reprenda. ¿No es éste un tizón arrebatado del incendio?" (Zacarías 3:2.) Cristo revestirá a sus fieles con su propia justicia, para presentarlos a su Padre como una "Iglesia gloriosa, no teniendo mancha, ni arruga, ni otra cosa semejante." (Efesios 5:27, V.M.) Sus nombres están inscritos en el libro de la vida, y de estos escogidos está escrito: "Andarán conmigo en vestiduras blancas; porque son dignos." (Apocalipsis 3:4.)

Así se cumplirá de un modo completo la promesa del nuevo pacto: "Perdonaré su iniquidad, y no me acordaré más de sus pecados. "En aquellos días y en ese tiempo, dice Jehová, será buscada la iniquidad de Israel, y no la habrá, y los pecados de Judá, mas no podrán ser hallados." "En aquel día el Vástago de Jehová será espléndido y glorioso, y el fruto de la tierra excelente y hermoso, para los escapados de Israel. Y será que los que fueren dejados en Sión, y los que quedaren en Jerusalem, serán llamados santos; es decir, todo aquel que está inscrito para la vida en Jerusalem." (Jeremías 31:34; 50:20; Isaías 4:2, 3, V.M.)

La obra del juicio investigador y el acto de borrar los pecados deben realizarse antes del segundo advenimiento del Señor. En vista de que los muertos han de ser juzgados según las cosas escritas en los libros, es imposible que los pecados de los hombres sean borrados antes del fin del juicio en que sus vidas han de ser examinadas. Pero el apóstol Pedro dice terminantemente que los pecados de los creyentes serán borrados "cuando vendrán los tiempos del refrigerio de la presencia del Señor, y enviará a Jesucristo." (Hechos 3:19, 20.) Cuando el juicio investigador haya concluido, Cristo vendrá con su recompensa para dar a cada cual según sus obras.

En el servicio ritual típico el sumo sacerdote, hecha la propiciación por Israel, salía y bendecía a la congregación. Así también Cristo, una vez terminada su obra de mediador, aparecerá "sin pecado ... para la salvación" (Hebreos 9:28, V.M.), para bendecir con el don de la vida eterna a su pueblo que le espera. Así como, al quitar los pecados del santuario, el sacerdote los confesaba sobre la cabeza del macho cabrío emisario, así también Cristo colocará todos estos pecados sobre Satanás, autor e instigador del pecado. El macho cabrío emisario, que cargaba con los pecados de Israel, era enviado "a tierra inhabitada" (Levítico 16:22); así también Satanás, cargado con la responsabilidad de todos los pecados que ha hecho cometer al pueblo de Dios, será confinado durante mil años en la tierra entonces desolada y sin habitantes, y sufrirá finalmente la entera penalidad del pecado en el fuego que destruirá a todos los impíos. Así el gran plan de la redención alcanzará su cumplimiento en la extirpación final del pecado y la liberación de todos los que estuvieron dispuestos a renunciar al mal.

En el tiempo señalado para el juicio—al fin de los 2.300 días, en 1844—empezó la obra de investigación y el acto de borrar los pecados. Todos los que hayan profesado el nombre de Cristo deben pasar por ese riguroso examen. Tanto los vivos como los muertos deben ser juzgados "de acuerdo con las cosas escritas en los libros, según sus obras."

Los pecados que no hayan inspirado arrepentimiento y que no hayan sido abandonados, no serán perdonados ni borrados de los libros de memoria, sino que permanecerán como testimonio contra el pecador en el día de Dios. Puede el pecador haber cometido sus malas acciones a la luz del día o en la obscuridad de la noche; eran conocidas y manifiestas para Aquel a quien tenemos que dar cuenta. Hubo siempre ángeles de Dios que fueron testigos de cada pecado, y lo registraron en los libros infalibles. El pecado puede ser ocultado, negado, encubierto para un padre, una madre, una esposa, o para los hijos y los amigos; nadie, fuera de los mismos culpables tendrá tal vez la más mínima sospecha del mal; no deja por eso de quedar al descubierto ante los seres celestiales. La obscuridad de la noche más sombría, el misterio de todas las artes engañosas, no alcanzan a velar un solo pensamiento para el conocimiento del Eterno. Dios lleva un registro exacto de todo acto injusto e ilícito. No se deja engañar por una apariencia de piedad. No se equivoca en su apreciación del carácter. Los hombres pueden ser engañados por entes de corazón corrompido, pero Dios penetra todos los disfraces y lee la vida interior.

¡Qué pensamiento tan solemne! Cada día que transcurre lleva consigo su caudal de apuntes para los libros del cielo. Una palabra pronunciada, un acto cometido, no pueden ser jamás retirados. Los ángeles tomaron nota tanto de lo bueno como de lo malo. El más poderoso conquistador de este mundo no puede revocar el registro de un solo día siquiera. Nuestros actos, nuestras palabras, hasta nuestros más secretos motivos, todo tiene su peso en la decisión de nuestro destino para dicha o desdicha. Podremos olvidarlos, pero no por eso dejarán de testificar en nuestro favor o contra nosotros.

Así como los rasgos de la fisonomía son reproducidos con minuciosa exactitud sobre la pulida placa del artista, así también está el carácter fielmente delineado en los libros del cielo. No obstante ¡cuán poca preocupación se siente respecto a ese registro que debe ser examinado por los seres celestiales! Si se pudiese descorrer el velo que separa el mundo visible del invisible, y los hijos de los hombres pudiesen ver a un ángel apuntar cada palabra y cada acto que volverán a encontrar en el día del juicio, ¡cuántas palabras de las que se pronuncian cada día no se dejarían de pronunciar; cuántos actos no se dejarían sin realizar!

En el juicio se examinará el empleo que se haya hecho de cada talento. ¿Cómo hemos empleado el capital que el cielo nos concediera? A su venida ¿recibirá el Señor lo que es suyo con interés? ¿Hemos perfeccionado las facultades que fueran confiadas a nuestras manos, a nuestros corazones y a nuestros cerebro para la gloria de Dios y provecho del mundo? ¿Cómo hemos empleado nuestro tiempo, nuestra pluma, nuestra, voz, nuestro dinero, nuestra influencia? ¿Qué hemos hecho por Cristo en la persona de los pobres, de los afligidos, de los huérfanos o de las viudas? Dios nos hizo depositarios de su santa Palabra; ¿qué hemos hecho con la luz y la verdad que se nos confió para hacer a los hombres sabios para la salvación? No se da ningún valor a una mera profesión de fe en Cristo, sólo se tiene por genuino el amor que se muestra en las obras. Con todo, el amor es lo único que ante los ojos del Cielo da valor a un acto cualquiera. Todo lo que se hace por amor, por insignificante que aparezca en opinión de los hombres, es aceptado y recompensado por Dios.

El egoísmo escondido de los hombres aparece en los libros del cielo. Allí está el registro de los deberes que no cumplieron para con el prójimo, el de su olvido de las exigencias del Señor. Allí se verá cuán a menudo fueron dados a Satanás tiempo, pensamientos y energías que pertenecían a Cristo. Harto tristes son los apuntes que los ángeles llevan al cielo. Seres inteligentes que profesan ser discípulos de Cristo están absorbidos por la adquisición de bienes mundanos, o por el goce de los placeres terrenales. El dinero, el tiempo y las energías son sacrificados a la ostentación y al egoísmo; pero pocos son los momentos dedicados a orar, a estudiar las Sagradas Escrituras, a humillar el alma y a confesar los pecados.

Satanás inventa innumerables medios de distraer nuestras mentes de la obra en que precisamente deberíamos estar más ocupados. El archiseductor aborrece las grandes verdades que hacen resaltar la importancia de un sacrificio expiatorio y de un Mediador todopoderoso. Sabe que su éxito estriba en distraer las mentes de Jesús y de su obra.

Los que desean participar de los beneficios de la mediación del Salvador no deben permitir que cosa alguna les impida cumplir su deber de perfeccionarse en la santificación en el temor de Dios. En vez de dedicar horas preciosas a los placeres, a la ostentación o a la búsqueda de ganancias, las consagrarán a un estudio serio y con oración de la Palabra de Dios. El pueblo de Dios debería comprender claramente el asunto del santuario y del juicio investigador. Todos necesitan conocer por sí mismos el ministerio y la obra de su gran Sumo Sacerdote. De otro modo, les será imposible ejercitar la fe tan esencial en nuestros tiempos, o desempeñar el puesto al que Dios los llama. Cada cual tiene un alma que salvar o que perder. Todos tienen una causa pendiente ante el tribunal de Dios. Cada cual deberá encontrarse cara a cara con el gran Juez. ¡Cuán importante es, pues, que cada uno contemple a menudo de antemano la solemne escena del juicio en sesión, cuando serán abiertos los libros, cuando con Daniel, cada cual tendrá que estar en pie al fin de los días!

Todos los que han recibido la luz sobre estos asuntos deben dar testimonio de las grandes verdades que Dios les ha confiado. El santuario en el cielo es el centro mismo de la obra de Cristo en favor de los hombres. Concierne a toda alma que vive en la tierra. Nos revela el plan de la redención, nos conduce hasta el fin mismo del tiempo y anuncia el triunfo final de la lucha entre la justicia y el pecado. Es de la mayor importancia que todos investiguen a fondo estos asuntos, y que estén siempre prontos a dar respuesta a todo aquel que les pidiere razón de la esperanza que hay en ellos.

La intercesión de Cristo por el hombre en el santuario celestial es tan esencial para el plan de la salvación como lo fue su muerte en la cruz. Con su muerte dio principio a aquella obra para cuya conclusión ascendió al cielo después de su resurrección. Por la fe debemos entrar velo adentro, "donde entró por nosotros como precursor Jesús." (Hebreos 6:20.) Allí se refleja la luz de la cruz del Calvario; y allí podemos obtener una comprensión más clara de los misterios de la redención, La salvación del hombre se cumple a un precio infinito para el cielo; el sacrificio hecho corresponde a las más amplias exigencias de la ley de Dios quebrantada. Jesús abrió el camino que lleva al trono del Padre, y por su mediación pueden ser presentados ante Dios los deseos sinceros de todos los que a él se allegan con fe.

"El que encubre sus transgresiones, no prosperará; mas el que las confiesa y las abandona, alcanzará misericordia." (Proverbios 28:13, V.M.) Si los que esconden y disculpan sus faltas pudiesen ver cómo Satanás se alegra de ello, y los usa para desafiar a Cristo y sus santos ángeles, se apresurarían a confesar sus pecados, y a renunciar a ellos. De los defectos de carácter se vale Satanás para intentar dominar toda la mente, y sabe muy bien que si se conservan estos defectos, lo logrará. De ahí que trate constantemente de engañar a los discípulos de Cristo con su fatal sofisma de que les es imposible vencer. Pero Jesús aboga en su favor con sus manos heridas, su cuerpo quebrantado, y declara a todos los que quieran seguirle: "Bástate mi gracia." (2 Corintios 12:9.) "Llevad mi yugo sobre vosotros, y aprended de mí, que soy manso y humilde de corazón; y hallaréis descanso para vuestras almas. Porque mi yugo es fácil, y ligera mi carga." (S. Mateo 11:29, 30.) Nadie considere, pues, sus defectos como incurables. Dios concederá fe y gracia para vencerlos.

Estamos viviendo ahora en el gran día de la expiación. Cuando en el servicio simbólico el sumo sacerdote hacía la propiciación por Israel, todos debían afligir sus almas arrepintiéndose de sus pecados y humillándose ante el Señor, si no querían verse separados del pueblo. De la misma manera, todos los que desean que sus nombres sean conservados en el libro de la vida, deben ahora, en los pocos días que les quedan de este tiempo de gracia, afligir sus almas ante Dios con verdadero arrepentimiento y dolor por sus pecados. Hay que escudriñar honda y sinceramente el corazón. Hay que deponer el espíritu liviano y frívolo al que se entregan tantos cristianos de profesión. Empeñada lucha espera a todos aquellos que quieran subyugar las malas inclinaciones que tratan de dominarlos. La obra de preparación es obra individual. No somos salvados en grupos. La pureza y la devoción de uno no suplirá la falta de estas cualidades en otro. Si bien todas las naciones deben pasar en juicio ante Dios, sin embargo él examinará el caso de cada individuo de un modo tan rígido y minucioso como si no hubiese otro ser en la tierra. Cada cual tiene que ser probado y encontrado sin mancha, ni arruga, ni cosa semejante.

Solemnes son las escenas relacionadas con la obra final de la expiación. Incalculables son los intereses que ésta envuelve. El juicio se lleva ahora adelante en el santuario celestial. Esta obra se viene realizando desde hace muchos años. Pronto—nadie sabe cuándo—les tocará ser juzgados a los vivos. En la augusta presencia de Dios nuestras vidas deben ser pasadas en revista. En éste más que en cualquier otro tiempo conviene que toda alma preste atención a la amonestación del Señor: "Velad y orad: porque no sabéis cuándo será el tiempo." "Y si no velares, vendré a ti como ladrón, y no sabrás en qué hora vendré a ti." (S. Marcos 13:33; Apocalipsis 3:3.)

Cuando quede concluida la obra del juicio investigador, quedará también decidida la suerte de todos para vida o para muerte. El tiempo de gracia terminará poco antes de que el Señor aparezca en las nubes del cielo. Al mirar hacia ese tiempo, Cristo declara en el Apocalipsis: " ¡El que es injusto, sea injusto aún; y el que es sucio, sea sucio aún; y el que es justo, sea justo aún; y el que es santo, sea aún santo! He aquí, yo vengo presto, y, mi galardón está conmigo, para dar la recompensa a cada uno según sea su obra." (Apocalipsis 22:11, 12, V.M.)

Los justos y los impíos continuarán viviendo en la tierra en su estado mortal,—los hombres seguirán plantando y edificando, comiendo y bebiendo, inconscientes todos ellos de que la decisión final e irrevocable ha sido pronunciada en el santuario celestial. Antes del diluvio, después que Noé, hubo entrado en el arca, Dios le encerró en ella, dejando fuera a los impíos; pero por espacio de siete días el pueblo, no sabiendo que su suerte estaba decidida continuó en su indiferente búsqueda de placeres y se mofó de las advertencias del juicio que le amenazaba. "Así—dice el Salvador—será también la venida del Hijo del hombre." (S. Mateo 24:39.) Inadvertida como ladrón a medianoche, llegará la hora decisiva que fija el destino de cada uno, cuando será retirado definitivamente el ofrecimiento de la gracia que se dirigiera a los culpables.

"¡Velad pues; ... no sea que viniendo de repente, os halle dormidos!" (S. Marcos 13:35, 36, V.M.) Peligroso es el estado de aquellos que cansados de velar, se vuelven a los atractivos del mundo. Mientras que el hombre de negocios está absorto en el afán de lucro, mientras que el amigo de los placeres corre tras ellos, mientras la esclava de la moda está ataviándose,—puede, llegar el momento en que el juez de toda la tierra pronuncie la sentencia: "Has sido pesado en la balanza y has sido hallado falto." (Daniel 5:27, V.M.)

30
EL ORIGEN DEL MAL Y DEL DOLOR

PARA muchos el origen del pecado y el por qué de su existencia es causa de gran perplejidad. Ven la obra del mal con sus terribles resultados de dolor y desolación, y se preguntan cómo puede existir todo eso bajo la soberanía de Aquel cuya sabiduría, poder y amor son infinitos. Es esto un misterio que no pueden explicarse. Y su incertidumbre y sus dudas los dejan ciegos ante las verdades plenamente reveladas en la Palabra de Dios y esenciales para la salvación. Hay quienes, en sus investigaciones acerca de la existencia del pecado, tratan de inquirir lo que Dios nunca reveló; de aquí que no encuentren solución a sus dificultades; y los que son dominados por una disposición a la duda y a la cavilación lo aducen como disculpa para rechazar las palabras de la Santa Escritura. Otros, sin embargo, no se pueden dar cuenta satisfactoria del gran problema del mal, debido a la circunstancia de que la tradición y las falsas interpretaciones han obscurecido las enseñanzas de la Biblia referentes al carácter de Dios, la naturaleza de su gobierno y los principios de su actitud hacia el pecado.

Es imposible explicar el origen del pecado y dar razón de su existencia. Sin embargo, se puede comprender suficientemente lo que atañe al origen y a la disposición final del pecado, para hacer enteramente manifiesta la justicia y benevolencia de Dios en su modo de proceder contra todo mal. Nada se enseña con mayor claridad en las Sagradas Escrituras que el hecho de que Dios no fue en nada responsable de la introducción del pecado en el mundo, y de que no hubo retención arbitraria de la gracia de Dios, ni error alguno en el gobierno divino que dieran lugar a la rebelión. El pecado es un intruso, y no hay razón que pueda explicar su presencia. Es algo misterioso e inexplicable; excusarlo equivaldría a defenderlo. Si se pudiera encontrar alguna excusa en su favor o señalar la causa de su existencia, dejaría de ser pecado. La única definición del pecado es la que da la Palabra de Dios: "El pecado es transgresión de la ley;" es la manifestación exterior de un principio en pugna con la gran ley de amor que es el fundamento del gobierno divino.

Antes de la aparición del pecado había paz y gozo en todo el universo. Todo guardaba perfecta armonía con la voluntad del Creador. El amor a Dios estaba por encima de todo, y el amor de unos a otros era imparcial. Cristo el Verbo, el Unigénito de Dios, era uno con el Padre Eterno: uno en naturaleza, en carácter y en designios; era el único ser en todo el universo que podía entrar en todos los consejos y designios de Dios. Fue por intermedio de Cristo por quien el Padre efectuó la creación de todos los seres celestiales. "Por él fueron creadas todas las cosas, en los cielos, ... ora sean tronos, o dominios, o principados, o poderes" (Colosenses 1:16, V.M.); y todo el cielo rendía homenaje tanto a Cristo como al Padre.

Como la ley de amor era el fundamento del gobierno de Dios, la dicha de todos los seres creados dependía de su perfecta armonía con los grandes principios de justicia. Dios quiere que todas sus criaturas le rindan un servicio de amor y un homenaje que provenga de la apreciación inteligente de su carácter. No le agrada la sumisión forzosa, y da a todos libertad para que le sirvan voluntariamente.

Pero hubo un ser que prefirió pervertir esta libertad. El pecado nació en aquel que, después de Cristo, había sido el más honrado por Dios y el más exaltado en honor y en gloria entre los habitantes del cielo. Antes de su caída, Lucifer era el primero de los querubines que cubrían el propiciatorio santo y sin mácula. "Así dice Jehová el Señor: ¡Tú eres el sello de perfección, lleno de sabiduría, y consumado en hermosura! En el Edén, jardín de Dios, estabas; de toda piedra preciosa era tu vestidura." "Eras el querubín ungido que cubrías con tus alas; yo te constituí para esto; en el santo monte de Dios estabas, en medio de las piedras de fuego te paseabas. Perfecto eras en tus caminos desde el día en que fuiste creado, hasta que la iniquidad fue hallada en ti." (Ezequiel 28:12-15, V.M.)

Lucifer habría podido seguir gozando del favor de Dios, amado y honrado por toda la hueste angélica, empleando sus nobles facultades para beneficiar a los demás y para glorificar a su Hacedor. Pero el profeta dice: "Se te ha engreído el corazón a causa de tu hermosura; has corrompido tu sabiduría con motivo de tu esplendor." (Vers.17.) Poco a poco, Lucifer se abandonó al deseo de la propia exaltación. "Has puesto tu corazón como corazón de Dios." "Tú … que dijiste: … ¡Al cielo subiré; sobre las estrellas de Dios ensalzaré mi trono, me sentaré en el Monte de Asamblea; me remontaré sobre las alturas de las nubes; seré semejante al Altísimo!" (Ezequiel 28:6; Isaías 14:13, 14, V.M.) En lugar de procurar que Dios fuese objeto principal de los afectos y de la obediencia de sus criaturas, Lucifer se esforzó por granjearse el servicio y el homenaje de ellas. Y, codiciando los honores que el Padre Infinito había concedido a su Hijo, este príncipe de los ángeles aspiraba a un poder que sólo Cristo tenia derecho a ejercer.

El cielo entero se había regocijado en reflejar la gloria del Creador y entonar sus alabanzas. Y en tanto que Dios era así honrado, todo era paz y dicha. Pero una nota discordante vino a romper las armonías celestiales. El amor y la exaltación de sí mismo, contrarios al plan del Creador, despertaron presentimientos del mal en las mentes de aquellos entre quienes la gloria de Dios lo superaba todo. Los consejos celestiales alegaron con Lucifer. El Hijo de Dios le hizo presentes la grandeza, la bondad y la justicia del Creador, y la naturaleza sagrada e inmutable de su ley. Dios mismo había establecido el orden del cielo, y Lucifer al apartarse de él, iba a deshonrar a su Creador y a atraer la ruina sobre sí mismo. Pero la amonestación dada con un espíritu de amor y misericordia infinitos, sólo despertó espíritu de resistencia. Lucifer dejó prevalecer sus celos y su rivalidad con Cristo, y se volvió aún más obstinado.

El orgullo de su propia gloria le hizo desear la supremacía. Lucifer no apreció como don de su Creador los altos honores que Dios le había conferido, y no sintió gratitud alguna. Se glorificaba de su belleza y elevación, y aspiraba a ser igual a Dios. Era amado y reverenciado por la hueste celestial. Los ángeles se deleitaban en ejecutar sus órdenes, y estaba revestido de sabiduría y gloria sobre todos ellos. Sin embargo, el Hijo de Dios era el Soberano reconocido del cielo, y gozaba de la misma autoridad y poder que el Padre. Cristo tomaba parte en todos los consejos de Dios, mientras que a Lucifer no le era permitido entrar así en los designios divinos. Y este ángel poderoso se preguntaba por qué había de tener Cristo la supremacía y recibir más honra que él mismo.

Abandonando el lugar, que ocupaba en la presencia inmediata del Padre, Lucifer salió a difundir el espíritu de descontento entre los ángeles. Obrando con misteriosos sigilo y encubriendo durante algún tiempo sus verdaderos fines bajo una apariencia de respeto hacia Dios, se esforzó en despertar el descontento respecto a las leyes que gobernaban a los seres divinos, insinuando que ellas imponían restricciones innecesarias. Insistía en que siendo dotados de una naturaleza santa, los ángeles debían obedecer los dictados de su propia voluntad. Procuró ganarse la simpatía de ellos haciéndoles creer que Dios había obrado injustamente con él, concediendo a Cristo honor supremo. Dio a entender que al aspirar a mayor poder y honor, no trataba de exaltarse a sí mismo sino de asegurar libertad para todos los habitantes del cielo, a fin de que pudiesen así alcanzar a un nivel superior de existencia.

En su gran misericordia, Dios soportó por largo tiempo a Lucifer. Este no fue expulsado inmediatamente de su elevado puesto, cuando se dejó arrastrar por primera vez por el espíritu de descontento, ni tampoco cuando empezó a presentar sus falsos asertos a los ángeles leales. Fue retenido aún por mucho tiempo en el cielo. Varias y repetidas veces se le ofreció el perdón con tal de que se arrepintiese y se sometiese. Para convencerle de su error se hicieron esfuerzos de que sólo el amor y la sabiduría infinitos eran capaces. Hasta entonces no se había conocido el espíritu de descontento en el cielo. El mismo Lucifer no veía en un principio hasta dónde le llevaría este espíritu; no comprendía la verdadera naturaleza de sus sentimientos. Pero cuando se demostró que su descontento no tenía motivo, Lucifer se convenció de que no tenía razón, que lo que Dios pedía era justo, y que debía reconocerlo ante todo el cielo. De haberlo hecho así, se habría salvado a sí mismo y a muchos ángeles. En ese entonces no había él negado aún toda obediencia a Dios. Aunque había abandonado su puesto de querubín cubridor, habría sido no obstante restablecido en su oficio si, reconociendo la sabiduría del Creador, hubiese estado dispuesto a volver a Dios y si se hubiese contentado con ocupar el lugar que le correspondía en el plan de Dios. Pero el orgullo le impidió someterse. Se empeñó en defender su proceder insistiendo en que no necesitaba arrepentirse, y se entregó de lleno al gran conflicto con su Hacedor.

Desde entonces dedicó todo el poder de su gran inteligencia a la tarea de engañar, para asegurarse la simpatía de los ángeles que habían estado bajo sus órdenes. Hasta el hecho de que Cristo le había prevenido y aconsejado fue desnaturalizado para servir a sus pérfidos designios. A los que estaban más estrechamente ligados a él por el amor y la confianza, Satanás les hizo creer que había sido mal juzgado, que no se había respetado su posición y que se le quería coartar la libertad. Después de haber así desnaturalizado las palabras de Cristo, pasó a prevaricar y a mentir descaradamente, acusando al Hijo de Dios de querer humillarlo ante los habitantes del cielo. Además trató de crear una situación falsa entre sí mismo y los ángeles aún leales. Todos aquellos a quienes no pudo sobornar y atraer completamente a su lado, los acusó de indiferencia respecto a los intereses de los seres celestiales. Acusó a los que permanecían fieles a Dios, de aquello mismo que estaba haciendo. Y para sostener contra Dios la acusación de injusticia para con él, recurrió a una falsa presentación de las palabras y de los actos del Creador. Su política consistía en confundir a los ángeles con argumentos sutiles acerca de los designios de Dios. Todo lo sencillo lo envolvía en misterio, y valiéndose de artera perversión, hacía nacer dudas respecto a las declaraciones más terminantes de Jehová. Su posición elevada y su estrecha relación con la administración divina, daban mayor fuerza a sus representaciones, y muchos ángeles fueron inducidos a unirse con él en su rebelión contra la autoridad celestial.

Dios permitió en su sabiduría que Satanás prosiguiese su obra hasta que el espíritu de desafecto se convirtiese en activa rebeldía. Era necesario que sus planes se desarrollaran por completo para que su naturaleza y sus tendencias quedaran a la vista de todos. Lucifer, como querubín ungido, había sido grandemente exaltado; era muy amado de los seres celestiales y ejercía poderosa influencia sobre ellos. El gobierno de Dios no incluía sólo a los habitantes del cielo sino también a los de todos los mundos que él había creado; y Satanás pensó que si podía arrastrar a los ángeles del cielo en su rebeldía, podría también arrastrar a los habitantes de los demás mundos. Había presentado arteramente su manera de ver la cuestión, valiéndose de sofismas y fraude para conseguir sus fines. Tenía gran poder para engañar, y al usar su disfraz de mentira había obtenido una ventaja. Ni aun los ángeles leales podían discernir plenamente su carácter ni ver adónde conducía su obra.

Satanás había sido tan altamente honrado, y todos sus actos estaban tan revestidos de misterio, que era difícil revelaron los ángeles la verdadera naturaleza de su obra. Antes de su completo desarrollo, el pecado no podía aparecer como el mal que era en realidad. Hasta entonces no había existido en el universo de Dios, y los seres santos no tenían idea de su naturaleza y malignidad. No podían ni entrever las terribles consecuencias que resultarían de poner a un lado la ley de Dios. Al principio, Satanás había ocultado su obra bajo una astuta profesión de lealtad para con Dios. Aseveraba que se desvelaba por honrar a Dios, afianzar su gobierno y asegurar el bien de todos los habitantes del cielo. Mientras difundía el descontento entre los ángeles que estaban bajo sus órdenes, aparentaba hacer cuanto le era posible porque desapareciera ese mismo descontento. Sostenía que los cambios que reclamaba en el orden y en las leyes del gobierno de Dios eran necesarios para conservar la armonía en el cielo.

En su actitud para con el pecado, Dios no podía sino obrar con justicia y verdad. Satanás podía hacer uso de armas de las cuales Dios no podía valerse: la lisonja y el engaño. Satanás había tratado de falsificar la Palabra de Dios y había representado de un modo falso su plan de gobierno ante los ángeles, sosteniendo que Dios no era justo al imponer leyes y reglas a los habitantes del cielo; que al exigir de sus criaturas sumisión y obediencia, sólo estaba buscando su propia gloria. Por eso debía ser puesto de manifiesto ante los habitantes del cielo y ante los de todos los mundos, que el gobierno de Dios era justo y su ley perfecta. Satanás había dado a entender que él mismo trataba de promover el bien del universo. Todos debían llegar a comprender el verdadero carácter del usurpador y el propósito que le animaba. Había que dejarle tiempo para que se diera a conocer por sus actos de maldad.

Satanás achacaba a la ley y al gobierno de Dios la discordia que su propia conducta había introducido en el cielo. Declaraba que todo el mal provenía de la administración divina. Aseveraba que lo que él mismo quería era perfeccionar los estatutos de Jehová. Era pues necesario que diera a conocer la naturaleza de sus pretensiones y los resultados de los cambios que él proponía introducirían la ley divina. Su propia obra debía condenarle. Satanás había declarado desde un principio que no estaba en rebelión. El universo entero debía ver al seductor desenmascarado.

Aun cuando quedó resuelto que Satanás no podría permanecer por más tiempo en el cielo, la Sabiduría Infinita no le destruyó. En vista de que sólo un servicio de amor puede ser aceptable a Dios, la sumisión de sus criaturas debe proceder de una convicción de su justicia y benevolencia. Los habitantes del cielo y de los demás mundos, no estando preparados para comprender la naturaleza ni las consecuencias del pecado, no podrían haber reconocido la justicia y misericordia de Dios en la destrucción de Satanás. De haber sido éste aniquilado inmediatamente, aquéllos habrían servido a Dios por miedo más bien que por amor. La influencia del seductor no habría quedado destruída del todo, ni el espíritu de rebelión habría sido extirpado por completo. Para bien del universo entero a través de las edades sin fin, era preciso dejar que el mal llegase a su madurez, y que Satanás desarrollase más completamente sus principios, a fin de que todos los seres creados reconociesen el verdadero carácter de los cargos que arrojara él contra el gobierno divino y a fin de que quedaran para siempre incontrovertibles la justicia y la misericordia de Dios, así como el carácter inmutable de su ley.

La rebeldía de Satanás, cual testimonio perpetuo de la naturaleza y de los resultados terribles del pecado, debía servir de lección al universo en todo el curso de las edades futuras. La obra del gobierno de Satanás, sus efectos sobre los hombres y los ángeles, harían patentes los resultados del desprecio de la autoridad divina. Demostrarían que de la existencia del gobierno de Dios y de su ley depende el bienestar de todas las criaturas que él ha formado. De este modo la historia del terrible experimento de la rebeldía, sería para todos los seres santos una salvaguardia eterna destinada a precaverlos contra todo engaño respecto a la índole de la transgresión, y a guardarlos de cometer pecado y de sufrir el castigo consiguiente.

El gran usurpador siguió justificándose hasta el fin mismo de la controversia en el cielo. Cuando se dio a saber que, con todos sus secuaces, iba a ser expulsado de las moradas de la dicha, el jefe rebelde declaró audazmente su desprecio de la ley del Creador. Reiteró su aserto de que los ángeles no necesitaban sujeción, sino que debía dejárseles seguir su propia voluntad, que los dirigiría siempre bien. Denunció los estatutos divinos como restricción de su libertad y declaró que el objeto que él perseguía era asegurar la abolición de la ley para que, libres de esta traba, las huestes del cielo pudiesen alcanzar un grado de existencia más elevado y glorioso.

De común acuerdo Satanás y su hueste culparon a Cristo de su rebelión, declarando que si no hubiesen sido censurados, no se habrían rebelado. Así obstinados y arrogantes en su deslealtad, vanamente empeñados en trastornar el gobierno de Dios, al mismo tiempo que en son de blasfemia decían ser ellos mismos víctimas inocentes de un poder opresivo, el gran rebelde y todos sus secuaces fueron al fin echados del cielo.

El mismo espíritu que fomentara la rebelión en el cielo continúa inspirándola en la tierra. Satanás ha seguido con los hombres la misma política que siguiera con los ángeles. Su espíritu impera ahora en los hijos de desobediencia. Como él, tratan éstos de romper el freno de la ley de Dios, y prometen a los hombres la libertad mediante la transgresión de los preceptos de aquélla. La represión del pecado despierta aún el espíritu de odio y resistencia. Cuando los mensajeros que Dios envía para amonestar tocan a la conciencia, Satanás induce a los hombres a que se justifiquen y a que busquen la simpatía de otros en su camino de pecado. En lugar de enmendar sus errores, despiertan la indignación contra el que los reprende, como si éste fuera la única causa de la dificultad. Desde los días del justo Abel hasta los nuestros, tal ha sido el espíritu que se ha manifestado contra quienes osaron condenar el pecado.

Mediante la misma falsa representación del carácter de Dios que empleó en el cielo, para hacerle parecer severo y tiránico, Satanás indujo al hombre a pecar. Y logrado esto, declaró que las restricciones injustas de Dios habían sido causa de la caída del hombre, como lo habían sido de su propia rebeldía.

Pero el mismo Dios eterno da a conocer así su carácter: "¡Jehová, Jehová, Dios compasivo y clemente, lento en iras y grande en misericordia y en fidelidad: que usa de misericordia hasta la milésima generación; que perdona la iniquidad, la transgresión y el pecado, pero que de ningún modo tendrá por inocente al rebelde!" (Éxodo 34:6, 7, V.M.)

Al echar a Satanás del cielo, Dios hizo patente su justicia y mantuvo el honor de su trono. Pero cuando el hombre pecó cediendo a las seducciones del espíritu apóstata, Dios dio una prueba de su amor, consintiendo en que su Hijo unigénito muriese por la raza caída. El carácter de Dios se pone de manifiesto en el sacrificio expiatorio de Cristo. El poderoso argumento de la cruz demuestra a todo el universo que el gobierno de Dios no era de ninguna manera responsable del camino de pecado que Lucifer había escogido.

El carácter del gran engañador se mostró tal cual era en la lucha entre Cristo y Satanás, durante el ministerio terrenal del Salvador. Nada habría podido desarraigar tan completamente las simpatías que los ángeles celestiales y todo el universo leal pudieran sentir hacia Satanás, como su guerra cruel contra el Redentor del mundo. Su petición atrevida y blasfema de que Cristo le rindiese homenaje, su orgullosa presunción que le hizo transportarlo a la cúspide del monte y a las almenas del templo, la intención malévola que mostró al instarle a que se arrojara de aquella vertiginosa altura, la inquina implacable con la cual persiguió al Salvador por todas partes, e inspiró a los corazones de los sacerdotes y del pueblo a que rechazaran su amor y a que gritaran al fin: "¡Crucifícale! ¡crucifícale!"—todo esto, despertó el asombro y la indignación del universo.

Fue Satanás el que impulsó al mundo a rechazar a Cristo. El príncipe del mal hizo cuanto pudo y empleó toda su astucia para matar a Jesús, pues vio que la misericordia y el amor del Salvador, su compasión y su tierna piedad estaban representando ante el mundo el carácter de Dios. Satanás disputó todos los asertos del Hijo de Dios, y empleó a los hombres como agentes suyos para llenar la vida del Salvador de sufrimientos y penas. Los sofismas y las mentiras por medio de los cuales procuró obstaculizar la obra de Jesús, el odio manifestado por los hijos de rebelión, sus acusaciones crueles contra Aquel cuya vida se rigió por una bondad sin precedente, todo ello provenía de un sentimiento de venganza profundamente arraigado. Los fuegos concentrados de la envidia y de la malicia, del odio y de la venganza, estallaron en el Calvario contra el Hijo de Dios, mientras el cielo miraba con silencioso horror.

Consumado ya el gran sacrificio, Cristo subió al cielo, rehusando la adoración de los ángeles, mientras no hubiese presentado la petición: "Padre, aquellos que me has dado, quiero que donde yo estoy, ellos estén también conmigo." (S. Juan 17:24.) Entonces, con amor y poder indecibles, el Padre respondió desde su trono: "Adórenle todos los ángeles de Dios." (Hebreos 1:6.) No había ni una mancha en Jesús. Acabada su humillación, cumplido su sacrificio, le fue dado un nombre que está por encima de todo otro nombre.

Entonces fue cuando la culpabilidad de Satanás se destacó en toda su desnudez. Había dado a conocer su verdadero carácter de mentiroso y asesino. Se echó de ver que el mismo espíritu con el cual él gobernaba a los hijos de los hombres que estaban bajo su poder, lo habría manifestado en el cielo si hubiese podido gobernar a los habitantes de éste. Había aseverado que la transgresión de la ley de Dios traería consigo libertad y ensalzamiento; pero lo que trajo en realidad fue servidumbre y degradación.

Los falsos cargos de Satanás contra el carácter del gobierno divino aparecieron en su verdadera luz. Él había acusado a Dios de buscar tan sólo su propia exaltación con las exigencias de sumisión y obediencia por parte de sus criaturas, y había declarado que mientras el Creador exigía que todos se negasen a sí mismos él mismo no practicaba la abnegación ni hacia sacrificio alguno. Entonces se vio que para salvar una raza caída y pecadora, el Legislador del universo había hecho el mayor sacrificio que el amor pudiera inspirar, pues "Dios estaba en Cristo reconciliando el mundo a sí." (2 Corintios 5:19.) Vióse además que mientras Lucifer había abierto la puerta al pecado debido a su sed de honores y supremacía, Cristo, para destruir el pecado, se había humillado y hecho obediente hasta la muerte.

Dios había manifestado cuánto aborrece los principios de rebelión. Todo el cielo vio su justicia revelada, tanto en la condenación de Satanás como en la redención del hombre. Lucifer había declarado que si la ley de Dios era inmutable y su penalidad irremisible, todo transgresor debía ser excluído para siempre de la gracia del Creador. Él había sostenido que la raza pecaminosa se encontraba fuera del alcance de la redención y era por consiguiente presa legítima suya. Pero la muerte de Cristo fue un argumento irrefutable en favor del hombre. La penalidad de la ley caía sobre él que era igual a Dios, y el hombre quedaba libre de aceptar la justicia de Dios y de triunfar del poder de Satanás mediante una vida de arrepentimiento y humillación, como el Hijo de Dios había triunfado. Así Dios es justo, al mismo tiempo que justifica a todos los que creen en Jesús.

Pero no fue tan sólo para realizar la redención del hombre para lo que Cristo vino a la tierra a sufrir y morir. Vino para engrandecer la ley y hacerla honorable. Ni fue tan sólo para que los habitantes de este mundo respetasen la ley cual debía ser respetada, sino también para demostrar a todos los mundos del universo que la ley de Dios es inmutable. Si las exigencias de ella hubiesen podido descartarse, el Hijo de Dios no habría necesitado dar su vida para expiar la transgresión de ella. La muerte de Cristo prueba que la ley es inmutable. Y el sacrificio al cual el amor infinito impelió al Padre y al Hijo a fin de que los pecadores pudiesen ser redimidos, demuestra a todo el universo—y nada que fuese inferior a este plan habría bastado para demostrarlo—que la justicia y la misericordia son el fundamento de la ley y del gobierno de Dios.

En la ejecución final del juicio se verá que no existe causa para el pecado. Cuando el Juez de toda la tierra pregunte a Satanás: "¿Por qué te rebelaste contra mí y arrebataste súbditos de mi reino?" el autor del mal no podrá ofrecer excusa alguna. Toda boca permanecerá cerrada, todas las huestes rebeldes quedarán mudas.

Mientras la cruz del Calvario proclama el carácter inmutable de la ley, declara al universo que la paga del pecado es muerte. El grito agonizante del Salvador: "Consumado es," fue el toque de agonía para Satanás. Fue entonces cuando quedó zanjado el gran conflicto que había durado tanto tiempo y asegurada la extirpación final del mal. El Hijo de Dios atravesó los umbrales de la tumba, "para destruir por la muerte al que tenía el imperio de la muerte, es a saber, al diablo." (Hebreos 2:14.) El deseo que Lucifer tenía de exaltarse a si mismo le había hecho decir: "¡Sobre las estrellas de Dios ensalzaré mi trono, ... seré semejante al Altísimo!" Dios declara: "Te torno en ceniza sobre la tierra, ... y no existirás más para siempre." (Isaías 14:13, 14; Ezequiel 28:18, 19, V.M.) Eso será cuando venga "el día ardiente como un horno; y todos los soberbios, y todos los que hacen maldad, serán estopa; y aquel día que vendrá, los abrasará, ha dicho Jehová de los ejércitos, el cual no les dejará ni raíz ni rama." (Malaquías 4:1.)

Todo el universo habrá visto la naturaleza y los resultados del pecado. Y su destrucción completa que en un principio hubiese atemorizado a los ángeles y deshonrado a Dios, justificará entonces el amor de Dios y establecerá su gloria ante un universo de seres que se deleitarán en hacer su voluntad, y en cuyos corazones se encontrará su ley. Nunca más se manifestará el mal. La Palabra de Dios dice: "No se levantará la aflicción segunda vez." (Nahum 1:9, V.M.) La ley de Dios que Satanás vituperó como yugo de servidumbres será honrada como ley de libertad. Después de haber pasado por tal prueba y experiencia, la creación no se desviará jamás de la sumisión a Aquel que se dio a conocer en sus obras como Dios de amor insondable y sabiduría infinita.

31

EL PEOR ENEMIGO DEL HOMBRE

"ENEMISTAD pondré entre ti y la mujer, y entre tu simiente y la simiente suya; ésta te herirá en la cabeza, y tú le herirás en el calcañar." (Génesis 3:15) La divina sentencia pronunciada contra Satanás después de la caída del hombre fue también una profecía que, abarcando las edades hasta los últimos tiempos, predecía el gran conflicto en que se verían empeñadas todas las razas humanas que hubiesen de vivir en la tierra.

Dios declara: "Enemistad pondré." Esta enemistad no es fomentada de un modo natural. Cuando el hombre quebrantó la ley divina, su naturaleza se hizo mala y llegó a estar en armonía y no en divergencia con Satanás. No puede decirse que haya enemistad natural entre el hombre pecador y el autor del pecado. Ambos se volvieron malos a consecuencia de la apostasía. El apóstata no descansa sino cuando obtiene simpatías y apoyo al inducir a otros a seguir su ejemplo. De aquí que los ángeles caídos y los hombres malos se unan en desesperado compañerismo. Si Dios no se hubiese interpuesto especialmente, Satanás y el hombre se habrían aliado contra el cielo; y en lugar de albergar enemistad contra Satanás, toda la familia humana se habría unido en oposición a Dios.

Satanás tentó al hombre a que pecase, como había inducido a los ángeles a rebelarse, a fin de asegurarse su cooperación en su lucha contra el cielo. No había disensión alguna entre él y los ángeles caídos en cuanto al odio que sentían contra Cristo; mientras que estaban en desacuerdo tocante a todos los demás puntos, era unánime su oposición a la autoridad del Legislador del universo. Pero al oír Satanás que habría enemistad entre él y la mujer, y entre sus linajes, comprendió que serían contrarrestados sus esfuerzos por corromper la naturaleza humana y que se capacitaría al hombre para resistirle.

Lo que enciende la enemistad de Satanás contra la raza humana, es que ella, por intermedio de Cristo, es objeto del amor y de la misericordia de Dios. Lo que él quiere entonces es oponerse al plan divino de la redención del hombre, deshonrar a Dios mutilando y profanando sus obras, causar dolor en el cielo y llenar la tierra de miseria y desolación. Y luego señala todos estos males como resultado de la creación del hombre por Dios.

La gracia que Cristo derrama en el alma es la que crea en el hombre enemistad contra Satanás. Sin esta gracia transformadora y este poder renovador, el hombre seguiría siendo esclavo de Satanás, siempre listo para ejecutar sus órdenes. Pero el nuevo principio introducido en el alma crea un conflicto allí donde hasta entonces reinó la paz. El poder que Cristo comunica habilita al hombre para resistir al tirano y usurpador. Cualquiera que aborrezca el pecado en vez de amarlo, que resista y venza las pasiones que hayan reinado en su corazón, prueba que en él obra un principio que viene enteramente de lo alto.

El antagonismo que existe entre el espíritu de Cristo y el espíritu de Satanás se hizo particularmente patente en la forma en que el mundo recibió a Jesús. No fue tanto porque apareció desprovisto de riquezas de este mundo, de pompa y de grandeza, por lo que los judíos le rechazaron. Vieron que poseía un poder más que capaz de compensar la falta de aquellas ventajas exteriores. Pero la pureza y santidad de Cristo atrajeron sobre él el odio de los impíos. Su vida de abnegación y de devoción sin pecado era una continua represión para aquel pueblo orgulloso y sensual. Eso fue lo que despertó enemistad contra el Hijo de Dios. Satanás y sus ángeles malvados se unieron con los hombres impíos. Todos los poderes de la apostasía conspiraron contra el Defensor de la verdad.

La misma enemistad que se manifestó contra el Maestro, se manifiesta contra los discípulos de Cristo. Cualquiera que se dé cuenta del carácter repulsivo del pecado y que con el poder de lo alto resista a la tentación, despertará seguramente la ira de Satanás y de sus súbditos. El odio a los principios puros de la verdad, las acusaciones y persecuciones contra sus defensores, existirán mientras existan el pecado y los pecadores. Los discípulos de Cristo y los siervos de Satanás no pueden congeniar. El oprobio de la cruz no ha desaparecido. "Todos los que quieren vivir piadosamente en Cristo Jesús, padecerán persecución." (2 Timoteo 3:12.)

Los agentes de Satanás obran continuamente bajo su dirección para establecer su autoridad y para fortalecer su reino en oposición al gobierno de Dios. Con tal fin tratan de seducir a los discípulos de Cristo y retraerlos de la obediencia. Como su jefe, tuercen y pervierten las Escrituras para conseguir su objeto. Así como Satanás trató de acusar a Dios, sus agentes tratan de vituperar al pueblo de Dios. El espíritu que mató a Cristo mueve a los malos a destruir a sus discípulos. Pero ya lo había predicho la primera profecía: "Enemistad pondré entre ti y la mujer, y entre tu simiente y la simiente suya." Y así acontecerá hasta el fin de los tiempos.

Satanás reúne todas sus fuerzas y lanza todo su poder al combate. ¿Cómo es que no encuentra mayor resistencia? ¿Por qué están tan adormecidos los soldados de Cristo? ¿por qué revelan tanta indiferencia? Sencillamente porque tienen poca comunión verdadera con Cristo, porque están destituidos de su Espíritu. No sienten por el pecado la repulsión y el odio que sentía su Maestro. No lo rechazan como lo rechazó Cristo con decisión y energía. No se dan cuenta del inmenso mal y de la malignidad del pecado, y están ciegos en lo que respecta al carácter y al poder del príncipe de las tinieblas. Es poca la enemistad que se siente contra Satanás y sus obras, porque hay mucha ignorancia acerca de su poder y de su malicia, y no se echa de ver el inmenso alcance de su lucha contra Cristo y su iglesia. Multitudes están en el error a este respecto. No saben que su enemigo es un poderoso general que dirige las inteligencias de los ángeles malos y que, merced a planes bien combinados y a una sabia estrategia, guerrea contra Cristo para impedir la salvación de las almas. Entre los que profesan el cristianismo y hasta entre los ministros del Evangelio, apenas si se oye hablar de Satanás, a no ser tal vez de un modo incidental desde lo alto del púlpito. Nadie se fija en las manifestaciones de su actividad y éxito continuos. No se tienen en cuenta los muchos avisos que nos ponen en guardia contra su astucia; hasta parece ignorarse su existencia.

Mientras los hombres desconocen los artificios de tan vigilante enemigo, éste les sigue a cada momento las pisadas. Se introduce en todos los hogares, en todas las calles de nuestras ciudades, en las iglesias, en los consejos de la nación, en los tribunales, confundiendo, engañando, seduciendo, arruinando por todas partes las almas y los cuerpos de hombres, mujeres y niños, destruyendo la unión de las familias, sembrando odios, rivalidades, sediciones y muertes. Y el mundo cristiano parece mirar estas cosas como si Dios mismo las hubiese dispuesto y como si debiesen existir.

Satanás está tratando continuamente de vencer al pueblo de Dios, rompiendo las barreras que lo separan del mundo. Los antiguos israelitas fueron arrastrados al pecado cuando se arriesgaron a formar asociaciones ilícitas con los paganos. Del mismo modo se descarría el Israel moderno. "El Dios de este siglo cegó los entendimientos de los incrédulos, para que no les resplandezca la lumbre del evangelio de la gloria de Cristo, el cual es la imagen de Dios." (2 Corintios 4:4.) Todos los que no son fervientes discípulos de Cristo, son siervos de Satanás. El corazón aún no regenerado ama el pecado y tiende a conservarlo y paliarlo. El corazón renovado aborrece el pecado y está resuelto a resistirle. Cuando los cristianos escogen la sociedad de los impíos e incrédulos, se exponen a la tentación. Satanás se oculta a la vista y furtivamente les pone su venda engañosa sobre los ojos. No pueden ver que semejante compañía es la más adecuada para perjudicarles; y mientras más se van asemejando al mundo en carácter, palabras y obras, más y más se van cegando.

Al conformarse la iglesia con las costumbres del mundo, se vuelve mundana, pero esa conformidad no convierte jamás al mundo a Cristo. A medida que uno se familiariza con el pecado, éste aparece inevitablemente menos repulsivo. El que prefiere asociarse con los siervos de Satanás dejará pronto de temer al señor de ellos. Cuando somos probados en el camino del deber, cual lo fue Daniel en la corte del rey, podemos estar seguros de la protección de Dios; pero si nos colocamos a merced de la tentación, caeremos tarde o temprano.

El tentador obra a menudo con el mayor éxito por intermedio de los menos sospechosos de estar bajo su influencia. Se admira y honra a las personas de talento y de educación, como si estas cualidades pudiesen suplir la falta del temor de Dios o hacernos dignos de su favor. Considerados en sí mismos, el talento y la cultura son dones de Dios; pero cuando se emplean para substituir la piedad, cuando en lugar de atraer al alma a Dios la alejan de él, entonces se convierten en una maldición y un lazo. Es opinión común que todo lo que aparece amable y refinado debe ser, en cierto sentido, cristiano. No hubo nunca error más grande. Cierto es que la amabilidad y el refinamiento deberían adornar el carácter de todo cristiano, pues ambos ejercerían poderosa influencia en favor de la verdadera religión; pero deben ser consagrados a Dios, o de lo contrario son también una fuerza para el mal. Muchas personas cultas y de modales afables que no cederían a lo que suele llamarse actos inmorales, son brillantes instrumentos de Satanás. Lo insidioso de su influencia y ejemplo los convierte en enemigos de la causa de Dios más peligrosos que los ignorantes.

Por medio de férvida oración y de entera confianza en Dios, Salomón alcanzó un grado de sabiduría que despertó la admiración del mundo. Pero cuando se alejó de la Fuente de su fuerza y se apoyó en sí mismo, cayó presa de la tentación. Entonces las facultades maravillosas que habían sido concedidas al más sabio de los reyes, sólo le convirtieron en agente tanto más eficaz del adversario de las almas.

Mientras que Satanás trata continuamente de cegar sus mentes para que no lo conozcan, los cristianos no deben olvidar nunca que no tienen que luchar, "contra sangre y carne; sino contra principados, contra potestades, contra señores del mundo, gobernadores de estas tinieblas, contra malicias espirituales en los aires." (Efesios 6:12.) Esta inspirada advertencia resuena a través de los siglos hasta nuestros tiempos: "Sed templados, y velad; porque vuestro adversario el diablo, cual león rugiente, anda alrededor buscando a quien devore." "Vestíos de toda la armadura de Dios, para que podáis estar firmes contra las asechanzas del diablo." (1 Pedro 5:8; Efesios 6:11.)

Desde los días de Adán hasta los nuestros, el gran enemigo ha ejercitado su poder para oprimir y destruir. Se está preparando actualmente para su última campaña contra la iglesia. Todos los que se esfuerzan en seguir a Jesús tendrán que entrar en lucha con este enemigo implacable. Cuanto más fielmente imite el cristiano al divino Modelo, tanto más seguramente será blanco de los ataques de Satanás. Todos los que están activamente empeñados en la obra de Dios, tratando de desenmascarar los engaños del enemigo y de presentar a Cristo ante el mundo, podrán unir su testimonio al que da San Pablo cuando habla de servir al Señor con toda humildad y con lágrimas y tentaciones.

Satanás asaltó a Cristo con sus tentaciones más violentas y sutiles; pero siempre fue rechazado. Esas batallas fueron libradas en nuestro favor; esas victorias nos dan la posibilidad de vencer. Cristo dará fuerza a todos los que se la pidan. Nadie, sin su propio consentimiento, puede ser vencido por Satanás. El tentador no tiene el poder de gobernar la voluntad o de obligar al alma a pecar. Puede angustiar, pero no contaminar. Puede causar agonía pero no, corrupción. El hecho de que Cristo venció debería inspirar valor a sus discípulos para sostener denodadamente la lucha contra el pecado y Satanás.

32
¿QUIÉNES SON LOS ÁNGELES?

LA RELACIÓN entre el mundo visible y el invisible, el ministerio de los ángeles de Dios y la influencia o intervención de los espíritus malos, son asuntos claramente revelados en las Sagradas Escrituras y como indisolublemente entretejidos con la historia humana. Nótase en nuestros días una tendencia creciente a no creer en la existencia de los malos espíritus, mientras que por otro lado muchas personas ven espíritus de seres humanos difuntos en los santos ángeles, que son "enviados para" servir a "los que han de heredar la salvación." (Hebreos 1:14, V.M.) Pero las Escrituras no sólo enseñan la existencia de los ángeles, tanto buenos como malos, sino que contienen pruebas terminantes de que éstos no son espíritus desencarnados de hombres que hayan dejado de existir.

Antes de la creación del hombre, había ya ángeles; pues cuando los cimientos de la tierra fueron echados, a una "las estrellas todas del alba alababan, y se regocijaban todos los hijos de Dios." (Job 38:7.) Después de la caída del hombre, fueron enviados ángeles para guardar el árbol de la vida, y esto antes que ningún ser humano hubiese fallecido. Los ángeles son por naturaleza superiores al hombre, pues al salmista refiriéndose a éste, dice: "Algo menor lo hiciste que los ángeles." (Salmo 8:6, V.B.-Cantera, vers. 5 en V. Valera.)

Las Santas Escrituras nos dan información acerca del número, del poder y de la gloria de los seres celestiales, de su relación con el gobierno de Dios y también con la obra de redención. "Jehová afirmó en los cielos su trono; y su reino domina sobre todos." Y el profeta dice: "Oí voz de muchos ángeles alrededor del trono." Ellos sirven en la sala del trono del Rey de los reyes—"ángeles, poderosos en fortaleza," "ministros suyos," que hacen "su voluntad," "obedeciendo a la voz de su precepto." (Salmo 103:19-21; Apocalipsis 5:11.) Millones de millones y millares de millares era el número de los mensajeros, celestiales vistos por el profeta Daniel. El apóstol Pablo habla de "las huestes innumerables de ángeles." (Hebreos 12:22, V.M.) Como mensajeros de Dios, iban y volvían "a semejanza de relámpagos" (Ezequiel 1:14), tan deslumbradora es su gloria y tan veloz su vuelo. El ángel que apareció en la tumba del Señor, y cuyo "aspecto era como un relámpago y su vestido blanco como la nieve," hizo que los guardias temblaran de miedo y quedaran "como muertos." (S. Mateo 28:3, 4.) Cuando Senaquerib, el insolente monarca asirio, blasfemó e insultó a Dios y amenazó destruir a Israel, "aconteció que en aquella misma noche salió un ángel de Jehová, e hirió en el campamento de los Asirios ciento ochenta y cinco mil hombres." El ángel "destruyó a todos los hombres fuertes y valerosos, con los príncipes y los capitanes" del ejército de Senaquerib, quien "volvió con rostro avergonzado a su propia tierra." (2 Reyes 19:35; 2 Crónicas 32:21 V.M.)

Los ángeles son enviados a los hijos de Dios con misiones de misericordia. Visitaron a Abrahán con promesas de bendición; al justo Lot, para rescatarle de las llamas de Sodoma; a Elías, cuando estaba por morir de cansancio y hambre en el desierto; a Eliseo, con carros y caballos de fuego que circundaban la pequeña ciudad donde estaba encerrado por sus enemigos; a Daniel, cuando imploraba la sabiduría divina en la corte de un rey pagano, o en momentos en que iba a ser presa de los leones; a San Pedro, condenado a muerte en la cárcel de Herodes; a los presos de Filipos; a San Pablo y a sus compañeros, en la noche tempestuosa en el mar; a Cornelio, para hacerle comprender el Evangelio, a San Pedro, para mandarlo con el mensaje de salvación al extranjero gentil. Así fue como, en todas las edades, los santos ángeles ejercieron su ministerio en beneficio del pueblo de Dios.

Cada discípulo de Cristo tiene su ángel guardián respectivo. Estos centinelas celestiales protegen a los justos del poder del maligno. Así lo reconoció el mismo Satanás cuando dijo: "Teme Job a Dios de balde? ¿No le has tu cercado a él y a su casa, y a todo lo que tiene en derredor" (Job 1:9, 10.) El medio de que Dios se vale para proteger a su pueblo está indicado en las palabras del salmista: "El ángel de Jehová acampa en derredor de los que le temen, y los defiende." (Salmo 34:7.) Hablando de los que creen en él, el Salvador dijo: "Mirad no tengáis en poco a alguno de estos pequeños; porque os digo que sus ángeles en los cielos ven siempre la faz de mi Padre." (S. Mateo 18:10.) Los ángeles encargados de atender a los hijos de Dios tienen a toda hora acceso cerca de él.

Así que, aunque expuesto al poder engañoso y a la continua malicia del príncipe de las tinieblas y en conflicto con todas las fuerzas del mal, el pueblo de Dios tiene siempre asegurada la protección de los ángeles del cielo. Y esta protección no es superflua. Si Dios concedió a sus hijos su gracia y su amparo, es porque deben hacer frente a las temibles potestades del mal, potestades múltiples, audaces e incansables, cuya malignidad y poder nadie puede ignorar o despreciar impunemente.

Los espíritus malos, creados en un principio sin pecado, eran iguales, por naturaleza, poder y gloria, a los seres santos que son ahora mensajeros de Dios. Pero una vez caídos por el pecado, se coligaron para deshonrar a Dios y acabar, con los hombres. Unidos con Satanás en su rebeldía y arrojados del cielo con él, han sido desde entonces, en el curso de los siglos, sus cómplices en la guerra empezada contra la autoridad divina. Las Sagradas Escrituras nos hablan de su unión y de su gobierno de sus diversas órdenes, de su inteligencia y astucia, como también de sus propósitos malévolos contra la paz y la felicidad de los hombres.

La historia del Antiguo Testamento menciona a veces su existencia y su actuación pero fue durante el tiempo que Cristo estuvo en la tierra cuando los espíritus malos dieron las más sorprendentes pruebas de su poder. Cristo había venido para cumplir el plan ideado para la redención del hombre, y Satanás resolvió afirmar su derecho para gobernar al mundo. Había logrado implantar la idolatría en toda la tierra, menos en Palestina. Cristo vino a derramar la luz del cielo sobre el único país que no se había sometido al yugo del tentador. Dos poderes rivales pretendían la supremacía. Jesús extendía sus brazos de amor, invitando a todos los que querían encontrar en él perdón y paz. Las huestes de las tinieblas vieron que no poseían un poder ilimitado, y comprendieron, que si la misión de Cristo tenía éxito , pronto terminaría su reinado. Satanás se enfureció como león encadenado y desplegó atrevidamente sus poderes tanto sobre los cuerpos como sobre las almas de los hombres.

Que ciertos hombres hayan sido poseídos por demonios está claramente expresado en el Nuevo Testamento. Las personas afligidas de tal suerte no sufrían únicamente de enfermedades cuyas causas eran naturales. Cristo tenía conocimiento perfecto de aquello con que tenía que habérselas, y reconocía la presencia y acción directas de los espíritus malos.

Ejemplo sorprendente de su número, poder y malignidad, como también del poder misericordioso de Cristo, lo encontramos en el relato de la curación de los endemoniados de Gádara. Aquellos pobres desaforados, que burlaban toda restricción y se retorcían, echando espumarajos por la boca, enfurecidos, llenaban el aire con sus gritos, se maltrataban y ponían en peligro a cuantos se acercaban a ellos. Sus cuerpos cubiertos de sangre y desfigurados, sus mentes extraviadas, presentaban un espectáculo de los más agradables para el príncipe de las tinieblas. Uno de los demonios que dominaba a los enfermos, declaró: "Legión me llamo; porque somos muchos." (S. Marcos 5:9.) En el ejército romano una legión se componía de tres a cinco mil hombres. Las huestes de Satanás están también organizadas en compañías, y la compañía a la cual pertenecían estos demonios correspondía ella sola en número por lo menos a una legión.

Al mandato de Jesús, los espíritus malignos abandonaron sus víctimas, dejándolas sentadas en calma a los pies del Señor, sumisas, inteligentes y afables.

Pero a los demonios se les permitió despeñar una manada de cerdos en el mar; y los habitantes de Gádara, estimando de más valor sus puercos que las bendiciones que Dios había concedido, rogaron al divino Médico que se alejara. Tal era el resultado que Satanás deseaba conseguir. Echando la culpa de la pérdida sobre Jesús, despertó los temores egoístas del pueblo, y les impidió escuchar sus palabras. Satanás acusa continuamente a los cristianos de ser causa de pérdidas, desgracias y padecimientos, en lugar de dejar recaer el oprobio sobre quienes lo merecen, es decir, sobre sí mismo y sus agentes.

Pero los propósitos de Cristo no quedaron frustrados. Permitió a los espíritus malignos que destruyesen la manada de cerdos, como censura contra aquellos judíos que, por amor al lucro, criaban esos animales inmundos. Si Cristo no hubiese contenido a los demonios, habrían precipitado al mar no sólo los cerdos sino también a los dueños y porqueros. La inmunidad de éstos fue tan sólo debida a la intervención misericordiosa de Jesús. Por otra parte, el suceso fue permitido para que los discípulos viesen el poder malévolo de Satanás sobre hombres y animales, pues quería que sus discípulos conociesen al enemigo al que iban a afrontar, para que no fuesen engañados y vencidos por sus artificios. Quería, además, que el pueblo de aquella región viese que él, Jesús, tenía el poder de romper las ligaduras de Satanás y libertar a sus cautivos. Y aunque Jesús se alejó, los hombres tan milagrosamente libertados quedaron para proclamar la misericordia de su Bienhechor.

Las Escrituras encierran otros ejemplos semejantes. La hija de la mujer sirofenicia estaba atormentada de un demonio al que Jesús echó fuera por su palabra. (S. Marcos 7:26-30.) "Un endemoniado, ciego y mudo" (S. Mateo 12:22); un joven que tenía un espíritu mudo, que a menudo le arrojaba "en el fuego y en aguas, para matarle" (S. Marcos 9:17-27); el maníaco que, atormentado por el "espíritu de un demonio inmundo" (S. Lucas 4:33-36), perturbaba la tranquilidad del sábado en la sinagoga de Capernaum todos ellos fueron curados por el compasivo Salvador. En casi todos los casos Cristo se dirigía al demonio como a un ser inteligente, ordenándole salir de su víctima y no atormentarla más. Al ver su gran poder, los adoradores reunidos en Capernaum se asombraron, "y hablaban unos a otros, diciendo: ¿Qué palabra es ésta? que con autoridad y potencia manda a los espíritus inmundos, y salen." (S. Lucas 4:36.)

Se representa uno generalmente aquellos endemoniados como sometidos a grandes padecimientos; sin embargo había excepciones a esta regla. Con el fin de obtener poder sobrenatural, algunas personas se sometían voluntariamente a la influencia satánica. Estas, por supuesto, no entraban en conflicto con los demonios. A esta categoría pertenecen los que poseían el espíritu de adivinación, como los magos Simón y Elimas y la joven adivina que siguió a Pablo y a Silas en Filipos.

Nadie está en mayor peligro de caer bajo la influencia de los espíritus malos que los que, a pesar del testimonio directo y positivo de las Sagradas Escrituras, niegan la existencia e intervención del diablo y de sus ángeles. Mientras ignoremos sus astucias, ellos nos llevan notable ventaja; y muchos obedecen a sus sugestiones creyendo seguir los dictados de su propia sabiduría. Esta es la razón por la cual a medida que nos acercamos al fin del tiempo, cuando Satanás obrará con la mayor energía para engañar y destruir, él mismo propaga por todas partes la creencia de que no existe. Su política consiste en esconderse y obrar solapadamente.

No hay nada que el gran seductor tema tanto como el que nos demos cuenta de sus artimañas. Para mejor disfrazar su carácter y encubrir sus verdaderos propósitos, se ha hecho representar de modo que no despierte emociones más poderosas que las del ridículo y del desprecio. Le gusta que lo pinten deforme o repugnante, mitad animal mitad hombre. Le agrada oírse nombrar como objeto de diversión y de burla por personas que se creen inteligentes e instruidas.

Precisamente por haberse enmascarado con habilidad consumada es por lo que tan a menudo se oye preguntar: "¿Existe en realidad ente semejante?" Prueba evidente de su éxito es la aceptación general de que gozan entre el público religioso ciertas teorías que niegan los, testimonios más positivos de las Sagradas Escrituras. Y es porque Satanás puede dominar tan fácilmente los espíritus de las personas inconscientes de su influencia, por lo que la Palabra de Dios nos da tantos ejemplos de su obra maléfica, nos revela sus fuerzas ocultas y nos pone así en guardia, contra sus ataques.

El poder y la malignidad de Satanás y de su hueste podrían alarmarnos con razón, si no fuera por el apoyo y salvación que podemos encontrar en el poder superior de nuestro Redentor. Proveemos cuidadosamente nuestras casas con cerrojos y candados para proteger nuestros bienes y nuestras vidas contra los malvados; pero rara vez pensamos en los ángeles malos que tratan continuamente de llegar hasta nosotros, y contra cuyos ataques no contamos en nuestras propias fuerzas con ningún medio eficaz de defensa. Si se les dejara, nos trastornarían la razón, nos desquiciarían y torturarían el cuerpo, destruirían nuestras propiedades y nuestras vidas. Sólo se deleitan en el mal y en la destrucción. Terrible es la condición de los que resisten a las exigencias de Dios y ceden a las tentaciones de Satanás hasta que Dios los abandona al poder de los espíritus malignos. Pero los que siguen a Cristo están siempre seguros bajo su protección. Ángeles de gran poder son enviados del cielo para ampararlos. El maligno no puede forzar la guardia con que Dios tiene rodeado a su pueblo.

33
Las Asechanzas del Enemigo

La GRAN controversia entre Cristo y Satanás, sostenida desde hace cerca de seis mil años, está por terminar; y Satanás redobla sus esfuerzos para hacer fracasar la obra de Cristo en beneficio del hombre y para sujetar las almas en sus lazos. Su objeto consiste en tener sumido al pueblo en las tinieblas y en la impenitencia hasta que termine la obra mediadora del Salvador y no haya más sacrificio por el pecado.

Cuando no se hace ningún esfuerzo especial para resistir a su poder, cuando la indiferencia predomina en la iglesia y en el mundo, Satanás está a su gusto, pues no corre peligro de perder a los que tiene cautivos y a merced suya. Pero cuando la atención de los hombres se fija en las cosas eternas y las almas se preguntan: "qué debo yo hacer para ser salvo?" él está pronto para oponer su poder al de Cristo y para contrarrestar la influencia del Espíritu Santo.

Las Sagradas Escrituras declaran que en cierta ocasión, cuando los ángeles de Dios vinieron para presentarse ante el Señor, Satanás vino también con ellos (Job 1:6), no para postrarse ante el Rey eterno sino para mirar por sus propios y malévolos planes contra los justos. Con el mismo objeto está presente allí donde los hombres se reúnen para adorar a Dios. Aunque invisible, trabaja con gran diligencia, tratando de gobernar las mentes de los fieles. Como hábil general que es, fragua sus planes de antemano. Cuando ve al ministro de Dios escudriñar las Escrituras, toma nota del tema que va a ser presentado a la congregación, y hace uso de toda su astucia y pericia para arreglar las cosas de tal modo que el mensaje de vida no llegue a aquellos a quienes está engañando precisamente respecto del punto que se ha de tratar. Hará que la persona que más necesite la admonición se vea apurada por algún negocio que requiera su presencia, o impedida de algún otro modo de oír las palabras que hubiesen podido tener para ella sabor de vida para vida.

Otras veces, Satanás ve a los siervos del Señor agobiados al comprobar las tinieblas espirituales que envuelven a los hombres. Oye sus ardientes oraciones, en que piden a Dios gracia y poder para sacudir la indiferencia y la indolencia de las almas. Entonces despliega sus artes con nuevo ardor. Tienta a los hombres para que cedan a la glotonería o a cualquier otra forma de sensualidad, y adormece de tal modo su sensibilidad que dejan de oír precisamente las cosas que más necesitan saber.

Bien sabe Satanás que todos aquellos a quienes pueda inducir a descuidar la oración y el estudio de las Sagradas Escrituras serán vencidos por sus ataques. De aquí que invente cuanta estratagema le es posible para tener las mentes distraídas. Siempre ha habido una categoría de personas que profesan santidad, y que en lugar de procurar crecer en el conocimiento de la verdad, hacen consistir su religión en buscar alguna falta en el carácter de aquellos con quienes no están de acuerdo, o algún error en su credo. Son los mejores agentes de Satanás. Los acusadores de los hermanos no son pocos; siempre son diligentes cuando Dios está obrando y cuando sus hijos le rinden verdadero homenaje. Son ellos los que dan falsa interpretación a las palabras y acciones de los que aman la verdad y la obedecen. Hacen pasar a los más serios, celosos y desinteresados siervos de Cristo por engañados o engañadores. Su obra consiste en desnaturalizar los móviles de toda acción buena y noble, en hacer circular insinuaciones malévolas y despertar sospechas en las mentes poco experimentadas. Harán cuanto sea imaginable porque aparezca lo que es puro y recto como corrupto y de mala fe.

Pero nadie necesita dejarse engañar por ellos. Fácil es ver la filiación que tienen, el ejemplo que siguen y la obra que realizan. " Por sus frutos los conoceréis." (S. Mateo 7:16.) Su conducta se parece a la de Satanás, el odioso calumniador, "el acusador de nuestros hermanos." (Apocalipsis 12:10.)

El gran seductor dispone de muchos agentes listos para presentar cualquier error para engañar a las almas, herejías preparadas para adaptarse a todos los gustos y capacidades de aquellos a quienes quiere arruinar. Parte de su plan consiste en introducir en la iglesia elementos irregenerados y faltos de sinceridad, elementos que fomenten la duda y la incredulidad y sean un obstáculo para todos los que desean ver adelantar la obra de Dios y adelantar con ella. Muchas personas que no tienen verdadera fe en Dios ni en su Palabra, aceptan algún principio de verdad y pasan por cristianos; y así se hallan en condición de introducir sus errores como si fueran doctrinas de las Escrituras.

La teoría según la cual nada importa lo que los hombres creen, es uno de los engaños que más éxito da a Satanás. Bien sabe él que la verdad recibida con amor santifica el alma del que la recibe; de aquí que trate siempre de substituirla con falsas teorías, con fábulas y con otro evangelio. Desde un principio los siervos de Dios han luchado contra los falsos maestros, no sólo porque eran hombres viciosos, sino porque inculcaban errores fatales para el alma. Elías, Jeremías y Pablo se opusieron firme y valientemente a los que estaban apartando a los hombres de la Palabra de Dios. Ese género de liberalidad que mira como cosa de poca monta una fe religiosa clara y correcta, no encontró aceptación, entre aquellos santos defensores de la verdad.

Las interpretaciones vagas y fantásticas de las Santas Escrituras, así como las muchas teorías contradictorias respecto a la fe religiosa, que se advierten en el mundo cristiano, son obra de nuestro gran adversario, que trata así de confundir las mentes de suerte que no puedan descubrir la verdad. Y la discordia y división que existen entre las iglesias de la cristiandad se deben en gran parte a la costumbre tan general de torcer el sentido de las Sagradas Escrituras con el fin de apoyar alguna doctrina favorita. En lugar de estudiar con esmero y con humildad de corazón la Palabra de Dios con el objeto de llegar al conocimiento de su voluntad, muchos procuran descubrir algo curioso y original.

Con el fin de sostener doctrinas erróneas o prácticas anticristianas, hay quienes toman, pasajes de la Sagrada Escritura aislados del contexto, no citan tal vez más que la mitad de un versículo para probar su idea, y dejan la segunda mitad que quizá hubiese probado todo lo contrario. Con la astucia de la serpiente se encastillan tras declaraciones sin ilación, entretejidas de manera que favorezcan sus deseos carnales. Es así como gran número de personas pervierten con propósito deliberado la Palabra de Dios. Otros, dotados de viva imaginación, toman figuras y símbolos de las Sagradas Escrituras y los interpretan según su capricho, sin parar mientes en que la Escritura declara ser su propio intérprete; y luego presentan sus extravagancias como enseñanzas de la Biblia.

Siempre que uno se da al estudio de las Escrituras sin estar animado de un espíritu de oración y humildad, susceptible de recibir enseñanza, los pasajes más claros y sencillos, como los más difíciles, serán desviados de su verdadero sentido. Los dirigentes papales escogen en las Sagradas Escrituras los pasajes que mejor convienen a sus propósitos, los interpretan a su modo y los presentan luego al pueblo a quien rehusan al mismo tiempo el privilegio de estudiar la Biblia y de entender por sí mismos sus santas verdades. Toda la Biblia debería serle dada al pueblo tal cual es. Más valiera que éste no tuviese ninguna instrucción religiosa antes que recibir las enseñanzas de las Santas Escrituras groseramente desnaturalizadas.

La Biblia estaba destinada a ser una guía para todos aquellos que deseasen conocer la voluntad de su Creador. Dios dio a los hombres la firme palabra profética; ángeles, y hasta el mismo Cristo, vinieron para dar a conocer a Daniel y a Juan las cosas que deben acontecer en breve. Las cosas importantes que conciernen a nuestra salvación no quedaron envueltas en el misterio. No fueron reveladas de manera que confundan y extravíen al que busca sinceramente la verdad. El Señor dijo al profeta Habacuc: "Escribe la visión para que se pueda leer corrientemente."

(Habacuc 2:2, V.M.) La Palabra de Dios es clara para todos aquellos que la estudian con espíritu de oración. Toda alma verdaderamente sincera alcanzará la luz de la verdad. "Luz está sembrada para el justo." (Salmo 97:11.) Y ninguna iglesia puede progresar en santidad si sus miembros no buscan ardientemente la verdad como si fuera un tesoro escondido.

Los alardes de "liberalidad" ciegan a los hombres para que no vean las asechanzas de su adversario, mientras que éste sigue trabajando sin cesar y sin cansarse hasta cumplir sus designios. Conforme va consiguiendo suplantar la Biblia por las especulaciones humanas, la ley de Dios va quedando a un lado, y las iglesias caen en la esclavitud del pecado, mientras pretenden ser libres.

Para muchos, las investigaciones científicas se han vuelto maldición. Al permitir todo género de descubrimientos en las ciencias y en las artes, Dios ha derramado sobre el mundo raudales de luz; pero aun los espíritus más poderosos, si no son guiados en sus investigaciones por la Palabra de Dios, se extravían en sus esfuerzos por encontrar las relaciones existentes entre la ciencia y la revelación.

Los conocimientos humanos, tanto en lo que se refiere a las cosas materiales como a las espirituales, son limitados e imperfectos; de aquí que muchos sean incapaces de hacer armonizar sus nociones científicas con las declaraciones de las Sagradas Escrituras. Son muchos los que dan por hechos científicos lo que no pasa de ser meras teorías y elucubraciones, y piensan que la Palabra de Dios debe ser probada por las enseñanzas de "la falsamente llamada ciencia." (1 Timoteo 6:20.) El Creador y sus obras les resultan incomprensibles; y como no pueden explicarlos por las leyes naturales, consideran la historia bíblica como si no mereciese fe. Los que dudan de la verdad de las narraciones del Antiguo Testamento y del Nuevo, dan a menudo un paso más y dudan de la existencia de Dios y atribuyen poder infinito a la naturaleza. Habiendo perdido su ancla son arrastrados hacia las rocas de la incredulidad.

Es así como muchos se alejan de la fe y son seducidos por el diablo. Los hombres procuraron hacerse más sabios que su Creador; la filosofía intentó sondear y explicar misterios que no serán jamás revelados en el curso infinito de las edades. Si los hombres se limitasen a escudriñar y comprender tan sólo lo que Dios les ha revelado respecto de sí mismo y de sus propósitos, llegarían a tal concepto de la gloria, majestad y poder de Jehová, que se darían cuenta de su propia pequeñez y se contentarían con lo que fue revelado para ellos y sus hijos.

Una de las seducciones magistrales de Satanás consiste en mantener a los espíritus de los hombres investigando y haciendo conjeturas sobre las cosas que Dios no ha dado a conocer y que no quiere que entendamos. Así fue como Lucifer perdió su puesto en el cielo. Se indispuso porque no le fueron revelados todos los secretos de los designios de Dios, y no se fijó en lo que le había sido revelado respecto a su propia obra y al elevado puesto que le había sido asignado. Al provocar el mismo descontento entre los ángeles que estaban bajo sus órdenes, causó la caída de ellos. En nuestros días trata de llenar las mentes de los hombres con el mismo espíritu y de inducirlos además a despreciar los mandamientos directos de Dios.

Los que no quieren aceptar las verdades claras y contundentes de la Biblia están siempre buscando fábulas agradables que tranquilicen la conciencia. Mientras menos apelen a espiritualidad, a la abnegación y a la humildad las doctrinas presentadas, mayor es la aceptación de que gozan. Esas personas degradan sus facultades intelectuales para servir sus deseos carnales. Demasiado sabias en su propia opinión par escudriñar las Santas Escrituras con contrición y pidiendo ardientemente a Dios que las guíe, no tienen escudo contra el error. Satanás está listo para satisfacer los deseos de sus corazones y poner las seducciones en lugar de la verdad. Fue así como el papado estableció su poder sobre los hombres; y al rechazar la verdad porque entraña una cruz, los protestantes siguen el mismo camino. Todos aquellos que descuiden la Palabra de Dios para procurar su comodidad y conveniencia, a fin de no estar en desacuerdo con el mundo, serán abandonados a su propia suerte y aceptarán herejías condenables que considerarán como verdad religiosa. Los que rechacen voluntariamente la verdad concluirán por aceptar todos los errores imaginables; y alguno que mire con horror cierto engaño aceptará gustosamente otro. El apóstol Pablo, hablando de una clase de hombres que "no admitieron el amor de la verdad, para que fuesen salvos," declara: "Por esto, Dios les envía la eficaz operación de error, a fin de que crean a la mentira; para que sean condenados todos aquellos que no creen a la verdad, sino que se complacen en la injusticia."(2 Tesalonicenses 2:10-12, V.M.) En vista de semejante advertencia nos incumbe ponernos en guardia con respecto a las doctrinas que recibimos.

Entre las trampas más temibles del gran seductor figuran las enseñanzas engañosas y los fementidos milagros del espiritismo. Disfrazado como ángel de luz, el enemigo tiende sus redes donde menos se espera. Si tan sólo los hombres quisieran estudiar el Libro de Dios orando fervientemente por comprenderlo, no serían dejados en las tinieblas para recibir doctrinas falsas. Pero como rechazan la verdad, resultan presa fácil para la seducción.

Otro error peligroso es el de la doctrina que niega la divinidad de Cristo, y asevera que él no existió antes de su venida a este mundo. Esta teoría encuentra aceptación entre muchos que profesan creer en la Biblia; y sin embargo contradice las declaraciones más positivas de nuestro Salvador respecto a sus relaciones con el Padre, a su divino carácter y a su preexistencia. Esta teoría no puede ser sostenida sino violentando el sentido de las Sagradas Escrituras del modo más incalificable. No sólo rebaja nuestro concepto de la obra de redención, sino que también socava la fe en la Biblia como revelación de Dios. Al par que esto hace tanto más peligrosa dicha teoría la hace también más difícil de combatir. Si los hombres rechazan el testimonio que dan las Escrituras inspiradas acerca de la divinidad de Cristo, inútil es querer argumentar con ellos al respecto, pues ningún argumento, por convincente que fuese, podría hacer mella en ellos, "El hombre natural no recibe las cosas del Espíritu de Dios; porque le son insensatez; ni las puede conocer, por cuánto se disciernen espiritualmente." (1 Corintios 2:14, V.M.) Ninguna persona que haya aceptado este error, puede tener justo concepto del carácter o de la misión de Cristo, ni del gran plan de Dios para la redención del hombre.

Otro error sutil y perjudicial que se está difundiendo rápidamente, consiste en creer que Satanás no es un ser personal; que su nombre se emplea en las Sagradas Escrituras únicamente para representar los malos pensamientos y deseos de los hombres.

La enseñanza tan generalmente proclamada desde los púlpitos, de que el segundo advenimiento de Cristo se realiza a la muerte de cada individuo, es una estratagema que tiene por objeto distraer la atención de los hombres de la venida personal del Señor en las nubes del cielo. Hace años que Satanás ha estado diciendo: "He aquí … está … en las cámaras" (S. Mateo 24:23-26), y muchas almas se han perdido por haber aceptado este engaño.

Por otra parte la sabiduría mundana enseña que la oración no es de todo punto necesaria. Los hombres de ciencia declaran que no puede haber respuesta real a las oraciones; que esto equivaldría a una violación de las leyes naturales, a todo un milagro, y que los milagros no existen. Dicen que el universo está gobernado por leyes inmutables y que Dios mismo no hace nada contrario a esas leyes. De suerte que representan a Dios ligado por sus propias leyes; como si la operación de las leyes divinas excluyese la libertad divina. Tal enseñanza se opone al testimonio de las Sagradas Escrituras. ¿Acaso Cristo y sus apóstoles no hicieron milagros? El mismo Salvador compasivo vive en nuestros días, y está tan dispuesto a escuchar la oración de la fe como cuando andaba en forma visible entre los hombres. Lo natural coopera con lo sobrenatural. Forma parte del plan de Dios concedernos, en respuesta a la oración hecha con fe, lo que no nos daría si no se lo pidiésemos así.

Innumerables son las doctrinas erróneas y las ideas fantásticas que imperan en el seno de las iglesias de la cristiandad. Es imposible calcular los resultados deplorables que acarrea la eliminación de una sola verdad de la Palabra de Dios. Pocos son los que, habiéndose aventurado a hacer cosa semejante, se contentan con rechazar lisa y llanamente una sencilla verdad. Los más siguen rechazando uno tras otro los principios de la verdad, hasta que se convierten en verdaderos incrédulos.

Los errores de la teología hoy de moda han lanzado al escepticismo muchas almas que de otro modo habrían creído en las Escrituras. Es imposible para ellas aceptar doctrinas que hieren sus sentimientos de justicia misericordia y benevolencia; y como tales doctrinas les son presentadas como enseñadas por la Biblia, rehusan recibirla como Palabra de Dios.

Y ése es el objeto que Satanás trata de conseguir. Nada desea él tanto como destruir la confianza en Dios y en su Palabra. Satanás se encuentra al frente de los grandes ejércitos de los que dudan, y trabaja con inconcebible energía para seducir a las almas y atraerlas a sus filas. La duda está de moda hoy. Una clase muy numerosa de personas mira la Palabra de Dios con la misma desconfianza con que fue mirado su Autor: porque ella reprueba y condena el pecado. Los que no desean obedecer a las exigencias de ella tratan de echar por tierra su autoridad. Si leen la Biblia o escuchan sus enseñanzas proclamadas desde el púlpito es tan sólo para encontrar errores en las Santas Escrituras o en el sermón. No son pocos los que se vuelven incrédulos para justificarse o para disculpar su descuido del deber. Otros adoptan principios escépticos por orgullo e indolencia. Por demás amigos de su comodidad para distinguirse ejecutando cosa alguna digna de honor y que exija esfuerzos y abnegación, aspiran a hacerse una reputación de sabiduría superior criticando la Biblia. Hay muchas cosas que el espíritu limitado del hombre que no ha sido alumbrado por la sabiduría divina, es incapaz de comprender; y así encuentran motivo para criticar. Son muchos los que parecen creer que es una virtud colocarse del lado de la duda, del escepticismo y de la incredulidad. Pero no dejará de advertirse que bajo una apariencia de candor y humildad, los móviles de estas personas son la confianza en sí mismas y el orgullo. Muchos se deleitan en buscar en las Sagradas Escrituras algo que confunda las mentes de los demás. Y hasta hay quienes empiezan a criticar y a argumentar contra la verdad por el mero gusto de discutir. No se dan cuenta de que al obrar así se están enredando a sí mismos en el lazo del cazador. Efectivamente, habiendo expresado abiertamente sentimientos de incredulidad, consideran que deben conservar sus posiciones, Y así es como se unen con los impíos y se cierran las puertas del paraíso.

Dios ha dado en su Palabra pruebas suficientes del divino origen de ella. Las grandes verdades que se relacionan con nuestra redención están presentadas en ella con claridad. Con la ayuda del Espíritu Santo que se promete a todos los que lo pidan con sinceridad, cada cual puede comprender estas verdades por sí mismo. Dios ha dado a los hombres un fundamento firme en que cimentar su fe.

Con todo, la inteligencia limitada de los hombres resulta inadecuada para comprender los planes del Dios infinito. Nuestras investigaciones no nos harán descubrir jamás las profundidades de Dios. No debemos intentar con mano presuntuosa levantar el velo que encubre su majestad. El apóstol exclama: "¡Cuán incomprensibles son sus juicios, e inescrutables sus caminos!" (Romanos 11:33.) No obstante podemos comprender lo bastante su modo de tratar con nosotros y los motivos que le hacen obrar como obra, para reconocer un amor y una misericordia infinitos unidos a un poder sin límites. Nuestro Padre celestial dirige todas las cosas con sabiduría y justicia, y no debemos vivir descontentos ni desconfiados, sino inclinarnos en reverente sumisión. El nos revelará sus designios en la medida en que su conocimiento sea para nuestro bien, y en cuanto a lo demás debemos confiar en Aquel cuya mano es omnipotente y cuyo corazón rebosa de amor.

Si bien es cierto que Dios ha dado pruebas evidentes para la fe, él no quitará jamás todas las excusas que pueda haber para la incredulidad. Todos los que buscan motivos de duda los encontrarán. Y todos los que rehusan, aceptar la Palabra de Dios y obedecerla antes que toda objeción haya sido apartada y que no se encuentre más motivo de duda, no llegarán jamás a la luz.

La desconfianza hacia Dios es producto natural del corazón irregenerado, que está en enemistad con él. Pero la fe es inspirada por el Espíritu Santo y no florecerá más que a medida que se la fomente. Nadie puede robustecer su fe sin un esfuerzo determinado. La incredulidad también se robustece a medida que se la estimula; y si los hombres, en lugar de meditar en las evidencias que Dios les ha dado para sostener su fe, se permiten ponerlo todo en tela de juicio y entregarse a cavilaciones, verán confirmarse más y más sus dudas.

Pero los que dudan de las promesas de Dios y desconfían de las seguridades de su gracia, le deshonran; y su influencia, en lugar de atraer a otros hacia Cristo, tiende a apartarlos de él; son como los árboles estériles que extienden a lo lejos sus tupidas ramas, las cuales privan de la luz del sol a otras plantas y hacen que éstas languidezcan y mueran bajo la fría sombra. La carrera de esas personas resultara como un acto continuo de acusación contra ellas. Las semillas de duda y escepticismo que están propagando producirán infaliblemente su cosecha.

No hay más que una línea de conducta que puedan seguir los que desean sinceramente librarse de las dudas. En lugar de ponerlo todo en tela de juicio y de entregarse a cavilaciones acerca de cosas que no entienden, presten atención a la luz que ya está brillando en ellos y recibirán aún más luz. Cumplan todo deber que su inteligencia ha entendido y así se pondrán en condición de comprender y realizar también los deberes respecto a los cuales les quedan dudas.

Satanás puede presentar una impostura tan parecida a la verdad, que engañe a todos los que están dispuestos a ser engañados y que retroceden ante la abnegación y los sacrificios reclamados por la verdad; pero no puede de ningún modo retener en su poder una sola alma que desee sinceramente y a todo trance conocer la verdad. Cristo es la verdad y "la luz verdadera, que alumbra a todo hombre que viene a este mundo." (S. Juan 1:9.) El espíritu de verdad ha sido enviado para guiar a los hombres en toda verdad. Y la siguiente declaración ha sido hecha bajo la autoridad del Hijo de Dios: "Buscad, y hallaréis." "El que quisiere hacer su voluntad [del Padre], conocerá de la doctrina." (S. Mateo 7:7; S. Juan 7:17.)

Los discípulos de Cristo saben muy poco de las tramas que Satanás y sus huestes urden contra ellos. Pero el que está sentado en los cielos hará servir todas esas maquinaciones para el cumplimiento de sus altos designios. Si el Señor permite que su pueblo pase por el fuego de la tentación, no es porque se goce en sus penas y aflicciones, sino porque esas pruebas son necesarias para su victoria final. Él no podría, en conformidad con su propia gloria, preservarlo de la tentación; pues el objeto de la prueba es precisamente prepararlo para resistir a todas las seducciones del mal.

Ni los impíos ni los demonios pueden oponerse a la obra de Dios o privar de su presencia a su pueblo, siempre que éste quiera con corazón sumiso y contrito confesar y abandonar sus pecados y aferrarse con fe a las promesas divinas. Toda tentación, toda influencia contraria, manifiesta o secreta, puede ser resistida victoriosamente: ¡No por esfuerzo, ni con poder, sino por mi Espíritu! dice Jehová de los Ejércitos." (Zacarías 4:6, V.M.)

"Los ojos del Señor están sobre los justos, y sus oídos atentos a sus oraciones. ... ¿Y quién es aquel que os podrá dañar, si vosotros seguís el bien?" (1 Pedro 3:12, 13.) Cuando Balaam, tentado por la promesa de ricos regalos, recurrió a encantamientos contra Israel, y quiso por medio de sacrificios ofrecidos al Señor, invocar una maldición sobre su pueblo, el Espíritu de Dios se opuso a la maldición que el profeta apóstata trataba de pronunciar y éste se vio obligado a exclamar:

"¿Cómo maldeciré a quien no ha maldecido Dios? ¿y cómo derramaré imprecaciones donde no las ha derramado Jehová?" "¡Muera yo de la muerte de los justos,
y sea mi postrimería como la suya!" Después de haber ofrecido otro sacrificio, el
profeta impío dijo: "He aquí que yo he recibido comisión para bendecir; si, él ha
bendecido, y no podré yo revocarlo. Él no ha reparado la iniquidad en Jacob, y
no ha mirado la perversidad en Israel. Jehová su Dios está con él; y en medio de
él suenan vítores de rey." "Que no hay hechizo contra Jacob, ni hay adivinación
contra Israel. A su tiempo será dicho de Jacob y de Israel: ¡ Mirad lo que ha hecho
Dios!" No obstante se levantaron altares por tercera vez, y Balaam volvió a hacer
un nuevo esfuerzo para maldecir a Israel. Pero, por los labios rebeldes del profeta,
el Espíritu de Dios anunció la prosperidad de su pueblo escogido y censuró la
locura y maldad de sus enemigos: "¡Sean benditos los que te bendicen, y malditos
los que te maldicen!" (Números 23:8, 10, 20, 21, 23; 24:9, V.M.)

En aquel tiempo el pueblo de Israel era fiel a Dios; y mientras siguiera obedeciendo a su ley, ningún poder de la tierra o del infierno había de prevalecer
contra él. Pero la maldición que no se le permitió a Balaam pronunciar contra
el pueblo de Dios, él al fin consiguió atraerla sobre dicho pueblo arrastrándolo
al pecado. Al quebrantar Israel los mandamientos de Dios, se separó de él y fue
abandonado al poder del destructor.

Satanás sabe muy bien que el alma más débil pero que permanece en Jesús
puede más que todas las huestes de las tinieblas, y que si se presentase abiertamente se le haría frente y se le resistiría. Por esto trata de atraer a los soldados de
la cruz fuera de su baluarte, mientras que él mismo permanece con sus fuerzas
en emboscada, listo para destruir a todos aquellos que se aventuren a entrar en su
territorio. Sólo podemos estar seguros cuando confiamos humildemente en Dios,
y obedecemos todos sus mandamientos.

Nadie que no ore puede estar seguro un solo día o una sola hora. Debemos
sobre todo pedir al Señor que nos dé sabiduría para comprender su Palabra. En
ella es donde están puestos de manifiesto los artificios del tentador y las armas
que se le pueden oponer con éxito. Satanás es muy hábil para citar las Santas
Escrituras e interpretar pasajes a su modo, con lo que espera hacernos tropezar.
Debemos estudiar la Biblia con humildad de corazón, sin perder jamás de vista
nuestra dependencia de Dios. Y mientras estemos en guardia contra los engaños
de Satanás debemos orar con fe diciendo: "No nos dejes caer en tentación."

34
EL MISTERIO DE LA INMORTALIDAD

DESDE los tiempos más remotos de la historia del hombre, Satanás se esforzó por engañar a nuestra raza. El que había promovido la rebelión en el cielo deseaba inducir a los habitantes de la tierra a que se uniesen con él en su lucha contra el gobierno de Dios. Adán y Eva habían sido perfectamente felices mientras obedecieron a la ley de Dios, y esto constituía un testimonio permanente contra el aserto que Satanás había hecho en el cielo, de que la ley de Dios era un instrumento de opresión y contraria al bien de sus criaturas. Además, la envidia de Satanás se despertó al ver la hermosísima morada preparada para la inocente pareja. Resolvió hacer caer a ésta para que, una vez separada de Dios y arrastrada bajo su propio poder, pudiese él apoderarse de la tierra y establecer allí su reino en oposición al Altísimo.

Si Satanás se hubiese presentado en su verdadero carácter, habría sido rechazado en el acto, pues Adán y Eva habían sido prevenidos contra este enemigo peligroso; pero Satanás trabajó en la obscuridad, encubriendo su propósito a fin de poder realizar mejor sus fines. Valiéndose de la serpiente, que era entonces un ser de fascinadora apariencia, se dirigió a Eva, diciéndole: "¿Conque Dios os ha dicho: no comáis de todo árbol del huerto?" (Génesis 3:1.) Si Eva hubiese rehusado entrar en discusión con el tentador, se habría salvado; pero ella se aventuró a alegar con él y entonces fue víctima de sus artificios. Así es como muchas personas son aún vencidas. Dudan y discuten respecto a la voluntad de Dios, y en lugar de obedecer sus mandamientos, aceptan teorías humanas que no sirven más que para encubrir los engaños de Satanás.

"Y respondió la mujer a la serpiente: Del fruto de los árboles del jardín bien podemos comer: mas del fruto del árbol que está en medio del jardín, ha dicho Dios: No comeréis de él, ni lo tocaréis, no sea que muráis. Entonces dijo la serpiente a la mujer: De seguro que no moriréis; antes bien, sabe Dios que en el día que comiereis de él, vuestros ojos serán abiertos, y seréis como Dios, conocedores del bien y del mal." (Vers. 2-5, V.M.) La serpiente declaró que se volverían como Dios, que tendrían más sabiduría que antes y que serían capaces de entrar en un estado superior de existencia. Eva cedió a la tentación, y por influjo suyo Adán fue inducido a pecar. Ambos aceptaron la declaración de la serpiente de que Dios no había querido decir lo que había dicho; desconfiaron de su Creador y se imaginaron que les estaba cortando la libertad y que podían ganar gran caudal de sabiduría y mayor elevación quebrantando su ley.

Pero ¿cómo comprendió Adán, después de su pecado, el sentido de las siguientes palabras: "En el día que comieres de él de seguro morirás"? ¿Comprendió que significaban lo que Satanás le había inducido a creer, que iba a ascender a un grado más alto de existencia? De haber sido así, habría salido ganando con la transgresión, y Satanás habría resultado en bienhechor de la raza. Pero Adán comprobó que no era tal el sentido de la declaración divina. Dios sentenció al hombre, en castigo por su pecado, a volver a la tierra de donde había sido tomado: "Polvo eres, y al polvo serás tornado." (Vers. 19.) Las palabras de Satanás: "Vuestros ojos serán abiertos" resultaron ser verdad pero sólo del modo siguiente: después de que Adán y Eva hubieron desobedecido a Dios, sus ojos fueron abiertos y pudieron discernir su locura; conocieron entonces lo que era el mal y probaron el amargo fruto de la transgresión.

En medio del Edén crecía el árbol de la vida, cuyo fruto tenía el poder de perpetuar la vida, si Adán hubiese permanecido obediente a Dios, habría seguido gozando de libre acceso a aquel árbol y habría vivido eternamente. Pero en cuanto hubo pecado, quedó privado de comer del árbol de la vida y sujeto a la muerte. La sentencia divina: "Polvo eres, y al polvo serás tornado," entraña la extinción completa de la vida.

La inmortalidad prometida al hombre a condición de que obedeciera, se había perdido por la transgresión. Adán no podía transmitir a su posteridad lo que ya no poseía; y no habría quedado esperanza para la raza caída, si Dios, por el sacrificio de su Hijo, no hubiese puesto—la inmortalidad a su alcance. Como "la muerte así pasó a todos los hombres, pues que todos pecaron,"Cristo "sacó a la luz la vida y la inmortalidad por el evangelio." (Romanos 5:12; 2 Timoteo 1:10.) Y sólo por Cristo puede obtenerse la inmortalidad. Jesús dijo: "El que cree en el Hijo, tiene vida eterna, más el que es incrédulo al Hijo, no verá la vida." (S. Juan 3:36.) Todo hombre puede adquirir un bien tan inestimable si consiente en someterse a las condiciones necesarias. Todos "los que perseverando en bien hacer, buscan gloria y honra e inmortalidad," recibirán "la vida eterna." (Romanos 2:7.)

El único que prometió a Adán la vida en la desobediencia fue el gran seductor. Y la declaración de la serpiente a Eva en Edén.—"De seguro que no moriréis"— fue el primer sermón que haya sido jamás predicado sobre la inmortalidad del alma. Y sin embargo esta misma declaración, fundada únicamente en la autoridad de Satanás, repercute desde los púlpitos de la cristiandad, y es recibida por la mayoría de los hombres con tanta prontitud como lo fue por nuestros primeros padres. A la divina sentencia: El alma que pecare, ésa morirá (Ezequiel 18:20), se le da el sentido siguiente: El alma que pecare, ésa no morirá, sino que vivirá eternamente. No puede uno menos que extrañar la rara infatuación con que los hombres creen sin mas ni más las palabras de Satanás y se muestran tan incrédulos a las palabras de Dios.

Si al hombre, después de su caída, se le hubiese permitido tener libre acceso al árbol de la vida, habría vivido para siempre, y así el pecado se habría inmortalizado. Pero un querubín y una espada que arrojaba llamas guardaban "el camino del árbol de la vida" (Génesis 3:24), y a ningún miembro de la familia de Adán le ha sido permitido salvar esta raya y participar de esa fruta de la vida. Por consiguiente no hay ni un solo pecador inmortal.

Pero después de la caída, Satanás ordenó a sus ángeles que hicieran un esfuerzo especial para inculcar la creencia de la inmortalidad natural del hombre; y después de haber inducido a la gente a aceptar este error, debían llevarla a la conclusión de que el pecador viviría en penas eternas. Ahora el príncipe de las tinieblas, obrando por conducto de sus agentes, representa a Dios como un tirano vengativo, y declara que arroja al infierno a todos aquellos que no le agradan, que les hace sentir eternamente los efectos de su ira, y que mientras ellos sufren tormentos indecibles y se retuercen en las llamas eternas, su Creador los mira satisfecho.

Así es como el gran enemigo reviste con sus propios atributos al Creador y Bienhechor de la humanidad. La crueldad es satánica. Dios es amor, y todo lo que él creó era puro, santo, y amable, hasta que el pecado fue introducido por el primer gran rebelde. Satanás mismo es el enemigo que tienta al hombre y lo destruye luego si puede; y cuando se ha adueñado de su víctima se alaba de la ruina que ha causado. Si ello le fuese permitido prendería a toda la raza humana en sus redes. Si no fuese por la intervención del poder divino, ni hijo ni hija de Adán escaparían.

Hoy día Satanás está tratando de vencer a los hombres, como venció a nuestros primeros padres, debilitando su confianza en el Creador e induciéndoles a dudar de la sabiduría de su gobierno y de la justicia de sus leyes. Satanás y sus emisarios representan a Dios como peor que ellos, para justificar su propia perversidad y su rebeldía. El gran seductor se esfuerza en atribuir su propia crueldad a nuestro Padre celestial, a fin de darse por muy perjudicado con su expulsión del cielo por no haber querido someterse a un soberano tan injusto. Presenta al mundo la libertad de que gozaría bajo su dulce cetro, en contraposición con la esclavitud impuesta por los severos decretos de Jehová. Es así como logra sustraer a las almas de la sumisión a Dios.

¡Cuán repugnante a todo sentimiento de amor y de misericordia y hasta a nuestro sentido de justicia es la doctrina según la cual después de muertos los impíos son atormentados con fuego y azufre en un infierno que arde eternamente, y por los pecados de una corta vida terrenal deben sufrir tormentos por tanto tiempo como Dios viva! Sin embargo, esta doctrina ha sido enseñada muy generalmente y se encuentra aún incorporada en muchos de los credos de la cristiandad. Un sabio teólogo sostuvo: "El espectáculo de los tormentos del infierno aumentará para siempre la dicha de los santos. Cuando vean a otros seres de la misma naturaleza que ellos y que nacieron en las mismas circunstancias, cuando los vean sumidos en semejante desdicha, mientras que ellos estén en tan diferente situación, sentirán en mayor grado el goce de su felicidad." Otro dijo lo siguiente: "Mientras que la sentencia de reprobación se esté llevando a efecto por toda la eternidad sobre los desgraciados que sean objeto de la ira, el humo de sus tormentos subirá eternamente también a la vista de los que sean objeto de misericordia, y que, en lugar de compadecerse de aquéllos, exclamarán: ¡Amén! ¡Aleluya! ¡Alabad al Señor!"

¿En qué página de la Palabra de Dios se puede encontrar semejante enseñanza? ¿Los rescatados no sentirán acaso en el cielo ninguna compasión y ni siquiera un leve asomo de humanidad? ¿Habrán quedado esos sentimientos por ventura substituídos por la indiferencia del estoico o la crueldad del salvaje?—No, mil veces no. No es ésa la enseñanza del Libro de Dios. Los que presentan opiniones como las expresadas en las citas anteriores pueden ser sabios y aun hombres honrados; pero han sido engañados por los sofismas de Satanás. Él es quien los induce a desnaturalizar las enérgicas expresiones de las Sagradas Escrituras, dando al lenguaje bíblico un tinte de amargura y malignidad que es propio de él, Satanás, pero no de nuestro Creador. "¡Vivo yo! dice Jehová el Señor, que no me complazco en la muerte del inicuo, sino antes en que vuelva el inicuo de su camino y viva. Volveos, volveos de vuestros caminos malos, pues ¿por qué moriréis?" (Ezequiel 33:11, V.M.)

¿Qué ganaría Dios con que creyéramos que él se goza en contemplar los tormentos eternos, que se deleita en oír los gemidos, los gritos de dolor y las imprecaciones de las criaturas a quienes mantiene sufriendo en las llamas del infierno? ¿Pueden acaso esas horrendas disonancias ser música para los oídos de Aquel que es amor infinito? Se alega que esas penas sin fin que sufren los malos demuestran el odio de Dios hacia el pecado, ese mal tan funesto a la paz y al orden del universo. ¡Oh, qué horrible blasfemia! ¡Como si el odio que Dios tiene al pecado fuese motivo para eternizar el pecado! Pues según las enseñanzas de esos mismos teólogos, los tormentos continuos y sin esperanza de misericordia enfurecen sus miserables víctimas, que al manifestar su ira con juramentos y blasfemias, aumentan continuamente el peso de su culpabilidad. La gloria de Dios no obtiene realce con que se perpetúe el pecado al través de los siglos sin fin.

Es incalculable para el espíritu humano el daño que ha producido la herejía de los tormentos eternos. La religión de la Biblia, llena de amor y de bondad, y que abunda en compasión, resulta empañada por la superstición y revestida de terror. Cuando consideramos con cuán falsos colores Satanás pintó el carácter de Dios, ¿podemos admirarnos de que se tema, y hasta se aborrezca a nuestro Creador misericordioso ? Las ideas espantosas que respecto de Dios han sido propagadas por el mundo desde el púlpito, han hecho miles y hasta millones de escépticos e incrédulos.

La teoría de las penas eternas es una de las falsas doctrinas que constituyen el vino de las abominaciones de Babilonia, del cual ella da de beber a todas las naciones. (Apocalipsis 14:8; 17:2.) Es verdaderamente inexplicable que los ministros de Cristo hayan aceptado esta herejía y la hayan proclamado desde el púlpito. La recibieron de Roma, como de Roma también recibieron el falso día de reposo. Es cierto que dicha herejía ha sido enseñada por hombres piadosos y eminentes, pero la luz sobre este asunto no les había sido dada como a nosotros.

Eran responsables tan sólo por la luz que brillaba en su tiempo; nosotros tenemos que responder por la que brilla en nuestros días. Si nos alejamos del testimonio de la Palabra de Dios y aceptamos falsas doctrinas porque nuestros padres las enseñaron, caemos bajo la condenación pronunciada contra Babilonia; estamos bebiendo del vino de sus abominaciones.

Muchos a quienes subleva la doctrina de los tormentos eternos se lanzan al error opuesto. Ven que las Santas Escrituras representan a Dios como un ser lleno de amor y compasión, y no pueden creer que haya de entregar sus criaturas a las llamas de un infierno eterno. Pero, como creen que el alma es de por sí inmortal, no ven otra alternativa que sacar la conclusión de que toda la humanidad será finalmente salvada. Muchos son los que consideran las amenazas de la Biblia como destinadas tan sólo a amedrentar a los hombres para que obedezcan y no como debiendo cumplirse literalmente. Así el pecador puede vivir en placeres egoístas, sin prestar atención alguna a lo que Dios exige de él, y esperar sin embargo que será recibido finalmente en su gracia. Semejante doctrina que así especula con la misericordia divina, pero ignora su justicia, agrada al corazón carnal y alienta a los malos en su iniquidad.

Para muestra de cómo los que creen en la salvación universal tuercen el sentido de las Escrituras para sostener sus dogmas deletéreos para las almas, basta citar sus propias declaraciones. En los funerales de un joven irreligioso, muerto instantáneamente en una desgracia, un ministro universalista escogió por texto de su discurso las siguientes palabras que se refieren a David: "Ya estaba consolado acerca de Amnón que era muerto." (2 Samuel 13:39.)

"A menudo me preguntan—dijo el orador—cuál será la suerte de los que mueren en el pecado, tal vez en estado de embriaguez, o que mueren sin haber lavado sus vestiduras de las manchas ensangrentadas del crimen, o como este joven, sin haber hecho profesión religiosa ni tenido experiencia alguna en asuntos de religión. Nos contentamos con citar las Sagradas Escrituras; la contestación que nos dan al respecto ha de resolver tan tremendo problema. Amnón era pecador en extremo; era impenitente, se embriagó y fue muerto en ese estado. David era profeta de Dios; debía saber si Amnón se encontraba bien o mal en el otro mundo. ¿Cuáles fueron las expresiones de su corazón?—'El rey David deseó ver a Absalom: porque estaba consolado acerca de Amnón que era muerto.'

"¿Y qué debemos deducir de estas palabras? ¿No es acaso que los sufrimientos sin fin no formaban parte de su creencia religiosa?—Así lo entendemos nosotros; y aquí encontramos un argumento triunfante en apoyo de la hipótesis más agradable, más luminosa y más benévola de la pureza y de la paz finales y universales. Se había consolado de la muerte de su hijo. ¿Y por qué?—Porque podía con su ojo de profeta echar una mirada hacia el glorioso estado, ver a su hijo muy alejado de todas las tentaciones, libertado y purificado de la esclavitud y corrupciones del pecado, y, después de haber sido suficientemente santificado e iluminado, admitido a la asamblea de espíritus superiores y dichosos. Su solo consuelo consistía en que su hijo amado al ser recogido del presente estado de pecado y padecimiento, había ido adonde el soplo sublime del Espíritu Santo sería derramado sobre su alma obscurecida; adonde su espíritu se desarrollaría con la sabiduría del cielo y con los dulces transportes del amor eterno, a fin de ser así preparado para gozar con una naturaleza santificada del descanso y de las glorias de la herencia eterna.

"Con esto queremos dar a entender que creemos que la salvación del cielo no depende en nada de lo que podamos hacer en esta vida, ni de un cambio actual de corazón, ni de una creencia actual ni de una profesión de fe religiosa."

Así es como este profeso ministro de Cristo reitera la mentira ya dicha por la serpiente en Edén: "De seguro que no moriréis." "En el día que comiereis de él, vuestros ojos serán abiertos, y seréis como Dios." Afirma que los más viles pecadores—el homicida, el ladrón y el adúltero—serán preparados después de la muerte para gozar de la eterna bienaventuranza.

¿Y de dónde saca sus conclusiones este falseador de las Sagradas Escrituras?—De una simple frase que expresa la sumisión de David a la dispensación de la Providencia. Su alma "deseó ver a Absalom: porque estaba consolado acerca de Amnón que era muerto." Al mitigarse con el andar del tiempo la acrimonia de su aflicción, sus pensamientos se volvieron del hijo muerto al hijo vivo que se había desterrado voluntariamente por temor al justo castigo de su crimen. ¡Y esto es una evidencia de que el incestuoso y ebrio Amnón fue al morir llevado inmediatamente a la morada de los bienaventurados, para ser purificado y preparado allí para la sociedad de los ángeles inmaculados! ¡Fábula amena, por cierto, muy apropiada para satisfacer el corazón carnal ¡Es la doctrina del mismo Satanás y produce el efecto que él desea! ¿Es entonces de extrañar que con tales enseñanzas la iniquidad abunde?

La conducta de este falso maestro ilustra la de otros muchos. Desprenden de sus contextos unas cuantas palabras de las Sagradas Escrituras, por más que en muchos casos aquéllos encierren un significado contrario al que se les presta; y esos pasajes así aislados se tuercen y se emplean para probar doctrinas que no tienen ningún fundamento en la Palabra de Dios. El pasaje citado para probar que el borracho Amnón está en el cielo, no pasa de ser una mera conjetura, a la que contradice terminantemente la declaración llana y positiva de las Santas Escrituras de que los dados a la embriaguez no poseerán el reino de Dios. (1 Corintios 6:10.) Y así es como los que dudan, los incrédulos y los escépticos convierten la verdad en mentira. Y con tales sofismas se engaña a muchos y se los arrulla en la cuna de una seguridad carnal.

Si fuese cierto que las almas de todos los hombres van directamente al cielo en la hora de la disolución, entonces bien podríamos anhelar la muerte antes que la vida. Esta creencia ha inducido a muchas personas a poner fin a su existencia. Cuando está uno anonadado por los cuidados, por las perplejidades y los desengaños, parece cosa fácil romper el delgado hilo de la vida y lanzarse hacia la bienaventuranza del mundo eterno.

Dios declara positivamente en su Palabra que castigará a los transgresores de su ley. Los que se lisonjean con la idea de que es demasiado misericordioso para ejecutar su justicia contra los pecadores, no tienen más que mirar a la cruz del Calvario. La muerte del inmaculado Hijo de Dios testifica que "la paga del pecado es muerte," que toda violación de la ley de Dios debe recibir su justa retribución. Cristo, que era sin pecado, se hizo pecado a causa del hombre. Cargó con la culpabilidad de la transgresión y sufrió tanto, cuando su Padre apartó su faz de él, que su corazón fue destrozado y su vida aniquilada. Hizo todos esos sacrificios a fin de redimir al pecador. De ningún otro modo habría podido el hombre libertarse de la penalidad del pecado. Y toda alma que se niegue a participar de la expiación conseguida a tal precio, debe cargar en su propia persona con la culpabilidad y con el castigo por la transgresión.

Consideremos lo que la Biblia enseña además respecto a los impíos y a los que no se han arrepentido, y a quienes los universalistas colocan en el cielo como santos y bienaventurados ángeles.

"Al que tuviere sed, le daré a beber de la fuente del agua de la vida de balde." (Apocalipsis 21:6, V.M.) Esta promesa es sólo para aquellos que tuvieren sed. Sólo aquellos que sienten la necesidad del agua de la vida y que la buscan a cualquier precio, la recibirán. "El que venciere heredará todas las cosas; y yo seré su Dios, y él será mi hijo." (Vers. 7.) Aquí también, las condiciones están especificadas. Para heredar todas las cosas, debemos resistir al pecado y vencerlo.

El Señor declara por el profeta Isaías: "Decid al justo que le irá bien." "¡Ay del impío! mal le irá porque según las obras de sus manos le será pagado." (Isaías

3:10, 11.) "Pero aunque el pecador haga mal cien veces—dice el sabio,—y con todo se le prolonguen los días, sin embargo yo ciertamente sé que les irá bien a los que temen a Dios, por lo mismo que temen delante de él. Al hombre malo empero no le irá bien." (Eclesiastés 8:12, 13, V.M.) Y San Pablo declara que el pecador se atesora "ira para el día de la ira de la manifestación del justo juicio de Dios; el cual pagará a cada uno conforme a sus obras;" "tribulación y angustia sobre toda persona humana que obra lo malo." (Romanos 2:5, 6, 9.)

"Ningún fornicario, ni persona impúdica, u hombre avaro, el cual es idólatra, tiene herencia alguna en el reino de Cristo y de Dios." (Efesios 5:5, V.M.) "Seguid la paz con todos, y la santidad, sin la cual nadie verá al Señor." (Hebreos 12:14.) "Bienaventurados los que guardan sus mandamientos, para que su potencia sea en el árbol de la vida, y que entren por las puertas en la ciudad. Mas los perros estarán fuera, y los hechiceros, y los disolutos, y los homicidas, y los idólatras, y cualquiera que ama y hace mentira." (Apocalipsis 22:14, 15.)

Dios ha hecho a los hombres una declaración respecto de su carácter y de su modo de proceder con el pecador: "¡Jehová, Jehová, Dios compasivo y clemente, lento en iras y grande en misericordia y en fidelidad; que usa de misericordia hasta la milésima generación; que perdona la iniquidad, la transgresión y el pecado, pero que de ningún modo tendrá por inocente al rebelde!" (Éxodo 34:6, 7, V.M.) "Destruirá a todos los inicuos." "Los transgresores ¡todos a una serán destruídos; el porvenir de los malos será cortado!" (Salmos 115:20; 37:38, V.M.) El poder y la autoridad del gobierno de Dios serán empleados para vencer la rebelión; sin embargo, todas las manifestaciones de su justicia retributiva estarán perfectamente en armonía con el carácter de Dios, de un Dios misericordioso, paciente y benévolo.

Dios no fuerza la voluntad ni el juicio de nadie. No se complace en la obediencia servil. Quiere que las criaturas salidas de sus manos le amen porque es digno de amor. Quiere que le obedezcan porque aprecian debidamente su sabiduría, su justicia y su bondad. Y todos los que tienen justo concepto de estos atributos le amarán porque serán atraídos a él por la admiración de sus atributos.

Los principios de bondad, misericordia y amor enseñados y puestos en práctica por nuestro Salvador son fiel trasunto de la voluntad y del carácter de Dios. Cristo declaró que no enseñaba nada que no hubiese recibido de su Padre. Los principios del gobierno divino se armonizan perfectamente con el precepto del Salvador: "Amad a vuestros enemigos." Dios ejecuta su justicia sobre los malos para el bien del universo, y hasta para el bien de aquellos sobre quienes recaen sus juicios. El quisiera hacerlos felices, si pudiera hacerlo de acuerdo con las leyes de su gobierno y la justicia de su carácter. Extiende hasta ellos las manifestaciones de su amor, les concede el conocimiento de su ley y los persigue con las ofertas de su misericordia; pero ellos desprecian su amor, invalidan su ley y rechazan su misericordia. Por más que reciben continuamente sus dones, deshonran al Dador; aborrecen a Dios porque saben que aborrece sus pecados. El Señor soporta mucho tiempo sus perversidades; pero la hora decisiva llegará al fin y entonces su suerte quedará resuelta. ¿Encadenará él entonces estos rebeldes a su lado? ¿Los obligará a hacer su voluntad?

Los que han escogido a Satanás por jefe, y que se han puesto bajo su poder, no están preparados para entrar en la presencia de Dios. El orgullo, el engaño, la impureza, la crueldad se han arraigado en sus caracteres. ¿Pueden entonces entrar en el cielo para morar eternamente con aquellos a quienes despreciaron y odiaron en la tierra? La verdad no agradará nunca al mentiroso; la mansedumbre no satisfará jamás a la vanidad y al orgullo; la pureza no puede ser aceptada por el disoluto; el amor desinteresado no tiene atractivo para el egoísta. ¿Qué goces podría ofrecer el cielo a los que están completamente absorbidos en los intereses egoístas de la tierra?

¿Acaso podrían aquellos que han pasado su vida en rebelión contra Dios ser transportados de pronto al cielo y contemplar el alto y santo estado de perfección que allí se ve, donde toda alma rebosa de amor, todo semblante irradia alegría, la música arrobadora se eleva en acordes melodiosos en honor a Dios y al Cordero, y brotan raudales de luz del rostro de Aquel que está sentado en el trono e inundan a los redimidos? ¿Podrían acaso aquellos cuyos corazones están llenos de odio hacia Dios y a la verdad y a la santidad alternar con los ejércitos celestiales y unirse a sus cantos de alabanza? ¿Podrían soportar la gloria de Dios y del Cordero?—No, no; años de prueba les fueron concedidos para que pudiesen formar caracteres para el cielo; pero nunca se acostumbraron a amar lo que es puro; nunca aprendieron el lenguaje del cielo, y ya es demasiado tarde. Una vida de rebelión contra Dios los ha inhabilitado para el cielo. La pureza, la santidad y la paz que reinan allí serían para ellos un tormento; la gloria de Dios, un fuego consumidor. Ansiarían huir de aquel santo lugar. Desearían que la destrucción los cubriese de la faz de Aquel que murió para redimirlos. La suerte de los malos queda determinada por la propia elección de ellos. Su exclusión del cielo es un acto de su propia voluntad y un acto de justicia y misericordia por parte de Dios.

Del mismo modo que las aguas del diluvio, las llamas del gran día proclamarán el veredicto de Dios de que los malos son incurables. Ellos no tienen ninguna disposición para someterse a la autoridad divina. Han ejercitado su voluntad en la rebeldía; y cuando termine la vida será demasiado tarde para desviar la corriente de sus pensamientos en sentido opuesto, demasiado tarde para volverse de la transgresión hacia la obediencia, del odio hacia el amor.

Al perdonarle la vida a Caín el homicida, Dios dio al mundo un ejemplo de lo que sucedería si le fuese permitido al pecador seguir llevando una vida de iniquidad sin freno. La influencia de las enseñanzas y de la conducta de Caín arrastraron al pecado a multitudes de sus descendientes, hasta "que la malicia de los hombres era mucha en la tierra, y que todo designio de los pensamientos del corazón de ellos era de continuo solamente el mal." "Y corrompióse la tierra delante de Dios, y estaba la tierra llena de violencia." (Génesis 6:5, 11.)

Fue por misericordia para con el mundo por lo que Dios barrió los habitantes de él en tiempo de Noé. Fue también por misericordia por lo que destruyó a los habitantes corrompidos de Sodoma. Debido al poder engañador de Satanás, los obreros de iniquidad se granjean simpatía y admiración y arrastran a otros a la rebelión. Así sucedió en días de Caín y de Noé, como también en tiempo de Abraham y de Lot; y así sucede en nuestros días. Por misericordia para con el universo destruirá Dios finalmente a los que rechazan su gracia.

"Porque la paga del pecado es muerte: mas la dádiva de Dios es vida eterna en Cristo Jesús Señor nuestro." (Romanos 6:23.) Mientras la vida es la heredad de los justos, la muerte es la porción de los impíos. Moisés declaró a Israel: "Mira, yo he puesto delante de ti hoy la vida y el bien, la muerte y el mal." (Deuteronomio 30:15.) La muerte de la cual se habla en este pasaje no es aquella a la que fue condenado Adán, pues toda la humanidad sufre la penalidad de su transgresión. Es "la muerte segunda," puesta en contraste con la vida eterna.

A consecuencia del pecado de Adán, la muerte pasó a toda la raza humana. Todos descienden igualmente a la tumba. Y debido a las disposiciones del plan de salvación, todos saldrán de los sepulcros. "Ha de haber resurrección de los muertos, así de justos como de injustos." (Hechos 24:15.) "Porque así como en Adán todos mueren, así también en Cristo todos serán vivificados." (1 Corintios 15:22.) Pero queda sentada una distinción entre las dos clases que serán resucitadas. "Todos los que están en los sepulcros oirán su voz [del Hijo del hombre]; y los que hicieron bien, saldrán a resurrección de vida; mas los que hicieron mal a resurrección de condenación." (S. Juan 5:28, 29.) Los que hayan sido "tenidos por dignos" de resucitar para la vida son llamados "dichosos y santos." "Sobre los tales la segunda muerte no tiene poder." (Apocalipsis 20:6, V.M.) Pero los que no hayan asegurado para sí el perdón, por medio del arrepentimiento y de la fe, recibirán el castigo señalado a la transgresión: "la paga del pecado." Sufrirán un castigo de duración e intensidad diversas "según sus obras," pero que terminará finalmente en la segunda muerte. Como, en conformidad con su justicia y con su misericordia, Dios no puede salvar al pecador en sus pecados, le priva de la existencia misma que sus transgresiones tenían ya comprometida y de la que se ha mostrado indigno. Un escritor inspirado dice: "Pues de aquí a poco no será el malo: y contemplarás sobre su lugar, y no parecerá." Y otro dice: "Serán como si no hubieran sido." (Salmo 37:10; Abdías 16.) Cubiertos de infamia, caerán en irreparable y eterno olvido.

Así se pondrá fin al pecado y a toda la desolación y las ruinas que de él procedieron. El salmista dice: "Reprendiste gentes, destruiste al malo, raíste el nombre de ellos para siempre jamás. Oh enemigo, acabados son para siempre los asolamientos." (Salmo 9:5, 6.) San Juan, al echar una mirada hacia la eternidad, oyó una antífona universal de alabanzas que no era interrumpida por ninguna disonancia. Oyó a todas las criaturas del cielo y de la tierra rindiendo gloria a Dios. (Apocalipsis 5:13.) No habrá entonces almas perdidas que blasfemen a Dios retorciéndose en tormentos sin fin, ni seres infortunados que desde el infierno unan sus gritos de espanto a los himnos de los elegidos.

En el error fundamental de la inmortalidad natural, descansa la doctrina del estado consciente de los muertos, doctrina que, como la de los tormentos eternos, está en pugna con las enseñanzas de las Sagradas Escrituras, con los dictados de la razón y con nuestros sentimientos de humanidad. Según la creencia popular, los redimidos en el cielo están al cabo de todo lo que pasa en la tierra, y especialmente de lo que les pasa a los amigos que dejaron atrás. ¿Pero cómo podría ser fuente de dicha para los muertos el tener conocimiento de las aflicciones y congojas de los vivos, el ver los pecados cometidos por aquellos a quienes aman y verlos sufrir todas las penas, desilusiones y angustias de la vida? ¿Cuánto podrían gozar de la bienaventuranza del cielo los que revolotean alrededor de sus amigos en la tierra? ¡Y cuán repulsiva es la creencia de que, apenas exhalado el último suspiro, el alma del impenitente es arrojada a las llamas del infierno! ¡En qué abismos de dolor no deben sumirse los que ven a sus amigos bajar a la tumba sin preparación para entrar en una eternidad de pecado y de dolor! Muchos han sido arrastrados a la locura por este horrible pensamiento que los atormentara. ¿Qué dicen las Sagradas Escrituras a este respecto? David declara que el hombre no es consciente en la muerte: "Saldrá su espíritu, tornaráse en su tierra: en aquel día perecerán sus pensamientos." (Salmo 146:4.) Salomón da el mismo testimonio: "Porque los que viven saben que han de morir: mas los muertos nada saben." "También su amor, y su odio y su envidia, feneció ya: ni tiene ya más parte en el siglo, en todo lo que se hace debajo del sol." "Adonde tú vas no hay obra, ni industria, ni ciencia, ni sabiduría." (Eclesiastés 9:5, 6, 10.)

Cuando, en respuesta a sus oraciones, la vida de Ezequías fue prolongada por quince años, el rey agradecido, tributó a Dios loores por su gran misericordia. En su canto de alabanza, dice por qué se alegraba: "No te ha de alabar el sepulcro; la muerte no te celebrará; ni esperarán en tu verdad los que bajan al hoyo. El viviente, el viviente sí, él te alabará, como yo, el día de hoy." (Isaías 38:18, 19, V.M.) La teología de moda presenta a los justos que fallecen como si estuvieran en el cielo gozando de la bienaventuranza y loando a Dios con lenguas inmortales, pero Ezequías no veía tan gloriosa perspectiva en la muerte. Sus palabras concuerdan con el testimonio del salmista: "Porque en la muerte no hay memoria de ti: ¿Quién te loará en el sepulcro?" (Salmo 6:5.) "No son los muertos los que alaban a Jehová, ni todos los que bajan al silencio." (Salmo 115:17, V.M.)

En el día de Pentecostés, San Pedro declaró que el patriarca David "murió, y fue sepultado, y su sepulcro está con nosotros hasta el día de hoy." "Porque David no subió a los cielos." (Hechos 2:29, 34.) El hecho de que David permanecerá en el sepulcro hasta el día de la resurrección, prueba que los justos no van al cielo cuando mueren. Es sólo mediante la resurrección, y en virtud y como consecuencia de la resurrección de Cristo por lo cual David podrá finalmente sentarse a la diestra de Dios.

Y San Pablo dice: "Porque si los muertos no resucitan, tampoco Cristo resucitó. Y si Cristo no resucitó, vuestra fe es vana; aun estáis en vuestros pecados. Entonces también los que durmieron en Cristo son perdidos." (1 Corintios 15:16-18.) Si desde hace cuatro mil años los justos al morir hubiesen ido directamente al cielo, ¿cómo habría podido decir San Pablo que si no hay resurrección, "también los que durmieron en Cristo, son perdidos"? No habría necesidad de resurrección.

El mártir Tyndale, refiriéndose al estado de los muertos, declaró: "Confieso francamente que no estoy convencido de que ellos gocen ya de la plenitud de gloria en que se encuentran Dios y los ángeles elegidos. Ni es tampoco artículo de mi fe; pues si así fuera, entonces no puedo menos que ver que sería vana la predicación de la resurrección de la carne."—Guillermo Tyndale, en el prólogo de su traducción del Nuevo Testamento, reimpreso en *British Reformers—Tindal, Frith, Barnes*, pág. 349.

Es un hecho incontestable que la esperanza de pasar al morir a la felicidad eterna ha llevado a un descuido general de la doctrina bíblica de la resurrección. Esta tendencia ha sido notada por el Dr. Adán Clarke, quien escribió: "¡La doctrina de la resurrección parece haber sido mirada por los cristianos como si tuviera una importancia mucho mayor que la que se le concede *hoy*! ¿Cómo es eso? Los apóstoles insistían siempre en ella y por medio de ella incitaban a los discípulos de Cristo a que fuesen diligentes, obedientes y de buen ánimo. Pero sus sucesores actuales casi nunca la mencionan. Tal la predicación de los apóstoles, y tal la fe de los primitivos cristianos; tal nuestra predicación y tal la fe de los que nos escuchan. No hay doctrina en la que el Evangelio insista más; y no hay doctrina que la predicación de nuestros días trate con mayor descuido."—*Commentary on the New Testament*, tomo II, comentario general de 1 Corintios 15, pág. 3.

Y así siguieron las cosas hasta resultar en que la gloriosa verdad de la resurrección quedó casi completamente obscurecida y perdida de vista por el mundo cristiano. Es así que un escritor religioso autorizado, comentando las palabras de San Pablo en 1 Tesalonicenses 4:13-18, dice: "Para todos los fines prácticos de consuelo, la doctrina de la inmortalidad bienaventurada de los justos reemplaza para nosotros cualquier doctrina dudosa de la segunda venida del Señor. Cuando morimos es cuando el Señor viene a buscarnos. Eso es lo que tenemos que esperar y para lo que debemos estar precavidos. Los muertos ya han entrado en la gloria. Ellos no esperan el sonido de la trompeta para comparecer en juicio y entrar en la bienaventuranza."

Pero cuando Jesús estaba a punto de dejar a sus discípulos, no les dijo que irían pronto a reunírsele. "Voy a prepararos el lugar—les dijo.—Y si yo fuere y os preparare el lugar, vendré otra vez, y os recibiré conmigo." (S. Juan 14:2, 3, V.M.) Y San Pablo nos dice además que "el mismo Señor con aclamación, con voz de arcángel, y con trompeta de Dios, descenderá del cielo; y los muertos en Cristo resucitarán primero: luego nosotros, los que vivimos, los que quedamos, juntamente con ellos seremos arrebatados en las nubes a recibir al Señor en el aire, y así estaremos siempre con el Señor." Y agrega: "Por tanto, consolaos los unos a los otros en estas palabras. (1 Tesalonicenses 4:16-18.) ¡Cuán grande es el contraste entre estas palabras de consuelo y las del ministro universalista citadas anteriormente! Este último consolaba a los amigos en duelo con la seguridad de que por pecaminoso que hubiese sido el fallecido, apenas hubo exhalado su último suspiro, debió ser recibido entre los ángeles. San Pablo recuerda a sus hermanos la futura venida del Señor, cuando las losas de las tumbas serán rotas y "los muertos en Cristo" resucitarán para la vida eterna.

Antes de entrar en la mansión de los bienaventurados, todos deben ser examinados respecto a su vida; su carácter y sus actos deben ser revisados por Dios. Todos deben ser juzgados con arreglo a lo escrito en los libros y recompensados según hayan sido sus obras. Este juicio no se verifica en el momento de la muerte. Notad las palabras de San Pablo: "Por cuanto ha establecido un día, en el cual ha de juzgar al mundo con justicia, por aquel varón al cual determinó; dando fe a todos con haberle levantado de los muertos." (Hechos 17:31.) El apóstol enseña aquí lisa y llanamente que cierto momento, entonces por venir, había sido fijado para el juicio del mundo.

San Judas se refiere a aquel mismo momento cuando dice: "A los ángeles que no guardaron su original estado, sino que dejaron su propia habitación, los ha guardado en prisiones eternas, bajo tinieblas, hasta el juicio del gran día." Y luego cita las palabras de Enoc: "¡He aquí que viene el Señor, con las huestes innumerables de sus santos ángeles, para ejecutar juicio sobre todos!" (S. Judas 6, 14, 15, V.M.) San Juan declara que vio "a los muertos, pequeños y grandes, estar en pie delante del trono; y abriéronse los libros; ... y los muertos fueron juzgados de acuerdo con las cosas escritas en los libros." (Apocalipsis 20:12, V.M.)

Pero si los muertos están ya gozando de la bienaventuranza del cielo o están retorciéndose en las llamas del infierno, ¿qué necesidad hay de un juicio venidero? Las enseñanzas de la Palabra de Dios respecto a estos importantes puntos no son obscuras ni contradictorias; una inteligencia mediana puede entenderlas. ¿Pero qué espíritu imparcial puede encontrar sabiduría o justicia en la teoría corriente? ¿Recibirán acaso los justos después del examen de sus vidas en el día del juicio, esta alabanza: "¡muy bien, siervo bueno y fiel, ... *entra* en el gozo de tu Señor!" cuando ya habrán estado habitando con él tal vez durante siglos? ¿Se sacará a los malos del lugar de tormento para hacerles oír la siguiente sentencia del juez de toda la tierra: "¡Apartaos de mí, malditos, al fuego eterno!"? (S. Mateo 25:21, 41, V.M.) ¡Burla solemne! ¡Vergonzosa ofensa inferida a la sabiduría y justicia de Dios!

La teoría de la inmortalidad del alma fue una de aquellas falsas doctrinas que Roma recibió del paganismo para incorporarla en el cristianismo. Martín Lutero la clasificó entre "las fábulas monstruosas que forman parte del estercolero romano" de las decretales. (E. Petavel, *Le Probleme de l'Immortalité*, tomo 2, pág. 77.) Comentando las palabras de Salomón, en el Eclesiastés, de que los muertos no saben nada, el reformador dice: "Otra prueba de que los muertos son ... insensibles. ... Salomón piensa que los muertos están dormidos y no sienten absolutamente nada. Pues los muertos descansan, sin contar ni los días ni los años; pero cuando se despierten les parecerá como si apenas hubiesen dormido un momento."—Lutero, *Exposition of Solomon's Book Called Ecclesiastes*, pág. 152.

En ningún pasaje de las Santas Escrituras se encuentra declaración alguna de que los justos reciban su recompensa y los malos su castigo en el momento de la muerte. Los patriarcas y los profetas no dieron tal seguridad. Cristo y sus apóstoles no la mencionaron siquiera. La Biblia enseña a las claras que los muertos no van inmediatamente al cielo. Se les representa como si estuvieran durmiendo hasta el día de la resurrección. (1 Tesalonicenses 4:14; Job 14:10-12.) El día mismo en que se corta el cordón de plata y se quiebra el tazón de oro (Eclesiastés 12:6), perecen los pensamientos de los hombres. Los que bajan a la tumba permanecen en el silencio. Nada saben de lo que se hace bajo el sol. (Job 14:21.) ¡Descanso bendito para los exhaustos justos! Largo o corto, el tiempo no les parecerá más que un momento. Duermen hasta que la trompeta de Dios los despierte para entrar en una gloriosa inmortalidad. "Porque sonará la trompeta, y los muertos resucitarán incorruptibles. ... Porque es necesario que este cuerpo corruptible se revista de incorrupción, y que este cuerpo mortal se revista de inmortalidad. Y cuando este cuerpo corruptible se haya revestido de incorrupción, y este cuerpo mortal se haya revestido de inmortalidad, entonces será verificado el dicho que está escrito: ¡Tragada ha sido la muerte victoriosamente!" (1 Corintios 15:52-54, V.M.) En el momento en que sean despertados de su profundo sueño, reanudarán el curso de sus pensamientos interrumpidos por la muerte. La última sensación fue la angustia de la muerte. El último pensamiento era el de que caían bajo el poder del sepulcro. Cuando se levanten de la tumba, su primer alegre pensamiento se expresará en el hermoso grito de triunfo: "¿Dónde está, oh Muerte, tu aguijón? ¿dónde está, oh Sepulcro, tu victoria?" (Vers. 55.)

35

¿Pueden Hablarnos Nuestros Muertos?

L A OBRA ministradora de los santos ángeles, tal cual está presentada en las Santas Escrituras, es una verdad de las más alentadoras y de las más preciosas para todo discípulo de Cristo. Pero la enseñanza de la Biblia acerca de este punto ha sido obscurecida y pervertida por los errores de la teología popular. La doctrina de la inmortalidad natural, tomada en un principio de la filosofía pagana e incorporada a la fe cristiana en los tiempos tenebrosos de la gran apostasía, ha suplantado la verdad tan claramente enseñada por la Santa Escritura, de que "los muertos nada saben." Multitudes han llegado a creer que los espíritus de los muertos son los "espíritus ministradores, enviados para hacer servicio a favor de los que han de heredar la salvación." Y esto a pesar del testimonio de las Santas Escrituras respecto a la existencia de los ángeles celestiales y a la relación que ellos tienen con la historia humana desde antes que hubiese muerto hombre alguno.

La doctrina de que el hombre queda consciente en la muerte, y más aún la creencia de que los espíritus de los muertos vuelven para servir a los vivos, preparó el camino para el espiritismo moderno. Si los muertos son admitidos a la presencia de Dios y de los santos ángeles y si son favorecidos con conocimientos que superan en mucho a los que poseían anteriormente, ¿por qué no habrían de volver a la tierra para iluminar e ilustrar a los vivos? Si, como lo enseñan los teólogos populares, los espíritus de los muertos se ciernen en torno a sus amigos en la tierra, ¿por qué no les sería permitido comunicarse con ellos para prevenirlos del mal o para consolarlos en sus penas? ¿Cómo podrán los que creen en el estado consciente de los muertos rechazar lo que les viene cual luz divina comunicada por espíritus glorificados? Representan un medio de comunicación considerado sagrado, del que Satanás se vale para cumplir sus propósitos. Los ángeles caídos que ejecutan sus órdenes se presentan como mensajeros del mundo de los espíritus. Al mismo tiempo que el príncipe del mal asevera poner a los vivos en comunicación con los muertos, ejerce también su influencia fascinadora sobre las mentes de aquéllos.

Satanás puede evocar ante los hombres la apariencia de sus amigos falle-cidos. La imitación es perfecta; los rasgos familiares, las palabras y el tono son reproducidos con una exactitud maravillosa. Muchas personas se consuelan con la seguridad de que sus seres queridos están gozando de las delicias del cielo; y sin sospechar ningún peligro, dan oídos a "espíritus seductores, y a enseñanzas de demonios."

Después que Satanás ha hecho creer a esas personas que los muertos vuel-ven en realidad a comunicarse con ellas, hace aparecer a seres humanos que murieron sin preparación. Estos aseguran que son felices en el cielo y hasta que ocupan allí elevados puestos, por lo que se difunde el error de que no se hace diferencia entre los justos y los injustos. Esos supuestos visitantes del mundo de los espíritus dan a veces avisos y advertencias que resultan exactos. Luego que se han ganado la confianza, presentan doctrinas que de hecho destruyen la fe en las Santas Escrituras. Aparentando profundo interés por el bienestar de sus amigos en la tierra, insinúan los errores más peligrosos. El hecho de que dicen algunas verdades y pueden a veces anunciar acontecimientos da a sus testimonios una apariencia de verosimilitud; y sus falsas enseñanzas son aceptadas por las multitudes con tanta diligencia y creídas tan a ciegas, como si se tratara de las verdades más sagradas de la Biblia. Se rechaza la ley de Dios, se desprecia al Espíritu de gracia y se considera la sangre de la alianza como cosa profana. Los espíritus niegan la divinidad de Cristo y hasta ponen al Creador en el mismo nivel que ellos mismos. Bajo este nuevo disfraz el gran rebelde continúa llevando adelante la guerra que empezó en el cielo y que se prosigue en la tierra desde hace unos seis mil años.

Muchos tratan de explicar las manifestaciones espiritistas atribuyéndolas por completo al fraude y a juego de manos de los médiums. Pero, si bien es cierto que muchas veces se han hecho pasar supercherías por verdaderas manifestaciones, no deja de haber habido también manifestaciones de poder sobrenatural. Los llamamientos misteriosos con que empezó el espiritismo moderno no fueron resultado de la superchería o de la astucia humana, sino obra directa de ángeles malos, que introdujeron así uno de los engaños más eficaces para la destrucción de las almas. Muchos hombres serán entrampados por la creencia de que el espiritismo es tan sólo una impostura humana; pero cuando sean puestos en presencia de manifestaciones cuyo carácter sobrenatural no pueda negarse, serán seducidos y obligados a aceptarlas como revelación del poder divino.

Estas personas no toman en cuenta el testimonio de las Santas Escrituras respecto a los milagros de Satanás y de sus agentes. No fue sino mediante la ayuda de Satanás que los nigromantes de Faraón pudieron imitar la acción de Dios. San Pablo declara que antes de la segunda venida de Cristo habrá manifestaciones análogas del poder satánico. La venida del Señor debe ser precedida de la "operación de Satanás, con todo poder, y con señales, y con maravillas mentirosas, y con todo el artificio de la injusticia." (2 Tesalonicenses 2:9, 10, V.M.) Y el apóstol San Juan, describiendo el poder milagroso que se ha de dar a conocer en los últimos días, declara: "Obra grandes prodigios, de tal modo que hace descender fuego del cielo a la tierra, a la vista de los hombres. Y engaña a los que habitan sobre la tierra, por medio de las señales que se le ha dado poder de hacer." (Apocalipsis 13:13, 14, V.M.) Lo que se predice aquí no es una simple impostura. Los hombres serán engañados por los milagros que los agentes de Satanás no sólo pretenderán hacer, sino que de hecho tendrán poder para realizar.

El príncipe de las tinieblas, que por tanto tiempo ha estado empleando los poderes de su inteligencia superior en la obra de engaño, adapta hábilmente sus tentaciones a los hombres de todas las clases y condiciones. A las personas cultas y refinadas les presenta el espiritismo bajo sus aspectos más sutiles e intelectuales, y así consigue atraer a muchos a sus redes. La sabiduría que comunica el espiritismo es la que describe el apóstol Santiago, la cual "no es la que desciende de lo alto, sino terrena, animal, diabólica." (Santiago 3:15.) Y esto es, precisamente, lo que encubre el gran seductor cuando el sigilo es lo que más conviene a sus fines. El que, vestido con el brillo de celestiales serafines, pudo aparecer ante Cristo para tentarle en el desierto, suele presentarse también a los hombres del modo más atractivo, cual si fuere ángel de luz. Apela a la razón por la presentación de temas elevados; deleita los sentidos con escenas que cautivan y conquistan los afectos por medio de imágenes elocuentes de amor y caridad. Excita la imaginación en sublimes arrebatos e induce a los hombres a enorgullecerse tanto de su propia sabiduría, que en el fondo de su corazón desprecian al Dios eterno. Ese ser poderoso que pudo transportar al Redentor del mundo a un altísimo monte y poner ante su vista todos los reinos y la gloria de la tierra, presentará sus tentaciones a los hombres y pervertirá los sentidos de todos los que no estén protegidos por el poder divino.

Satanás seduce hoy día a los hombres como sedujo a Eva en el Edén, lisonjeándolos, alentando en ellos el deseo de conocimientos prohibidos y despertando en ellos la ambición de exaltarse a sí mismos. Fue alimentando esos males cómo cayó él mismo, y por ellos trata de acarrear la ruina de los hombres. "Y seréis como Dios—dijo él,—conocedores del bien y del mal." (Génesis 3:5, V.M.) El espiritismo enseña "que el hombre es un ser susceptible de adelanto; que su destino consiste en progresar desde su nacimiento, aun hasta la eternidad, hacia la divinidad." Y además que "cada inteligencia se juzgará a sí misma y no será juzgada por otra." "El juicio será justo, porque será el juicio que uno haga de sí mismo. ... El tribunal está interiormente en vosotros." Un maestro espiritista dijo cuando "la conciencia espiritual" se despertó en él: "Todos mis semejantes eran semidioses no caídos." Y otro dice: "Todo ser justo y perfecto es Cristo."

Así, en lugar de la justicia y perfección del Dios infinito que es el verdadero objeto de la adoración; en lugar de la justicia perfecta de la ley, que es el verdadero modelo de la perfección humana, Satanás ha colocado la naturaleza pecadora del hombre sujeto al error, como único objeto de adoración, única regla del juicio o modelo del carácter. Eso no es progreso, sino retroceso.

Hay una ley de la naturaleza intelectual y espiritual según la cual modificamos nuestro ser mediante la contemplación. La inteligencia se adapta gradualmente a los asuntos en que se ocupa. Se asimila lo que se acostumbra a amar y a reverenciar. Jamás se elevará el hombre a mayor altura que a la de su ideal de pureza, de bondad o de verdad. Si se considera a sí mismo como el ideal más sublime, jamás llegará a cosa más exaltada. Caerá más bien en bajezas siempre mayores. Sólo la gracia de Dios puede elevar al hombre. Si depende de sus propios recursos, su conducta empeorará inevitablemente.

A los indulgentes consigo mismos, a los amigos del placer, a los sensuales, el espiritismo se presenta bajo un disfraz menos sutil que cuando se presenta a gente más refinada e intelectual. En sus formas groseras, aquéllos encuentran lo que está en armonía con sus inclinaciones. Satanás estudia todos los indicios de la fragilidad humana, nota los pecados que cada hombre está inclinado a cometer, y cuida luego de que no falten ocasiones para que las tendencias hacia el mal sean satisfechas. Tienta a los hombres para que se excedan en cosas que son legítimas en sí mismas, a fin de que la intemperancia debilite sus fuerzas físicas y sus energías mentales y morales. Ha hecho morir y está haciendo morir miles de personas por la satisfacción de las pasiones, embruteciendo así la naturaleza humana. Y para completar su obra, declara por intermedio de los espíritus, que "el verdadero conocimiento coloca a los hombres por encima de toda ley;" que "cualquier cosa que sea, es buena;" que "Dios no condena;" y que "todos los pecados que se cometen se cometen sin envolver culpabilidad alguna." Cuando la gente es inducida así a creer que el deseo es ley suprema, que la libertad es licencia y que el hombre no es responsable más que ante sí mismo, ¿quién puede admirarse de que la corrupción y la depravación abunden por todas partes? Las multitudes aceptan con avidez las enseñanzas que les dan libertad para obedecer los impulsos carnales. Se da rienda suelta a la lujuria y el hombre pierde el imperio sobre sí mismo; las facultades del espíritu y del alma son sometidas a los más bestiales apetitos, y Satanás prende alegremente en sus redes a millares de personas que profesan ser discípulos de Cristo.

Pero nadie tiene por qué dejarse alucinar por los asertos engañosos del espiritismo. Dios ha dado a los hombres luz suficiente para que puedan descubrir la trampa. Como ya lo hemos visto, la teoría que constituye el fundamento mismo del espiritismo está en plena contradicción con las declaraciones más terminantes de las Santas Escrituras. La Biblia declara que los muertos no saben nada, que sus pensamientos han perecido; no tienen parte en nada de lo que se hace bajo el sol; no saben nada de las dichas ni de las penas de los que les eran más caros en la tierra.

Además, Dios ha prohibido expresamente toda supuesta comunicación con los espíritus de los muertos. En tiempo de los hebreos había una clase de personas que pretendía, como los espiritistas de nuestros días, sostener comunicaciones con los muertos. Pero la Biblia declara que los "espíritus," como se solía llamar a los visitantes de otros mundos, son "espíritus de demonios." (Compárese Números 25:1-3; Salmo 106:28; 1 Corintios 10:20; Apocalipsis 16:14.) La costumbre de tratar con espíritus o adivinos fue declarada abominación para el Señor y era solemnemente prohibida so pena de muerte. (Levítico 19:31; 20:27.) Aun el nombre de la hechicería es objeto de desprecio en la actualidad. El aserto de que los hombres pueden tener comunicación con malos espíritus es considerado como una fábula de la Edad Media. Pero el espiritismo, que cuenta con centenares de miles y hasta con millones de adherentes, que se ha abierto camino entre las sociedades científicas, que ha invadido iglesias y que ha sido acogido con favor entre los cuerpos legislativos y hasta en las cortes de los reyes—este engaño colosal no es más que la reaparición, bajo un nuevo disfraz, de la hechicería condenada y prohibida en la antigüedad.

Si no existiera otra evidencia tocante a la naturaleza real del espiritismo, debería bastar a todo cristiano el hecho de que los espíritus no hacen ninguna diferencia entre lo que es justo y lo que es pecado, entre el más noble y puro de los apóstoles de Cristo y los más degradados servidores de Satanás. Al representar al hombre más vil como si estuviera altamente exaltado en el cielo, es como si Satanás declarara al mundo: "No importa cuán malos seáis; no importa que creáis o no en Dios y en la Biblia. Vivid como gustéis, que el cielo es vuestro hogar." Los maestros espiritistas declaran virtualmente: "Todo aquel que obra mal es bueno a los ojos de Jehová, y él se complace en los tales; o si no, ¿dónde está el Dios de juicio?" (Malaquías 2:17, V.M.) La Palabra de Dios dice: "¡Ay de los que llaman a lo malo bueno, y a lo bueno malo; que ponen tinieblas por luz, y luz por tinieblas!" (Isaías 5:20, V.M.)

Esos espíritus mentirosos representan a los apóstoles como contradiciendo lo que escribieron bajo la inspiración del Espíritu Santo durante su permanencia en la tierra. Niegan el origen divino de la Biblia, anulan así el fundamento de la esperanza cristiana y apagan la luz que revela el camino hacia el cielo. Satanás hace creer al mundo que la Biblia no es más que una ficción, o cuando mucho un libro apropiado para la infancia de la raza, del que se debe hacer poco caso ahora, o ponerlo a un lado por anticuado. Y para reemplazar la Palabra de Dios ese mismo Satanás ofrece sus manifestaciones espiritistas. Estas están enteramente bajo su dirección y mediante ellas puede hacer creer al mundo lo que quiere. Pone en la obscuridad, precisamente donde le conviene que esté, el Libro que le debe juzgar a él y a sus siervos y hace aparecer al Salvador del mundo como un simple hombre. Así como la guardia romana que vigilaba la tumba de Jesús difundió la mentira que los sacerdotes y los ancianos insinuaron para negar su resurrección, así también los que creen en las manifestaciones espiritistas tratan de hacer creer que no hay nada milagroso en las circunstancias que rodearon la vida de Jesús. Después de procurar así que la gente no vea a Jesús, le llaman la atención hacia sus propios milagros y los declaran muy superiores a las obras de Cristo.

Es cierto que el espiritismo está mudando actualmente sus formas, y echando un velo sobre algunos de sus rasgos más repulsivos, reviste un disfraz cristiano. Pero sus declaraciones hechas desde la tribuna y en la prensa han sido conocidas por el público desde hace muchos años, y revelan su carácter verdadero. Esas enseñanzas no pueden ser negadas ni encubiertas.

Hasta en su forma actual, lejos de ser más tolerable, el espiritismo es en realidad más peligroso que anteriormente, debido a la mayor sutileza de su engaño. Mientras años atrás atacaba a Cristo y la Biblia, declara ahora que acepta a ambos. Pero su interpretación de la Biblia está calculada para agradar al corazón irregenerado, al paso que anula el efecto de sus verdades solemnes y vitales. Los espiritistas hacen hincapié en el amor como si fuese atributo principal de Dios, pero lo rebajan hasta hacer de él un sentimentalismo enfermizo y hacen poca distinción entre el bien y el mal. La justicia de Dios, su reprobación del pecado, las exigencias de su santa ley, todo eso lo pierden de vista. Enseñan al pueblo a que mire el Decálogo como si fuera letra muerta. Fábulas agradables y encantadoras cautivan los sentidos e inducen a los hombres a que rechacen la Biblia como fundamento de su fe. Se niega a Cristo tan descaradamente como antes; pero Satanás ha cegado tanto al pueblo que no discierne el engaño.

Pocas son las personas que tienen justo concepto del poder engañoso del espiritismo y del peligro que hay en caer bajo su influencia. Muchas personas juegan con él sin otro objeto que el de satisfacer su curiosidad. No tienen fe verdadera en él y se llenarían de horror al pensar en abandonarse al dominio de los espíritus. Pero se aventuran en terreno vedado y el poderoso destructor ejerce su ascendiente sobre ellos contra su voluntad. Pero una vez que los induce a abandonar sus inteligencias a su dirección, los mantiene cautivos. Es imposible que con su propia fuerza rompan el encanto hechicero y seductor. Sólo el poder de Dios otorgado en contestación a la fervorosa oración de fe, puede libertar a esas almas prisioneras.

Todos aquellos que conservan y cultivan rasgos pecaminosos de carácter, o que fomentan un pecado conocido, atraen las tentaciones de Satanás. Se separan de Dios y de la protección de sus ángeles, y cuando el maligno les tiende sus redes quedan indefensos y se convierten en fácil presa. Los que de tal suerte se abandonan al poder satánico no comprenden adónde los llevará su conducta. Pero, después de haberlos subyugado por completo, el tentador los empleará como agentes para empujar a otros a la ruina.

El profeta Isaías dice: "Y cuando os dijeren: Acudid a los espíritus y a los adivinos, que chirrían y mascullan; responded: ¿No debe un pueblo acudir más bien a su Dios? ¿ por los vivos acaso se ha de acudir a los muertos? ¡A la ley y al testimonio! si no hablaren conforme a esta palabra, son aquellos para quienes no ha amanecido." (Isaías 8:19, 20, V.M.) Si los hombres hubiesen querido recibir la verdad tan claramente expresada en las Santas Escrituras, referente a la naturaleza del hombre y al estado de los muertos, reconocerían en las declaraciones y manifestaciones del espiritismo la operación de Satanás con poder y con prodigios mentirosos. Pero en vez de renunciar a la libertad tan cara al corazón pecaminoso y a sus pecados favoritos, la mayoría de los hombres cierra los ojos a la luz y sigue adelante sin cuidarse de las advertencias, mientras Satanás tiende sus lazos en torno de ellos y los hace presa suya. "Por cuanto no admitieron el amor de la verdad, para que fuesen salvos, ... Dios les envía la eficaz operación de error, a fin de que crean a la mentira." (2 Tesalonicenses 2:10, 11, V.M.)

Los que se oponen a las enseñanzas del espiritismo atacan no sólo a los hombres, sino también a Satanás y a sus ángeles. Han emprendido la lucha contra principados, potestades y malicias espirituales en los aires. Satanás no cederá una pulgada de terreno mientras no sea rechazado por el poder de mensajeros celestiales. El pueblo de Dios debe hacerle frente como lo hizo nuestro Salvador, con las palabras: "Escrito está." Satanás puede hoy citar las Santas Escrituras como en tiempo de Cristo, y volverá a pervertir las enseñanzas de ellas para sostener sus engaños. Los que quieran permanecer firmes en estos tiempos de peligro deben comprender por sí mismos el testimonio de las Escrituras.

Muchos tendrán que vérselas con espíritus de demonios que personificarán a parientes o amigos queridos y que proclamarán las herejías más peligrosas. Estos espíritus apelarán a nuestros más tiernos sentimientos de simpatía y harán milagros con el fin de sostener sus asertos. Debemos estar listos para resistirles con la verdad bíblica de que los muertos no saben nada y de que los que aparecen como tales son espíritus de demonios.

Es inminente "la hora de la tentación que ha de venir en todo el mundo, para probar a los que moran en la tierra." (Apocalipsis 3:10.) Todos aquellos cuya fe no esté firmemente cimentada en la Palabra de Dios serán engañados y vencidos. La operación de Satanás es "con todo el artificio de la injusticia" a fin de alcanzar dominio sobre los hijos de los hombres; y sus engaños seguirán aumentando. Pero sólo puede lograr sus fines cuando los hombres ceden voluntariamente a sus tentaciones. Los que busquen sinceramente el conocimiento de la verdad, y se esfuercen en purificar sus almas mediante la obediencia, haciendo así lo que pueden en preparación para el conflicto, encontrarán; seguro refugio en el Dios de verdad. "Por cuanto has guardado la palabra de mi paciencia, yo también te guardaré" (Ver. 10), es la promesa del Salvador. Él enviaría a todos los ángeles del cielo para proteger a su pueblo antes que permitir que una sola alma que confíe en él sea vencida por Satanás.

El profeta Isaías describe el terrible engaño que seducirá a los impíos y les hará creerse al amparo de los juicios de Dios "Hemos hecho pacto con la muerte, y con el infierno tenemos hecho convenio; cuando pasaré el azote, cual torrente, no nos alcanzará; porque hemos puesto las mentiras por nuestro refugio, y entre los embustes nos hemos escondido." (Isaías 28:15, V.M.) En la categoría de personas así descritas se encuentran los que en su impenitencia y obstinación se consuelan con la seguridad de que no habrá castigo para el pecador, de que todos los miembros de la humanidad, por grande que sea su corrupción, serán elevados hasta el cielo para volverse como ángeles de Dios. Pero hay otros quienes de modo mucho más aparente están haciendo un pactó con la muerte y un convenio con el infierno. Son los que renuncian a las verdades que Dios dio como defensa para los justos en el día de congoja, y aceptan el falso refugio ofrecido en su lugar por Satanás, o sea los asertos mentirosos del espiritismo.

La obcecación de los hombres de esta generación es indeciblemente sorprendente. Miles de personas rechazan la Palabra de Dios como si no mereciese fe, mientras aceptan con absoluta confianza los engaños de Satanás. Los incrédulos y escarnecedores denuncian el fanatismo, como lo llaman, de los que luchan por la fe de los profetas y de los apóstoles, y se divierten ridiculizando las solemnes declaraciones de las Santas Escrituras referentes a Cristo, al plan de salvación y a la retribución que espera a los que rechazan la verdad. Fingen tener gran lástima por espíritus tan estrechos, débiles y supersticiosos, que acatan los mandatos de Dios y satisfacen las exigencias de su ley. Hacen alarde de tanto descaro como si en realidad hubiesen hecho un pacto con la muerte y un convenio—con el infierno como si hubiesen elevado una barrera insalvable e indestructible entre ellos y la venganza de Dios. Nada puede despertar sus, temores. Se han sometido tan completamente al tentador, están tan ligados a él y tan dominados por su espíritu, que no tienen ni fuerza ni deseos para escapar de su lazo.

Satanás ha estado preparándose desde hace tiempo para su último esfuerzo para engañar al mundo. El cimiento de su obra lo puso en la afirmación que hiciera a Eva en el Edén: "De seguro que no moriréis." "En el día que comiereis de él, vuestros ojos serán abiertos, y seréis como Dios, conocedores del bien y del mal." (Génesis 3:4, 5, V.M.) Poco a poco Satanás ha preparado el camino para su obra maestra de seducción: el desarrollo del espiritismo. Hasta ahora no ha logrado realizar completamente sus designios; pero lo conseguirá en el poco tiempo que nos separa del fin. El profeta dice: "Y vi ... tres espíritus inmundos, como ranas: ... son espíritus de demonios, que obran prodigios; los cuales salen a los reyes de todo el mundo habitado, a juntarlos para la guerra del gran, día del Dios Todopoderoso." (Apocalipsis 16:13, 14, V.M.) Todos menos los que estén protegidos por el poder de Dios y la fe en su Palabra, se verán envueltos en ese engaño. Los hombres se están dejando adormecer en una seguridad fatal y sólo, despertarán cuando la ira de Dios se derrame sobre la tierra.

Dios, el Señor, dice: "También pondré el juicio por cordel, y la justicia por plomada; y la granizada barrerá el refugio de mentiras, y las aguas arrebatarán vuestro escondrijo. Asimismo vuestro pacto con la muerte será anulado, y vuestro convenio con el infierno no quedará en pie cuando pasare el azote, cual torrente, vosotros seréis hollados de este invasor." (Isaías 28:17, 18, V.M.)

36
LA LIBERTAD DE CONCIENCIA AMENAZADA

Los protestantes consideran hoy al romanismo con más favor que años atrás. En los países donde no predomina y donde los partidarios del papa siguen una política de conciliación para ganar influjo, se nota una indiferencia creciente respecto a las doctrinas que separan a las iglesias reformadas de la jerarquía papal; entre los protestantes está ganando terreno la opinión de que, al fin y al cabo, en los puntos vitales las divergencias no son tan grandes como se suponía, y que unas pequeñas concesiones de su parte los pondrían en mejor inteligencia con Roma. Tiempo hubo en que los protestantes estimaban altamente la libertad de conciencia adquirida a costa de tantos sacrificios. Enseñaban a sus hijos a tener en aborrecimiento al papado y sostenían que tratar de congeniar con Roma equivaldría a traicionar la causa de Dios. Pero ¡cuán diferentes son los sentimientos expresados hoy!

Los defensores del papado declaran que la iglesia ha sido calumniada, y el mundo protestante se inclina a creerlo. Muchos sostienen que es injusto juzgar a la iglesia de nuestros días por las abominaciones y los absurdos que la caracterizaron cuando dominaba en los siglos de ignorancia y de tinieblas. Tratan de excusar sus horribles crueldades como si fueran resultado de la barbarie de la época, y arguyen que las influencias de la civilización moderna han modificado los sentimientos de ella.

¿Habrán olvidado estas personas las pretensiones de infalibilidad sostenidas durante ochocientos años por tan altanero poder? Lejos de abandonar este aserto lo ha afirmado en el siglo XIX de un modo más positivo que nunca antes. Como Roma asegura que la iglesia *"nunca erró; ni errará jamás,* según las Escrituras" (Juan L. von Mosheim, *Institutes of Ecclesiastical History*, libro 3, siglo XI, parte 2, cap. 2, nota 17), ¿cómo podrá renunciar a los principios que amoldaron su conducta en las edades pasadas?

La iglesia papal no abandonará nunca su pretensión a la infalibilidad. Todo lo que ha hecho al perseguir a los que rechazaban sus dogmas lo da por santo y bueno; ¿y quién asegura que no volvería a las andadas siempre que se le presentase la oportunidad? Deróguense las medidas restrictivas impuestas en la actualidad por los gobiernos civiles y déjesele a Roma que recupere su antiguo poder y se verán resucitar en el acto su tiranía y sus persecuciones.

Un conocido autor dice, acerca de la actitud de la jerarquía papal hacia la libertad de conciencia y acerca de los peligros especiales que corren los Estados Unidos si tiene éxito la política de dicha jerarquía:

"Son muchos los que atribuyen al fanatismo o a la puerilidad todo temor expresado acerca del catolicismo romano en los Estados Unidos. Los tales no ven en el carácter y actitud del romanismo nada que sea hostil a nuestras libres instituciones, y no ven tampoco nada inquietante en el incremento de aquél. Comparemos, pues, primero, algunos de los principios fundamentales de nuestro gobierno con los de la iglesia católica.

"La Constitución de los Estados Unidos garantiza la *libertad de conciencia*. Nada hay más precioso ni de importancia tan fundamental. El papa Pío IX, en su encíclica del 15 de agosto de 1854, dice: 'Las doctrinas o extravagancias absurdas y erróneas en favor de la libertad de conciencia, son unos de los errores más pestilentes: una de las pestes que más se debe temer en un estado.' El mismo papa, en su encíclica del 8 de diciembre de 1864, anatematizó 'a los que sostienen la libertad de conciencia y de cultos' como también 'a cuantos aseveran que la iglesia no puede emplear la fuerza.'

"El tono pacífico que Roma emplea en los Estados Unidos no implica un cambio de sentimientos. Es tolerante cuando es impotente. El obispo O'Connor dice:

'La libertad religiosa se soporta tan sólo hasta que se pueda practicar lo opuesto sin peligro para el mundo católico.' ... El arzobispo de Saint Louis dijo un día: 'La herejía y la incredulidad son crímenes; y en los países cristianos como Italia y España, por ejemplo, donde todo el pueblo es católico y donde la religión católica es parte esencial de la ley del país, se las castiga como a los demás crímenes.'...

"Todo cardenal, arzobispo y obispo de la iglesia católica, presta un juramento de obediencia al papa, en el cual se encuentran las siguientes palabras: "Me opondré a los herejes, cismáticos y rebeldes contra nuestro señor (el papa), o sus sucesores y los perseguiré con todo mi poder."—Josías Strong, *Our Country*, cap. 5, párrs. 2-4.

Es verdad que hay verdaderos cristianos en la iglesia católica romana. En ella, millares de personas sirven a Dios según las mejores luces que tienen. Les es prohibido leer su Palabra,[*] debido a lo cual no pueden discernir la verdad. Nunca han visto el contraste que existe entre el culto o servicio vivo rendido con el corazón y una serie de meras formas y ceremonias. Dios mira con tierna misericordia a esas almas educadas en una fe engañosa e insuficiente. Hará penetrar rayos de luz a través de las tinieblas que las rodean. Les revelará la verdad tal cual es en Jesús y muchos se unirán aún a su pueblo.

Pero el romanismo, como sistema, no está actualmente más en armonía con el Evangelio de Cristo que en cualquier otro período de su historia. Las iglesias protestantes se hallan sumidas en grandes tinieblas, pues de lo contrario discernirían las señales de los tiempos. La iglesia romana abarca mucho en sus planes y modos de operación. Emplea toda clase de estratagemas para extender su influencia y aumentar su poder, mientras se prepara para una lucha violenta y resuelta a fin de recuperar el gobierno del mundo, restablecer las persecuciones y deshacer todo lo que el protestantismo ha hecho. El catolicismo está ganando terreno en todas direcciones. Véase el número creciente de sus iglesias y capillas en los países protestantes. Nótese en Norteamérica la popularidad de sus colegios y seminarios, tan patrocinados por los protestantes. Piénsese en la extensión del ritualismo en Inglaterra y en las frecuentes deserciones a las filas católicas. Estos hechos deberían inspirar ansiedad a todos los que aprecian los puros principios del Evangelio.

Los protestantes se han entremetido con el papado y lo han patrocinado; han hecho transigencias y concesiones que sorprenden a los mismos papistas y les resultan incomprensibles. Los hombres cierran los ojos ante el verdadero carácter del romanismo, ante los peligros que hay que temer de su supremacía. Hay necesidad de despertar al pueblo para hacerle rechazar los avances de este enemigo peligrosísimo de la libertad civil y religiosa.

Muchos protestantes suponen que la religión católica no es atractiva y que su culto es una serie de ceremonias áridas y sin significado. Pero están equivocados. Si bien el romanismo se basa en el engaño, no es una impostura grosera ni desprovista de arte. El culto de la iglesia romana es un ceremonial que impresiona profundamente. Lo brillante de sus ostentaciones y la solemnidad de sus ritos fascinan los sentidos del pueblo y acallan la voz de la razón y de la conciencia. Todo encanta a la vista. Sus soberbias iglesias, sus procesiones imponentes, sus altares de oro, sus relicarios de joyas, sus pinturas escogidas y sus exquisitas esculturas, todo apela al amor de la belleza. Al oído también se le cautiva. Su música no tiene igual. Los graves acordes del órgano poderoso, unidos a la melodía de numerosas voces que resuenan y repercuten por entre las elevadas naves y columnas de sus grandes catedrales, no pueden dejar de producir en los espíritus impresiones de respeto y reverencia.

Este esplendor, esta pompa y estas ceremonias exteriores, que no sirven más que para dejar burlados los anhelos de las almas enfermas de pecado, son clara

---

[*]   Ver en el Apéndice la nota correspondiente a la página 188.

evidencia de la corrupción interior. La religión de Cristo no necesita de tales atractivos para hacerse recomendable. Bajo los rayos de luz que emite la cruz, el verdadero cristianismo se muestra tan puro y tan hermoso, que ninguna decoración exterior puede realzar su verdadero valor. Es la hermosura de la santidad, o sea un espíritu manso y apacible, lo que tiene valor delante de Dios.

La brillantez del estilo no es necesariamente indicio de pensamientos puros y elevados. Encuéntranse a menudo conceptos del arte y refinamientos del gusto en espíritus carnales y sensuales. Satanás suele valerse a menudo de ellos para hacer olvidar a los hombres las necesidades del alma, para hacerles perder de vista la vida futura e inmortal, para alejarlos de su Salvador infinito e inducirlos a vivir para este mundo solamente.

Una religión de ceremonias exteriores es propia para atraer al corazón irregenerado. La pompa y el ceremonial del culto católico ejercen un poder seductor, fascinador, que engaña a muchas personas, las cuales llegan a considerar a la iglesia romana como la verdadera puerta del cielo. Sólo pueden resistir su influencia los que pisan con pie firme en el fundamento de la verdad y cuyos corazones han sido regenerados por el Espíritu de Dios. Millares de personas que no conocen por experiencia a Cristo, serán llevadas a aceptar las formas de una piedad sin poder. Semejante religión es, precisamente, lo que las multitudes desean.

El hecho de que la iglesia asevere tener el derecho de perdonar pecados induce a los romanistas a sentirse libres para pecar; y el mandamiento de la confesión sin la cual ella no otorga su perdón, tiende además a dar bríos al mal. El que se arrodilla ante un hombre caído y le expone en la confesión los pensamientos y deseos secretos de su corazón, rebaja su dignidad y degrada todos los nobles instintos de su alma. Al descubrir los pecados de su alma a un sacerdote—mortal desviado y pecador, y demasiado a menudo corrompido por el vino y la impureza—el hombre rebaja el nivel de su carácter y consecuentemente se corrompe. La idea que tenía de Dios resulta envilecida a semejanza de la humanidad caída, pues el sacerdote hace el papel de representante de Dios. Esta confesión degradante de hombre a hombre es la fuente secreta de la cual ha brotado gran parte del mal que está corrompiendo al mundo y lo está preparando para la destrucción final. Sin embargo, para todo aquel a quien le agrada satisfacer sus malas tendencias, es más fácil confesarse con un pobre mortal que abrir su alma a Dios. Es más grato a la naturaleza humana hacer penitencia que renunciar al pecado; es más fácil mortificar la carne usando cilicios, ortigas y cadenas desgarradoras que renunciar a los deseos carnales. Harto pesado es el yugo que el corazón carnal está dispuesto a cargar antes de doblegarse al yugo de Cristo.

Hay una semejanza sorprendente entre la iglesia de Roma y la iglesia judaica del tiempo del primer advenimiento de Cristo. Mientras los judíos pisoteaban secretamente todos los principios de la ley de Dios, en lo exterior eran estrictamente rigurosos en la observancia de los preceptos de ella, recargándola con exacciones y tradiciones que hacían difícil y pesado el cumplir con ella. Así como los judíos profesaban reverenciar la ley, así también los romanistas dicen reverenciar la cruz. Exaltan el símbolo de los sufrimientos de Cristo, al par que niegan con sus vidas a Aquel a quien ese símbolo representa.

Los papistas colocan la cruz sobre sus iglesias, sobre sus altares y sobre sus vestiduras. Por todas partes se ve la insignia de la cruz. Por todas partes se la honra y exalta exteriormente. Pero las enseñanzas de Cristo están sepultadas bajo un montón de tradiciones absurdas, interpretaciones falsas y exacciones rigurosas. Las palabras del Salvador respecto a los judíos hipócritas se aplican con mayor razón aún a los jefes de la iglesia católica romana: "Atan cargas pesadas y difíciles de llevar, y las ponen sobre los hombros de los hombres; pero ellos mismos no quieren moverlas con un dedo suyo." (S. Mateo 23:4, V.M.) Almas concienzudas quedan presa constante del terror, temiendo la ira de un

Dios ofendido, mientras muchos de los dignatarios de la iglesia viven en el lujo y los placeres sensuales.

El culto de las imágenes y reliquias, la invocación de los santos y la exaltación del papa son artificios de Satanás para alejar de Dios y de su Hijo el espíritu del pueblo. Para asegurar su ruina, se esfuerza en distraer su atención del Único que puede asegurarles la salvación. Dirigirá las almas hacia cualquier objeto que pueda substituir a Aquel que dijo: "¡Venid a mí todos los que estáis cansados y agobiados, y yo os daré descanso!" (S. Mateo 11:28, V.M.)

Satanás se esfuerza siempre en presentar de un modo falso el carácter de Dios, la naturaleza del pecado y las verdaderas consecuencias que tendrá la gran controversia. Sus sofismas debilitan el sentimiento de obligación para con la ley divina y dan a los hombres libertad para pecar. Al mismo tiempo les hace aceptar falsas ideas acerca de Dios, de suerte que le miran con temor y odio más bien que con amor. Atribuye al Creador la crueldad inherente a su propio carácter, la incorpora en sistemas religiosos y le da expresión en diversas formas de culto. Sucede así que las inteligencias de los hombres son cegadas y Satanás se vale de ellos como de sus agentes para hacer la guerra a Dios. Debido a conceptos erróneos de los atributos de Dios, las naciones paganas fueron inducidas a creer que los sacrificios humanos eran necesarios para asegurarse el favor divino; y perpetráronse horrendas crueldades bajo las diversas formas de la idolatría.

La iglesia católica romana, al unir las formas del paganismo con las del cristianismo, y al presentar el carácter de Dios bajo falsos colores, como lo presentaba el paganismo, recurrió a prácticas no menos crueles, horrorosas y repugnantes. En tiempo de la supremacía romana, había instrumentos de tortura para obligar a los hombres a aceptar sus doctrinas. Existía la hoguera para los que no querían hacer concesiones a sus exigencias. Hubo horribles matanzas de tal magnitud que nunca será conocida hasta que sea manifestada en el día del juicio. Dignatarios de la iglesia, dirigidos por su maestro Satanás, se afanaban por idear nuevos refinamientos de tortura que hicieran padecer lo indecible sin poner término a la vida de la víctima. En muchos casos el proceso infernal se repetía hasta los límites extremos de la resistencia humana, de manera que la naturaleza quedaba rendida y la víctima suspiraba por la muerte como por dulce alivio.

Tal era la suerte de los adversarios de Roma. Para sus adherentes disponía de la disciplina del azote, del tormento del hambre y de la sed, y de las mortificaciones corporales más lastimeras que se puedan imaginar. Para asegurarse el favor del cielo, los penitentes violaban las leyes de Dios al violar las leyes de la naturaleza. Se les enseñaba a disolver los lazos que Dios instituyó para bendecir y amenizar la estada del hombre en la tierra. Los cementerios encierran millones de víctimas que se pasaron la vida luchando en vano para dominar los afectos naturales, para refrenar como ofensivos a Dios todo pensamiento y sentimiento de simpatía hacia sus semejantes.

Si deseamos comprender la resuelta crueldad de Satanás, manifestada en el curso de los siglos, no entre los que jamás oyeron hablar de Dios, sino en el corazón mismo de la cristiandad y por toda su extensión, no tenemos más que echar una mirada en la historia del romanismo. Por medio de ese gigantesco sistema de engaño, el príncipe del mal consigue su objeto de deshonrar a Dios y de hacer al hombre miserable. Y si consideramos lo bien que logra enmascararse y hacer su obra por medio de los jefes de la iglesia, nos daremos mejor cuenta del motivo de su antipatía por la Biblia. Siempre que sea leído este libro, la misericordia y el amor de Dios saltarán a la vista, y se echará de ver que Dios no impone a los hombres ninguna de aquellas pesadas cargas. Todo lo que él pide es un corazón contrito y un espíritu humilde y obediente.

Cristo no dio en su vida ningún ejemplo que autorice a los hombres y mujeres a encerrarse en monasterios so pretexto de prepararse para el cielo. Jamás enseñó que debían mutilarse los sentimientos de amor y simpatía. El corazón del Salvador rebosaba de amor. Cuanto más se acerca el hombre a la perfección moral, tanto más delicada es su sensibilidad, tanto más vivo su sentimiento del pecado y tanto más profunda su simpatía por los afligidos. El papa dice ser el vicario de Cristo; ¿pero puede compararse su carácter con el de nuestro Salvador? ¿Vióse jamás a Cristo condenar hombres a la cárcel o al tormento porque se negaran a rendirle homenaje como Rey del cielo? ¿Acaso se le oyó condenar a muerte a los que no le aceptaban? Cuando fue menospreciado por los habitantes de un pueblo samaritano, el apóstol Juan se llenó de indignación y dijo: "Señor, ¿quieres que mandemos que descienda fuego del cielo, y los consuma, como hizo Elías?" Jesús miró a su discípulo con compasión y le reprendió por su aspereza, diciendo: "El Hijo del hombre no ha venido para perder las almas de los hombres, sino para salvarlas." (S. Lucas 9:54, 56.) ¡Cuán diferente del de su pretendido vicario es el espíritu manifestado por Cristo!

La iglesia católica le pone actualmente al mundo una cara apacible, y presenta disculpas por sus horribles crueldades. Se ha puesto vestiduras como las de Cristo; pero en realidad no ha cambiado. Todos los principios formulados por el papismo en edades pasadas subsisten en nuestros días. Las doctrinas inventadas en los siglos más tenebrosos siguen profesándose aún. Nadie se engañe. El papado que los protestantes están ahora tan dispuestos a honrar, es el mismo que gobernaba al mundo en tiempos de la Reforma, cuando se levantaron hombres de Dios con peligro de sus vidas para denunciar la iniquidad de él. El romanismo sostiene las mismas orgullosas pretensiones con que supo dominar sobre reyes y príncipes y arrogarse las prerrogativas de Dios. Su espíritu no es hoy menos cruel ni despótico que cuando destruía la libertad humana y mataba a los santos del Altísimo.

El papado es precisamente lo que la profecía declaró que sería: la apostasía de los postreros días. (2 Tesalonicenses 2:3, 4.) Forma parte de su política asumir el carácter que le permita realizar mejor sus fines; pero bajo la apariencia variable del camaleón oculta el mismo veneno de la serpiente. Declara: "No hay que guardar la palabra empeñada con herejes, ni con personas sospechosas de herejía."—Lenfant, *Histoire du Concile de Constance*, tomo 1, pág. 493. ¿Será posible que este poder cuya historia se escribió durante mil años con la sangre de los santos, sea ahora reconocido como parte de la iglesia de Cristo?

No sin razón se ha asegurado que en los países protestantes el catolicismo no difiere ya tanto del protestantismo como antes. Se ha verificado un cambio; pero no es el papado el que ha cambiado. El catolicismo se parece mucho en verdad al protestantismo de hoy día debido a lo mucho que éste ha degenerado desde los días de los reformadores.

Mientras las iglesias protestantes han estado buscando el favor del mundo, una falsa caridad las ha cegado. Se figuran que es justo pensar bien de todo mal; y el resultado inevitable será que al fin pensarán mal de todo bien. En lugar de salir en defensa de la fe que fue dada antiguamente a los santos, no parecen sino disculparse ante Roma por haberla juzgado con tan poca caridad y pedirle perdón por la estrechez de miras que manifestaron.

Muchos, aun entre los que no favorecen al romanismo, se dan poca cuenta del peligro con que les amenaza el poder y la influencia de Roma. Insisten en que las tinieblas intelectuales y morales que prevalecían en la Edad Media favorecían la propagación de sus dogmas y supersticiones junto con la opresión, y que el mayor caudal de inteligencia de los tiempos modernos, la difusión general de conocimientos y la libertad siempre mayor en materia de religión, impiden el reavivamiento de la intolerancia y de la tiranía. Se ridiculiza la misma idea de que pudiera volver un estado de cosas semejante en nuestros tiempos de luces. Es verdad que sobre esta generación brilla mucha luz intelectual, moral y religiosa. De las páginas abiertas de la santa Palabra de Dios, ha brotado luz del cielo sobre la tierra. Pero no hay que olvidar que cuanto mayor sea la luz concedida, tanto más densas también son las tinieblas de aquellos que la pervierten o la rechazan.

Un estudio de la Biblia hecho con oración mostraría a los protestantes el verdadero carácter del papado y se lo haría aborrecer y rehuir; pero muchos son tan sabios en su propia opinión que no sienten ninguna necesidad de buscar humildemente a Dios para ser conducidos a la verdad. Aunque se enorgullecen de su ilustración, desconocen tanto las Sagradas Escrituras como el poder de Dios. Necesitan algo para calmar sus conciencias, y buscan lo que es menos espiritual y humillante. Lo que desean es un modo de olvidar a Dios, pero que parezca recordarlo. El papado responde perfectamente a las necesidades de todas esas personas. Es adecuado a dos clases de seres humanos que abarcan casi a todo el mundo: los que quisieran salvarse por sus méritos, y los que quisieran salvarse en sus pecados. Tal es el secreto de su poder.

Ha quedado probado cuánto favorecieron el éxito del papado los períodos de tinieblas intelectuales. También quedará demostrado que una época de grandes luces intelectuales es igualmente favorable a su triunfo. En otro tiempo, cuando los hombres no poseían la Palabra de Dios ni conocían la verdad, sus ojos estaban vendados y miles cayeron en la red que no veían tendida ante sus pies. En esta generación, son muchos aquellos cuyos ojos están ofuscados por el brillo de las especulaciones humanas, o sea por la "falsamente llamada ciencia;" no alcanzan a ver la red y caen en ella tan fácilmente como si tuviesen los ojos vendados. Dios dispuso que las facultades intelectuales del hombre fuesen consideradas como don de su Creador y que fuesen empleadas en provecho de la verdad y de la justicia; pero cuando se fomenta el orgullo y la ambición y los hombres exaltan sus propias teorías por encima de la Palabra de Dios, entonces la inteligencia puede causar mayor perjuicio que la ignorancia. Por esto, la falsa ciencia de nuestros días, que mina la fe en la Biblia, preparará tan seguramente el camino para el triunfo del papado con su formalismo agradable, como el obscurantismo lo preparó para su engrandecimiento en la Edad Media.

En los movimientos que se realizan actualmente en los Estados Unidos de Norteamérica para asegurar el apoyo del estado a las instituciones y prácticas de la iglesia, los protestantes están siguiendo las huellas de los papistas. Más aún, están abriendo la puerta para que el papado recobre en la América protestante la supremacía que perdió en el Viejo Mundo. Y lo que da más significado a esta tendencia es la circunstancia de que el objeto principal que se tiene en vista es imponer la observancia del domingo, institución que vio la luz en Roma y que el papado proclama como signo de su autoridad. Es el espíritu del papado, es decir, el espíritu de conformidad con las costumbres mundanas, la mayor veneración por las tradiciones humanas que por los mandamientos de Dios, el que está penetrando en las iglesias protestantes e induciéndolas a hacer la misma obra de exaltación del domingo que el papado hizo antes que ellas.

Si el lector quiere saber cuáles son los medios que se emplearán en la contienda por venir, no tiene más que leer la descripción de los que Roma empleó con el mismo fin en siglos pasados. Si desea saber cómo los papistas unidos a los protestantes procederán con los que rechacen sus dogmas, considere el espíritu que Roma manifestó contra el sábado y sus defensores.

Edictos reales, concilios generales y ordenanzas de la iglesia sostenidos por el poder civil fueron los peldaños por medio de los cuales el día de fiesta pagano alcanzó su puesto de honor en el mundo cristiano. La primera medida pública que impuso la observancia del domingo fue la ley promulgada por Constantino. (Año 321 de J C.; véase el Apéndice.) Dicho edicto requería que los habitantes de las ciudades descansaran en "el venerable día del sol," pero permitía a los del campo que prosiguiesen sus faenas agrícolas. A pesar de ser en realidad ley pagana, fue impuesta por el emperador después que hubo aceptado nominalmente el cristianismo.

Como el mandato real no parecía substituir de un modo suficiente la autoridad divina, Eusebio, obispo que buscó el favor de los príncipes y amigo íntimo y adulador especial de Constantino, aseveró que Cristo había transferido el día de reposo del sábado al domingo. No se pudo aducir una sola prueba de las Santas Escrituras en favor de la nueva doctrina. Eusebio mismo reconoce involuntariamente la falsedad de ella y señala a los verdaderos autores del cambio. "*Nosotros* hemos transferido al domingo, día del Señor—dice—todas las cosas que debían hacerse en el sábado."—Roberto Cox, *Sabbath Laws and Sabbath Duties*, pág. 538. Pero por infundado que fuese el argumento en favor del domingo, sirvió para envalentonar a los hombres y animarlos a pisotear el sábado del Señor. Todos los que deseaban ser honrados por el mundo aceptaron el día festivo popular.

Con el afianzamiento del papado fue enalteciéndose más y más la institución del domingo. Por algún tiempo el pueblo siguió ocupándose en los trabajos agrícolas fuera de las horas de culto, y el séptimo día, o sábado, siguió siendo considerado como el día de reposo. Pero lenta y seguramente fue efectuándose el cambio. Se prohibió a los magistrados que fallaran en lo civil los domingos. Poco después se dispuso que todos sin distinción de clase social se abstuviesen del trabajo ordinario, so pena de multa para los señores y de azotes para los siervos. Más tarde se decretó que los ricos serían castigados con la pérdida de la mitad de sus bienes y que finalmente, si se obstinaban en desobedecer, se les hiciese esclavos. Los de las clases inferiores debían sufrir destierro perpetuo.

Se recurrió también a los milagros. Entre otros casos maravillosos, se refería que un campesino que iba a labrar su campo en día domingo limpió su arado con un hierro que le penetró en la mano, y por dos años enteros no lo pudo sacar, "sufriendo con ello mucho dolor y vergüenza."—Francisco West, *Historical and Practical Discourse on the Lord's Day*, pág. 174.

Más tarde, el papa ordenó que los sacerdotes del campo amonestasen a los que violasen el domingo y los indujeran a venir a la iglesia para rezar, no fuese que atrajesen alguna gran calamidad sobre sí mismos y sobre sus vecinos. Un concilio eclesiástico adujo el argumento tan frecuentemente empleado desde entonces, y hasta por los protestantes, de que en vista de que algunas personas habían sido muertas por el rayo mientras trabajaban en día domingo, ése debía ser el día de reposo. "Es evidente—decían los prelados—cuán grande era el desagrado de Dios al verlos despreciar ese día." Luego se dirigió un llamamiento para que los sacerdotes y ministros, reyes y príncipes y todos los fieles "hicieran cuanto les fuera posible para que ese día fuese repuesto en su honor y para que fuese más devotamente observado en lo por venir, para honra de la cristiandad."—Tomás Morer, *Discourse in Six Dialogues on the Name, Notion, and Observation of the Lord's Day*, pág. 271.

Como los decretos de los concilios resultaran insuficientes, se instó a las autoridades civiles a promulgar un edicto que inspirase terror al pueblo y le obligase a abstenerse de trabajar el domingo. En un sínodo reunido en Roma, todos los decretos anteriores fueron confirmados con mayor fuerza y solemnidad, incorporados en la ley eclesiástica y puestos en vigencia por las autoridades civiles en casi toda la cristiandad. (Véase Heylyn, *History of the Sabbath*, parte 2, cap. 5, sec. 7.)

A pesar de esto la falta de autoridad bíblica en favor de la observancia del domingo no originaba pocas dificultades. El pueblo ponía en tela de juicio el derecho de sus maestros para echar a un lado la declaración positiva de Jehová: "El séptimo día Sábado es del Señor tu Dios" a fin de honrar el día del sol. Se necesitaban otros expedientes para suplir la falta de testimonios bíblicos. Un celoso defensor del domingo que visitó a fines del siglo XII las iglesias de Inglaterra, encontró resistencia por parte de testigos fieles de la verdad; sus esfuerzos resultaron tan inútiles que abandonó el país por algún tiempo en busca de medios que le permitiesen apoyar sus enseñanzas. Cuando regresó, la falta había sido suplida y entonces tuvo mayor éxito. Había traído consigo un rollo que presentaba como del mismo Dios, y que contenía el mandamiento que se necesitaba para la observancia del domingo, con terribles amenazas para aterrar a los desobedientes. Se afirmaba que ese precioso documento, fraude tan vil como la institución misma que pretendía afianzar, había caído del cielo y había sido encontrado en Jerusalén sobre el altar de San Simeón, en el Gólgota. Pero en realidad, de donde procedía era del palacio pontifical de Roma. La jerarquía papal consideró siempre como legítimos los fraudes y las adulteraciones que favoreciesen el poder y la prosperidad de la iglesia.

El rollo prohibía trabajar desde la hora novena (3 de la tarde) del sábado hasta la salida del sol el lunes; y su autoridad se declaraba confirmada por muchos milagros. Se decía que personas que habían trabajado más allá de la hora señalada habían sufrido ataques de parálisis. Un molinero que intentó moler su trigo vio salir en vez de harina un chorro de sangre y la rueda del molino se paró a pesar del buen caudal de agua. Una mujer que había puesto masa en el horno la encontró cruda al sacarla, no obstante haber estado el horno muy caliente. Otra que había preparado su masa para cocer el pan a la hora novena, pero resolvió ponerla a un lado hasta el lunes, la encontró convertida en panes y cocida por el poder divino. Un hombre que coció pan después de la novena hora del sábado, encontró, al partirlo por la mañana siguiente, que salía sangre de él. Mediante tales invenciones absurdas y supersticiosas fue cómo los abogados del domingo trataron de hacerlo sagrado. (Véase Rogelio de Hoveden, *Annals*, tomo 2, págs. 528-530.)

Tanto en Escocia como en Inglaterra se logró hacer respetar mejor el domingo mezclándolo en parte con el sábado antiguo. Pero variaba el tiempo que se debía guardar como sagrado. Un edicto del rey de Escocia declaraba que "se debía considerar como santo el sábado a partir del medio día" y que desde ese momento hasta el lunes nadie debía ocuparse en trabajos mundanos.—Morer, págs. 290, 291.

Pero a pesar de todos los esfuerzos hechos para establecer la santidad del domingo, los mismos papistas confesaban públicamente la autoridad divina del sábado y el origen humano de la institución que lo había suplantado. En el siglo XVI un concilio papal ordenó explícitamente: "Recuerden todos los cristianos que el séptimo día fue consagrado por Dios y aceptado y observado no sólo por los judíos, sino también por todos los que querían adorar a Dios; no obstante nosotros los cristianos hemos cambiado el sábado de ellos en el día del Señor, domingo."—*Id.*, págs. 281, 282. Los que estaban pisoteando la ley divina no ignoraban el carácter de la obra que estaban realizando. Se estaban colocando deliberadamente por encima de Dios.

Un ejemplo sorprendente de la política de Roma contra los que no concuerdan con ella se encuentra en la larga y sangrienta persecución de los valdenses, algunos de los cuales observaban el sábado. Otros sufrieron de modo parecido por su fidelidad al cuarto mandamiento. La historia de las iglesias de Etiopía, o Abisinia, es especialmente significativa. En medio de las tinieblas de la Edad Media, se perdió de vista a los cristianos del África central, quienes, olvidados del mundo, gozaron de plena libertad en el ejercicio de su fe. Pero al fin Roma descubrió su existencia y el emperador de Abisinia fue pronto inducido a reconocer al papa como vicario de Cristo. Esto fue principio de otras concesiones. Se proclamó un edicto que prohibía la observancia del sábado, bajo las penas más severas. (Véase Miguel Geddes, *Church History of Ethiopia*, págs. 311, 312.) Pero la tiranía papal se convirtió luego en yugo tan amargo que los abisinios resolvieron sacudirlo. Después de una lucha terrible, los romanistas fueron expulsados de Abisinia y la antigua fe fue restablecida. Las iglesias se regocijaron en su libertad y no olvidaron jamás la lección que habían aprendido respecto al engaño, al fanatismo y al poder despótico de Roma. En medio de su reino aislado se sintieron felices de permanecer desconocidos para el resto de la cristiandad.

Las iglesias de África observaban el sábado como lo había observado la iglesia papal antes de su completa apostasía. Al mismo tiempo que guardaban el séptimo día en obediencia al mandamiento de Dios, se abstenían de trabajar el domingo conforme a la costumbre de la iglesia. Al lograr el poder supremo, Roma había pisoteado el día de reposo de Dios para enaltecer el suyo propio; pero las iglesias de África, desconocidas por cerca de mil años, no participaron de esta apostasía. Cuando cayeron bajo el cetro de Roma, fueron forzadas a dejar a un lado el verdadero día de reposo y a exaltar el falso; pero apenas recobraron su independencia volvieron a obedecer el cuarto mandamiento. (Véase el Apéndice.)

Estos recuerdos de lo pasado ponen claramente de manifiesto la enemistad de Roma contra el verdadero día de reposo y sus defensores, y los medios que emplea para honrar la institución creada por ella. La Palabra de Dios nos enseña que estas escenas han de repetirse cuando los católicos romanos y los protestantes se unan para exaltar el domingo.

La profecía del capítulo 13 del Apocalipsis declara que el poder representado por la bestia de cuernos semejantes a los de un cordero haría "que la tierra y los que en ella habitan" adorasen al papado—que está simbolizado en ese capítulo por una bestia "parecida a un leopardo." La bestia de dos cuernos dirá también "a los que habitan sobre la tierra, que hagan una imagen de la bestia;" y además mandará que "todos, pequeños y grandes, así ricos como pobres, así libres como esclavos," tengan la marca de la bestia. (Apocalipsis 13:11-16, V.M.) Se ha demostrado que los Estados Unidos de Norteamérica son el poder representado por la bestia de dos cuernos semejantes a los de un cordero, y que esta profecía se cumplirá cuando los Estados Unidos hagan obligatoria la observancia del domingo, que Roma declara ser el signo característico de su supremacía Pero los Estados Unidos no serán los únicos que rindan homenaje al papado. La influencia de Roma en los países que en otro tiempo reconocían su dominio, dista mucho de haber sido destruída. Y la profecía predice la restauración de su poder. "Y vi una de sus cabezas como si hubiese sido herida de muerte; y su herida mortal fue sanada; y toda la tierra maravillóse, yendo en pos de la bestia." (Vers. 3.) La herida mortal que le fue ocasionada se refiere a la caída del papado en 1798. Después de eso, dice el profeta, "su herida mortal fue sanada; y toda la tierra maravillóse, yendo en pos de la bestia." San Pablo dice claramente que el hombre de pecado subsistirá hasta el segundo advenimiento. (2 Tesalonicenses 2:8.) Proseguirá su obra de engaño hasta el mismo fin del tiempo, y el revelador declara refiriéndose también al papado: "Todos los que moran en la tierra le adoraron, cuyos nombres no están escritos en el libro de la vida." (Apocalipsis 13:8.) Tanto en el Viejo como en el Nuevo Mundo se le tributará homenaje al papado por medio del honor que se conferirá a la institución del domingo, la cual descansa únicamente sobre la autoridad de la iglesia romana.

Desde mediados del siglo XIX, los que estudian la profecía en los Estados Unidos han presentado este testimonio ante el mundo. En los acontecimientos que están desarrollándose actualmente, especialmente en dicho país, se ve un rápido avance hacia el cumplimiento de dichas predicciones. Los maestros protestantes presentan los mismos asertos de autoridad divina en favor de la observancia del domingo y adolecen de la misma falta de evidencias bíblicas que los dirigentes papales cuando fabricaban milagros para suplir la falta de un mandamiento de Dios. Se repetirá el aserto de que los juicios de Dios caerán sobre los hombres en castigo por no haber observado el domingo como día de reposo. Ya se oyen voces en este sentido. Y un movimiento en favor de la observancia obligatoria del domingo está ganando cada vez más terreno.

La sagacidad y astucia de la iglesia romana asombran. Puede leer el porvenir. Se da tiempo viendo que las iglesias protestantes le están rindiendo homenaje con la aceptación del falso día de reposo y que se preparan a imponerlo con los mismos medios que ella empleó en tiempos pasados. Los que rechazan la luz de la verdad buscarán aún la ayuda de este poder que se titula infalible, a fin de exaltar una institución que debe su origen a Roma. No es difícil prever cuán apresuradamente ella acudirá en ayuda de los protestantes en este movimiento. ¿Quién mejor que los jefes papistas para saber cómo entendérselas con los que desobedecen a la iglesia?

La iglesia católica romana, con todas sus ramificaciones en el mundo entero, forma una vasta organización dirigida por la sede papal, y destinada a servir los intereses de ésta. Instruye a sus millones de adeptos en todos los países del globo, para que se consideren obligados a obedecer al papa. Sea cual fuere la nacionalidad o el gobierno de éstos, deben considerar la autoridad de la iglesia como por encima de todas las demás. Aunque juren fidelidad al estado, siempre quedará en el fondo el voto de obediencia a Roma que los absuelve de toda promesa contraria a los intereses de ella.

La historia prueba lo astuta y persistente que es en sus esfuerzos por inmiscuirse en los asuntos de las naciones, y para favorecer sus propios fines, aun a costa de la ruina de príncipes y pueblos, una vez que logró entrar. En el año 1204, el papa Inocencio III arrancó de Pedro II, rey de Aragón, este juramento extraordinario: "Yo, Pedro, rey de los aragoneses, declaro y prometo ser siempre fiel y obediente a mi señor, el papa Inocencio, a sus sucesores católicos y a la iglesia romana, y conservar mi reino en su obediencia, defendiendo la religión católica y persiguiendo la perversidad herética."—Juan Dowling, *The History of Romanism*, lib. 5, cap. 6, sec. 55. Esto está en armonía con las pretensiones del pontífice romano con referencia al poder, de que "él tiene derecho de deponer emperadores" y de que "puede desligar a los súbditos de la lealtad debida a gobernantes perversos."—Mosheim, lib. 3, siglo II, parte 2, cap. 2, sec. 2, nota 17. (Véase también el Apéndice.)

Y téngase presente que Roma se jacta de no variar jamás. Los principios de Gregorio VII y de Inocencio III son aún los principios de la iglesia católica romana; y si sólo tuviese el poder, los pondría en vigor con tanta fuerza hoy como en siglos pasados. Poco saben los protestantes lo que están haciendo al proponerse aceptar la ayuda de Roma en la tarea de exaltar el domingo. Mientras ellos tratan de realizar su propósito, Roma tiene su mira puesta en el restablecimiento de su poder, y tiende a recuperar su supremacía perdida. Establézcase en los Estados Unidos el principio de que la iglesia puede emplear o dirigir el poder del estado; que las leyes civiles pueden hacer obligatorias las observancias religiosas; en una palabra, que la autoridad de la iglesia con la del estado debe dominar las conciencias, y el triunfo de Roma quedará asegurado en la gran República de la América del Norte.

La Palabra de Dios ha dado advertencias respecto a tan inminente peligro; descuide estos avisos y el mundo protestante sabrá cuáles son los verdaderos propósitos de Roma, pero ya será tarde para salir de la trampa. Roma está aumentando sigilosamente su poder. Sus doctrinas están ejerciendo su influencia en las cámaras legislativas, en las iglesias y en los corazones de los hombres. Ya está levantando sus soberbios e imponentes edificios en cuyos secretos recintos reanudará sus antiguas persecuciones. Está acumulando ocultamente sus fuerzas y sin despertar sospechas para alcanzar sus propios fines y para dar el golpe en su debido tiempo. Todo lo que Roma desea es asegurarse alguna ventaja, y ésta ya le ha sido concedida. Pronto veremos y palparemos los propósitos del romanismo. Cualquiera que crea u obedezca a la Palabra de Dios incurrirá en oprobio y persecución.

37
EL CONFLICTO INMINENTE

DESDE el origen de la gran controversia en el cielo, el propósito de Satanás ha consistido en destruir la ley de Dios. Para realizarlo se rebeló contra el Creador y, aunque expulsado del cielo, continuó la misma lucha en la tierra. Engañar a los hombres para inducirlos luego a transgredir la ley de Dios, tal fue el objeto que persiguió sin cejar. Sea esto conseguido haciendo a un lado toda la ley o descuidando uno de sus preceptos, el resultado será finalmente el mismo. El que peca "en un solo punto" manifiesta menosprecio por toda la ley; su influencia y su ejemplo están del lado de la transgresión; y viene a ser "culpado de todos" los puntos de la ley. (Santiago 2:10.)

En su afán por desacreditar los preceptos divinos, Satanás pervirtió las doctrinas de la Biblia, de suerte que se incorporaron errores en la fe de millares de personas que profesan creer en las Santas Escrituras. El último gran conflicto entre la verdad y el error no es más que la última batalla de la controversia que se viene desarrollando desde hace tanto tiempo con respecto a la ley de Dios. En esta batalla estamos entrando ahora; es la que se libra entre las leyes de los hombres y los preceptos de Jehová, entre la religión de la Biblia y la religión de las fábulas y de la tradición.

Los elementos que se coligarán en esta lucha contra la verdad y la justicia, están ya obrando activamente. La Palabra santa de Dios que nos ha sido transmitida a costa de tanto padecimiento, de tanta sangre de los mártires, no es apreciada debidamente. La Biblia está al alcance de todos, pero pocos son los que la aceptan verdaderamente por guía de la vida. La incredulidad predomina de modo alarmante, no sólo en el mundo sino también en la iglesia. Muchos han llegado al punto de negar doctrinas que son el fundamento mismo de la fe cristiana. Los grandes hechos de la creación como los presentan los escritores inspirados, la caída del hombre, la expiación y el carácter perpetuo de la ley de Dios son en realidad rechazados entera o parcialmente por gran número de los que profesan ser cristianos. Miles de personas que se envanecen de su sabiduría y de su espíritu independiente, consideran como una debilidad el tener fe implícita en la Biblia; piensan que es prueba de talento superior y científico argumentar con las Sagradas Escrituras y espiritualizar y eliminar sus más importantes verdades. Muchos ministros enseñan a sus congregaciones y muchos profesores y doctores dicen a sus estudiantes que la ley de Dios ha sido cambiada o abrogada, y a los que tienen los requerimientos de ella por válidos y dignos de ser obedecidos literalmente, se los considera como merecedores tan sólo de burla o desprecio.

Al rechazar la verdad, los hombres rechazan al Autor de ella. Al pisotear la ley de Dios, se niega la autoridad del Legislador. Es tan fácil hacer un ídolo de las falsas doctrinas y teorías como tallar un ídolo de madera o piedra. Al representar falsamente los atributos de Dios, Satanás induce a los hombres a que se formen un falso concepto con respecto a él. Muchos han entronizado un ídolo filosófico en lugar de Jehová, mientras que el Dios viviente, tal cual está revelado en su Palabra, en Cristo y en las obras de la creación, no es adorado más que por un número relativamente pequeño. Miles y miles deifican la naturaleza al paso que niegan al Dios de ella. Aunque en forma diferente, la idolatría existe en el mundo cristiano de hoy tan ciertamente como existió entre el antiguo Israel en tiempos de Elías. El Dios de muchos así llamados sabios, o filósofos, poetas, políticos, periodistas—el Dios de los círculos selectos y a la moda, de muchos colegios y universidades y hasta de muchos centros de teología—no es mucho mejor que Baal, el dios-sol de los fenicios.

Ninguno de los errores aceptados por el mundo cristiano ataca más atrevidamente la autoridad de Dios, ninguno está en tan abierta oposición con las enseñanzas de la razón, ninguno es de tan perniciosos resultados como la doctrina moderna que tanto cunde, de que la ley de Dios ya no es más de carácter obligatorio para los hombres. Toda nación tiene sus leyes que exigen respeto y obediencia; ningún gobierno podría subsistir sin ellas; ¿y es posible imaginarse que el Creador del cielo y de la tierra no tenga ley alguna para gobernar los seres a los cuales creó? Supongamos que los ministros más eminentes se pusiesen a predicar que las leyes que gobiernan a su país y amparan los derechos de los ciudadanos no estaban más en vigencia, que por coartar las libertades del pueblo ya no se les debe obediencia. ¿Por cuánto tiempo se tolerarían semejantes prédicas? ¿Pero es acaso mayor ofensa desdeñar las leyes de los estados y de las naciones que pisotear los preceptos divinos, que son el fundamento de todo gobierno?

Más acertado sería que las naciones aboliesen sus estatutos y dejaran al pueblo hacer lo que quisiese, antes de que el Legislador del universo anulase su ley y dejase al mundo sin norma para condenar al culpable o justificar al obediente. ¿Queremos saber cuál sería el resultado de la abolición de la ley de Dios? El experimento se ha hecho ya. Terribles fueron las escenas que se desarrollaron en Francia cuando el ateísmo ejerció el poder. Entonces el mundo vio que rechazar las restricciones que Dios impuso equivale a aceptar el gobierno de los más crueles y despóticos. Cuando se echa a un lado la norma de justicia, queda abierto el camino para que el príncipe del mal establezca su poder en la tierra.

Siempre que se rechazan los preceptos divinos, el pecado deja de parecer culpa y la justicia deja de ser deseable. Los que se niegan a someterse al gobierno de Dios son completamente incapaces de gobernarse a sí mismos. Debido a sus enseñanzas perniciosas, se implanta el espíritu de insubordinación en el corazón de los niños y jóvenes, de suyo insubordinados, y se obtiene como resultado un estado social donde la anarquía reina soberana. Al paso que se burlan de la credulidad de los que obedecen las exigencias de Dios, las multitudes aceptan con avidez los engaños de Satanás. Se entregan a sus deseos desordenados y practican los pecados que acarrearon los juicios de Dios sobre los paganos.

Los que le enseñan al pueblo a considerar superficialmente los mandamientos de Dios, siembran la desobediencia para recoger desobediencia. Recháncense enteramente los límites impuestos por la ley divina y pronto se despreciarán las leyes humanas. Los hombres están dispuestos a pisotear la ley de Dios por considerarla como un obstáculo para su prosperidad material, porque ella prohibe las prácticas deshonestas, la codicia, la mentira y el fraude; pero ellos no se imaginan lo que resultaría de la abolición de los preceptos divinos. Si la ley no tuviera fuerza alguna ¿por qué habría de temerse el transgredirla? La propiedad ya no estaría segura. Cada cual se apoderaría por la fuerza de los bienes de su vecino, y el más fuerte se haría el más rico. Ni siquiera se respetaría la vida. La institución del matrimonio dejaría de ser baluarte sagrado para la protección de la familia. El que pudiera, si así lo desease, tomaría la mujer de su vecino. El quinto mandamiento sería puesto a un lado junto con el cuarto. Los hijos no vacilarían en atentar contra la vida de sus padres, si al hacerlo pudiesen satisfacer los deseos de sus corazones corrompidos. El mundo civilizado se convertiría en una horda de ladrones y asesinos, y la paz, la tranquilidad y la dicha desaparecerían de la tierra.

La doctrina de que los hombres no están obligados a obedecer los mandamientos de Dios ha debilitado ya el sentimiento de la responsabilidad moral y ha abierto anchas las compuertas para que la iniquidad aniegue el mundo. La licencia, la disipación y la corrupción nos invaden como ola abrumadora. Satanás está trabajando en el seno de las familias. Su bandera flota hasta en los hogares de los que profesan ser cristianos. En ellos se ven la envidia, las sospechas, la hipocresía, la frialdad, la rivalidad, las disputas, las traiciones y el desenfreno de los apetitos. Todo el sistema de doctrinas y principios religiosos que deberían formar el fundamento y marco de la vida social, parece una mole tambaleante a punto de desmoronarse en ruinas. Los más viles criminales, echados en la cárcel por sus delitos, son a menudo objeto de atenciones y obsequios como si hubiesen llegado a un envidiable grado de distinción. Se da gran publicidad a las particularidades de su carácter y a sus crímenes. La prensa publica los detalles escandalosos del vicio, iniciando así a otros en la práctica del fraude, del robo y del asesinato, y Satanás se regocija del éxito de sus infernales designios. La infatuación del vicio, la criminalidad, el terrible incremento de la intemperancia y de la iniquidad, en toda forma y grado, deberían llamar la atención de todos los que temen a Dios para que vieran lo que podría hacerse para contener el desborde del mal.

Los tribunales están corrompidos. Los magistrados se dejan llevar por el deseo de las ganancias y el afán de los placeres sensuales. La intemperancia ha obcecado las facultades de muchos, de suerte que Satanás los dirige casi a su gusto. Los juristas se dejan pervertir, sobornar y engañar. La embriaguez y las orgías, la pasión, la envidia, la mala fe bajo todas sus formas se encuentran entre los que administran las leyes. "La justicia se mantiene a lo lejos, por cuanto la verdad está caída en la calle, y la rectitud no puede entrar." (Isaías 59:14, V.M.)

La iniquidad y las tinieblas espirituales que prevalecieron bajo la supremacía papal fueron resultado inevitable de la supresión de las Sagradas Escrituras. ¿Pero dónde está la causa de la incredulidad general, del rechazamiento de la ley de Dios y de la corrupción consiguiente bajo el pleno resplandor de la luz del Evangelio en esta época de libertad religiosa? Ahora que Satanás no puede gobernar al mundo negándole las Escrituras, recurre a otros medios para alcanzar el mismo objeto. Destruir la fe en la Biblia responde tan bien a sus designios como destruir la Biblia misma. Insinuando la creencia de que la ley de Dios no es obligatoria, empuja a los hombres a transgredirla tan seguramente como si ignorasen los preceptos de ella. Y ahora, como en tiempos pasados, obra por intermedio de la iglesia para promover sus fines. Las organizaciones religiosas de nuestros días se han negado a prestar atención a las verdades impopulares claramente enseñadas en las Santas Escrituras, y al combatirlas, han adoptado interpretaciones y asumido actitudes que han sembrado al vuelo las semillas del escepticismo. Aferrándose al error papal de la inmortalidad natural del alma y al del estado consciente de los muertos, han rechazado la única defensa posible contra los engaños del espiritismo. La doctrina de los tormentos eternos ha inducido a muchos a dudar de la Biblia. Y cuando se le presenta al pueblo la obligación de observar el cuarto mandamiento, se ve que ordena reposar en el séptimo día; y como único medio de librarse de un deber que no desean cumplir, muchos de los maestros populares declaran que la ley de Dios no está ya en vigencia. De este modo rechazan al mismo tiempo la ley y el sábado. A medida que adelante la reforma respecto del sábado, esta manera de rechazar la ley divina para evitar la obediencia al cuarto mandamiento se volverá casi universal. Las doctrinas de los caudillos religiosos han abierto la puerta a la incredulidad, al espiritismo y al desprecio de la santa ley de Dios, y sobre ellos descansa una terrible responsabilidad por la iniquidad que existe en el mundo cristiano.

Sin embargo, esa misma clase de gente asegura que la corrupción que se va generalizando más y más, debe achacarse en gran parte a la violación del así llamado "día del Señor" (domingo), y que si se hiciese obligatoria la observancia de este día, mejoraría en gran manera la moralidad social. Esto se sostiene especialmente en los Estados Unidos de Norteamérica, donde la doctrina del verdadero día de reposo, o sea el sábado, se ha predicado con más amplitud que en ninguna otra parte. En dicho país la obra de la temperancia que es una de las reformas morales más importantes, va a menudo combinada con el movimiento en favor del domingo, y los defensores de éste actúan como si estuviesen trabajando para promover los más altos intereses de la sociedad; de suerte que los que se niegan a unirse con ellos son denunciados como enemigos de la temperancia y de las reformas. Pero la circunstancia de que un movimiento encaminado a establecer un error esté ligado con una obra buena en sí misma, no es un argumento en favor del error. Podemos encubrir un veneno mezclándolo con un alimento sano pero no por eso cambiamos su naturaleza. Por el contrario, lo hacemos más peligroso, pues se lo tomará con menos recelo. Una de las trampas de Satanás consiste en mezclar con el error una porción suficiente de verdad para cohonestar aquél. Los jefes del movimiento en favor del domingo pueden propagar reformas que el pueblo necesita, principios que estén en armonía con la Biblia; pero mientras mezclen con ellas algún requisito en pugna con la ley de Dios, los siervos de Dios no pueden unirse a ellos. Nada puede autorizarnos a rechazar los mandamientos de Dios para adoptar los preceptos de los hombres.

Merced a los dos errores capitales, el de la inmortalidad del alma y el de la santidad del domingo, Satanás prenderá a los hombres en sus redes. Mientras aquél forma la base del espiritismo, éste crea un lazo de simpatía con Roma. Los protestantes de los Estados Unidos serán los primeros en tender las manos a través de un doble abismo al espiritismo y al poder romano; y bajo la influencia de esta triple alianza ese país marchará en las huellas de Roma, pisoteando los derechos de la conciencia.

En la medida en que el espiritismo imita más de cerca al cristianismo nominal de nuestros días, tiene también mayor poder para engañar y seducir. De acuerdo con el pensar moderno, Satanás mismo se ha convertido. Se manifestará bajo la forma de un ángel de luz. Por medio del espiritismo han de cumplirse milagros, los enfermos sanarán, y se realizarán muchos prodigios innegables. Y como los espíritus profesarán creer en la Biblia y manifestarán respeto por las instituciones de la iglesia, su obra será aceptada como manifestación del poder divino.

La línea de separación entre los que profesan ser cristianos y los impíos es actualmente apenas perceptible. Los miembros de las iglesias aman lo que el mundo ama y están listos para unirse con ellos; Satanás tiene resuelto unirlos en un solo cuerpo y de este modo robustecer su causa atrayéndolos a todos a las filas del espiritismo. Los papistas, que se jactan de sus milagros como signo cierto de que su iglesia es la verdadera, serán fácilmente engañados por este poder maravilloso, y los protestantes, que han arrojado de sí el escudo de la verdad, serán igualmente seducidos. Los papistas, los protestantes y los mundanos aceptarán igualmente la forma de la piedad sin el poder de ella, y verán en esta unión un gran movimiento para la conversión del mundo y el comienzo del milenio tan largamente esperado.

El espiritismo hace aparecer a Satanás como benefactor de la raza humana, que sana las enfermedades del pueblo y profesa presentar un sistema religioso nuevo y más elevado; pero al mismo tiempo obra como destructor. Sus tentaciones arrastran a multitudes a la ruina. La intemperancia destrona la razón, los placeres sensuales, las disputas y los crímenes la siguen. Satanás se deleita en la guerra, que despierta las más viles pasiones del alma, y arroja luego a sus víctimas, sumidas en el vicio y en la sangre, a la eternidad. Su objeto consiste en hostigar a las naciones a hacerse mutuamente la guerra; pues de este modo puede distraer los espíritus de los hombres de la obra de preparación necesaria para subsistir en el día del Señor.

Satanás obra asimismo por medio de los elementos para cosechar muchedumbres de almas aún no preparadas. Tiene estudiados los secretos de los laboratorios de la naturaleza y emplea todo su poder para dirigir los elementos en cuanto Dios se lo permita. Cuando se le dejó que afligiera a Job, ¡cuán prestamente fueron destruídos rebaños, ganado, sirvientes, casas e hijos, en una serie de desgracias, obra de un momento! Es Dios quien protege a sus criaturas y las guarda del poder del destructor. Pero el mundo cristiano ha manifestado su menosprecio de la ley de Jehová, y el Señor hará exactamente lo que declaró que haría: alejará sus bendiciones de la tierra y retirará su cuidado protector de sobre los que se rebelan contra su ley y que enseñan y obligan a los demás a hacer lo mismo. Satanás ejerce dominio sobre todos aquellos a quienes Dios no guarda en forma especial. Favorecerá y hará prosperar a algunos para obtener sus fines, y atraerá desgracias sobre otros, al mismo tiempo que hará creer a los hombres que es Dios quien los aflige.

Al par que se hace pasar ante los hijos de los hombres como un gran médico que puede curar todas sus enfermedades, Satanás producirá enfermedades y desastres al punto que ciudades populosas sean reducidas a ruinas y desolación. Ahora mismo está obrando. Ejerce su poder en todos los lugares y bajo mil formas: en las desgracias y calamidades de mar y tierra, en las grandes conflagraciones, en los tremendos huracanes y en las terribles tempestades de granizo, en las inundaciones, en los ciclones, en las mareas extraordinarias y en los terremotos. Destruye las mieses casi maduras y a ello siguen la hambruna y la angustia; propaga por el aire emanaciones mefíticas y miles de seres perecen en la pestilencia. Estas plagas irán menudeando más y más y se harán más y más desastrosas. La destrucción caerá sobre hombres y animales. "La tierra se pone de luto y se marchita," "desfallece la gente encumbrada de la tierra. La tierra también es profanada bajo sus habitantes; porque traspasaron la ley, cambiaron el estatuto, y quebrantaron el pacto eterno." (Isaías 24:4, 5, V.M.)

Y luego el gran engañador persuadirá a los hombres de que son los que sirven a Dios los que causan esos males. La parte de la humanidad que haya provocado el desagrado de Dios lo cargará a la cuenta de aquellos cuya obediencia a los mandamientos divinos es una reconvención perpetua para los transgresores. Se declarará que los hombres ofenden a Dios al violar el descanso del domingo; que este pecado ha atraído calamidades que no concluirán hasta que la observancia del domingo no sea estrictamente obligatoria; y que los que proclaman la vigencia del cuarto mandamiento, haciendo con ello que se pierda el respeto debido al domingo y rechazando el favor divino, turban al pueblo y alejan la prosperidad temporal. Y así se repetirá la acusación hecha antiguamente al siervo de Dios y por motivos de la misma índole: "Y sucedió, luego que Acab vio a Elías, que le dijo Acab: ¿Estás tú aquí, perturbador de Israel? A lo que respondió: No he perturbado yo a Israel, sino tú y la casa de tu padre, por haber dejado los mandamientos de Jehová, y haber seguido a los Baales." (1 Reyes 18:17, 18, V.M.) Cuando con falsos cargos se haya despertado la ira del pueblo, éste seguirá con los embajadores de Dios una conducta muy parecida a la que siguió el apóstata Israel con Elías.

El poder milagroso que se manifiesta en el espiritismo ejercerá su influencia en perjuicio de los que prefieren obedecer a Dios antes que a los hombres. Habrá comunicaciones de espíritus que declararán que Dios los envió para convencer de su error a los que rechazan el domingo y afirmarán que se debe obedecer a las leyes del país como a la ley de Dios. Lamentarán la gran maldad existente en el mundo y apoyarán el testimonio de los ministros de la religión en el sentido de que la degradación moral se debe a la profanación del domingo. Grande será la indignación despertada contra todos los que se nieguen a aceptar sus aseveraciones.

La política de Satanás en este conflicto final con el pueblo de Dios es la misma que la seguida por él al principio de la gran controversia en el cielo. Hacía como si procurase la estabilidad del gobierno divino, mientras que por lo bajo hacía cuanto podía por derribarlo y acusaba a los ángeles fieles de esa misma obra que estaba así tratando de realizar. La misma política de engaño caracteriza la historia de la iglesia romana. Ha profesado actuar como representante del cielo, mientras trataba de elevarse por encima de Dios y de mudar su ley. Bajo el reinado de Roma, los que sufrieron la muerte por causa de su fidelidad al Evangelio fueron denunciados como malhechores; se los declaró en liga con Satanás, y se emplearon cuantos medios se pudo para cubrirlos de oprobio y hacerlos pasar ante los ojos del pueblo y ante ellos mismos por los más viles criminales. Otro tanto sucederá ahora. Mientras Satanás trata de destruir a los que honran la ley de Dios, los hará acusar como transgresores de la ley, como hombres que están deshonrando a Dios y atrayendo sus castigos sobre el mundo.

Dios no violenta nunca la conciencia; pero Satanás recurre constantemente a la violencia para dominar a aquellos a quienes no puede seducir de otro modo. Por medio del temor o de la fuerza procura regir la conciencia y hacerse tributar homenaje. Para conseguir esto, obra por medio de las autoridades religiosas y civiles y las induce a que impongan leyes humanas contrarias a la ley de Dios.

Los que honran el sábado de la Biblia serán denunciados como enemigos de la ley y del orden, como quebrantadores de las restricciones morales de la sociedad, y por lo tanto causantes de anarquía y corrupción que atraen sobre la tierra los altos juicios de Dios. Sus escrúpulos de conciencia serán presentados como obstinación, terquedad y rebeldía contra la autoridad. Serán acusados de deslealtad hacia el gobierno. Los ministros que niegan la obligación de observar la ley divina predicarán desde el púlpito que hay que obedecer a las autoridades civiles porque fueron instituídas por Dios. En las asambleas legislativas y en los tribunales se calumniará y condenará a los que guardan los mandamientos. Se falsearán sus palabras, y se atribuirán a sus móviles las peores intenciones.

A medida que las iglesias protestantes rechacen los argumentos claros de la Biblia en defensa de la ley de Dios, desearán imponer silencio a aquellos cuya fe no pueden rebatir con la Biblia. Aunque se nieguen a verlo, el hecho es que están asumiendo actualmente una actitud que dará por resultado la persecución de los que se niegan en conciencia a hacer lo que el resto del mundo cristiano está haciendo y a reconocer los asertos hechos en favor del día de reposo papal.

Los dignatarios de la iglesia y del estado se unirán para hacer que todos honren el domingo, y para ello apelarán al cohecho, a la persuasión o a la fuerza. La falta de autoridad divina se suplirá con ordenanzas abrumadoras. La corrupción política está destruyendo el amor a la justicia y el respeto a la verdad; y hasta en los Estados Unidos de la libre América, se verá a los representantes del pueblo y a los legisladores tratar de asegurarse el favor público doblegándose a las exigencias populares por una ley que imponga la observancia del domingo. La libertad de conciencia que tantos sacrificios ha costado no será ya respetada. En el conflicto que está por estallar veremos realizarse las palabras del profeta: "Airóse el dragón contra la mujer, y se fue para hacer guerra contra el residuo de su simiente, los que guardan los mandamientos de Dios, y tienen el testimonio de Jesús." (Apocalipsis 12:17, V.M.)

38

NUESTRA ÚNICA SALVAGUARDIA

"¡A LA ley y al testimonio! si no hablaren conforme a esta palabra, son aquellos para quienes no ha amanecido." (Isaías 8:20, V.M.) Al pueblo de Dios se le indica que busque en las Sagradas Escrituras su salvaguardia contra las influencias de los falsos maestros y el poder seductor de los espíritus tenebrosos. Satanás emplea cuantos medios puede para impedir que los hombres conozcan la Biblia, cuyo claro lenguaje revela sus engaños. En ocasión de cada avivamiento de la obra de Dios, el príncipe del mal actúa con mayor energía; en la actualidad está haciendo esfuerzos desesperados preparándose para la lucha final contra Cristo y sus discípulos. El último gran engaño se desplegará pronto ante nosotros. El Anticristo va a efectuar ante nuestra vista obras maravillosas. El contrahacimiento se asemejará tanto a la realidad, que será imposible distinguirlos sin el auxilio de las Santas Escrituras. Ellas son las que deben atestiguar en favor o en contra de toda declaración, de todo milagro.

Se hará oposición y se ridiculizará a los que traten de obedecer a todos los mandamientos de Dios. Ellos no podrán subsistir sino en Dios. Para poder soportar la prueba que les espera deben comprender la voluntad de Dios tal cual está revelada en su Palabra, pues no pueden honrarle sino en la medida del conocimiento que tengan de su carácter, gobierno y propósitos divinos y en la medida en que obren conforme a las luces que les hayan sido concedidas. Sólo los que hayan fortalecido su espíritu con las verdades de la Biblia podrán resistir en el último gran conflicto. Toda alma ha de pasar por la prueba decisiva: ¿Obedeceré a Dios antes que a los hombres? La hora crítica se acerca. ¿Hemos asentado los pies en la roca de la inmutable Palabra de Dios? ¿Estamos preparados para defender firmemente los mandamientos de Dios y la fe de Jesús?

Antes de la crucifixión, el Salvador había predicho a sus discípulos que iba a ser muerto y que resucitaría del sepulcro, y hubo ángeles presentes para grabar esas palabras en las mentes y en los corazones. Pero los discípulos esperaban la liberación política del yugo romano y no podían tolerar la idea de que Aquel en quien todas sus esperanzas estaban concentradas, fuese a sufrir una muerte ignominiosa. Desterraron de su mente las palabras que necesitaban recordar, y cuando llegó el momento de prueba, los encontró sin la debida preparación. La muerte de Jesús destruyó sus esperanzas igual que si no se la hubiese predicho. Así también las profecías nos anuncian el porvenir con la misma claridad con que Cristo predijo su propia muerte a los discípulos. Los acontecimientos relacionados con el fin del tiempo de gracia y la preparación para el tiempo de angustia han sido presentados con claridad. Pero hay miles de personas que comprenden estas importantes verdades de modo tan incompleto como si nunca hubiesen sido reveladas. Satanás procura arrebatar toda impresión que podría llevar a los hombres por el camino de la salvación, y el tiempo de angustia no los encontrará listos.

Cuando Dios manda a los hombres avisos tan importantes que las profecías los representan como proclamados por santos ángeles que vuelan por el cielo, es porque él exige que toda persona dotada de inteligencia les preste atención. Los terribles juicios que Dios pronunció contra los que adoran la bestia y su imagen (Apocalipsis 14:9-11) deberían inducir a todos a estudiar diligentemente las profecías para saber lo que es la marca de la bestia y cómo pueden evitarla. Pero las muchedumbres cierran los oídos a la verdad y prefieren fábulas. El apóstol Pablo, refiriéndose a los últimos días, dijo: "Porque vendrá tiempo cuando no sufrirán la sana doctrina." (2 Timoteo 4:3.) Ya hemos entrado de lleno en ese tiempo. Las multitudes se niegan a recibir las verdades bíblicas porque éstas contrarían los deseos de los corazones pecaminosos y mundanos; y Satanás les proporciona los engaños en que se complacen.

Pero Dios tendrá en la tierra un pueblo que sostendrá la Biblia y la Biblia sola, como piedra de toque de todas las doctrinas y base de todas las reformas. Ni las opiniones de los sabios, ni las deducciones de la ciencia, ni los credos o decisiones de concilios tan numerosos y discordantes como lo son las iglesias que representan, ni la voz de las mayorías, nada de esto, ni en conjunto ni en parte, debe ser considerado como evidencia en favor o en contra de cualquier punto de fe religiosa. Antes de aceptar cualquier doctrina o precepto debemos cerciorarnos de si los autoriza un categórico "Así dice Jehová."

Satanás trata continuamente de atraer la atención hacia los hombres en lugar de atraerla hacia Dios. Hace que el pueblo considere como sus guías a los obispos, pastores y profesores de teología, en vez de estudiar las Escrituras para saber por sí mismo cuáles son sus deberes. Dirigiendo luego la inteligencia de esos mismos guías, puede entonces también encaminar las multitudes a su voluntad.

Cuando Cristo vino a predicar palabras de vida, el vulgo le oía con gozo y muchos, hasta de entre los sacerdotes y gobernantes, creyeron en él. Pero los principales de los sacerdotes y los jefes de la nación estaban resueltos a condenar y rechazar sus enseñanzas. A pesar de salir frustrados todos sus esfuerzos para encontrar en él motivos de acusación, a pesar de que no podían dejar de sentir la influencia del poder y sabiduría divinos que acompañaban sus palabras, se encastillaron en sus prejuicios y repudiaron la evidencia más clara del carácter mesiánico de Jesús, para no verse obligados a hacerse sus discípulos. Estos opositores de Jesús eran hombres a quienes el pueblo había aprendido desde la infancia a reverenciar y ante cuya autoridad estaba acostumbrado a someterse implícitamente. "¿Cómo es posible—se preguntaban—que nuestros gobernantes y nuestros sabios escribas no crean en Jesús? ¿Sería posible que hombres tan piadosos no le aceptaran si fuese el Cristo?" Y fue la influencia de estos maes-tros la que indujo a la nación judía a rechazar a su Redentor.

El espíritu que animaba a aquellos sacerdotes y gobernantes anima aún a muchos que pretenden ser muy piadosos. Se niegan a examinar el testimonio que las Sagradas Escrituras contienen respecto a las verdades especiales para la época actual. Llaman la atención del pueblo al número de sus adeptos, su riqueza y su popularidad, y desdeñan a los defensores de la verdad que por cierto son pocos, pobres e impopulares y cuya fe los separa del mundo.

Cristo previó que las pretensiones de autoridad desmedida de los escribas y fariseos no habían de desaparecer con la dispersión de los judíos. Con mirada profética vio que la autoridad humana se encumbraría para dominar las conciencias en la forma que ha dado tan desgraciados resultados para la iglesia en todos los siglos. Y sus terribles acusaciones contra los escribas y fariseos y sus amonestaciones al pueblo a que no siguiera a esos ciegos conductores fueron consignadas como advertencia para las generaciones futuras.

La iglesia romana reserva al clero el derecho de interpretar las Santas Escrituras, y so pretexto de que sólo los eclesiásticos son competentes para explicar la Palabra de Dios, priva de ella al pueblo. Aun cuando la Reforma hizo las Escrituras accesibles a todos, este mismo principio sustentado por Roma es el que hoy impide a miles y miles en las iglesias protestantes que las estudien por sí mismos. Se les enseña a aceptar sus doctrinas *tal cual las interpreta la iglesia*; y hay millares de personas que no admiten nada, por evidente que sea su revelación en las Sagradas Escrituras, si resulta en oposición con su credo o con las enseñanzas adoptadas por sus respectivas iglesias.

A pesar de estar la Biblia llena de amonestaciones contra los falsos maestros, muchos encomiendan al clero el cuidado de sus almas. Hay actualmente millares de personas que profesan ser religiosas y que no pueden dar acerca de los puntos de su fe, otra razón que el hecho de que así les enseñaron sus directores espirituales. No se fijan casi en las enseñanzas del Salvador y creen en cambio ciegamente a lo que los ministros dicen. ¿Pero son acaso infalibles estos ministros? ¿Cómo podemos confiar nuestras almas a su dirección, mientras no sepamos por la Palabra de Dios que ellos poseen la verdad? Muchos son los que, faltos de valor moral para apartarse del sendero trillado del mundo, siguen los pasos de los doctos; y debido a su aversión para investigar por sí mismos, se están enredando más y más en las cadenas del error. Ven que la verdad para el tiempo presente está claramente expuesta en la Biblia y sienten que el poder del Espíritu Santo confirma su proclamación, y sin embargo consienten que la oposición del clero los aleje de la luz. Por muy convencidas que estén la razón y la conciencia, estos pobres ilusos no se atreven a pensar de otro modo que como los ministros, y sacrifican su juicio individual y sus intereses eternos al descreimiento, orgullo y prejuicios de otra persona.

Muchos son los artificios de que Satanás se vale para encadenar a sus cautivos por medio de las influencias humanas. Él se asegura la voluntad de multitudes atándolas con los lazos de seda de sus afectos a los enemigos de la cruz de Cristo. Sea cual fuere esta unión: paternal, filial, conyugal o social, el efecto es el mismo: los enemigos de la verdad ejercen un poder que tiende a dominar la conciencia, y las almas sometidas a su autoridad no tienen valor ni espíritu independiente suficientes para seguir sus propias convicciones acerca del deber.

La verdad y la gloria de Dios son inseparables, y nos es imposible honrar a Dios con opiniones erróneas cuando tenemos la Biblia a nuestro alcance. Muchos sostienen que no importa lo que uno cree, siempre que su conducta sea buena. Pero la vida es modelada por la fe. Si teniendo la luz y la verdad a nuestro alcance, no procuramos conocerla, de hecho la rechazamos y preferimos las tinieblas a la luz.

"Hay camino que parece derecho al hombre, mas su salida son caminos de muerte." (Proverbios 16:25.) La ignorancia no disculpa el error ni el pecado, cuando se tiene toda oportunidad de conocer la voluntad de Dios. Tomemos el caso de un hombre que estando de viaje llega a un punto de donde arrancan varios caminos en direcciones indicadas en un poste. Si no se fija en éste y escoge el camino que mejor le parezca, por sincero que sea, es más que probable que errará el rumbo.

Dios nos ha dado su Palabra para que conozcamos sus enseñanzas y sepamos por nosotros mismos lo que él exige de nosotros. Cuando el doctor de la ley preguntó a Jesús: "¿Haciendo qué cosa, poseeré la vida eterna?" el Señor lo remitió a las Sagradas Escrituras, diciendo: "¿Qué está escrito en la ley? ¿cómo lees?" La ignorancia no excusará ni a jóvenes ni a viejos, ni los librará tampoco del castigo que corresponde a la infracción de la ley de Dios, pues tienen a la mano una exposición fiel de dicha ley, de sus principios y de lo que ella exige del hombre. No basta tener buenas intenciones; no basta tampoco hacer lo que se cree justo o lo que los ministros dicen serlo. La salvación de nuestra alma está en juego y debemos escudriñar por nuestra cuenta las Santas Escrituras. Por arraigadas que sean las convicciones de un hombre, por muy seguro que esté de que su pastor sabe lo que es verdad, nada de esto debe servirle de fundamento. El tiene un mapa en el cual van consignadas todas las indicaciones del camino para el cielo y no tiene por qué hacer conjeturas.

El primero y más alto deber de toda criatura racional es el de escudriñar la verdad en las Sagradas Escrituras y luego andar en la luz y exhortar a otros a que sigan su ejemplo. Día tras día deberíamos estudiar diligentemente la Biblia, pesando cada pensamiento y comparando texto con texto. Con la ayuda de Dios debemos formarnos nuestras propias opiniones ya que tenemos que responder a Dios por nosotros mismos.

Las verdades que se encuentran explicadas con la mayor claridad en la Biblia han sido envueltas en dudas y obscuridad por hombres doctos, que con ínfulas de gran sabiduría enseñan que las Escrituras tienen un sentido místico, secreto y espiritual que no se echa de ver en el lenguaje empleado en ellas. Esos hombres son falsos maestros. Fue a personas semejantes a quienes Jesús declaró: "No conocéis las Escrituras, ni el poder de Dios." (S. Marcos 12:24, V.M.) El lenguaje de la Biblia debe explicarse de acuerdo con su significado manifiesto, a no ser que se trate de un símbolo o figura. Cristo prometió: "Si alguno quisiere hacer su voluntad [del Padre], conocerá de mi enseñanza, si es de Dios." (S. Juan 7:17, V.M.) Si los hombres quisieran tan sólo aceptar lo que la Biblia dice, y si no hubiera falsos maestros para alucinar y confundir las inteligencias, se realizaría una obra que alegraría a los ángeles y que traería al rebaño de Cristo a miles y miles de almas actualmente sumidas en el error.

Deberíamos ejercitar en el estudio de las Santas Escrituras todas las fuerzas del entendimiento y procurar comprender, hasta donde es posible a los mortales, las profundas enseñanzas de Dios; pero no debemos olvidar que la disposición del estudiante debe ser dócil y sumisa como la de un niño. Las dificultades bíblicas no pueden ser resueltas por los mismos métodos que se emplean cuando se trata de problemas filosóficos. No deberíamos ponernos a estudiar la Biblia con esa confianza en nosotros mismos con la cual tantos abordan los dominios de la ciencia, sino en el espíritu de oración y dependencia filial hacia Dios y con un deseo sincero de conocer su voluntad. Debemos acercarnos con espíritu humilde y dócil para obtener conocimiento del gran YO SOY. De lo contrario vendrán ángeles malos a obscurecer nuestras mentes y a endurecer nuestros corazones al punto que la verdad ya no nos impresionará.

Más de una porción de las Sagradas Escrituras que los eruditos declaran ser un misterio o que estiman de poca importancia, está llena de consuelo e instrucción para el que estudió en la escuela de Cristo. Si muchos teólogos no comprenden mejor la Palabra de Dios, es por la sencilla razón de que cierran los ojos con respecto a unas verdades que no desean poner en práctica. La comprensión de las verdades bíblicas no depende tanto de la potencia intelectual aplicada a la investigación como de la sinceridad de propósitos y del ardiente anhelo de justicia que animan al estudiante.

Nunca se debería estudiar la Biblia sin oración. Sólo el Espíritu Santo puede hacernos sentir la importancia de lo que es fácil comprender, o impedir que nos apartemos del sentido de las verdades de difícil comprensión. Hay santos ángeles que tienen la misión de influir en los corazones para que comprendan la Palabra de Dios, de suerte que la belleza de ésta nos embelese, sus advertencias nos amonesten y sus promesas nos animen y vigoricen. Deberíamos hacer nuestra la petición del salmista: "¡Abre mis ojos, para que yo vea las maravillas de tu ley!" (Salmo 119:18, V.M.) Muchas veces las tentaciones parecen irresistibles, y es porque se ha descuidado la oración y el estudio de la Biblia, y por ende no se pueden recordar luego las promesas de Dios ni oponerse a Satanás con las armas de las Santas Escrituras. Pero los ángeles rodean a los que tienen deseos de aprender cosas divinas, y en situaciones graves traerán a su memoria las verdades que necesitan. "Porque vendrá el enemigo como río, mas el Espíritu de Jehová levantará bandera contra él." (Isaías 59:19.)

Jesús prometió a sus discípulos "el Consolador, es decir, el Espíritu Santo, a quien—dijo—el Padre enviará en mi nombre," y agregó: "El os enseñará todas las cosas, y os recordará todo cuanto os he dicho." (S. Juan 14:26, V.M.) Pero primero es preciso que las enseñanzas de Cristo hayan sido atesoradas en el entendimiento, si queremos que el Espíritu de Dios nos las recuerde en el momento de peligro. "En mi corazón he guardado tus dichos, para no pecar contra ti." (Salmo 119:11.)

Todos los que estiman en lo que valen sus intereses eternos deben mantenerse en guardia contra las incursiones del escepticismo. Hasta los fundamentos de la verdad serán socavados. Es imposible ponerse a cubierto de los sarcasmos y sofismas y de las enseñanzas insidiosas y pestilentes de la incredulidad moderna. Satanás adapta sus tentaciones a todas las clases. Asalta a los indoctos con una burla o una mirada de desprecio, mientras que se acerca a la gente instruida con objeciones científicas y razonamientos filosóficos propios para despertar desconfianza o desprecio hacia las Sagradas Escrituras. Hasta los jóvenes de poca experiencia se atreven a insinuar dudas respecto a los principios fundamentales del cristianismo. Y esta incredulidad juvenil, por superficial que sea, no deja de ejercer su influencia. Muchos se dejan arrastrar así al punto de mofarse de la piedad de sus padres y desafían al Espíritu de gracia. (Hebreos 10:29.) Muchos cuya vida daba promesa de honrar a Dios y de beneficiar al mundo, se han marchitado bajo el soplo contaminado de la incredulidad. Todos los que fían en los dictámenes jactanciosos de la razón humana y se imaginan poder explicar los misterios divinos y llegar al conocimiento de la verdad sin el auxilio de la sabiduría de Dios, están presos en las redes de Satanás.

Vivimos en el período más solemne de la historia de este mundo. La suerte de las innumerables multitudes que pueblan la tierra está por decidirse. Tanto nuestra dicha futura como la salvación de otras almas dependen de nuestra conducta actual. Necesitamos ser guiados por el Espíritu de Verdad. Todo discípulo de Cristo debe preguntar seriamente: "¿Señor, qué quieres que haga?" Necesitamos humillarnos ante el Señor, ayunar, orar y meditar mucho en su Palabra, especialmente acerca de las escenas del juicio. Debemos tratar de adquirir actualmente una experiencia profunda y viva en las cosas de Dios, sin perder un solo instante. En torno nuestro se están cumpliendo acontecimientos de vital importancia; nos encontramos en el terreno encantado de Satanás. No durmáis, centinelas de Dios, que el enemigo está emboscado, listo para lanzarse sobre vosotros y haceros su presa en cualquier momento en que caigáis en descuido y somnolencia.

Muchos se engañan con respecto a su verdadera condición ante Dios. Se felicitan por los actos reprensibles que no cometen, y se olvidan de enumerar las obras buenas y nobles que Dios requiere, pero que ellos descuidan de hacer. No basta que sean árboles en el huerto del Señor. Deben corresponder a lo que Dios espera de ellos, llevando frutos. Dios los hace responsables de todo el bien que podrían haber realizado, sostenidos por su gracia. En los libros del cielo sus nombres figuran entre los que ocupan inútilmente el suelo. Sin embargo, aun el caso de tales personas no es del todo desesperado. El Dios de paciencia y amor se empeña en atraer aún a los que han despreciado su gracia y desdeñado su misericordia. "Por lo cual se dice: Despiértate tú que duermes, y levántate de los muertos, y te alumbrará Cristo. Mirad, pues, cómo andéis avisadamente; ... redimiendo el tiempo, porque los días son malos." (Efesios 5:14-16.)

Cuando llegue el tiempo de la prueba, los que hayan seguido la Palabra de Dios como regla de conducta, serán dados a conocer. En verano no hay diferencia notable entre los árboles de hojas perennes y los que las pierden; pero cuando vienen los vientos de invierno los primeros permanecen verdes en tanto que los otros pierden su follaje. Así puede también que no sea dado distinguir actualmente a los falsos creyentes de los verdaderos cristianos, pero pronto llegará el tiempo en que la diferencia saltará a la vista. Dejad que la oposición se levante, que el fanatismo y la intolerancia vuelvan a empuñar el cetro, que el espíritu de persecución se encienda, y entonces los tibios e hipócritas vacilarán y abandonarán la fe; pero el verdadero cristiano permanecerá firme como una roca, con más fe y esperanza que en días de prosperidad.

El salmista dice: "Tus testimonios son mi meditación." "De tus mandamientos he adquirido inteligencia: por tanto he aborrecido todo camino de mentira." (Salmo 119:99, 104.)

"Bienaventurado el hombre que halla la sabiduría." "Porque él será como el árbol plantado junto a las aguas, que junto a la corriente echará sus raíces, y no verá cuando viniere el calor, sino que su hoja estará verde; y en el año de sequía no se fatigará, ni dejará de hacer fruto." (Proverbios 3:13; Jeremías 17:8.)

39

EL MENSAJE FINAL DE DIOS

"YDESPUÉS de estas cosas vi otro ángel descender del cielo teniendo grande potencia; y la tierra fue alumbrada de su gloria. Y clamó con fortaleza en alta voz diciendo: Caída es, caída es la grande Babilonia, y es hecha habitación de demonios, y guarida de todo espíritu inmundo, y albergue de todas aves sucias y aborrecibles." "Y oí otra voz del cielo, que decía: Salid de ella, pueblo mío, porque no seáis participantes de sus pecados, y que no recibáis de sus plagas." (Apocalipsis 18:1, 2, 4.)

Estos versículos señalan un tiempo en el porvenir cuando el anuncio de la caída de Babilonia, tal cual fue hecho por el segundo ángel de Apocalipsis 14:8, se repetirá con la mención adicional de las corrupciones que han estado introduciéndose en las diversas organizaciones religiosas que constituyen a Babilonia, desde que ese mensaje fue proclamado por primera vez, durante el verano de 1844. Se describe aquí la terrible condición en que se encuentra el mundo religioso. Cada vez que la gente rechace la verdad, habrá mayor confusión en su mente y más terquedad en su corazón, hasta que se hunda en temeraria incredulidad. En su desafío de las amonestaciones de Dios, seguirá pisoteando uno de los preceptos, del Decálogo hasta que sea inducida a perseguir a los que lo consideran sagrado. Se desprecia a Cristo cuando se manifiesta desdén hacia su Palabra y hacia su pueblo. Conforme vayan siendo aceptadas las enseñanzas del espiritismo en las iglesias, irán desapareciendo las vallas impuestas al corazón carnal, y la religión se convertirá en un manto para cubrir las más bajas iniquidades. La creencia en las manifestaciones espiritistas abre el campo a los espíritus seductores y a las doctrinas de demonios, y de este modo se dejarán sentir en las iglesias las influencias de los ángeles malos.

Se dice de Babilonia, con referencia al tiempo en que está presentada en esta profecía: "Sus pecados han llegado hasta el cielo y Dios se ha acordado de sus maldades." (Apocalipsis 18:5.) Ha llenado la medida de sus culpas y la ruina está por caer sobre ella. Pero Dios tiene aún un pueblo en Babilonia; y antes de que los juicios del cielo la visiten, estos fieles deben ser llamados para que salgan de la ciudad y que no tengan parte en sus pecados ni en sus plagas. De ahí que este movimiento esté simbolizado por el ángel que baja del cielo, alumbrando la tierra y denunciando con voz potente los pecados de Babilonia. Al mismo tiempo que este mensaje, se oye el llamamiento: "Salid de ella, pueblo mío." Estas declaraciones, unidas al mensaje del tercer ángel, constituyen la amonestación final que debe ser dada a los habitantes de la tierra.

Terrible será la crisis a que llegará el mundo. Unidos los poderes de la tierra para hacer la guerra a los mandamientos de Dios, decretarán que todos los hombres, "pequeños y grandes, ricos y pobres, libres y siervos" (Apocalipsis 13:16), se conformen a las costumbres de la iglesia y observen el falso día de reposo. Todos los que se nieguen a someterse serán castigados por la autoridad civil, y finalmente se decretará que son dignos de muerte. Por otra parte, la ley de Dios que impone el día de reposo del Creador exige obediencia y amenaza con la ira de Dios a los que violen sus preceptos.

Dilucidado así el asunto, cualquiera que pisotee la ley de Dios para obedecer una ordenanza humana, recibe la marca de la bestia; acepta el signo de sumisión al poder al cual prefiere obedecer en lugar de obedecer a Dios. La amonestación del cielo dice así: "¡Si alguno adora a la bestia y a su imagen, y recibe su marca en su frente, o en su mano, él también beberá del vino de la ira de Dios, que está preparado sin mezcla alguna en el cáliz de su ira!" (Apocalipsis 14:9, 10, V.M.)

Pero nadie sufrirá la ira de Dios antes que la verdad haya sido presentada a su espíritu y a su conciencia, y que la haya rechazado. Hay muchas personas que no han tenido jamás oportunidad de oír las verdades especiales para nuestros tiempos. La obligación de observar el cuarto mandamiento no les ha sido jamás presentada bajo su verdadera luz. Aquel que lee en todos los corazones y prueba todos los móviles no dejará que nadie que desee conocer la verdad sea engañado en cuanto al resultado final de la controversia. El decreto no será impuesto estando el pueblo a ciegas. Cada cual tendrá la luz necesaria para tomar una resolución consciente.

El sábado será la gran piedra de toque de la lealtad; pues es el punto especialmente controvertido. Cuando esta piedra de toque les sea aplicada finalmente a los hombres, entonces se trazará la línea de demarcación entre los que sirven a Dios y los que no le sirven. Mientras la observancia del falso día de reposo (domingo), en obedecimiento a la ley del estado y en oposición al cuarto mandamiento, será una declaración de obediencia a un poder que está en oposición a Dios, la observancia del verdadero día de reposo (sábado), en obediencia a la ley de Dios, será señal evidente de la lealtad al Creador. Mientras que una clase de personas, al aceptar el signo de la sumisión a los poderes del mundo, recibe la marca de la bestia, la otra, por haber escogido el signo de obediencia a la autoridad divina, recibirá el sello de Dios.

Hasta ahora se ha solido considerar a los predicadores de las verdades del mensaje del tercer ángel como meros alarmistas. Sus predicciones de que la intolerancia religiosa adquiriría dominio en los Estados Unidos de Norteamérica, de que la iglesia y el estado se unirían en ese país para perseguir a los observadores de los mandamientos de Dios, han sido declaradas absurdas y sin fundamento. Se ha declarado osadamente que ese país no podría jamás dejar de ser lo que ha sido: el defensor de la libertad religiosa. Pero, a medida que se va agitando más ampliamente la cuestión de la observancia obligatoria del domingo, se ve acercarse la realización del acontecimiento hasta ahora tenido por inverosímil, y el tercer mensaje producirá un efecto que no habría podido producir antes.

En cada generación Dios envió siervos suyos para reprobar el pecado tanto en el mundo como en la iglesia. Pero los hombres desean que se les digan cosas agradables, y no gustan de la verdad clara y pura. Muchos reformadores, al principiar su obra, resolvieron proceder con gran prudencia al atacar los pecados de la iglesia y de la nación. Esperaban que mediante el ejemplo de una vida cristiana y pura, llevarían de nuevo al pueblo a las doctrinas de la Biblia. Pero el Espíritu de Dios vino sobre ellos como había venido sobre Elías, impeliéndole a censurar los pecados de un rey malvado y de un pueblo apóstata; no pudieron dejar de proclamar las declaraciones terminantes de la Biblia que habían titubeado en presentar. Se vieron forzados a declarar diligentemente la verdad y señalar los peligros que amenazaban a las almas. Sin temer las consecuencias, pronunciaban las palabras que el Señor les ponía en la boca, y el pueblo se veía constreñido a oír la amonestación.

Así también será proclamado el mensaje del tercer ángel. Cuando llegue el tiempo de hacerlo con el mayor poder, el Señor obrará por conducto de humildes instrumentos, dirigiendo el espíritu de los que se consagren a su servicio. Los obreros serán calificados más bien por la unción de su Espíritu que por la educación en institutos de enseñanza. Habrá hombres de fe y de oración que se sentirán impelidos a declarar con santo entusiasmo las palabras que Dios les inspire. Los pecados de Babilonia serán denunciados. Los resultados funestos y espantosos de la imposición de las observancias de la iglesia por la autoridad civil, las invasiones del espiritismo, los progresos secretos pero rápidos del poder papal—todo será desenmascarado. Estas solemnes amonestaciones conmoverán al pueblo. Miles y miles de personas que nunca habrán oído palabras semejantes, las escucharán. Admirados y confundidos. Oirán el testimonio de que Babilonia es la iglesia que cayó por sus errores y sus pecados, porque rechazó la verdad que le fue enviada del cielo. Cuando el pueblo acuda a sus antiguos conductores espirituales a preguntarles con ansia: ¿Son esas cosas así? los ministros aducirán fábulas, profetizarán cosas agradables para calmar los temores y tranquilizar las conciencias despertadas. Pero como muchas personas no se contentan con las meras razones de los hombres y exigen un positivo "Así dice Jehová," los ministros populares, como los fariseos de antaño, airándose al ver que se pone en duda su autoridad, denunciarán el mensaje como si viniese de Satanás e incitarán a las multitudes dadas al pecado a que injurien y persigan a los que lo proclaman.

Satanás se pondrá alerta al ver que la controversia se extiende a nuevos campos y que la atención del pueblo es dirigida a la pisoteada ley de Dios. El poder que acompaña a la proclamación del mensaje sólo desesperará a los que se le oponen. El clero hará esfuerzos casi sobrehumanos para sofocar la luz por temor de que alumbre a sus rebaños. Por todos los medios a su alcance los ministros tratarán de evitar toda discusión sobre esas cuestiones vitales. La iglesia apelará al brazo poderoso de la autoridad civil y en esta obra los papistas y los protestantes irán unidos. Al paso que el movimiento en favor de la imposición del domingo se vuelva más audaz y decidido, la ley será invocada contra los que observan los mandamientos. Se los amenazará con multas y encarcelamientos; a algunos se les ofrecerán puestos de influencia y otras ventajas para inducirlos a que renuncien a su fe. Pero su respuesta constante será la misma que la de Lutero en semejante trance: "Pruébesenos nuestro error por la Palabra de Dios." Los que serán emplazados ante los tribunales defenderán enérgicamente la verdad, y algunos de los que los oigan serán inducidos a guardar todos los mandamientos de Dios. Así la luz llegará ante millares de personas que de otro modo no sabrían nada de estas verdades.

A los que obedezcan con toda conciencia a la Palabra de Dios se les tratará como rebeldes. Cegados por Satanás, padres y madres habrá que serán duros y severos para con sus hijos creyentes; los patrones o patronas oprimirán a los criados que observen los mandamientos. Los lazos del cariño se aflojarán; se desheredará y se expulsará de la casa a los hijos. Se cumplirán a la letra las palabras de San Pablo: "Todos los que quieren vivir píamente en Cristo Jesús, padecerán persecución." (2 Timoteo 3:12.) Cuando los defensores de la verdad se nieguen a honrar el domingo, unos serán echados en la cárcel, otros serán desterrados y otros aún tratados como esclavos. Ante la razón humana todo esto parece ahora imposible; pero a medida que el espíritu refrenador de Dios se retire de los hombres y éstos sean dominados por Satanás, que aborrece los principios divinos, se verán cosas muy extrañas. Muy cruel puede ser el corazón humano cuando no está animado del temor y del amor de Dios.

Conforme vaya acercándose la tempestad, muchos que profesaron creer en el mensaje del tercer ángel, pero que no fueron santificados por la obediencia a la verdad, abandonarán su fe, e irán a engrosar las filas de la oposición. Uniéndose con el mundo y participando de su espíritu, llegarán a ver las cosas casi bajo el mismo aspecto; así que cuando llegue la hora de prueba estarán preparados para situarse del lado más fácil y de mayor popularidad. Hombres de talento y de elocuencia, que se gozaron un día en la verdad, emplearán sus facultades para seducir y descarriar almas. Se convertirán en los enemigos más encarnizados de sus hermanos de antaño. Cuando los observadores del sábado sean llevados ante los tribunales para responder de su fe, estos apóstatas serán los agentes más activos de Satanás para calumniarlos y acusarlos y para incitar a los magistrados contra ellos por medio de falsos informes e insinuaciones.

En aquel tiempo de persecución la fe de los siervos de Dios será probada duramente. Proclamaron fielmente la amonestación mirando tan sólo a Dios y a su Palabra. El Espíritu de Dios, que obraba en sus corazones, les constriñó a hablar. Estimulados por santo celo e impulso divino, cumplieron su deber y declararon al pueblo las palabras que de Dios recibieran sin detenerse en calcular las consecuencias. No consultaron sus intereses temporales ni miraron por su reputación o sus vidas. Sin embargo, cuando la tempestad de la oposición y del vituperio estalle sobre ellos, algunos, consternados, estarán listos para exclamar: "Si hubiésemos previsto las consecuencias de nuestras palabras, habríamos callado." Estarán rodeados de dificultades. Satanás los asaltará con terribles tentaciones. La obra que habrán emprendido parecerá exceder en mucho sus capacidades. Los amenazará la destrucción. El entusiasmo que les animara se desvanecerá; sin embargo no podrán retroceder. Y entonces, sintiendo su completa incapacidad, se dirigirán al Todopoderoso en demanda de auxilio. Recordarán que las palabras que hablaron no eran las suyas propias, sino las de Aquel que les ordenara dar la amonestación al mundo. Dios había puesto la verdad en sus corazones, y ellos, por su parte, no pudieron hacer otra cosa que proclamarla.

En todas las edades los hombres de Dios pasaron por las mismas pruebas. Wiclef, Hus, Lutero, Tyndale, Baxter, Wesley, pidieron que todas las doctrinas fuesen examinadas a la luz de las Escrituras, y declararon que renunciarían a todo lo que éstas condenasen. La persecución se ensañó entonces en ellos con furor; pero no dejaron de proclamar la verdad. Diferentes períodos de la historia de la iglesia fueron señalados por el desarrollo de alguna verdad especial adaptada a las necesidades del pueblo de Dios en aquel tiempo. Cada nueva verdad se abrió paso entre el odio y la oposición; los que fueron favorecidos con su luz se vieron tentados y probados. El Señor envía al pueblo una verdad especial para la situación en que se encuentra. ¿Quién se atreverá a publicarla? Él manda a sus siervos a que dirijan al mundo el último llamamiento de la misericordia divina. No pueden callar sin peligro de sus almas. Los embajadores de Cristo no tienen por qué preocuparse de las consecuencias. Deben cumplir con su deber y dejar a Dios los resultados.

Conforme va revistiendo la oposición un carácter más violento, los siervos de Dios se ponen de nuevo perplejos, pues les parece que son ellos mismos los que han precipitado la crisis; pero su conciencia y la Palabra de Dios les dan la seguridad de estar en lo justo; y aunque sigan las pruebas se sienten robustecidos para sufrirlas. La lucha se encona más y más, pero la fe y el valor de ellos aumentan con el peligro. Este es el testimonio que dan: "No nos atrevemos a alterar la Palabra de Dios dividiendo su santa ley, llamando parte de ella esencial y parte de ella no esencial, para obtener el favor del mundo. El Señor a quien servimos puede librarnos. Cristo venció los poderes del mundo; ¿y nos atemorizaría un mundo ya vencido?"

En sus diferentes formas, la persecución es el desarrollo de un principio que ha de subsistir mientras Satanás exista y el cristianismo conserve su poder vital. Un hombre no puede servir a Dios sin despertar contra sí la oposición de los ejércitos de las tinieblas. Le asaltarán malos ángeles alarmados al ver que su influencia les arranca la presa. Hombres malvados reconvenidos por el ejemplo de los cristianos, se unirán con aquéllos para procurar separarlo de Dios por medio de tentaciones sutiles. Cuando este plan fracasa, emplean la fuerza para violentar la conciencia.

Pero mientras Jesús siga intercediendo por el hombre en cl santuario celestial, los gobernantes y el pueblo seguirán sirviendo la influencia refrenadora del Espíritu Santo, la cual seguirá también dominando hasta cierto punto las leyes del país. Si no fuera por estas leyes, el estado del mundo sería mucho peor de lo que es. Mientras que muchos de nuestros legisladores son agentes activos de Satanás, Dios tiene también los suyos entre los caudillos de la nación. El enemigo impele a sus servidores a que propongan medidas encaminadas a poner grandes obstáculos a la obra de Dios; pero los estadistas que temen a Dios están bajo la influencia de santos ángeles para oponerse a tales proyectos con argumentos irrefutables. Es así como unos cuantos hombres contienen una poderosa corriente del mal. La oposición de los enemigos de la verdad será coartada para que el mensaje del tercer ángel pueda hacer su obra. Cuando la amonestación final sea dada, cautivará la atención de aquellos caudillos por medio de los cuales el Señor está obrando en la actualidad, y algunos de ellos la aceptarán y estarán con el pueblo de Dios durante el tiempo de angustia.

El ángel que une su voz a la proclamación del tercer mensaje, alumbrará toda la tierra con su gloria. Así se predice una obra de extensión universal y de poder extraordinario. El movimiento adventista de 1840 a 1844 fue una manifestación gloriosa del poder divino; el mensaje del primer ángel fue llevado a todas las estaciones misioneras de la tierra, y en algunos países se distinguió por el mayor interés religioso que se haya visto en país cualquiera desde el tiempo de la Reforma del siglo XVI; pero todo esto será superado por el poderoso movimiento que ha de desarrollarse bajo la proclamación de la última amonestación del tercer ángel.

Esta obra será semejante a la que se realizó en el día de Pentecostés. Como la "lluvia temprana" fue dada en tiempo de la efusión del Espíritu Santo al principio del ministerio evangélico, para hacer crecer la preciosa semilla, así la "lluvia tardía" será dada al final de dicho ministerio para hacer madurar la cosecha. "Y conoceremos, y proseguiremos en conocer a Jehová: como el alba está aparejada su salida, y vendrá a nosotros como la lluvia, como la lluvia tardía y temprana a la tierra." "Vosotros también, hijos de Sión, alegraos y gozaos en Jehová vuestro Dios; porque os ha dado la primera lluvia arregladamente, y hará descender sobre vosotros lluvia temprana y tardía como al principio." "Y será en los postreros días, dice Dios, derramaré de mi Espíritu sobre toda carne." "Y será que todo aquel que invocare el nombre del Señor, será salvo." (Oseas 6:3; Joel 2:23; Hechos 2:17, 21.)

La gran obra de evangelización no terminará con menor manifestación del poder divino que la que señaló el principio de ella. Las profecías que se cumplieron en tiempo de la efusión de la lluvia temprana, al principio del ministerio evangélico, deben volverse a cumplir en tiempo de la lluvia tardía, al fin de dicho ministerio. Esos son los "tiempos de refrigerio" en que pensaba el apóstol Pedro cuando dijo: "Así que, arrepentíos y convertíos, para que sean borrados vuestros pecados; pues que vendrán los tiempos del refrigerio de la presencia del Señor, y enviará a Jesucristo." (Hechos 3:19, 20.)

Vendrán siervos de Dios con semblantes iluminados y resplandecientes de santa consagración, y se apresurarán de lugar en lugar para proclamar el mensaje celestial. Miles de voces predicarán el mensaje por toda la tierra. Se realizarán milagros, los enfermos sanarán y signos y prodigios seguirán a los creyentes. Satanás también efectuará sus falsos milagros, al punto de hacer caer fuego del cielo a la vista de los hombres. (Apocalipsis 13:13.) Es así como los habitantes de la tierra tendrán que decidirse en pro o en contra de la verdad.

El mensaje no será llevado adelante tanto con argumentos como por medio de la convicción profunda inspirada por el Espíritu de Dios. Los argumentos ya fueron presentados. Sembrada está la semilla, y brotará y dará frutos. Las publicaciones distribuídas por los misioneros han ejercido su influencia; sin embargo, muchos cuyo espíritu fue impresionado han sido impedidos de entender la verdad por completo o de obedecerla. Pero entonces los rayos de luz penetrarán por todas partes, la verdad aparecerá en toda su claridad, y los sinceros hijos de Dios romperán las ligaduras que los tenían sujetos. Los lazos de familia y las relaciones de la iglesia serán impotentes para detenerlos. La verdad les será más preciosa que cualquier otra cosa. A pesar de los poderes coligados contra la verdad, un sinnúmero de personas se alistará en las filas del Señor.

"YEN aquel tiempo se levantará Miguel, el gran príncipe que está por los hijos de tu pueblo; y será tiempo de angustia, cual nunca fue después que hubo gente hasta entonces: mas en aquel tiempo será libertado tu pueblo, todos los que se hallaren escritos en el libro." (Daniel 12:1.)

Cuando termine el mensaje del tercer ángel la misericordia divina no intercederá más por los habitantes culpables de la tierra. El pueblo de Dios habrá cumplido su obra; habrá recibido "la lluvia tardía," el "refrigerio de la presencia del Señor," y estará preparado para la hora de prueba que le espera. Los ángeles se apuran, van y vienen de acá para allá en el cielo. Un ángel que regresa de la tierra anuncia que su obra está terminada; el mundo ha sido sometido a la prueba final, y todos los que han resultado fieles a los preceptos divinos han recibido "el sello del Dios vivo." Entonces Jesús dejará de interceder en el santuario celestial. Levantará sus manos y con gran voz dirá "Hecho es," y todas las huestes de los ángeles depositarán sus coronas mientras él anuncia en tono solemne: "¡El que es injusto, sea injusto aún; y el que es sucio, sea sucio aún; y el que es justo, sea justo aún; y el que es santo, sea aún santo!" (Apocalipsis 22:11, V.M.) Cada caso ha sido fallado para vida o para muerte. Cristo ha hecho propiciación por su pueblo y borrado sus pecados. El número de sus súbditos está completo; "el reino, y el señorío y la majestad de los reinos debajo de todo el cielo" van a ser dados a los herederos de la salvación y Jesús va a reinar como Rey de reyes y Señor de señores.

Cuando él abandone el santuario, las tinieblas envolverán a los habitantes de la tierra. Durante ese tiempo terrible, los justos deben vivir sin intercesor, a la vista del santo Dios. Nada refrena ya a los malos y Satanás domina por completo a los impenitentes empedernidos. La paciencia de Dios ha concluido. El mundo ha rechazado su misericordia, despreciado su amor y pisoteado su ley; Los impíos han dejado concluir su tiempo de gracia; el Espíritu de Dios, al que se opusieran obstinadamente, acabó por apartarse de ellos. Desamparados ya de la gracia divina, están a merced de Satanás, el cual sumirá entonces a los habitantes de la tierra en una gran tribulación final. Como los ángeles de Dios dejen ya de contener los vientos violentos de las pasiones humanas, todos los elementos de contención se desencadenarán. El mundo entero será envuelto en una ruina más espantosa que la que cayó antiguamente sobre Jerusalén.

Un solo ángel dio muerte a todos los primogénitos de los egipcios y llenó al país de duelo. Cuando David ofendió a Dios al tomar censo del pueblo, un ángel causó la terrible mortandad con la cual fue castigado su pecado. El mismo poder destructor ejercido por santos ángeles cuando Dios se lo ordena, lo ejercerán los ángeles malvados cuando él lo permita. Hay fuerzas actualmente listas que no esperan más que el permiso divino para sembrar la desolación por todas partes.

Los que honran la ley de Dios han sido acusados de atraer los castigos de Dios sobre la tierra, y se los mirará como si fueran causa de las terribles convulsiones de la naturaleza y de las luchas sangrientas entre los hombres, que llenarán la tierra de aflicción. El poder que acompañe la última amonestación enfurecerá a los malvados; su ira se ensañará contra todos los que hayan recibido el mensaje, y Satanás despertará el espíritu de odio y persecución en un grado de intensidad aún mayor.

Cuando la presencia de Dios se retiró de la nación judía, tanto los sacerdotes como el pueblo lo ignoraron. Aunque bajo el dominio de Satanás y arrastrados por las pasiones más horribles y malignas, creían ser todavía el pueblo escogido de Dios. Los servicios del templo seguían su curso; se ofrecían sacrificios en los altares profanados, y cada día se invocaba la bendición divina sobre un pueblo culpable de la sangre del Hijo amado de Dios y que trataba de matar a sus ministros y apóstoles. Así también, cuando la decisión irrevocable del santuario haya sido pronunciada y el destino del mundo haya sido determinado para siempre, los habitantes de la tierra no lo sabrán. Las formas de la religión seguirán en vigor entre las muchedumbres de en medio de las cuales el Espíritu de Dios se habrá retirado finalmente; y el celo satánico con el cual el príncipe del mal ha de inspirarlas para que cumplan sus crueles designios, se asemejará al celo por Dios.

Una vez que el sábado llegue a ser el punto especial de controversia en toda la cristiandad y las autoridades religiosas y civiles se unan para imponer la observancia del domingo, la negativa persistente, por parte de una pequeña minoría, de ceder a la exigencia popular, la convertirá en objeto de execración universal. Se demandará con insistencia que no se tolere a los pocos que se oponen a una institución de la iglesia y a una ley del estado; pues vale más que esos pocos sufran y no que naciones enteras sean precipitadas a la confusión y anarquía. Este mismo argumento fue presentado contra Cristo hace mil ochocientos años por los "príncipes del pueblo." "Nos conviene—dijo el astuto Caifás—que un hombre muera por el pueblo, y no que toda la nación se pierda." (S. Juan 11:50.) Este argumento parecerá concluyente y finalmente se expedirá contra todos los que santifiquen el sábado un decreto que los declare merecedores de las penas más severas y autorice al pueblo para que, pasado cierto tiempo, los mate. El romanismo en el Viejo Mundo y el protestantismo apóstata en la América del Norte actuarán de la misma manera contra los que honren todos los preceptos divinos.

El pueblo de Dios se verá entonces sumido en las escenas de aflicción y angustia descritas por el profeta y llamadas el tiempo de la apretura de Jacob: "Porque así ha dicho Jehová: Hemos oído voz de temblor: espanto, y no paz. ... Hanse tornado pálidos todos los rostros. ¡Ah, cuán grande es aquel día! tanto, que no hay otro semejante a él: tiempo de angustia para Jacob; mas de ella será librado." (Jeremías 30:5-7.)

La noche de la aflicción de Jacob, cuando luchó en oración para ser librado de manos de Esaú (Génesis 32:24-30), representa la prueba por la que pasará el pueblo de Dios en el tiempo de angustia. Debido al engaño practicado para asegurarse la bendición que su padre intentaba dar a Esaú, Jacob había huido para salvar su vida, atemorizado por las amenazas de muerte que profería su hermano. Después de haber permanecido muchos años en el destierro, se puso en camino por mandato de Dios para regresar a su país, con sus mujeres, sus hijos, sus rebaños y sus ganados. Al acercarse a los términos del país se llenó de terror al tener noticia de que Esaú se acercaba al frente de una compañía de guerreros, sin duda para vengarse de él. Los que acompañaban a Jacob, sin armas e indefensos, parecían destinados a caer irremisiblemente víctimas de la violencia y la matanza. A esta angustia y a este temor que lo tenían abatido se agregaba el peso abrumador de los reproches que se hacía a sí mismo; pues era su propio pecado el que le había puesto a él y a los suyos en semejante trance. Su única esperanza se cifraba en la misericordia de Dios; su único amparo debía ser la oración. Sin embargo, hizo cuanto estuvo de su parte para dar reparación a su hermano por el agravio que le había inferido y para evitar el peligro que le amenazaba. Así deberán hacer los discípulos de Cristo al acercarse el tiempo de angustia: procurar que el mundo los conozca bien, a fin de desarmar los prejuicios y evitar los peligros que amenazan la libertad de conciencia.

Después de haber despedido a su familia para que no presenciara su angustia, Jacob permaneció solo para interceder con Dios. Confiesa su pecado y reconoce agradecido la bondad de Dios para con él, a la vez que humillándose profundamente invoca en su favor el pacto hecho con sus padres y las promesas que le fueran hechas a él mismo en su visión en Bethel y en tierra extraña. Llegó la hora crítica de su vida; todo está en peligro. En las tinieblas y en la soledad sigue orando y humillándose ante Dios. De pronto una mano se apoya en su hombro. Se le figura que un enemigo va a matarle, y con toda la energía de la desesperación lucha con él. Cuando el día empieza a rayar, el desconocido hace uso de su poder sobrenatural; al sentir su toque, el hombre fuerte parece quedar paralizado y cae, impotente, tembloroso y suplicante, sobre el cuello de su misterioso antagonista. Jacob sabe entonces que es con el ángel de la alianza con quien ha luchado. Aunque incapacitado y presa de los más agudos dolores, no ceja en su propósito. Durante mucho tiempo ha sufrido perplejidades, remordimientos y angustia a causa de su pecado; ahora debe obtener la seguridad de que ha sido perdonado. El visitante celestial parece estar por marcharse; pero Jacob se aferra a él y le pide su bendición. El ángel le insta: "¡Suéltame, que ya raya el alba!" pero el patriarca exclama: "No te soltaré hasta que me hayas bendecido." ¡Qué confianza, qué firmeza y qué perseverancia las de Jacob! Si estas palabras le hubiesen sido dictadas por el orgullo y la presunción, Jacob hubiera caído muerto; pero lo que se las inspiraba era más bien la seguridad del que confiesa su flaqueza e indignidad, y sin embargo confía en la misericordia de un Dios que cumple su pacto.

"Luchó con el Ángel, y prevaleció." (Oseas 12:4, V.M.) Mediante la humillación, el arrepentimiento y la sumisión, aquel mortal pecador y sujeto al error, prevaleció sobre la Majestad del cielo. Se aferró tembloroso a las promesas de Dios, y el Amor infinito no pudo rechazar la súplica del pecador. Como señal de su triunfo y como estímulo para que otros imitasen su ejemplo, se le cambió el nombre; en lugar del que recordaba su pecado, recibió otro que conmemoraba su victoria. Y al prevalecer Jacob con Dios, obtuvo la garantía de que prevalecería al luchar con los hombres. Ya no temía arrostrar la ira de su hermano; pues el Señor era su defensa.

Satanás había acusado a Jacob ante los ángeles de Dios y pretendía tener derecho a destruirle por causa de su pecado; había inducido a Esaú a que marchase contra él, y durante la larga noche de lucha del patriarca, Satanás procuró embargarle con el sentimiento de su culpabilidad para desanimarlo y apartarlo de Dios. Jacob fue casi empujado a la desesperación; pero sabía que sin la ayuda de Dios perecería. Se había arrepentido sinceramente de su gran pecado, y apelaba a la misericordia de Dios. No se dejó desviar de su propósito, sino que se adhirió firmemente al ángel e hizo su petición con ardientes clamores de agonía, hasta que prevaleció.

Así como Satanás influyó en Esaú para que marchase contra Jacob, así también instigará a los malos para que destruyan al pueblo de Dios en el tiempo de angustia. Como acusó a Jacob, acusará también al pueblo de Dios. Cuenta a las multitudes del mundo entre sus súbditos, pero la pequeña compañía de los que guardan los mandamientos de Dios resiste a su pretensión a la supremacía. Si pudiese hacerlos desaparecer de la tierra, su triunfo sería completo. Ve que los ángeles protegen a los que guardan los mandamientos e infiere que sus pecados les han sido perdonados; pero no sabe que la suerte de cada uno de ellos ha sido resuelta en el santuario celestial. Tiene conocimiento exacto de los pecados que les ha hecho cometer y los presenta ante Dios con la mayor exageración y asegurando que esa gente es tan merecedora como él mismo de ser excluída del favor de Dios. Declara que en justicia el Señor no puede perdonar los pecados de ellos y destruirle al mismo tiempo a él y a sus ángeles. Los reclama como presa suya y pide que le sean entregados para destruirlos.

Mientras Satanás acusa al pueblo de Dios haciendo hincapié en sus pecados, el Señor le permite probarlos hasta el extremo. La confianza de ellos en Dios, su fe y su firmeza serán rigurosamente probadas. El recuerdo de su pasado hará decaer sus esperanzas; pues es poco el bien que pueden ver en toda su vida. Reconocen plenamente su debilidad e indignidad. Satanás trata de aterrorizarlos con la idea de que su caso es desesperado, de que las manchas de su impureza no serán jamás lavadas. Espera así aniquilar su fe, hacerles ceder a sus tentaciones y alejarlos de Dios.

Aun cuando los hijos de Dios se ven rodeados de enemigos que tratan de destruirlos, la angustia que sufren no procede del temor de ser perseguidos a causa de la verdad; lo que temen es no haberse arrepentido de cada pecado y que debido a alguna falta por ellos cometida no puedan ver realizada en ellos la promesa del Salvador: "Yo también te guardaré de la hora de prueba que ha de venir sobre todo el mundo." (Apocalipsis 3:10, V.M.) Si pudiesen tener la seguridad del perdón, no retrocederían ante las torturas ni la muerte; pero si fuesen reconocidos indignos de perdón y hubiesen de perder la vida a causa de sus propios defectos de carácter, entonces el santo nombre de Dios sería vituperado.

De todos lados oyen hablar de conspiraciones y traiciones y observan la actividad amenazante de la rebelión. Eso hace nacer en ellos un deseo intensísimo de ver acabarse la apostasía y de que la maldad de los impíos llegue a su fin. Pero mientras piden a Dios que detenga el progreso de la rebelión, se reprochan a sí mismos con gran sentimiento el no tener mayor poder para resistir y contrarrestar la potente invasión del mal. Les parece que si hubiesen dedicado siempre toda su habilidad al servicio de Cristo, avanzando de virtud en virtud, las fuerzas de Satanás no tendrían tanto poder sobre ellos.

Afligen sus almas ante Dios, recordándole cada uno de sus actos de arrepentimiento de sus numerosos pecados y la promesa del Salvador: "¿Forzará alguien mi fortaleza? Haga conmigo paz, sí haga paz conmigo." (Isaías 27:5.) Su fe no decae si sus oraciones no reciben inmediata contestación. Aunque sufren la ansiedad, el terror y la angustia más desesperantes, no dejan de orar. Echan mano del poder de Dios como Jacob se aferró al ángel; y de sus almas se exhala el grito: "No te soltaré hasta que me hayas bendecido."

Si Jacob no se hubiese arrepentido previamente del pecado que cometió al adueñarse fraudulentamente del derecho de primogenitura, Dios no habría escuchado su oración ni le hubiese salvado la vida misericordiosamente. Así, en el tiempo de angustia, si el pueblo de Dios conservase pecados aún inconfesos cuando lo atormenten el temor y la angustia, sería aniquilado; la desesperación acabaría con su fe y no podría tener confianza para rogar a Dios que le librase. Pero por muy profundo que sea el sentimiento que tiene de su indignidad. no tiene culpas escondidas que revelar. Sus pecados han sido examinados y borrados en el juicio; y no puede recordarlos.

Satanás induce a muchos a creer que Dios no se fija en la infidelidad de ellos respecto a los asuntos menudos de la vida; pero, en su actitud con Jacob, el Señor demuestra que en manera alguna sancionará ni tolerará el mal. Todos los que tratan de excusar u ocultar sus pecados, dejándolos sin confesar y sin haber sido perdonados en los registros del cielo, serán vencidos por Satanás. Cuanto más exaltada sea su profesión y honroso el puesto que desempeñen, tanto más graves aparecen sus faltas a la vista de Dios, y tanto más seguro es el triunfo de su gran adversario. Los que tardan en prepararse para el día del Señor, no podrán hacerlo en el tiempo de la angustia ni en ningún momento subsiguiente. El caso de los tales es desesperado.

Los cristianos profesos que llegarán sin preparación al último y terrible conflicto, confesarán sus pecados con palabras de angustia consumidora, mientras los impíos se reirán de esa angustia. Esas confesiones son del mismo carácter que las de Esaú o de Judas. Los que las hacen lamentan los *resultados* de la transgresión, pero no su culpa misma. No sienten verdadera contrición ni horror al mal. Reconocen sus pecados por temor al castigo; pero, lo mismo que Faraón, volverían a maldecir al cielo si se suspendiesen los juicios de Dios.

La historia de Jacob nos da además la seguridad de que Dios no rechazará a los que han sido engañados, tentados y arrastrados al pecado, pero que hayan vuelto a él con verdadero arrepentimiento. Mientras Satanás trata de acabar con esta clase de personas, Dios enviará sus ángeles para consolarlas y protegerlas en el tiempo de peligro. Los asaltos de Satanás son feroces y resueltos, sus engaños terribles, pero el ojo de Dios descansa sobre su pueblo y su oído escucha su súplica. Su aflicción es grande, las llamas del horno parecen estar a punto de consumirlos; pero el Refinador los sacará como oro purificado por el fuego. El amor de Dios para con sus hijos durante el período de su prueba más dura es tan grande y tan tierno como en los días de su mayor prosperidad; pero necesitan pasar por el horno de fuego; debe consumirse su mundanalidad, para que la imagen de Cristo se refleje perfectamente.

Los tiempos de apuro y angustia que nos esperan requieren una fe capaz de soportar el cansancio, la demora y el hambre, una fe que no desmaye a pesar de las pruebas más duras. El tiempo de gracia les es concedido a todos a fin de que se preparen para aquel momento. Jacob prevaleció porque fue perseverante y resuelto. Su victoria es prueba evidente del poder de la oración importuna. Todos los que se aferren a las promesas de Dios como lo hizo él, y que sean tan sinceros como él lo fue, tendrán tan buen éxito como él. Los que no están dispuestos a negarse a sí mismos, a luchar desesperadamente ante Dios y a orar mucho y con empeño para obtener su bendición, no lo conseguirán. ¡Cuán pocos cristianos saben lo que es luchar con Dios! ¡Cuán pocos son los que jamás suspiraron por Dios con ardor hasta tener como en tensión todas las facultades del alma! Cuando olas de indecible desesperación envuelven al suplicante, ¡cuán raro es verle atenerse con fe inquebrantable a las promesas de Dios!

Los que sólo ejercitan poca fe, están en mayor peligro de caer bajo el dominio de los engaños satánicos y del decreto que violentará las conciencias. Y aun en caso de soportar la prueba, en el tiempo de angustia se verán sumidos en mayor aflicción porque no se habrán acostumbrado a confiar en Dios. Las lecciones de fe que hayan descuidado, tendrán que aprenderlas bajo el terrible peso del desaliento.

Deberíamos aprender ahora a conocer a Dios, poniendo a prueba sus promesas. Los ángeles toman nota de cada oración ferviente y sincera. Sería mejor sacrificar nuestros propios gustos antes que descuidar la comunión con Dios. La mayor pobreza y la más absoluta abnegación, con la aprobación divina, valen más que las riquezas, los honores, las comodidades y amistades sin ella. Debemos darnos tiempo para orar. Si nos dejamos absorber por los intereses mundanos, el Señor puede darnos ese tiempo que necesitamos, quitándonos nuestros ídolos, ya sean éstos oro, casas o tierras feraces.

La juventud no se dejaría seducir por el pecado si se negase a entrar en otro camino que aquel sobre el cual pudiera pedir la bendición de Dios. Si los que proclaman la última solemne amonestación al mundo rogasen por la bendición de Dios, no con frialdad e indolencia, sino con fervor y fe como lo hizo Jacob, encontrarían muchas ocasiones en que podrían decir: "Vi a Dios cara a cara, y fue librada mi alma." (Génesis 32:30.) Serían considerados como príncipes en el cielo, con poder para prevalecer con Dios y los hombres.

El "tiempo de angustia, cual nunca fue después que hubo gente" se iniciará pronto; y para entonces necesitaremos tener una experiencia que hoy por hoy no poseemos y que muchos no pueden lograr debido a su indolencia. Sucede muchas veces que los peligros que se esperan no resultan tan grandes como uno se los había imaginado; pero éste no es el caso respecto de la crisis que nos espera. La imaginación más fecunda no alcanza a darse cuenta de la magnitud de tan dolorosa prueba. En aquel tiempo de tribulación, cada alma deberá sostenerse por sí sola ante Dios. "Si Noé, Daniel y Job estuvieren" en el país, "¡vivo yo! dice Jehová el Señor, que ni a hijo ni a hija podrán ellos librar por su justicia; tan sólo a sus propias almas librarán." (Ezequiel 14:20, V.M.)

Ahora, mientras que nuestro gran Sumo Sacerdote está haciendo propiciación por nosotros, debemos tratar de llegar a la perfección en Cristo. Nuestro Salvador no pudo ser inducido a ceder a la tentación ni siquiera en pensamiento. Satanás encuentra en los corazones humanos algún asidero en que hacerse firme; es tal vez algún deseo pecaminoso que se acaricia, por medio del cual la tentación se fortalece. Pero Cristo declaró al hablar de sí mismo: "Viene el príncipe de este mundo; mas no tiene nada en mí." (S. Juan 14:30.) Satanás no pudo encontrar nada en el Hijo de Dios que le permitiese ganar la victoria. Cristo guardó los mandamientos de su Padre y no hubo en él ningún pecado de que Satanás pudiese sacar ventaja. Esta es la condición en que deben encontrarse los que han de poder subsistir en el tiempo de angustia.

En esta vida es donde debemos separarnos del pecado por la fe en la sangre expiatoria de Cristo. Nuestro amado Salvador nos invita a que nos unamos a él, a que unamos nuestra flaqueza con su fortaleza, nuestra ignorancia con su sabiduría, nuestra indignidad con sus méritos. La providencia de Dios es la escuela en la cual debemos aprender a tener la mansedumbre y humildad de Jesús. El Señor nos está presentando siempre, no el camino que escogeríamos y que nos parecería más fácil y agradable, sino el verdadero, el que lleva a los fines verdaderos de la vida. De nosotros está, pues, que cooperemos con los factores que Dios emplea, en la tarea de conformar nuestros caracteres con el modelo divino. Nadie puede descuidar o aplazar esta obra sin grave peligro para su alma.

El apóstol San Juan, estando en visión, oyó una gran voz que exclamaba en el cielo: "¡Ay de los moradores de la tierra y del mar! porque el diablo ha descendido a vosotros, teniendo grande ira, sabiendo que tiene poco tiempo." (Apocalipsis 12:12.) Espantosas son las escenas que provocaron esta exclamación de la voz celestial. La ira de Satanás crece a medida que se va acercando el fin, y su obra de engaño y destrucción culminará durante el tiempo de angustia.

Pronto aparecerán en el cielo signos pavorosos de carácter sobrenatural, en prueba del poder milagroso de los demonios. Los espíritus de los demonios irán en busca de los reyes de la tierra y por todo el mundo para aprisionar a los hombres con engaños e inducirlos a que se unan a Satanás en su última lucha contra el gobierno de Dios. Mediante estos agentes, tanto los príncipes como los súbditos serán engañados. Surgirán entes que se darán por el mismo Cristo y reclamarán los títulos y el culto que pertenecen al Redentor del mundo. Harán curaciones milagrosas y asegurarán haber recibido del cielo revelaciones contrarias al testimonio de las Sagradas Escrituras.

El acto capital que coronará el gran drama del engaño será que el mismo Satanás se dará por el Cristo. Hace mucho que la iglesia profesa esperar el advenimiento del Salvador como consumación de sus esperanzas. Pues bien, el gran engañador simulará que Cristo habrá venido. En varias partes de la tierra, Satanás se manifestará a los hombres como ser majestuoso, de un brillo deslumbrador, parecido a la descripción que del Hijo de Dios da San Juan en el Apocalipsis. (Apocalipsis 1:13-15.) La gloria que le rodee superará cuanto hayan visto los ojos de los mortales. El grito de triunfo repercutirá por los aires: "¡Cristo ha venido! ¡Cristo ha venido!" El pueblo se postrará en adoración ante él, mientras levanta sus manos y pronuncia una bendición sobre ellos como Cristo bendecía a sus discípulos cuando estaba en la tierra. Su voz es suave y acompasada aunque llena de melodía. En tono amable y compasivo, enuncia algunas de las verdades celestiales y llenas de gracia que pronunciaba el Salvador; cura las dolencias del pueblo, y luego, en su fementido carácter de Cristo, asegura haber mudado el día de reposo del sábado al domingo y manda a todos que santifiquen el día bendecido por él. Declara que aquellos que persisten en santificar el séptimo día blasfeman su nombre porque se niegan a oír a sus ángeles, que les fueron enviados con la luz de la verdad. Es el engaño más poderoso y resulta casi irresistible. Como los samaritanos fueron engañados por Simón el Mago, así también las multitudes, desde los más pequeños hasta los mayores, creen en ese sortilegio y dicen: "Este es el poder de Dios llamado grande." (Hechos 8:10, V. N-C.)

Pero el pueblo de Dios no se extraviará. Las enseñanzas del falso Cristo no están de acuerdo con las Sagradas Escrituras. Su bendición va dirigida a los que adoran la bestia y su imagen, precisamente aquellos sobre quienes dice la Biblia que la ira de Dios será derramada sin mezcla.

Además, no se le permitirá a Satanás contrahacer la manera en que vendrá Jesús. El Salvador previno a su pueblo contra este engaño y predijo claramente cómo será su segundo advenimiento. "Porque se levantarán falsos Cristos y falsos profetas, y darán señales grandes y prodigios; de tal manera que engañarán, si es posible, aun a los escogidos. ... Así que, si os dijeren: He aquí en el desierto está; no salgáis: He aquí en las cámaras; no creáis. Porque como el relámpago que sale del oriente y se muestra hasta el occidente, así será también la venida del Hijo del hombre." (S. Mateo 24:24-27, 31; 25:31; Apocalipsis 1:7; 1 Tesalonicenses 4:16, 17.) No se puede remedar semejante aparición. Todos la conocerán y el mundo entero la presenciará.

Sólo los que hayan estudiado diligentemente las Escrituras y hayan recibido el amor de la verdad en sus corazones, serán protegidos de los poderosos engaños que cautivarán al mundo. Merced al testimonio bíblico descubrirán al engañador bajo su disfraz. El tiempo de prueba llegará para todos. Por medio de la criba de la tentación se reconocerá a los verdaderos cristianos. ¿Se sienten los hijos de Dios actualmente bastante firmes en la Palabra divina para no ceder al testimonio de sus sentidos? ¿Se atendrán ellos en semejante crisis a la Biblia y a la Biblia sola? Si ello le resulta posible, Satanás les impedirá que logren la preparación necesaria para estar firmes en aquel día. Dispondrá las cosas de modo que el camino les esté obstruído; los aturdirá con bienes terrenales, les hará llevar una carga pesada y abrumadora para que sus corazones se sientan recargados con los cuidados de esta vida y que el día de la prueba los sorprenda como ladrón.

Cuando el decreto promulgado por los diversos príncipes y dignatarios de la cristiandad contra los que observan los mandamientos, suspenda la protección y las garantías del gobierno y los abandone a los que tratan de aniquilarlos, el pueblo de Dios huirá de las ciudades y de los pueblos y se unirá en grupos para vivir en los lugares más desiertos y solitarios. Muchos encontrarán refugio en puntos de difícil acceso en las montañas. Como los cristianos de los valles del Piamonte, convertirán los lugares elevados de la tierra en santuarios suyos y darán gracias a Dios por las "fortalezas de rocas." (Isaías 33:16.) Pero muchos seres humanos de todas las naciones y de todas clases, grandes y pequeños ricos y pobres, negros y blancos, serán arrojados en la más injusta y cruel servidumbre. Los amados de Dios pasarán días penosos, encadenados, encerrados en cárceles, sentenciados a muerte, algunos abandonados adrede para morir de hambre y sed en sombríos y repugnantes calabozos. Ningún oído humano escuchará sus lamentos; ninguna mano humana se aprontará a socorrerlos.

¿Olvidará el Señor a su pueblo en esa hora de prueba? ¿Olvidó acaso al fiel Noé cuando sus juicios cayeron sobre el mundo antediluviano? ¿Olvidó acaso a Lot cuando cayó fuego del cielo para consumir las ciudades de la llanura? ¿Se olvidó de José cuando estaba rodeado de idólatras en Egipto? ¿o de Elías cuando el juramento de Jezabel le amenazaba con la suerte de los profetas de Baal? ¿Se olvidó de Jeremías en el obscuro y húmedo pozo en donde había sido echado? ¿Se olvidó acaso de los tres jóvenes en el horno ardiente o de Daniel en el foso de los leones?

"Sión empero ha dicho: ¡Me ha abandonado Jehová, y el Señor se ha olvidado de mí! ¿Se olvidará acaso la mujer de su niño mamante, de modo que no tenga compasión del hijo de sus entrañas? ¡Aun las tales le pueden olvidar; mas no me olvidaré yo de ti! He aquí que sobre las palmas de mis manos te traigo esculpida." (Isaías 49:14-16, V.M.) El Señor de los ejércitos ha dicho: "Aquel que os toca a vosotros, le toca a él en la niña de su ojo." (Zacarías 2:8, V.M.)

Aunque los enemigos los arrojen a la cárcel, las paredes de los calabozos no pueden interceptar la comunicación entre sus almas y Cristo. Aquel que conoce todas sus debilidades, que ve todas sus pruebas, está por encima de todos los poderes de la tierra; y acudirán ángeles a sus celdas solitarias, trayéndoles luz y paz del cielo. La prisión se volverá palacio, pues allí moran los que tienen mucha fe, y los lóbregos muros serán alumbrados con luz celestial como cuando Pablo y Silas oraron y alabaron a Dios a medianoche en el calabozo de Filipos.

Los juicios de Dios caerán sobre los que traten de oprimir y aniquilar a su pueblo. Su paciencia para con los impíos da a éstos alas en sus transgresiones, pero su castigo no será menos seguro ni terrible por mucho que haya tardado en venir. "Jehová se levantará como en el monte Perasim, y se indignará como en el valle de Gabaón; para hacer su obra, su obra extraña, y para ejecutar su acto, su acto extraño." (Isaías 28:21 V.M.) Para nuestro Dios misericordioso la tarea de castigar resulta extraña. "Vivo yo, dice el Señor Jehová, que no quiero la muerte del impío." (Ezequiel 33:11.) El Señor es "compasivo y clemente, lento en iras y grande en misericordia y en fidelidad, ... que perdona la iniquidad, la transgresión y el pecado." Sin embargo "visita la iniquidad de los padres sobre los hijos, y sobre los hijos de los hijos, hasta la tercera y hasta la cuarta generación." "¡Jehová es lento en iras y grande en poder, y de ningún modo tendrá por inocente al rebelde!" (Éxodo 34:6, 7; Nahum 1:3, V.M.) Él vindicará con terribles manifestaciones la dignidad de su ley pisoteada. Puede juzgarse de cuán severa ha de ser la retribución que espera a los culpables, por la repugnancia que tiene el Señor para hacer justicia. La nación a la que soporta desde hace tanto tiempo y a la que no destruirá hasta que no haya llenado la medida de sus iniquidades, según el cálculo de Dios, beberá finalmente de la copa de su ira sin mezcla de misericordia.

Cuando Cristo deje de interceder en el santuario, se derramará sin mezcla la ira de Dios de la que son amenazados los que adoran a la bestia y a su imagen y reciben su marca. (Apocalipsis 14:9, 10.) Las plagas que cayeron sobre Egipto cuando Dios estaba por libertar a Israel fueron de índole análoga a los juicios más terribles y extensos que caerán sobre el mundo inmediatamente antes de la liberación final del pueblo de Dios. En el Apocalipsis se lee lo siguiente con referencia a esas mismas plagas tan temibles: "Vino una plaga mala y dañosa sobre los hombres que tenían la señal de la bestia, y sobre los que adoraban su imagen." El mar "se convirtió en sangre como de un muerto; y toda alma viviente fue muerta en el mar." También "los ríos; y ... , las fuentes de las aguas, ... se convirtieron en sangre." Por terribles que sean estos castigos, la justicia de Dios está plenamente vindicada. El ángel de Dios declara: "Justo eres tú, oh Señor, ... porque has juzgado estas cosas: porque ellos derramaron la sangre de los santos y de los profetas, también tú les has dado a beber sangre; pues lo merecen." (Apocalipsis 16:2-6.) Al condenar a muerte al pueblo de Dios, los que lo hicieron son tan culpables de su sangre como si la hubiesen derramado con sus propias manos. Del mismo modo Cristo declaró que los judíos de su tiempo eran culpables de toda la sangre de los santos varones que había sido derramada desde los días de Abel, pues estaban animados del mismo espíritu y estaban tratando de hacer lo mismo que los asesinos de los profetas.

En la plaga que sigue, se le da poder al sol para "quemar a los hombres con fuego. Y los hombres se quemaron con el grande calor." (Apocalipsis 14:8, 9.) Los profetas describen como sigue el estado de la tierra en tan terrible tiempo: "El campo fue destruido, enlutóse la tierra; ... porque se perdió la mies del campo." "Secáronse todos los árboles del campo; por lo cual se secó el gozo de los hijos de los hombres." "El grano se pudrió debajo de sus terrones, los bastimentos fueron asolados." "¡Cuánto gimieron las bestias! ¡cuán turbados anduvieron los hatos de los bueyes, porque no tuvieron pastos! , ... Se secaron los arroyos de las aguas, y fuego consumió las praderías del desierto." (Joel 1:10, 11, 12, 17, 18, 20.) "Y los cantores del templo aullarán en aquel día, dice el Señor Jehová; muchos serán los cuerpos muertos; en todo lugar echados serán en silencio." (Amós 8:3.)

Estas plagas no serán universales, pues de lo contrario los habitantes de la tierra serían enteramente destruidos. Sin embargo serán los azotes más terribles que hayan sufrido jamás los hombres. Todos los juicios que cayeron sobre los hombres antes del fin del tiempo de gracia fueron mitigados con misericordia. La sangre propiciatoria de Cristo impidió que el pecador recibiese el pleno castigo de su culpa; pero en el juicio final la ira de Dios se derramará sin mezcla de misericordia.

En aquel día, multitudes enteras invocarán la protección de la misericordia divina que por tanto tiempo despreciaran. "He aquí vienen días, dice el Señor Jehová, en los cuales enviaré hambre a la tierra, no hambre de pan, ni sed de agua, sino de oír palabra de Jehová. E irán errantes de mar a mar: desde el norte hasta el oriente discurrirán buscando palabra de Jehová, y no la hallarán." (Amós 8:11, 12.)

El pueblo de Dios no quedará libre de padecimientos; pero aunque perseguido y acongojado y aunque sufra privaciones y falta de alimento, no será abandonado para perecer. El Dios que cuidó de Elías no abandonará a ninguno de sus abnegados hijos. El que cuenta de sus cabellos de sus cabezas, cuidará de ellos y los atenderá en tiempos de hambruna. Mientras los malvados estén muriéndose de hambre y pestilencia, los ángeles protegerán a los justos y suplirán sus necesidades. Escrito está del que "camina en justicia" que "se le dará pan y sus aguas serán ciertas." "Cuando los pobres y los menesterosos buscan agua y no la hay, y la lengua se les seca de sed, yo, Jehová, les escucharé; yo, el Dios de Israel, no los abandonará." (Isaías 33:16; 41:17, V.M.)

"Mas aunque la higuera no floreciere, y no hubiere fruto en la vid; aunque faltare el producto del olivo, y los campos nada dieren de comer; aunque las ovejas fueren destruidas del aprisco, y no hubiere vacas en los pesebres; sin embargo" los que teman a Jehová se regocijarán en él y se alegrarán en el Dios de su salvación. (Habacuc 3:17, 18, V.M.)

"Jehová es tu guardador: Jehová es tu sombra a tu mano derecha. El sol no te fatigará de día, ni la luna de noche. Jehová te guardará de todo mal: él guardará tu alma." "Y él te librará del lazo del cazador: de la peste destruidora. Con sus plumas te cubrirá, y debajo de sus alas estarás seguro: escudo y adarga es su verdad. No tendrás temor de espanto nocturno, ni de saeta que vuele de día; ni de pestilencia que ande en oscuridad, ni de mortandad que en medio del día destruya. Caerán a tu lado mil, y diez mil a tu diestra: mas a ti no llegará. Ciertamente con tus ojos mirarás, y verás la recompensa de los impíos. Porque tú has puesto a Jehová, que es mi esperanza, al Altísimo por tu habitación, no te sobrevendrá mal, ni plaga tocará tu morada." (Salmos 121:5-7; 91:3-10.)

Sin embargo, por lo que ven los hombres, parecería que los hijos de Dios tuviesen que sellar pronto su destino con su sangre, como lo hicieron los mártires que los precedieron. Ellos mismos empiezan a temer que el Señor los deje perecer en las manos homicidas de sus enemigos. Es un tiempo de terrible agonía. De día y de noche claman a Dios para que los libre. Los malos triunfan y se oye este grito de burla: "¿Dónde está ahora vuestra fe? ¿Por qué no os libra Dios de nuestras manos si sois verdaderamente su pueblo?" Pero mientras esos fieles cristianos aguardan, recuerdan que cuando Jesús estaba muriendo en la cruz del Calvario los sacerdotes y príncipes gritaban en tono de mofa: "A otros salvó, a sí mismo no puede salvar: si es el Rey de Israel, descienda ahora de la cruz, y creeremos en él." (S. Mateo 27:42.) Como Jacob, todos luchan con Dios. Sus semblantes expresan la agonía de sus almas. Están pálidos, pero no dejan de orar con fervor.

Si los hombres tuviesen la visión del cielo, verían compañías de ángeles poderosos en fuerza estacionados en torno de los que han guardado la palabra de la paciencia de Cristo. Con ternura y simpatía, los ángeles han presenciado la angustia de ellos y han escuchado sus oraciones. Aguardan la orden de su jefe para arrancarlos al peligro. Pero tienen que esperar un poco más. El pueblo de Dios tiene que beber de la copa y ser bautizado con el bautismo. La misma dilación que es tan penosa para ellos, es la mejor respuesta a sus oraciones. Mientras procuran esperar con confianza que el Señor obre, son inducidos a ejercitar su fe, esperanza y paciencia como no lo hicieron durante su experiencia religiosa anterior. Sin embargo, el tiempo de angustia será acortado por amor de los elegidos. "¿Y acaso Dios no defenderá la causa de sus escogidos, que claman a él día y noche? ... Os digo que defenderá su causa presto." (S. Lucas 18:7, 8, V.M.) El fin vendrá más pronto de lo que los hombres esperan. El trigo será recogido y atado en gavillas para el granero de Dios; la cizaña será amarrada en haces para los fuegos destructores.

Los centinelas celestiales, fieles a su cometido, siguen vigilando. Por más que un decreto general haya fijado el tiempo en que los observadores de los mandamientos puedan ser muertos, sus enemigos, en algunos casos, se anticiparán al decreto y tratarán de quitarles la vida antes del tiempo fijado. Pero nadie puede atravesar el cordón de los poderosos guardianes colocados en torno de cada fiel. Algunos son atacados al huir de las ciudades y villas. Pero las espadas levantadas contra ellos se quiebran y caen como si fueran de paja. Otros son defendidos por ángeles en forma de guerreros.

En todos los tiempos Dios se valió de santos ángeles para socorrer y librar a su pueblo. Los seres celestiales tomaron parte activa en los asuntos de los hombres. Aparecieron con vestiduras que relucían como el rayo; vinieron como hombres en traje de caminantes. Hubo casos en que aparecieron ángeles en forma humana a los siervos de Dios. Descansaron bajo los robles al mediodía como si hubiesen estado cansados. Aceptaron la hospitalidad en hogares humanos. Sirvieron de guías a viajeros extraviados. Con sus propias manos encendieron los fuegos del altar. Abrieron las puertas de las cárceles y libertaron a los siervos del Señor. Vestidos de la armadura celestial, vinieron para quitar la piedra de sepulcro del Salvador.

A menudo suele haber ángeles en forma humana en las asambleas de los justos, y visitan también las de los impíos, como lo hicieron en Sodoma para tomar nota de sus actos y para determinar si excedieron los límites de la paciencia de Dios. El Señor se complace en la misericordia; así que por causa de los pocos que le sirven verdaderamente, mitiga las calamidades y prolonga el estado de tranquilidad de las multitudes. Los que pecan contra Dios no se dan cuenta de que deben la vida a los pocos fieles a quienes les gusta ridiculizar y oprimir.

Aunque los gobernantes de este mundo no lo sepan, ha sido frecuente que en sus asambleas hablaran ángeles. Ojos humanos los han mirado; oídos humanos han escuchado sus llamamientos; labios humanos se han opuesto a sus indicaciones y han puesto en ridículo sus consejos; y hasta manos humanas los han maltratado. En las salas de consejo y en los tribunales, estos mensajeros celestiales han revelado sus grandes conocimientos de la historia de la humanidad y se han demostrado más capaces de defender la causa de los oprimidos que los abogados más hábiles y más elocuentes. Han frustrado propósitos y atajado males que habrían atrasado en gran manera la obra de Dios y habrían causado grandes padecimientos a su pueblo. En la hora de peligro y angustia "el ángel de Jehová acampa en derredor de los que le temen, y los defiende." (Salmo 34:7.)

El pueblo de Dios espera con ansia las señales de la venida de su Rey. Y cuando se les pregunta a los centinelas: "¿Qué hay de la noche?" se oye la respuesta terminante: "¡La mañana viene, y también la noche!" (Isaías 21:11, 12, V.M.) La luz dora las nubes que coronan las cumbres. Pronto su gloria se revelará. El Sol de Justicia está por salir. Tanto la mañana como la noche van a principiar: la mañana del día eterno para los justos y la noche perpetua para los impíos.

Mientras el pueblo militante de Dios dirige con empeño sus oraciones a Dios, el velo que lo separa del mundo invisible parece estar casi descorrido. Los cielos se encienden con la aurora del día eterno, y cual melodía de cánticos angélicos llegan a sus oídos las palabras: "Manteneos firmes en vuestra fidelidad. Ya os llega ayuda." Cristo, el vencedor todopoderoso, ofrece a sus cansados soldados una corona de gloria inmortal; y su voz se deja oír por las puertas entornadas: "He aquí que estoy con vosotros. No temáis. Conozco todas vuestras penas; he cargado con vuestros dolores. No estáis lidiando contra enemigos desconocidos. He peleado en favor vuestro, y en mi nombre sois más que vencedores."

Nuestro amado Salvador nos enviará ayuda en el momento mismo en que la necesitemos. El camino del cielo quedó consagrado por sus pisadas. Cada espina que hiere nuestros pies hirió también los suyos. El cargó antes que nosotros la cruz que cada uno de nosotros ha de cargar. El Señor permite los conflictos a fin de preparar al alma—para la paz. El tiempo de angustia es una prueba terrible para el pueblo de Dios; pero es el momento en que todo verdadero creyente debe mirar hacia arriba a fin de que por la fe pueda ver el arco de la promesa que le envuelve.

"Cierto, tornarán los redimidos de Jehová, volverán a Sión cantando, y gozo perpetuo será sobre sus cabezas: poseerán gozo y alegría, y el dolor y el gemido huirán. Yo, yo soy vuestro consolador. ¿Quién eres tú para que tengas temor del hombre, que es mortal, del hijo del hombre, que por heno será contado? Y hasta ya olvidado de Jehová tu Hacedor, ... y todo el día temiste continuamente del furor del que aflige, cuando se disponía para destruir: mas ¿en dónde está el furor del que aflige? El preso se da prisa para ser suelto, por no morir en la mazmorra, ni que le falte su pan. Empero yo Jehová, que parto la mar, y suenan sus ondas, soy tu Dios, cuyo nombre es Jehová de los ejércitos. Y en tu boca he puesto mis palabras, y con la sombra de mi mano te cubrí." (Isaías 51:11-16.)

"Oye pues ahora esto, miserable, ebria, y no de vino: Así dijo tu Señor Jehová, y tu Dios, el cual pleitea por su pueblo: He aquí he quitado de tu mano el cáliz de aturdimiento, la hez del cáliz de mi furor; nunca más lo beberás: y ponerlo he en mano de tus angustiadores que dijeron a tu alma: Encórvate, y pasaremos. Y tú pusiste tu cuerpo como tierra, y como camino, a los que pasan." (Isaías 51:21-23.)

El ojo de Dios, al mirar al través de las edades, se fijó en la crisis a la cual tendrá que hacer frente su pueblo, cuando los poderes de la tierra se unan contra él. Como los desterrados cautivos, temerán morir de hambre o por la violencia. Pero el Dios santo que dividió las aguas del Mar Rojo delante de los israelitas manifestará su gran poder libertándolos de su cautiverio. "Ellos me serán un tesoro especial, dice Jehová de los ejércitos, en aquel día que yo preparo; y me compadeceré de ellos, como un hombre se compadece de su mismo hijo que le sirve." (Malaquías 3:17, V.M.) Si la sangre de los fieles siervos de Cristo fuese entonces derramada, no sería ya, como la sangre de los mártires, semilla destinada a dar una cosecha para Dios. Su fidelidad no sería ya un testimonio para convencer a otros de la verdad, pues los corazones endurecidos han rechazado los llamamientos de la misericordia hasta que éstos ya no se dejan oír. Si los justos cayesen entonces presa de sus enemigos, sería un triunfo para el príncipe de las tinieblas. El salmista dice: "Me esconderá en su pabellón en el día de calamidad; me encubrirá en lo recóndito de su Tabernáculo." (Salmo 27:5, V.M.) Cristo ha dicho: "¡Ven, pueblo mío, entra en tus aposentos, cierra tus puertas sobre ti; escóndete por un corto momento, hasta que pase la indignación! Porque he aquí que Jehová sale de su lugar para castigar a los habitantes de la tierra por su iniquidad." (Isaías 26:20, 21, V.M.) Gloriosa será la liberación de los que lo han esperado pacientemente y cuyos nombres están escritos en el libro de la vida.

41
La Liberación del Pueblo de Dios

CUANDO los que honran la ley de Dios hayan sido privados de la protección de las leyes humanas, empezará en varios países un movimiento simultáneo para destruirlos. Conforme vaya acercándose el tiempo señalado en el decreto, el pueblo conspirará para extirpar la secta aborrecida. Se convendrá en dar una noche el golpe decisivo, que reducirá completamente al silencio la voz disidente y reprensora.

El pueblo de Dios—algunos en las celdas de las cárceles, otros escondidos en ignorados escondrijos de bosques y montañas—invocan aún la protección divina, mientras que por todas partes compañías de hombres armados, instigados por legiones de ángeles malos, se disponen a emprender la obra de muerte. Entonces, en la hora de supremo apuro, es cuando el Dios de Israel intervendrá para librar a sus escogidos. El Señor dice: "Vosotros tendréis canción, como en noche en que se celebra pascua; y alegría de corazón, como el que va . . . al monte de Jehová, al Fuerte de Israel. Y Jehová hará oír su voz potente, y hará ver el descender de su brazo, con furor de rostro, y llama de fuego consumidor; con dispersión, con avenida, y piedra de granizo." (Isaías 30:29, 30.)

Multitudes de hombres perversos, profiriendo gritos de triunfo, burlas e imprecaciones, están a punto de arrojarse sobre su presa, cuando de pronto densas tinieblas, más sombrías que la obscuridad de la noche caen sobre la tierra. Luego un arco iris, que refleja la gloria del trono de Dios, se extiende de un lado a otro del cielo, y parece envolver a todos los grupos en oración. Las multitudes encolerizadas se sienten contenidas en el acto. Sus gritos de burla expiran en sus labios. Olvidan el objeto de su ira sanguinaria. Con terribles presentimientos contemplan el símbolo de la alianza divina, y ansían ser amparadas de su deslumbradora claridad.

Los hijos de Dios oyen una voz clara y melodiosa que dice: "Enderezaos," y, al levantar la vista al cielo, contemplan el arco de la promesa. Las nubes negras y amenazadoras que cubrían el firmamento se han desvanecido, y como Esteban, clavan la mirada en el cielo, y ven la gloria de Dios y al Hijo del hombre sentado en su trono. En su divina forma distinguen los rastros de su humillación, y oyen brotar de sus labios la oración dirigida a su Padre y a los santos ángeles: "Yo quiero que aquellos también que me has dado, estén conmigo en donde yo estoy." (S. Juan 17:24, V.M.) Luego se oye una voz armoniosa y triunfante, que dice: "¡Helos aquí! ¡Helos aquí! santos, inocentes e inmaculados. Guardaron la palabra de mi paciencia y andarán entre los ángeles;" y de los labios pálidos y trémulos de los que guardaron firmemente la fe, sube una aclamación de victoria.

Es a medianoche cuando Dios manifiesta su poder para librar a su pueblo. Sale el sol en todo su esplendor. Sucédense señales y prodigios con rapidez. Los malos miran la escena con terror y asombro, mientras los justos contemplan con gozo las señales de su liberación. La naturaleza entera parece trastornada. Los ríos dejan de correr. Nubes negras y pesadas se levantan y chocan unas con otras. En medio de los cielos conmovidos hay un claro de gloria indescriptible, de donde baja la voz de Dios semejante al ruido de muchas aguas, diciendo: "Hecho es." (Apocalipsis 16:17.)

Esa misma voz sacude los cielos y la tierra. Síguese un gran terremoto, "cual no fue jamás desde que los hombres han estado sobre la tierra." (Vers. 18.) El firmamento parece abrirse y cerrarse. La gloria del trono de Dios parece cruzar la atmósfera. Los montes son movidos como una caña al soplo del viento, y las rocas quebrantadas se esparcen por todos lados. Se oye un estruendo como de cercana tempestad. El mar es azotado con furor. Se oye el silbido del huracán, como voz de demonios en misión de destrucción. Toda la tierra se alborota e hincha como las olas del mar. Su superficie se raja. Sus mismos fundamentos parecen ceder.

Se hunden cordilleras. Desaparecen islas habitadas. Los puertos marítimos que se volvieron como Sodoma por su corrupción, son tragados por las enfurecidas olas. "La grande Babilonia vino en memoria delante de Dios, para darle el cáliz del vino del furor de su ira." (Vers. 19.) Pedrisco grande, cada piedra, "como del peso de un talento" (vers. 21), hace su obra de destrucción. Las más soberbias ciudades de la tierra son arrasadas. Los palacios suntuosos en que los magnates han malgastado sus riquezas en provecho de su gloria personal, caen en ruinas ante su vista. Los muros de las cárceles se parten de arriba abajo, y son libertados los hijos de Dios que habían sido apresados por su fe.

Los sepulcros se abren y "muchos de los que duermen en el polvo de la tierra serán despertados, unos para vida eterna, y otros para vergüenza y confusión perpetua." (Daniel 12:2.) Todos los que murieron en la fe del mensaje del tercer ángel, salen glorificados de la tumba, para oír el pacto de paz que Dios hace con los que guardaron su ley. "Los que le traspasaron" (Apocalipsis 1:7), los que se mofaron y se rieron de la agonía de Cristo y los enemigos más acérrimos de su verdad y de su pueblo, son resucitados para mirarle en su gloria y para ver el honor con que serán recompensados los fieles y obedientes.

Densas nubes cubren aún el firmamento; sin embargo el sol se abre paso de vez en cuando, como si fuese el ojo vengador de Jehová. Fieros relámpagos rasgan el cielo con fragor, envolviendo a la tierra en claridad de llamaradas. Por encima del ruido aterrador de los truenos, se oyen voces misteriosas y terribles que anuncian la condenación de los impíos. No todos entienden las palabras pronunciadas; pero los falsos maestros las comprenden perfectamente. Los que poco antes eran tan temerarios, jactanciosos y provocativos, y que tanto se regocijaban al ensañarse en el pueblo de Dios observador de sus mandamientos, se sienten presa de consternación y tiemblan de terror. Sus llantos dominan el ruido de los elementos. Los demonios confiesan la divinidad de Cristo y tiemblan ante su poder, mientras que los hombres claman por misericordia y se revuelcan en terror abyecto.

Al considerar el día de Dios en santa visión, los antiguos profetas exclamaron: "Aullad, porque cerca está el día de Jehová; vendrá como asolamiento del Todopoderoso." "Métete en la piedra, escóndete en el polvo, de la presencia espantosa de Jehová y del resplandor de su majestad. La altivez de los ojos del hombre será abatida, y la soberbia de los hombres será humillada; y Jehová solo será ensalzado en aquel día. Porque día de Jehová de los ejércitos vendrá sobre todo soberbio y altivo, y sobre todo ensalzado; y será abatido." "Aquel día arrojará el hombre, a los topos y murciélagos, sus ídolos de plata y sus ídolos de oro, que le hicieron para que adorase; y se entrarán en las hendiduras de las rocas y en las cavernas de las peñas, por la presencia formidable de Jehová, y por el resplandor de su majestad, cuando se levantare para herir la tierra." (Isaías 13:6; 2:10-12; 2:20, 21.)

Por un desgarrón de las nubes una estrella arroja rayos de luz cuyo brillo queda cuadruplicado por el contraste con la obscuridad. Significa esperanza y júbilo para los fieles, pero severidad para los transgresores de la ley de Dios. Los que todo lo sacrificaron por Cristo están entonces seguros, como escondidos en los pliegues del pabellón de Dios. Fueron probados, y ante el mundo y los despreciadores de la verdad demostraron su fidelidad a Aquel que murió por ellos. Un cambio maravilloso se ha realizado en aquellos que conservaron su integridad ante la misma muerte. Han sido librados como por ensalmo de la sombría y terrible tiranía de los hombres vueltos demonios. Sus semblantes, poco antes tan pálidos, tan llenos de ansiedad y tan macilentos, brillan ahora de admiración, fe y amor. Sus voces se elevan en canto triunfal: "Dios es nuestro refugio y fortaleza; socorro muy bien experimentado en las angustias. Por tanto no temeremos aunque la tierra sea conmovida, y aunque las montañas se trasladen al centro de los mares; aunque bramen y se turben sus aguas, aunque tiemblen las montañas a causa de su bravura." (Salmo 46:1-3, V.M.)

Mientras estas palabras de santa confianza se elevan hacia Dios, las nubes se retiran, y el cielo estrellado brilla con esplendor indescriptible en contraste con el firmamento negro y severo en ambos lados. La magnificencia de la ciudad celestial rebosa por las puertas entreabiertas. Entonces aparece en el cielo una mano que sostiene dos tablas de piedra puestas una sobre otra. El profeta dice: "Denunciarán los cielos su justicia; porque Dios es el juez." (Salmo 50:6.) Esta ley santa, justicia de Dios, que entre truenos y llamas fue proclamada desde el Sinaí como guía de la vida, se revela ahora a los hombres como norma del juicio. La mano abre las tablas en las cuales se ven los preceptos del Decálogo inscritos como con letras de fuego. Las palabras son tan distintas que todos pueden leerlas. La memoria se despierta, las tinieblas de la superstición y de la herejía desaparecen de todos los espíritus, y las diez palabras de Dios, breves, inteligibles y llenas de autoridad, se presentan a la vista de todos los habitantes de la tierra.

Es imposible describir el horror y la desesperación de aquellos que pisotearon los santos preceptos de Dios. El Señor les había dado su ley con la cual hubieran podido comparar su carácter y ver sus defectos mientras que había aún oportunidad para arrepentirse y reformarse; pero con el afán de asegurarse el favor del mundo, pusieron a un lado los preceptos de la ley y enseñaron a otros a transgredirlos. Se empeñaron en obligar al pueblo de Dios a que profanase su sábado. Ahora los condena aquella misma ley que despreciaron. Ya echan de ver que no tienen disculpa. Eligieron a quién querían servir y adorar. "Entonces vosotros volveréis, y echaréis de ver la diferencia que hay entre el justo y el injusto; entre aquel que sirve a Dios, y aquel que no le sirve." (Malaquías 3:18, V.M.)

Los enemigos de la ley de Dios, desde los ministros hasta el más insignificante entre ellos, adquieren un nuevo concepto de lo que es la verdad y el deber. Reconocen demasiado tarde que el día de reposo del cuarto mandamiento es el sello del Dios vivo. Ven demasiado tarde la verdadera naturaleza de su falso día de reposo y el fundamento arenoso sobre el cual construyeron. Se dan cuenta de que han estado luchando contra Dios. Los maestros de la religión condujeron las almas a la perdición mientras profesaban guiarlas hacia las puertas del paraíso. No se sabrá antes del día del juicio final cuán grande es la responsabilidad de los que desempeñan un cargo sagrado, y cuán terribles son los resultados de su infidelidad. Sólo en la eternidad podrá apreciarse debidamente la pérdida de una sola alma. Terrible será la suerte de aquel a quien Dios diga: Apártate, mal servidor.

Desde el cielo se oye la voz de Dios que proclama el día y la hora de la venida de Jesús, y promulga a su pueblo el pacto eterno. Sus palabras resuenan por la tierra como el estruendo de los más estrepitosos truenos. El Israel de Dios escucha con los ojos elevados al cielo. Sus semblantes se iluminan con la gloria divina y brillan cual brillara el rostro de Moisés cuando bajó del Sinaí. Los malos no los pueden mirar. Y cuando la bendición es pronunciada sobre los que honraron a Dios santificando su sábado, se oye un inmenso grito de victoria.

Pronto aparece en el este una pequeña nube negra, de un tamaño como la mitad de la palma de la mano. Es la nube que envuelve al Salvador y que a la distancia parece rodeada de obscuridad. El pueblo de Dios sabe que es la señal del Hijo del hombre. En silencio solemne la contemplan mientras va acercándose a la tierra, volviéndose más luminosa y más gloriosa hasta convertirse en una gran nube blanca, cuya base es como fuego consumidor, y sobre ella el arco iris del pacto. Jesús marcha al frente como un gran conquistador. Ya no es "varón de dolores," que haya de beber el amargo cáliz de la ignominia y de la maldición; victorioso en el cielo y en la tierra, viene a juzgar a vivos y muertos. "Fiel y veraz," "en justicia juzga y hace guerra." "Y los ejércitos que están en el cielo le seguían." (Apocalipsis 19:11, 14, V.M.) Con cantos celestiales los santos ángeles, en inmensa e Innumerable muchedumbre, le acompañan en el descenso. El firmamento parece lleno de formas radiantes,—"millones de millones, y millares de millares." Ninguna pluma humana puede describir la escena, ni mente mortal alguna es capaz de concebir su esplendor. "Su gloria cubre los cielos, y la tierra se llena de su alabanza. También su resplandor es como el fuego." (Habacuc 3:3, 4, V.M.) A medida que va acercándose la nube viviente, todos los ojos ven al Príncipe de la vida. Ninguna corona de espinas hiere ya sus sagradas sienes, ceñidas ahora por gloriosa diadema. Su rostro brilla más que la luz deslumbradora del sol de mediodía. "Y en su vestidura y en su muslo tiene escrito este nombre: *Rey de reyes y Señor de señores.*" (Apocalipsis 19:16.)

Ante su presencia, "hanse tornado pálidos todos los rostros;" el terror de la desesperación eterna se apodera de los que han rechazado la misericordia de Dios. "Se deslíe el corazón, y se baten las rodillas, . . . y palidece el rostro de todos." (Jeremías 30:6; Nahum 2:10, V.M.) Los justos gritan temblando: "¿Quién podrá estar firme?" Termina el canto de los ángeles, y sigue un momento de silencio aterrador. Entonces se oye la voz de Jesús, que dice: "¡Bástaos mi gracia!" Los rostros de los justos se iluminan y el corazón de todos se llena de gozo. Y los ángeles entonan una melodía más elevada, y vuelven a cantar al acercarse aún más a la tierra.

El Rey de reyes desciende en la nube, envuelto en llamas de fuego. El cielo se recoge como un libro que se enrolla, la tierra tiembla ante su presencia, y todo monte y toda isla se mueven de sus lugares. "Vendrá nuestro Dios, y no callará: fuego consumirá delante de el, y en derredor suyo habrá tempestad grande. Convocará a los cielos de arriba, y a la tierra, para juzgar a su pueblo." (Salmo 50:3, 4.)

Y los reyes de la tierra y los príncipes, y los ricos, y los capitanes, y los fuertes, y todo siervo y todo libre, se escondieron en las cuevas y entre las peñas de los montes; y decían a los montes y a las peñas: Caed sobre nosotros, y escondednos de la cara de aquel que está sentado sobre el trono, y de la ira del Cordero: porque el gran día de su ira es venido; ¿y quién podrá estar firme?" (Apocalipsis 6:15-17.)

Cesaron las burlas. Callan los labios mentirosos. El choque de las armas y el tumulto de la batalla, "con revolcamiento de vestidura en sangre" (Isaías 9:5), han concluido. Sólo se oyen ahora voces de oración, llanto y lamentación. De las bocas que se mofaban poco antes, estalla el grito: "El gran día de su ira es venido; ¿y quién podrá estar firme?" Los impíos piden ser sepultados bajo las rocas de las montañas, antes que ver la cara de Aquel a quien han despreciado y rechazado.

Conocen esa voz que penetra hasta el oído de los muertos. ¡Cuántas veces sus tiernas y quejumbrosas modulaciones no los han llamado al arrepentimiento! ¡Cuántas veces no ha sido oída en las conmovedoras exhortaciones de un amigo, de un hermano, de un Redentor! Para los que rechazaron su gracia, ninguna otra podría estar tan llena de condenación ni tan cargada de acusaciones, como esta voz que tan a menudo exhortó con estas palabras: "Volveos, volveos de vuestros caminos malos, pues ¿por qué moriréis?" (Ezequiel 33:11, V.M.) ¡Oh, si sólo fuera para ellos la voz de un extraño! Jesús dice: "Por cuanto llamé, y no quisisteis; extendí mi mano, y no hubo quien escuchase; antes desechasteis todo consejo mío, y mi reprensión no quisisteis." (Proverbios 1:24, 25.) Esa voz despierta recuerdos que ellos quisieran borrar, de avisos despreciados, invitaciones rechazadas, privilegios desdeñados.

Allí están los que se mofaron de Cristo en su humillación. Con fuerza penetrante acuden a su mente las palabras del Varón de dolores, cuando, conjurado por el sumo sacerdote, declaró solemnemente: "Desde ahora habéis de ver al Hijo del hombre sentado a la diestra de la potencia de Dios, y que viene en las nubes del cielo." (S. Mateo 26:64.) Ahora le ven en su gloria, y deben verlo aún sentado a la diestra del poder divino.

Los que pusieron en ridículo su aserto de ser el Hijo de Dios enmudecen ahora. Allí está el altivo Herodes que se burló de su título real y mandó a los soldados escarnecedores que le coronaran. Allí están los hombres mismos que con manos impías pusieron sobre su cuerpo el manto de grana, sobre sus sagradas sienes la corona de espinas y en su dócil mano un cetro burlesco, y se inclinaron ante él con burlas de blasfemia. Los hombres que golpearon y escupieron al Príncipe de la vida, tratan de evitar ahora su mirada penetrante y de huir de la gloria abrumadora de su presencia. Los que atravesaron con clavos sus manos y sus pies, los soldados que le abrieron el costado, consideran esas señales con terror y remordimiento.

Los sacerdotes y los escribas recuerdan los acontecimientos del Calvario con claridad aterradora. Llenos de horror recuerdan cómo, moviendo sus cabezas con arrebato satánico, exclamaron: "A otros salvó, a sí mismo no puede salvar: si es el Rey de Israel, descienda ahora de la cruz, y creeremos en él. Confió en Dios; líbrele ahora si le quiere." (S. Mateo 27:42, 43.)

Recuerdan a lo vivo la parábola de los labradores que se negaron a entregar a su señor los frutos de la viña, que maltrataron a sus siervos y mataron a su hijo. También recuerdan la sentencia que ellos mismos pronunciaron: "A los malos destruirá miserablemente" el señor de la viña. Los sacerdotes y escribas ven en el pecado y en el castigo de aquellos malos labradores su propia conducta y su propia y merecida suerte. Y entonces se levanta un grito de agonía mortal. Más fuerte que los gritos de "¡Sea crucificado! ¡Sea crucificado!" que resonaron por las calles de Jerusalén, estalla el clamor terrible y desesperado: "¡Es el Hijo de Dios! ¡Es el verdadero Mesías!" Tratan de huir de la presencia del Rey de reyes. En vano tratan de esconderse en las hondas cuevas de la tierra desgarrada por la conmoción de los elementos.

En la vida de todos los que rechazan la verdad, hay momentos en que la conciencia se despierta, en que la memoria evoca el recuerdo aterrador de una vida de hipocresía, y el alma se siente atormentada de vanos pesares. Mas ¿qué es eso comparado con el remordimiento que se experimentará aquel día "cuando viniere cual huracán vuestro espanto, y vuestra calamidad, como torbellino" ? (Proverbios 1:27, V.M.) Los que habrían querido matar a Cristo y a su pueblo fiel son ahora testigos de la gloria que descansa sobre ellos. En medio de su terror oyen las voces de los santos que exclaman en unánime júbilo: "¡He aquí éste es nuestro Dios, le hemos esperado, y nos salvará!" (Isaías 25:9.)

Entre las oscilaciones de la tierra, las llamaradas de los relámpagos y el fragor de los truenos, el Hijo de Dios llama a la vida a los santos dormidos. Dirige una mirada a las tumbas de los justos, y levantando luego las manos al cielo, exclama: "¡Despertaos, despertaos, despertaos, los que dormís en el polvo, y levantaos!" Por toda la superficie de la tierra, los muertos oirán esa voz; y los que la oigan vivirán. Y toda la tierra repercutirá bajo las pisadas de la multitud extraordinaria de todas las naciones, tribus, lenguas y pueblos. De la prisión de la muerte sale revestida de gloria inmortal gritando "¿Dónde está, oh muerte, tu aguijón? ¿dónde, oh sepulcro, tu victoria?" (1 Corintios 15:55.) Y los justos vivos unen sus voces a las de los santos resucitados en prolongada y alegre aclamación de victoria.

Todos salen de sus tumbas de igual estatura que cuando en ellas fueron depositados. Adán, que se encuentra entre la multitud resucitada, es de soberbia altura y formas majestuosas, de porte poco inferior al del Hijo de Dios. Presenta un contraste notable con los hombres de las generaciones posteriores; en este respecto se nota la gran degeneración de la raza humana. Pero todos se levantan con la lozanía y el vigor de eterna juventud. Al principio, el hombre fue creado a la semejanza de Dios, no sólo en carácter, sino también en lo que se refiere a la forma y a la fisonomía. El pecado borró e hizo desaparecer casi por completo la imagen divina; pero Cristo vino a restaurar lo que se había malogrado. El transformará nuestros cuerpos viles y los hará semejantes a la imagen de su cuerpo glorioso. La forma mortal y corruptible, desprovista de gracia, manchada en otro tiempo por el pecado, se vuelve perfecta, hermosa e inmortal. Todas las imperfecciones y deformidades quedan en la tumba. Reintegrados en su derecho al árbol de la vida, en el desde tanto tiempo perdido Edén, los redimidos crecerán hasta alcanzar la estatura perfecta de la raza humana en su gloria primitiva. Las últimas señales de la maldición del pecado serán quitadas, y los fieles discípulos de Cristo aparecerán en "la hermosura de Jehová nuestro Dios," reflejando en espíritu, cuerpo y alma la imagen perfecta de su Señor. ¡Oh maravillosa redención, tan descrita y tan esperada, contemplada con anticipación febril, pero jamás enteramente comprendida!

Los justos vivos son mudados "en un momento, en un abrir de ojo." A la voz de Dios fueron glorificados; ahora son hechos inmortales, y juntamente con los santos resucitados son arrebatados para recibir a Cristo su Señor en los aires. Los ángeles "juntarán sus escogidos de los cuatro vientos, de un cabo del cielo hasta el otro." Santos ángeles llevan niñitos a los brazos de sus madres. Amigos, a quienes la muerte tenía separados desde largo tiempo, se reúnen para no separarse más, y con cantos de alegría suben juntos a la ciudad de Dios.

En cada lado del carro nebuloso hay alas, y debajo de ellas, ruedas vivientes; y mientras el carro asciende las ruedas gritan: "¡Santo!" y las alas, al moverse, gritan: "¡Santo!" y el cortejo de los ángeles exclama: "¡Santo, santo, santo, es el Señor Dios, el Todopoderoso!" Y los redimidos exclaman: "¡Aleluya!" mientras el carro se adelanta hacia la nueva Jerusalén.

Antes de entrar en la ciudad de Dios, el Salvador confiere a sus discípulos los emblemas de la victoria, y los cubre con las insignias de su dignidad real. Las huestes resplandecientes son dispuestas en forma de un cuadrado hueco en derredor de su Rey, cuya majestuosa estatura sobrepasa en mucho a la de los santos y de los ángeles, y cuyo rostro irradia amor benigno sobre ellos. De un cabo a otro de la innumerable hueste de los redimidos, toda mirada está fija en él, todo ojo contempla la gloria de Aquel cuyo aspecto fue desfigurado "más que el de cualquier hombre, y su forma más que la de los hijos de Adam."

Sobre la cabeza de los vencedores, Jesús coloca con su propia diestra la corona de gloria. Cada cual recibe una corona que lleva su propio "nombre nuevo" (Apocalipsis 2:17), y la inscripción: "Santidad a Jehová." A todos se les pone en la mano la palma de la victoria y el arpa brillante. Luego que los ángeles que mandan dan la nota, todas las manos tocan con maestría las cuerdas de las arpas, produciendo dulce música en ricos y melodiosos acordes. Dicha indecible estremece todos los corazones, y cada voz se eleva en alabanzas de agradecimiento. "Al que nos amó, y nos ha lavado de nuestros pecados con su sangre, y nos ha hecho reyes y sacerdotes para Dios y su Padre; a él sea gloria e imperio para siempre jamás." (Apocalipsis 1:5, 6.)

Delante de la multitud de los redimidos se encuentra la ciudad santa. Jesús abre ampliamente las puertas de perla, y entran por ellas las naciones que guardaron la verdad. Allí contemplan el paraíso de Dios, el hogar de Adán en su inocencia. Luego se oye aquella voz, más armoniosa que cualquier música que haya acariciado jamás el oído de los hombres, y que dice: "Vuestro conflicto ha terminado." "Venid, benditos de mi Padre, heredad el reino preparado para vosotros desde la fundación del mundo."

Entonces se cumple la oración del Salvador por sus discípulos: "Padre, aquellos que me has dado, quiero que donde yo estoy, ellos estén también conmigo." A aquellos a quienes rescató con su sangre, Cristo los presenta al Padre "delante de su gloria irreprensibles, con grande alegría" (S. Judas 24, V.M.), diciendo: "¡Heme aquí a mí, y a los hijos que me diste!" "A los que me diste, yo los guardé." ¡Oh maravillas del amor redentor! ¡qué dicha aquella cuando el Padre eterno, al ver a los redimidos verá su imagen, ya desterrada la discordia del pecado y sus manchas quitadas, y a lo humano una vez más en armonía con lo divino!

Con amor inexpresable, Jesús admite a sus fieles "en el gozo de su Señor." El Salvador se regocija al ver en el reino de gloria las almas que fueron salvadas por su agonía y humillación. Y los redimidos participarán de este gozo, al contemplar entre los bienvenidos a aquellos a quienes ganaron para Cristo por sus oraciones, sus trabajos y sacrificios de amor. Al reunirse en torno del gran trono blanco, indecible alegría llenará sus corazones cuando noten a aquellos a quienes han conquistado para Cristo, y vean que uno ganó a otros, y éstos a otros más, para ser todos llevados al puerto de descanso donde depositarán sus coronas a los pies de Jesús y le alabarán durante los siglos sin fin de la eternidad.

Cuando se da la bienvenida a los redimidos en la ciudad de Dios, un grito triunfante de admiración llena los aires. Los dos Adanes están a punto de encontrarse. El Hijo de Dios está en pie con los brazos extendidos para recibir al padre de nuestra raza al ser que él creó, que pecó contra su Hacedor, y por cuyo pecado el Salvador lleva las señales de la crucifixión. Al distinguir Adán las cruentas señales de los clavos, no se echa en los brazos de su Señor, sino que se prosterna humildemente a sus pies, exclamando: "¡Digno, digno es el Cordero que fue inmolado!" El Salvador lo levanta con ternura, y le invita a contemplar nuevamente la morada edénica de la cual ha estado desterrado por tanto tiempo.

Después de su expulsión del Edén, la vida de Adán en la tierra estuvo llena de pesar. Cada hoja marchita, cada víctima ofrecida en sacrificio, cada ajamiento en el hermoso aspecto de la naturaleza, cada mancha en la pureza del hombre, le volvían a recordar su pecado. Terrible fue la agonía del remordimiento cuando noto que aumentaba la iniquidad, y que en contestación a sus advertencias, se le tachaba de ser él mismo causa del pecado. Con paciencia y humildad soportó, por cerca de mil años, el castigo de su transgresión. Se arrepintió sinceramente de su pecado y confió en los méritos del Salvador prometido, y murió en la esperanza de la resurrección. El Hijo de Dios reparó la culpa y caída del hombre, y ahora, merced a la obra de propiciación, Adán es restablecido a su primitiva soberanía.

Transportado de dicha, contempla los árboles que hicieron una vez su delicia—los mismos árboles cuyos frutos recogiera en los días de su inocencia y dicha. Ve las vides que sus propias manos cultivaron, las mismas flores que se gozaba en cuidar en otros tiempos. Su espíritu abarca toda la escena; comprende que éste es en verdad el Edén restaurado y que es mucho más hermoso ahora que cuando él fue expulsado. El Salvador le lleva al árbol de la vida, toma su fruto glorioso y se lo ofrece para comer. Adán mira en torno suyo y nota a una multitud de los redimidos de su familia que se encuentra en el paraíso de Dios. Entonces arroja su brillante corona a los pies de Jesús, y, cayendo sobre su pecho, abraza al Redentor. Toca luego el arpa de oro, y por las bóvedas del cielo repercute el canto triunfal: "¡Digno, digno, digno es el Cordero, que fue inmolado y volvió a vivir!" La familia de Adán repite los acordes y arroja sus coronas a los pies del Salvador, inclinándose ante él en adoración.

Presencian esta reunión los ángeles que lloraron por la caída de Adán y se regocijaron cuando Jesús, una vez resucitado, ascendió al cielo después de haber abierto el sepulcro para todos aquellos que creyesen en su nombre. Ahora contemplan el cumplimiento de la obra de redención y unen sus voces al cántico de alabanza.

Delante del trono, sobre el mar de cristal,—ese mar de vidrio que parece revuelto con fuego por lo mucho que resplandece con la gloria de Dios—hállase reunida la compañía de los que salieron victoriosos "de la bestia, y de su imagen, y de su señal, y del número de su nombre." Con el Cordero en el monte de Sión, "teniendo las arpas de Dios," están en pie los ciento cuarenta y cuatro mil que fueron redimidos de entre los hombres; se oye una voz, como el estruendo de muchas aguas y como el estruendo de un gran trueno, "una voz de tañedores de arpas que tañían con sus arpas." Cantan "un cántico nuevo" delante del trono, un cántico que nadie podía aprender sino aquellos ciento cuarenta y cuatro mil. Es el cántico de Moisés y del Cordero, un canto de liberación. Ninguno sino los ciento cuarenta y cuatro mil pueden aprender aquel cántico, pues es el cántico de su experiencia—una experiencia que ninguna otra compañía ha conocido jamás. Son "éstos, los que siguen al Cordero por donde quiera que fuere." Habiendo sido trasladados de la tierra, de entre los vivos, son contados por "primicias para Dios y para el Cordero." (Apocalipsis 15:2, 3; 14:1-5.) "Estos son los que han venido de grande tribulación;" han pasado por el tiempo de angustia cual nunca ha sido desde que ha habido nación; han sentido la angustia del tiempo de la aflicción de Jacob; han estado sin intercesor durante el derramamiento final de los juicios de Dios. Pero han sido librados, pues "han lavado sus ropas, y las han blanqueado en la sangre del Cordero." "En sus bocas no ha sido hallado engaño; están sin mácula" delante de Dios. "Por esto están delante del trono de Dios, y le sirven día y noche en su templo; y el que está sentado sobre el trono tenderá su pabellón sobre ellos." (Apocalipsis 7:14, 15.) Han visto la tierra asolada con hambre y pestilencia, al sol que tenía el poder de quemar a los hombres con un intenso calor, y ellos mismos han soportado padecimientos, hambre y sed. Pero "no tendrán más hambre, ni sed, y el sol no caerá sobre ellos, ni otro ningún calor. Porque el Cordero que está en medio del trono los pastoreará, y los guiará a fuentes vivas de aguas: y Dios limpiará toda lágrima de los ojos de ellos." (Apocalipsis 7:14-17.)

En todo tiempo, los elegidos del Señor fueron educados y disciplinados en la escuela de la prueba. Anduvieron en los senderos angostos de la tierra; fueron purificados en el horno de la aflicción. Por causa de Jesús sufrieron oposición, odio y calumnias. Le siguieron a través de luchas dolorosas; se negaron a sí mismos y experimentaron amargos desengaños. Por su propia dolorosa experiencia conocieron los males del pecado, su poder, la culpabilidad que entraña y su maldición; y lo miran con horror. Al darse cuenta de la magnitud del sacrificio hecho para curarlo, se sienten humillados ante sí mismos, y sus corazones se llenan de una gratitud y alabanza que no pueden apreciar los que nunca cayeron. Aman mucho porque se les ha perdonado mucho. Habiendo participado de los sufrimientos de Cristo, están en condición de participar de su gloria.

Los herederos de Dios han venido de buhardillas, chozas, cárceles, cadalsos, montañas, desiertos, cuevas de la tierra, y de las cavernas del mar. En la tierra fueron "pobres, angustiados, maltratados." Millones bajaron a la tumba cargados de infamia, porque se negaron terminantemente a ceder a las pretensiones engañosas de Satanás. Los tribunales humanos los sentenciaron como a los más viles criminales. Pero ahora "Dios es el juez." (Salmo 50:6.) Ahora los fallos de la tierra son invertidos. "Quitará la afrenta de su pueblo." (Isaías 25:8.) "Y llamarles han Pueblo Santo, Redimidos de Jehová." Él ha dispuesto "darles gloria en lugar de ceniza, óleo de gozo en lugar del luto, manto de alegría en lugar del espíritu angustiado." (Isaías 62:12; 61:3.) Ya no seguirán siendo débiles, afligidos, dispersos y oprimidos. De aquí en adelante estarán siempre con el Señor. Están ante el trono, más ricamente vestidos que jamás lo fueron los personajes más honrados de la tierra. Están coronados con diademas más gloriosas que las que jamás ciñeron los monarcas de la tierra. Pasaron para siempre los días de sufrimiento y llanto. El Rey de gloria ha secado las lágrimas de todos los semblantes; toda causa de pesar ha sido alejada. Mientras agitan las palmas, dejan oír un canto de alabanza, claro, dulce y armonioso; cada voz se une a la melodía, hasta que entre las bóvedas del cielo repercute el clamor: "Salvación a nuestro Dios que está sentado sobre el trono, y al Cordero." "Amén: La bendición y la gloria y la sabiduría, y la acción de gracias y la honra y la potencia y la fortaleza, sean a nuestro Dios para siempre jamás." (Apocalipsis 7:10, 12.)

En esta vida, podemos apenas empezar a comprender el tema maravilloso de la redención. Con nuestra inteligencia limitada podemos considerar con todo fervor la ignominia y la gloria, la vida y la muerte, la justicia y la misericordia que se tocan en la cruz; pero ni con la mayor tensión de nuestras facultades mentales llegamos a comprender todo su significado. La largura y anchura, la profundidad y altura del amor redentor se comprenden tan sólo confusamente. El plan de la redención no se entenderá por completo ni siquiera cuando los rescatados vean como serán vistos ellos mismos y conozcan como serán conocidos; pero a través de las edades sin fin, nuevas verdades se desplegarán continuamente ante la mente admirada y deleitada. Aunque las aflicciones, las penas y las tentaciones terrenales hayan concluido, y aunque la causa de ellas haya sido suprimida, el pueblo de Dios tendrá siempre un conocimiento claro e inteligente de lo que costó su salvación.

La cruz de Cristo será la ciencia y el canto de los redimidos durante toda la eternidad. En el Cristo glorificado, contemplarán al Cristo crucificado. Nunca olvidarán que Aquel cuyo poder creó los mundos innumerables y los sostiene a través de la inmensidad del espacio, el Amado de Dios, la Majestad del cielo, Aquel a quien los querubines y los serafines resplandecientes se deleitan en adorar—se humilló para levantar al hombre caído; que llevó la culpa y el oprobio del pecado, y sintió el ocultamiento del rostro de su Padre, hasta que la maldición de un mundo perdido quebrantó su corazón y le arrancó la vida en la cruz del Calvario. El hecho de que el Hacedor de todos los mundos, el Árbitro de todos los destinos, dejase su gloria y se humillase por amor al hombre, despertará eternamente la admiración y adoración del universo. Cuando las naciones de los salvos miren a su Redentor y vean la gloria eterna del Padre brillar en su rostro; cuando contemplen su trono, que es desde la eternidad hasta la eternidad, y sepan que su reino no tendrá fin, entonces prorrumpirán en un cántico de júbilo: "¡Digno, digno es el Cordero que fue inmolado, y nos ha redimido para Dios con su propia preciosísima sangre!"

El misterio de la cruz explica todos los demás misterios. A la luz que irradia del Calvario, los atributos de Dios que nos llenaban de temor respetuoso nos resultan hermosos y atractivos. Se ve que la misericordia, la compasión y el amor paternal se unen a la santidad, la justicia y el poder. Al mismo tiempo que contemplamos la majestad de su trono, tan grande y elevado, vemos su carácter en sus manifestaciones misericordiosas y comprendemos, como nunca antes, el significado del apelativo conmovedor: "Padre nuestro."

Se echará de ver que Aquel cuya sabiduría es infinita no hubiera podido idear otro plan para salvarnos que el del sacrificio de su Hijo. La compensación de este sacrificio es la dicha de poblar la tierra con seres rescatados, santos, felices e inmortales. El resultado de la lucha del Salvador contra las potestades de las tinieblas es la dicha de los redimidos, la cual contribuirá a la gloria de Dios por toda la eternidad. Y tal es el valor del alma, que el Padre está satisfecho con el precio pagado; y Cristo mismo, al considerar los resultados de su gran sacrificio, no lo está menos.

42

La Desolación de la Tierra

"**P**ORQUE sus pecados han llegado hasta el cielo, y Dios se ha acordado de sus maldades. … En el cáliz que ella os dio a beber, dadle a beber doblado. Cuanto ella se ha glorificado, y ha estado en deleites, tanto dadle de tormento y llanto; porque dice en su corazón: Yo estoy sentada reina, y no soy viuda, y no veré llanto. Por lo cual en un día vendrán sus plagas, muerte, llanto y hambre, y será quemada con fuego; porque el Señor Dios es fuerte, que la juzgará. Y llorarán y se lamentarán sobre ella los reyes de la tierra, los cuales han fornicado con ella … diciendo: ¡Ay, ay, de aquella gran ciudad de Babilonia, aquella fuerte ciudad; porque en una hora vino su juicio!" (Apocalipsis 18:5-10.)

"Los mercaderes de la tierra" que "se han enriquecido de la potencia de sus deleites," "se pondrán lejos de ella por temor de su tormento, llorando y lamentando, y diciendo: ¡Ay, ay, aquella gran ciudad, que estaba vestida de lino fino, y de escarlata, y de grana, y estaba dorada con oro, y adornada de piedras preciosas y de perlas! Porque en una hora han sido desoladas tantas riquezas."(Apocalipsis 18:3, 15-17.)

Tales son los juicios que caen sobre Babilonia en el día de la ira de Dios. La gran ciudad ha llenado la medida de su iniquidad; ha llegado su hora; está madura para la destrucción.

Cuando la voz de Dios ponga fin al cautiverio de su pueblo, será terrible el despertar para los que lo hayan perdido todo en la gran lucha de la vida. Mientras duraba el tiempo de gracia, los cegaban los engaños de Satanás y disculpaban su vida de pecado. Los ricos se enorgullecían de su superioridad con respecto a los menos favorecidos; pero habían logrado sus riquezas violando la ley de Dios. Habían dejado de dar de comer a los hambrientos, de vestir a los desnudos, de obrar con justicia, y de amar la misericordia. Habían tratado de enaltecerse y de obtener el homenaje de sus semejantes. Ahora están despojados de cuanto los hacía grandes, y quedan desprovistos de todo y sin defensa. Ven con terror la destrucción de los ídolos que prefirieron a su Creador. Vendieron sus almas por las riquezas y los placeres terrenales, y no procuraron hacerse ricos en Dios. El resultado es que sus vidas terminan en fracaso; sus placeres se cambian ahora en amargura y sus tesoros en corrupción. La ganancia de una vida entera les es arrebatada en un momento. Los ricos lamentan la destrucción de sus soberbias casas, la dispersión de su oro y de su plata. Pero sus lamentos son sofocados por el temor de que ellos mismos van a perecer con sus ídolos.

Los impíos están llenos de pesar, no por su indiferencia pecaminosa para con Dios y sus semejantes, sino porque Dios haya vencido. Lamentan el resultado obtenido; pero no se arrepienten de su maldad. Si pudiesen hacerlo, no dejarían de probar cualquier medio para vencer.

El mundo ve a aquellos mismos de quienes se burló y a quienes deseó exterminar, pasar sanos y salvos por entre pestilencias, tempestades y terremotos. El que es un fuego consumidor para los transgresores de su ley, es un seguro pabellón para su pueblo.

El ministro que sacrificó la verdad para ganar el favor de los hombres, discierne ahora el carácter e influencia de sus enseñanzas. Es aparente que un ojo omnisciente le seguía cuando estaba en el púlpito, cuando andaba por las calles, cuando se mezclaba con los hombres en las diferentes escenas de la vida. Cada emoción del alma, cada línea escrita, cada palabra pronunciada, cada acción encaminada a hacer descansar a los hombres en una falsa seguridad, fue una siembra; y ahora, en las almas miserables y perdidas que le rodean, él contempla la cosecha.

El Señor dice: "Curan la llaga de mi pueblo livianamente, diciendo: ¡Paz! ¡paz! cuando no hay paz." "Habéis entristecido el corazón del justo con vuestras mentiras, a quien yo no he entristecido, y habéis robustecido las manos del inicuo, para que no se vuelva de su mal camino, a fin de que tenga vida." (Jeremías 8:11; Ezequiel 13:22, V.M.)

"¡Ay de los pastores que pierden y que dispersan las ovejas de mi dehesa! . . . He aquí que yo os castigaré por la maldad de vuestros hechos." "¡Aullad, oh pastores, y clamad; y revolcaos en ceniza, oh mayorales del rebaño! porque cumplidos son los días determinados para vuestro degüello; y os dispersaré, ... y los pastores no tendrán adonde huir, ni los mayorales del rebaño adonde escapar." (Jeremías 23:1, 2; 25:34, 35, V.M.)

Los ministros y el pueblo ven que no sostuvieron la debida relación con Dios. Ven que se rebelaron contra el Autor de toda ley justa y recta. El rechazamiento de los preceptos divinos dio origen a miles de fuentes de mal, discordia, odio e iniquidad, hasta que la tierra se convirtió en un vasto campo de luchas, en un abismo de corrupción. Tal es el cuadro que se presenta ahora ante la vista de los que rechazaron la verdad y prefirieron el error. Ningún lenguaje puede expresar la vehemencia con que los desobedientes y desleales desean lo que perdieron para siempre: la vida eterna. Los hombres a quienes el mundo idolatró por sus talentos y elocuencia, ven ahora las cosas en su luz verdadera. Se dan cuenta de lo que perdieron por la transgresión, y caen a los pies de aquellos a quienes despreciaron y ridiculizaron a causa de su fidelidad, y confiesan que Dios los amaba.

Los hombres ven que fueron engañados. Se acusan unos a otros de haberse arrastrado mutuamente a la destrucción; pero todos concuerdan para abrumar a los ministros con la más amarga condenación. Los pastores infieles profetizaron cosas lisonjeras; indujeron a sus oyentes a menospreciar la ley de Dios y a perseguir a los que querían santificarla. Ahora, en su desesperación, estos maes-tros confiesan ante el mundo su obra de engaño. Las multitudes se llenan de furor. "¡Estamos perdidos!—exclaman—y vosotros sois causa de nuestra perdición;" y se vuelven contra los falsos pastores. Precisamente aquellos que más los admiraban en otros tiempos pronunciarán contra ellos las más terribles maldiciones. Las manos mismas que los coronaron con laureles se levantarán para aniquilarlos. Las espadas que debían servir para destruir al pueblo de Dios se emplean ahora para matar a sus enemigos. Por todas partes hay luchas y derramamiento de sangre.

"Alcanzará el estrépito hasta los fines de la tierra: porque Jehová tiene una contienda con las naciones: entra en juicio con toda carne: y en cuanto a los inicuos, los entregará a la espada." (Jeremías 25:31, V.M.) El gran conflicto siguió su curso durante seis mil años; el Hijo de Dios y sus mensajeros celestiales lucharon contra el poder del maligno, para iluminar y salvar a los hijos de los hombres. Ahora todos han tomado su resolución; los impíos se han unido enteramente a Satanás en su guerra contra Dios. Ha llegado el momento en que Dios ha de vindicar la autoridad de su ley pisoteada. Ahora el conflicto no se desarrolla tan sólo contra Satanás, sino también contra los hombres. "Jehová tiene una contienda con las naciones;" "y en cuanto a los inicuos los entregará a la espada."

La marca de la redención ha sido puesta sobre los "que gimen y se angustian a causa de todas las abominaciones que se hacen." Ahora sale el ángel de la muerte representado en la visión de Ezequiel por los hombres armados con instrumentos de destrucción, y a quienes se les manda: "¡Al anciano, al joven, y a la doncella. y a los niños, y a las mujeres, matadlos, hasta exterminarlos! mas no os lleguéis a ninguno en quien esté la marca: ¡y comenzad desde mi santuario!" Dice el profeta: "Comenzaron pues por los ancianos que estaban delante de la Casa." (Ezequiel 9:1-6, V.M.) La obra de destrucción empieza entre los que profesaron ser guardianes espirituales del pueblo. Los falsos centinelas caen los primeros. De nadie se tendrá piedad y ninguno escapará. Hombres, mujeres, doncellas, y niños perecerán juntos.

"Jehová sale de su lugar para castigar a los habitantes de la tierra por su iniquidad; la tierra también descubrirá sus homicidios, y no encubrirá más sus muertos." (Isaías 26:21, V.M.) "Y ésta será la plaga con que herirá Jehová a todos los pueblos que hayan peleado contra Jerusalem: Se les consumirán las carnes estando sobre sus pies, y los ojos se les consumirán en sus cuencas, y se les consumirá la lengua en su boca. Y sucederá en aquel día que habrá entre ellos una grande consternación procedente de Jehová, y trabará cada cual la mano de su prójimo; y la mano de éste se levantará contra la mano de su compañero." (Zacarías 14:12, 13, V.M.) En la loca lucha de sus propias desenfrenadas pasiones y debido al terrible derramamiento de la ira de Dios sin mezcla de piedad, caen los impíos habitantes de la tierra: sacerdotes, gobernantes y el pueblo en general, ricos y pobres, grandes y pequeños. "Y los muertos por Jehová en aquel día estarán tendidos de cabo a cabo de la tierra; no serán llorados, ni recogidos, ni enterrados." (Jeremías 25:33, V.M.)

A la venida de Cristo los impíos serán borrados de la superficie de la tierra, consumidos por el espíritu de su boca y destruídos por el resplandor de su gloria. Cristo lleva a su pueblo a la ciudad de Dios, y la tierra queda privada de sus habitantes. "He aquí que Jehová vaciará la tierra, y la dejará desierta, y cual vaso, la volverá boca abajo, y dispersará sus habitantes." "La tierra será enteramente vaciada y completamente saqueada; porque Jehová ha hablado esta palabra." "Porque traspasaron la ley, cambiaron el estatuto, y quebrantaron el pacto eterno. Por tanto la maldición ha devorado la tierra, y los que habitan en ella son culpables: por tanto son abrasados los habitantes de la tierra." (Isaías 24:1, 3, 5, 6, V.M.)

Toda la tierra tiene el aspecto desolado de un desierto. Las ruinas de las ciudades y aldeas destruídas por el terremoto, los árboles desarraigados, las rocas escabrosas arrojadas por el mar o arrancadas de la misma tierra, están esparcidas por la superficie de ésta, al paso que grandes cuevas señalan el sitio donde las montañas fueron rasgadas desde sus cimientos.

Ahora se realiza el acontecimiento predicho por el último solemne servicio del día de las expiaciones. Una vez terminado el servicio que se cumplía en el lugar santísimo, y cuando los pecados de Israel habían sido quitados del santuario por virtud de la sangre del sacrificio por el pecado, entonces el macho cabrío emisario era ofrecido vivo ante el Señor; y en presencia de la congregación el sumo sacerdote confesaba sobre él "todas las iniquidades de los hijos de Israel, y todas sus transgresiones, a causa de todos sus pecados, cargándolos así sobre la cabeza del macho cabrío." (Levítico 16:21, V.M.) Asimismo, cuando el servicio de propiciación haya terminado en el santuario celestial, entonces, en presencia de Dios y de los santos ángeles y de la hueste de los redimidos, los pecados del pueblo de Dios serán puestos sobre Satanás; se le declarará culpable de todo el mal que les ha hecho cometer. Y así como el macho cabrío emisario era despachado a un lugar desierto, así también Satanás será desterrado en la tierra desolada, sin habitantes y convertida en un desierto horroroso.

El autor del Apocalipsis predice el destierro de Satanás y el estado caótico y de desolación a que será reducida la tierra; y declara que este estado de cosas subsistirá por mil años. Después de descritas las escenas de la segunda venida del Señor y la destrucción de los impíos, la profecía prosigue: "Y vi un ángel descender del cielo, que tenía la llave del abismo, y una grande cadena en su mano. Y prendió al dragón, aquella serpiente antigua, que es el Diablo y Satanás, y le ató por mil años; y arrojólo al abismo, y le encerró, y selló sobre él, porque no engañe más a las naciones, hasta que mil años sean cumplidos: y después de esto es necesario que sea desatado un poco de tiempo." (Apocalipsis 20:1-3.)

Según se desprende de otros pasajes bíblicos, es de toda evidencia que la expresión "abismo" se refiere a la tierra en estado de confusión y tinieblas. Respecto a la condición de la tierra "en el principio," la narración bíblica dice que "estaba desordenada y vacía; y las tinieblas estaban sobre la haz del abismo." (Génesis 1:2.) Las profecías enseñan que será reducida, en parte por lo menos, a ese estado.

Contemplando a través de los siglos el gran día de Dios, el profeta Jeremías dice: "Miro hacia la tierra, y he aquí que está desolada y vacía; también hacia los cielos miro, mas no hay luz en ellos. Miro las montañas, y he aquí que están temblando, y todas las colinas se conmueven. Miro, y he aquí que no parece hombre alguno, y todas las aves del cielo se han fugado. Miro, y he aquí el campo fructífero convertido en un desierto, y todas sus ciudades derribadas." (Jeremías 4:23-26, V.M.)

Aquí es donde, con sus malos ángeles, Satanás hará su morada durante mil años. Limitado a la tierra, no podrá ir a otros mundos para tentar e incomodar a los que nunca cayeron. En este sentido es cómo está atado: no queda nadie en quien pueda ejercer su poder. Le es del todo imposible seguir en la obra de engaño y ruina que por tantos siglos fue su único deleite.

El profeta Isaías, mirando hacia lo por venir, ve en lontananza el tiempo en que Satanás será derrocado, y exclama: "¡Cómo caíste de los cielos, oh Lucero, hijo de la aurora! ¡has sido derribado por tierra, tú que abatiste las naciones! ... Tú eres aquel que dijiste en tu corazón: ¡Al cielo subiré; sobre las estrellas de Dios ensalzaré mi trono!" "¡Seré semejante al Altísimo! ¡Pero ciertamente al infierno serás abatido, a los lados del hoyo! Los que te vieren clavarán en ti la vista, y de ti se cerciorarán, diciendo: ¿Es éste el varón que hizo temblar la tierra, que sacudió los reinos; que convirtió el mundo en un desierto, y destruyó sus ciudades; *y a sus prisioneros nunca los soltaba, para que volviesen a casa?*" (Isaías 14:12-17, V.M.)

Durante seis mil años, la obra de rebelión de Satanás "hizo temblar la tierra." El "convirtió el mundo en un desierto, y destruyó sus ciudades; y a sus prisioneros nunca los soltaba, para que volviesen a casa." Durante seis mil años, su prisión [la tumba] ha recibido al pueblo de Dios, y lo habría tenido cautivo para siempre, si Cristo no hubiese roto sus cadenas y libertado a los que tenía presos.

Hasta los malos se encuentran ahora fuera del poder de Satanás; y queda solo con sus perversos ángeles para darse cuenta de los efectos de la maldición originada por el pecado. "Los reyes de las naciones, sí, todos ellos yacen con gloria cada cual en su propia casa [el sepulcro]; ¡mas tú, arrojado estás fuera de tu sepulcro, como un retoño despreciado! ... No serás unido con ellos en sepultura; porque has destruído tu tierra, has hecho perecer a tu pueblo." (Vers. 18-20.)

Durante mil años, Satanás andará errante de un lado para otro en la tierra desolada, considerando los resultados de su rebelión contra la ley de Dios. Todo este tiempo, padece intensamente. Desde su caída, su vida de actividad continua sofocó en él la reflexión; pero ahora, despojado de su poder, no puede menos que contemplar el papel que desempeñó desde que se rebeló por primera vez contra el gobierno del cielo, mientras que, tembloroso y aterrorizado, espera el terrible porvenir en que habrá de expiar todo el mal que ha hecho y ser castigado por los pecados que ha hecho cometer.

Para el pueblo de Dios, el cautiverio en que se verá Satanás será motivo de contento y alegría. El profeta dice: "Y acontecerá en el día que te haga descansar Jehová de tus penas y de tu aflicción, y de la dura servidumbre con que te han hecho servir, que entonarás este cántico triunfal respecto del rey de Babilonia [que aquí representa a Satanás], y dirás: ¡Cómo ha cesado de sus vejaciones el opresor! ... Jehová ha hecho pedazos la vara de los inicuos, el cetro de los que tenían el dominio; el cual hería los pueblos en saña, con golpe incesante, y hollaba las naciones en ira, con persecución desenfrenada." (Vers. 3-6.)

Durante los mil años que transcurrirán entre la primera resurrección y la segunda, se verificará el juicio de los impíos. El apóstol Pablo señala este juicio como un acontecimiento que sigue al segundo advenimiento. "No juzguéis nada antes de tiempo, hasta que venga el Señor; el cual sacará a luz las obras encubiertas de las tinieblas, y pondrá de manifiesto los propósitos de los corazones." (1 Corintios 4:5, V.M.) Daniel declara que cuando vino el Anciano de días, "se dio el juicio a los santos del Altísimo." (Daniel 7:22.) En ese entonces reinarán los justos como reyes y sacerdotes de Dios. San Juan dice en el Apocalipsis: "Vi tronos, y se sentaron sobre ellos, y les fue dado juicio." "Serán sacerdotes de Dios y de Cristo, y reinarán con él mil años." (Apocalipsis 20:4, 6.) Entonces será cuando, como está predicho por San Pablo "los santos han de juzgar al mundo." (1 Corintios 6:2.) Junto con Cristo juzgan a los impíos, comparando sus actos con el libro de la ley, la Biblia, y fallando cada caso en conformidad con los actos que cometieron por medio de su cuerpo. Entonces lo que los malos tienen que sufrir es medido según sus obras, y queda anotado frente a sus nombres en el libro de la muerte.

También Satanás y los ángeles malos son juzgados por Cristo y su pueblo. San Pablo dice: "¿No sabéis que hemos de juzgar a los ángeles?" (Vers. 3.) Y San Judas declara que "a los ángeles que no guardaron su original estado, sino que dejaron su propia habitación, los ha guardado en prisiones eternas, bajo tinieblas, hasta el juicio del gran día." (S. Judas 6, V.M.)

Al fin de los mil años vendrá la segunda resurrección. Entonces los impíos serán resucitados, y comparecerán ante Dios para la ejecución del "juicio decretado." Así el escritor del Apocalipsis, después de haber descrito la resurrección de los justos, dice: "Los otros muertos no tornaron a vivir hasta que sean cumplidos mil años." (Apocalipsis 20:5.) E Isaías declara, con respecto a los impíos: "Serán juntados como se juntan los presos en el calabozo, y estarán encerrados en la cárcel; *y después de muchos días serán sacados al suplicio.*" (Isaías 24:22, V.M.)

43
EL FIN DEL CONFLICTO

AL FIN de los mil años, Cristo regresa otra vez a la tierra. Le acompaña la
hueste de los redimidos, y le sigue una comitiva de ángeles. Al descender
en majestad aterradora, manda a los muertos impíos que resuciten para
recibir su condenación. Se levanta su gran ejército, innumerable como la arena del
mar. ¡Qué contraste entre ellos y los que resucitaron en la primera resurrección!
Los justos estaban revestidos de juventud y belleza inmortales. Los impíos llevan
las huellas de la enfermedad y de la muerte.

Todas las miradas de esa inmensa multitud se vuelven para contemplar la
gloria del Hijo de Dios. A una voz las huestes de los impíos exclaman: "¡Bendito
el que viene en el nombre del Señor!" No es el amor a Jesús lo que les inspira
esta exclamación, sino que el poder de la verdad arranca esas palabras de sus
labios. Los impíos salen de sus tumbas tales como a ellas bajaron, con la misma
enemistad hacia Cristo y el mismo espíritu de rebelión. No disponen de un nuevo
tiempo de gracia para remediar los defectos de su vida pasada, pues de nada les
serviría. Toda una vida de pecado no ablandó sus corazones. De serles concedido
un segundo tiempo de gracia, lo emplearían como el primero, eludiendo las exigencias de Dios e incitándose a la rebelión contra él.

Cristo baja sobre el Monte de los Olivos, de donde ascendió después de su
resurrección, y donde los ángeles repitieron la promesa de su regreso. El profeta
dice: "Vendrá Jehová mi Dios, y con él todos los santos." "Y afirmaránse sus pies
en aquel día sobre el monte de las Olivas, que está frente de Jerusalem a la parte
de oriente: y el monte de las Olivas, se partirá por medio … haciendo un muy
grande valle." "Y Jehová será rey sobre toda la tierra. En aquel día Jehová será
uno, y uno su nombre." (Zacarías 14:5, 4, 9.) La nueva Jerusalén, descendiendo
del cielo en su deslumbrante esplendor, se asienta en el lugar purificado y preparado para recibirla, y Cristo, su pueblo y los ángeles, entran en la santa ciudad.

Entonces Satanás se prepara para la última tremenda lucha por la supremacía.
Mientras estaba despojado de su poder e imposibilitado para hacer su obra de engaño, el príncipe del mal se sentía abatido y desgraciado; pero cuando resucitan los
impíos y ve las grandes multitudes que tiene al lado suyo, sus esperanzas reviven
y resuelve no rendirse en el gran conflicto. Alistará bajo su bandera a todos los
ejércitos de los perdidos y por medio de ellos tratará de ejecutar sus planes. Los
impíos son sus cautivos. Al rechazar a Cristo aceptaron la autoridad del jefe de
los rebeldes. Están listos para aceptar sus sugestiones y ejecutar sus órdenes. No
obstante, fiel a su antigua astucia, no se da por Satanás. Pretende ser el príncipe
que tiene derecho a la posesión de la tierra y cuya herencia le ha sido arrebatada
injustamente. Se presenta ante sus súbditos engañados como redentor, asegurándoles que su poder los ha sacado de sus tumbas y que está a punto de librarlos de
la más cruel tiranía. Habiendo desaparecido Cristo, Satanás obra milagros para
sostener sus pretensiones. Fortalece a los débiles y a todos les infunde su propio
espíritu y energía. Propone dirigirlos contra el real de los santos y tomar posesión
de la ciudad de Dios. En un arrebato belicoso señala los innumerables millones
que han sido resucitados de entre los muertos, y declara que como jefe de ellos
es muy capaz de destruir la ciudad y recuperar su trono y su reino.

Entre aquella inmensa muchedumbre se cuentan numerosos representantes
de la raza longeva que existía antes del diluvio; hombres de estatura elevada y de
capacidad intelectual gigantesca, que habiendo cedido al dominio de los ángeles
caídos, consagraron toda su habilidad y todos sus conocimientos a la exaltación
de sí mismos; hombres cuyas obras artísticas maravillosas hicieron que el mundo
idolatrase su genio, pero cuya crueldad y malos ardides mancillaron la tierra y bo-
rraron la imagen de Dios, de suerte que el Creador los hubo de raer de la superficie

de la tierra. Allí hay reyes y generales que conquistaron naciones, hombres valientes que nunca perdieron una batalla, guerreros soberbios y ambiciosos cuya venida hacía temblar reinos. La muerte no los cambió. Al salir de la tumba, reasumen el curso de sus pensamientos en el punto mismo en que lo dejaran. Se levantan animados por el mismo deseo de conquista que los dominaba cuando cayeron.

Satanás consulta con sus ángeles, y luego con esos reyes, conquistadores y hombres poderosos. Consideran la fuerza y el número de los suyos, y declaran que el ejército que está dentro de la ciudad es pequeño, comparado con el de ellos, y que se lo puede vencer. Preparan sus planes para apoderarse de las riquezas y gloria de la nueva Jerusalén. En el acto todos se disponen para la batalla. Hábiles artífices fabrican armas de guerra. Renombrados caudillos organizan en compañías y divisiones las muchedumbres de guerreros.

Al fin se da la orden de marcha, y las huestes innumerables se ponen en movimiento—un ejército cual no fue jamás reunido por conquistadores terrenales ni podría ser igualado por las fuerzas combinadas de todas las edades desde que empezaron las guerras en la tierra. Satanás, el más poderoso guerrero, marcha al frente, y sus ángeles unen sus fuerzas para esta batalla final. Hay reyes y guerreros en su comitiva, y las multitudes siguen en grandes compañías, cada cual bajo su correspondiente jefe. Con precisión militar las columnas cerradas avanzan sobre la superficie desgarrada y escabrosa de la tierra hacia la ciudad de Dios. Por orden de Jesús, se cierran las puertas de la nueva Jerusalén, y los ejércitos de Satanás circundan la ciudad y se preparan para el asalto.

Entonces Cristo reaparece a la vista de sus enemigos. Muy por encima de la ciudad, sobre un fundamento de oro bruñido, hay un trono alto y encumbrado. En el trono está sentado el Hijo de Dios, y en torno suyo están los súbditos de su reino. Ningún lenguaje, ninguna pluma pueden expresar ni describir el poder y la majestad de Cristo. La gloria del Padre Eterno envuelve a su Hijo. El esplendor de su presencia llena la ciudad de Dios, rebosando más allá de las puertas e inundando toda la tierra con su brillo.

Inmediatos al trono se encuentran los que fueron alguna vez celosos en la causa de Satanás, pero que, cual tizones arrancados del fuego, siguieron luego a su Salvador con profunda e intensa devoción. Vienen después los que perfeccionaron su carácter cristiano en medio de la mentira y de la incredulidad, los que honraron la ley de Dios cuando el mundo cristiano la declaró abolida, y los millones de todas las edades que fueron martirizados por su fe. Y más allá está la "grande muchedumbre, que nadie podía contar, de entre todas las naciones, y las tribus, y los pueblos, y las lenguas … de pie ante el trono y delante del Cordero, revestidos de ropas blancas, y teniendo palmas en sus manos." (Apocalipsis 7:9, V.M.) Su lucha terminó; ganaron la victoria. Disputaron el premio de la carrera y lo alcanzaron. La palma que llevan en la mano es símbolo de su triunfo, la vestidura blanca, emblema de la justicia perfecta de Cristo que es ahora de ellos.

Los redimidos entonan un canto de alabanza que se extiende y repercute por las bóvedas del cielo: "¡Atribúyase la salvación a nuestro Dios, que está sentado sobre el trono, y al Cordero!" (Vers. 10.) Ángeles y serafines unen sus voces en adoración. Al ver los redimidos el poder y la malignidad de Satanás, han comprendido, como nunca antes, que ningún poder fuera del de Cristo habría podido hacerlos vencedores. Entre toda esa muchedumbre ni uno se atribuye a sí mismo la salvación, como si hubiese prevalecido con su propio poder y su bondad. Nada se dice de lo que han hecho o sufrido, sino que el tema de cada canto, la nota dominante de cada antífona es: Salvación a nuestro Dios y al Cordero.

En presencia de los habitantes de la tierra y del cielo reunidos, se efectúa la coronación final del Hijo de Dios. Y entonces, revestido de suprema majestad y poder, el Rey de reyes falla el juicio de aquellos que se rebelaron contra su gobierno, y ejecuta justicia contra los que transgredieron su ley y oprimieron a su pueblo. El profeta de Dios dice: "Vi un gran trono blanco, y al que estaba sentado sobre él, de cuya presencia huyó la tierra y el cielo; y no fue hallado lugar para ellos. Y ví a los muertos, pequeños y grandes, estar en pie delante del trono; y abriéronse los libros; abrióse también otro libro, que es el libro de la vida: y los muertos fueron juzgados de acuerdo con las cosas escritas en los libros, según sus obras." (Apocalipsis 20:11, 12, V.M.)

Apenas se abren los registros, y la mirada de Jesús se dirige hacia los impíos, éstos se vuelven conscientes de todos los pecados que cometieron. Reconocen exactamente el lugar donde sus pies se apartaron del sendero de la pureza y de la santidad, y cuán lejos el orgullo y la rebelión los han llevado en el camino de la transgresión de la ley de Dios. Las tentaciones seductoras que ellos fomentaron cediendo al pecado, las bendiciones que pervirtieron, su desprecio de los mensajeros de Dios, los avisos rechazados, la oposición de corazones obstinados y sin arrepentimiento—todo eso sale a relucir como si estuviese escrito con letras de fuego.

Por encima del trono se destaca la cruz; y como en vista panorámica aparecen las escenas de la tentación, la caída de Adán y las fases sucesivas del gran plan de redención. El humilde nacimiento del Salvador; su juventud pasada en la sencillez y en la obediencia; su bautismo en el Jordán; el ayuno y la tentación en el desierto; su ministerio público, que reveló a los hombres las bendiciones más preciosas del cielo; los días repletos de obras de amor y misericordia, y las noches pasadas en oración y vigilia en la soledad de los montes; las conspiraciones de la envidia, del odio y de la malicia con que se recompensaron sus beneficios; la terrible y misteriosa agonía en Getsemaní, bajo el peso anonadador de los pecados de todo el mundo; la traición que le entregó en manos de la turba asesina; los terribles acontecimientos de esa noche de horror—el preso resignado y olvidado de sus discípulos más amados, arrastrado brutalmente por las calles de Jerusalén; el hijo de Dios presentado con visos de triunfo ante Anás, obligado a comparecer en el palacio del sumo sacerdote, en el pretorio de Pilato, ante el cobarde y cruel Herodes; ridiculizado, insultado, atormentado y condenado a muerte—todo eso está representado a lo vivo.

Luego, ante las multitudes agitadas, se reproducen las escenas finales: el paciente Varón de dolores pisando el sendero del Calvario; el Príncipe del cielo colgado de la cruz; los sacerdotes altaneros y el populacho escarnecedor ridiculizando la agonía de su muerte; la obscuridad sobrenatural; el temblor de la tierra, las rocas destrozadas y los sepulcros abiertos que señalaron el momento en que expiró el Redentor del mundo.

La escena terrible se presenta con toda exactitud. Satanás, sus ángeles y sus súbditos no pueden apartar los ojos del cuadro que representa su propia obra. Cada actor recuerda el papel que desempeñó. Herodes, el que mató a los niños inocentes de Belén para hacer morir al Rey de Israel; la innoble Herodías, sobre cuya conciencia pesa la sangre de Juan el Bautista; el débil Pilato, esclavo de las circunstancias; los soldados escarnecedores; los sacerdotes y gobernantes, y la muchedumbre enloquecida que gritaba: "¡Recaiga su sangre sobre nosotros, y sobre nuestros hijos!"—todos contemplan la enormidad de su culpa. En vano procuran esconderse ante la divina majestad de su presencia que sobrepuja el resplandor del sol, mientras que los redimidos echan sus coronas a los pies del Salvador, exclamando: "¡El murió por mí!"

Entre la multitud de los rescatados están los apóstoles de Cristo, el heroico Pablo, el ardiente Pedro, el amado y amoroso Juan y sus hermanos de corazón leal, y con ellos la inmensa hueste de los mártires; mientras que fuera de los muros, con todo lo que es vil y abominable, se encuentran aquellos que los persiguieron, encarcelaron y mataron. Allí está Nerón, monstruo de crueldad y de vicios, y puede ver la alegría y el triunfo de aquellos a quienes torturó, y cuya dolorosa angustia le proporcionara deleite satánico. Su madre está allí para ser testigo de los resultados de su propia obra; para ver cómo los malos rasgos de carácter transmitidos a su hijo y las pasiones fomentadas y desarrolladas por la influencia y el ejemplo de ella, produjeron crímenes que horrorizaron al mundo.

Allí hay sacerdotes y prelados papistas, que dijeron ser los embajadores de Cristo y que no obstante emplearon instrumentos de suplicio, calabozos y hogueras para dominar las conciencias de su pueblo. Allí están los orgullosos pontífices que se ensalzaron por encima de Dios y que pretendieron alterar la ley del Altísimo. Aquellos así llamados padres de la iglesia tienen que rendir a Dios una cuenta de la que bien quisieran librarse. Demasiado tarde ven que el Omnisciente es celoso de su ley y que no tendrá por inocente al culpable de violarla. Comprenden entonces que Cristo identifica sus intereses con los de su pueblo perseguido, y sienten la fuerza de sus propias palabras: "En cuanto lo hicisteis a uno de los más pequeños de estos mis hermanos, a mí lo hicisteis." (S. Mateo 25:40 V.M.)

Todos los impíos del mundo están de pie ante el tribunal de Dios, acusados de alta traición contra el gobierno del cielo. No hay quien sostenga ni defienda la causa de ellos; no tienen disculpa; y se pronuncia contra ellos la sentencia de la muerte eterna.

Es entonces evidente para todos que el salario del pecado no es la noble independencia y la vida eterna, sino la esclavitud, la ruina y la muerte. Los impíos ven lo que perdieron con su vida de rebeldía. Despreciaron el maravilloso don de eterna gloria cuando les fue ofrecido; pero ¡cuán deseable no les parece ahora! "Todo eso—exclama el alma perdida—yo habría podido poseerlo; pero preferí rechazarlo. ¡Oh sorprendente infatuación! He cambiado la paz, la dicha y el honor por la miseria, la infamia y la desesperación. Todos ven que su exclusión del cielo es justa. Por sus vidas, declararon: "No queremos que este Jesús reine sobre nosotros."

Como fuera de sí, los impíos han contemplado la coronación del Hijo de Dios. Ven en las manos de él las tablas de la ley divina, los estatutos que ellos despreciaron y transgredieron. Son testigos de la explosión de admiración, arrobamiento y adoración de los redimidos; y cuando las ondas de melodía inundan a las multitudes fuera de la ciudad, todos exclaman a una voz: "¡Grandes y maravillosas son tus obras, oh Señor Dios Todopoderoso; justos y verdaderos son tus caminos, oh Rey de los siglos!" (Apocalipsis 15:3, V.M.) Y cayendo prosternados, adoran al Príncipe de la vida.

Satanás parece paralizado al contemplar la gloria y majestad de Cristo. El que en otro tiempo fuera uno de los querubines cubridores recuerda de dónde cayó. Él, que fuera serafín resplandeciente, "hijo de la aurora," ¡cuán cambiado se ve, y cuán degradado! Está excluído para siempre del consejo en que antes se le honraba. Ve ahora a otro que, junto al Padre, vela su gloria. Ha visto la corona colocada sobre la cabeza de Cristo por un ángel de elevada estatura y majestuoso continente, y sabe que la posición exaltada que ocupa este ángel habría podido ser la suya.

Recuerda la mansión de su inocencia y pureza, la paz y el contentamiento de que gozaba hasta que se entregó a murmurar contra Dios y a envidiar a Cristo. Sus acusaciones, su rebelión, sus engaños para captarse la simpatía y la ayuda de los ángeles, su porfía en no hacer esfuerzo alguno para reponerse cuando Dios le hubiera perdonado—todo eso se le presenta a lo vivo. Echa una mirada retrospectiva sobre la obra que realizó entre los hombres y sobre sus resultados: la enemistad del hombre para con sus semejantes, la terrible destrucción de vidas, el ascenso y la caída de los reinos, el derrocamiento de tronos, la larga serie de tumultos, conflictos y revoluciones. Recuerda los esfuerzos constantes que hizo para oponerse a la obra de Cristo y para hundir a los hombres en degradación siempre mayor. Ve que sus conspiraciones infernales no pudieron acabar con los que pusieron su confianza en Jesús. Al considerar Satanás su reino y los frutos de sus esfuerzos, sólo ve fracaso y ruina. Ha inducido a las multitudes a creer que la ciudad de Dios sería fácil presa; pero ahora ve que eso es falso. Una y otra vez, en el curso de la gran controversia, ha sido derrotado y obligado a rendirse. De sobra conoce el poder y la majestad del Eterno.

El propósito del gran rebelde consistió siempre en justificarse, y en hacer aparecer al gobierno de Dios como responsable de la rebelión. A ese fin dedicó todo el poder de su gigantesca inteligencia. Obró deliberada y sistemáticamente, y con éxito maravilloso, para inducir a inmensas multitudes a que aceptaran su versión del gran conflicto que ha estado desarrollándose por tanto tiempo. Durante miles de años este jefe de conspiraciones hizo pasar la mentira por verdad. Pero llegó el momento en que la rebelión debe ser sofocada finalmente y puestos en evidencia la historia y el carácter de Satanás. El archiengañador ha sido desenmascarado por completo en su último gran esfuerzo para destronar a Cristo, destruir a su pueblo y apoderarse de la ciudad de Dios. Los que se han unido a él, se dan cuenta del fracaso total de su causa. Los discípulos de Cristo y los ángeles leales contemplan en toda su extensión las maquinaciones de Satanás contra el gobierno de Dios. Ahora se vuelve objeto de execración universal.

Satanás ve que su rebelión voluntaria le incapacitó para el cielo. Ejercitó su poder guerreando contra Dios; la pureza, la paz y la armonía del cielo serían para él suprema tortura. Sus acusaciones contra la misericordia y justicia de Dios están ya acalladas. Los vituperios que procuró lanzar contra Jehová recaen enteramente sobre él. Y ahora Satanás se inclina y reconoce la justicia de su sentencia.

"¿Quién no te temerá, oh Señor, y glorificará tu nombre? porque tú solo eres santo: porque todas las naciones vendrán y adorarán delante de ti; porque tus actos de justicia han sido manifestados." (Vers. 4.) Toda cuestión de verdad y error en la controversia que tanto ha durado, ha quedado aclarada. Los resultados de la rebelión y del apartamiento de los estatutos divinos han sido puestos a la vista de todos los seres inteligentes creados. El desarrollo del gobierno de Satanás en contraste con el de Dios, ha sido presentado a todo el universo. Satanás ha sido condenado por sus propias obras. La sabiduría de Dios, su justicia y su bondad quedan por completo reivindicadas. Queda también comprobado que todos sus actos en el gran conflicto fueron ejecutados de acuerdo con el bien eterno de su pueblo y el bien de todos los mundos que creó. "Todas tus obras alabarán, oh Jehová, y tus piadosos siervos te bendecirán." (Salmo 145:10, V.M.) La historia del pecado atestiguará durante toda la eternidad que con la existencia de la ley de Dios se vincula la dicha de todos los seres creados por él. En vista de todos los hechos del gran conflicto, todo el universo, tanto los justos como los rebeldes, declaran al unísono: "¡Justos y verdaderos son tus caminos, oh Rey de los siglos!"

El universo entero contempló el gran sacrificio hecho por el Padre y el Hijo en beneficio del hombre. Ha llegado la hora en que Cristo ocupa el puesto a que tiene derecho, y es exaltado sobre los principados y potestades, y sobre todo nombre que se nombra. A fin de alcanzar el gozo que le fuera propuesto—el de llevar muchos hijos a la gloria—sufrió la cruz y menospreció la vergüenza. Y por inconceblemente grandes que fuesen el dolor y el oprobio, mayores aún son la dicha y la gloria. Echa una mirada hacia los redimidos, transformados a su propia imagen, y cuyos corazones llevan el sello perfecto de lo divino y cuyas caras reflejan la semejanza de su Rey. Contempla en ellos el resultado de las angustias de su alma, y está satisfecho. Luego, con voz que llega hasta las multitudes reunidas de los justos y de los impíos, exclama: "¡Contemplad el rescate de mi sangre! Por éstos sufrí, por éstos morí, para que pudiesen permanecer en mi presencia a través de las edades eternas." Y de entre los revestidos con túnicas blancas en torno del trono, asciende el canto de alabanza: "¡Digno es el Cordero que ha sido inmolado, de recibir el poder, y la riqueza, y la sabiduría, y la fortaleza, y la honra, y la gloria, y la bendición!" (Apocalipsis 5:12, V.M.)

A pesar de que Satanás se ha visto obligado a reconocer la justicia de Dios, y a inclinarse ante la supremacía de Cristo, su carácter sigue siendo el mismo. El espíritu de rebelión, cual poderoso torrente, vuelve a estallar. Lleno de frenesí, determina no cejar en el gran conflicto. Ha llegado la hora de intentar un último y desesperado esfuerzo contra el Rey del cielo. Se lanza en medio de sus súbditos, y trata de inspirarlos con su propio furor y de moverlos a dar inmediata batalla. Pero entre todos los innumerables millones a quienes indujo engañosamente a la rebelión, no hay ahora ninguno que reconozca su supremacía. Su poder ha concluido. Los impíos están llenos del mismo odio contra Dios que el que inspira a Satanás; pero ven que su caso es desesperado, que no pueden prevalecer contra Jehová. Se enardecen contra Satanás y contra los que fueron sus agentes para engañar, y con furia demoníaca se vuelven contra ellos.

Dice el Señor: "Por cuanto has puesto tu corazón como corazón de Dios, por tanto, he aquí que voy a traer contra ti extraños, los terribles de las naciones; y ellos desenvainarán sus espadas contra tu hermosa sabiduría, y profanarán tu esplendor. Al hoyo te harán descender." "Te destruyo, ¡oh querubín que cubres con tus alas! y te echo de en medio de las piedras de fuego. ... Te echo a tierra; te pongo delante de reyes, para que te miren. ... Te torno en ceniza sobre la tierra, ante los ojos de todos los que te ven. ... Serás ruinas, y no existirás más para siempre." (Ezequiel 28:6-8, 16-19, V.M.)

"Porque toda batalla de quien pelea es con estruendo, y con revolcamiento de vestidura en sangre: mas esto será para quema, y pábulo de fuego." "Porque Jehová está airado sobre todas las gentes, e irritado sobre todo el ejército de ellas; destruirálas y entregarálas al matadero." "Sobre los malos lloverá lazos; fuego y azufre, con vientos de torbellinos, será la porción del cáliz de ellos." (Isaías 9:5; 34:2; Salmo 11:6.) Dios hace descender fuego del cielo. La tierra está quebrantada. Salen a relucir las armas escondidas en sus profundidades. Llamas devoradoras se escapan por todas partes de grietas amenazantes. Hasta las rocas están ardiendo. Ha llegado el día que arderá como horno. Los elementos se disuelven con calor abrasador, la tierra también y las obras que hay en ella están abrasadas. (Malaquías 4:2; 2 Pedro 3:10.) La superficie de la tierra parece una masa fundida un inmenso lago de fuego hirviente. Es la hora del juicio y perdición de los hombres impíos,—"es día de venganza de Jehová, año de retribuciones en el pleito de Sión." (Isaías 34:8.)

Los impíos reciben su recompensa en la tierra. (Proverbios 11:31.) "Serán estopa; y aquel día que vendrá, los abrasará, ha dicho Jehová de los ejércitos." (Malaquías 4:1.) Algunos son destruídos como en un momento, mientras otros sufren muchos días. Todos son castigados "conforme a sus hechos." Habiendo sido cargados sobre Satanás los pecados de los justos, tiene éste que sufrir no sólo por su propia rebelión, sino también por todos los pecados que hizo cometer al pueblo de Dios. Su castigo debe ser mucho mayor que el de aquellos a quienes engañó. Después de haber perecido todos los que cayeron por sus seducciones, el diablo tiene que seguir viviendo y sufriendo. En las llamas purificadoras, quedan por fin destruídos los impíos, raíz y rama,—Satanás la raíz, sus secuaces las ramas. La penalidad completa de la ley ha sido aplicada; las exigencias de la justicia han sido satisfechas; y el cielo y la tierra al contemplarlo, proclaman la justicia de Jehová.

La obra de destrucción de Satanás ha terminado para siempre. Durante seis mil años obró a su gusto, llenando la tierra de dolor y causando penas por todo el universo. Toda la creación gimió y sufrió en angustia. Ahora las criaturas de Dios han sido libradas para siempre de su presencia y de sus tentaciones. "¡Ya descansa y está en quietud toda la tierra; prorrumpen los hombres [justos] en cánticos!" (Isaías 14:7, V.M.) Y un grito de adoración y triunfo sube de entre todo el universo leal. Se oye "como si fuese el estruendo de una gran multitud, y como si fuese el estruendo de muchas aguas, y como si fuese el estruendo de poderosos truenos, que decían: ¡Aleluya; porque reina el Señor Dios, el Todopoderoso!" (Apocalipsis 19:6, V.M.)

Mientras la tierra estaba envuelta en el fuego de la destrucción, los justos vivían seguros en la ciudad santa. La segunda muerte no tiene poder sobre los que tuvieron parte en la primera resurrección. Mientras Dios es para los impíos un fuego devorador, es para su pueblo un sol y un escudo. (Apocalipsis 20:6; Salmo 84:11.)

"Vi un cielo nuevo y una tierra nueva; porque el primer cielo y la primera tierra han pasado." (Apocalipsis 21:1, V.M.) El fuego que consume a los impíos purifica la tierra. Desaparece todo rastro de la maldición. Ningún infierno que arda eternamente recordará a los redimidos las terribles consecuencias del pecado.

Sólo queda un recuerdo: nuestro Redentor llevará siempre las señales de su crucifixión. En su cabeza herida, en su costado, en sus manos y en sus pies se ven las únicas huellas de la obra cruel efectuada por el pecado. El profeta, al contemplar a Cristo en su gloria, dice: "Su resplandor es como el fuego, y salen de su mano rayos de luz; y allí mismo está el escondedero de su poder." (Habacuc 3:4, V.M.) En sus manos, y su costado heridos, de donde manó la corriente purpurina que reconcilió al hombre con Dios, allí está la gloria del Salvador, "allí mismo está el escondedero de su poder." "Poderoso para salvar" por el sacrificio de la redención, fue por consiguiente fuerte para ejecutar la justicia para con aquellos que despreciaron la misericordia de Dios. Y las marcas de su humillación son su mayor honor; a través de las edades eternas, las llagas del Calvario proclamarán su alabanza y declararán su poder.

"¡Oh, torre del rebaño, colina de la hija de Sión, a ti te llegará; sí, a ti vendrá el dominio anterior!" (Miqueas 4:8, V.M.) Llegó el momento por el cual suspiraron los santos desde que la espada de fuego expulsó a la primera pareja del paraíso—el tiempo de "la redención de la posesión adquirida." (Efesios 1:14.) La tierra dada al principio al hombre para que fuera su reino, entregada alevosamente por él a manos de Satanás, y conservada durante tanto tiempo por el poderoso enemigo, ha sido recuperada mediante el gran plan de la redención. Todo lo que se había perdido por el pecado, ha sido restaurado. "Así dice Jehová, … el que formó la tierra y la hizo, el cual la estableció; no en vano la creó, sino que para ser habitada la formó." (Isaías 45:18, V.M.) El propósito primitivo que tenía Dios al crear la tierra se cumple al convertirse ésta en la morada eterna de los redimidos. "Los justos heredarán la tierra, y vivirán para siempre sobre ella." (Salmo 37:29.)

El temor de hacer aparecer la futura herencia de los santos demasiado material ha inducido a muchos a espiritualizar aquellas verdades que nos hacen considerar la tierra como nuestra morada. Cristo aseguró a sus discípulos que iba a preparar mansiones para ellos en la casa de su Padre. Los que aceptan las enseñanzas de la Palabra de Dios no ignorarán por completo lo que se refiere a la patria celestial. Y sin embargo son "cosas que ojo no vio, ni oído oyó, y que jamás entraron en pensamiento humano las cosas grandes que ha preparado Dios para los que le aman." (1 Corintios 2:9, V.M.) El lenguaje humano no alcanza a describir la recompensa de los justos. Sólo la conocerán quienes la contemplen. Ninguna inteligencia limitada puede comprender la gloria del paraíso de Dios.

En la Biblia se llama la herencia de los bienaventurados una patria. (Hebreos 11:14-16.) Allí conduce el divino Pastor a su rebaño a los manantiales de aguas vivas. El árbol de vida da su fruto cada mes, y las hojas del árbol son para el servicio de las naciones. Allí hay corrientes que manan eternamente, claras como el cristal, al lado de las cuales se mecen árboles que echan su sombra sobre los senderos preparados para los redimidos del Señor. Allí las vastas llanuras alternan con bellísimas colinas y las montañas de Dios elevan sus majestuosas cumbres. En aquellas pacíficas llanuras, al borde de aquellas corrientes vivas, es donde el pueblo de Dios que por tanto tiempo anduvo peregrino y errante, encontrará un hogar.

"Mi pueblo habitará en mansión de paz, en moradas seguras, en descansaderos tranquilos." "No se oirá más la violencia en tu tierra, la desolación ni la destrucción dentro de tus términos; sino que llamarás a tus muros Salvación, y a tus puertas Alabanza." "Edificarán casas también, y habitarán en ellas; plantarán viñas, y comerán su fruto. No edificarán más para que otro habite, ni plantarán para que otro coma; ... mis escogidos agotarán el usufructo de la obra de sus manos." (Isaías 32:18; 60:18; 65:21, 22, V.M.)

Allí "se alegrarán el desierto y el sequedal, y el yermo se regocijará y florecerá como la rosa." "En vez del espino subirá el abeto, y en lugar de la zarza subirá el arrayán." "Habitará el lobo con el cordero, y el leopardo sesteará junto con el cabrito; ... y un niñito los conducirá." "No dañarán, ni destruirán en todo mi santo monte," dice el Señor. (Isaías 35:1; 55:13; 11:6, 9, V.M.)

El dolor no puede existir en el ambiente del cielo. Allí no habrá más lágrimas, ni cortejos fúnebres, ni manifestaciones de duelo. "Y la muerte no será más; ni habrá más gemido ni clamor, ni dolor; porque las cosas de antes han pasado ya." "No dirá más el habitante: Estoy enfermo; al pueblo que mora en ella le habrá sido perdonada su iniquidad." (Apocalipsis 21:4; Isaías 33:24, V.M.)

Allí está la nueva Jerusalén, la metrópoli de la nueva tierra glorificada, "corona de hermosura en la mano de Jehová, y una diadema real en la mano de nuestro Dios." "Su luz era semejante a una piedra preciosísima, como piedra de jaspe, transparente como el cristal." "Las naciones andarán a la luz de ella; y los reyes de la tierra traen a ella su gloria." El Señor dijo: "Me regocijaré en Jerusalem, y gozaréme en mi pueblo." "¡He aquí el tabernáculo de Dios está con los hombres, y él habitará con ellos, y ellos serán pueblos suyos, y el mismo Dios con ellos estará, como Dios suyo!" (Isaías 62:3; Apocalipsis 21:11, 24; Isaías 65:19; Apocalipsis 21:3, V.M.)

En la ciudad de Dios "no habrá ya más noche." Nadie necesitará ni deseará descanso. No habrá quien se canse haciendo la voluntad de Dios ni ofreciendo alabanzas a su nombre. Sentiremos siempre la frescura de la mañana, que nunca se agostará. "No necesitan luz de lámpara, ni luz del sol; porque el Señor Dios los alumbrará." (Apocalipsis 22:5, V.M.) La luz del sol será sobrepujada por un brillo que sin deslumbrar la vista excederá sin medida la claridad de nuestro mediodía. La gloria de Dios y del Cordero inunda la ciudad santa con una luz que nunca se desvanece. Los redimidos andan en la luz gloriosa de un día eterno que no necesita sol.

"No vi templo en ella; porque el Señor Dios Todopoderoso, y el Cordero son el templo de ella." (Apocalipsis 21:22, V.M.) El pueblo de Dios tiene el privilegio de tener comunión directa con el Padre y el Hijo. "Ahora vemos obscuramente, como por medio de un espejo." (1 Corintios 13:12, V.M.) Vemos la imagen de Dios reflejada como en un espejo en las obras de la naturaleza y en su modo de obrar para con los hombres; pero entonces le veremos cara a cara sin velo que nos lo oculte. Estaremos en su presencia y contemplaremos la gloria de su rostro.

Allí los redimidos conocerán como son conocidos. Los sentimientos de amor y simpatía que el mismo Dios implantó en el alma, se desahogarán del modo más completo y más dulce. El trato puro con seres santos, la vida social y armoniosa con los ángeles bienaventurados y con los fieles de todas las edades que lavaron sus vestiduras y las emblanquecieron en la sangre del Cordero, los lazos sagrados que unen a "toda la familia en los cielos, y en la tierra" (Efesios 3:15, V.M.)—todo eso constituye la dicha de los redimidos.

Allí intelectos inmortales contemplarán con eterno deleite las maravillas del poder creador, los misterios del amor redentor. Allí no habrá enemigo cruel y engañador para tentar a que se olvide a Dios. Toda facultad será desarrollada, toda capacidad aumentada. La adquisición de conocimientos no cansará la inteligencia ni agotará las energías. Las mayores empresas podrán llevarse a cabo, satisfacerse las aspiraciones más sublimes, realizarse las más encumbradas ambiciones; y sin embargo surgirán nuevas alturas que superar, nuevas maravillas que admirar, nuevas verdades que comprender, nuevos objetos que agucen las facultades del espíritu, del alma y del cuerpo.

Todos los tesoros del universo se ofrecerán al estudio de los redimidos de Dios. Libres de las cadenas de la mortalidad, se lanzan en incansable vuelo hacia los lejanos mundos—mundos a los cuales el espectáculo de las miserias humanas causaba estremecimientos de dolor, y que entonaban cantos de alegría al tener noticia de un alma redimida. Con indescriptible dicha los hijos de la tierra participan del gozo y de la sabiduría de los seres que no cayeron. Comparten los tesoros de conocimientos e inteligencia adquiridos durante siglos y siglos en la contemplación de las obras de Dios. Con visión clara consideran la magnificencia de la creación—soles y estrellas y sistemas planetarios que en el orden a ellos asignado circuyen el trono de la Divinidad. El nombre del Creador se encuentra escrito en todas las cosas, desde las más pequeñas hasta las más grandes, y en todas ellas se ostenta la riqueza de su poder.

Y a medida que los años de la eternidad transcurran, traerán consigo revelaciones más ricas y aún más gloriosas respecto de Dios y de Cristo. Así como el conocimiento es progresivo, así también el amor, la reverencia y la dicha irán en aumento. Cuanto más sepan los hombres acerca de Dios, tanto más admirarán su carácter. A medida que Jesús les descubra la riqueza de la redención y los hechos asombrosos del gran conflicto con Satanás, los corazones de los redimidos se estremecerán con gratitud siempre más ferviente, y con arrebatadora alegría tocarán sus arpas de oro; y miríadas de miríadas y millares de millares de voces se unirán para engrosar el potente coro de alabanza.

"Y a toda cosa creada que está en el cielo, y sobre la tierra, y debajo de la tierra, y sobre el mar, y a todas las cosas que hay en ellos, las oí decir: ¡Bendición, y honra y gloria y dominio al que está sentado sobre el trono, y al Cordero, por los siglos de los siglos!" (Apocalipsis 5:13, V.M.)

El gran conflicto ha terminado. Ya no hay más pecado ni pecadores. Todo el universo está purificado. La misma pulsación de armonía y de gozo late en toda la creación. De Aquel que todo lo creó manan vida, luz y contentamiento por toda la extensión del espacio infinito. Desde el átomo más imperceptible hasta el mundo más vasto, todas las cosas animadas e inanimadas, declaran en su belleza sin mácula y en júbilo perfecto, que Dios es amor.

APÉNDICE
Notas Generales

Página 19. TÍTULOS.—En un pasaje que forma parte del derecho canónico, el papa Inocencio III declara que el pontífice romano es "el vicario en la tierra, no de un mero hombre, sino del mismo Dios;" y en una glosa del trozo se explica que esto es así debido a que el papa es el vicario de Cristo, el cual es "verdadero Dios y verdadero hombre." (Véase Decretal. D. Gregor. Pap. 9. lib. 1, de translat. Episc. tit. 7, c. 3. Corp. Jur. Canon, ed. París, 1612; tom. 2. Decretal. Col. 205.)

En cuanto al título "Señor Dios el Papa," véase una glosa de las Extravagantes del papa Juan XXII, título 14, cap. 4, "*Declaramus.*" En una edición de las Extravagantes, impresa en Amberes en 1584, se encuentran en la columna 153 las palabras "*Dominuin Deun nostrum Papam*" ("Nuestro Señor Dios el Papa"). En una edición de París, del año 1612, se hallan en la columna 140. En varias ediciones publicadas desde 1612, hase omitido la palabra "*Deum*" ("Dios").

Página 19. CULTO DE LAS IMÁGENES.—"El culto de las imágenes ... fue una de esas corrupciones del cristianismo que se introdujeron en la iglesia furtivamente y casi sin que se notaran. Esta corrupción no se desarrolló de un golpe, cual aconteció con otras herejías, pues en tal caso habría sido censurada y condenada enérgicamente, sino que, una vez iniciada en forma disfrazada y plausible, se fueron introduciendo nuevas prácticas una tras otra de modo tan paulatino que la iglesia se vio totalmente envuelta en idolatría no sólo sin enérgica oposición, sino sin siquiera protesta resuelta alguna; y cuando al fin se hizo un esfuerzo para extirpar el mal, resultó éste por demás arraigado para ello. ... La causa de dicho mal hay que buscarla en la propensión idolátrica del corazón humano a adorar a la criatura más bien que al Creador. ...

"Las imágenes y los cuadros fueron introducidos al principio en la iglesia no para que fueran adorados, sino para que sirvieran como de libros que facilitaran la tarea de enseñar a los que no sabían leer o para despertar en otros los sentimientos de devoción. Difícil es decir hasta qué punto este medio correspondió al fin propuesto; pero aun concediendo que así fuera durante algún tiempo, ello no duró, y pronto los cuadros e imágenes puestos en las iglesias, en lugar de ilustrar, obscurecían la mente de los ignorantes y degradaban la devoción de los creyentes en lugar de exaltarla. De suerte que, por más que se quiso emplear unos y otros para dirigir los espíritus de los hombres hacia Dios, no sirvieron en fin de cuentas sino para alejarlos de él e inducirles a la adoración de las cosas creadas."—J. Mendham, *The Seventh General Council, the Second of Nicea*, Introducción, págs. iii-vi.

Una relación de los procedimientos y decretos del Segundo Concilio de Nicea, 787 de J. C., convocado para instituir el culto de las imágenes, se encuentra en Baronio: *Annales Ecclesíastici*, tomo 9, págs. 391-407 (ed. de Amberes, 1612); J. Mendham, *The Seventh General Council, the Second of Nicea*; C. J. v. Hefelé, *Histoire des Conciles*, lib. 18, cap. 1, sec. 332, 333; cap. 2, sec. 345-352.

Página 20. EDICTO DE CONSTANTINO.—La ley dada por Constantino el 7 de marzo del año 321 de J. C relativa al día de descanso, era como sigue:

"Que todos los jueces, y todos los habitantes de la ciudad, y todos los mercaderes y artesanos descansen el venerable día del sol. Empero que los labradores atiendan con plena libertad al cultivo de los campos; ya que acontece a menudo que ningún otro día es tan adecuado para la siembra del grano o para plantar la viña; de aquí que no se deba dejar pasar el tiempo favorable concedido por el cielo. *Codex Justinianus*, lib. 3, tít. 12, párr. 2 (3).

"Descansen todos los jueces, la plebe de las ciudades, y los oficios de todas las artes el venerable día del sol. Pero trabajen libre y lícitamente en las faenas agrícolas los establecidos en los campos, pues acontece con frecuencia, que en ningún otro día se echa el grano a los surcos y se plantan vides en los hoyos más convenientemente, a fin de que con ocasión del momento no se pierda el beneficio concedido por la celestial providencia."—*Código de Justiniano*, lib. 3, tít. 12, párr. 2 (3) (en la edición, en Latín y castellano, por García del Corral, del *Cuerpo del derecho civil romano*, tomo 4, pág. 333, Barcelona, 1892).

El original en latín se halla además en J. L. v. Mosheim: *Institutionem Historia Ecclesiastica antiquioris et recensioris*, sig. 4, parte 2, cap. 4, sec. 5, y en otras muchas obras.

El Diccionario Enciclopédico Hisp.—Amer., *art. Domingo*, dice: "El emperador Constantino, en el año 321, fue el primero que ordenó una rigurosa observación del domingo, prohibiendo toda clase de negocios jurídicos, ocupaciones y trabajos; únicamente se permitía a los labradores que trabajaran los domingos en faenas agrícolas, si el tiempo era favorable. Una ley posterior del año 425 prohibió la celebración de toda clase de representaciones teatrales, y finalmente en el siglo VIII se aplicaron en todo su rigor al domingo cristiano las prohibiciones del Sábado judaico."

Página 20. FECHAS PROFÉTICAS.—Véase la nota de la pág. 180.

Página 21. ESCRITOS ADULTERADOS.—Entre los documentos cuya falsificación es generalmente reconocida en la actualidad, la Donación de Constantino y las Decretales Pseudo-Isidorianas son de la mayor importancia.

Al referir los hechos relativos a la pregunta: "¿Cuándo y por quién fue fraguada la Donación de Constantino?" M. Gosselin, director del seminario de St. Sulpice (París), dice:

"Por bien que se haya probado la falsedad de ese documento, difícil es determinar, con precisión, la época de dicha falsificación. M. de Marca, Muratori, y otros sabios críticos, opinan que fue compuesto en el siglo octavo, antes del reinado de Carlomagno. Muratori cree, además, probable que haya podido inducir a aquel monarca y a Pipino a ser tan generosos para con la santa sede."—Gosselin, *Pouvoir du pape au moyen âge* (París, 1845), pág. 717.

Respecto a la fecha de las Decretales Pseudo-Isidorianas, véase Mosheim, *Historie Ecclesiastice*, Leipzig, 1755 (*Histoire Ecclésiastique* Maestricht, 1776), lib. 3, sig. 9, parte 2, cap. 2, sec. 8. El sabio historiador católico, el abate Fleury, en su *Histoire Ecclésiastique* (dis. 4, sec. l) dice que dichas decretales, "salieron a luz cerca de fines del siglo octavo." Fleury, que escribió casi a fines del siglo diecisiete, dice, además, que esas "falsas decretales pasaron por verdaderas durante ochocientos años; y apenas fueron abandonadas el siglo pasado. Verdad es que actualmente no hay nadie, un tanto al corriente de estas materias, que no reconozca la falsedad de dichas decretales."—Fleury, *Histoire Ecclesiastique*, tom. 9, p. 446 (París, 1742). También Gibbon, *Histoire de la Décadence et de la Chute de l'Empire Romain*, cap. 49, párr. 16 (París, 1828, t. 9, págs. 319-323).

Página 22. DICTADOS DE HILDEBRANDO (GREGORIO VII).—Véase Baronio (cardenal C.), *Annales Ecclesiastici*, An. 1076 (edición de Luca, 1745, tomo 17, págs. 430, 431). Una copia de los "Dictados" originales se encuentra también en Gieseler, *Lehrbuch der Kirchengeschichte*, período 3, div. 3, cap. 1, sec. 47, nota c (3a. ed., Bonn, 1832, tomo 2 B, págs. 6-8).

Página 23. PURGATORIO—"La doctrina católica, tal cual la expuso el concilio de Trento, es que los que salen de vida en gracia y caridad, pero no obstante deudores de las penas que la divina justicia se reservó, las padecen en la otra vida. Esto es lo que se nos propone creer acerca de las almas detenidas en el purgatorio."—Art. "Purgatorio," en el *Diccionario Enciclopédico Hisp.—Amer.*

"El Concilio (tridentino) enseña: 1. Que después de la remisión de la culpa y de la pena eterna, queda un reato de pena temporal. 2. Que si no se ha satisfecho en esta vida debe satisfacerse en el purgatorio. 3. Que las oraciones y buenas obras de los vivos son útiles a los difuntos para aliviar y abreviar sus penas. 4. Que el sacrificio de la misa es propiciatorio y aprovecha a los vivos lo mismo que a los difuntos en el purgatorio "—Art. "Purgatorio," en el *Diccionario de ciencias eclesiásticas*, por Perujo y ángulo (Barcelona, 1883-1890).

Página 23. INDULGENCIAS.—Con referencia a una historia detallada de la doctrina de las indulgencias, véase el art. "Indulgencias," en el *Diccionario de ciencias eclesiásticas*, por los Dres. Perujo y Angulo (Barcelona, 1883-1890); C. Ullmann, *Reformatoren vor der Reformation*, tomo 1, lib. 2, sec. 2, págs. 259-307 (Hamburgo, ed. de 1841); M. Creighton, *History of the Papacy*, tomo 5, págs. 56-64, 71; L. von Ranke, *Deutsche Geschichte im Zeitalter der Reformation*, lib. 2, cap. 1, párrs. 131, 132, 139-142, 153-155 (3a. ed., Berlín, 1852, tomo 1, págs. 233-243); H. C. Lea, *A History of Auricular Confession and Indulgences*; G. P. Fisher, *Historia de la Reformación*, cap. 4, párr. 7 (traducida por H. W. Brown, ed. Filadelfia, E. U. A., 1891); Juan Calvino, *Institución religiosa*, lib. 3, cap. 5, págs. 447-451 (Obras de los Reformadores Antiguos Españoles, No. 14, Madrid, 1858).

En cuanto a los resultados de la doctrina de las indulgencias durante el período de la Reforma, véase el estudio en inglés del Dr. H. C. Lea, titulado "Las indulgencias en España" y publicado en *Papers of the American Society of Church History*, tomo 1, págs. 129-171. Refiriéndose al valor de la luz arrojada por este estudio histórico, el Dr. Lea dice en su párrafo inicial: "Sin ser molestada por la controversia que se ensañara entre Lutero y el Dr. Eck y Silvestre Prierias, España seguía tranquila recorriendo el viejo y trillado sendero, y nos suministra los incontestables documentos oficiales que nos permiten examinar el asunto a la pura luz de la historia."

Página 23. LA MISA.—Respecto a la doctrina de la misa, véase la obra del cardenal Wiseman, *The Real Presence of the Body and Blood of Our Lord Jesús Christ in the Blessed Eucharist* ("La presencia real del cuerpo y de la sangre de nuestro Señor Jesucristo en la santa eucaristía"); además el *Diccionario Enciclop. Hisp.—Amer.*, art. "Eucaristía" (último párrafo: "Definiciones del concilio de Trento relativas a la doctrina de la eucaristía"); *Cánones y decretos del concilio de Trento*, sesión 13, caps. 1-8 (en la edición, *Los sacrosantos ecuménicos concilios de Trento y Vaticano*, en latín y castellano, por A. M. Díez, Madrid, 1903, págs. 126-137). J. Calvino, *Institución religiosa*, lib. 4, caps. 17, 18, págs. 925-985 (Obras de los Reformadores Antiguos Españoles No. 14, Madrid, 1858); K. R. Hagenbach, *Lehrbuch der Dogmengeschichte*, tomo 1, págs. 180-188, 331-336, y tomo 2, págs. 161-179 (2a. ed., Leipzig, 1827).

Página 27. VERSIONES VALDENSES DE LA BIBLIA.—Respecto a las antiguas versiones valdenses de partes de la Biblia hechas en el idioma vulgar, véase E. Pétavel, *La Bible en France*, cap. 2, párrs. 3, 4, 8-10, 13, 21 (ed. de París, 1864); Townley, *Illustrations of Biblical Literature*, tomo 1, cap. 10, párrs. 1-13; G. H. Putnam, *The Censorship of the Church of Rome*, tomo 2, cap. 2.

Página 33. EDICTO CONTRA LOS VALDENSES.—EL texto completo del expedido, en 1487, por Inocencio VIII contra los valdenses (cuyo original se halla en la biblioteca de la universidad de Cambridge) puede leerse en latín y francés en la obra de J. Léger, *Historie des églises vaudoises*, lib. 2, cap. 2, págs. 8-10 (Leyden, 1669).

Página 36. INDULGENCIAS.—Véase la nota para la pág. 23.

Página 37. WICLEF.—El texto original de las bulas papales expedidas contra Wiclef, con la traducción inglesa, hállase en la obra de J. Foxe, *Acts and Monuments*, tomo 3, págs. 4-13 (ed. de Pratt-Townsend, Londres, 1870). Véase además J. Lewis, *History of the Life and Sufferings of J. Wiclif*, págs. 49-51, 305-314 (ed. de 1820) ; Lechler, *Johann v. Wiclif und die Vorgeschichte der Reformation*, cap. 5, sec. 2 (Leipzig, 1873) ; A. Neander, *Allgemeine Geschichte der christlichen Religion und Kirche*, tomo 6, sec. 2, parte 1, párr. 8 (págs. 276, 277, ed. de Hamburgo, 1852).

Página 37. INFALIBILIDAD.—Respecto a la doctrina de la infalibilidad, véase el art. "Infalibilidad," en el *Diccionario de ciencias eclesiásticas*, por Perujo y Angulo; Geo. Salmon, *The Infallibility of the Church*; cardenal Gibbons, *The Faith of Our Fathers*, cap. 7 (ed. 49 de 1897) ; C. Elliott, *Delineation of Roman Catholicism*, lib.1, cap. 4.

Página 46. INDULGENCIAS.—Véase la nota para la pág. 23.

Página 46. CONCILIO DE CONSTANZA.—Respecto a la convocación del concilio de Constanza por el papa Juan XXIII, a instancias del emperador Segismundo, véase Mosheim, *Histoire ecclésiastique*, lib. 3, siglo 15, parte 2, cap. 2, sec. 3, pág. 414 (ed. de Maestricht, 1776); Neander, *Allgemeine Geschichte der christlichen Religion und Kirche*, tomo 6, sec. l; A. Bower, *History, of the Popes,* tomo 7, págs. 141-143 (ed. de Londres, 1776).

Página 59. INDULGENCIAS.—Véase la nota para la pág. 23.

Página 116. JESUITISMO.—Con referencia a los orígenes, principios y fines de la "Sociedad de Jesús," cual lo declaran sus mismos miembros, véase la obra titulada *Historia de la compañía de Jesús*, por Cretinean-Goli, vertida del francés y publicada en Barcelona, en 1853, con aprobación del ordinario. En ella dice que "el que se ofrece espontáneamente a entrar en el noviciado debe al momento renunciar su voluntad propia, su familia y todo cuanto el hombre aprecia sobre la tierra," y que las constituciones de la compañía hacen "de la obediencia más absoluta una palanca cuya acción incesante y universal ha debido preocupar a todos los políticos."—Tomo 1, cap. 2, págs. 25, 28.

El mismo Ignacio de Loyola dice: "Que cada cual se convenza de que cuantos viven bajo el voto de obediencia deben dejarse llevar y dirigir por la divina Providencia y sus instrumentos, los superiores, tal cual si fueran cadáveres que se dejan llevar a cualquier parte y tratar de cualquier modo, o como el bastón que un anciano tiene en la mano y maneja como le da la gana."

"Esta sumisión absoluta es ennoblecida por lo que la motiva y—prosigue el fundador—debería ser pronta, alegre y constante; ... el religioso obediente cumple gozoso con lo que le han encargado sus superiores para el bien común, seguro de que así corresponde verdaderamente a la voluntad divina."—*Regulae Societatis Jesu, Summarium*, párrs. 33-36 (ed. de Roma, 1607, págs. 12, 13).

Véase además L. E. Dupin, *Histoire de l'Eglise en abrégé*, siglo 16, cap. 33 (ed. de París, 1732, tomo 4, págs. 218-222) ; Mosheim, *Histoire ecclésiastique*, sig. 16, sec. 3, parte 1, cap. 1, párr. 10 (inclusive notas 5, 6) ; *Encyclopaedia Britannica* (novena ed.), art. "Jesuítas;" C. Paroissien, *The Principles of the Jesuits, Developed in a Collection of Extracts front Their Own Authors* (Londres, 1860—otra edición apareció en 1839) ; Ch. Liskenne, *Résumé de l'histoire des Jésuites* (París, 1825) ; Michelet-Quinet, *Des Jésuites* (París, 1843) ; D'Alembert, *Des Jésuites*, (*ouvr. précédé d'un précis des doctrines et de l'histoire de cette société*) (París, 1821).

Página 117. LA INQUISICIÓN.—Véase Juan Antonio Llorente, *Historia crítica de la Inquisición de España*; Reinaldo González de Montes (Reginaldo Montano), *Artes de la inquisición española*, ed. castellana, Madrid, 1851 (ed. latinas, Heidelberg, 1567 y Madrid, 1857); Dres. Perujo y Angulo, *Diccionario de ciencias eclesiásticas*, art. "Inquisición;" Limborch, *Historia Inquisitionis*, tomo 1, lib. 1, caps. 25, 17-31 (ed. de Amsterdam, 1692, tomo 1, págs. 86-131); H.C. Lea, *History of the Inquisition in the Middle Ages*; L. v. Ranke, *Die römischen Päpste*, lib. 2, cap. 6 (5a. ed., Leipzig, 1867, tomo 1, págs. 208-217).

Página 146. CAUSAS DE LA REVOLUCIÓN FRANCESA.—Respecto al gran alcance de las consecuencias de haber rechazado el pueblo francés la Biblia y la religión de la Biblia, véase H. von Sybel, *Histoire de l'Europe pendant la Révolution francaise*, lib. 5, cap. 1, párrs. 8-12 (París, 1870, tomo 2, págs. 5-8) ; H. T. Buckle, *Histoire de la Civilisation en Angleterre*, caps. 8, 12 (París, 1865).

Página 146. FECHAS PROFÉTICAS.—Véase la nota de la pág. 180.

Página 147. ESFUERZOS PARA SUPRIMIR Y DESTRUIR LA BIBLIA.—En cuanto a los esfuerzos de larga duración hechos en Francia para acabar con la Biblia—especialmente con las versiones en lengua vulgar, dice Gaussen: "Ya el decreto de Tolosa (de Francia), de 1229, … instituía el tribunal espantoso de la Inquisición contra todos los lectores de la Biblia en lengua vulgar. Era un decreto de fuego, de sangre y de asolamiento. En sus capítulos III, IV, V y VI disponía que se destruyeran por completo hasta las casas y los más humildes escondrijos y aun los retiros subterráneos de los que fueran convictos de poseer las Escrituras, y que ellos mismos fueran perseguidos hasta en sus montes y en los antros de la tierra, y que se castigara con severidad aun a sus encubridores." Como resultado la Biblia "fue pues prohibida en todas partes; desapareció en cierto modo de sobre la tierra, bajó al sepulcro." Estos decretos fueron "seguidos durante 500 años de suplicios sin cuento en que la sangre de los santos corrió como agua."—L. Gaussen, *Le Canon des Saintes Ecritures*, parte 2, lib. 2, cap. 7; y cap. 13 (ed. de Lausana, 1860).

Respecto a los esfuerzos especiales hechos para destruir la Biblia durante el Reinado del Terror a fines de 1793, el Dr. Lorimer dice: "Dondequiera que se encontrase una Biblia puede decirse que había persecución a muerte; a tal punto que varios comentadores respetables interpretan la muerte de los dos testigos, en el capítulo once del Apocalipsis, como refiriéndose a la supresión general, más aun, a la destrucción del Antiguo y Nuevo Testamentos en Francia durante aquella época."—J. G. Lorimer, *An Historical Sketch of the Protestant Church in France*, cap. 8, párrs. 4, 5.

Véase además G. P. Fisher, *La Reformación*, cap. 15, párr. 16; E. Pétavel, *La Bible en France*, cap. 2, párrs. 3, 8-10, 13, 21 (ed. de París, 1864); G. H. Putnam, *The Censorship of the Church of Rome*, tomo 1, cap. 4 (ed. de 1906, págs. 97, 99, 101, 102); tomo 2, cap. 2 (págs. 15-19); J.A. Wylie, *History of Protestantism*, lib. 22, cap. 6, párr. 3; S. Smiles, *The Huguenots: Their Settlements, Churches, and Industries*, etc., cap. 1, párrs. 32, 34; cap. 2, párr. 6; cap. 3, párr. 14; cap. 18, párr. 5 (con la nota); S. Smiles, *The Huguenots in France after the Revocation*, cap. 2, párr. 8; cap. 10, párr. 30; cap. 12.

Página 151. EL REINADO DEL TERROR.—Respecto a la responsabilidad de jefes extraviados, tanto en la iglesia como en el estado, pero particularmente en la iglesia, por las escenas de la revolución francesa, véase W. M. Sloane, *The French Revolution and Religious Reform*, prefacio, y cap. 2, párrs. 1, 2, 10-14 (ed. de 1901, págs. vii-ix, 19, 20, 26-31, 40); P. Schaff, en *Papers of the American Society of Church History*, tomo 1, págs. 38, 44; A. Galton, *Church and State in France*, 1300-1907, cap. 3, sec. 2 (ed. de Londres, 1907) ; Sir J. Stephen, *Lectures on the History of France*, conferencia 16, párr. 60; S. Smiles, *The Huguenots in France after the Revocation*, cap. 18.

Página 153. EL PUEBLO Y LAS CLASES PRIVILEGIADAS.—EN cuanto a las condiciones sociales que prevalecían en Francia antes del período de la revolución, véase Taine, *Ancien Régime*; A. Young, *Voyages in France* (París, 1794); y H. von Holst, *Lowell Lectures on the French Revolution*, conferencia 1.

Página 155. RETRIBUCIÓN.—Para obtener más detalles respecto al carácter retributivo de la revolución francesa, véase E. de Pressensé, *L'Eglise et la Révolution française*, lib. 3, cap. 1 (París, 1864) Thos. H. Gill, *The Papal Drama*, lib. 10.

Página 156. LAS ATROCIDADES DEL REINADO DEL TERROR.—Véase M. A. Thiers, *Historia de la Revolución francesa*, tomo 1, cap. 29 (ed. de Barcelona, 1892, págs. 499-524); F. A. Mignet, *Histoire de la Révolution française*, cap. 9, párr. 1 (2a. ed., París, 1827) ; A. Alison, *History of Europe*, 1789-1815, tomo 1, cap. 14 (ed. de Nueva York, 1872, tomo 1, pág.293-312).

Página 157. LA CIRCULACIÓN DE LAS SAGRADAS ESCRITURAS.—En 1804, según el Sr. Guillermo Canton, de la Sociedad Bíblica Británica y Extranjera, "todas las Biblias que existían en el mundo, impresas o en manuscrito, contando todas las traducciones en todos los países, se calculaban en no mucho más de cuatro millones. ... Los diversos idiomas en que estaban escritos esos cuatro millones de Biblias alcanzaban a unos cincuenta."—*What Is the Bible Society?* pág. 23 (ed. rcv. de 1904).

Cien años después, al cumplir su primer centenario, la Sociedad Bíblica Británica y Extranjera pudo informar que ella sola había distribuido, entre Biblias, Testamentos y porciones de las Escrituras, la cantidad de 186.680.101 ejemplares—total que, en 1910, subió a más de 220.000.000 de ejemplares, en cerca de cuatrocientos distintos idiomas.

A estos totales hay que añadir los millones de ejemplares de las Sagradas Escrituras y porciones de ellas, en muchos idiomas, distribuídos por otras sociedades bíblicas y diversas agencias comerciales. La Sociedad Bíblica Americana,—la mayor de las hijas de la mencionada sociedad bíblica británica,—anunció haber distribuido en los noventa y cuatro primeros años de su obra un total de 87.296.182 ejemplares. (Véase *Bible Society Record*, junio de 1910.) Sería muy difícil calcular en este momento, en el último cuarto del siglo XX, el número total de ejemplares de la Biblia, o de porciones de la misma, que se han distribuido en el mundo. Basta decir que son muchos cientos de millones de Biblias, en más de mil cien idiomas y dialectos.

Las Escrituras, en parte o en su totalidad, hanse publicado en más de mil y cien idiomas; y la labor de traducirlas en nuevos idiomas y dialectos se prosigue aún con celo incansable.

Página 157. MISIONES EN EL EXTRANJERO.—El Dr. G. P. Fisher, en un capítulo sobre las misiones cristianas en su obra *History of the Christian Church*, bosqueja los comienzos del movimiento misionero, el cual, en "los últimos años del siglo XVIII, inició una época de brillante actividad misionera, que, en la historia de las misiones, no es superada más que por la primera de la era cristiana." En 1792, "se fundó la Sociedad Bautista, de la cual Carey fue uno de los primeros misioneros. Carey se embarcó para la India, donde, con la ayuda de otros miembros de la misma sociedad, fundó la misión de Serampore." En 1795, fundóse la Sociedad de Misiones de Londres; en 1799, quedó formalmente constituida "la organización que en 1812 se convirtió en Sociedad de Misiones de la Iglesia." Poco después quedó fundada la Sociedad de misiones Wesleyanas.

"Mientras la actividad misionera crecía en Gran Bretaña, los cristianos de Norteamérica se animaban del mismo celo." En 1812, fundaron la Junta Americana de Comisionados para las Misiones Extranjeras; y en 1814, la Unión Misionera Bautista Americana. Adoniram Judson, uno de los primeros misioneros salidos de los Estados Unidos, se embarcó para Calcuta en 1812, y llegó a Birmania en julio de 1813. En 1837, quedó constituida la junta Presbiteriana. (Véase Fisher, *History of the Christian Church*, período 9, cap. 7, párrs. 325.)

El Dr. A.T. Pierson, en un artículo publicado en la *Missionary Review of the World*, número correspondiente a enero de 1910, declara: "Hace medio siglo, China y Manchuria, Japón y Corea, Turquía y Arabia, y hasta el dilatado continente africano, dormían—naciones ermitañas, encerradas en la calma de largo aislamiento y exclusión. El Asia central estaba comparativamente inexplorada, lo mismo que el África central. En muchos países ni se le disputaba a Satanás su larga permanencia ni su imperio. Los países papales eran tan intolerantes como los paganos; Italia y España encarcelaban a quien se atrevía a vender una Biblia, o a predicar el Evangelio. Francia era de hecho incrédula, y Alemania estaba imbuída de racionalismo; y en gran parte del campo misionero, las puertas estaban cerradas y condenadas por un exclusivismo y un sistema de castas más o menos rígido. Ahora los cambios, por todas partes, son tan notables y radicales que, cualquiera que saliese de pronto de aquel período de mediados del siglo pasado, ... no reconocería al mundo. El que guarda las llaves de las puertas las ha estado abriendo para hacer a todos los países accesibles para los mensajeros de la cruz. Hasta en la Ciudad Eterna, donde, hace medio siglo, un visitante tuvo que dejar su Biblia fuera de los muros, hay ahora más de veinte capillas protestantes, y las Sagradas Escrituras tienen libre circulación."

Página 180. FECHAS PROFÉTICAS.—Los hechos históricos y cronológicos relativos a los períodos proféticos de Daniel 8 y 9, inclusas muchas pruebas evidentes que indican de modo indubitable que fue el año 457 ant. de J. C. la fecha exacta desde la que deben empezar a contarse estos períodos proféticos, han sido expuestos con claridad por muchos investigadores de la profecía. Véase Stanley Leathes, *Old Testament Prophecy*, conferencias 10, 11 (Conferencias de Warburton para 1876-1880); W. Goode, *Fulfilled Prophecy*, sermón 10, inclusive

APÉNDICE 375

Nota A (Conferencias de Warburton para 1854-1858) A. Thom, *Chronology of Prophecy*, págs. 26-106 (Londres, 1848) Sir Isaac Newton, *Observations upon the Prophecies of Daniel, and the Apocalypse of St. John*, cap. 10 (ed. de Londres, 1733, págs. 128-143) Urías Smith, *Daniel y el Apocalipsis*, tomo 1, caps. 8, 9; L. R. Conradi, *Los Videntes y lo Porvenir*, parte 1, caps. 8, 9 (págs. 129-179). En cuanto a la fecha de la crucifixión, véase W. Hales, *Analysis of Chronology*, tomo 1, págs. 94-101; tomo 3, págs. 164-258 (segunda ed. de Londres, 1830).

Página 182. FECHAS PROFÉTICAS.—Véase la nota de la pág. 180.

Página 185. CAÍDA DEL IMPERIO OTOMANO.—Por más detalles relativos a la predicha caída del imperio turco en el curso del mes de agosto de 1840, véase J. Litch, *The Probability of the Second Coming of Christ about A. D. 1843* (obra publicada en junio de 1838); J. Litch, *An Address to the Clergy* (publicada en el verano de 1840; en 1841 se publicó una segunda edición con datos históricos en apoyo de los cálculos anteriores del período profético que se extiende hasta la caída del imperio otomano) ; el *Advent Shield and Review*, tomo 1 (1844), No. 1, art. 2, págs. 56, 57, 59-61 ; J. N. Loughborough *The Great Advent Movement*, págs. 129-132 (ed. de 1905) ; J. Litch, artículo en el *Signs of the Times, and Expositor of Prophecy*, 1.º de agosto de 1840. Véase además el artículo en el *Signs of the Times, and Expositor of Prophecy*, 1.º de febrero de 1841.

Página 188. LA BIBLIA NEGADA AL PUEBLO.—Durante siglos la Iglesia Católica Romana se opuso tenazmente a que sus fieles tuvieran acceso directo a la Biblia, prohibiendo su traducción a lenguas populares, impidiendo su lectura, y condenando a quienes la traducían, distribuían o leían. En años recientes, sin embargo, se ha operado un cambio dramático y positivo en este sentido. Por un lado, la iglesia ha aprobado la publicación de numerosas versiones hechas a partir de las lenguas originales; por otro, ha promovido el estudio de las Sagradas Escrituras mediante cursillos bíblicos y la distribución masiva. También es cierto que la Iglesia Católica sigue reservándose el derecho exclusivo de interpretar la Biblia a la luz de su propia tradición.

Página 200. ACERCA DE LACUNZA.—Para obtener datos sobre la influencia que tuvieron las ideas de Lacunza en el desarrollo del movimiento adventista, no sólo en Sudamérica sino también en muchas otras partes del mundo, véase L. E. Froom, *The Prophetic Faith of Our Fathers*, ed. Review and Herald, 1946, págs. 268, 280, 303-324, 425, 450, 478, 482-485, 518-520, 657; A. F. Vaucher, *Lacunza un heraldo de la segunda venida de Cristo*, Ediciones Interamericanas, 1970.

Página 205. MANTOS DE ASCENSIÓN.—La patraña de que los adventistas hicieron mantos especiales para subir "al encuentro del Señor en el aire," fue inventado por los que deseaban vituperar la causa. Fue propagada de modo tan ingenioso que muchos la creyeron; pero una investigación probó su falsedad. Durante muchos años se ha ofrecido una buena gratificación al que probara la veracidad del aserto, pero hasta la fecha nadie ha podido hacerlo. Nadie que amara la venida del Señor hubiera sido tan poco conocedor de las Escrituras para suponer que para semejante ocasión fuesen necesarias vestiduras que pudieran ellos hacer. La única vestidura que necesitarán los santos para ir al encuentro del Señor es la justicia de Cristo. Véase Apocalipsis 19:8.

Página 205. LA CRONOLOGÍA DE LA PROFECÍA.—EL Dr. Jorge Bush, profesor de hebreo y de literatura oriental en la universidad de Nueva York, en carta que dirigiera al Sr. Miller, y que se publicó en el *Advent Herald, and*

Signs of the Times Reporter, de Boston, Nos. del 6 y 13 de marzo de 1844, hizo algunas importantes declaraciones respecto a sus cálculos de los tiempos proféticos. Dice el Dr. Bush:

"Me parece que no hay por qué censurarle a Vd. ni a sus amigos, por haber dedicado mucho tiempo y atención al estudio de la *cronología* de la profecía, ni por haberse afanado tanto en determinar las fechas del principio y fin de los grandes períodos de ésta. Si el Espíritu Santo indicó períodos en los libros proféticos, fue sin duda con el fin de que *fuesen* estudiados y probablemente también de que concluyeran por ser del todo entendidos; y a nadie se le debe tachar de insensata presunción porque con toda reverencia trate de comprenderlos. ... Al tomar un *día* como término profético de un *año*, creo, que se mantienen en el terreno de la más sana exégesis, apoyados además por los grandes nombres de Mede, Sir Isaac Newton, Kirby, Scott, Keith, y una legión más que hace mucho tiempo llegaron a conclusiones idénticas a la de Vds. en esta materia. Todos ellos concuerdan en que los períodos principales mencionados por Daniel y Juan terminan efectivamente *hacia nuestra época contemporánea*, y rara lógica sería la que les condenase por sostener los mismos puntos de vista que tanto resaltan en los escritos de aquellos eminentes teólogos." "Los resultados que Vds. obtuvieron en este campo de investigación no me parecen tan errados que afecten uno solo de los grandes intereses de la verdad." "Se equivocaron Vds. en lo relativo a la naturaleza de los acontecimientos que deben producirse al fin de estos períodos. Este es el defecto primordial de su exposición."

Página 220. FECHAS PROFÉTICAS.—Véase la nota de la pág. 180.

Página 240. UN TRIPLE MENSAJE.—Apocalipsis 14:6, 7 predice la proclamación del mensaje del primer ángel. Luego dice el profeta: "Y otro ángel, el segundo, le siguió, diciendo: i Caída, caída es la gran Babilonia! ... Y otro ángel, el tercero, les siguió." La palabra traducida aquí por "siguió," significa, en construcciones como la de este texto, "acompañar." Liddell y Scott interpretan la palabra como sigue: "*Seguir a uno, ir tras* él o *acompañarle*." Robinson dice:, "*Seguir, ir con* alguien, *acompañarle*." Es la misma palabra que se usa en S. Marcos 5:24: "Y Jesús fue con el; y le seguía una gran multitud, y le apretaba." Se emplea también al hablar de los ciento cuarenta y cuatro mil redimidos, de los que se dice: "Estos son los que siguen al Cordero por doquiera que vaya." (Apocalipsis 14:4, V.M.) De estos dos pasajes se desprende de modo evidente que la idea que se quiere expresar es la de ir juntos, acompañar. Así también en 1 Corintios, 10:4, donde se habla de los hijos de Israel que "bebían de la piedra espiritual que los seguía," la palabra "seguía" se traduce del mismo vocablo griego, y se rinde en el margen de algunas versiones por "les acompañaba." De ello se desprende que en Apocalipsis 14:8, 9 la idea no es sólo que el segundo ángel y el tercero siguieron al primero en cuanto al tiempo, sino que le acompañaban. Los tres mensajes constituyen uno triple. Son *tres* tan sólo en el orden en que se inicia su proclamación, pero una vez iniciada ésta, siguen juntos y son inseparables.

Página 246. SUPREMACÍA DE LOS OBISPOS DE ROMA.—Algunas de las circunstancias capitales relacionadas con la apropiación de la supremacía por los obispos de Roma, hállanse descritas en Mosheim *Histoire Ecclésiastique*, siglo 2, parte 2, cap. 4, sec. 9-11. Véase además G. P. Fisher, *History of the Christian Church*, período 2, cap. 2, párrs.11-17 (ed. de 1890, págs. 56-58) Gieseler, *Lehrbuch der Kirchengeschichte*, período 1, div. 3, cap. 4, sec. 66, párr. 3, inclusive nota h (3a. ed. de Bonn, 1831, tomo 1, págs. 290-294) ; J.N Andrews, *History of the Sabbath*, págs. 276-279 (3a. ed. rev.).

Página 313. EDICTO DE CONSTANTINO.—Véase la nota de la pág. 20.

Página 316. LA IGLESIA ABISINIA.—Respecto a la observancia del sábado bíblico en Abisinia, véase A, P. Stanley, *Lectures on the History of the Eastern Church*, conferencia 1, párr. 15 (ed. de Nueva York, 1862, págs. 96, 97); M. Geddes, *Church history of Ethiopia*, págs. 87, 88, 311, 312; Gibbon, *Historie de la Décadence et de la Chute de l'Empire Romain*, cap. 47, párrs. 37-39; Samuel Gobat, *Journal of Three Years' Residence in Abyssinia*, págs. 55-58, 83, 93, 97, 98 (ed. de Nueva York, 1850); A. H. Lewis, *A Critical History of the Sabbath in the Sunday in the Christian Church*, págs. 208-215. (2da. ed. rev).

Página 317. DICTADOS DE HILDEBRANDO.—Véase la nota para la pág. 22.